企业标准化工作指南

安徽省市场监督管理局
芜湖市市场监督管理局　编
芜湖市标准化研究院

合肥工業大學出版社

图书在版编目(CIP)数据

企业标准化工作指南/安徽省市场监督管理局，芜湖市市场监督管理局，芜湖市标准化研究院编．—合肥：合肥工业大学出版社，2021.10(2022.11 重印)
ISBN 978-7-5650-5435-8

Ⅰ.①企…　Ⅱ.①安…②芜…③芜…　Ⅲ.①企业管理—标准化管理—指南
Ⅳ.①F272-62

中国版本图书馆 CIP 数据核字(2021)第 186591 号

企业标准化工作指南

QIYE BIAOZHUNHUA GONGZUO ZHINAN

安徽省市场监督管理局
芜湖市市场监督管理局　编　　　　责任编辑　袁　媛
芜湖市标准化研究院

出　版	合肥工业大学出版社	版　次	2021 年 10 月第 1 版
地　址	合肥市屯溪路 193 号	印　次	2022 年 11 月第 2 次印刷
邮　编	230009	开　本	787 毫米×1092 毫米　1/16
电　话	基础与职业教育出版中心：0551-62903120	印　张	31.25
	营销与储运管理中心：0551-62903198	字　数	741 千字
网　址	www.hfutpress.com.cn	印　刷	安徽昶颉包装印务有限责任公司
E-mail	hfutpress@163.com	发　行	全国新华书店

ISBN 978-7-5650-5435-8　　　　定价：80.00 元

如果有影响阅读的印装质量问题，请与出版社营销与储运管理中心联系调换。

专家委员会

张朋越　江家如　温家铨　戴继勇

朱双四　许应成　辛明哲　储菲菲

编写委员会

主　　任　江家如　曹德伟

副 主 任　温家铨　王劲松　娄　毅　高志慧　李权明

委　　员　徐　斌　何先勇　夏春玲　戈林保

主　　编　蒯　勇　王彭杰

编写组成员　（按姓氏笔画）

王　灿　王雨晨　王彭杰　刘文骥　杨　健

李　超　庞国乾　娄鹏祥　贾定坤　高志远

鲁雅婷　蒯　勇

»› 序

习近平总书记在致第83届国际电工委员会大会贺信中强调，中国高度重视标准化工作，积极推广应用国际标准，以高标准助力高技术创新，促进高水平开放，引领高质量发展。当今社会，人类80%～90%的活动都与标准化相关，无论是国家、企业，还是服务、产品，都离不开标准的制定，所以从一定意义上说，“得标准者得天下”。伴随着经济全球化深入发展，标准化在便利经贸往来、支撑产业发展、促进科技进步、规范社会治理中的作用日益凸显。谁掌握了标准，谁成为标准的制定者，谁就能够在激烈的市场竞争中拥有主导权和话语权。

在经济全球化的背景下，标准化已从基础上升到战略，成为国家和企业发展战略的重要组成部分。中国将积极实施标准化战略，以标准助力创新发展、协调发展、绿色发展、开放发展、共享发展，标准化战略也将成为企业可持续发展的必然选择。进入新发展阶段，科技变革日新月异，标准化竞争日益激烈，企业标准化主体责任的重要性显著提升。安徽省以制度创新服务高质量发展，在全省范围内全面启动企业标准总监工作，重点引导全省有条件的规模以上企业特别是战略性新兴产业企业逐步建立和推行企业标准总监制度。企业标准总监工作充分发挥了标准化工作在推动企业转型升级、提升企业核心竞争力中的基础性、战略性、引领性作用，是在企业标准化人才培养方面展开的一次积极探索，是实施标准化战略促进企业标准化水平全面提升的一项重要举措。

制度创新依赖高层次人才，人才培养呼唤高质量教材。在企业标准总监制度探索实施的关键时期，芜湖市标准化研究院推出的企业标准总监培训教材《企业标准化工作指南》一书应运而生。该书是一部系统性教材，紧紧围绕企业标准总监任职条件和岗位职责，对企业标准化基础、企业标准化战略、企业标准体系、企业标准制（修）订、企业标准实施与监督、参与标准化活动等进行了系统阐述，是企业标准总监开展标准化工作的知识库。

同时该书又是一部创新性教材，汇集了标准化工作改革的各项创新举措和企业标准化实践的大量鲜活案例，阐明了新时代企业标准化工作的主要方向，提供了企业参与标准化活动的程序路径，是企业标准总监开展标准化工作的工具书。

党的十九大以来，我国标准化事业取得了前所未有的历史性成就。面对百年未有之大变局，广大企业应深入贯彻习近平总书记提出的准确识变、科学应变、主动求变的要求，在变局中开新局，以优秀技术、优势产业为突破口，主动掌控和引领国际标准化发展趋势，构建国际标准化新格局。

标准化教育国际委员会（ICES）名誉主席
中国标准化专家委员会委员
中国计量大学校长、教授

2021 年 9 月

PREFACE

»» 前 言

企业是市场经济的主体，也是标准化工作的主体。2019 年以来，国内多个地市对企业标准总监制度进行了探索，引导企业设立企业标准总监岗位，鼓励企业充分释放创新活力，引导企业构建标准研制、科技创新和产业发展同步的工作机制，提升企业标准化核心竞争力，助推企业成为行业“领跑者”。

为进一步推进安徽省标准化改革工作，完善质量基础设施，加强标准体系和标论化能力建设，更好地服务安徽省经济社会高质量发展，安徽省在全国率先建立完善企业标准总监制度并在全省范围内推行。企业标准总监为企业标准化工作第一管理人，经企业聘任全面负责企业标准化工作。企业标准总监制度的核心就是通过在企业设置标准总监岗位，并使其在企业标准化管理中发挥作用。

2021 年 4 月 30 日，安徽省市场监管局印发《2021 年全面深化改革重点任务和责任分工》(皖市监办函〔2021〕248 号)，将“推广企业标准总监制度”列入安徽省市场监管局 2021 年全面深化改革重点任务。5 月 25 日，安徽省市场监管局印发《关于推行企业标准总监制度的指导意见》(皖市监标〔2021〕1 号)（以下简称《指导意见》)，明确了企业标准总监的制度内涵、任职条件、岗位职责、工作保障等；计划 2021 年底前，在全省范围内全面启动企业标准总监工作，2022 年，对标准总监工作进行总结提升、全面深化、建章立制，并进一步扩大覆盖面；坚持边实践边总结，及时总结实践经验，形成制度化成果，逐步完善企业标准总监管理制度，推动企业标准总监工作制度化、规范化发展。

推行企业标准总监制度，人才是关键。《指导意见》指出，标准总监处于企业标准化管理关键岗位，有关部门应指导企业把好用人关，积极组织开展企业标准总监培训工作，不断提升其标准化业务能力。因此，研究开发适用的培训教材是推行企业标准总监制度的迫切任务之一。鉴于芜湖市标准化研究院在全省率先开展了企业标准总监制度设计和应用研究，安徽省市场监管局标准化处委托芜湖市标准化研究院组织编写企业标准总监培训教材——《企业标准化工作指南》。

在不断思考和反复酝酿下，本教材编委会在编写过程中，借鉴了《安徽省标准化专业技术资格考试大纲（2021版）》，以《指导意见》中要求的企业标准总监任职条件和岗位职责为主线，对企业标准总监应具备的标准化知识结构进行了重构和整合，更强调标准化专业技术知识的覆盖面与可操作性。本教材由七个章节构成，第一章从标准化在企业管理中的作用出发，介绍了企业标准总监制度的产生、探索和要求；第二章概述了标准化基本概念、原理与方法，标准化发展历程，企业标准化的基本原则和工作任务；第三章到第七章分别就企业标准总监职责范围内的各项主要标准化活动，即企业标准化战略、企业标准体系、企业标准制（修）订、企业标准实施与监督、参与标准化活动等进行了全面的阐述。本教材还在每章设置了学习要点、引例、案例、本章小结、思考题等内容，以便于企业标准总监系统地学习，力求为企业标准总监提供翔实的标准化必备知识，从而为企业标准总监组织和参与标准化活动提供指导和帮助。本教材也可作为安徽省标准化专业技术资格考试以及标准化从业人员培训和自学的参考用书。

本教材是在安徽省市场监督管理局标准化处、芜湖市市场监督管理局的指导下，由芜湖市标准化研究院总体策划和组织编写，并由张朋越、江家如、温家铨、戴继勇、朱双四、许应成、辛明哲、储菲菲等标准化领域的专家审定。本教材具体编写分工如下：

第一章由王彭杰编写；

第二章由高志远、鲁雅婷编写；

第三章由王灿、杨健编写；

第四章由王雨晨、李超编写；

第五章由鲁雅婷编写；

第六章由刘文骥编写；

第七章由庞国乾、贾定坤、王彭杰、娄鹏祥编写；

附录由王彭杰、鲁雅婷、庞国乾、娄鹏祥编写；

全书由蒯勇策划和统稿，高志远联络出版。

本教材的编写得到了全省各地市市场监督管理局标准化处（科）的大力支持。各地市企业积极贡献的先进经验和做法也为教材案例的编写提供了丰富、鲜活的素材，在此特表感谢。同时，感谢为教材编写建言献策的标准化专家和企业标准总监，也感谢合肥工业大学出版社编审人员的认真审校，使这本教材最终得以出版。

鉴于企业标准总监制度仍处于探索完善阶段，加之编者水平和时间有限，编写中数易其稿，书中难免存在瑕疵和纰漏，恳请企业标准总监和读者批评指正，以便我们不断研究和探讨，持续改进和完善，更好地为广大企业标准总监和标准化从业人员服务。

芜湖市标准化研究院

2021年7月

CONTENTS
»» 目 录

第一章　企业标准总监制度

标准化是推进调整产业结构、转变发展方式、增强自主创新能力的重要手段，在我国农业、工业、服务业和社会事业发展的各个领域发挥着越来越重要的作用。为进一步推进安徽省标准化改革工作，完善质量基础设施，加强标准化体系和能力建设，更好地服务安徽省经济社会高质量发展，安徽省市场监管局建立完善企业标准总监制度并在全省范围内推行，通过加快企业标准总监队伍建设，提升企业标准化管理水平，增强企业核心竞争能力。企业标准总监为企业标准化工作第一管理人，经企业聘任并经企业最高负责人授权，全面负责企业标准化工作。企业标准总监制度的核心就是要通过在企业设置标准总监岗位，使其在企业标准化管理中发挥作用。

【学习要点】

- 掌握标准化在企业管理中的作用。
- 了解企业标准总监制度的产生背景、依据和意义。
- 了解各地对企业标准总监制度的探索和实践。
- 掌握企业标准总监的设置要求、岗位职责和能力要求。

第一节　标准化在企业管理中的作用

引 例

习近平在致第 39 届国际标准化组织（ISO）大会的贺信中指出：标准是人类文明进步的成果。从中国古代的“车同轨、书同文”，到现代工业规模化生产，都是标准化的生动实践。伴随着经济全球化深入发展，标准化在便利经贸往来、支撑产业发展、促进科技进步、规范社会治理中的作用日益凸显。标准已成为世界“通用语言”。世界需要标准协同发展，标准促进世界互联互通。中国将积极实施标准化战略，以标准助力创新发展、协调发展、绿色发展、开放发展、共享发展。我们愿同世界各国一道，深化标准合作，加强交流互鉴，共同完善国际标准体系。

一、标准化作用的分析

（一）ISO/IEC对标准化作用的分析

国际标准化组织（ISO）和国际电工委员会（IEC）联合发布的ISO/IEC Guide 2指出，标准化可提高产品、过程或服务的适用性，即在给定条件下，标准化可提高产品、过程或服务满足规定要求的能力。标准化具有兼容性、互换性、多样性、安全性、环境保护和产品防护的作用和功能。

1. 兼容性

兼容性即匹配能力，是指在给定条件下，产品、过程或服务共同使用时不产生不可接受的相互作用并满足相关要求的适宜性。

2. 互换性

互换性是指一件产品、一个过程或一项服务替代同类时满足同样要求的能力，有功能方面的互换性和尺寸方面的互换性之分。

3. 多样性

多样性主要体现在品种控制上，通过模块化、组合化和系列化，实现产品、过程或服务种类的多样性。

4. 安全性

安全性即避免无法接受的伤害风险。在标准化方面，产品、过程或服务的安全性是通过诸多因素的平衡来考虑的，包括一些非技术性因素，如人的行为因素，可以将对人员和产品造成的伤害或损害降低到可以接受的程度。

5. 环境保护

环境保护是指防止产品、过程或服务及其使用中对环境产生不可接受的损害。

6. 产品防护

产品防护是指在产品的使用、运输或储存中，防止气候和其他不利条件所造成的影响。

标准化是经济建设和社会发展的重要工作，在我国的社会主义市场经济建设中，尤其是在经济全球化的过程中，标准化工作的职能和作用也将不断变化，并扮演着越来越重要的角色。

（二）从管理学角度对标准化作用的分析

从管理学的角度分析，标准化的作用主要表现在以下方面：

1. 标准化是现代化大生产的必要条件

现代化大生产是以先进的科学技术和生产的高度社会化为特征的。前者表现为生产过程速度加快，产品质量提高，生产的连续性和节奏性等要求提高；后者表现为社会分工越来越细，各生产部门之间的经济联系日益密切，生产协作也越来越广泛。为了使社会再生产过程顺利进行，并能获得较好的经济效益，没有科学的管理是不可想象的，而标准化则是科学管理的主要方法。

市场经济越发展，越要求扩大企业间的横向联系，要求形成统一的市场体系和四通八达的经济网络。这种社会化的大生产，必定要以技术上的高度统一与广泛的协调为前提，而标准恰恰是实现这种统一与协调的手段。

这种手段之所以行之有效，除了它的科学性之外，还在于它是对人们活动的一种约束。这种约束的特点是：

(1) 由于它能为人们的劳动过程建立最佳秩序，提供共同语言和相互了解的依据，人们会意识到它对任何人都是必要的。

(2) 它为人们的活动确立了必须达到的目标。它比一般行政规定更富有科学根据，既能促进人们活动不断地合理化，又受到人们的尊重。

(3) 这种约束是从全局出发，并考虑到各方面的利益，在充分协商的基础上确立的一种无偏见的约束。因此，它既有法规效用，又有自我约束的作用。它的约束力往往可以跨越地区或国家的界限。

这种约束力就是一种权威，一种能够对现代化大生产从技术上和管理上进行干预的权威，这是标准化最突出的社会功能。这种功能的发挥是与技术进步、管理现代化和社会生产力提高密不可分的，而这种功能将产生巨大的经济效益和社会效益。

2. 标准化是实行科学管理的重要基础

科学管理的创始人泰勒（Frederick Winslow Taylor）曾说过："正像当年工业革命中引进机器一样，引进科学管理必将结出丰硕之果。"他的预言早已被历史所证实。也正是从泰勒开始把标准化引进了管理科学，即把"使所有的工具和工作条件实现标准化和完美化"列入科学管理四大原理的首要原理。他后来在美国工程师协会发表论文，论述科学管理的机制时，又进一步重申"使所有专用工具、设备以及工人做各种工作时的每一个操作都达到标准化"。他把标准化作为实现科学管理的基础。

科学管理发展到今天，尽管它的理论、方法和手段乃至管理的对象都发生了重大变化，但是它同标准化的关系却始终密不可分。标准化在现代化管理中的地位和作用日益重要，其主要表现是：

(1) 标准为管理提供目标和依据。产品标准是企业管理目标在质量方面的具体化和定量化；各种质量标准是生产经营活动在时间和数量方面的规律性反映。有了这些标准，便可为企业编制计划、设计和制造产品提供科学依据。还有其他各种技术标准和管理标准都是企业进行技术、生产、质量、物资、设备等管理的基本依据。统一的符号、代号、名词、术语、编号制度，标准化的管理程序和生产流程，以及统一化的报表格式等，不仅有利于改进当前的管理，而且也是实现管理自动化的基本条件，否则管理现代化便无从谈起。

(2) 在企业内各子系统之间，通过制定各种技术标准和管理标准建立生产技术上的统一性，可以保证企业整个管理系统功能的发挥。尤其是通过开展管理业务标准化，可把各管理子系统的业务活动内容、相互间的业务衔接关系、各自承担的责任、工作的程序等用标准的形式加以确定，这不仅是加强管理的有效措施，而且可使管理工作和经验规范化、程序化、科学化，为实现管理自动化奠定基础。

(3) 标准化使企业管理系统与企业外部约束条件相协调，不仅有利于企业解决原材料、配套产品、外购件等的供应问题，而且可以使企业具有适应市场变化的应变能力，并为企业创造了横向联合的条件。

3. 标准化有利于专业化协作生产的巩固和发展

生产专业化和协作是社会生产组织的先进形式之一，是生产社会化和生产分工的产物。

专业化把社会生产分解为各个独立的生产部门，而协作又把被分解的各个部门联结成为有机的整体。开展标准化对巩固和发展专业化协作有着非常重要的意义，主要表现在以下方面：

（1）专业化要以协作为前提，专业化越发展，协作越广泛，企业之间技术上的衔接协调问题越复杂，如果处理不好，专业化协作就难以巩固和发展。实践证明，标准化恰是解决这类问题的理想措施。

（2）专业化协作的本质不仅表现为同类产品的集中和生产规模的扩大，更重要的是采用专门化、高效率的技术装备，可以创造较高的劳动生产率。而采用先进工艺和高效设备常常要求以较大的生产批量为前提（受到“批量法则”的制约），这是许多专业化企业遇到的一个难题。而标准化的许多形式（系列化、通用化、组合化、模块化等）都有利于缩减类型、稳定产品结构、扩大生产批量、促进新技术的应用和专业化水平的提高。

（3）在买方市场和需求多样化的时代，专业化企业仅仅凭较高的生产率已经难以形成较强的竞争能力。它还必须根据市场动向和顾客的特殊要求，及时改变产品性能或结构、发展新品种、缩短试制周期、接受小批量订货等。这是摆在当今企业面前的严峻课题。对此，世界上的许多国家目前都在标准化措施上寻求对策，通过通用化、系列化、组合化和模块化的广泛应用，为专业化生产开辟了新的发展途径。

4. 标准化是提高产品质量和发展产品品种的有效手段

消费者总是希望商品物美价廉、样式新、花色品种多，但是对工业企业来说，做到这些并非易事，因为许多因素是互相矛盾的。开展标准化则有利于企业解决好这些矛盾，促进产品质量的提高和品种的合理发展。

（1）质量标准既是企业管理的目标，又是衡量产品质量的依据。这个目标一经确立，便可起到揭示质量差距、鞭策后进者的作用，加之与此相配合的经济的和行政的措施，标准对于产品质量既有保证作用，又有促进作用。

（2）企业产品的质量，归根到底取决于企业的素质，取决于企业质量保证的水平。标准化不仅是建立企业质量保证体系所不可缺少的基础工作，而且贯穿于质量管理的全过程。两者结合得越好，越能推动质量管理的良性循环。

（3）在企业内部贯彻标准化的设计思想，通过简化，消除多余的和低功能的产品种类；通过系列化，以最佳的品种构成满足较广泛的需要，在基型产品的基础上机动灵活地发展变型产品；根据组合化，用最少的要素组合成较多的新品种等。这对提高质量、降低成本同样有意义。

（三）从经济学角度对标准化作用的分析

市场经济通过市场的供求、价格、竞争等机制对社会资源配置起决定性作用。市场经济是经济分工与协作的产物，作为一种经济活动，是生产社会化与现代化不可逾越的阶段。它有下列特征：

（1）市场经济是契约经济，市场主体之间的合作是通过契约来完成的。

（2）市场经济是规则经济，强调市场秩序，市场各行为主体必须遵守共同的市场规则。

（3）市场经济是效益经济，追求各种经济要素最佳配置、发挥各要素最大效益。

（4）市场经济是竞争经济，竞争的核心是科技创新和科研成果转化为现实生产力的能力。

(5) 市场经济是开放经济，企业和消费者面临共同的市场，市场主体之间不仅激烈竞争而且进行着越来越广泛的合作。

从经济学的角度来分析标准的功能与作用，将使我们对标准化工作有一个新的和更全面的认识，使标准化工作能更好地为社会主义市场经济建设服务。

1. 标准是契约的重要组成部分

如前所述，标准化是现代化大生产和专业化分工与协作的必要条件，众多企业通过相互的专业分工与协作来共同完成产品的生产和销售。现代化大生产是通过三个阶段来完成的：

第一阶段是寻找合作伙伴。满意的合作伙伴条件可能有很多，但合作伙伴能够生产出符合质量标准的产品或是将采取必备的措施来保证在合作期间生产出符合质量标准的产品，是寻找合作伙伴的必备条件，是双方开展合作的基础。

第二阶段是签订合约阶段。双方只有签订合同才能正式开始合作，合同中的要件和条款可能很多，而标准是合同中的重要条款和要件。企业之间签订的合同中，一般都记载引用的标准编号。标准规定了产品的质量要求，质量决定着产品的价格。没有对质量进行规定的合同是没有约束力的合同，在某种意义上也是无效的合同。

第三阶段是履约阶段。合同签署好后，合同乙方的经营活动就是生产出一定数量的符合标准的产品；合同的甲方签署合同后的主要任务就是监督乙方是否能按合同要求完成合作，其中最重要的一项工作就是检查产品的质量是否达到产品质量标准的规定。当出现质量纠纷时，以合同中记载的标准为依据，到质检机构进行仲裁检验，按合同中的处罚和赔偿规定进行裁决。标准是合作双方履行合同的重要依据。

2. 标准是重要的市场规则

维护市场运行和市场秩序的是市场规则，市场规则按其执行力可分为两种类型。

一是法规，必须强制执行。法规又可分为两类：一类是经济法规，如公司法、税法、合同法、产品质量法、标准化法、专利法、商标法、反不正当竞争法、消费者权益保护法等；另一类是技术法规，是强制执行的技术标准（在我国通常指强制性国家标准）。二是交易规则，由交易双方自愿执行。交易规则包括价格规则、供求规则、竞争规则、标准及合格评定规则等。

技术法规是强制执行的规定产品特性或相应加工和生产方法的法规，包括可适用的行政管理规定。技术法规也可以包括或专门规定用于产品加工或生产方法的术语、符号、包装、标识或标签要求。按国际惯例，凡涉及维护国家安全、防止欺诈行为、保护人身健康和安全、保护动植物的生命和健康、保护环境等方面的产品，都可以制定合理的技术法规，若达不到有关技术法规，则无法获得市场准入。

3. 标准是选择各种经济资源和要素的依据

市场经济是各种资源和要素自由流动并达到最佳配置的经济模式。资源和要素的流动主要指人力资源的流动、资金的流动和物（商品）的流动，即人才流、资金流和物流，这些流动是有序的，是有规律的。人才流动的标准是待遇、居住条件、生活环境、适合发挥其才能的条件和机会；资金流动的标准是能保证资金安全稳定获得回报；物的流动标准是保证能找到与其相适合和匹配的地方。

在物的流动过程中，标准化扮演着非常重要的角色。现代物流管理是经济全球化、信息化发展的重要基础工作，受到世界各国的高度重视，同样也是我国社会和经济发展的重要工作。物流的过程有三个重要的环节：一个是流动过程，二是装卸过程，三是贮存过程。在流动过程中，各种装载车辆及运输工具必须标准化。例如，集装箱按装载工具可分为火车集装箱、汽车集装箱、货船集装箱。三种集装箱的尺寸和质量、容积及各配件应该在标准上做到统一，不仅国内统一，而且国际统一，否则汽车转火车，火车转轮船，当到达出口地时，再从轮船转火车或（和）转汽车，换一个运载工具要费很大的周转成本。如果国内、国外标准不统一，这个费用还要加大，不仅增加商品的成本，而且延长货物的运输时间，形成物流不畅通的局面。在装卸过程中，尤其是在散装货物的装卸过程中，货物包装和传送工具（如传送带、吊车、叉车）的标准要可互换，否则无法装卸，货物将被退回或扣押。在货物的存放过程中，货物的包装形状与货架的尺寸、形状标准要匹配，与仓库内货物装载工具要匹配，否则仓库管理混乱，也无法实施信息化管理。

4. 标准化是科技优势转化为竞争优势的纽带

邓小平同志曾作出"科学技术是第一生产力"的科学论断。科学技术始终是先进生产力的主要标志，但科技成果并不意味着就是现实生产力，科技成果只有转化成有市场竞争力的商品，才能真正成为现实生产力。科技成果只是图纸、样机和说明书，这些东西不是批量生产的，也不是按标准的格式进行规范的，必须经过小试、中试、大试，完善工艺，将使用的原材料标准化，将零部件的功能、尺寸规格、形状、物理及化学特性标准化，将装配工艺标准化，将各道工艺及相互关系标准化，将配件制造设备、装配设备标准化，将检测指标、方法和计量、检测仪器标准化，这些标准化活动是批量生产的基本条件。所以小试、中试、大试完毕后的成果是一系列关于原材料、半成品、零部件、加工工艺、整机、装配、生产线、检测方法方面的标准，符合加工工艺和检测标准的生产加工设备、计量检测仪器设备，以及现场管理、质量管理、环境管理方面的标准。各个生产环节的工作人员按这些标准和程序在相应的生产设备上用相应的工艺可以批量生产出与科技成果一样的产品。因此，把科技成果转化为生产力，是通过一系列标准化活动完成和实现的。标准化是将科技优势转化成竞争力优势的桥梁和纽带。

5. 标准是开放市场中企业之间合作的基础

市场经济是开放经济，企业和消费者面临共同的市场，市场主体之间不仅存在激烈竞争而且进行着越来越广泛的合作。

企业之间的合作有两种形式。一种是企业之间的双边合作，这种合作体现在微观层次上或生产层面上的是原材料、零配件的双向流动或交换，使交换成为可能的基础是标准的一致性。合作的第二种形式是通过行业组织（如行业协会、学会等）将一个地区内众多的同类生产企业联合在一起，生产符合行业标准的产品。这种行业组织的主要职能之一就是协调各企业之间的技术标准和管理标准，使其零配件、产品能互相通用，并用标准作为行业内自律的准则。这种合作很容易形成行业外部市场优势。这种优势之所以能够形成，起关键作用的是该行业有统一的标准。行业组织越知名，其制定的标准影响力越强，越容易控制市场，并给行业内企业带来共同利益。

农业生产中，农业合作经营是一种普遍的生产模式。农业合作组织的基本职能之一就是协调合作组织成员制定统一的产品标准及等级标准。合作组织同时也是技术规范、标准的宣传和示范者，指导合作组织成员按标准进行各项生产活动，从而生产出符合标准的农产品。要使这些农业生产者生产出符合标准的产品并形成规模经济，就要由具备科技开发能力、标准宣传贯彻和示范能力、市场开拓能力的农业合作组织以契约的方式指导农业生产者按标准生产，并将符合标准的产品由农业合作组织中的龙头企业收购，统一对外销售，形成市场，产生一定的规模经济效应。在这种合作中，标准起到了纽带的连接作用，它使龙头企业与农业生产者在标准方面形成优势互补、供求平衡的关系。在中国农业生产中，“农业合作组织＋龙头企业＋农业生产者”的生产经营模式方兴未艾，也说明了标准在合作生产中的作用。

案 例

标准是世界的通用语言

2015 年世界标准日主题是：标准是世界的通用语言。

试想在这样一个世界里，你的信用卡不能保证在每一个收银机上都能使用，人们也不能随便走进任何一个商店就能买到家里台灯适用的灯泡，没有电话区号，也没有国家和货币代码，更不能接入互联网。你不知道电话是从哪里打来，也不知道如何打到想打到的地方。在没有标准的世界里，不仅人与人之间难以沟通，机器、零部件以及产品之间的联络也将变得困难重重。

例如，无论你说哪种语言，标准的图形符号都能帮助你快速清楚地识别信息，如服装的清洗和护理指示、紧急疏散标识以及电子设备的说明等。但如果用五花八门的图形符号来表达同样的信息，人们将不知所云，无所适从。

技术同样需要标准进行沟通。你是否想过你的电脑是如何给不同制造商的打印机发送文件指令的？正是因为标准设定了通用的规则和参数，不同厂商的产品才能彼此协同工作。你只有通过 MPEG 和 JPEG 等标准文件格式，才能与家人和朋友分享用各种技术拍摄的视频和图片。

再请想象，如果没有标准化的计量单位，因为每个人对于“大”“中”和“小”的概念都不相同，那么面向全球供应商采购产品和零部件将会多么困难。

标准不仅对贸易有益处，还使处于世界各地的人们在一起工作成为“小事一桩”。

国际标准对技术的作用类似于罗塞塔石碑之于古埃及象形文字的研究，二者本质上都是使产品之间的联通更流畅，人与人之间的交流更简单。有了标准，一切运转正常；没有标准，生活将一团糟。在没有标准的世界里，打电话、上网冲浪或旅游使用信用卡等人们习以为常的小事，都会变得非常麻烦，甚至不可能。

二、企业标准化工作的意义

企业标准化直接为企业的生产、经营、管理、创新等方面提供了共同遵循和共同使用的准则，是企业管理现代化的重要组成部分和技术基础，在企业的科研、生产、经营、管理等活动中具有十分重要的作用。只有不断提高企业的标准化水平，企业的一切活动才有标准可循，企业的综合素质才能得到快速提高。因此，提升企业标准化水平，对于促进企业发展具有重要意义。

（一）建立最佳秩序

这是企业标准化最突出的功能，也是其最重要的作用。首先是建立企业内部（或整个供应链）的技术秩序，技术统一性是企业技术秩序的基本特征，是以分工为基础的现代化大生产得以顺利进行的前提条件。把这种技术统一性建立起来，全世界的企业走的都是实行标准化的路子，即通过标准化建立企业的技术统一性。如机械制图标准、图形符号标准等是用以统一技术活动的语言的，有了它们才能确保准确传递技术信息；再如公差配合标准、齿轮标准、螺纹标准等是把许多加工环节和许多人的作业高度统一到一个极精确的目标。其次是建立协调的、有效率的管理秩序，这主要是通过制定各类管理标准和管理体系标准，明确各项管理活动及其过程，规定各部门及各类人员的任务、职责、权限和相应的工作方法，规定活动和过程之间的关联。只有这样才能够使整个企业成为一个有机整体，协调和有效率地运行。

（二）规范企业管理

企业的科学管理是实现企业现代化的重要内容，企业的科学管理离不开标准化。早在1911年，泰勒就在《工业管理原理》一书中指出，标准化为企业科学管理提供了科学的方法和途径。标准是当代先进的科学技术和实践经验的总结，是指导企业各项活动开展的依据。现代企业劳动分工精细，协作关系复杂，生产过程连续性、节奏性和适应性对企业各个部门的协调性提出了非常高的要求，企业标准化则是实现这一要求的最佳途径。用标准化手段来协调、组织各职能部门之间的关系，能够把企业生产全过程的各个要素和环节统一协调起来，使各部门、各项活动达到规范化、科学化、程序化，建立起生产经营的最佳秩序。在企业管理工作中，想要取得成效，就必须坚持“量化”，推行标准化管理，使每一项工作、指标、制度、方案、细则都能在质量保证的前提下具有可行和可操作的量化指标，从而使管理更加系统化、规范化，最终建立品牌。

（三）促进科技转化

企业的生命力在于不断进行技术创新，但一项科技成果要变成物质形态的生产力，还要经过一定的转化过程。这个转化过程一般为“研究开发—制（修）订标准—实施标准”，所以科技成果转化过程也是产品标准化的过程。在整个科技成果转化流程中，从产业链的形成、生产过程的控制、工艺条件的确定到工装夹具的设计都必须接受标准的约束。标准化是在不断地、有组织地对新科技成果和经验的总结、鉴定和推广。先进的技术标准是先进的科学技术和实践经验的结晶。贯彻实施新标准的过程，也是应用和推广新技术的过程，科学技术的成果只有通过制定和实践标准这个桥梁才能转化为新的生产力。特别是国际标准的广泛使用和推广，国际标准被越来越多的国家承认与使用，就扩大了科技成果在世界范围内的推广和应用，所以标准化的过程也是对企业新兴科技成果进行巩固、转化、推广的过程，进而促进了企业科学技术水平的提高。

（四）提高经济效益

企业标准化工作的最终目的就是使企业能够获得最大的经济效益。标准化有两个使企业获得效益并不断增加效益的途径：一是提高效率。企业的创新效率、新产品开发效率，常常决定着市场竞争的成败。尤其是当今新产品开发效率在市场竞争中的作用越来越重要的情况下，产品的系列化，零部件的标准化、通用化、组合化和模块化，对提高设计效率、缩短设计周期、降低生产成本都有着重要作用。在产品的生产过程中，谁能用最少的资源消耗以最快的速度生产出市场需要的产品，谁就有可能在竞争中获胜并从中获得效益。二是消除浪费。标准化的对象通常是具有重复特征的事物，重复有的必要，有的不必要，那种不必要的就是浪费。通过标准化减少或消除不必要的重复，就能够消除浪费、获得节约，在几乎无成本的情况下获得效益，如在设计过程中大量选用标准件、通用件、标准单元、标准模块，就相当于减免了这类零件、单元、模块的重复设计，这样做的结果还可能进一步减免了这些零件在加工时的专用工艺装备的重复设计和制造等。反之，对于有必要的重复，也可通过制定标准实现重复，并从重复中获得效益。

（五）维护合法权益

企业标准化是维护企业合法权益、保护消费者利益的保障。当前企业难免碰到合同纠纷、产品质量纠纷，还有使企业苦恼的假冒伪劣产品，企业可以利用标准化相关的法律法规这个武器进行自我保护。同时，企业可以通过市场调研了解市场和顾客的产品质量信息，准确地确定市场和顾客对产品质量的需求，把顾客的现实需求与潜在需求转化为企业标准中的质量要求，制定出能够确切反映市场需求、令顾客满意的产品标准，然后在企业中认真贯彻实施，这样企业生产的合格产品就是市场的畅销品。实施标准和对标准实施进行监督检查也是维护消费者合法权益的重要手段，保障产品质量实质上就是维护消费者的切身利益。随着社会发展、科技进步以及人民生活水平的提高和消费理念的转变，现在消费者更为关注产品的安全、卫生、环保指标是否“达标”等。因此，企业要在采购、工序外包、生产、检验、试验、交付、运输和技术服务等全过程，对有关质量、安全、卫生和环保等标准的贯彻实施情况进行严格的监督检查，把好质量关，让顾客和消费者放心。

（六）打破技术壁垒

中国“入世”以来，技术性贸易壁垒给中国出口企业带来了巨大的成本和风险损失，而且呈逐年递增之势。当前世界已经被高度发达的信息和贸易连成一体，贸易全球化、市场一体化的趋势不可阻挡，而真正能够在各个国家和地区之间起到联结作用的桥梁和纽带就是国际标准。国际标准是打开国际市场的金钥匙，在国际市场竞争中，谁掌握了制定国际标准的话语权，谁就掌握了市场的主动权。因此，企业实施标准化战略，一方面要积极采用国际标准和国外先进标准，使我国产品在激烈的国际市场竞争中取得有利地位。另一方面，要加大科技创新，由制造向创造转变，创造世界领先技术，影响或主持国际标准的制定，取得对这些国际标准的话语权，这样才能够有效左右市场，提高产品质量和市场竞争力，跨越技术性贸易壁垒的鸿沟，最大限度地获取市场份额和利润。

案例

科大讯飞：持续参与全球技术标准制定

科大讯飞股份有限公司自成立以来，长期从事语音及语言、自然语言理解、机器学习推理及自主学习等核心技术研究并保持国际前沿技术水平，多次在机器翻译、自然语言理解、图像识别、图像理解、知识图谱、知识发现、机器推理等各种国际评测中取得佳绩。科大讯飞高度重视标准化工作，在集团层面成立了以董事长为主任的标准化管理委员会，公司领导班子成员和各部门负责人担任标委会成员，统一规划布局、统筹管理集团各项标准化工作，设置知识产权与标准总监一名，配备专兼职标准化工作人员，负责宣传贯彻企业标准化方针、政策、法规，组织制定实施企业标准化战略规划、开展各项标准制（修）订工作、参加国内外标准化活动。

近年来，科大讯飞承担了国家高新技术产业标准化试点（中国声谷）、国家技术标准创新基地（智能语音技术）建设工作，参与了 ISO/IEC JTC1/SC42 人工智能、SC35 用户界面、WG11 智慧城市、WG13 ICT 可信赖、AG16 脑机交互、IEC SEG10 自主和人工智能应用伦理、SyC Smart Cities 智慧城市系统委员会，ITU－T SG16/FG－VM 汽车多媒体焦点组等国际标准化技术组织及与其相关的项目和工作，担任 ITU－T 汽车多媒体焦点组国内对口技术组织架构组的副主席单位，还参与了 IEEE、W3C、UL 等国外标准化组织工作，合作开展智能语音和人工智能领域的国际标准化研究；目前，已参与制定了 1 项 W3C 语音合成标记语言国际标准，主持完成 1 项 JTC1/SC42 研究报告《人工智能系统算法和特征研究》；正在主持制定全球首个人机交互领域智能语音交互 ISO/IEC 国际标准《全双工语音交互》（ISO/IECCD 24661 Information technology—User interfaces—Full duplex speech interaction user interfaces）、中国首个人工智能领域 ISO/IEC 国际标准技术报告《人工智能系统算法概述》（ISO/IEC DTR 24372 Information technology—Artificial intelligence（AI）—Overview of computational approaches for AI systems）、ISO/IEC 国际标准提案《人工智能分析和机器学习的数据质量过程框架》（ISO/IECAWI 5259－4 Data quality for analytics and ML—Part 4：Data quality process framework）、《人工智能知识图谱参考架构》（ISO/IEC AWI 5392 Information technology－Artificial intelligence—Reference architecture of knowledge engineering）等；并且参与人工智能分类性能评测、人工智能大数据分析过程、同传机器翻译等 ISO/IEC 国际标准制定。截至 2021 年，科大讯飞主持或参与制定国内外标准 70 余项，其中已经发布实施的国家标准 23 项、行业标准 8 项和团体标准 4 项，覆盖了语音识别、语音合成和智能家居、智能客服、移动终端、车载终端、智能电视、机器翻译等领域；此外，正在开展已立项的国际、国家、行业、地方标准和团体/联盟标准制定项目 40 余项。相关国家标准和行业标准的制定、人工智能标准化报告等的编制填补了产业标准化空白，为降低研发成本、规范市场准入提供支撑，有效引领和推动了人工智能在技术、应用和产业的高质量发展，取得了良好的经济效益和社会效益。

由案例可见，企业标准化在企业的科研、生产、经营、管理等活动中，确实具有非常重要的作用，标准化管理目前已经成为现代企业管理的重要组成部分，在企业管理中发挥着越来越重要的作用。企业必须重视标准化，运用标准化，充分发挥标准化的作用，使企业实现标准化、科学化管理，为企业获得最大的经济效益提供保障。

第二节　企业标准总监制度的产生

引例

《安徽省国民经济和社会发展第十四个五年规划和2035年远景目标纲要》指出：提升企业技术创新能力，强化企业创新主体地位；大力弘扬企业家精神，更好发挥企业家作用，依法保护企业家权益，将培养企业家队伍与实施重大创新战略同步谋划、同步推进，建立健全企业家参与涉企创新规划、标准和政策制定机制；深入开展质量提升行动，加强标准、计量、专利等体系和能力建设，完善质量基础设施；强化企业质量主体责任，逐步升级制造业标准体系，健全质量标准和强制性安全标准；开展质量标杆和领先企业示范活动，支持企业参与国际标准、国家标准、行业标准建设，推进全面质量管理。

一、企业标准总监制度的产生背景

企业是市场经济的主体，也是标准化工作的主体。标准化管理是企业管理的重要基础工作。"入世"以来，迫于国内外市场竞争的压力，我国企业对标准化管理更加重视。作为我国国民经济重要支柱的企业，要想提高核心竞争能力，实现可持续发展，必须对标准化管理进行重新定位和思考，建立适合中国国情的标准化管理模式。

（一）标准化改革激发了企业标准化活力

标准化工作改革就是要理顺政府和市场在标准化资源配置中的关系，更好发挥标准化在推进国家治理体系和治理能力现代化中的基础性、战略性作用，让标准化更好地促进经济持续健康发展和社会全面进步。2015年3月，国务院印发《深化标准化工作改革方案》（国发〔2015〕13号），提出了标准化改革六项措施：建立高效权威的标准化统筹协调机制、整合精简强制性标准、优化完善推荐性标准、培育发展团体标准、放开搞活企业标准、提高标准国际化水平。按照整体推进与分步实施相结合的原则，将标准化工作的改革分成了三个阶段来推进，每两年作为一个阶段，均取得了积极的成效。

通过改革，把政府单一供给的标准体系，转变为由政府主导制定的标准和市场自主制定的标准共同构成的新型标准体系，实现了标准由政府一元供给向政府与市场二元供给的历史性转变，改变了过去政府制定什么标准、企业就执行什么标准的局面。新修订的《中华人民共和国标准化法》（以下简称《标准化法》），更加突出了市场主体在标准化工作中的作用，市场自主制定的团体标准、企业标准发展较为成熟，更好地满足了技术创新活跃、市场需求旺盛领域对标准的需要。

通过改革，放开搞活了企业标准，也释放激发了企业标准化工作的活力。全面取消企业标准的备案，建立企业标准自我声明公开和"领跑者"制度。截至2020年底，全国共有30余万家企业在企业标准信息公共服务平台自我声明公开了171万余项标准，涵盖了近300万种产品/服务，其中154类产品/服务、331家企业、453项标准进入2020年度第一批企业标准“领跑者”名单，为消费者合理选择好产品提供了标准指引，为企业公平竞争营造了良好环境。

（二）我国企业标准化管理存在问题分析

我们必须深刻认识到，随着经济全球化程度的加深，国际市场竞争日趋激烈，同世界发达国家相比，我国企业标准化管理还存在很多差距和不足，具体表现为：

1. 企业标准化竞争意识有待提升

部分企业管理者没有把标准化作为适应经济全球化发展的战略途径，而且标准化工作是一项长期工作，带来的经济效益不直观，同时标准制（修）订需要花费大量的人力、财力，有的企业对标准化工作的重视程度还不够，过多追求直接经济效益，不愿参与标准制（修）订，掌握的行业话语权不足，阻碍了企业创新发展。

2. 企业管理体系和企业标准体系不健全

有的企业只重视产品标准的制定和贯彻，忽视与产品标准配套的其他产品实现标准、基础保障标准、岗位标准的制定和完善，且标准制定周期长，标准之间的协调性差，不适应市场需要。有的企业仅满足于符合国家标准的指标要求，采用国际标准、国外先进标准的比例还比较低，自主制定先进企业标准的比例更低。

3. 缺少具备综合素质的标准化专业人才

标准化工作专业性很强，通过对企业调研发现，很多企业缺乏标准化专业人才。有的行业标杆“隐形冠军”企业主观上想参与标准制（修）订，但心有余而力不足，往往是懂技术的不会编写标准，会编写标准的又不懂技术，客观上增加了企业制（修）订标准的难度，一定程度上也制约了标准化工作的发展。

我国企业要想提高标准化管理水平，只满足于学习发达国家企业的管理经验是远远不够的，必须结合我国社会经济技术发展的实际状况，在学习和借鉴先进企业经验的基础上进行制度创新。

（三）部分企业对标准总监做了有益尝试

标准化工作是一项既具规范性又具科学性的创造性活动，从事标准化管理的专兼职人员，不经过系统的培训，不具备必要的知识和技能，是难以胜任工作的。企业应重视对他们的培养，企业标准化工作的主力是企业的科技人员、管理人员和工人，专职机构和人员的任务是把他们组织起来，把他们的智慧和经验纳入标准，然后还要通过他们去实施这些标准。在全面反思企业制度建设，总结企业标准化管理责任落实的过程中，部分企业开始设立企业标准总监岗位来全面落实企业标准化管理责任。

案例

海尔U+标准与知识产权部总监王淼

1984年，海尔从德国利勃海尔引入了一条冰箱生产线，海尔引进的不单是技术或产品，还包括德国的标准体系。通过对利勃海尔的深入研究，海尔建立起

3724项企业标准。同年，海尔成立了集团标准化办公室，并建立了涵盖设计、生产和质量控制等全流程的标准体系。

后来，海尔设立了海尔U＋标准与知识产权部，王森担任总监，负责海尔物联网、人工智能、大数据等技术领域及智慧家庭应用领域的知识产权管理以及标准制定工作。海尔U＋标准与知识产权部总监王森在OCF（Open Connectivity Foundation，是由行业领军企业组成的全球最大的物联网国际标准化组织）北京论坛中提道："海尔作为OCF董事会成员，未来将努力推动OCF与U＋的互联互通，围绕智慧场景构建生态圈，以共创共赢为驱动，让参与者、产品与生产、资源和数据，实现跨界的协同，形成共享增值的生态价值网络。我们希望能鼓励更多的中国企业积极参与国际物联网标准的制定，颠覆传统企业自成体系的封闭系统，互联互通各种资源，齐力在物联网时代提供更美好的智慧生活解决方案。"

截至2021年3月，海尔已参与74项国际标准的制（修）订，以及累计560项国家或行业标准制（修）订工作，覆盖了智慧家庭、大规模定制、工业互联网等领域。海尔参与完成的GB 21551.1—2008《家用和类似用途电器的抗菌、除菌、净化功能通则》等8项标准获得了2020年中国标准创新贡献奖标准项目奖一等奖。

以科大讯飞、海尔等为代表的中国企业，在标准化管理上采取的成立机构、任命总监的措施取得显著成效，既发挥了标准化支持企业发展的有效作用，也为国内其他企业在创新标准化管理上起到了示范作用。

二、企业标准总监制度依据和意义

进入新发展阶段，科技变革日新月异，标准化竞争日益激烈，企业标准化主体责任的重要性显著提升。作为企业最高标准化职位的代表，企业标准总监的有益尝试为全国各地和各个行业提供了实践参考。2019年，我国开始探索建立企业标准总监制度。企业标准总监制度的实施，是深入贯彻落实《标准化法》和大力实施标准化战略的重要抓手，是促进企业标准化水平全面提升、以制度创新服务高质量发展的具体运用和生动实践，也是在企业标准化人才培养方面展开的一次积极探索。

（一）贯彻《标准化法》等法律法规的重要抓手

《标准化法》是企业标准总监制度提出和推广的法律支撑。《标准化法》第三十一条规定：县级以上人民政府应当支持开展标准化试点示范和宣传工作，传播标准化理念，推广标准化经验，推动全社会运用标准化方式组织生产、经营、管理和服务，发挥标准对促进转型升级、引领创新驱动的支撑作用。由此可见，标准化是一种工具和手段，要把标准化融合运用到社会经济发展的方方面面。企业标准总监制度的提出和推广，就是地方政府贯彻《标准化法》，支持开展实施"标准化＋"，鼓励各行各业利用标准化的方式方法组织生产、经营、管理和服务，发挥标准化在经济社会发展中的支撑和引领作用的重要体现。

《企业标准化管理办法》是企业标准总监制度建立的直接依据。《企业标准化管理办法》第二十一条规定：企业根据生产、经营需要设置的标准化工作机构，配备的专、兼职标准化人员，负责管理企业标准化工作。《企业标准化管理办法》的修订工作已列入国家市场监管总局 2021 年立法工作计划，修订后将坚持政府引导、企业主体、社会参与的原则，完善协同推进机制，激发市场活力，推动企业创新发展，为全面实施企业标准总监制度提供强有力的支撑。根据《企业标准化管理办法》，企业专、兼职标准化人员的任务是：贯彻国家的标准化工作方针、政策、法律、法规，编制本企业标准化工作计划；组织制（修）订企业标准；组织实施国家标准、行业标准、地方标准和企业标准；对本企业实施标准的情况，负责监督检查；参与研制新产品、改进产品，技术改造和技术引进中的标准化工作，提出标准化要求，做好标准化审查；做好标准化效果的评价与计算，总结标准化工作经验；统一归口管理各类标准，建立档案，搜集国内外标准化情报资料；对本企业有关人员进行标准化宣传教育，对本企业有关部门的标准化工作进行指导；承担上级标准化行政主管部门和有关行政主管部门委托的标准化工作任务。这也为企业标准总监的岗位职责和能力要求提供了指导和依据。

（二）实施 GB/T 35778 等国家标准的具体举措

为适应深化标准化工作改革要求，推进企业标准化管理制度改革，更好地发挥市场在资源配置中的决定性作用，满足企业标准化工作发展的需要，中国标准化协会组织有关单位、企业及标准化专家对企业标准体系系列国家标准进行了修订。将原有的企业标准体系系列国家标准调整为 GB/T 35778—2017《企业标准化工作　指南》、GB/T 15496—2017《企业标准体系　要求》、GB/T 15497—2017《企业标准体系　产品实现》、GB/T 15498—2017《企业标准体系　基础保障》、GB/T 19273—2017《企业标准化工作　评价与改进》五项国家标准，形成了“1＋3＋1”的系列标准格局，统称为“企业标准化工作系列国家标准”。该系列国家标准充分考虑了发挥市场机制下企业主体责任的作用，明确了企业开展标准化工作的范围、内容、途径和具体要求。

企业标准化工作系列国家标准是我国优秀企业标准化工作实践经验的高度凝练，也为广大企业开展标准化工作提供了基础性、系统性指导。有效实施 GB/T 35778—2017《企业标准化工作　指南》等企业标准化工作系列国家标准，企业标准化人员在其中发挥着至关重要的作用。企业标准化工作系列国家标准要求企业明确与其适应的标准化机构、人员及其职责，鼓励企业设立独立的标准化机构和专职标准化人员，或由相关部门和人员兼任。企业标准总监制度的建立响应了企业标准化工作系列国家标准的要求，也是贯彻实施企业标准化工作系列国家标准的具体举措，为企业有效开展标准化工作提供了人员保障。特别是 GB/T 35778—2017《企业标准化工作　指南》给出的企业标准化机构和人员职责，为企业标准总监的工作开展提供了指引。

（三）助推企业实现高质量发展的坚实保障

当前我国主要产业技术人员标准化意识和标准化水平有较大幅度的提升，但是我国还缺乏标准化管理的高级人才，企业标准化管理制度仍需进一步完善，总体竞争力仍有待进一步提升，标准化在经济转型发展的引领作用还要进一步加强。创新实施企业标准总监制度，有利于进一步提高企业标准化意识，增强参与标准化活动的积极性、主动性、创造性；有利于培养企业标准化人才，传播标准化理念，推广标准化经验，建设标准化文化；有利于进一步落实企业标准化工作主体责任，在更高层面上推进企业提高标准化管理水平，促进标准化方式在企业生产、经营、管理和服务的普及应用和深度融合；有利于引领创新驱动，促进转型升级，促进产业核心竞争力不断增强，促进产业高质量发展，推动提升产业基础高级化、产业链现代化水平。

需要指出的是，实施企业标准总监制度，并不意味着企业标准化管理不需要全员、全过程、全方位的参与，也不意味着企业本身和企业主要负责人或法定代表人等相关人员标准化责任的减轻。作为一项企业内部制度，企业标准总监制度是企业强化标准化管理的重要举措，同时将与标准化法律法规互相支撑，并和政府依法实施的外部监管形成有机互补，协调推进企业标准化水平提升，助推企业实现高质量发展。

第三节　企业标准总监制度的探索

引例

"今后，我将带领企业以农业标准化发展为导向，进一步加快产业、产品的标准化体系建设，在管理上引入企业标准总监制度，实现企业品质、品牌的'双提升'。"说完这段"感言"，国家级农业标准化示范区承担单位芜湖野树林生物科技有限公司的许腾龙又多了一个新的"身份"——企业标准总监，和其一起拥有这个"新身份"的还有奇瑞汽车股份有限公司、三只松鼠股份有限公司、中车浦镇庞巴迪运输系统有限公司等32家企业的标准化管理人员。他们这一身份的获得，来源于芜湖市在全省率先推行的企业标准总监制度。安徽省市场监管局指出，芜湖市在全省率先推行企业标准总监制度，是很好的创新标准化工作服务高质量发展的事例。要充分认识到标准化工作的战略性、基础性、引领性，进一步加强标准化工作的宣传培训和人才培养，发挥好企业标准总监制度的正向激励和积极影响力，为全省标准化工作起到引领带动作用。

一、从首席质量官到企业标准总监

首席质量官由西方国家企业首先创立，而后逐渐推广到世界各地和各个行业。首席质量官制度的兴起，标志着企业对质量工作重要性的充分认识，也是对质量职能地位的充分肯定。将高级质量管理人员纳入企业战略核心，参与重大经营决策，也成为企业完善经营管理制度、获得质量竞争新优势的重要举措。企业标准总监制度，是在首席质量官制度基础上的创新应用和成功推广。

（一）首席质量官制度概述

首席质量官制度早在20世纪90年代，国外的企业就开始建立并取得成效。20世纪90年代，国外大型企业为了适应企业的快速发展、提高决策和执行的效率、增强专业化管理水平，开始借鉴首席执行官和首席财务官的成功模式设置首席质量官，如今这已成为国际通行做法。美、日、英等国的知名企业多数都设立了首席质量官，一些小型企业尽管没有明确设立首席质量官岗位，但也要求质量总监来履行首席质量官的职责。我国企业质量岗位设置也随着国际质量管理的发展趋势而不断变化完善，从产品检验部到质量管理部再到质量控制中心，从质检员到质量工程师再到首席质量官，岗位设置从生产一线到决策层，岗位要求越来越高，话语权越来越大。

首席质量官（Chief Quality Officer，CQO），又称质量总监，是企业的第一质量责任人，属企业的高层领导，参与企业的战略决策。其主要工作职责是以顾客为中心的全面质量管理和预防，降低、减小产品质量安全风险，组织开展产品和过程的质量策划、审核、分析和改进；具体包括：组织制定企业质量发展战略、年度质量工作计划和质量安全保障措施；主导建立、实施并保持先进质量管理体系；建立健全企业岗位质量规范与质量绩效考核制度；推动质量改进、质量攻关和群众性质量活动；加强质量统计分析，实施质量成本管理；开展质量教育培训，建设企业质量文化等。

（二）首席质量官制度的建立和推广

我国建立首席质量官制度还要从 2008 年的中国奶制品污染事件说起，反思这一事件，企业责任不清、制度不健全是一个重要原因。相关企业不仅没有把好原料关，也没有把好生产关、出厂关，使得混有三聚氰胺的原料奶长期流入生产环节、消费环节，最终酿成重大食品安全事故。作为经济主体的企业，应从单纯的经济增长需求转到经济增长和制度完善、全面履行企业社会责任、落实质量责任上来。

在落实企业责任的反思中，借鉴国外先进经验建立首席质量官制度被提上议事日程。2009 年南通市开始探索首席质量官制度，在全市 14 个行业的龙头企业中试行“首席质量官”制度。2012 年 4 月，国务院印发《贯彻实施质量发展纲要 2012 年行动计划》（国办发〔2012〕27 号），明确提出“选择部分大中型企业率先试行‘首席质量官’制度”。2012 年 7 月 27 日，原国家质量监督检验检疫总局下发了《关于开展企业首席质量官制度试点工作的通知》（质检办质〔2012〕749 号），要求在全国开展企业首席质量官制度试点工作，鼓励和引导企业设立首席质量官。2013 年，国务院办公厅印发的《贯彻实施质量发展纲要 2013 年行动计划》（国办发〔2013〕18 号）中，再次要求在大中型企业试点和推广实施企业首席质量官制度，让首席质量官制度在全国大地渐成“燎原之势”。而今，首席质量官正在越来越多的企业中上岗，助力质量强国建设。

案例

万名“首席质量官”成为安徽质量提升行动的生力军

近年来，安徽省以首席质量官队伍建设为抓手，推动质量提升工作。一支万名企业首席质量官队伍，已经成为“质量安徽”建设的磅礴力量。

2012 年 9 月 28 日，安徽省首批 105 名企业首席质量官培训班的学员顺利结业，取得任职培训证书，并由企业主要负责人现场予以聘任。2013 年 3 月，安徽省政府发布《安徽省质量发展纲要（2013—2020 年）》，提出在企业中推行“首席质量官”制度，优先在食品等涉及人身健康安全的企业中推行，力争5年内在全省规模以上企业中全面实施，首席质量官成安徽规模以上企业的“标配”。当年，安徽省出台《首席质量官管理暂行办法》，马鞍山市等地纷纷出台市级管理办法和推进计划。2014年，安徽省进一步加强制度设计，将首席质量官队伍建设纳入政府层面的质量考核，培训经费由政府买单。截至2020年，共举办首席质量官培训班85期，来自规模以上企业的11950名质量人员和1000多名质量主管部门的监管人员受训。

实施继续教育，开展首席质量官标兵评比、质量改进经典案例评比，举办首席质量官论坛、首席质量官沙龙等群众性质量活动，安徽省在首席质量官制度体系推进与创新方面开展了一系列创新实践。截至2020年，安徽省首席质量官取证总人数达11115人，其中总经理以上909人，副总经理以上1177人，中层管理人员4198人，高级职称496人，中级职称1302人。

首席质量官制度的实施，在增强企业质量责任意识、提升质量管理水平、增强质量竞争力等方面的作用日益彰显，产品质量水平持续提升，2019年，全省生产领域产品质量监督抽查合格率达94.2%。

(三) 对探索企业标准总监制度的启示

实践证明，首席质量官制度是从源头上提高质量水平的重要举措，有利于完善质量治理体系、培育先进质量文化、有效保障质量安全，从而增强企业的核心竞争力，夯实高质量发展的微观基础。

首席质量官制度的成功推行，对企业标准总监制度的探索有很大的启发作用和借鉴意义，特别是企业标准总监制度设计总体借鉴了首席质量官制度。《关于开展企业首席质量官制度试点工作的通知》从首席质量官的岗位设置、任职条件、工作职责、工作权责等方面做出了相应的规定：

设立首席质量官，遵循“企业自愿、政府推动”的原则，由企业自行组织建立实施。各级质量主管部门应当积极争取本地政府将建立首席质量官制度作为质量兴（强）省、市、县的重要举措，出台质量激励政策，为广大企业提供首席质量官任职培训服务。具体工作包括：积极向本地人民政府汇报，制定首席质量官制度的相关文件，有计划、分阶段地鼓励企业逐步设立首席质量官；向企业法定代表人或主要负责人深入宣讲首席质量官制度的目的和意义，推动大中型企业、出口企业率先建立首席质量官制度；发挥新闻媒体作用，大力宣传首席质量官制度的目的、作用和工作成效；积极帮助企业建立首席质量官制度，督促试点企业构建保障首席质量官职责权利的有效机制，指导首席质量官切实开展工作。

这是全国各地推行企业首席质量官制度的重要依据和指导文件，也为企业标准总监制度的探索提出和制度设计提供了蓝本。

二、企业标准总监制度的探索发展

2019年以来，国内多个地市对企业标准总监制度进行了探索，引导企业设立企业标准总监岗位，鼓励企业充分释放创新活力，引导企业构建标准研制、科技创新和产业发展同步的工作机制，提升企业标准化核心竞争力，助推企业成为行业“领跑者”。

（一）企业标准总监制度探索历程

1. 南通市探索企业标准总监制度

2019 年，江苏省南通市港闸区在全国首创推行企业标准总监制度。针对港闸区标准化工作现状和存在问题，港闸区市场监管局积极遵循国家标准化改革的理念和思路，努力探寻标准化改革发展的新路径，从企业自身入手，帮助企业培养人才，提升企业标准化意识，推行了企业标准总监制度。2019 年 8 月，港闸区质量发展委员会印发《南通市港闸区企业标准总监管理暂行办法》（港闸质委发〔2019〕3 号）的规定，10 月港闸区市场监管局举办了全区首届企业标准总监培训班，60 家规模以上企业标准管理人员参加培训，经考试合格后成为首批企业标准总监。

推行企业标准总监制度，是港闸区了解到企业需求后在人才培养方面展开的一次积极探索。根据《南通市港闸区企业标准总监管理暂行办法》，企业标准总监是企业标准化工作第一管理人，负责制定实施企业标准战略规划，提升企业标准管理水平，形成企业核心竞争能力。《南通市港闸区企业标准总监管理暂行办法》共 17 条，从企业标准总监任职条件、主要职责、培训颁证、行为规范等方面，对企业标准总监进行管理。

2. 芜湖市探索企业标准总监制度

2020 年，芜湖市在安徽省率先推行企业标准总监制度。2020 年 5 月，芜湖市市场监管局印发了《关于推行企业标准总监制度的实施意见》（芜市监函〔2020〕285 号）和《芜湖市企业标准总监管理办法（试行）》（芜市监〔2020〕45 号），要求按照“企业自愿、部门推动、正向引导、分步实施”的原则，引导全市有条件的规模以上企业，特别是战略性新兴产业企业 5 年内逐步建立企业标准总监制度，并要求标准化良好行为企业、标准化试点示范单位、标准创新贡献奖单位、标准创新基地、企业标准“领跑者”企业等应率先推行企业标准总监制度，鼓励其他企业参照实施，设立企业标准总监岗位，提供企业标准总监工作平台。同年 7 月，芜湖市举行企业标准总监制度启动仪式和首批企业标准总监任职培训班，安徽省首批企业标准总监走上工作岗位。

为探索建立完善的企业标准总监制度体系，芜湖市标准化研究院承担了安徽省市场监管局科技计划项目“企业标准总监制度设计及应用研究”。该项目以芜湖市企业标准总监制度的设计及实施应用为研究对象，通过对企业标准化工作管理现状进行阐述和分析，以芜湖市企业标准化工作自身特点为基础，对芜湖市企业标准总监制度进行设计，重点从企业标准总监的概念、地位、功能、任职条件、职责权限、工作要求和评价考核等入手展开研究性探讨，突出制度的先进性和可操作性，并对此制度在芜湖市企业中的应用情况进行调研和分析，提出制度实施的相关保障措施。芜湖市探索建立了以 DB3402/T 2—2020《企业标准总监工作指南》为核心、以“管理办法＋岗位培训＋联盟组织＋绩效评估”为主要内容的系列配套的制度推进机制，为企业标准总监制度在安徽省乃至全国范围内的推广实施提供了理论支撑和实践参考。

为引导全市有条件的规模以上企业特别是战略性新兴产业企业 5 年内逐步建立企业标准总监制度，“全面实施企业标准总监制度”被列入《芜湖市国民经济和社会发展第十四个五年规划和 2035 年远景目标纲要》重点工作。在“十四五”规划开局之年，芜湖市市场监管局印发的《2021年芜湖市标准化工作要点》也提出，扩大实施企业标准总监制度，进一步落实企业标准化主体责任，不断推动以标准化引领企业创新发展，持续推进企业标准化体系建设。

3. 许昌市探索企业标准化专员制度

在企业标准总监制度的探索过程中，河南省许昌市创新标准化人才培养模式，首创了类似于企业标准总监制度的企业标准化专员制度。2020年3月，许昌市人民政府印发《许昌市标准化管理办法》（许政〔2020〕4号），其中第二十八条规定，鼓励各类市场主体实施"标准化专员"制度，推进标准化专业人才队伍建设。5月，许昌市标准化委员会、许昌市市场监管局印发《许昌市标准化专员管理规定》（许标联〔2020〕5号），建议规模以上企业设置标准化部门，配备标准化专员，鼓励中小企业配备标准化专员，原则上每个企业配备不少于1～2名标准化专员。标准化专员（ISORC）是指在企业产品、技术、服务和管理等领域开展标准化工作的专业人员。

《许昌市标准化专员管理规定》共16条，重点规定了标准化专员的任职条件、主要职责、分级管理、工作保障、资格认定备案等，标准化专员的任职条件、主要职责与南通、芜湖等地探索实施的企业标准总监制度差别不大。需要特别指出的是，芜湖市等地要求企业标准总监由企业在标准化高层管理岗位人员中聘任，而从许昌市关于标准化专员的定义来看，标准化专员的岗位层级并未明确提及，但许昌市对标准化专员的工作权责却提出了比芜湖市等地企业标准总监更高的要求。《许昌市标准化专员管理规定》第八条规定，标准化专员对企业体系内违反《标准化法》规定的行为，有权制止，并向企业负责人提出处理意见，或向上级部门报告；对不符合有关《标准化法》要求的技术文件，有权不予签字。

（二）安徽省全面推行企业标准总监制度

1. 各地市推行企业标准总监制度

2020年3月，马鞍山市市场监管局研究出台《关于推行企业标准总监制度的实施意见》（马市监〔2020〕72号）和《马鞍山市企业标准总监管理办法（试行）》（马市监〔2020〕73号），按照"企业推荐、政策激励、严格培训、服务优先、分步实施"的原则，通过"抓计划安排、抓摸底调查、抓资格培训、抓聘用上岗、抓作用发挥、抓示范引领"六项举措，将利用5年时间，在全市有条件的规模以上企业建立企业标准总监制度，引领广大企业运用标准化的理念和方法组织生产、经营、管理和服务，有效激励企业管理创新，提升企业整体竞争力。8月，马鞍山市市场监管局组织了企业标准总监岗前培训，并在10月14日世界标准日纪念活动上进行了企业标准总监资格证书颁发、任职授聘。

2020年9月，滁州市质量发展委员会办公室印发《关于推行企业标准总监制度的实施意见》和《滁州市企业标准总监管理办法（试行）》（滁质发委办〔2020〕12号），正式推行企业标准总监制度。12月举办企业标准总监培训班，全市120余名企业标准化骨干参加了培训。通过此项工作开展，进一步培养企业标准化人才，提升企业标准管理水平，引领企业转型升级和技术创新，不断提升滁州市产业整体竞争力。

2020年11月，蚌埠市市场监管局出台了《关于推行企业标准总监制度的实施意见》和《蚌埠市企业标准总监管理办法》（蚌市监标〔2020〕277号），决定在全市有条件的规模以上企业逐步建立和推行企业标准总监制度。2021年3月，蚌埠市市场监督管理局组织开展“蚌埠市企业标准总监培训班”，来自该市农业、工业、服务业等领域的80余家企业相关人员参加了培训。

2021年2月，黄山市市场监管局制定出台了《关于推行企业标准总监制度的实施意见》，引导全市有条件的规模以上企业特别是战略性新兴产业企业逐步建立企业标准总监制度；随后召开的2021年度全市标准化工作会议提出，全面推进规模以上企业实行企业标准总监制度，全力推进企业标准总监素质和能力的提升，更好地推动企业高质量发展。

2021年3月，宣城市市场监管局出台了《关于推行企业标准总监制度的实施方案》和《宣城市企业标准总监管理办法》，积极引导标准化试点示范单位、标准化良好行为企业、标准创新贡献奖单位、标准创新基地、企业标准“领跑者”企业等率先推行企业标准总监制度，鼓励其他企业参照实施，设立企业标准总监岗位，提供企业标准总监工作平台。

2. 全省推广企业标准总监制度

在芜湖、马鞍山、滁州、蚌埠、黄山、宣城等地市探索实施企业标准总监制度的基础上，安徽省市场监管局提出在全省范围内推行企业标准总监制度。

2021年4月30日，安徽省市场监管局印发《省市场监管局2021年全面深化改革重点任务和责任分工》，“推广企业标准总监制度”被列入安徽省市场监管局2021年全面深化改革重点任务。2021年5月25日，安徽省市场监管局印发了《关于推行企业标准总监制度的指导意见》(皖市监标〔2021〕1号)，明确了企业标准总监的制度内涵、任职条件、岗位职责、工作保障等，形成了本书编写的重要依据和参照。

《关于推行企业标准总监制度的指导意见》要求各市市场监管局加强组织领导、强化业务指导、抓好监督落实、加强宣传引导，通过推行企业标准总监制度，培养企业标准化人才，传播标准化理念，推广标准化经验，建设标准化文化，促进标准化方式在企业生产、经营、管理和服务的普及应用和深度融合，促进产业核心竞争力不断增强，为新发展阶段加快建设现代化美好安徽提供更加有力的技术支撑；计划2021年底前，在全省范围内全面启动企业标准总监工作；2022年，对标准总监工作进行总结提升、全面深化、建章立制，并进一步扩大覆盖面；坚持边实践边总结，及时总结实践经验，形成制度化成果，逐步完善企业标准总监管理制度，推动标准总监工作制度化、规范化发展。

第四节　企业标准总监制度的要求

引例

2020年6月1日，芜湖市发布地方标准DB3402/T 2—2020《企业标准总监工作指南》，标志着我国第一部关于在企业中推行“企业标准总监”制度的地方标准正式出台实施。该标准包含企业标准总监任职要求以及企业标准总监在推进企业标准化工作过程中的工作目标、工作内容、工作保障、管理、考评、改进与奖惩等方面，其中对工作内容进行了重点阐述。根据《企业标准总监工作指南》，企业标准总监重点围绕制定和实施企业标准化战略规划、组织企业标准体系构建、评价与改进、组织企业标准的制（修）订、组织企业标准自我声明公开、组织企业标准实施与检查、组织和参与标准化活动等开展工作。这些内容不仅具有较强的通用性和可操作性，为企业提升标准化水平提供了方向和指引，更是将工作目标、内容与考评改进整合形成新的工作模式，也将确保企业标准化工作的系统性、科学性。该标准主要用于指导企业标准总监强化标准体系科学规划、有效实施、持续改进的闭环管理，实现标准与企业生产、经营、管理深度融合，以高标准助力高技术创新、促进高水平开放、引领高质量发展。

一、企业标准总监设置与管理

企业标准总监（Enterprise Standard Officer，ESO）为企业标准化工作第一管理人，经企业聘任并经企业最高负责人授权，全面负责企业标准化工作。企业标准总监制度的核心就是在企业设置标准总监岗位，并使其在企业标准化管理中发挥作用。

（一）设置要求

在现代企业“公司治理结构”中，公司通过切实履行股东会、董事会、监事会和经理层（执行机构）的职权、职责，形成了各司其职、协调运转和有效制衡的公司法人治理结构。企业标准总监制度是现代企业管理制度的重要内容，企业可以根据生产、经营需要设置企业标准总监，负责管理企业标准化工作。图 1－1 给出了企业标准总监在现代企业“公司治理结构”中的位置，企业标准总监是企业标准化工作的总责任人，属于企业的高层领导（经理层），由企业在标准化高层管理岗位人员中聘任，可以专职或兼职。

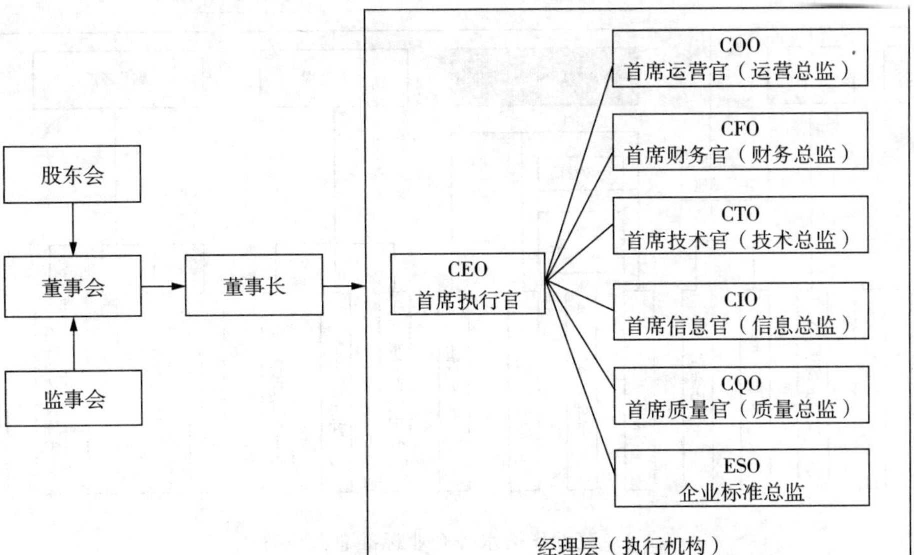

图 1－1 现代企业“公司治理结构”示意图

在设置推行原则上，根据安徽省市场监管局《关于推行企业标准总监制度的指导意见》，按照“企业自愿、部门推动、正向引导、分步实施”的原则，积极引导标准化试点示范单位、标准化良好行为企业、标准创新贡献奖单位、技术标准创新基地、企业标准“领跑者”企业等率先推行企业标准总监制度，重点引导有条件的规模以上企业特别是战略性新兴产业企业逐步建立企业标准总监制度。

案 例

芜湖华衍水务企业标准总监设置

近年来，芜湖华衍水务高度重视企业标准化工作，积极推动标准化战略的实施，促进技术创新。2019 年，芜湖华衍水务获批创建省级社会管理和公共服务综合标准化试点，2020 年成为芜湖市首批设置企业标准总监的企业之一。华衍水务还专设了标准化管理机构如图 1 所示，致力于全面推进标准体系建设，确保所有生产、经营和服务活动符合国家有关法律法规要求，积极采用国家标准、行业标准和地方标准，并结合本地公众客户对供水服务的需要，制定企业（内控）标准，不断完善标准体系，保持相互协调发展。全面施行华衍水务内控标准，对国标 106 项内的 24 项关键指标提出了更高要求，努力践行“常态优质水，应急合格水”的水质管理理念，致力于为公众提供更优质的饮用水。

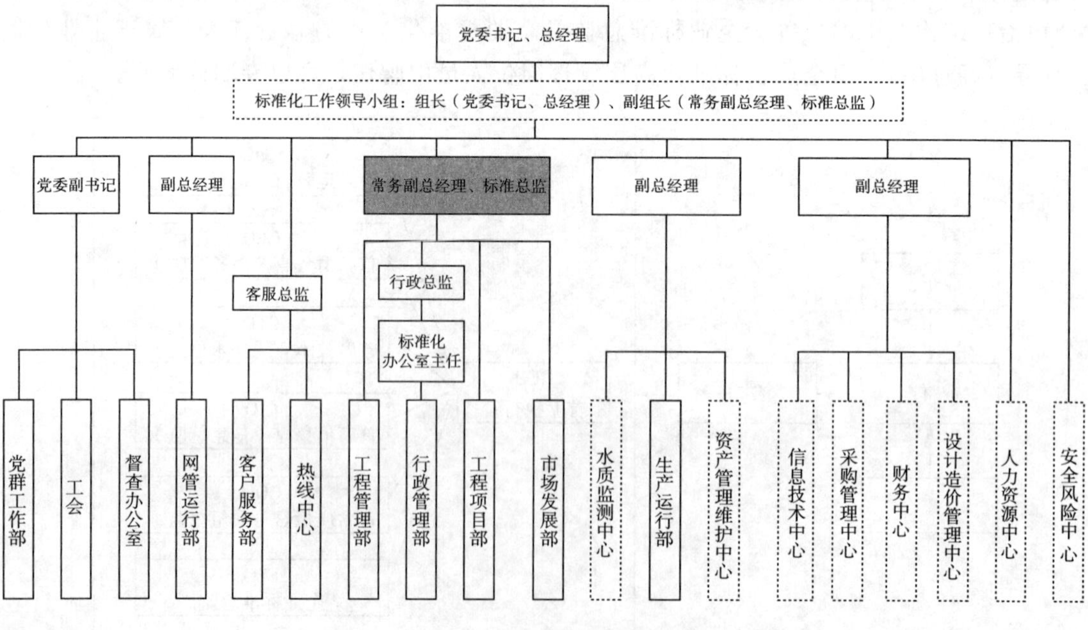

图 1　芜湖华衍水务企业标准总监设置

（二）任职条件

根据安徽省市场监管局《关于推行企业标准总监制度的指导意见》，企业选聘的标准总监应具备以下任职条件：

（1）政治立场坚定，能增强“四个意识”、坚定“四个自信”、做到“两个维护”。

（2）熟悉国家有关法律、法规及标准化方针、政策。

（3）有一定的标准化工作管理和实践经验。

（4）组织协调能力强、工作认真负责且有敬业精神。

（5）具有大专（含）以上学历或中级以上职称。

（6）从事标准管理工作 3 年（含）以上。

（三）监督管理

1. 企业内部

企业对标准总监的管理承担主体责任。企业标准总监处于企业标准化管理关键岗位，企业需要把好用人关，按照任职条件和设置要求做好企业标准总监的遴选、聘用和管理。

企业应高度重视并支持建立企业标准总监岗位，以适当方式聘任企业标准总监，对标准总监给予相应的职责授权，并充分保障其行使权力。企业还应当设置与企业标准总监相适应的岗位待遇，对企业标准总监必要的工作经费和继续教育经费予以保证；应当为标准总监在企业体系内开展标准化工作提供必需的场所、资金和人员等支持。

对企业标准化工作做出突出贡献的标准总监，企业应考虑给予表扬或奖励；对贯彻标准不力，造成不良后果的应给予批评教育；对违反标准规定，造成严重后果的，应解除聘任，并按有关法律、法规的规定追究法律责任。

2. 主管部门

标准化行政主管部门负责推行企业标准总监制度。按照“企业自愿、部门推动、正向引导、分步实施”的原则，加强引导、积极动员，有计划、分阶段地鼓励企业逐步设立企业标准总监。强化服务意识，围绕重点行业、重点企业，根据总体工作目标要求制订年度发展计划，指导帮助企业尤其是规模以上企业建立企业标准总监制度，逐步扩大覆盖面。通过培训、考察、专家咨询等多种形式为企业提供服务，指导企业科学合理设置组织机构、完善职责分工、制定有效的标准化管理制度等，为标准总监履行职责创造良好的工作环境。

加强企业标准总监学习培训管理工作，组织开展企业标准总监教育培训，不断提高标准化业务能力。大力引导组建技术机构、高等院校和重点企业自愿参与的区域性标准总监联盟，为企业提供加强交流、提升能力、促进合作的共享平台，更好服务区域经济高质量发展的需求。积极组织企业标准总监开展经验交流、成果推广发布和优秀企业标准总监评选等活动，促进资源共享、优势互补。及时总结和推广先进经验，树立标准化工作行业标杆，更好地发挥示范引领和辐射带动作用，推动企业高质量发展。企业标准总监制度实施成效，可作为标准化行政主管部门牵头组织的标准创新贡献奖等评优推荐以及试点示范和政策帮扶的重要依据。

对企业标准化管理中出现违法违规行为或者重大风险隐患知情不报、拖延不报或者虚假报告的，标准化行政主管部门可建议企业标准总监所在企业对其解除聘任。

二、企业标准总监职责与能力

（一）岗位职责

企业标准总监受企业最高负责人（董事会或企业主要负责人）的聘用和委托，负责管理企业标准化工作，代表董事会或企业主要负责人行使标准化管理权。企业标准总监职责应包含以下内容：

（1）负责宣传、贯彻国家、省、市标准化方针、政策、法规，并制定具体的实施办法。

（2）负责组织制定、实施企业标准化战略规划，构建企业标准体系并指导体系运行。

（3）负责企业公开其执行的标准编号和名称，督促检查企业自行制定的企业标准自我声明公开制度的落实。

（4）负责企业生产经营管理活动的标准及标准体系的监督抽查。

（5）负责企业标准化文化的创建，提出标准化核心价值观，形成标准化愿景，策划和提升企业标准核心竞争力。

（6）加强标准化知识教育培训，培养企业标准化人才队伍。

（7）对企业内违反标准化工作要求的行为，有权制止。

（8）负责授权的其他职责。

在工作权责上，企业应给予企业标准总监以下职责授权：

（1）建立、完善企业标准化管理组织机构和企业专兼职标准化管理人员队伍。

（2）统筹推进企业标准化管理工作。

（3）参与企业重大会议、发展规划、技术创新等工作。

（4）组织协调重大标准化项目的人、财、物管理资源。

（5）积极组织参加国际、国内标准化活动。

同时，借鉴首席质量官制度和企业标准化专员制度，企业标准总监为企业标准化工作第一管理人，也是第一责任人。企业标准总监对企业违反《标准化法》规定的行为，有权制止，并向企业主要负责人提出处理意见，或向上级主管部门报告；对不符合有关《标准化法》要求的技术文件，有权不予签字。企业发生标准化违法违规行为或者造成严重社会影响，企业标准总监依法承担相应责任。

（二）知识结构

不同专业的技术人员或管理人员，有不同层次和不同门类的知识结构。目前，我国的科技人员有三种不同类型的知识结构：

（1）“I”型，即仅有一门专门知识。

（2）“T”型，即具有纵向上从事某一专业的专业技术知识，又有横向上一定的社会科学和自然科学知识。

（3）“π”型，即具有两门以上专业技术知识和一定的社会科学、自然科学知识，并能将多门知识融会贯通。

具备“π”型知识结构的人员是“一专多能”的高级复合型人才。企业标准总监的知识结构，就是既要有深厚的自己所从事的专业技术知识，又要有广泛的其他有关专业的专业知识；既要具有标准化的专业技术知识，又要具备系统工程、价值工程、质量管理、企业管理等各种现代管理新科学知识。这就是说，企业标准总监的知识结构，就是“π”型知识结构，如图 1-2 所示。应该指出，上述“π”型知识结构中，无论是横向还是纵向，其知识都是无穷尽的。相比之下，企业标准总监的横向知识面要宽广些，而其他企业标准化人才的纵向知识应更深厚些。

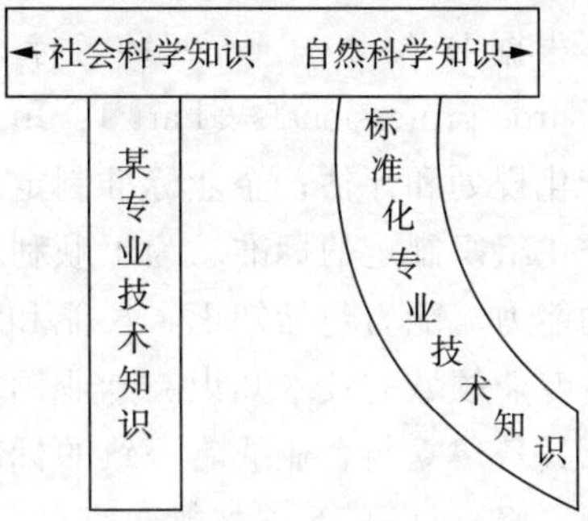

图 1-2　企业标准总监“π”型知识结构

本书的编写以安徽省市场监管局《关于推行企业标准总监制度的指导意见》中要求的企业标准总监任职条件和岗位职责为主线，将企业标准总监应具备的标准化专业技术知识结构进行了重构和整合，更强调标准化专业技术知识的覆盖面与可操作性，如图 1-3 所示。企业标准总监标准化专业技术知识结构与岗位职责相对应，也是本书各章节的编写思路，以便于企业标准总监系统学习。同时我们也要看到，企业标准总监所需的知识层次与技术内容在不断发展，这就需要企业标准总监持续更新标准化知识，提高标准化业务能力，以适应新的工作挑战。

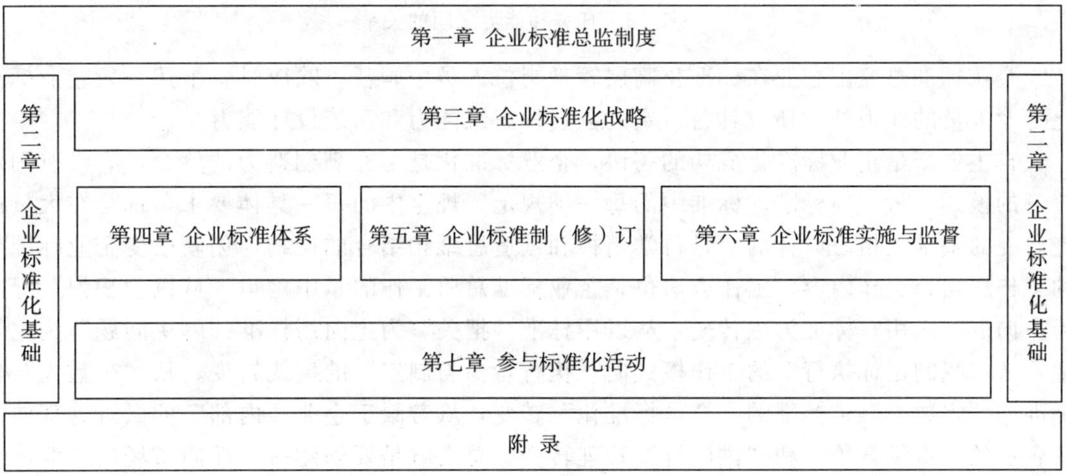

图 1-3　本教材知识结构

（三）能力要求

能力是通过应用知识和技能执行任务的本领和意愿。而本领是在实践中使用知识和技能的经验、理解和判断力；意愿则是态度、承诺、勇气和责任；技能则是应用已有的各种知识，对客观世界进行改造的活动能力。根据既定的企业生产、经营、管理和标准化工作目标，企业标准总监能力获得过程旨在管理、发展和保持企业的整体能力，从而满足企业经营活动的短期和长期需要。

根据 GB/T 35778—2017《企业标准化工作　指南》，企业标准化人员的能力至少包括：熟悉并执行标准化法律法规、方针政策；掌握与业务工作相关的生产、技术、经营及管理状况，具有一定的管理和实践经验；具备相应的标准化知识与所从事工作的专业技能；具有相应的语言、文字、口头表达等能力；具有一定的组织协调能力。

根据 IWA 30-1：2019《标准化专业人员能力第 1 部分：企业》（Competence of standards professionals—Part 1：In companies），企业标准化专业人员的任务包括但不限于：标准化规划和评估；企业标准制定；外部标准化组织的标准制定；实施企业标准；实施外部标准化组织制定的标准。为了顺利地执行标准化专业人员的任务，这些专业人员需要具备一定的能力。能力包括知识、技能和素质三个方面，如图 1-4 所示。企业标准化专业人员宜具备专业领域的技术知识、专业领域现有标准/技术法规、企业标准化原则等 18 种类型的知识，具备建立与企业战略一致的标准化战略、衡量和分析标准化工作效果、确定标准是否需要制（修）订等 16 项技能，宜具备准确、灵活、系统性等 20 项素质。同时，该标准又将标准化专业人员的能力具体分为一般能力以及完成上述 5 类任务的综合能力。

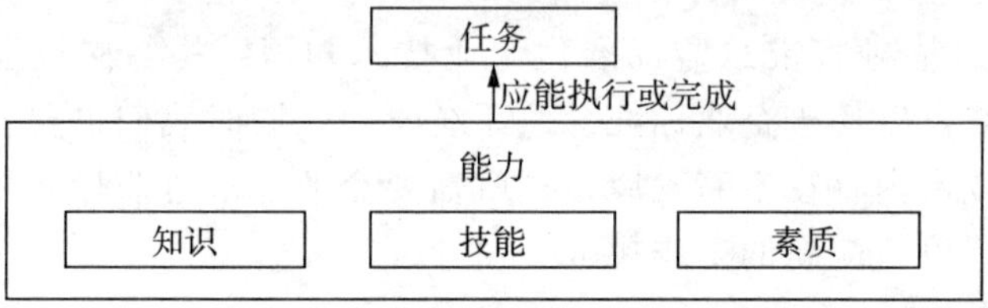

图 1-4　任务和能力之间的关系

企业标准总监由企业在标准化高层管理岗位人员中聘任，除应具备上述一般企业标准化专业人员的能力外，还应具备一定的创造性思维能力和系统设计能力。

自主创新是企业标准化成功的秘诀，企业标准化是个充满创造力的舞台，它没有固定统一的模式，每一项标准、标准中的每一项规定、规定中的每一具体要求，都是在大量调查研究的基础上精心设计的，是科学精神和创造思维相结合的产物。创新改变企业标准化的工作思路、工作内容、工作方法也是企业标准总监工作的重中之重。从以“积累”标准为主向以“应用”标准为主转变，从以用标准“把关”为主向用标准“解决问题”为主转变，从“我制定你执行”的工作模式向“执行者参与制定”的模式转变，从“少数人”忙标准向“多数人”忙标准的“全员标准化”转变，从着眼于企业“内部”的微观管理向关注企业的“市场竞争”和“供应链”管理转变。总之就是要创建一个面向市场的企业标准化格局，全心全意为企业市场竞争服务，企业标准总监只有不断创新才能有所作为。

标准化管理是一项复杂的系统工程，企业标准总监要能够用系统工程的方法论，从宏观上组织管理企业标准化活动，把系统工程的理论和方法应用到企业标准化这一总体过程中，最大限度地发挥标准化的功能，使其获得最佳秩序，实现最佳经济和管理效益。

【本章小结】

企业标准总监制度是在企业标准化人才培养方面展开的一次积极探索，本章从标准化在企业管理中作用出发，介绍了企业标准总监制度的产生、探索、要求，主要内容包括以下方面：

(1) 标准化具有兼容性、互换性、多样性、安全性、环境保护和产品防护的作用和功能。从管理学视角看，标准化是现代化大生产的必要条件、实行科学管理的重要基础，标准化有利于专业化协作生产的巩固和发展，是提高产品质量和发展产品品种的有效手段。从经济学视角看，标准是契约的重要组成部分和重要的市场规则，是选择各种经济资源和要素的依据，是科技优势转化为竞争优势的纽带，是开放市场中企业之间合作的基础。

(2) 企业标准化是企业管理现代化的重要组成部分和技术基础，对促进企业发展具有建立最佳秩序、规范企业管理、促进科技转化、提高经济效益、维护合法权益、打破技术壁垒的重要意义。

(3) 我国企业标准化管理主要存在企业标准化竞争意识有待提升、企业管理体系和企业标准体系不健全、缺少具备综合素质的标准化专业人才等问题。

(4) 企业标准总监制度是贯彻《标准化法》等法律法规的重要抓手，是实施 GB/T 35778 等国家标准的具体举措，是助推企业实现高质量发展的坚实保障。

(5) 首席质量官制度的成功推行，为企业标准总监制度的探索提出和制度设计提供了蓝本。

(6) 2019 年以来，南通、芜湖等多个地市对企业标准总监制度进行了探索，在此基础上，安徽省市场监管局提出在全省范围内推行企业标准总监制度。

(7) 企业标准总监制度的核心就是要通过在企业设置标准总监岗位，并使其在企业标准化管理中发挥作用。企业标准总监为企业标准化工作第一管理人，也是第一责任人，属企业的高层领导（经理层），由企业在标准化高层管理岗位人员中聘任，可以专职或兼职。

(8) 企业标准总监应具备以下任职条件：政治立场坚定，能增强“四个意识”、坚定“四个自信”、做到“两个维护”；熟悉国家有关法律、法规及标准化方针、政策；有一定的标准化工作管理和实践经验；组织协调能力强、工作认真负责且有敬业精神；具有大专（含）以上学历或中级以上职称；从事标准管理工作 3 年（含）以上。

(9) 企业标准总监职责包含：负责宣传、贯彻国家、省、市标准化方针、政策、法规，并制定具体的实施办法；负责组织制定实施企业标准化战略规划，构建企业标准体系并指导体系运行；负责企业公开其执行的标准编号和名称，督促检查企业自行制定的企业标准自我声明公开制度的落实；负责企业生产经营管理活动的标准及标准体系的监督抽查；负责企业标准化文化的创建，提出标准化核心价值观，形成标准化愿景，策划和提升企业标准核心竞争力；加强标准化知识教育培训，培养企业标准化人才队伍；对企业内违反标准化工作要求的行为，有权制止；负责授权的其他职责。

(10) 企业标准总监的知识结构是“π”型知识结构，企业标准总监除应具备一般企业标准化专业人员的能力外，还应具备一定的创造性思维能力和系统设计能力。

【思考题】

(1) 举例说明标准化在企业管理中的作用。

(2) 简述我国企业标准化管理中存在的问题。

(3) 简述企业标准总监的设置要求与任职条件。

(4) 简述企业应如何支持企业标准总监开展工作。

(5) 结合企业实际，简述企业标准总监的岗位职责。

(6) 简述企业标准总监应具备哪些能力。

第二章 企业标准化基础

标准是经济活动和社会发展的重要技术支撑，是国家治理体系和治理能力现代化的基础性制度。标准化是人类实践活动的产物，是现代管理技术的基础方法，是经济社会发展的基石。企业作为国民经济的细胞，是市场经济活动的主要参加者，是社会生产和流通的直接承担者，是推动社会经济技术进步的主要力量。企业标准化是国家标准化工作的核心和灵魂所在，企业标准化水平直接反映了一个国家的工业技术水平、产品质量水平甚至是社会管理水平。做好企业标准化工作，对于企业提升产品质量，增强产品市场竞争力，实现产业转型升级，保护消费者权益，维护市场公平竞争环境具有举足轻重的作用和深远的意义。

【学习要点】

- 掌握标准和标准化的定义、标准的对象和本质、标准的种类。
- 掌握企业标准体系、企业标准体系表的基本概念。
- 掌握“统一、简化、协调、优化”原理。
- 掌握综合标准化的概念和理论基础，综合标准化的工作内容和要求。
- 了解国际标准化发展历程、我国标准化发展历程。
- 掌握企业标准化工作的基本要求、基本任务和指导原则。
- 了解企业标准化人才培训和企业标准化管理创新。

第一节 标准化基本概念

引 例

英特尔公司（Intel）是世界上最大的设计和生产半导体的科技企业之一，总部位于美国加利福尼亚州圣克拉拉县。从 1971 年英特尔推出了全球第一个微处理器开始，微处理器所带来的计算机和互联网革命，改变了整个世界。其领先的微处理器技术一直是业内的“事实标准”，引领了全球潮流，业界有口皆碑。它的巨大成功主要是善于研发新产品、新技术，再通过联合使用形成事实标准的做法推广新产品和新技术。以 USB 接口为例：

众所周知，目前计算机行业应用最广泛的 USB 接口，是由英特尔、康柏、IBM、微软等多家公司 1994 年联合提出和设计，1996 年正式推出的，它是一项外部总线标准（实为联盟标准），成功替代了串口和并口，用于规范计算机与外部设备的连接。

USB 接口不仅实现了支持设备的即插即用和插拔功能，还增加了许多外设功能，最高达 130 余种外设，如鼠标、调制解调器和键盘等，现已成为个人电脑和大量智能设备的必配接口之一，如图 1 所示。

图 1 电脑的 USB 接口

USB 设备被大量应用，主要原因：一是标准统一，外设的 USB 硬盘、USB 鼠标、USB 打印机等能直接与个人电脑连接；二是携带使用方便，USB 设备大多“小、轻、薄”；三是可以同时连接多个设备，便于提高效率；四是可以热插拔等。

该事实标准实际上也带来了个人电脑的革命，大大推动了个人电脑的市场化与全球普及。

一、标准化与标准化文件

概念是思维的产物，它是以抽象的方式反映客观事物或事物特有性质的一种思维形式。标准化作为一门独立的学科，必然有它特有的概念体系。标准化的概念是人们对标准化有关范畴本质特征的概括。研究标准化的概念，对于标准化学科的建设和发展以及开展和传播标准化的活动都有重要意义。标准化概念体系中，最基本的概念是“标准化”和“标准”。

（一）标准化

在论述“标准化”和“标准”的概念之前，首先要对一些基本概念进行界定，以便更好地阐释相关概念。

1. 标准化基本概念

下面将对五个概念进行界定，其中“标准化对象”“标准化领域”“标准化目的”三个概念在阐释标准化概念时将会涉及；“最新技术水平”“公认的技术规则”在阐释标准概念时将会涉及。

（1）标准化对象

标准化对象是指“需要标准化的主题”。对标准化对象的理解可以从宏观、中观和微观三个层面来考察。将标准化活动作为一个宏观整体来观察，其对象是“现实问题或潜在问题”；涉及制定标准的中观层面可以将标准化对象聚焦到“产品、过程或服务”，更进一步可以细化到“原材料、零部件或元器件、制成品、系统、过程或服务”；针对每一个具体标准的微观层面，其标准化对象就是具体的产品、过程或服务，如洗衣机、安全操作规程、翻译服务等。

（2）标准化领域

标准化领域是指“一组相关的标准化对象”。例如农业、冶金、工程建设、运输都可视为标准化领域。

（3）标准化目的

标准化活动的总体目的是“获得最佳秩序，促进共同效益”。具体而言每一个标准化项目都有其特定的目的。标准化的目的通常涉及以下方面：可用性、互换性、兼容性、相互配合、品种控制、安全、健康、环境保护、相互理解等。

（4）最新技术水平

最新技术水平是指“在一定时期内，基于相关科学、技术和经验的综合成果的产品、过程或服务相应技术能力所达到的高度”。这里的技术水平指产品、过程或服务的技术能力所达到的高度，而这些能力源自于科学、技术和经验的综合成果；而最新强调的是一定时期内，也就是说随着时间的变化，最新技术水平也会发生改变。因此已经发布的标准需要通过定期复审、修订，以便持续反映最新技术水平。

（5）公认的技术规则

公认的技术规则是指“大多数有代表性的专家承认的能反映最新技术水平的技术条款”。可见这里将公认的技术规则界定为“技术条款”。这些技术条款能否成为公认的技术规则要由专家来认可，并且需要符合三个条件：专家要有代表性，要达到大多数，并且技术条款要能够反映最新技术水平。这里强调的是反映最新技术水平，而不是一定要达到最新技术水平。

由于国际、区域或国家标准的制定程序大多遵循协商一致的原则，保证了标准中的技术条款能够得到大多数有代表性的专家的公认，并且由这些技术条款构成的标准可以公开获得，加之在必要时还会通过修正或修订保持与最新技术水平同步，因此国际上通常将这些标准中确立的技术条款视为构成了公认的技术规则。

2. 标准化概念的界定

标准化是指“为了在既定范围内获得最佳秩序，促进共同效益，对现实问题或潜在问题确立共同使用和重复使用的条款以及编制、发布和应用文件的活动”，“标准化活动确立的条款，可形成标准化文件，包括标准和其他标准化文件”，“标准化的主要效益在于为了产品、过程或服务的预期目的改进它们的适用性，促进贸易、交流以及技术合作”。

该定义将标准化界定为一项活动，确切地说是一项人类的活动。人类从事着众多的活动，标准化是人类诸多活动中的一种，它有着区别于其他活动的自身特点。上述定义包含了以下六个方面的特点。

（1）活动的目的

人类的任何活动都不是盲目的，而是有意识、有目标的。为了达到活动的目的，人类在从事各种活动的过程中会形成各自的路径或结果。在进入社会化大协作的时代，从交流与合作的角度，不同的行为或行为结果会造成不一致甚至导致混乱，包括人类活动本身秩序的混乱和活动结果（产品、服务）秩序的混乱。这些无序的状态不利于人们实现交流与合作所要达到的目的。为此我们需要从事一项新的活动——标准化，标准化活动的总体目的就是消除混乱、建立最佳秩序，并通过秩序的获得促进人类的共同效益。

（2）活动的范围

任何一项标准化活动都有其预先确定的范围。制定标准的目的是在“既定范围”内获得最佳秩序，也就是说最佳秩序的获得不是无限范围的，在已经确定的范围内获得最佳秩序即达到了目的。这里的范围包括两层意思：一是标准化活动所涉及的地域范围，如国际、区域、国家等；二是标准化活动所涉及的标准化领域的范围，如机械、信息技术等。标准化活动范围还表示了参与标准制定或标准应用涉及人员所代表的地域及专业的范围。

(3) 活动的对象

标准化活动针对的是“现实问题或潜在问题”。如果已经发现在某个范围内现实的无序状况日趋明显，或者意识到将来可能会出现无序的状况，为了便于交流与合作，利益相关方需要考虑将出现无序状况的现实问题或潜在问题的主体确定为标准化对象，通过标准化活动，达到从无序到有序，进而促进人们的共同效益。这里将“现实问题或潜在问题”作为标准化对象是将标准化活动作为一个总体，从宏观层面作出的总概括，具体的标准化活动都有其特定的具体对象。

(4) 活动的内容

标准化活动的内容包括四个方面：确立条款、编制文件、发布文件和应用文件。确立条款的主要活动是在众多的技术解决方案中选择一种或重组一种技术解决方案并形成条款；编制文件的主要活动是起草标准草案，同时履行相应的程序；发布文件的主要活动是审核批准已经编制完成的标准草案；应用文件是标准化活动的重要环节，只有标准化文件得到应用，才能建立起最佳秩序并取得效益。在标准化活动中经常会涉及“制定”这一概念，它包含了确立条款、编制文件和发布文件这三项内容，是这三项内容的总称。制定标准的核心工作是确立条款，条款的表述和应用都需要有相应的载体，因此编制文件、发布文件成为标准化活动的内容之一。实际上所发布的文件的核心技术内容是条款，应用文件也是要应用文件中的条款。

(5) 活动的结果

从上述分析可以看出，标准化活动确立的是“条款”；编制和发布的是“标准化文件”，其中大部分为“标准”，它是标准化活动中制定标准产生的成果。而应用文件产生的结果为建立包括“概念秩序”“行为秩序”和“结果秩序”的技术秩序。

(6) 活动的效益

标准化活动产生的文件的广泛应用，建立了技术秩序，产生了巨大的效益，即改进产品、过程或服务预期目的的适用性，促进贸易、交流以及技术合作。

(二) 标准化文件和标准

标准化活动的主要成果之一是形成标准化文件，其中绝大部分为标准。这里在讨论标准化文件和标准的概念（即其内涵）的基础上凝练标准的本质，之后进一步阐述它们的分类，给出其外延。

1. 标准化文件的界定

标准化文件是“通过标准化活动制定的文件”。从该定义可知，凡是标准化活动形成的文件都称为标准化文件。根据前文对标准化的定义可知，标准化文件是标准化活动的主要成果之一。换一个角度来说，标准化活动确立的条款的集合，再加上其他文件要素（如封面、前言、范围等）所形成的文件即是标准化文件。标准化文件属于规范性文件的一种，与其他规范性文件在形成过程上的主要区别在于它产生于标准化活动。

2. 标准的界定及本质特征

标准是指“通过标准化活动，按照规定的程序经协商一致制定，为各种活动或其结果提供规则、指南或特性，供共同使用和重复使用的文件”，“标准宜以科学、技术和经验的综合成果为基础”。

该定义将标准界定为一种文件，并指出了这种文件与其他文件相区别的五个特征：特定的形成程序、共同并重复使用的特点、特殊的功能、产生的基础以及独特的表现形式。

(1) 标准的形成需要"通过标准化活动，按照规定的程序经协商一致制定"

上述定义首先强调了标准与标准化的联系，指出标准产生于标准化活动，也就是说只有通过标准化活动才有可能形成标准，没有标准化活动就没有标准。然而标准化活动形成的不仅仅是标准，还会有其他标准化文件，只有"按照规定的程序"并且达到了形成标准所要求的协商一致程度的文件才能称为标准。这里"规定的程序"是指各标准化机构为了制定标准而明确规定并颁布的标准制定程序。所以说，履行了标准制定程序的全过程，并且达到了普遍同意的协商一致后形成的文件才称其为标准。

(2) 标准具备的特点是"共同使用和重复使用"

共同使用是从空间上界定的，指标准要具有一定的使用范围，如国际、国家、行业等范围。重复使用是从时间上界定的，即标准不应仅供一两次使用，它不但现在要用，将来还要经常使用。"共同使用"与"重复使用"两个特点之间是"和"的关系，也就是说，只有某文件在一定范围内被大家共同使用并且多次重复使用，才可能考虑将其制定成标准。

(3) 标准的功能是"为各种活动或其结果提供规则、指南或特性"

最佳秩序的建立首先要对人类所从事的"活动"以及"活动的结果"确立规矩。标准的功能就是提供这些规矩，包括对人类的活动提供规则或指南，对活动的结果给出规则或特性。不同功能类型标准，例如界定术语、规定要求、确立总体原则、描述方法、提供指导或建议、给出信息等。

(4) 标准产生的基础是"科学、技术和经验的综合成果"

标准是对人类实践经验的归纳、整理，是充分考虑最新技术水平并规范化的结果。因此，标准是具有技术属性的文件，标准中的条款是技术条款，这一点是它区别于其他文件（如法律法规）的特征之一。

(5) 标准的表现形式是一种"文件"

文件可理解为记录有信息的各种媒介。标准的形成过程及其具有的技术规则的属性决定了它是一类规范性的技术文件。标准的形式有别于其他的规范性文件。通常每个标准化机构都要对自己发布的标准的起草原则、要素的选择、结构及表述作出规定。按照这些规定起草的标准，其内容协调、形式一致、文本易于使用。

通过前文对标准界定的分析，可以看出标准是"按照规定的程序经协商一致制定"的，这就确保了：一方面在标准形成过程中具有代表性的技术专家会参与其中，最新技术水平会被充分考虑，相对成熟的技术中可量化或可描述的成果会被筛选出来并确定为标准的技术条款；另一方面，经过利益相关方协商一致通过的标准会被各方高度认可，发布的标准可以公开获得，并且在必要的时候，还会通过修正或修订保持与最新技术水平同步。因此，标准的本质特征是"公认的技术规则"。

二、企业标准体系与企业标准体系表

(一) 企业标准体系

体系是"相互关联或相互作用的一组要素"。我们可以定义"企业标准体系"为："企业执行的标准按其内在联系形成的科学有机整体"。

（1）企业标准体系中的标准不仅是企业标准，而是“企业内的标准”，即该企业生产经营活动中，使用的各类标准，包括国际标准、国家标准、行业标准、地方标准、团体标准、企业标准，甚至是该企业采用的国内外其他企业的标准。

（2）企业标准体系中的各类标准不是杂乱无章的叠加集合，而是相互有内在联系的，也是相互发生作用的。如原材料标准、工艺标准等都是为了实现产品标准，设备管理标准是为了确保设备完好。

（3）企业标准体系是一个科学的有机整体。企业标准体系要做到科学、有效，首先要求企业标准体系应具有明确的目标性，即企业标准体系无论其结构还是内容，应能客观反映企业发展的需求和特点，满足企业经营管理活动所需的技术方法和最佳秩序供给。其次是企业标准体系应具有动态性，即企业标准体系的结构和内容会随着企业生产经营面临的外部条件和内部条件的变化而动态调整，而不是固定不动的。第三是企业标准体系应具有整体性或全局性，即企业标准体系的结构和内容是基于整个企业的发展立场来设计和完善的，而不可专注于局部，企业标准体系的局部优化要服从于整体优化。

（二）企业标准体系表

对企业执行的标准按其内在联系形成的科学的有机整体的描述就是企业标准体系表。这就是说，企业标准体系表是企业标准体系的形态表现方式。构建企业标准体系应编制企业标准体系表，企业标准体系表应反映体系结构、相互关系以及标准明细等信息。企业标准体系表通常包括标准体系结构图、标准明细表，还可以包括标准统计表和编制说明。

标准体系结构图用于表达标准体系的范围、边界、内部结构以及意图，标准明细表用于描述标准（或子体系）的不同属性，标准统计表主要用于根据统计目的设置标准类别及统计项，编制说明用于给出标准体系表编制背景、原则、依据、结构关系等情况。企业标准体系一般由保障标准体系、产品实现标准体系和岗位标准体系三个体系组成，如图 2-1 所示。企业标准体系由管理文件和使用文件两层文件构成。管理文件由保障标准体系和产品实现标准体系文件组成，使用文件为岗位标准体系文件。

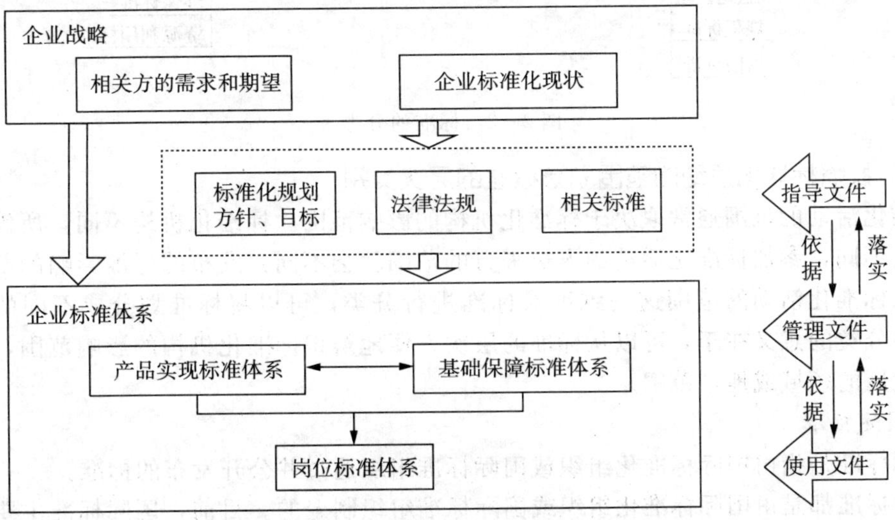

图 2-1 企业标准体系基本结构框图

三、标准的分类

标准的定义界定了其内涵，对众多标准清晰地分类并对各类标准进行界定，可以从外延上明确各类标准之间的界限，从而进一步厘清整个标准的边界。标准的数量众多，范围广泛，依据不同的维度可以将其划分成多个不同的类别。对标准的分类应该依据一定的原则：首先，分出的各类之间不应该存在交叉或适用界限不明等问题；其次，分类的结果应该有利于标准的管理与起草；再次，要便于区分出标准的功能；最后，还要考虑分类的结果能够在标准文本上呈现，以便通过文本能够辨识出标准的类别。根据上述原则，通过深入研究与分析，从标准化以及标准本身确定分类依据，按照五个维度进行分类，图 2－2 展示了对标准分类得出的结果。下面将分别按照不同的维度进一步详细讨论标准的分类及其结果。

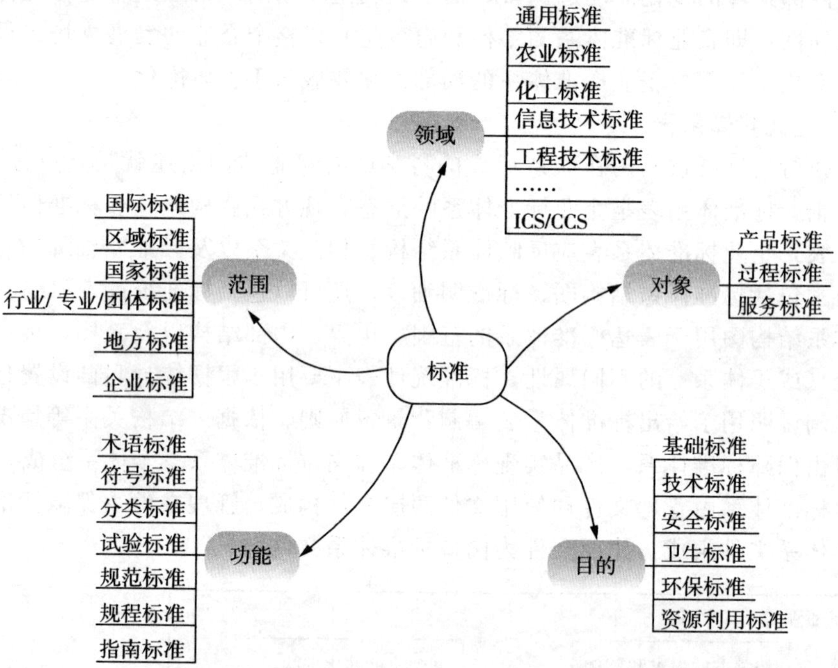

图 2－2　标准的分类

（一）按照标准化活动的范围划分标准的层次类别

标准化活动的范围通常取决于标准化机构的影响范围。标准化机构不同，所涉及的领域可能会不同，参加标准化活动的人员来自的范围就会不同，发布的标准影响的范围也会不同。从标准化活动的范围这一维度对标准进行分类，可以将标准划分成不同的层次类别。这种分类的意义在于，可以从标准的层次方便地辨识标准化机构的影响范围，从而了解标准适用的领域或地域范围。

1. 国际标准

国际标准是指由国际标准化组织或国际标准组织通过并公开发布的标准。

国际标准都是由国际标准化组织或国际标准组织制定的。目前，国际标准主要由世界上的三大标准组织发布：国际标准化组织（ISO）发布 ISO 标准，国际电工委员会（IEC）

发布 IEC 标准，国际电信联盟（ITU）发布 ITU－T 建议（Rec. ITU－T）和 ITU－R 建议书（Rec. ITU－R）。ISO、IEC、ITU 这三个国际标准组织发布的标准几乎覆盖了所有与标准化活动有关的技术领域。

ISO 出版的标准的编号如下所示：

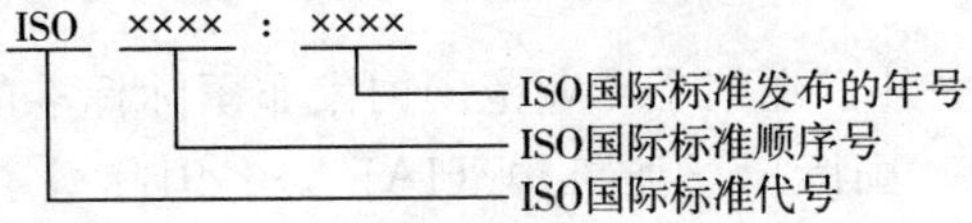

例如：

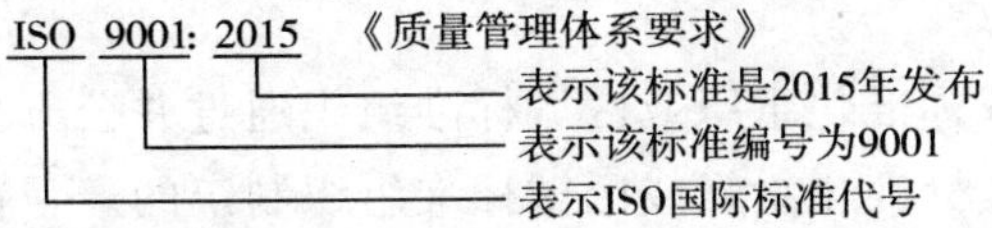

由 ISO 和 IEC 联合出版的标准的编号如下所示：

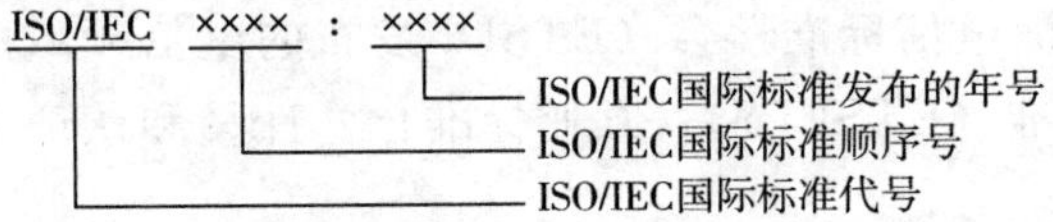

例如：

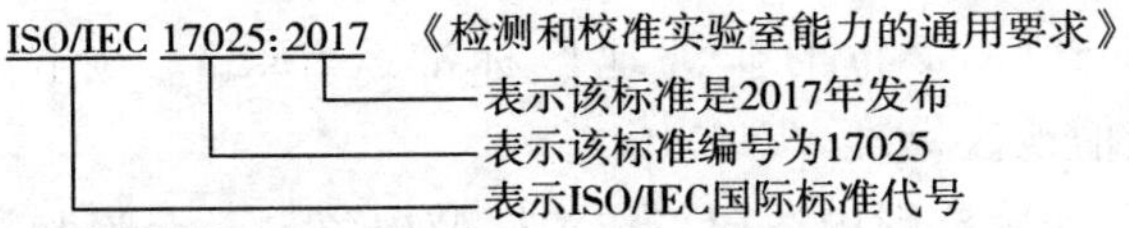

ISO 出版的技术规范的编号如下所示：

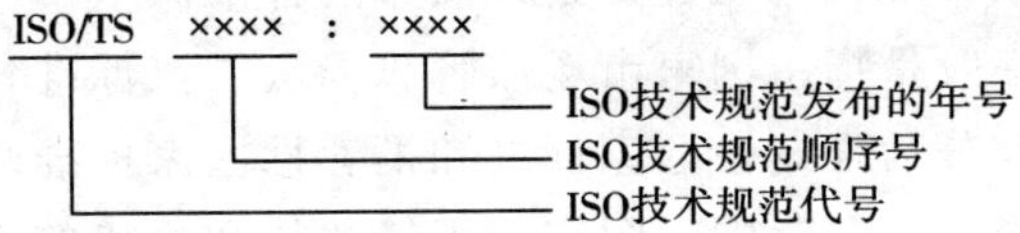

ISO 出版的技术报告的编号如下所示：

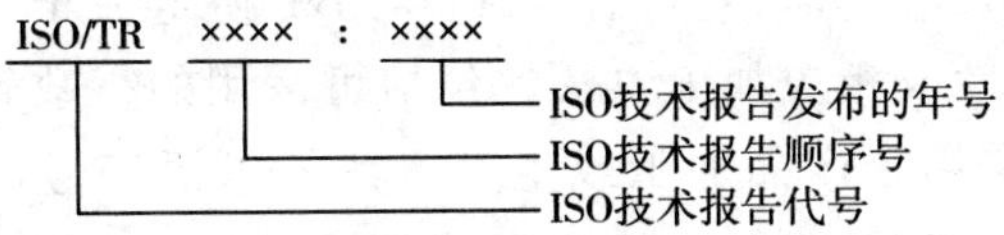

由 ISO 和 IEC 联合出版的指南的编号如下所示：

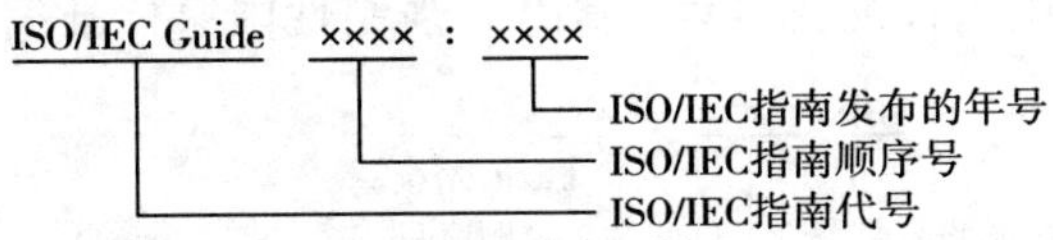

ISO 出版的可公开提供规范（PAS）的编号如下所示：

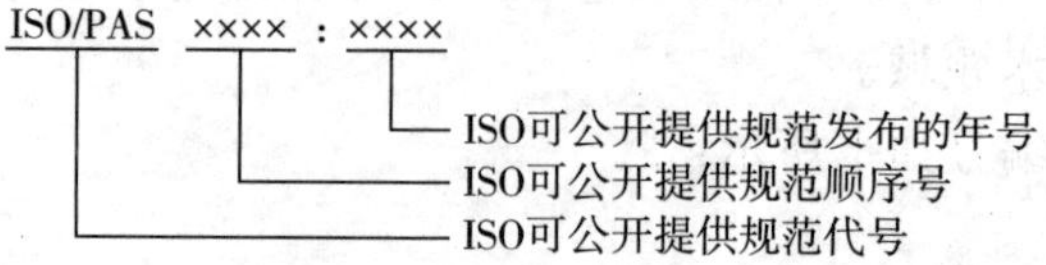

除 ISO、IEC、ITU 之外，在某个专业范围内发布国际标准的还有几十个机构或组织，诸如国际计量局（BIPM）、国际原子能机构（IAEA）、国际海事组织（IMO）、世界卫生组织（WHO）等。这里界定的“国际标准”包括了这些国际标准化组织发布的标准。国际标准发布后在世界范围内适用，作为世界各国贸易、交流和技术合作的基本准则。

2. 区域标准

区域标准是指由区域标准化组织或区域标准组织通过并公开发布的标准。区域标准均为具备地域型特点的区域标准化组织或区域标准组织制定的。目前有影响的区域标准包括以下几种。

欧洲地区：欧洲标准化委员会（CEN）和欧洲电工标准化委员会（CENELEC）发布的欧洲标准（EN）；欧洲电信标准学会（ETSI）发布的电信领域的欧洲标准（ETSI EN）和欧洲电信标准学会标准（ETSI ES）；欧亚标准化、计量和认证委员会（EASC）发布的独立国家联合体标准。

美洲地区：泛美标准委员会（COPANT）发布的泛美地区标准（COPANT）。

亚洲、非洲地区：南亚标准化组织（SARSO）发布的 SAARC 标准（SARS）；非洲地区标准化组织（ARSO）发布的非洲地区标准（ARS）；阿拉伯标准化与计量组织（ASMO）发布的阿拉伯地区标准（ASMO）。

区域标准发布后在区域范围内适用，作为区域内贸易、交流和技术合作的基本准则。

3. 国家标准

国家标准是指由国家标准机构通过并公开发布的标准。

在我国，国家标准一般是指由国家市场监管总局、国家标准化管理委员会发布的中国国家标准。我国国家标准分为强制性国家标准和推荐性国家标准。

强制性国家标准，指在一定范围内国家运用行政的和法律的手段强制实施的标准。强制性国家标准由国务院批准发布或者授权批准发布，一经发布必须执行。强制性国家标准是我国技术法规的重要组成部分，它符合 WTO/TBT 协定关于“技术法规”的定义，即“强制执行的规定产品特性或相应加工方法，包括可适用的行政管理规定在内的文件。技术法规也包括或专门规定用于产品加工或生产方法的术语符号，包装标志或标签要求”。根据《强制性国家标准管理办法》（国家市场监督管理总局令第 25 号），强制性国家标准的编号由国家标准代号、标准发布顺序号和发布年号组成。国家标准的代号由大写的汉语拼音字母构成，强制性国家标准代号为“GB”，强制性国家标准编号如下所示：

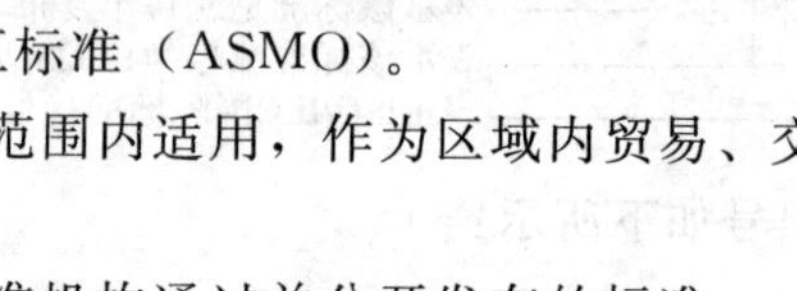

例如：

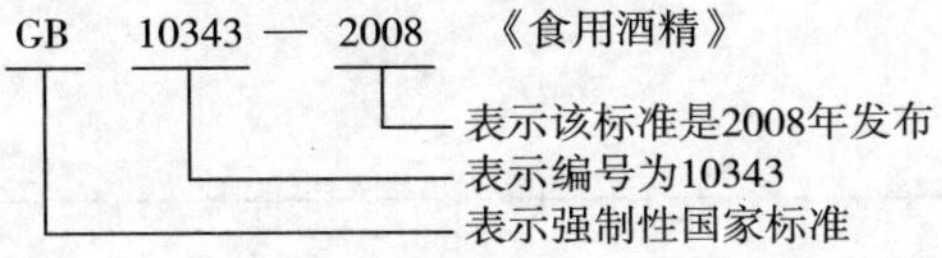

根据《标准化法》规定，对满足基础通用、与强制性国家标准配套、对各有关行业起引领作用等需要的技术要求，可以制定推荐性国家标准。推荐性国家标准由国务院标准化行政主管部门制定，对于同一产品，如果同时存在强制性标准和推荐性标准，则其技术水平肯定是后者高于前者。推荐性国家标准代号为“GB/T”，推荐性国家标准的编号如下所示：

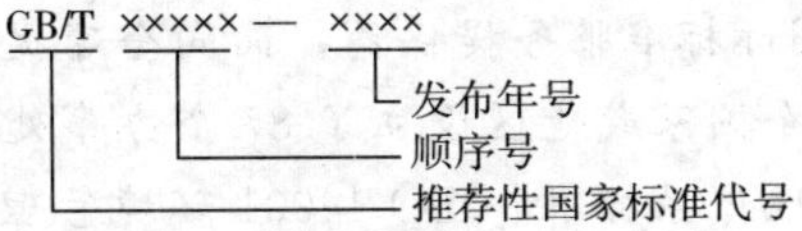

例如：

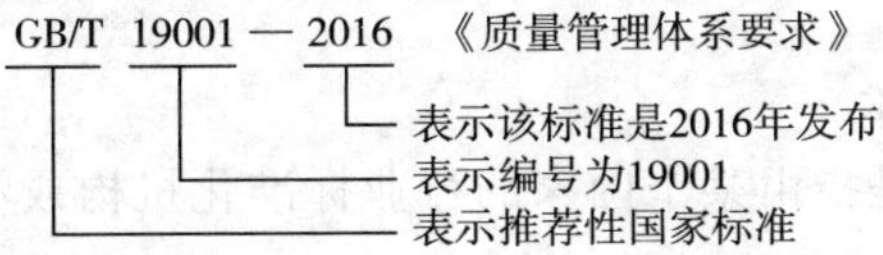

标准样品简称标样或称实物标准，是根据实施和制定文字标准的需要研制，作为文字标准补充的实物。根据《国家标准样品管理办法》（国市监标技规〔2021〕1号），标准样品是指以实物形态存在的标准，其规定的特性可以是定量的或定性的，应当具有均匀性、稳定性、准确性和溯源性。编号规则如下所示：

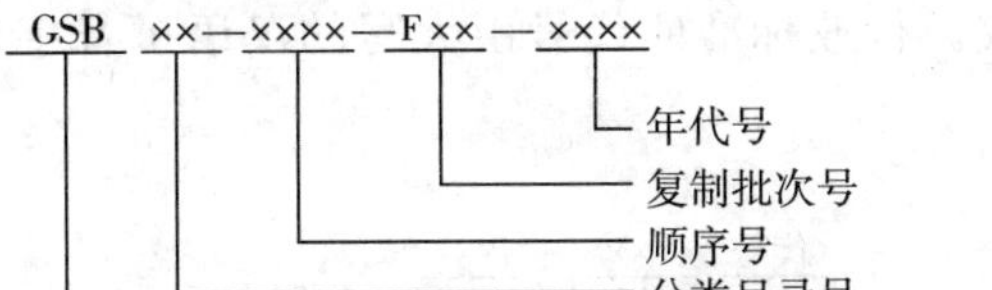

国际上具有影响力的国家标准大多由公认的国家标准机构（非权力机关）发布，主要有：英国标准学会（BSI）发布的英国标准（BS），德国标准化学会（DIN）发布的德国标准（DIN），法国标准化协会（AFNOR）发布的法国标准（NF），美国国家标准学会（ANSI）发布的美国国家标准（ANSI），加拿大标准理事会（SCC）发布的加拿大标准（CAN），日本工业标准调查会（JISC）发布的日本工业标准（JIS），俄罗斯联邦技术法规和计量局（GOST R）发布的俄罗斯国家标准（ГОСТР），印度标准局（BIS）发布的印度

标准（IS），巴西技术标准协会（ABNT）发布的巴西标准（ABNTNBR）等。

国家标准发布后在某个国家的范围内适用。

案例

英国标准协会（BSI）

英国标准协会（BSI）成立于1901年，当时称为英国工程标准委员会，是英国的国家标准机构（NSB），同时是首个国家标准机构。BSI作为国际标准组织ISO和IEC、欧洲标准组织CEN和CENELEC的英国成员，与许多不同的行业、企业、政府和消费者合作，以制定英国、欧洲和国际标准；经过100多年的发展，现已成为举世闻名的，集标准研发、标准技术信息提供、产品测试、体系认证和商检服务五大互补性业务于一体的国际标准服务提供商，面向全球提供服务。BSI的业务遍布全球各大洲，在全球31个国家或地区设立了87个办事处。BSI倡导制定了世界上流行的ISO 9001质量管理体系标准、ISO 14001环境管理体系标准、ISO 22000食品安全管理体系标准、ISO/IEC 27001信息安全管理体系标准、ISO 45001职业健康安全管理体系标准、ISO 50001能源管理体系标准等。

4. 行业/专业/团体标准

行业/专业/团体标准是指由某个国家的行业标准化机构或学会、协会团体标准化组织通过并公开发布的标准。

在我国，行业标准是在没有推荐性国家标准的条件下而需要在全国某个行业范围内统一的技术要求，由国务院有关行政主管部门制定并报国务院标准化行政主管部门备案的标准。行业标准需经国务院标准化行政主管部门审查确定并统一给予行业标准代号，如农业（NY）、机械（JB）、化工（HG）、船舶（CB）、旅游（LB）等（详见附录三）。

行业标准专业性很强，是国家标准的补充。行业标准的编号由行业标准代号、标准发布顺序号和发布年号组成。行业标准的代号由大写的汉语拼音字母构成。行业标准编号如下所示：

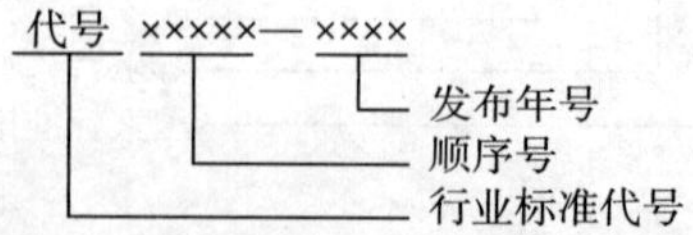

例如：

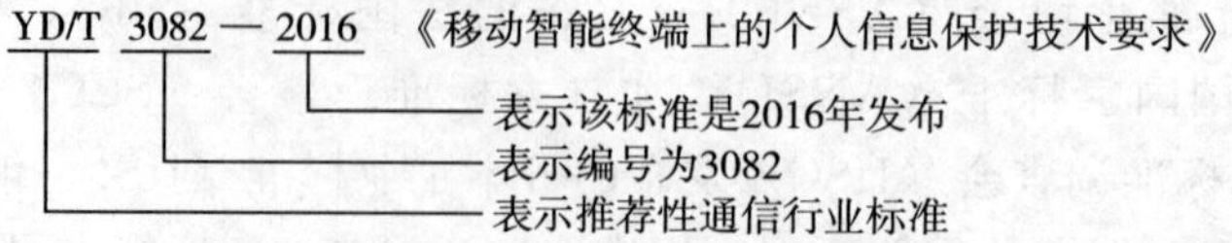

在国外，一些学会、协会发布的标准往往在某些专业领域中具有广泛的影响，如电气和电子工程师学会（IEE）发布的标准（IEEE Std）、美国材料与试验协会（ASTM）发布的标准（ASTM）、美国机械工程师协会（ASME）发布的标准（ASME）、万维网联盟（W3C）发布的建议（W3C Recommendation）。

在我国依法成立的社会团体制定的标准称为团体标准。团体标准是由学会、协会、商会、联合会、产业技术联盟等社会团体协调相关市场主体共同制定满足市场和创新需要，并由本团体成员约定采用或者按照本团体的规定供社会自愿采用的标准。

企业和社会团体是技术创新和产业化的主体，能够根据技术创新和变化快速制定标准，及时满足市场需求，在一些重要行业、战略性新兴产业、关键共性技术领域对我国经济的发展、技术的创新进步，对于增强我国的整体实力具有重要意义。

在团体标准的制定中，应当遵循开放、透明、公平的原则，保证各参与主体获取相关信息，反映各参与主体的共同需求，并应当组织对标准相关事项进行调查分析、实验、论证。国务院标准化行政主管部门会同国务院有关行政主管部门对团体标准的制定进行规范、引导和监督。我国实行团体标准自我声明公开和监督制度。社会团体应当公开其团体标准的名称、编号等信息。团体标准涉及专利的，还应当公开标准涉及专利的信息，国家鼓励社会团体公开其团体标准的全文或主要技术内容，鼓励社会团体通过标准信息公共服务平台自我声明公开其团体标准信息。

团体标准的编号由团体标准代号、团体代号、团体标准顺序号和发布年号组成，其中团体标准的代号为“T/”，团体代号一般由各团体自主拟定，宜全部使用大写英文字母或使用大写英文字母与阿拉伯数字的组合，团体标准编号如下所示：

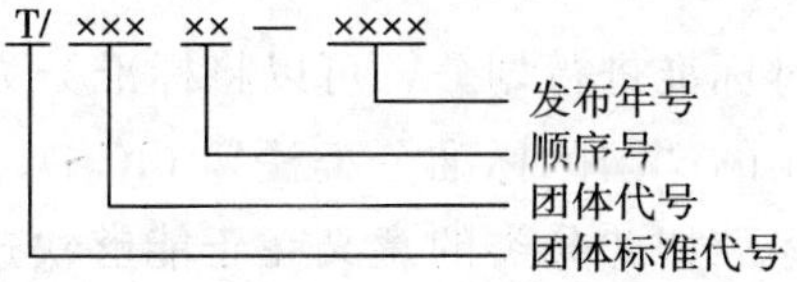

例如：

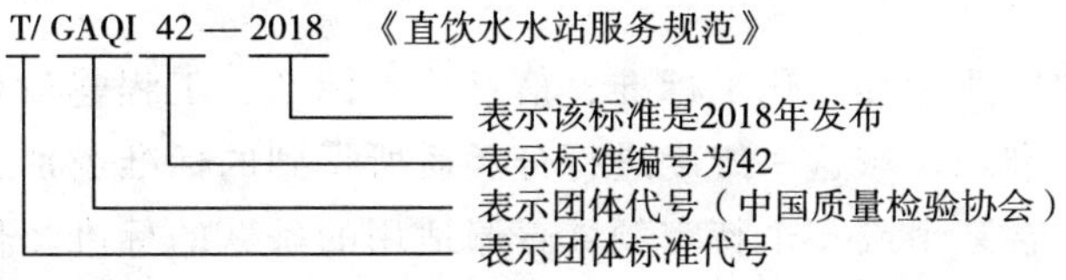

5. 地方标准

地方标准是指在国家的某个地区通过并公开发布的标准。

在我国，地方标准是由省级标准化行政主管部门和经其批准的设区的市级标准化行政主管部门统一组织编制、审批、编号和发布的标准。我国地方标准的统一代号为“DB”，每个省地方标准的代号为在“DB”后加上各地方行政区划代码的前两位数，每个市地方标准的代号为在“DB”后加上各地方行政区划代码的前四位数。地方标准的编号如下所示：

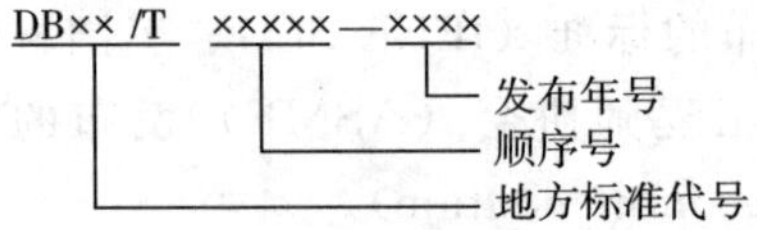

6. 企业标准

企业标准是指由企业自行制定、发布的标准，是对企业范围内需要协调、统一的技术要求、管理要求和工作要求所制定的标准。企业可以根据需要自行制定企业标准，或者与其他企业联合制定企业标准。国家支持在重要行业、战略性新兴产业、关键共性技术领域利用自主创新技术制定团体标准、企业标准。国家鼓励社会团体、企业制定高于推荐性标准相关技术要求的团体标准、企业标准。企业标准的编号由企业标准代号“Q”加斜线、行政区划号、企业代号、企业标准顺序号和发布年号组成。企业代号可用汉语拼音字母或用阿拉伯数字或两者兼用组成。

企业标准应当按照统一的规则进行编号，规则如下：

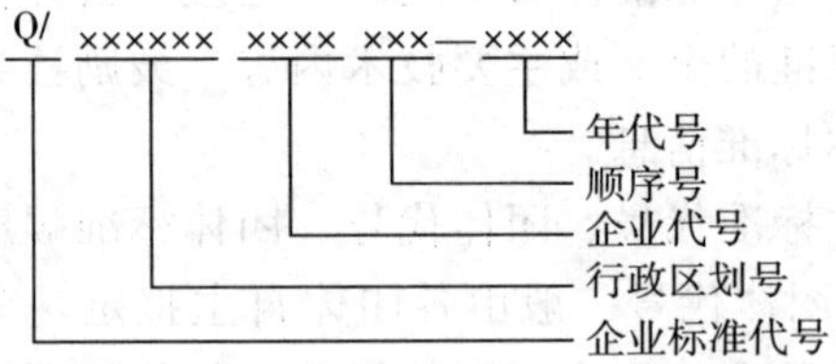

（二）按照标准化领域划分标准的专业类别

从标准化领域这一维度对标准进行划分，可以将标准分为不同的专业类别。在国际上被广泛使用、我国也已经采用的“国际标准分类法”（ICS），以及我国同时使用的“中国标准文献分类”（CCS），将标准如此分类的意义在于能够快速识别某标准所针对的标准化对象所属的专业领域，方便标准化机构按照标准涉及的领域对标准进行管理。由于标准涉及的标准化领域一般都非常广泛，各标准化机构为了辨识和管理，通常都采用这种分类方法。

我们经常所称的农业标准、化工标准、信息技术标准、工程建设标准、纺织标准、食品标准等，都是从标准化领域这一维度进行分类后所得到的标准类别。

通用标准是指包含某个或多个特定领域普遍适用的条款的标准。仅包含某个特定领域内普遍适用的条款的标准属于领域内的通用标准。通用标准在其名称中常包含词语“通用”，例如通用规范、通用技术要求等。

（三）按照标准化对象划分标准的对象类别

标准化对象是某标准化领域内“需要标准化的主题”。从标准化对象这一维度对标准进行分类，可以将某标准化领域内的标准划分成不同的对象类别。经常所称的产品、过程或服务就是对标准制定活动中标准化对象的概括，以这种概括的标准化对象为依据对标准进行分类，可以划分出产品标准、过程标准或服务标准的对象类别。

按照标准化对象将标准划分成对象类别的意义在于，一方面可以清楚地区分出标准的主题，便于标准的应用；另一方面可以根据标准化对象的具体情况，确定是针对其整体编制形成单独的标准，还是针对其不同的方面将标准分成系列部分。

1. 产品标准

产品标准是指规定产品需要满足的要求以保证其适用性的标准。产品标准是相对于过程标准和服务标准而言的一大类标准。根据上述定义可以归纳出产品标准的特点：标准化对象为具体的产品，制定标准的目的是保证产品的适用性，标准中规定的内容为“产品应满足的要求”。只有符合上述特点的标准才可划入产品标准这一类别。产品标准可以根据标准化对象进一步细分为原材料标准、零部件或元器件标准、制成品标准或系统标准等。

需要注意的是，“标准化对象为产品，所制定的标准就是产品标准”这一说法是错误的。按照产品标准的定义，标准化对象为产品，并且规定其应满足的要求的标准才是产品标准。如果标准化对象为产品，但标准仅包含术语、试验方法等内容中的一种，那么该标准不是产品标准，而是术语标准、试验标准等。

2. 过程标准

过程标准是指规定过程应满足的要求以保证其适用性的标准。过程标准是相对于产品标准和服务标准而言的一大类标准。根据上述定义可以归纳出过程标准的特点：标准化对象为过程，制定标准的目的是保证过程的适用性，标准中规定的内容为“过程应满足的要求”。只有符合上述特点的标准才可划入过程标准这一类别。

3. 服务标准

服务标准是指规定服务应满足的要求以保证其适用性的标准。服务标准是相对于产品标准和过程标准而言的一大类标准。根据上述定义可以归纳出服务标准的特点：标准化对象为服务，制定标准的目的是保证服务的适用性，标准中规定的内容为“服务应满足的要求”。只有符合上述特点的标准才可划入服务标准这一类别。

（四）按照编制标准的目的划分标准的目的类别

编制任何一项标准都有其特定目的，编制标准的目的不同，标准的技术内容就会不同。从编制标准的目的这一维度对标准进行分类，可以将标准划分成不同的目的类别。

以目的为依据对标准进行分类，可以快速确认制定标准的目的，从而为更好地应用标准提供便利。

1. 基础标准

基础标准是指以相互理解为编制目的形成的具有广泛适用范围的标准。基础标准是制定其他标准的基础，其适用范围广泛。基础标准是以实现相互理解为目的而制定的标准，如术语标准、符号标准、分类标准、试验标准等，其中的内容在制定其他标准（如技术标准、安全标准、环保标准等）时常常会用到，相关内容常常会被其他标准所引用。简而言之，基础标准是制定其他标准的基础。

2. 技术标准

技术标准是指以保证可用性、互换性、兼容性、相互配合或品种控制为目的制定，规定标准化对象需要满足的技术要求的标准。为了上述目的制定的“产品标准、过程标准和服务标准”以及“规范标准、规程标准”属于技术标准。可见这里所指的技术标准其制定目的是针对技术问题，不涉及政府部门出于公共利益关注的目的（如安全、健康等）。技术标准的应用需要发挥市场机制的作用，一般不会制定成强制性标准被强制实施。

3. 安全标准

安全标准是指以“免除不可接受的风险的状态”为目的制定的标准。安全是一个相对的概念，没有绝对的安全。因此，针对产品、过程或服务制定安全标准时，通常考虑的是获得包括诸如人类行为等非技术因素在内的若干因素的最佳平衡，将伤害到人员和物品的风险降低到可接受的程度。

安全标准中可以规定产品、过程或服务需要满足的安全要求，也可以规定为了安全的目的必须涉及的结构，执行的程序、工艺，等等。

只有安全成为制定标准的唯一目的，即标准是专门为了安全目的而制定的，这类标准才称为安全标准，也才有可能制定成强制性标准，如消费品安全标准、电气安全标准等。以适用性为目的制定的标准，也可能涉及安全内容，例如产品标准中规定了一些安全要求，但这类标准不属于安全标准，只是标准中涉及了安全内容。

4. 卫生标准

卫生标准是指以保障健康为目的制定的标准。卫生标准通常根据健康要求规定产品、过程、服务以及环境中化学的、物理的及生物有害因素的卫生学容许限量值，即最高容许浓度。该浓度是根据环境中有害物质和机体间的剂量反应关系，考虑到敏感人群和接触时间而确定的一个对人体健康不会产生直接或间接有害影响的“相对安全浓度”。

只有卫生成为制定标准的唯一目的，即所制定的标准是专门为了卫生的目的，这类标准才称为卫生标准，也才有可能制定成强制性标准，如生活饮用水卫生标准、空气消毒剂卫生要求、酱油厂卫生规范等。以适用性为目的制定的标准，也可能涉及卫生内容，例如产品标准中列出了一些卫生指标，但这类标准不属于卫生标准，只是标准中涉及了卫生的内容。

5. 环保标准

环保标准是指以保护环境为目的，使得环境免受产品的使用、过程的操作或服务的提供造成的不可接受的损害的标准。环保标准通常规定如下内容。

污染物排放限制：为了实现保护环境的目的，对污染源排入环境的污染物质或各种有害因素所作的限制性规定。污染物排放标准可分为大气污染物排放标准、水污染物排放标准、固体废弃物等污染控制标准等。

环境质量：为了保护生存环境、维护生态平衡，对环境中污染物和有害因素的允许含量所作的限制性规定。

只有环境保护成为制定标准的唯一目的，即所制定的标准是专门为了环保的目的，这类标准才称为环保标准，也才有可能制定成强制性标准，如工业污染物排放标准、锅炉大气污染物排放标准等。

6. 资源利用标准

资源利用标准是指以资源节约（如节能、节水、节材、节地、采用新能源或可再生能源）与综合利用（如矿产资源综合利用、废旧产品及废弃物回收与再利用）为目的制定的标准。

资源节约标准通常规定能效限定值、节能评价值或能效分等分级等。能效限定值是指在规定测试条件下所允许的用能产品的最大耗电量或最低能效值；节能评价值是用能产品是否达到节能产品认证要求的评价指标；能效分等分级是根据耗电量和能效水平的高低将产品分为1、2、3、4、5级，1级表示能效水平最高，最节能，5级表示仅达到了能效限定值指标。

（五）按照标准内容的功能划分标准的功能类型

每个标准都有其要发挥的功能，功能不同其内容也会不同，而其中的主要功能取决于标准的核心技术要素。对于同一个标准化领域、相同的标准化对象而言，如果标准所提供的功能不同，其核心技术要素的内容就会不同，随之标准的结构、表述形式也会不同。从标准核心技术要素的内容这一维度对标准进行分类，可以将标准划分成不同的功能类型。

以内容的功能为依据对标准进行分类，其意义在于通过对功能类型的区分，可以明确具有不同功能的标准中的技术内容，从而可以对相关标准的编写方法进行规定。

1. 术语标准

术语标准是指界定特定领域或学科中使用的概念的指称及其定义的标准。这个定义中的“概念的指称”即指“术语”。术语标准的功能是“界定”术语及其定义。这类标准的核心技术要素为“术语条目”，通常含有术语和定义，有时还附有示意图、注、示例等。术语标准通常包含了某个领域、学科或某个标准化对象的全部或大部分术语及其定义。这些术语及其定义可以构成某领域、学科或某标准化对象的概念体系。术语标准的典型内容及表现形式为：“按照概念体系编排的术语条目”加上“术语及其外文对应词的索引”。

术语标准中界定的术语是人类相互交流，尤其是技术交流的基础，有了被严格定义的术语，人类的科技、生产和贸易等活动的相互交流才成为可能。

2. 符号标准

符号标准是指界定特定领域或学科中使用的符号的表现形式及其含义或名称的标准。符号标准的功能通常为“界定”涉及某个领域的符号。这类标准的核心技术要素为“符号或标志及其含义”。符号标准的典型内容及表现形式为：“符号表”加上“符号含义（或名称）及其外文对应词的索引”。

符号标准界定的符号将便于各种语言、文化、知识背景的人们相互交流，这些符号在人们日常生活和科学技术活动中发挥着不可替代的作用。

3. 分类标准

分类标准是指基于诸如来源、构成、性能或用途等相似特性对产品、过程或服务进行有规律的排列或者确立分类体系的标准。分类标准的功能为“确立”分类体系，其核心技术要素是“分类和/或编码”。分类的结果可以是具有层级关系的类目，这些类目一般可用名称（通常由文字组成）、代码（一般由数字、字母或它们的组合构成）或标记（可由符号、字母、数字构成）进行识别。

4. 试验标准

试验标准又称试验方法标准，是指在适合指定目的的精确度范围内和给定环境下，全面描述试验活动以及得出结论的方式的标准。

试验标准的功能为“描述”试验方法，其核心技术要素通常包括详细的“试验步骤”

“试验数据处理”（结果的计算方法）。试验标准有时附有与试验相关的其他内容，例如原理、试剂或材料、仪器设备、样品、试验报告等。试验标准需要符合下述条件：首先，它应该规定试验所依据的试验步骤；其次，试验是有具体目标的，即要测定出产品或服务的具体特性值，也就是要得出试验数据并给出结果的计算方法；再次，它要根据确定的目标指明该试验所得出的结果的精确度。也就是说，试验标准要通过一个标准化的过程，得出在一定精确度范围内的结果或结论。

5. 规范标准

规范标准是指为产品、过程或服务规定需要满足的要求并且描述用于判定其要求是否得到满足的证实方法的标准。大多数标准化对象，无论是产品、过程还是服务，都可以成为规范标准的对象。

规范标准的功能为“规定”要求，其核心技术要素是规定标准化对象（或其某个特定方面）需要满足的“要求”，同时描述判定是否符合要求所使用的“证实方法”。也就是说规范标准中应该有由要求型条款组成的“要求”一章。在声明符合标准时，“要求”一章中所规定的要求需要严格遵守并且能够证实，因此规范中需要同时指出判定符合要求的证实方法。

6. 规程标准

规程标准是指为活动的过程规定明确的程序并且描述用于判定该程序是否得到履行的追溯/证实方法的标准，其中的过程包括但不限于设计、制造、安装、维护或使用，申请、评定或检验，接待、商洽、签约或交付等。

规程标准的功能为“确立”程序，“规定”程序指示，其核心技术要素是为活动的过程“确立程序”，规定履行程序的一系列“程序指示”并描述“追溯/证实方法”。

规程标准主要规定的是履行过程的行为指示，而规范标准规定的是对标准化对象的技术要求，这是规程标准与规范标准的主要区别。履行规程标准规定的程序指示不产生任何试验结果，而履行试验标准中描述的试验步骤必定产生试验结果，这是规程标准与试验标准的主要区别。

7. 指南标准

指南标准是指以适当的背景知识提供某主题的普遍性、原则性、方向性的指导，或者同时给出相关建议或信息的标准。

指南标准的功能为“提供”指导，其核心技术要素为“需考虑的因素”。在“需考虑的因素”中提供某主题的一般性、原则性或方向性的指导。在提供指导的同时，通常会以适当的背景知识给出相关信息，必要时还会提供相关建议。指南提供的是指导、建议或给出信息，但不规定要求、不推荐具体的惯例或程序。这是“指南标准”与“规范标准”或“规程标准”的本质区别。

（六）标准的其他分类

随着全球一体化进程的加快，标准的形式也在发生着变化，标准的分类也随之出现了新的类型，主要有正式标准和事实标准。

1. 正式标准

正式标准又称为法定标准（Dejure Standard），是由法定标准机构制定并发布的标准。如国际标准化组织、地区标准化组织、国家标准化组织和地方标准化组织所制定和发布的标准。

2. 事实标准

事实标准（Defacto Standard）是企业自行制定，通过企业成功的市场运作，促使产业界广泛接受的标准，包括被行业广泛使用的模式、语言、规范或协议。如 Kermit 通信协议、Xmodem 通信协议和 HP 公司的大型打印机语言（PCL）都是事实上的国际标准。

案 例

Office 形成的事实标准

微软公司推出 Office 系列软件之后即成为办公软件的事实标准。如今，在大多数情况下文档使用 Word 制作，数据使用 Excel 进行处理，幻灯片使用 PowerPoint 完成制作和演示，发送邮件采用 DOC 格式的文档。虽然近年市场上涌现了很多其他的办公软件，例如金山的 WPS、苹果公司的 iWork 办公软件，但是到目前为止这些软件也没有能够对 Office 系列软件造成真正的威胁。

（七）标准类别在标准文本上的呈现

对标准的分类不是盲目的，标准归属的类别都可以在标准文本上有所呈现。

标准的层次类别：在标准的封面上，通过发布标准的组织徽标和/或组织名称得以体现，如中华人民共和国国家标准、INTERNATIONAL STANDARD（国际标准）等。另外，标准的编号也能体现出标准的层次。

标准的专业类别：通常在标准的封面上可看到 ICS 号；在我国标准的封面上不但能看到 ICS 号，还能看到 CCS 号。另外。在标准名称的引导元素（如有的话）中也会写明标准所属的专业领域。

标准的对象类别：会呈现在标准名称的主体元素中。标准名称的主体元素就是表示标准化对象的元素。

标准的目的类别：通常会体现在标准名称的补充元素或主体元素中。在标准的引言中，如必要也可以阐述编制标准的目的。对于强制性标准，在标准名称中需要含有表述编制目的的词语，诸如“安全”“卫生”“健康”或“环境保护”“排放”“资源利用”等。

标准的功能类型：会呈现在标准名称的补充元素或主体元素中。诸如术语标准的“术语”等；符号标准的“符号”“图形符号”或“标志”等；分类标准的“分类”“编码”等；试验标准的“试验方法”“测量方法”“测试方法”“测定方法”或“化学分析方法”等；规范标准的“规范”“技术规范”等；规程标准的“规程”等；指南标准的“指南”；等等。

针对一个标准可以根据需要，从不同的维度称呼该标准的类别，如过程标准、服务规程标准、产品安全规范标准等。以 GB/T 14784—2013《带式输送机 安全规范》封面为例，从该标准的封面可了解到以下信息：标准编号，GB/T 14784—2013；标准名称，带式输送机安全规范；ICS 号，53.040.01；CCS 号，J81。这些信息对应标准分类的 5 个维度，从而可以确定该标准所属的类别/类型：从标准编号中可得出标准的层次类别为国家标准；从标准的 ICS 号和 CCS 号可得出标准的领域类别为“输送机械/材料储运设备”类标准；从标准的名称可得出标准的对象类别为“带式输送机”，属于产品标准，标准的目的类别为“安全标准”，标准的功能类型为“规范标准”。因此，可以将该标准称为“机械产品安全规范国家标准”。

第二节　标准化原理与方法

引 例

世界著名科学家、“中国航天之父”、“中国导弹之父”钱学森指出：标准化也是一门系统工程，任务就是设计、组织和建立全国的标准体系，使它促进社会生产力的持续高速发展……标准化系统工程的方法是有的，运筹学、控制论、电子计算机等等，所以方法这部分不用担心，只要有理论就可以组织干。

一、标准化基本原理

我国古代思想家孟子提出“不以规矩，不能成方圆”，该观点至今仍被视为揭示标准化本质特性的至理名言，是属于古典标准化理论。标准化原理作为标准化学科的研究内容之一，是对标准化活动过程规律性的认识，其研究成果可以指导人们开展标准化实践活动。由于国内外学者对标准化原理的研究角度不尽相同，得出的结论也有所差异，以下将对国内外标准化原理研究作简要分析。

（一）我国标准化原理研究

我国对标准化原理的研究和探讨已有数十载，虽然起步较晚，但有中国自己的风格与特色。我国标准化工作者为探索我国标准化理论做出了大量基础性研究，并且取得了一系列研究成果。

1. 我国标准化原理研究的部分代表人物及主要成就

（1）陈文详的《标准化原理与方法》

陈文详是我国机械行业著名的标准化专家，20 世纪 50 年代就开始从事机械部标准化管理工作。在 20 世纪 80 年代编写的《标准化原理与方法》中，他从重复利用效应、经验积累规律与熵增加原理相结合的角度论述了简化原理是标准化的基本原理，同时提出标准化管理中应实施优化原则（包括功能结构优化和参数系列优化）、动态原则、超前原则、系统原则、反馈原则、宏观控制原则和微观自由结合原则。

（2）王征的“五项”原理

原中国标准化综合研究所研究员王征在 1981 年发表的《标准化基础概论》一书中提出了五项标准化基本原理，即统一原理、简化原理、互换性原理、协调原理、阶梯原理。他认为在这五项原理中，统一原理是标准化原理的核心和本质，其他原理是统一原理的具体形式。

(3) 常捷的“八字”原理

中国人民大学工业经济系教授常捷在1982年提出标准化“八字”原理：统一、简化、协调、选优。常捷认为：统一是目标，协调是基础，简化和选优是统一、协调的原则和依据。

(4) 李春田的标准系统原理

李春田是我国著名的标准化专家，1982年他主编的《标准化概论》将我国标准化原理研究成果进行总结和归纳，提出“简化”“统一”“协调”“最优化”四项标准化的方法原理；在《标准化概论》(第6版)中又提出四项标准系统管理原理：系统效应原理、结构优化原理、有序发展原理和反馈控制原理。

(5) 郎志正的标准指导原则

北京理工大学教授郎志正在其主编的《标准化工程学》中提出标准化的五项指导原则，分别是效益原则、系统原则、动态原则、优化原则和协商原则。

(6) 张锡纯的标准工作原理

北京航空航天大学教授张锡纯主编的《标准化系统工程》提出了在标准化活动中需要遵守有序化原理、统一协调原理、系统优化原理和反馈控制原理等四项基本工作原理。

(7) 白殿一的有序化原理

中国标准化研究所研究员、全国标准化原理与方法标准化技术委员会主任委员白殿一认为，人类从事标准化活动是为了“促进共同效益”这一根本目的。标准化原理就是要揭示人类发挥标准化作用，获得共同效益的普遍的基本规律。有序化是标准化活动巨大效益产生的根本原理。标准化的“有序化原理”可以表述为：标准化活动确立并应用了公认的技术规则，建立了人类活动的最佳技术秩序，包括“概念秩序、行为秩序、结果秩序”，达到了人类行为及行为结果的有序化，从而促进了人类的共同效益。

2. 我国标准化原理研究的主要成果

1974年，我国标准化工作者首次提出“优化、简化、协调、统一是标准化的基本方法”和“在优化的基础上统一和简化是标准化最基本的特点”的论述，逐渐形成较成熟的“简化、统一、协调、最优化”的标准化方法原理。

(1) 简化原理

简化就是将具有共同功能的标准化对象，当其多样性的发展超出了必要的范围时，即应消除其中多余的、可替换的和低效能的，保持其构成的精炼、合理，使总体功能最佳。

(2) 统一原理

统一化就是在一定时期、一定条件下，对标准化对象的形式、功能或其他技术特性所确立的一致性，它与被取代的事物功能等效。统一化应符合以下一般原则：一是一致性原则，统一化的目的是确立一致性；二是时间和条件原则，标准化所说的统一是在一定时间和一定空间范围内有效的；三是等效性原则，统一的前提是等效，统一必须具有被取代前事物功能上的等效性。

(3) 协调原理

标准是标准利益相关方协商一致的产物或相互妥协的结果。某项标准的制定和实施往往会涉及多个利益相关方的利益，达成各方面都能接受的“妥协”是一个需要充分沟通和协调的过程。任何一项标准都是标准系统中的一个功能单元，既受系统的约束，又影响系统功能的发挥，所以每制定或修订一项新标准都须进行协调。

协调是标准化活动的一个基本方法，在标准化活动中被广泛应用。一个先进的技术标准，应该是一个最佳协调的结果。一个好的产品、先进的工艺方法、合理的设计结构、最佳的参数和技术指标以及正确的管理方法等，都应该是系统内外经过最佳协调的产物。

（4）最优化原理

标准化的最终目的是要取得最佳效益。标准化活动的结果能否达到这个目标，取决于一系列工作的质量。在标准化活动中应始终贯穿“最优”思想。

（二）国外标准化原理研究

国际标准化组织（ISO）于1952年成立了标准化原理研究常设委员会（STACO），其首要职责是在标准化原理、方法和技术方面充当国际标准化组织理事会的顾问。

近百年来，世界各国的标准化专家、学者一直致力于标准化原理等基础理论的研究，发表了相关的研究成果或专著，对标准化理论产生了重大影响，对标准化理论的发展起到了重要推动作用。主要有：英国T. R. B. 桑德斯的标准化“七原理”；日本松浦四郎的工业标准化原理；法国C. 雷诺的标准化优先数系理论；法国卡柯特的标准化卡柯特法则（标准化经济效益原理）；波兰约·沃基茨基的标准化三维空间；英国西尔伯斯敦的标准化西尔伯斯敦曲线；美国J. 盖拉德的工业标准化八原理；印度魏尔曼的标准化新学科；苏联特卡钦科的标准化对象参数最佳化系统。这些标准化专家学者都对标准化的理论建设作出了巨大的贡献。

二、标准化基本方法

标准化的基本方法，也称为标准化的形式，主要有简化、统一化、系列化、通用化、组合化和模块化。不同标准化方法（形式）所达到的目的是不同的。

（一）简化

1. 简化的内涵

简化是指在一定范围内缩减对象（事物）的类型数目，使之在一定时间内满足一般需要的标准化形式之一。简化是最古老、最基本的标准化形式之一，揭示了标准化的本质。

理解简化的内涵，需关注以下要点：

（1）一定范围

缩减对象的数目和类型需要有度，并非越少越好、越简越优。简化的范围是通过对象的发展规模（如品种、规模的数量）与客观实际的需要程度相比较而确定的。要防止简化不足而达不到优化的目的，也要避免过度压缩而损害利益相关者的利益，这是简化的重要原则之一。

（2）一定时间

简化是事后进行的，即在事物的多样性发展到一定规模之后，才对事物的类型数目加以缩减。另外，简化不仅要降低目前的复杂性，而且还要预防将来产生不必要的复杂性，以保证标准化成果的生命力和系统的稳定性，因此对简化所涉及的范围以及简化后标准发生作用的范围，都有必要做较为准确的估算。

（3）简化的目的

简化的直接目的是控制盲目多样化；简化的最终目的是实现系统“总体功能最佳”。也就是说，简化不是随意缩减，而是要通过简化消除低功能的和不必要的类型，使产品系统的结构更加精炼、合理，它同时也是一个优化的过程。这不仅可以提高产品系统的功能，而且还为新的更必要的类型的出现，为多样化的合理发展扫清障碍。

2. 简化的客观基础

事物的多样性是发展的普遍形式，但盲目的、过度的多样性将导致浪费、失效，甚至阻碍社会发展。以消费品为例，其功能包括基本功能、条件功能和附加功能。基本功能是用来满足人们对该物品的共同需要的功能；条件功能是使基本功能得以充分发挥的功能；附加功能是用来满足某些消费者对物品的特殊需要的功能。条件功能和附加功能的扩充使产品品种日益丰富。当这种多样化导致低效、混乱的时候，便需要进行控制。控制的方法有两种，一是通过竞争来淘汰（这要以相当大的经济损失和资源浪费为代价），二是通过简化进行有意识的自我调节和自我控制。世界各国在工业化过程中都曾遇到这样的问题，并且都把简化作为克服和防止混乱的有效手段加以广泛应用，至今仍然如此。

3. 简化的应用

简化的应用领域相当广泛，如产品设计简化，产品品种规格的简化等，甚至原材料品种、规格的简化等，而且术语、图形、符号、编码、流程、管理方法等也都可以成为简化的对象。而随着经济的发展，新事物、新方法层出不穷，简化的对象也在发生变化。

案 例

简化设计使福特汽车占据绝对优势

1903年亨利·福特建立汽车厂之前，汽车工业完全是手工作坊式的。三两个人合伙，买一台引擎，设计一个传动箱，配上轮子、刹车、座位就是轿车。在手工业时代，每辆轿车都是不同的型号，装配一辆，出售一辆，谈不上规模经济。当时，每装配一辆轿车，需要728个人工小时，售价在4700美元左右。与当时美国人均工资25美元/小时相比，工人农民难以问津轿车，轿车完全是富人的专利，是地位的象征。为了尽可能降低单位产品的平均成本，1908年亨利·福特简化汽车设计，采用标准的配件、流水线的方式生产单一型号、单一颜色的T型车。结果，汽车的生产时间缩短为125小时一辆，12年后达到每分钟一辆汽车的水平。伴随着福特汽车公司简化汽车设计和生产，T型车的价格急剧下降，1910年为780美元/辆，1911年690美元/辆，1914年360美元/辆。低廉的价格为福特汽车公司赢得了大批中低收入阶层用户，福特汽车公司在美国的汽车市场份额突飞猛进，从1908年的9.4%上升到1911年的23%、1913年的36%，1914年则达到48%，月盈利600万美元，在美国汽车行业占有绝对优势。

（二）统一化

1. 统一化的内涵

统一化是指将同类事物的多种表现形态归并为一种或限定在一定范围内的标准化形式。统一化也是古老的标准化形式之一，其实质是使对象的形式、功能（效用）或者其他特征具有一致性，并把这种一致性通过标准确定下来。

案例

国际铁路通用标准轨距：1435mm

中华人民共和国成立前，帝国主义列强在中国修的铁路轨距有许多种：东北的中东铁路为1524mm，京沈铁路为1435mm，滇越铁路为1000mm。1949年后全国营运铁路的轨距统一为1435mm，这一轨距也是国际铁路协会在1937年确定的国际通用标准轨距。

2. 统一化与简化

统一化与简化既有联系又有区别。

统一化与简化的联系：两者的目的都是消除由于不必要的多样性而造成的混乱和低效。统一化与简化的区别：统一化着眼于事物的共性，即去异存同，其结果是取得一致性，遵循的是“等效”原则；简化着眼于精炼，肯定某些个性同时存在，其结果并不是缩减到只有一种，而是通过简化保存若干合理的种类，以少胜多，遵循的是“优化”原则。

3. 统一化的方式

统一化的方式主要有选择统一、融合统一和创新统一。

（1）选择统一。所谓选择统一，就是在若干需统一的对象中选择其中的一个作为标准确定下来，并以此来统一其余对象的方式。这种方式适用于那些相互独立、相互排斥的被统一对象。如上述案例中所讲的我国铁路轨距的统一化就是选择统一的方式。

（2）融合统一。所谓融合统一，就是在若干需统一的对象中博采众长，取长补短，融合而成一个更好的形式作为标准来统一的方式。适于融合统一的对象都具有互补性。如秦始皇统一文字，就是融合统一的方式。

（3）创新统一。所谓创新统一，就是用完全不同于被统一对象的崭新的形式来统一的方式，主要用于由于某种原因无法使用其他统一方式的情况。如国际计量单位统一各国的计量单位，欧元统一欧盟各国的货币等。

4. 统一化的应用

统一化是进行标准化活动的基本形式，应用较为广泛，主要有以下方面：

（1）名词、术语、符号、图形、标识、编码等的统一。名词、术语、符号、图形、标识、编码等是进行信息交流和沟通的基本要素，统一的表达有助于交流顺畅，避免混乱。

（2）产品规格的统一。产品规格的统一，不仅可以减少不必要的多样性，更重要的是它是通用化、组合化和模块化的基础和前提条件。

（3）数值和参数的统一。数值和参数的统一是关联事物和概念之间进行协调与统一的基础，例如标准电压、标准长度、计量准确度等级等。

（4）程序和方法的统一。生产活动中的程序、规则、方法、条件等方面的统一带来更高效率。

（三）系列化

1. 系列化的内涵

产品系列化是对同一类产品中的一组产品进行结构优化，实现整体功能最佳的一种标准化方法和形式。它通过对同一类产品发展规律的研究以及市场需求发展趋势的预测，结合自身的生产技术条件，经过全面的技术经济比较，将产品的主要参数、规格、尺寸等做出合理规划，以协调系列产品和配套产品之间的关系。

2. 系列化与简化

通过系列化可以减少不必要的多样性，这与简化的目的是完全一致的。因此，系列化是简化的一种具体形式。另外，系列化在对产品结构进行优化时，从市场需求的发展趋势出发，着眼于未来，为企业实现多品种设计、开发、生产、销售及服务提供了科学合理的规划，具有全局性、整体性和预见性。因此，系列化源于简化，但高于简化。

3. 产品系列化的内容

产品系列化包括制定产品参数系列标准、编制系列型谱和开展系列设计三个方面的内容。

（1）制定产品参数系列标准

产品参数是用来标识产品的结构特性（如外形尺寸、容积、质量等）和功能特性（如额定电压、输出功率等）的一组量值。产品参数包括性能参数和几何尺寸参数。性能参数是表征产品的基本技术特性的参数，如载荷、功率、容量、转速、压力等。几何尺寸参数是表征产品规格的参数，如长、宽、高、体积、容积等。

基本参数是用来反映产品基本结构和主要性能的一组参数。如家用电冰箱的基本参数有额定电压、输出功率、冷冻室温度、箱内有效容积、净重等。

主参数是指在基本参数中起主导作用的一个（有时也可为两个）参数。主参数能反映产品最基本的特性，如电动机的功率、起重机的起重量等。

产品的基本参数按照一定的数值分级排列，构成基本参数系列。产品基本参数系列是产品系列化的首要环节，也是编制系列型谱、进行系列设计的基础。产品的基本参数系列确定得是否合理，不仅直接关系到该产品与相关产品之间的配套协调，而且在很大程度上影响企业的经济效益乃至国民经济效益。

制定产品基本参数系列标准的步骤和方法如图 2 - 3 所示。

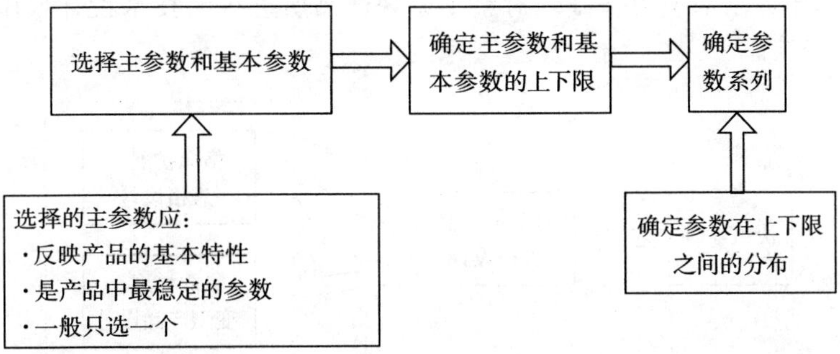

图 2 - 3　制定产品基本参数系列标准的步骤和方法示意图

(2) 编制产品系列型谱

仅通过参数系列进行产品分档分级往往不能满足市场（消费者）对产品的多样化需求，还要求同一规格的产品有不同的型式。而产品系列型谱就是对基本参数系列所限定的产品进行型式规划，在对市场需求进行科学预测的基础上，结合企业产品特点，把基型产品与变型产品的关系以及品种发展的总趋势用图表反映出来，形成一个简明的品种系统表。系列型谱大多通过矩阵结构图或树状图表达。

一种产品的系列型谱，实际上是该产品品种的发展规划图（表），是一种具有战略意义的基础性标准，它具有长期性、全局性和系统性的特征。系列型谱的编制应在大量调查研究的基础上进行科学的分析和预测。

案例

某特种车生产企业的产品系列型谱矩阵结构

表 1　某特种车生产企业的产品系列型谱矩阵结构

销售对象	产品大类	产品小类	通用底盘	主要功能部件							
				保险柜	车载电台	防弹窗	报警器	车载武器	防盗系统	加固车身	选配
银行	运钞车	A1	庆铃	保险柜 D	车载电台	防弹窗	报警器	车载武器	防盗系统	加固车身	GPS
		A2	海狮	保险柜 A	车载电台	防弹窗	报警器	车载武器	防盗系统	加固车身	—
公安武警消防保卫	面包警车	B1	长安	—	车载电台	防弹窗	报警器	车载武器	防盗系统	加固车身	GPS
		B2	东南	—	车载电台	防弹窗	报警器	车载武器	防盗系统	加固车身	—

(3) 产品系列设计

产品系列设计是以基型为基础，对整个系列产品所进行的技术设计或施工设计。主要步骤如图 2－4 所示。

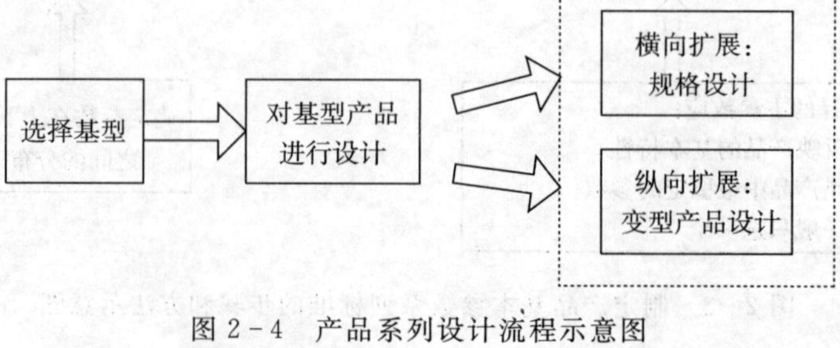

图 2－4　产品系列设计流程示意图

① 选择基型。基型一般应选择系列内最有代表性、规格适中、用量较大、生产较普遍、结构较先进，经过长期生产和使用考验，结构和性能都比较可靠，又很有发展前途的型号。

② 对基型产品进行设计。须充分考虑系列内产品之间，以及与变型产品之间的通用化。

③ 横向扩展。即进行系列产品的规格设计，应尽可能充分利用结构典型化和零件通用化等方法，扩大通用化程度。

④ 纵向扩展。即设计变型系列或变型产品，变型与基型要最大限度地通用。

（四）通用化

1. 通用化的内涵

通用化是指在互相独立的系统中，选择和确定具有功能互换性或尺寸互换性的子系统或功能单元的标准化形式。

通用化是以互换性为前提的。所谓互换性，指的是不同时间、不同地点制造出来的产品或零件，在装配维修时不必经过修整就能任意替换使用的性质。也可以说是指某一产品、过程或服务代替另一产品、过程或服务并满足同样要求的能力。

互换性概念有两层含义：

一是产品的功能可以互换，它要求某些影响产品使用特性（常指线性尺寸以外的特性）的参数按照规定的精确度互相接近，通常称为功能互换性；

二是产品的配合参数（一般指产品的线性尺寸和连接部分）按规定的精确度互相接近，即当两个产品的线性尺寸相互接近到能够保证互换时，就达到了尺寸互换，通常称为尺寸互换性。

尺寸互换性是功能互换性的部分内容，是实现通用化的前提，它对于零部件的通用化具有突出的作用。

2. 通用化的目的和作用

通用化的目的是最大限度地扩大同一产品（包括元器件、部件、组件、最终产品）的使用范围，从而最大限度地减少产品（或零件）在设计和制造过程中的重复劳动。其效果体现在简化管理程序、缩短产品设计和试制周期、扩大生产批量、提高专业化生产水平和产品质量、方便顾客和维修、最终获得各种劳动和物化劳动的节约、为企业带来一系列经济效益。

具有功能互换性的复杂产品，通用化的意义更为突出。例如，一个生产柴油机的企业，如果它所设计的柴油机，既可用于拖拉机，又可用于汽车、装运机、推土机和挖掘机等，即它的通用性越强，产品的销路就越广，生产的机动性就越大，对市场的适应性越强。发展这样的产品，对于防止不必要的多样化、组织专业化生产、提高经济效益都有很大意义。

3. 通用化的一般方法

通用化的实施应从产品开发设计时开始，这是通用化的一个重要指导思想。通用化设计通常有三种情况：

一是系列开发的通用化设计。在对产品进行系列开发时，通过分析产品系列中零部件的共性与个性，从中找出具有共性的零部件，能够通用的尽量通用，这是最基本和最常用的通用。如有可能，还可以发展系列间的产品和零部件通用。

二是单独开发某一产品（非系列产品）时，也尽量采用已有的通用件。即使新设计的零部件，也应充分考虑使其能为以后的新产品所采用，逐步发展成为通用件。

三是在老产品改造时，根据产品在生产、使用、维修过程中暴露出来的问题，对可以实现通用互换的零部件，尽可能通用化，以继续降低生产成本，保证可靠性，焕发老产品的活力。老产品技术改进时新设计的零部件应充分考虑到使其能为以后的产品所采用。

企业通常的做法是把已确定的通用件编成手册或计算机软件，供设计和生产人员选用。通用件经过多次生产和使用考验后，有的可提升为标准件。产品通用化所产生的社会经济效益，是其他标准化形式所无法取代的。

4. 通用化在产品工艺中的应用

（1）工艺规程典型化

从企业的实际条件出发，根据产品的特点和要求，把工艺上具有较多共性的加工对象归并到一起并分成若干类或组，然后在每一类或组中选出具有代表性的加工对象，以它为样板编制出典型工艺。典型工艺规程不仅可以直接用于该加工对象，而且基本上可供该类对象使用，典型工艺规程实际上是通用工艺规程。在产品品种多变的企业里，典型工艺还可作为编制新工艺规程的依据，起着标准的作用。

编制典型工艺可以零件组为对象，也可以各种零件中的同一工艺要素（即以工序）为对象，如电镀、涂漆及包装等。

对于标准件和通用件则更适于采用典型工艺，因为同类标准件的结构相同，仅仅尺寸不同，无须再分类分组便可直接编成典型工艺，供操作者使用。

工艺规程典型化有利于改进企业工艺管理，减少工艺文件的编制数量，简化工艺试验和验证，缩短生产准备周期，为适应新技术、组织专业化生产创造条件；可以提高工装的通用化程度，节约加工工时，简化生产车间的生产组织和计划管理。

（2）成组工艺

成组工艺是指零件成组加工或处理的工艺方法和技术。成组工艺是在总结典型工艺经验的基础上发展起来的。典型工艺与成组工艺的相同之处是两者都要在零件分类的基础上实现工艺通用化，不同之处在于以下方面：

① 实现通用化的依据不同。典型工艺是以相似零件具有的共同工艺过程为基础，而成组工艺则是以工序内容相似为基础。

② 零件分类原则不同。典型工艺侧重零件形状的统一，以求得相似零件工艺过程的统一；成组工艺是以被加工表面要素和定位夹紧方式的统一为基础，以达到工序内容的统一。

③ 适用的范围不同。典型工艺建立在工艺过程相似的基础上；成组工艺仅要求个别工序内容相似，不受零件几何形状的约束，应用范围广，即使在单件小批生产的情况下，能够进行成组加工的零件种类也是较多的。

案 例

汽车基础模块架构的通用化

从大众汽车的MQB到丰田的TNGA，平台化的生产方式被越来越多汽车厂商采用。而架构是在平台基础上更底层的模块化，其优势在于生产过程的通用化。对于车企来说，可以节省研发成本，缩短开发周期。吉利品牌研究院院长李传海说："通用化并不意味着产品的雷同，在保证通用化的前提下，不同品牌的产品可以根据不同需求，提供差异化的选择。""架构的模块化给了不同品牌不同的选择，就像大众有半独立悬架和独立悬架，基于品牌的定位不同，可以选择半独立悬架或者选择独立悬架。""在保持通用的基础上，给不同的品牌灵活的差异化选择。"

目前吉利控股集团已形成了四大基础模块架构：CMA、BMA、SPA、全新一代电动汽车专属架构PMA。四大架构未来会在集团旗下品牌之间，实现资源共享和规模化效应。

（五）组合化

1. 组合化的内涵

（1）组合化

组合化是指按照标准化的原则，设计并制造出一系列通用性很强且能多次重复应用的单元，根据需要拼合成不同用途产品的一种标准化形式。组合化是受积木式玩具的启发而发展起来的，所以也称为"积木化"。

（2）组合元

组合元也叫作"组合件"，是指在产品设计、生产过程中选择和设计的，独立存在的，可以通用、互换的，并具备特定的功能的标准单元和通用单元。

2. 组合化的原理

组合化的思想基于系统论，通过两个步骤来实现。第一，分解。从系统论的视角，我们可以把任何一个产品分解为若干具备特定功能的单元，如教学楼的墙体可分解为一块一块的砖；汉字大多可以分解为偏旁部首，如"秋"可分解为"禾"与"火"等。第二，组合。分解后的独立功能的标准单元，可以根据新系统的要求组合而形成新的产品或事物。如若干砖的新的组合可以建造成图书馆、宿舍楼、办公楼等；"禾"与"平"组合构成"秤"等。

3. 组合化设计的过程

组合化设计，主要由四个步骤构成，如图 2 - 5 所示。第一，分析用户对产品的需求，可以通过树状图质量功能展开等方法，结合产品标准，确定产品的品种类型和结构。第二，根据用户需求和产品结构，进行产品功能单元划分。在这一过程中，功能单元的划分应与已有标准单元充分结合。第三，组合设计。根据功能单元的划分，尽量从贮存的标准件、通用件和其他可继承的结构和功能单元中选择新产品中所需要的零件，对于必须重新设计的零件应尽量选用标准的结构要素，将原有技术和新技术进行组合，扩大标准化成果的重复作用。第四，设计审查评价。

组合化设计依赖于标准单元的设计。完整的标准单元的设计，包括组合元的划分、编排组合型谱检验、制定组合元标准。

图 2-5　组合化设计过程示意图

4. 组合化的意义

组合化已广泛应用于制造业、建筑业、编码系统、程序设计等领域，并表现出明显的优越性。组合化的重要意义主要表现在以下方面：第一，有效地控制了零部件的多样化，提高了经济效益。组合化设计的过程中尽可能多地使用标准组合元，通过功能单元的组合而形成较多的产品，减少了零部件的种类，更加经济高效。第二，促进了产业链分工的细化和专业化生产的发展。标准组合元系统的完善，推进了产业链分工的细化，从而使批量较大的标准组合元实现集中生产，保证了零部件结构的稳定，提高了专业化水平，也有利于提高产品质量，为加工装配型企业提供了更为广阔的发展空间。第三，有利于加快创新，更充分地满足市场需求。组合化原理促进了创新，也加快了设计、生产和投入市场的进程，以使用户能更快地实现设备更新。

（六）模块化

1. 模块化的内涵

模块是指由元件或子模块组合而成的、具有独立功能的、可成系列单独制造的标准化单元，通过不同形式的接口与其他单元组成产品，具有可分、可合、可互换的特性。

模块化是指以模块为基础，综合了通用化、系列化、组合化等特点的一种标准化形式。模块化主要是针对复杂系统（产品或工程）开展的标准化形式。

模块化产品是一种重要的柔性设计和生产形式，也就是说通过柔性的产品设计使企业可以通过组合现有模块或新模块，快速、低成本地生产适应市场和技术变化的产品。

模块化通常包括模块化设计、模块化生产和模块化装配。

2. 模块化产生的背景

20 世纪后期，世界各国都在致力于发展经济。经济发展与技术进步相互促进，良性互动，供求矛盾得到了极大缓解，卖方市场逐渐向买方市场转变，企业只有不断地开发出符合市场需求的新产品才能生存。在这种形势下，产品复杂化、多样化，产品的经济寿命周期不断缩短的趋势逐步显化，许多企业面临着市场需求的多样化、多变化与产品开发能力之间的尖锐矛盾的挑战。组合化和模块化都是在这种客观形势下产生的“以不变应万变”或“以少变求多变”的产品开发策略。

早期的模块化是运用劳动分工理论，在企业内部对生产工序的垂直分解，模块化设计也只是使产品和工序本身标准化，并不具有独立改进的功能，也不能发展成为一个独立的产业，只是一个封闭的产品结构。

3. 模块的特点

模块不同于一般的产品部件，模块具有以下特点：

(1) 模块是一种具有独立功能，可单独制造、销售的标准化产品。

(2) 模块与产品系统的其他要素可分、可合。

(3) 高层模块可以包含低层模块（即由模块组成模块）。

(4) 模块通过各种形式的接口和连接方式构成新的产品。

4. 模块的类型

模块有不同的分类方法，较为普遍使用的有以下几种：

(1) 功能模块

按照价值工程的功能分析方法，可将产品系统分为具有不同功能的单元，执行这些功能的模块称为功能模块。功能模块可进一步分为基本功能模块、辅助功能模块和特殊功能模块，以上三类模块又可根据产品的特点进一步细分为功能更具体的模块。

(2) 结构模块

按照模块在产品系统中所处的地位和模块之间的关系，可将模块划分为不同等级，这叫作结构模块或分级模块，在每个分级体系中通常包括高层模块、通用模块、专用模块、特别模块等。

高层模块通常是由相应分级系统中低一级的模块组成；最低等级的模块则由元件或分元件组成，元件和分元件的构成要素叫作负分元件，它是分级体系中最基本的模块元件。通用模块是指该类模块的通用化程度高，它不仅用于某一种产品中，而且能在该类产品系列中通用，甚至能做到跨系列、跨大类产品通用，这种模块通常是成系列开发、成批制造，不断产生派生、变形产品，其应用面广、生命周期长、经济效益好。

专用模块是为某种产品或某项用途而专门设计制造的，一般需单独研制。

特别模块是根据系统的特殊要求而设计的。

5. 模块化的作用

模块化的作用主要体现在以下三个方面：

(1) 模块化提高了复杂性的“可控”范围。

(2) 模块化使大型设计的不同部分可以同时进行设计。

(3) 模块化可以包容不确定性。

在实践过程中也充分证明了模块化在缩短设计周期、降低开发成本、保证产品的性能和可靠性、最大限度地利用标准化成果和减少不必要的重复、节约资源等方面具有重要的意义和作用。

6. 模块化的过程

模块化过程通常包括模块化设计、模块化生产和模块化装配。

(1) 模块化设计

模块化设计是模块化生产的基础，也是企业最大价值所在。模块化设计的优点主要包括：第一，模块化设计和零部件的重复使用可以大大缩短设计周期、降低设计成本。第二，模块化设计实现了抽象的模块功能与具体模块实现之间的逻辑分离，模块自身的单独发展不会影响其他模块，这使设计人员容易掌握产品全局，同时设计人员可以屏蔽与自身领域无关的细节，从而关注更高层次的设计逻辑。第三，模块功能的独立性和接口的一致性，使模块研究可以更加专业化和深入，可以不断通过升级自身性能来提高产品的整体性能和可靠性，而不会影响到产品其他模块；同时也可以进行并行设计、开发和并行试验、验证。

模块化设计有现有模块改进、专用模块设计及模块接口设计三种方式。

现有模块改进：在分析顾客需求的基础上，先从模块库中找到相似的模块，再对该相似模块采取改变、替代、添加某些要素、改变某些接口、局部功能更新等措施而形成新模块。现有模块改进的优点是经济周期短、效率高、成本低。

专用模块设计：当标准模块或通用模块库中没有与所要求模块相似的标准模块，无法进行现有模块改进时，就需要设计专用模块。专用模块设计周期长，往往需要花费较多的人力、物力、财力，因此，在设计中应尽量考虑通用化、系列化，实现专用模块向通用模块的转型。

模块接口设计：接口的作用是传递功能。为扩大模块通用性，接口设计必须解决互换性和兼容性问题。模块的接口分为内部接口和外部接口，内部接口主要实现模块内部的互联，它是一种专用接口，而外部接口主要是实现模块间的连接。因而，充分考虑各类产品的接口结构，使设计的模块具有多种类型接口，以实现不同产品的互连，扩大接口的兼容性。为实现必要的兼容，对较复杂的接口可单独设计接口模块。

（2）模块化生产

模块化生产是一种新型柔性生产方式。传统的柔性制造模式包括组合机床生产线、柔性制造系统（FMS）、柔性制造工厂（FA）、计算机集成制造（CIM）和细胞生产方式等，主要是通过对设计和制造过程进行效率优化，实现柔性制造的目的。而模块化的生产方式则是在共同界面上安插不同模块来实现柔性化生产。几种柔性生产模式的比较见表 2－1 所列。

表 2－1　几种柔性生产模式的比较

要求	生产模式			
	组合机床生产线	FMS、FA、CIM	细胞式生产	模块化生产
交货速度	中	较快	较快	快
创新能力	中	较强	较强	强
个性化实现	较强	强	强	很强
成本	较大	大	低	低

（3）模块化装配

模块化装配，即先通过零部件的组合装配出具有不同功能的模块，再根据产品的结构和功能选择满足要求的模块，通过模块的组合装配出满足顾客要求的产品。模块化生产方式可采用多品种装配流水线，而基于多品种流水线的模块化装配要求做到产量、品种、工时及生产负荷的均衡，从而实现生产平稳，产品结构转换迅速，设备调整时间短，快速响应顾客的多样化需求。

7. 模块化的应用

模块化在工业中的应用可以追溯到 20 世纪 30 年代德国在铣床上采用的所谓积木式设计。60 年代以后，模块化设计在国外机床行业得到普遍推广。如德国 SARMANN 公司生产的具有横系列和跨系列特点的铣床，法国 HURON 公司生产的模块化铣床等。我国在

20 世纪 70 年代以后，一些企业如北京第一机床厂、武汉重型机床厂、天津第一机床厂等在不同程度和规模上采用了模块化设计，并取得了良好的效果。

近年来，随着面向大批量定制、基于敏捷制造的机床企业的兴起，模块化设计的研究和应用再次成为热点。但机床行业（也包括其他机械产品）的模块化设计并不是简单的拼装模块，机床产品具有的刚度、强度、精度等性能参数约束使其模块、接口的标准化更为复杂；作为典型的机电液一体化产品，如何从系统角度协调机、电、液等各个子系统之间的关系，也是机床模块化设计需要研究的一个重要问题。

目前，模块化方法已推广到仪器设备制造、军工产品制造、汽车制造、电子设备制造、集成电路、通信设备、软件开发等领域。

案　例

抗疫中的标准化力量——方舱医院

在抗击新型冠状肺炎的战役中，“方舱医院”为人们提供了不可或缺的帮助。此前，在人类抗击传染病的历史上，方舱医院发挥着重要作用。据“联合国新闻”网站报道，这一“生命方舟”不仅是决胜战“疫”的关键之举，也创造了抗击疫情的中国经验。

方舱医院是野战机动医疗系统的一种，由若干可以移动的模块建成。这些模块可以是真正的房屋，也可以是帐篷等可以临时搭建的处所，在各种应急救治中广泛使用。方舱医院一般由标准化的医疗功能单元、病房单元、技术保障单元等部分构成，是一种模块化卫生装备，具有紧急救治、外科处置、临床检验等多方面功能。由于机动性好、展开部署快速、环境适应性强等诸多优点，方舱医院先后出现在汶川地震、青海玉树地震等紧急医疗救援任务中。在特殊情况下，它发挥了急救医院的作用。

2020 年，新型冠状肺炎疫情出现之后，在一段时间里，武汉的病人数量剧增，对于医院床位的压力非常大。有关方面果断地作出了建设方舱医院的决定，集中改造武汉市的体育场馆和会展中心，第一批 4000 张床位的方舱医院，仅仅用了 29 个小时就投入使用。从 2 月 5 日武汉的方舱医院开始收治患者，到 3 月 10 日最后一家方舱医院休舱，这一段时间 16 家方舱医院共收治患者 1.2 万余人，实现了“零新增感染、零死亡、零回头”。

随着疫情在全球蔓延、患者急剧增多，很多国家的医院床位紧缺。世界卫生组织对中国方舱医院的价值给予大力肯定。美国、意大利、西班牙、阿根廷、伊朗、巴西等国纷纷开建方舱医院。中国工程院副院长、中国医学科学院院长王辰院士在全球顶级医学期刊《柳叶刀》上撰文指出：“方舱医院是武汉抗击疫情的关键措施，它可能也将成为各国应对新型冠状肺炎大流行及未来流行病和突发公共卫生事件的有力力量。”

三、综合标准化

现代技术创新的特征就是科学技术的高度分化与高度综合。各种学科的分支越来越多，它们互相渗透互相交叉，又产生了很多横断学科和交叉学科。工业上也由专业化、自动化发展形成一个现代化综合性生产体系，科学技术和工农业生产的横向综合向整体化发展，推动了标准化管理向系统化综合化发展，产生了综合标准化。

（一）基本概念

1. 综合标准化

所谓综合标准化就是针对不同的标准化对象，以考虑整体最佳效果为主要目标，把所涉及的全部因素综合起来进行系统处理的标准化管理方法。GB/T 12366—2009《综合标准化工作指南》中对综合标准化的定义为："为了达到确定的目标，运用系统分析方法，建立标准综合体，并贯彻实施的标准化活动。"综合标准化是系统工程和标准化相结合的产物。它以标准化具体对象系统为研究对象，准确地把握各种相关要素之间的关系，以保证整个系统的功能效果最佳。

2. 标准综合体

开展综合标准化工作，首先要求针对不同的标准化对象，制定一整套相互协调的标准技术文件，我们把这一整套经过系统处理，能够保证对象整体最佳效果的标准技术文件称为标准综合体。它是综合标准化的物质基础。为此 GB/T 12366—2009 对"标准综合体"定义为："综合标准化对象及其相关要素按其内在联系或功能要求以整体效益最佳为目标形成的相关指标协调优化、相互配合的成套标准。"

标准综合体按其性质可分为两大类：

一类是产品标准综合体。它以产品标准作为对象，把原料、材料、零部件、半成品及设计文件、工艺文件等相关要素标准协调起来，组成一个产品综合标准化体系，如图 2-6 所示。工业产品可以建立标准综合体，农业产品也可以建立标准综合体。如第四章第三节"一"中的（四），新疆建立了长绒棉综合标准体。

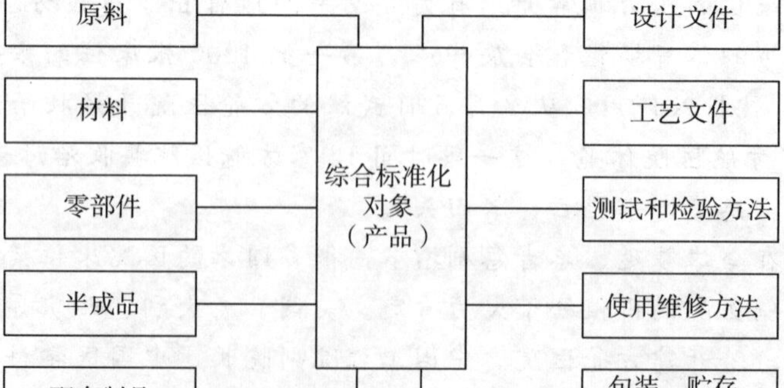

图 2-6　产品综合标准化系统要素分析示意图

另一类是技术文件标准综合体。它概括的范围有基础标准、跨专业部门的综合性课题以及对国民经济有重要意义的专门课题等。它是为了保证跨部门的高度协调统一，针对国民经济的具体情况和部门生产的共性而编制的整套标准。

上述两类标准综合体中，一般技术文件标准综合体具有更重要的意义，它是进行跨专业部门协调工作的基础，是开展产品综合标准化的保证条件和依据。这两类标准综合体有机地结合起来，就形成完整而统一的综合标准化体系。

综合标准化所涉及的范围很广，对于一个国家来说，它的总目标，就是要建立能完全适应国民经济高速度发展需要而又符合本国国情的现代标准化体系；而对于一个部门或一个企业而言，其目标就是在于建立健全这个部门或这个企业的一整套现代标准化体系，以促进国家、部门或企业不断提高生产技术水平，获取最佳经济效益。这些目标是在不同的范围内推行综合标准化的战略目标，它应在综合标准化长远规划中反映出来。

产品综合标准化的目标主要在于提高产品的质量水平和技术水平。产品综合标准化的目标一般分为近期、中期和远期目标。近期目标完成期限为1～5年，中期目标完成期限为6～10年，而远期目标完成期限为11～15年，但确定远期目标对顺利开展综合标准化工作是十分重要的。

（二）综合标准化的基本原则

GB/T 12366—2009提出综合标准化应遵循以下四项原则：

（1）将综合标准化对象及相关要素作为一个系统开展标准化工作，并且范围应明确并相对完整。

（2）综合标准化的全过程应有计划、有组织地进行，以系统的整体效益（包括技术、经济、社会三个方面的综合效益）最佳为目标，保证整体协调一致与最佳性，局部效益服从整体效益。

（3）标准综合体的各项标准的制定及实施应相互配合，所包含的标准可以是不同层次的，但标准的数量应当适中，而且各标准之间应贯彻低层次服从高层次的要求。

（4）应充分选用现行标准，必要时可对现行标准提出修订或补充要求。积极采用国际标准和国外先进标准。标准综合体应根据产品的生命周期及时修订。

（三）综合标准化的特点

从综合标准化的定义以及综合标准化基础理论可以看出，相对于传统标准化而言，综合标准化具有“目的性、成套性、整体性、敏感性、全过程管理、计划性与风险性”等特点。

1. 目的性

综合标准化的定义充分体现了综合标准化最基本的属性，即目的性。这里说综合标准化有目的性，不是说传统标准化就没有目的性，两者只是实现途径和范围不一样。传统标准化相对孤立分散，通过制定实施单一标准来实现。而综合标准化是根据综合标准化对象的分解、制定、实施多个标准来实现各个具体目标，是紧紧围绕综合标准化的总目标的，不是像传统标准化那样一味追求个别标准最佳，而是追求“1＋1＞2”的综合效应。

2. 成套性

综合标准体是一套标准，综合标准体的建立和实施是综合标准化的关键，同时，综合标准化的综合目标要得以实现，是需要制定一套标准并整体推进的。

系统学认为解决一个综合问题，需要将这个综合问题看成一个整体、一个系统。因为任何一个事物都是与其他事物存在普遍联系的，要解决一个事物的本质问题，不仅需要处理好这个事物本身的问题，还需要处理好与之相联系的影响因素，全方位分析这个事物的问题，并制定解决方案。对于综合标准化而言，在确定综合对象和综合目标之后，经过对综合目标进行系统分析分解，制定相关标准并一起实施。

3. 整体性

综合标准化的基础理论是系统学，系统学的首要特点就是整体性，整体性是综合标准化的主要特点之一。综合标准化工作的核心内容就是建立标准综合体，而标准综合体建立的依据是既定的综合目标，标准综合体中每个标准制定的依据是根据综合目标分解的分目标。因此，尽管从表面上看综合标准体是多个标准的集合体，但实质上这个标准综合体不是简单的传统标准的累加集合体，是各具特殊功能，能够确保综合目标实现的标准的集合。其中每个标准如果单独来看可能还不是最优或最佳，但在整个综合体中却是最佳。

4. 敏感性

整体性产生敏感性。标准综合体是一套整体协调、相互配套的标准组合，其中任何一个标准发生变化必然导致相关标准作用产生偏离，最终影响到整个标准综合体，为了确保整个系统相互协调，必须对其他标准进行相应调整，从而保证最后总目标不产生偏差。

敏感性使标准综合体具有对环境适应的动态适应性。所以在实施综合标准化时要充分考虑环境的要求，而且为确保最终目标得以实现，必须密切关注环境变化，随时要因环境变化进行标准综合体的调整。

5. 全过程管理

标准化定义告诉我们，标准化是一个活动过程，这个过程是由一系列相互关联的活动组成，且每项活动是由一系列更具体的活动组成的子过程。传统标准化是由标准制定、标准实施和标准反馈三个环节组成。

综合标准化“全过程管理”是指通过对由标准（修）订建立的标准综合体实施后的监督检查的反馈信息的调整和修订实现最终目标的活动。

这个“全过程”实质上是个螺旋上升的闭环管理，即是一个完整的 PDCA 循环过程。正是因为具有这个特点，综合标准化工作符合认识问题、分析问题和解决问题的一般规律，故能真正地解决很多复杂的问题。

6. 计划性和风险性

计划性并不是因为综合标准化产生于计划经济年代，而是由综合标准化各个阶段所固有特性决定的。其实传统标准化也是有很强计划性的，但与综合标准化计划性相比，在深度和广度上有着很大的差异，在前期的标准规划、中期的标准制（修）订和后期的标准实施方面尤为明显。综合标准化的每个阶段都有前后呼应的计划，每个计划均是每步工作的依据。

综合标准化也具有较强的风险性。因为综合标准化的工作过程是建立在对对象进行分析的基础上的，且随着环境变化要做出调整的。同时综合标准化的对象和目标不是标准制定者提出的。此外，综合标准化还涉及众多环节，还要跨部门分工协作，涉及人员众多，一但计划失控或某一环节脱节，风险性极大。且综合标准化本身还具有敏感性，极易受环境变化的影响，一旦调整不及时或不到位，也会产生巨大失败。

案例

钢门窗综合标准化

在钢门窗综合标准化实施之前，已经有许多标准，窗用平板玻璃有轻工业部标准，建筑规范中有洞口尺寸选择的模数制规定，钢窗有标准设计图集，钢窗框有国家标准，等等。但是由于这些标准是由不同部门在不同时期、不同的背景条件下，尤其是在没有统一的共同目标的情况下，根据各部门自己的想法制定出来的，因此没有考虑洞口尺寸、窗扇尺寸、窗用玻璃尺寸之间的协调配合问题。由于这些基本尺寸参数之间未经协调，相互之间配合不当，各自按相关标准执行的结果是造成大量的资源浪费，平板玻璃的切裁率只有65%。对建筑门窗开展综合标准化的核心内容就是对标准中的这些基本尺寸参数进行整体协调。尺寸协调后，平板玻璃的切裁率由65%提高到85%，全国年节约玻璃1000多万平方米。这就是协调产生效益、协调创造价值的生动事实。

(四) 综合标准化的工作程序

GB/T 12366—2009 明确指出综合标准化工作程序分为准备阶段、规划阶段、制定阶段和实施阶段。

1. 准备阶段

准备阶段的主要工作是确定综合标准化的对象和建立协调机制。在此阶段对综合标准化对象的现状、标准化状况及相关方基本情况进行调研，根据需要对选择的对象情况和需要的投入及预期产出进行可行性分析，并为确保后续阶段的有效实施，根据综合标准化对象建立有相关方组成的协调机构。

(1) 确定综合标准化对象

综合标准化首先要选择工作对象。应结合科学技术发展与国民经济建设的需要，以经济性为原则，选择具有重大技术、经济意义和明显效益，在一定范围内功能互相关联、协作解决的问题。一个简单的、经济意义和相关效益不大的、用传统标准化即可解决的问题，使用综合标准化方法将造成资源的巨大浪费，甚至是将简单问题复杂化，变成了形式主义。

(2) 调研

在综合标准化对象确定后，应调查对象的国内外发展现状、生产经营水平、标准化状况、所处的状态、与之相关因素的基本情况、相关因素之间关联性、存在的问题等。只有充分了解后，再进行有效性、意义性分析，才能合理确定相关目标和制定对策。

(3) 可行性分析

根据调研的情况进行下列分析，为最终确定对象和目标做支撑。

① 对象的意义是否重大。

② 是否必须运用综合标准化方法。

③ 实施过程中所需人力、物力和财力情况。

④ 预期的技术、经济、社会和生态等效益等。

(4) 建立协调机构

综合标准化有很强的计划性和全过程性，需要有领导、有组织地开展，因此需要建立有力的协调机构，并建立协调工作制度。同时综合标准化涉及的过程较多、涉及的部门庞大、涉及的学科较广，还要跨行业，需要多方协助配合和支持才能有效实施。

根据确定的综合标准化对象，由各有关方面的人员组成有权威性的协调机构，负责建立标准综合体的协调和组织实施工作。协调机构应建立严格的工作制度，明确职责和分工。

2. 规划阶段

规划阶段主要是根据确定的综合标准化对象和分析情况，确定综合标准化的目标，再根据目标编制标准综合体规划。

(1) 确定目标

综合标准化相对传统标准化来说具有很明显的目的性，综合标准化本身就是以解决问题为目标的标准化活动。在确定综合标准化对象的过程中，要系统分析和确定以下内容：

① 存在哪些主要问题。

② 哪些影响因素需要解决。

③ 拟采取哪些方法解决哪些问题。

④ 最终要达到什么程度。

⑤ 预测发展的结果和实际可能。

⑥ 主要问题和影响因素通过实施综合标准化后达到什么样的理想状态。

⑦ 目标实现过程中的管理和考核等。

确定的目标要明确化、具体化、可量化。

在综合目标确定过程中要用系统分析和系统论证的方法，在充分调查研究分析的基础上拿出多套方案，经过多方论证，最后确定一套多方认可的整体效益最佳的方案。

(2) 编制标准综合体规划

标准综合体规划是指导性、计划性的文件，在达到预定的目标以前一直有效；是建立标准综合体，编制标准制（修）订计划和确定相关科研项目的指南；是协调解决跨部门综合标准化工作的依据。综合标准化目标的综合性较强，不是靠制定一个标准就能完事，需要制定一个标准综合体（一套标准）才能保证最终目标的实现。制定标准综合体需要事先谋划，各方工作才能有序开展。

标准综合体规划包括下列内容：

① 综合标准化对象及其相关要素。

② 需要制（修）订的全部标准。

③ 最终目标值和相关要素的技术要求。

④ 必要的科研项目。

⑤ 各项工作的组织和完成期限，预算计划及物资经费等保证措施。

编制标准综合体的原则包括以下内容：

① 应由各有关部门共同参加编制。

② 应同各部门的具体工作与计划任务相结合。

③ 应考虑所需的物资资源、劳动力资源和经费。

④ 应附有编制说明和实施大纲。

编制标准综合体的程序包括以下内容：

① 确定对象系统。提出对象系统总目标，并根据综合标准化对象及其相关要素的内在联系或功能要求，将所确定的目标分解为具体目标值。分解的目标值应能保证实现所确定的目标，并注意工作流程的继承性。目标值一般应定量化，具有可检查性。应对各种可能的目标分解方案进行充分的论证，从中选择最佳方案。

② 进行系统分析。通过分析资料，对综合标准化对象进行系统分析，找出影响所确定目标的各种相关要素，明确综合标准化对象与相关要素，以及相关要素之间的内在联系与功能要求。合理确定综合标准化对象及其相关要素的范围。并且绘制综合标准化对象的相关要素图或给出文字说明，明确其系统关系。图表及文字应满足下列要求：层次清晰，主次分明，结构合理，范围明确；相关要素选择恰当，数量适中。

③ 选择最佳方案。对综合标准化对象的科学技术水平、综合质量指标及综合效益进行预测和综合论证。根据需要和可能，合理地确定系统的综合范围和深度，按工作流程确定标准综合体规划的结构。列出综合标准化对象的直接相关要素和间接相关要素，编制相关要素图。确定科研攻关项目、试验步骤、技术措施和组织保证措施，保证综合标准化对象的及时开发、研制，提高其整体水平。

④ 确定标准项目。理顺关系，对综合体中所含要素系统，根据相关要素图，按性质和级别对标准、项目及课题汇总分类。编制跨部门的实施计划，拟定需要制（修）订的标准的内容和数量，并根据轻重缓急确定标准制（修）订时间的最佳顺序和工作进度，分别纳入相应的标准制（修）订规划和年度计划中，保证制（修）订标准工作的协调进行。确定制（修）订的工作要点、起草单位和参加单位。确定综合标准化对象的技术手段和质量保证，以及制（修）订的准备、组织与保证措施。

⑤ 编制标准综合体规划草案。根据对象的系统分析和目标分解的结果，编制标准综合体规划草案，明确标准综合体的构成。标准综合体规划草案内应包括能保证综合标准化对象整体最佳的所有标准。各项标准应进行系统处理，按性质、范围适当分类，使其构成合理。

⑥ 评审。应组织有关专家对标准综合体规划草案进行审议、认定，形成正式的标准综合体规划。评审内容应包括：目标能否保证；构成是否合理；标准是否配套；总体是否协调。

3. 制定阶段

(1) 制订工作计划

由协调机构根据标准综合体规划中规定的标准构成要求，审查现有标准情况，确定需要制（修）订的标准，制订统一的工作计划，明确分工和进度要求。对技术难点，应制订攻关计划，包括以下几个方面：

① 凡有现行标准，能满足总体要求的，应引用现行标准而不再制定新标准；不能满足要求时，应修订现行标准或提出补充要求；没有相应标准时，应制定新标准。

② 根据标准综合体规划内标准之间的相互联系，确定各项标准制（修）订的顺序与时间。

③ 各项标准的制（修）订任务应纳入各级标准的制（修）订计划，保证各级标准制（修）订计划的协调。

④ 工作计划中除规定制（修）订标准的项目名称外，还应明确各项标准的主要内容与要求、适用范围、与其他标准的关系、标准起草单位与负责人、参加单位与参加人员、起止时间等。

（2）建立标准综合体

协调机构应根据工作计划的要求，组织全部标准的起草和审查工作，建立标准综合体，包括以下几个方面：

① 制定工作守则，指导参加综合标准化工作的有关人员的活动。

② 从全局出发，有关方面要密切配合，协调行动。

③ 有关标准的技术内容应相互协调，实施日期应相互配合。

④ 分解的目标值均应在相应标准的有关指标中得到保证。

根据工作进展情况，通过一定手段进行试验验证。整体验证周期太长者可以进行局部验证。通过试验验证适当调整原工作计划和某些标准中不适应的内容。

标准综合体建立后，协调机构应根据试验验证结果，对建立标准综合体的全部工作情况进行总结。以某打印机公司的供应链为例，其标准综合体总体架构如图 2－7 所示。

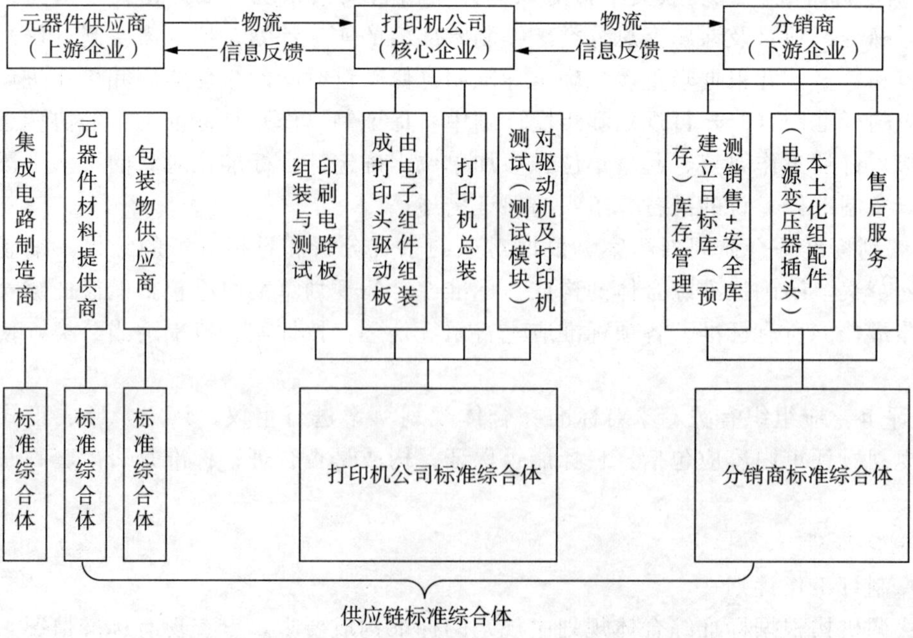

图 2－7　某打印机公司的供应链标准综合体

4. 实施阶段

(1) 组织实施

有关部门或单位应根据规定的各项标准的实施时间，将各项标准的制定工作及时贯彻，实现综合标准化的目标。

在标准综合体实施后应定期进行审查与修订，不断更新与充实标准综合体。应指定专人在标准实施过程中跟踪检查，记录标准实施过程中的有关数据资料，做好信息反馈。

(2) 评价和验收

主管部门可组织各有关单位和人员根据标准综合体实施后的技术经济效益，进行评价和验收。

第三节 标准化发展历程

引 例

战国时代，各国各自为政，奉行不同的律法，使用不同的文字、货币、度量衡，甚至是车轨的宽度、马车的大小都是截然不同的。

公元前221年，“六王毕，四海一”，秦朝建立。刚刚建立的秦朝要统一政令，交通、文字等成为政策推行的障碍。因此，秦始皇下令让全国采取统一的度量衡，车辆轮子的间距统一为六尺，官道也按相应的宽度修建，所谓“车同轨”即如此。“车同轨”有效地保证了秦朝经济、军事的高效运转，对后世影响十分深远。

在文化方面，秦始皇下令以小篆作为标准文字，废除其他文字形体，所谓“书同文”即如此。“书同文”逐步推动了各地文化的交流与融合，也使得文献的记载与传播更加便捷，对于秦朝政治的稳定、经济的发展、文化思想的教化都有重要意义。

一、我国标准化发展

我国标准化的发展是同我国经济、政治和社会发展紧密相连的，其发展过程可分为古代标准化、近代标准化和新中国标准化。同时，为了让读者了解新时代标准化工作的进展，本节还将简述我国标准化改革发展成效及“十三五”期间安徽省标准化工作成效。

（一）古代标准化

古代中国作为世界文明古国之一，不仅创造了先进的古代科学技术，也谱写了悠久的标准化史，是最早使用“简化、统一、协调和最优化”等标准化原理的国家。

原始社会晚期，我们的祖先就创立了许多统一的标准，传说中的黄帝“设五量”（衡、量、度、亩、数），禹的“左准绳、右规矩”等都是我国古代标准化的优秀成果。

书同文、车同轨，统一驰道、统一货币、统一兵器，是秦始皇大规模地推行的标准化制度，这对推动中华文明向前发展产生了非常重要的作用，为我国古代标准化史谱写了光辉的篇章，极大地促进了当时的经济和社会发展。

《考工记》是中国先秦时期的手工艺专著，是中国最早应用优先数的技术标准文献，反映了当时中国所达到的科技及工艺水平。《考工记》全书共7100多字，记述了木工、金工、皮革、染色、刮磨、陶瓷等6大类30个工种的有关生产技术规程。其中，将商周以来积累的冶金知识归纳为"金有六齐"，这是世界上最早的青铜合金配置标准，它揭示了青铜机械性能随锡含量变化的规律。之后的各个朝代也都有这方面的记载。

宋朝的《营造法式》《军器法式》和明朝的《天工开物》均表明了古代在建筑、冶金、车辆、兵器等方面具有很高的标准化水平。

"活字印刷术"成功地运用了标准性、通用性、互换性、分解组合、重复利用等标准化方法和原则，使印刷大大简化，劳动生产率大幅度提高。"活字印刷术"的发明，被公认为对世界文化的发展有着杰出的贡献，被称为"标准化发展的里程碑"。

案例

活字印刷术：标准化发展史上的里程碑

印刷术是中国古代劳动人民的四大发明之一。它开始于唐朝的雕版印刷术，经宋仁宗时代毕昇的发展、完善，产生了活字印刷。活字印刷术的发明是印刷史上一次伟大的技术革命。活字印刷的方法是先制成单字的阳文反文字模，再按照稿件把单字挑选出来，排列在字盘内，涂墨印刷，印完后再将字模拆出，留待下次排印时再次使用，如图2所示。

图2 活字印刷术

《本草纲目》是我国古代关于药物分类法、药物特性、制备方法和方剂的标准化文献。

这些历史上有重要贡献的记载，表明了当时我国的标准化水平在世界上处于领先地位。古代标准化的特征如下：

1. 标准由摸索和模仿的形式变为有意识的制定

古代标准化的形成方式也逐渐变为有意识的制定，即有意识地总结生产经验，并用文字记录下来，以不同的形式进行传播，而且有的还采用了一定的强制方法贯彻执行，起到了比较明显的管理与协调作用，并产生了很好的效果。例如长城、故宫和秦始皇陵兵马俑坑等古代著名的建筑工程，在施工过程中，都直接或间接、自觉或不自觉地运用了标准化的原理和方法，贯彻了有关的标准，使得这些大型工程项目构成合理、相互协调；各构件之间以及构件与总体之间，其结构布局和尺寸配合在很大程度上都实现了最优组合，因而施工质量达到了很高的水平。

2. 标准化活动涉及范围扩大

古代标准化是活动范围不断扩大的过程。早期标准化的对象主要是手工工具和简单的计量器具，到了后期，人类社会活动中的各个领域、各行各业，都在不同程度上建立或遵循过某种类型的标准。例如农业、货币、纺织、建筑、冶金、机械、兵器、各种生产工具、医药卫生等人类社会生活所涉及的各个方面，都自觉或不自觉地运用了不同形式的标准。

3. 标准化活动中的政治和军事因素增加

古代标准化已不完全是为了征服自然界的需要，政治和战争因素对标准化的发展也起到了重要的促进作用。例如我国古代为维护国家统一和巩固政权而对货币的统一，秦始皇为巩固中央集权而采取的一系列具有标准化特征的强制性措施等都表现有某种程度的政治和军事目的的特点。

4. 标准化不是一项有组织的活动

古代标准化没有专门的标准化机构，没有专业标准化队伍，社会上也没有形成一些群众性的标准化专业技术组织。标准的制定、修订、审批、发布、实施等都比较简单，许多标准是在长期的实践过程中自然形成的，谈不上什么程序。即使是一些以法律形式颁布实施的技术性法规，也没有严密的程序和报批手续。

5. 标准化活动缺乏理论指导

古代标准化没有理论研究，也没有教育和培训，谈不上理论的指导作用，表现出一定的自发性。

6. 标准化发展很不平衡

古代标准化发展很不平衡。计量和建筑方面尤其是计量标准，几乎都是以法律的形式由政府颁布的。建筑标准或是建筑著作也由官方组织编写的，对象多为宫廷建筑。其他标准化行为，大部分都是在知识界、手工业者或民间产生，并自发地在有限范围内以言传身教的形式进行传播。

7. 为近代标准化的发展奠定了基础

古代标准化虽是建立在小农经济和手工业生产基础上，处于个别的、分散的、模糊的和无组织的状态，却孕育了近代标准化的种子，为近代标准化的发展做了准备。

（二）近代标准化

晚清时期，在列强瓜分和军阀混战的局面下，中国不可能进行全面有效的标准化建设，属于哪个列强势力范围的地区，就采用哪个国家的标准。当时中国的标准化呈现了“万国牌”的局面，在兵工方面以德国标准为主，在其他方面则以英国标准居多，没有自己的标准。

中华民国国民政府时期，随着工业和经济的发展，成立了专门的标准化机构，标准化工作取得了一定的进展。

1931 年，国民政府实业部（经济部前身）草拟了工业标准委员会简章，并于同年公布实行。

1934 年，国民政府实业部决定全国度量衡局在全国标准局成立之前兼管标准局的职责。1940 年，全国度量衡局组织条例确定该局兼办工业标准事宜，正式推行工业标准。其主要工作成果有：成立了专门的标准起草委员会、编订标准草案、收集并翻译各国标准等。

1942 年，中国工程师学会成立了中国工程标准协进会作为协助政府推行标准化的机构。1945 年，工业标准委员会修改了委员会的章程，公布了修正后的经济部工业标准委员会的组织规则、办事细则和各种标准起草委员会规程等。按照组织规则的规定，工业标准委员会的主要任务是：对通过各有关方面合作制定的标准草案加以最后审定，使之成为全国共同遵守的国家标准，并可“代表出席各种国际标准会议”。

1946 年 9 月，国民政府公布《标准法》，规定“经济部设中央标准局，掌握全国各种标准事宜”，并具体规定了标准的范围以及符合标准的产品及方法的标记等。

1946 年 10 月，来自 25 个国家的 64 名代表在伦敦开会决定成立国际标准化机构——ISO，中、苏、美、英、法为常务委员。

1947 年 3 月，全国度量衡局与工业标准委员会合并成立“中央标准局”。至此国家标准化开始有独立的行政机构与人员编制。至 1947 年，共有医药、化工、机械、电工、矿冶、土木、汽车、农业、纺织等 9 个标准起草委员会，国民政府经济部中央标准局编制标准草案 1500 余项，先后收集国际标准协会及其他 20 多个国家的标准 20000 多项。

与清朝末期相比，国民政府时期的标准化正朝着系统化、专业化的方向迈进。国家成立了专业的标准起草委员会，发布了适应本国经济发展需要的标准，打破了“万国牌”的局面。

（三）新中国标准化

新中国成立以来，特别是改革开放后，中国的标准化事业呈现出前所未有的大发展。标准化在不同历史时期发挥了不同的作用，成为促进我国经济和科技发展的重要技术支撑。新中国成立后中国标准化的历史进程大致可划分为三个大的阶段。

1. 起步探索期（新中国成立至改革开放前，1949—1977 年）

（1）发展概况

这一时期，标准主要服务于工业生产，由政府主导制定并强制执行。以下列举这一时期的标准化工作主要成果：

1949 年 10 月，中华人民共和国成立，在中央财政经济委员会下设立了中央技术管理局，负责工业生产和工程建设的标准化工作，下设标准规格处。

1949—1955 年，着手建立企业标准和部门标准。

1956 年，成立国家技术委员会，翌年初设立国家技术委员会标准局，加入国际电工委员会（IEC）。

1958 年，国家技术委员会颁发了编号为第 1 号的国家标准《标准幅面与格式、首页、续页与封面的要求》，这是我国首次将标准正式称为国家标准。

1959 年，发布了我国第一套《机械制图》标准，共 20 项。

1962 年 11 月，国务院第 120 次全体会议通过了我国第一个标准化管理法规《工农业产品和工程建设技术标准管理办法》。

1963 年 4 月，在北京召开了第一次全国标准、计量工作会议，会议通过了我国第一个标准化发展规划《1963—1972 年标准化发展十年规划》。

1963 年 9 月，国家科学技术委员会在全国范围内确定了 32 个研究院所和设计单位为国家标准化核心机构，批准成立中国标准化综合研究所（现为中国标准化研究院）。

1972 年，国家标准计量局成立。

1972 年，恢复国际电信联盟（ITU）成员国地位。

（2）该时期我国标准化工作的特征

第一，1949—1955 年，这一时期我国标准化工作处于起步阶段，主要是在学习引进苏联标准和总结我国实践经验的基础上，着手建立企业标准和部门标准，尚未形成完整健全的技术标准体系。

第二，1956—1965 年，在国家科委标准局以及国务院各部委和各省市标准化主管部门的积极领导和组织下，全国统一的标准化管理制度初步形成，国家标准、部标准和企业标准的制（修）订和贯彻，以及专业性和地区性的标准化经验交流活动已形成一定规模。同时，随着对苏式产品从单纯仿制逐步向自行设计过渡，对苏联标准的照搬照抄状况亦有所转变，开始注意结合本国资源和自然条件等具体国情开展标准化工作。这一阶段，中国技术标准体系初步形成，有力地支持了计划经济模式下的我国社会主义建设事业，其体系的形成为后期标准体系的不断改革完善奠定了良好的工作基础。

第三，1966—1976 年，由于“文化大革命”，我国很不容易建成的标准体系遭到严重破坏。此期间我国标准化工作总体情况是：机构瘫痪、工作停滞、人才流散。

2. 开放发展期（改革开放至党的十八大，1978—2011 年）

（1）发展概况

这一时期中国标准化开始放眼世界走向国际，加大了采用国际标准的力度，标准化的工作也开始纳入法制管理的轨道，同时确定了强制性标准与推荐性标准并存的标准体系。以下列举这一时期的标准化工作主要成果：

1978 年，重新申请加入了国际标准化组织（ISO）。

1978 年 9 月，中国标准化协会成立。

1978 年 10 月，国家标准总局成立。

1979 年 7 月，国务院批准颁布了《中华人民共和国标准化管理条例》。

1979 年 8 月，开始组建专业标准化技术委员会。

1980 年，IEC 第 45 届年会上，中国首次当选 IEC 执委会委员。

1981 年，主持制定了第一项国际标准《粉末冶金测氧方法标准》（ISO 4493：1981）。

1982 年，成为 ISO 理事会成员国。

1982 年，国家标准总局改为“国家标准局”，下设质量监督局、中国纤维检验局、中国标准出版社、中国标准化综合研究所、信息分类编码研究所等下属机构。

1984 年 1 月，全国采用国际标准工作会议召开；同年 3 月，国家标准局发布《采用国际标准管理办法》。

1987 年，我国首次承担国际标准化技术机构秘书处（ISO/TC20/SC1）工作。

1988 年 7 月，在原国家标准局、国家计量局和国家经委质量局基础上组建了国家技术监督局。

1988 年 12 月，第七届全国人大常委会第五次会议通过《中华人民共和国标准化法》，于 1989 年 4 月 1 日开始实施；把标准分为了强制性和推荐性两类，同时确立了国家标准、行业标准、地方标准和企业标准四级标准体系。

1990 年 4 月，国务院批准发布了《中华人民共和国标准化实施条例》。

1990 年，我国第一次在北京承办了 IEC 第 54 届年会。

1991 年，第一个由我国提出组建的国际标准化技术机构（ISO/TC202）批准成立。

1998 年，我国主持制定的第一项 IEC 国际标准（IEC 60050－551）发布。

1999 年 9 月，我国第一次承办 ISO 大会。

2001 年，组建成立国家质量监督检验检疫总局，下设国家标准化管理委员会和国家认证认可监督管理委员会。

2003 年，我国承担第一个 IEC 技术委员会秘书处工作（IEC/TC7）。

2008 年，我国提出组建的第一个 IEC 技术委员会批准成立（IEC/TC115）。

2008 年 10 月 16 日，在阿联酋迪拜召开的第 31 届 ISO 大会上，中国正式成为 ISO 的常任理事国。这是我国自 1978 年加入 ISO 后首次获得这一组织高层的常任席位，标志着我国标准化工作实现了历史性的重大突破。

2011 年 10 月 28 日，在澳大利亚召开的第 75 届 IEC 理事大会正式通过了中国成为 IEC 常任理事国的决议。同时，我国成为 IEC 理事局（CB）、标准化管理局（SMB）和合格评定局（CAB）的常任成员。

（2）该时期我国标准化工作特征

第一，党的十一届三中全会以后，党的工作重心转移到经济建设上来，改革开放全面展开，我国标准化管理体制也走上了改革之路。

第二，我国标准化工作围绕着建立中国特色社会主义市场经济体制的大前提、大目标进行了一系列的组织结构调整、制度和观念更新，以及工作方法等方面的重大转变。

第三，国家标准化的行政主管机构得到加强，原已建立的行业标准化研究机构逐步恢复。经过各方共同努力，标准化领域第一部法律——《中华人民共和国标准化法》正式发布，我国标准化管理运行体系、研究体系和贯彻实施体系基本形成。

第四，自改革开放和加入世界贸易组织以后，中国的标准化工作体制和管理模式开始按照市场经济的规律行事。同时，积极参与国际标准化活动并使国家标准更大程度地“同国际接轨”。

3. 全面提升期（党的十八大至今）

党的十八大以来，我国进入新时代中国特色社会主义建设时期，也是标准化事业的全面提升期，这一时期党中央国务院高度重视标准化工作。2015 年国务院相继出台了《深化标准化工作改革方案》和《国家标准化体系建设的发展规划》等政策文件。以下列举这一时期的标准化工作主要成果：

2013 年 9 月 21 日，第 36 届 ISO 大会上张晓刚当选 ISO 主席，任期自 2015 年 1 月 1 日至 2017 年 12 月 31 日。这是 1947 年 ISO 成立以来，首次由中国人担任这一国际组织的最高领导职务，标志着中国在国际标准化领域取得重大突破性成果。

2014 年 10 月 23 日，ITU 第 19 届全权代表大会上中国推荐的 ITU 副秘书长赵厚麟当选新一任秘书长。他是 ITU 历史上第一位中国籍秘书长。

2015 年，国务院出台《深化标准化工作改革方案》，拉开了中国标准化改革的大幕。

2016 年 9 月 12 日，第 39 届 ISO 大会在北京召开。这是我国继 1999 年第三次承办该大会以来第二次承办该大会。

2017 年 11 月 4 日，第十二届全国人民代表大会常务委员会第三十次会议通过新修订的《中华人民共和国标准化法》，2018 年 1 月 1 日起施行。

2018 年 3 月 2 日，“中国标准 2035”项目启动。

2018 年 3 月 13 日，根据第十三届全国人民代表大会第一次会议审议通过的国务院机构改革方案的议案，组建国家市场监督管理总局，统一管理标准化工作。

2018 年 10 月 26 日，国家电网董事长舒印彪在 IEC 第 82 届大会上当选该机构主席，任期为 2020—2022 年。这是 IEC 成立 100 多年来首次由中国人担任最高领导职务，是我国参与国际标准化工作的又一重要里程碑。

2018 年 11 月 1 日，赵厚麟获连任 ITU 秘书长，任期四年。

2019 年 9 月 11 日，国务院新闻办公室就中国标准化改革发展成效有关情况举行发布会。

2019 年 10 月 14—25 日，第 83 届 IEC 大会在上海举行。

2020 年 1 月 14 日，“中国标准 2035”项目结题会暨“国家标准化发展战略研究”项目启动会在中国工程院召开。

（四）标准化工作改革发展成效

新中国成立以来，标准化法制体系不断健全，标准数量和质量大幅提升，标准体系日益完善，标准化管理体制和运行机制也更加顺畅，标准化的人才队伍建设不断壮大，全社会标准化意识在不断地提升。概括起来，我国标准化工作实现了三个历史性的转变：

一是实现了标准由政府一元供给向政府与市场二元供给的历史性转变，改变了过去政府制定什么标准，企业就执行什么标准的局面。新修订的《标准化法》更加突出了市场主体在标准化工作中的作用，进一步确立了团体标准的法律地位，更好地满足了技术创新活跃、市场需求旺盛领域对标准的需求。

二是实现了标准化由工业领域向一、二、三产业和社会事业全面拓展的历史性转变。目前我们国家的标准体系实现了农业、工业、服务业及社会事业各领域的全覆盖，在国家标准中农业标准的占比达到 11.4%，工业标准占比达 73.5%，服务业和社会事业的占比达到 15.1%。

三是实现国际标准由单一采用向制定与采用并重的历史性转变。一方面，我国积极采用国际标准，努力做到能采即采，国家标准中采用国际标准的数量超过一万项。另一方面，我国也积极地向 ISO、IEC 提交国际标准的提案，成为在国际标准提案方面比较活跃的国家之一。

新中国成立以来，我国标准化法治体系不断健全，标准数量和质量大幅提升，标准体系日益完善，标准化管理体制和运行机制也更加顺畅，标准化的人才队伍不断壮大，全社会标准化意识不断提升。根据全国标准信息公共服务平台（http：//std.samr.gov.cn/）相关数据，截至 2021 年 7 月，我国共有国家标准 40982 项，备案的行业标准 75241 项，备案的地方标准 52756 项，自我声明公开的团体标准 26650 项，自我声明公开的企业标准近 200 万项，组建全国标准化专业技术委员会、分技术委员会达到 1322 个，专家有近 5 万名。

70 多年的历史画卷记录了标准化事业创造的一个又一个辉煌成就，也见证了标准化人的矢志不渝、砥砺奋进、不断创新的精神。特别是党的十八大以来，国家标准化工作坚持围绕中心、服务大局；坚持改革驱动、创新引领；坚持融入国际、走向世界，在高质量发展的新征程中彰显新的担当作为。

在保障改善民生方面，标准化工作坚持以人民为中心的发展思想，众多民生领域的标准从无到有，从有到优，为不断满足人民群众日益增长的美好生活需要提供了有力的支撑。目前，在消费者领域实施了消费品质量和标准提升规划，消费品质量标准体系基本建立，共有相关标准近6000项，尤其是轻工、纺织行业的国际标准转化率达到了86%和94%，在养老家政、物流快递、社会保险等领域不断填补标准的空白，发布实施了400多项的标准。

在兜住安全底线方面，标准化工作坚持高标准、严要求，不断提升涉及人身健康、生命财产安全、生态环境安全以及经济社会管理等方面的强制性国家标准的水平，为国家发展、人民安居乐业构筑了安全屏障。截至2020年，我国强制性国家标准共有近4000项，涉及食品、消费品、安全生产、环境保护、工程建设等领域。

在促进经济转型升级方面，标准化工作坚持服务国家宏观调控的目标和产业发展的需求，通过标准升级引领产业转型升级。从农业发展的视角看，我国发布实施了3400余项相关国家标准，建设国家农业标准化示范区4500多个，为推动农业现代化发挥了重要作用。从工业发展的视角看，大力实施装备制造业标准化和质量提升规划，在高端装备制造领域发布实施了1000多项国家标准，推动传统产业转型升级。同时，我们还积极推进实施“百项能效标准推进工程”，发布了206项节能国家标准，通过标准的有效实施，实现节电量达到1760亿千万时。同时，我们还实施了化解产能过剩标准支撑工程，发布实施了100多项相关标准，有效支撑了化解钢铁、水泥、电解铝等重点行业的产能过剩。再就是从服务业发展的视角看，发布实施相关国家标准5000多项，对规范服务业发展、提升服务质量发挥了积极作用。

在促进科技成果转化方面，标准化工作坚持创新引领、协同发展，通过健全标准化与科技创新的紧密互动机制，促进科技成果产业化、市场化，相继发布实施两个技术标准科技专项五年规划，健全了科技研发与技术标准研制紧密结合的政策措施。同时，加大了科技成果向技术标准转化的力度，在物联网、大数据、人工智能、新能源汽车等领域，以科技创新为先导，推进研制了300多项国家标准，有效促进了一大批科技创新成果的转化，引领了新兴产业的发展。推进实施新材料标准的领航行动计划，我国还在钢铁、有色金属、建材等领域基于创新技术的研制，完成了50多项新材料的国家标准，推进了新兴材料的应用。

在社会治理方面，标准化工作坚持试点先行，对促进基本公共服务均等化、优化营商环境、提升政府行政效能等方面发挥重要的作用。发布实施了《社会管理公共服务标准化工作的“十二五”行动纲要》《社会管理和公共服务标准化的发展规划》，开展了国家级的标准化试点500多个，制定实施1100多项标准，初步形成了覆盖广泛、重点突出的社会管理和公共服务标准体系。尤其是在推动行政许可审批事项的标准化试点工作和组织开展“美丽乡村”标准化试点等方面，我国都进行了良好的标准化实践。

在国际贸易方面，标准作为世界通用语言被称为国际贸易的通行证。一方面，我国积极推动采用国际标准，特别是在机械、化工、轻工、电子等41个行业领域，已经形成了较完备的采标体系，有效促进了对外贸易的发展。另一方面，我们也积极参与国际标准制定，特别是在家电、特高压输电、信息技术、中医药、服装等领域积极向国际标准组织提交标准提案，为完善相关领域的国际贸易规则贡献中国力量。

（五）安徽省“十三五”标准化工作成效

2020年是“十三五”收官之年，经过五年的不懈奋斗，安徽省标准化工作取得了有目共睹的成绩。

1. 标准化改革深入推进

安徽省标准化工作实现了从追求数量向突出质量的转变，从市场监管单打独斗向行业部门协同推进的转变，从规范工农业生产向全方位引领高质量发展的转变。及时开展地方标准复审，累计修订推荐性标准543项，废止983项，清理转化强制性地方标准33项，较好解决了标准老化、交叉、重复的问题，标准的质量和水平明显提升。标准化工作合力明显增强，市场监管统一管理、行业部门分工负责的工作格局基本建成。各行业部门相继建立了标准化工作机制，省市场监管局与省民政厅、文旅厅、机关事务管理局、气象局、工商联等单位联合印发指导行业标准化工作发展的指导性文件，6个厅局设立了专业标准化技术委员会。设立安徽省标准创新贡献奖，用于奖励在标准化工作中做出突出贡献的组织和个人。在全国率先设立省级标准化科研专项，并首次对35个标准化科技项目予以支持。标准化战略深入实施，标准化突破了传统的工农业领域，逐步渗透到科技创新、乡村振兴、社会管理和公共服务等各个领域，成为引领经济社会发展的重要技术支撑。

2. 标准化体系更加完善

政府主导制定的标准和市场自主制定的标准协同发展，安徽省初步建成市场运行有"标"可循、公共利益有"标"可保、创新驱动有"标"引领、转型升级有"标"支撑的良好格局。截止2020年底，全省累计主持及参与研制国际标准42项、国家标准3274项、行业标准4133项、地方标准2980项，公开企业标准48184项、团体标准1154项。其中，国家标准、行业标准和地方标准突出公益性，侧重于保基本；企业标准和团体标准突出创新性，侧重于提质量。标准产业分布逐步优化，新型显示、集成电路、新能源汽车和智能网联汽车、人工智能、智能家电等"创新标准"强势崛起，乡村振兴、政务服务、家政养老、旅游文化等"民生标准"日益壮大，标准体系为全省经济社会高质量发展提供了有力保障。累计获得国家标准创新贡献奖33项（其中组织奖1项，个人奖1项，项目奖31项），17项企业标准获评国家企业标准"领跑者"。

3. 标准化效益突出显现

安徽省试点示范建设坚持"选好一个项目、建好一个体系、树立一个典型、引领一个行业"的目标，实现了从"盆景"向"风景"、从"好看"向"好用"的提升。全省共承担国家级标准化试点示范项目199个，开展省级标准化试点示范项目1028个。率先完成以省为单位的国家新型城镇化标准化试点，为全国新型城镇化建设提供了可复制、可推广的"安徽经验"。率先完成以省为单位的政务服务标准化试点，标准化建设为创优营商环境提供了重要技术支撑，全省营商环境满意度达到96.5%。积极推动公共资源交易领域标准化建设，以标准化支撑公共资源交易"一张网"有序运行。着力推进旅游服务标准化建设，黄山市是全国第一家国家级旅游服务标准化示范市，"黄山旅游"已成为中国旅游的亮丽名片。芜湖、合肥、马鞍山先后入选国家物流标准化试点城市，通过标准化建设降低了物流成本、提高了流通效率。积极推进党建标准化试点建设，以标准化引领党建规范化，得到了中共中央组织部、国家标准委、省委省政府等各级领导的高度肯定。

4. 标准化基础能力显著提升

安徽省在专业标准化技术委员会和地方标准管理上更加规范，标准化人才队伍更加优化，技术支撑体系更加完善。围绕标准化技术委员会建设和地方标准制（修）订全过程管理，推进标准化核心工作能力建设。加强省级标准化专业技术委员会工作考核评价，建立技术委员会协调、申诉和退出等机制。累计成立省级标准化专业技术委员会 70 个，布局更加合理，管理更加规范。积极参与国际、国家标准化技术委员会创建，承担国际标准化组织技术委员会秘书处 3 个、全国标准化专业技术委员会秘书处 12 个。加强地方标准审查评估工作，严把标准立项关和发布关。加强标准化人才培养，面向不同群体开展不同层次的标准化知识培训。组织标准化技术资格考试，累计培养标准化工程师 895 名。技术机构的科研能力显著增强，省质量和标准化研究院、省产品质量检测研究院等科研机构先后获得国家标准创新贡献奖。建成全省标准信息网络平台，实现标准化信息资源共享。培育发展标准化服务业，标准化服务能力进一步提升。

二、世界标准化发展

标准化是人类实践活动的产物，人类标准化实践历史同人类的文明史一样灿烂和古老。标准化活动由来已久，最早可以远溯到古代，如新石器时代人们磨制的石器，形状、大小都有惊人的相似，甚至从制作方法到使用要求都相差无几。这种模仿制作就是人类无意识的标准化行为，也是标准化思想的萌芽。

人类有意识的标准化是从物物交换开始的，在交换过程中出现了计量的需求，这时人们意识到计量需要统一。而最初计量的统计是刻画记载的，逐渐发展到由文字和计量单位。度量衡制度的建立就是人类有意识的标准化行为。

随着人类社会的发展，标准化在经历了古代标准化思想萌芽阶段后，伴随着近现代大工业时代的来临，开始获得了突飞猛进的发展，成为社会发展举足轻重、不可或缺的一项活动。时至今日，标准化的发展已经到了与全球经济一体化时期相对应的国际化阶段。标准化的发展历史成为人类文明和进步史中的重要有机组成部分。

标准化作为一项管理技术，在一个企业、一个国家范围内建立相应的机构，有组织、有计划地开展工作，是近百年内的事。以机器大工业为基础的近代标准化和以系统理论为指导的现代标准化是世界标准化的重要发展阶段。

（一）近代标准化

18 世纪末，以蒸汽机的应用为标志，以纺织工业为首的一场气势磅礴的工业革命在欧洲兴起。伴随着产业革命的产生和发展，人们开始有意识地组织标准化活动。在机器化生产、工业化生产和社会化生产的基础上，标准化发展逐渐脉络清晰、目的明确，进而成为有组织的社会性活动。

1. 技术领域标准化萌芽

随着英、美、法、德、日等国先后完成了工业革命，旧有的生产结构被打破，新的技术手段推动手工作坊劳动向机器作业转变，并很快形成了合营广泛、规模庞大、职责细化的大机器工业化生产方式。为了让大机器工业化生产方式的生产潜力被充分激发，社会各企业、工厂逐渐开始采用标准化的生产方式，使得生产模式系统化和规范化。

18 世纪末，美国由于国内外战火尚未停息，政府急需大量军火，1798 年美国副总统杰斐逊同因发明轧棉机而出名的伊莱·惠特尼签订了一项合同，要求惠氏在两年之内向政府提供一万支来福枪。按传统的造枪方法，靠工匠用工具单独制造枪机零件后进行装配，每年仅能向政府提供 500 支来福枪，但是伊莱·惠特尼却按时按量完成了任务。原来，惠特尼将枪支部件分拆，用特别设计的模子和机器制造相同的零件，再将各零件组装成完整的枪。这种方法就是把整个工作分为若干工序，用标准的零件模型、专用工装（钻孔模板、夹具和导轨等）来保证零件的精度，零件间的误差十分微小，部件可应用于任何一支枪；另外，他还设计了专用机床来提高产量。这样，整个工件就可以雇用更多的非专业工人来同步进行标准零件的制造、合格枪支的装配。伊莱·惠特尼运用科学的加工方法和“互换性”原理，在零部件通用互换的基础上实现生产分工专业化、产品零件标准化的生产方式，奠定了大规模生产的基础，他因此而被誉为“美国工业标准化之父”。

近代工业标准化对于当时劳动力匮乏的美国而言，大大缩减了对劳动力的需求，尤其是对技术人员的需求。伊莱·惠特尼的方法于是在工业制造业中被广泛推广、争相仿用。依据标准化的原理，许多新式大型机器被研发出来，零件的产量与品质都得到了大幅提升，促进了制造业的新一轮发展。

2. 标准化推向行业领域

18 世纪末，随着运用零部件通用互换这种新型生产方式的传播，一系列新的问题不断涌现。比如，对一些量大面广的通用机械零件如何统一制式？如何制造出精准的机床、工具来制造这些机械零件？如何在保证零件通用互换的前提下规定其精度等级？如何对过于繁杂的零件品种规格进行合理简化？针对这些问题，英国的亨利·莫兹利着手进行研究，他开始采用机床溜板式刀架进行标准螺纹的制造。

1841 年，亨利·莫兹利的学生 J. 惠特沃思在一篇论文中敦促英国政府采用统一的螺纹制式来代替当时使用的种类繁杂的螺距和尺寸。由于 J. 惠特沃思的螺纹设计具有明显的优越性，所以很快被英国和欧洲采用，这种制式的螺纹被称为惠氏螺纹。其后，美国、英国和加拿大协商将惠氏螺纹和美国螺纹合并成一种统一的螺纹制式——英制螺纹，并在军用设备和民用设备中广泛采用。

随后，瑟韦特瓦尔统一了螺钉和螺母的型式和尺寸，为进一步实现互换性创造了有利条件；J. 布拉马和莫兹利又完成了机床的重大改进，使之满足零件所需的加工精度。1834 年英国制定了惠特沃思“螺纹牙型标准”，1840 年左右，制造厂已由要求精确性过渡到使用公差的概念，到 1870 年左右，又进一步使用公差的限度（公差带）。1877—1879 年，法国的工程兵上校 C. 雷诺为精简气球上的绳索直径规格而首创了优先数系，后来成为推行“产品参数系列化”的理论基础。当时雷诺将绳索直径规格由 425 种简化为 17 种，取得了良好的效果。在当时这方面的发现和发明成果层出不穷。

整个 19 世纪，新兴的西方资本主义社会中，新技术、新发明不断涌现，产生了电器、电力、石油、化工、汽车、轮船等制造业。从 19 世纪 40 年代起，各种学术团体、行业协会等民间组织纷纷成立，如英国的机械、土木、造船、钢铁、电气工程协会，美国的土木、机械工程师、锅炉商协会以及成立于 1898 年的美国材料与试验协会（ASTM）等。为了解决工程技术上统一、协调等方面的问题，大多数学术团体和行业协会都开展了标准化工作，制定和发布了各种行业或团体标准。

工业化时代的标准化作为人类一项有明确目标和有系统组织的特定社会性活动，较之整个农业时代分散、自发的标准化实践活动，有着质的飞跃。因此，以工业标准化为开端的近代标准化，是世界标准化发展的重要起点。

3. 近代标准化的特征

近代标准化的特征主要有以下几点：

（1）军工产品标准化起到了带头作用，标准化的领域和范围进一步扩大至各工业制造业。

（2）标准化逐渐成为有组织的活动，形式越发多样化，对象日趋复杂，并且逐渐开始形成配套标准。

（3）与标准化有关的组织机构逐步建立，对标准化的研究形成理论，并且在国际发挥作用。

（二）现代标准化

20 世纪初，“泰勒制”和“福特制”的推广，标志着现代标准化的开始。现代标准化以现代科学理论为基础，是对近代工业标准化的继承和发展。

1. 泰勒制、福特制与美国国力的腾飞

20 世纪初，标准化观念与方法上的新突破为美国国力的腾飞做出了重要贡献，这就是“泰勒制”与“福特制”。美国人 F. 泰勒被称为“科学管理之父”，他把零部件等实物标准化，提高到方法和管理的层面上，将操作方法、工时定额以及有关的管理规程都纳入了标准化。1903 年，美国机械学会刊发了泰勒的论文《工厂管理法》。1911 年，泰勒出版了《科学管理原理》一书，书中系统地阐述了有关企业定额管理、作业规程管理、计划管理、专业管理、工具管理等理论。这是建立在行动分析基础上的一整套企业管理方法，常被统称为“时间研究”，它使企业的生产效率空前提高，因此该原理方法也被称为“泰勒制”。

与泰勒同时代的亨利·福特，是我们熟知的“汽车大王”。作为一位富有革新精神的企业家，他首创了一种新型的生产组织形式：将公司所研发的“T 型车”的制造全过程分解为 7882 道工序，运用“泰勒制”的原理，在实行全面标准化的基础上组织大批量生产，以连续不停的传送带运转保证一切作业的机械化和自动化，工厂中组装汽车的劳动就像流水一样运动得有条不紊。在 1913 年的生产力条件下，该生产方式使得装配一个汽车底盘的时间从原来的 12 小时 28 分缩短为 1 小时 33 分，生产效率和企业利润大大提高。这种流水线的生产组织形式被称为“福特制”。

“泰勒制”和“福特制”对美国经济的快速发展发挥了巨大作用，尽管这种生产体制从某种角度上看仿佛是“把人变为机器”而曾招致社会上的非议，但从标准化的角度看，这意味着从零件标准化向作业标准化和管理标准化新领域的拓展，是标准化理论与实践上的重大飞跃。

2. 国家标准化的发展

由于运输业的发展，工业制造市场扩大，“同样的零部件如何在更大的范围内实现统一互换”是急需解决的问题。于是，各个国家都开始成立了各类标准化组织。

1901 年英国标准学会正式成立，这是世界上第一个国家标准化组织。同年，美国成立了国家标准局，这是一个官方计量和标准化机构，主要负责制定计量基准标准和一些政府部门的订货标准。1902 年，英国纽瓦尔公司编辑出版了纽瓦尔标准“极限表”，这是最早出现的公差制。1918 年，美国材料试验协会、美国机械工程师协会、美国矿业与冶金工程师协会、美国土木工程师协会、美国电气工程师协会等五个民间组织，在美国商务部、陆军部和海军部三个政府机构的主导下，共同发起成立了美国工程标准委员会（AESC）。1928 年 AESC 改组为美国标准协会（ASA），1966 年 8 月又改组为美利坚合众国标准学会（USASI），1969 年又改组为美国国家标准学会（ANSI）。除了英国与美国外，其他一些工业国家也都成立了本国的国家级标准化机构，这些国家依次有荷兰（1916 年）、德国（1917 年）、瑞士（1918 年）、法国（1918 年）、瑞典（1919 年）、比利时（1919 年）、奥地利（1920 年）和日本（1921 年）等。到 1932 年，已有 25 个国家成立了国家标准化机构，开展国家标准化的必要性和紧迫性已成为诸多工业国家的政府和企业界的共识。

在实行市场经济体制的西方国家里，生产者、销售者和用户都占有重要的地位。国家标准化机构的成立，使得由中立的第三方对产品质量是否符合标准做出公正评价有了可能。1903 年，英国率先在生产的钢轨上刻印风筝标志（BS 标志），以表明这种产品是按英国钢轨尺寸标准生产的。1926 年英国标准化学会向英国电气总公司颁发了第一个“风筝标志”使用许可证。这便是“认证制”的开端。

3. 国际标准化的发展

19 世纪末，电气工程师们首先意识到世界迫切需要国际化的标准，并要求制定供世界范围内使用的统一术语和计量单位。于是，1881 年，在巴黎召开了第一次国际性专家会议，意在统一电气工程领域的术语和计量单位。在 19 世纪末 20 世纪初又召开了一系列电工会议，与会者一致认为，必须成立一个能够长期地、有步骤地推行标准化的组织。1904 年，一些国家的政府代表在美国圣路易斯市举行了会议，通过了关于成立永久性组织和关于在电工领域开展国际标准化合作的建议。1906 年 6 月，澳大利亚、比利时、加拿大、法国、德国、匈牙利、意大利、荷兰、西班牙、瑞士、英国、美国、日本共 13 个国家的代表集会于英国伦敦，起草了 IEC 组织章程及议事规则，正式成立了国际电工委员会（IEC）。进入 20 世纪 60 年代，IEC 的发展更加迅速，先后组建了通信设备用电缆、电线及波导、半导体器件、集成电路、环境试验以及涉及电子设备与元器件专业的技术委员会；之后 IEC 又于 2004 年设立了 TC111 电工电子产品和系统的环境标准化技术委员会，为解决环境领域的问题提供技术支撑。就这样，IEC 从组建、探索到初具规模花费了近 100 年的时间。

19 世纪末，美国和欧洲诸国纷纷把电力建设列为国家重点项目，世界范围内兴起了电气化的热潮。为了顺利实现国际电报通信，1865 年 5 月 17 日，法、德、俄等 20 个国家在巴黎召开会议，成立了“国际电报联盟”，1932 年更名为“国际电信联盟”（ITU）。1949 年 1 月 1 日，联合国正式承认 ITU 为联合国专门机构。1992 年，在日内瓦召开的全权代表大会上对 ITU 进行了彻底重组，旨在使它更灵活地适应环境的复杂性、互动性和竞争性。经过这次重组，ITU 精简了机构，形成了三个部门，即无线电通信部（ITU－R）、电信标准化部（ITU－T）、电信发展部（ITU－D），分别与 ITU 的三大工作领域相对应。在此次会议中，为了保证 ITU 对新的技术发展能够做出快速反应，还决定采用“定期大会制”作为新体制。1994 年，在京都召开的全权代表大会上通过了 ITU 历史上首个战略规划，提倡采取更为面向客户的工作方法和以 ITU 成员日益变化的作用、需求和职能为中心的行动计划。

第二次世界大战结束后，工业发达国家的先进科技成果和管理方法快速传遍了全球。与此同时，国际标准化活动则以更大的规模、更大的活力重新起步。1944 年二战即将结束时，联合国标准协调委员会（UNSCC）成立。1945 年 10 月，UNSCC 决定筹建国际标准化组织。1946 年 10 月 14—26 日，在伦敦召开了包括中国在内的 25 国代表会议，在会议上正式通过成立国际标准化组织（ISO）的决议。1947 年 2 月，ISO 章程获得 15 个国家标准化机构的认可，国际标准化组织宣告正式成立。在 20 世纪五六十年代，来自第三世界的新成员成为 ISO 新增成员的主流。ISO 针对这些成员需求的第一个具有里程碑意义的事件便是 1961 年成立了发展中国家事务委员会。自从关贸总协定（GATT）《标准守则》于 1980 年实施以来，国际标准化机构致力于标准、技术规程、试验方法和认证制度的国际协调与统一，这对于消除技术贸易壁垒发挥了重要作用。国际标准数量不断增加，采用国际标准已成为普遍趋势。

4. 积极实施国家标准化战略

21 世纪以来，美国、英国、德国、法国、日本等发达国家积极实施标准化战略。2003 年，英国国家标准化机构（BSI）、贸工部和工业联合会共同制定了英国国家标准化战略框架。英国国家标准化发展的总体战略目标是确保对标准和标准化的理解和使用方面具有实质性的进步，以造福于英国企业界、政府和社会。其战略任务是：使英国企业界通过战略性使用标准，增强竞争优势，推广最佳经验，打进新兴市场，促进企业创新；使英国政府通过有效使用标准，满足公共政策、法律法规和社会目标的需要；建立一个和谐、有效和满足所有标准使用者不同需求的基础支撑体系。

2009 年，日本制定的标准化战略提出了三大目标，分别是提高标准的市场适应性、效率性和战略性，推进国际标准化活动，同步推进标准化与技术研发。战略的核心内容是加强国际标准化活动，建立适应国际标准化的标准认证工作机制，加大产业界参与国际标准化活动的力度。日本的标准化战略首次将国际标准化战略放在整个标准化发展战略的突出位置，将争夺国际标准话语权作为未来日本标准化工作的重点任务。同时，该战略力求将标准化与其他工作进行有机结合，旨在强化官产学研在标准化工作上的协力，加速标准与技术研发、市场战略的融合，以举国体制推动日本标准水平的提升。

2009 年法国国家标准化机构（AFNOR）发布了《关于标准化的 2009 - 697 号法令》，该部法律的发布推动了法国标准化的改革与发展。自 2011 年起，法国相继发布了三版国家标准化战略。在 2019 年发布的《法国标准化战略（2019—2021）》延续了上一版战略所提出的应对气候变化和控制数字化影响两大挑战，并将促进更加包容的社会作为新的战略挑战。AFNOR 每两年对战略进行审查，主要从法国在每个主题方面开展的重要活动情况，识别和分析明显的标准化主题以及未来新兴的标准化主题，编制法国标准化体系推进计划的进度报告三个方面进行。

美国国家标准化机构（ANSI）于 2000 年 8 月发布了《美国国家标准战略》（NNS），成为美国标准化领域的第一个纲领性文件。2005 年 ANSI 对该文件进行了修订，并更名为《美国标准战略》（USSS），以突出强调标准日趋表达出来强烈的无国界特征。之后，ANSI 对该战略保持每五年修订一次，最近一次修订是在 2020 年 8 月完成的，因此美国标准战略是一个循序渐进、不断完善的过程。2020 年版本体现了美国商务部负责标准和技术的副部长兼 NIST 主任威利·梅的观点，表达了标准在当今世界的重要性。威利·梅认为：标准促进跨学科、跨国界合作；标准支撑全球经济，并提高生活质量；标准为全世界提供通用语言。

2004年，德国国家标准化机构（DIN）主席团批准通过了德国标准化5项战略目标，并于2005年1月正式发布了德国标准化战略。之后，DIN对该战略保持每5年修订1次。2016年11月3日，DIN主席团通过了修订的德国标准化战略（“标准化创造未来”版本）。

5. 现代标准化发展特征

现代标准化的主要特征体现在以下几个方面：

（1）国际性。采用国际标准或投入国际标准制（修）订工作成为各国标准化工作的重要方针和政策。

（2）系统性。现代标准化从系统的观点处理问题，并且需要建立同技术水平和生产规模相适应的标准体系。

（3）先进性。现代标准化目标指向高新技术产业，如新材料、新能源、生物技术、高端装备制造业、服务业等，将标准化与数字方法、电子技术、信息技术紧密结合，具有现代产业特色，体现出极强的先进性。

（4）战略性。现代标准化体现出战略性，各个国家在标准化实践中从全局和长远出发，将标准化发展提升到战略层面进行总体谋划。

案例

国际标准与第四次工业革命

2018年世界标准日主题是：国际标准与第四次工业革命。

两个世纪前，标准在第一次工业革命中发挥了重要作用，同样在250年后，标准在第四次工业革命中也必将发挥意义非凡的关键作用。

第四次工业革命是指技术的大融合，融合技术的发展模糊了传统意义上物理、数字与生物技术领域的边界。人与物之间越来越紧密的连接，将给我们的生产、贸易和沟通带来极大的影响，就像第一次工业革命，蒸汽动力改变了当时许多的社会生产方式与生活方式。

从18世纪开始，劳动方式由人工转向机器和工厂，从而产生了标准需求。例如，基于机器零件的替换需求，实现了零部件的规模化制造。

今天，标准在社会走向新时代的伟大征程中，将再一次扮演非常关键的角色。没有标准，我们不可能见证如此迅速的变革。创新者们依靠着IEC、ISO和ITU等组织制定的国际标准来确保兼容性和互操作性，推进新技术的顺利应用。标准也成为全球知识与创新传播的有效载体。

第四次工业革命带来的快速变革也意味着一系列的挑战。机器人与人工智能将取代越来越多原本由人完成的工作；增材制造（也称为3D打印）将改变我们制造产品的方式，让我们在家就能“打印万物”；随着从飞机到婴儿监控等各类设备实现数字化互联，数据的脆弱性与数据安全事故造成的后果也呈现出指数级的增长。这些还只是列举了部分以大数据、增强融合、云储存与设备信息开放传输等为主要特征的新一代智能技术领域的一些具体表现。国际标准是确保安全、降低风险的有效工具。例如，数据安全标准可以保护我们的数据，阻止“黑客”攻击。机器人安全标准将使人机互动变得更加友好。

第四次工业革命的浪潮已经涌来，要更好地借助这场技术变革增进社会福祉，标准的角色不可或缺。

第四节　企业标准化概论

引　例

从世界五百强企业的发展轨迹可以得出这样的结论：企业之间的竞争实际上是企业内部规则与外部规则之间的较量，企业内部规则体系愈完善，企业把握外部规则的主动能力就越强。企业自身是一个整体和系统，如何将自身融入产业竞争这个大战场中，牢牢把握规则这个制胜法宝，掌握发展规律，树立科学的标准化理念，系统地运用标准化方法，是企业长盛不衰、兴旺发达的不二法门。

一、企业标准化概述

（一）企业标准化基本概念

1. 企业

企业是指从事生产经营活动，实行独立核算的社会经济组织。企业与其他社会组织，如军事组织、政治组织、科教文化组织等的根本区别在于——它是以独立的社会经济主体的资格，通过生产经营活动实现一定的经济目的和为社会提供物质产品或服务。企业按照不同的标准可以分为不同的类型，如国有企业、集体企业、民营企业、合资企业、外资企业、联盟企业等。

2. 企业标准

为了在企业内建立最佳秩序，实现企业的经营方针和战略目标，在总结经验成果的基础上，按照企业规定的程序，由企业自己制定并批准发布的各类标准，统称企业标准。

这个定义揭示了企业标准这个概念的如下内涵：

（1）制定企业标准的目的是实现企业的经营方针和战略目标。这里所说的企业标准，泛指企业自己制定的各类标准；这里所说的经营方针和战略目标，同样包括企业在不同时期、不同情况下制定的方针和目标。总之，企业标准的目的坚定而明确，始终不偏离企业的方针和目标，为实现这个方针和目标服务。

突出地强调这一点非常之重要。因为在以往的企业标准化工作中，常出现目的不明确甚至偏离企业方针和目标的现象。其原因在于企业有自己的方针和目标，标准化也有自己的方针和目标，各搞各的一套，这就是通常所说的“两张皮”现象。只有克服了“两张皮”现象，企业标准才能真正为企业发展服务。

（2）在企业内建立起最佳秩序是实现企业经营方针和战略目标的必由之路。这就是说，实现企业经营方针和目标是标准要达到的目的，建立最佳秩序则是达到这个目的的手段。在企业里通过实施标准是能够建立起秩序的，但建立什么样的秩序呢？一定是有利于实现企业方针和目标的秩序，而不是别的秩序。这个目的和手段之间的区别是很重要的。如果离开方针目标这个约束条件，单纯地强调建立秩序或者建立最佳秩序，那就不可能搞清楚建立什么样的秩序，更无法知道什么是最佳秩序。最后的结果就是企业制定了许多标准，却见不到显著的作用，究其根本原因，有许多就是在企业经营方针与战略目标尚不十分清楚的情况下，就着手大量制定标准。

(3) 标准是企业的经验积累。这里有两层含义。首先，企业标准从哪里来？从经验中来。当然在制定企业标准时可以广泛参考其他标准，包括国家标准和国际标准，但是最重要的还是自己企业从生产经营实践中总结出来的经验。其次，企业标准向哪里去？企业标准是用自己的成功经验指导自己的实践。以后修订这个标准，就是新经验取代旧经验，是经验的再积累，实践水平的再提高。标准的发展过程也是企业经验的积累过程。这个过程永不止息，企业的经验积累便永无中断。标准水平一步步提高，企业经验一次次升华。

(4) 企业标准是由企业自己制定的。如前所述，只有企业亲自制定标准，才能亲自总结经验，并把宝贵的精神财富加以消化和积累起来；只有亲自制定标准，才能使所制定标准与企业的方针和各项目标相契合；只有亲自制定标准才能深刻领会标准中那些规定的确切含义，以便创造条件去实施。可以说，制定标准是企业的一项重要的制度建设，企业领导不仅应该关注而且应该亲自参与。那些图省事把制定标准的任务委托给别人或照抄别的企业标准的做法均不可取。

(5) 企业标准按照企业规定的程序批准发布。这就是说，企业标准是企业的规范性文件，必须遵照规定的程序制定、审批和颁布。至于这个程序如何规定，那是企业自己管理权限内的事，完全可以根据实际情况由企业自主做出规定。

3. 企业标准化

为实现企业的经营方针和战略目标，并为企业的长远发展打好基础，由企业独立自主地制定标准、实施和改进标准并灵活运用各种标准化形式的一系列活动过程叫作企业标准化。上述定义揭示了企业标准化这个概念的如下含义：

(1) 企业标准化的目的同制定企业标准的目的是一致的，都为了实现企业的经营方针和战略目标。但是企业标准化的目的又同某些具体标准的目的有所区别。虽然说每一个具体的企业标准从总体上来说都是为实现企业的方针和目标服务的，但实际上每个具体标准只是围绕某个具体的分目标发挥作用，通过分目标的实现来保证总目标的实现。而企业标准化的目的则是直接针对企业的经营方针和战略目标的。企业标准化的这个目的是通过制定各类具体标准，并通过这些具体标准分别作用于各个层次的分目标才能最后达到。一方面是通过标准化把各类标准按照方针目标的要求组织起来；另一方面是每个具体的标准有针对性的发挥作用。所以我们说两者目的是一致的，但内涵有区别。

(2) 企业标准化是企业长远发展的需要，这就是通常所说的“基础作用”，这个“基础作用”的最突出的表现就是建立秩序。企业通过开展标准化建立起来的技术秩序、生产秩序、经营管理秩序等就是企业存在和发展的基础。企业的这个基础，不可能是一劳永逸的，这个基础是要随着环境的变化而不断更新和发展的。企业标准化的繁重任务就是要审时度势地建立新秩序，打好新基础。

(3) 企业标准化是一系列活动过程。这一系列活动过程是制定标准、实施标准、不断地改进标准等内容的不断循环。但这绝不是无目的的循环，它服务于企业的战略目标，以企业的战略目标为导向，通过制定和实施标准，达到实现战略目标的目的。

这里特别强调以企业的战略目标为导向的从制定到实施再到改进的不断循环这一点非常重要。只有理解并把握这一点，才能理解企业标准化的本质和精髓。其中包含三个要点：第一是企业标准化一定要有非常明确的目标，并且以目标为导向引领标准化全过程；二是标准化不能只是制定标准，要实施并且通过实施实现预定的目标；三是通过不断地改进标准，提高原定目标的实现程度或实现新目标。这是一个永无止境的循环上升过程。

用这三个要点来衡量，便会发现有些企业开展的标准化，要么根本没有明确的目标，只是按照书本理论教条主观地去制定标准，这是盲目的标准化；要么只是不停地制定标准而不管实施与否、效果如何，这是“半截子”标准化；要么是制定了一大堆标准，整整齐齐、应有尽有，但既不认真实施更不及时改进，放在那里供人参观，这是“标准化花架子”。诸如此类的现象都不能算作是真正意义上的企业标准化。

(4) 企业标准化活动不能仅仅理解为制定和实施标准，它的内涵要比国际标准化和国家标准化都大。其中最重要的是各种标准化形式的灵活应用，如简化、统一化、通用化、系列化、组合化、模块化。这是企业标准化最为精彩的内容，也是企业标准化活动中最具活力和创造力的空间。在市场竞争中取胜的企业，尤其是那些靠快速开发新产品占领市场的企业，几乎都是得益于这些标准化形式的灵活应用。所以，企业标准化不能完全照搬国际和国家标准化的做法（连定义都无法照搬），因为两者的宗旨不同、目的不同、内容不同、做法也不尽相同，不把握这些特点、不从企业实际出发是难以发挥标准化的作用的。

（二）企业标准化特点

企业标准化这项管理活动，同国家的、行业的以及地方政府开展的标准化比较起来，有它自身的特点，主要包括以下几个方面：

1. 为本组织服务

为本组织服务是企业标准化的宗旨，是它同政府机构（国家行业、地方）开展的标准化的本质区别。政府机构开展的标准化是动用公共资源，花的是全体纳税人的钱，它必须体现全体纳税人的利益并且为全体纳税人服务，绝不可只是满足某个企业的需要，或体现某个企业的利益。而企业标准化则不同，它动用的是企业的自有资源，是企业的经营性投入，它必须为实现本企业的经营目标服务并为本企业谋利益。

为本组织服务这是企业标准化最突出的特点。强调这个特点有两个非常重要的意义：首先，在任何情况下都不能把企业标准化同国家的行业的和地方的标准化混为一谈，因为二者的宗旨是不同的。但是，不加区分地把它们一律对待的现象却随处可见。其后果，要么损害政府的公信力，要么侵犯企业的利益。其次，企业标准化必须以为本企业服务，实现企业的经营目标，作为自己的方向。

2. 独立自主开展

企业标准化是企业独立自主开展的活动。这就是说，企业标准化是企业自己的事，企业对其有独立支配权。企业标准化搞什么、如何搞，完全由企业自己决定，不受任何干预。这种权力是法律授予的，同时也是由企业标准化的性质决定的。既然企业标准化是企业内部的一项微观管理活动，活动的内容又是通过制定和实施标准解决具体问题。那么谁最清楚哪些问题需要通过标准化来解决呢？自然是企业自己。谁最清楚要制定什么样的标准呢？也只有企业。所以，企业标准化怎么搞，需要制定哪些标准，标准定成什么样才好用，都只有企业自己最清楚。这些属于企业微观管理的问题，也是企业自己应该做好的事，任何外来的干预都不利于企业把自己的事情办好。

3. 体现企业文化

企业标准化在很大程度上也是企业文化的表现形式。例如，企业文化中的以人为本的思想，势必在与人有关的标准中得到体现，所定标准不仅会充分考虑人在工作时的安全和健康问题，还会充分考虑到如何发挥人的能动性和创造性。由于每个企业都有自己的文化，而且是各不相同的，企业标准化必定有所差异。更由于企业间在生产对象、生产条件、技术水平、管理水平、发展阶段等方面都是互有差别的，所以依此开展的标准化也必定是各具特色、互不相同的。允许这种不同和差异的办法就是鼓励创新，而这种标准化的差异创新，对企业实施差异化竞争战略是有意义的。任何试图用某种统一的模式去规范企业标准化的做法都是不可取的。这就是说，不能把企业标准化也给标准化了。

4. 重在解决问题

企业之所以开展标准化工作，归根结底就是要用这个工具解决企业中存在的问题。标准化是否有用，就看它是否能解决问题。标准化的作用有多少，就看它到底解决了多少问题，当然是问题解决得越多越好，越是难题越好。这就要求企业必须做到“用最适用的工具，去解决最难的问题”（钱伟长语）。所以，能解决问题才是真本事，能解决问题的标准才是好标准、适用的标准，能解决最难问题的标准就是优秀标准。企业标准化如果搞了许多年，又制定了许多标准，但就是没解决什么问题，那么这个企业就等于购置了一个无用的工具，除了占用库房还不断地消耗资源，它的未来可想而知。但是，这个极其浅显的道理，却一直未能引起足够的重视。许多企业只是不停地“生产”标准、“贮存”标准，如同工业化时代的生产线，标准“生产”得越快越好，库存越多越好。其实，用最少的标准解决最难的问题，这才符合标准化原理。

二、企业标准化基本原则

（一）合规性原则

企业标准化是企业自主开展的活动，但必须是在遵守法律、法规、政策和相关标准的前提条件下进行。企业内制定的任何标准不仅不能与法律、法规、政策和相关标准的要求相抵触，而且要认真贯彻落实这些要求，使标准成为在企业里贯彻落实国家法律法规的重要工具。为做到这一点，企业标准化管理机构或管理人员要通过各种渠道收集与本企业相关的法律、法规及相关标准，并且及时跟踪它们的修订和变化。对于那些与企业关系密切的信息还要及时向有关方面通报，有时还要组织对某些标准进行修订等。

（二）需求导向原则

企业标准化工作应以满足相关方需求、市场竞争和生产、经营、管理、技术进步等为导向，开展企业标准化工作。

企业相关方包括顾客、企业所有者、企业员工、供方和合作伙伴以及社会等。不同的相关方会有不同的需求和期望，如顾客注重产品的质量、价格、交付及服务，企业所有者关注持续的盈利能力和透明度，企业员工注重良好的环境、职业安全、职业发展、承认和奖励等，供方和合作伙伴注重互利和连续性，社会注重企业是否遵守法律法规、环境保护以及道德行为。

企业标准化要为企业市场竞争服务，要在竞争中取胜，就必须努力研究市场、占有市场、开拓市场，制定产品标准时要充分研究市场和顾客的需求，使标准能确切反映顾客的需求。企业按这样的产品标准生产的产品，才能受顾客欢迎并在市场上占有一席之地。此外，倘能在新产品设计过程中采用通用化、系列化、组合化和模块化等标准形式快速开发顾客急需的新产品，可使企业不仅赢得顾客持续的满意，拥有忠诚的顾客群，而且具有应对市场变化并不断拓展市场的能力。

企业最重要的资源是人力资源，企业里有大量标准是与人相关的。有的标准是对管理者和操作者的工作所做的规定。在制定这类标准时，要充分考虑到对人的尊重和有利于人的能动性和创造性的发挥。既要对那些必须严格遵守的事项做出极明确的规定，又要对那些不必统一的内容给人留下发挥创造性的空间。该管住的一定管住，该授权的一定授权，切忌把人管得死死的，变成机器人。通过标准化树立起一种企业文化，使人们既能意识到那些严格规定是绝对有必要的而自觉地遵守，又能开动脑筋去想把工作做得更好的办法。

企业要盈利、要参与竞争，但也要负担起应尽的社会责任。绝不能为了竞争获胜而不顾工人安全健康，更不能为了盈利而不惜损害环境。这一原则要在标准中体现出来，要通过制定和实施相关标准加以落实。企业这样做，不仅能提升企业的信誉和形象，还能增强职工的凝聚力。从长远来看，它还是企业在竞争中取胜的重要原因。

（三）系统性原则

企业应权衡和协调各方关系，关注企业外部标准化活动并适时调整和优化企业内部标准化规划、计划及标准体系，确保标准化工作协调有序推进。

（四）协同原则

协同有两种情况。一种是指企业的标准化工作要同企业的中心工作协同进行。企业在不同时期、不同情况下都会有最重要、最关键的工作，有时这些工作甚至关系企业的命运。遇到这种情况，凡通过标准化能够发挥作用时，即应将其列为标准化的中心任务积极予以配合。这是发挥标准化的作用和标准化工程师能力的极好机会。应避免企业有企业的中心，标准化有标准化的中心，各自为政互不配合。另一种是指要同产业链上的其他企业尤其是上下游企业协同，在企业链竞争日益激烈的今天，这一点特别重要。

（五）适用性原则

建立标准体系，应当紧紧围绕企业的发展战略和方针，针对企业的自身运作特点，制定实现企业经营方针、目标的标准化工作方针与目标。标准化工作应指向清晰、目的明确；标准体系应能满足需求，标准应现行有效，便于实施。盲目照搬其他企业的现成的标准体系，是企业建立标准体系时目标性不明确的主要表现。

（六）效能性原则

以实现企业生产、经营和管理目标为驱动，对企业经营效益、员工的工作绩效，实行可量化、可考核的标准化管理，达到预期效果。

（七）持续改进原则

企业标准体系客观存在于企业生产经营的大系统中，始终受到企业的总方针目标的制约，总方针目标的任何变化，都直接影响企业标准体系的完善和实施。同时，由于系统的不断优化要求，也要不断持续淘汰那些不适用的、功能低劣或重复的要素，及时补充新的要素，对那些影响企业标准体系不能满足生产、经营、管理要求的项目采取纠正措施或预防措施，以保证企业标准体系的动态的持续改进。遵循 PDCA 循环管理方法，从各岗位、部门及层级持续运行标准体系和实施标准，适时进行标准体系的维护和标准适用性的跟踪，针对问题查找原因，并根据市场与需求变化，适时对风险和机遇做出反应，提出、验证改进措施，及时制（修）订相关标准并纳入标准体系。

（八）全员参与原则

围绕企业发展战略和标准化工作方针、目标，健全组织，周密计划，开展标准化宣传、培训，营造领导带头、全员积极参与内、外部标准化活动以及实施相关标准的环境，养成全员自觉执行标准的素养。

三、企业标准化机构建设

（一）设立原则

规模较大、标准化任务较多的企业可以考虑设立标准化管理机构，配备专职的人员，对企业的标准化工作实行统一管理。这类机构的规模、管理体制、管理职能等也会因企业性质、企业规模、企业的管理体制等而有所不同。国内外的管理模式和机构名称多种多样，有的叫标准化办公室，有的叫标准化处（科），还有设立标准化委员会的，它有常设办公室。这些机构有的由高层管理者直接领导，有的设在总工程师办公室，有的设在技术管理部门（技术部、设计部），有的设在企管部门（企管办、企管处）等。设立标准总监岗位的企业，还可以成立专门的“企业标准总监办公室”，全面负责企业标准化工作的组织和开展。

对于那些规模较小、标准化任务不是很多的企业，基于精简机构和非生产人员的考虑，通常不设专门机构。但这并不意味着在这类企业里没有标准化管理职能。这类企业的标准化管理职能通常交由某些综合部门，并在该部门内设专职人员或兼职人员负责具体的标准化管理业务。

企业可根据规模、资源战略发展要求等实际情况，决定设立独立的标准化机构，或由相关部门和人员兼职从事标准化工作。

（二）机构职责

企业在进行标准化管理机构设计时，应考虑标准化工作的需要以及标准化工作与其他相关工作的衔接，明确标准化组织机构关系以及各相关部门的分工、岗位责任和权限。一般而言，标准化管理机构的工作职责应包括以下内容：

（1）落实国家标准化法律法规、方针政策以及强制性标准中与本企业相关的要求。

（2）制定并落实企业标准化战略、计划及任务。

（3）制定企业标准化管理制度。

（4）构建企业标准体系和标准体系表。

（5）企业标准体系的运行、评价及改进。

（6）企业标准的制（修）订、实施、审查与评价。

（7）标准化培训与标准宣传、贯彻。

（8）标准化档案管理。

（9）收集和整理国内标准化信息，并向相关方进行传达。

（10）参与国际、国内各类标准化活动。

企业各职能部门的标准化工作职能应包括以下内容：

（1）组织实施企业标准化机构下达的标准化工作任务。

（2）组织实施与本部门有关的标准化文件。

（3）对新产品、改进产品、技术和技术引进提出标准化要求。

（4）按要求做好标准实施的原始记录或信息并根据规定汇总、归档。

（5）对发现的问题进行分析并向企业标准化机构提出意见或建议。

（6）按标准对员工进行考核，提出奖惩建议。

日本典型中小企业（以公司规模约170名员工、工厂规模约40人为例）的标准化和质量管理工作组织结构如图2-8所示，工厂机构中与标准化相关的包括标准化质量管理责任人、工厂标准化推进会议、企业标准化委员会、管理干部会和班组质量巡查。其中，标准化质量管理责任人（全称为标准化质量管理推进责任人）是标准化工作的总责任人，可以专职或兼职。

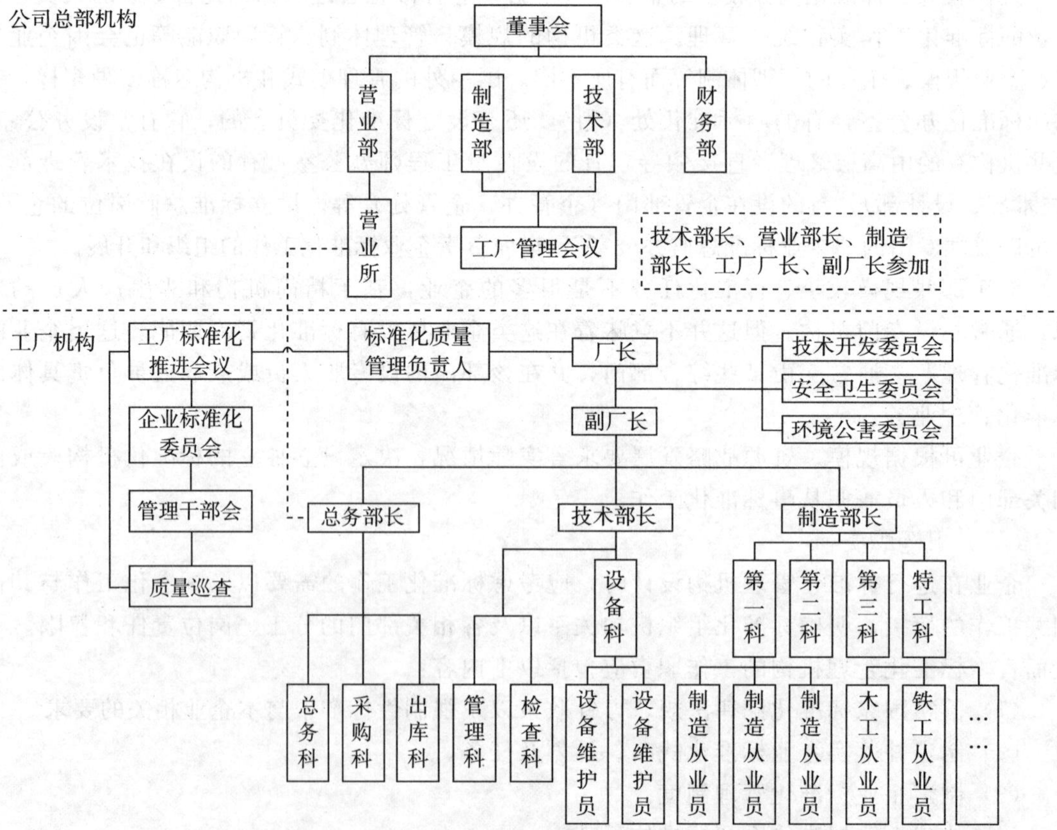

图2-8 日本典型中小企业标准化工作机构设置示意图

图 2-9 所示为大型制造类企业标准化机构的实例。该企业建立了标准化室，由董事会或经理层统一管理。

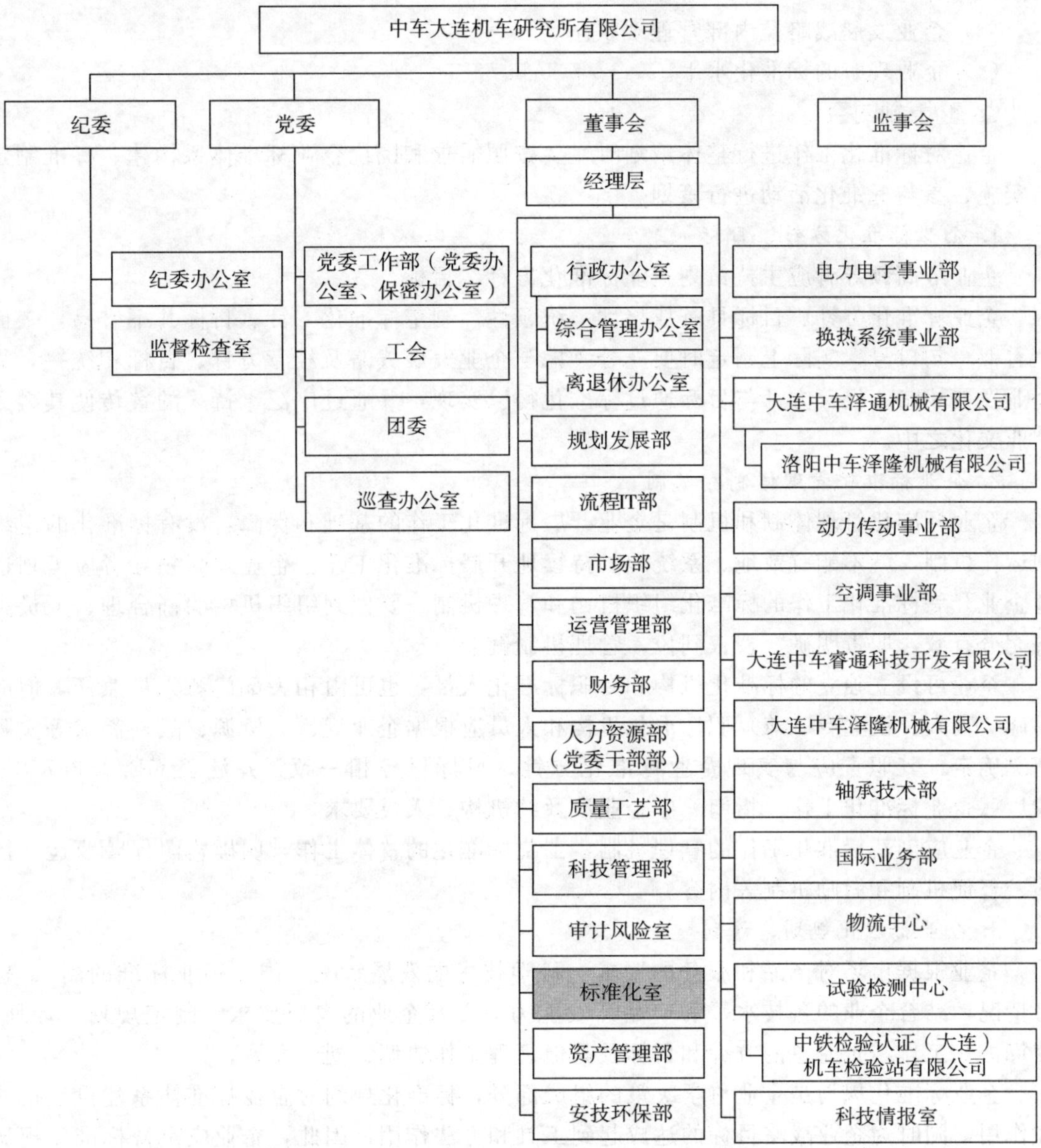

图 2-9　某企业标准化工作机构设置示意图

四、企业标准化工作策划

（一）策划依据

企业标准化工作策划的依据主要有四个方面：

（1）相关方的需求和期望，相关方主要包括顾客、所有者、股东、员工、供方和合作伙伴、社会等。

(2) 以顾客为关注焦点，并考虑政策、安全、环境、资源、地域、市场、社会责任等因素。

(3) 企业发展战略及内部管理现状。

(4) 企业现有的标准化水平。

(二) 策划内容

企业对标准化工作进行整体策划时，要按照需求和围绕企业标准体系构建、标准制定与实施、参与标准化活动进行策划。

1. 企业标准化方针、目标

企业最高领导者应主持策划企业标准化方针、目标。

企业标准化方针、目标具有战略性、统领性。制定标准化方针、目标并不容易，表面上看似一句口号，实际上制定时要充分考虑与企业发展战略及经营方针、目标相统一，将企业发展战略、经营方针与目标通过标准化得以实现，并通过广泛、持久的宣传使其融入企业文化之中。

2. 企业标准化管理体制和机制

企业标准化管理体制和机制是企业开展标准化工作的基础和保障，没有标准化的组织和运作机制，就不能有效地、系统地、持续地开展标准化工作。企业最高领导者应策划适合企业开展标准化工作的标准化组织机构和管理机制，要做到组织机构明确合理、人员配备充分有效，职责明确、授权到位，管理机制健全。

企业可设立独立的标准化机构和专职标准化人员，也可由相关部门和人员兼任，但应明确负责人。设立专（兼）职标准化机构和人员应根据企业规模、资源、战略需求等实际情况确定，其职责应与实现企业标准化方针、目标任务相一致，并涵盖 GB/T 35778—2017《企业标准化工作　指南》中企业涉及的机构、人员要求。

企业应创新标准化工作的管理机制，围绕标准化的整体工作，明确资源保障及运作措施、督促机制和激励机制等内容。

3. 企业标准化规划、计划

企业根据市场对产品和服务的要求、科学技术的发展状况、国家行业标准的制（修）订情况，结合企业的科技水平和产品开发能力，以及企业的发展要求，制定规划、计划，使标准化工作与企业总的方针和目标及其他管理工作协调、同步发展。

企业标准化规划是企业科学决策的组成部分，标准化规划对企业标准体系建设起指导性作用，同时为企业战略目标的达成起到工具和方法作用，因此，企业应重视标准化规划的编制。标准化规划的编制人应由能参与公司决策（或至少能获得公司战略决策性文件），对标准化、企业管理、产品研发非常熟悉的专业人员组成。在以往的“标准化良好行为企业”确认工作中，我们也常发现企业提供一份放之任何企业而皆准的模板式的“企业标准化规划”。这些规划通常由标准化资料员编写，甚至是咨询机构编写，只是为了确认需要而制定，完全没有本企业的特色，不能解决企业的实际问题。

企业标准化计划是企业整个工作计划中的一个重要组成部分，与企业整体工作计划协调一致，相辅相成；符合企业生产经营、科研技术、质量管理要求；具有超前性、系统性、成套性、科学性、权威性、切实可行性。

企业可按标准化规划、方针、目标和国家相关法律、法规和规章的要求，参照相关标准，制定企业内控管理标准、具体岗位的作业规范，以使企业标准化工作落到实处。

4. 企业标准体系

企业标准体系的策划包含体系结构的策划和体系构建、运行、评价、改进的策划。企业标准体系结构可参照GB/T 15496—2017《企业标准体系 要求》、GB/T 15497—2017《企业标准体系 产品实现》、GB/T 15498—2017《企业标准体系 基础保障》给出的框架进行策划，服务业组织的标准体系结构可参照GB/T 24421《服务业组织标准化工作指南》系列国家标准进行策划。企业标准体系应主题突出、目标明确、结构合理、层次清晰，相关联的标准应协调。企业标准体系应能吸纳和提供其他管理体系所需的标准化文件，并与之相互协调、完整配套。企业通过制定适合本企业的各类标准，提高标准指导的精准性和契合度，从而构建以企业标准为主体的企业标准体系，用于企业生产、经营和管理的各个过程。

标准体系结构的策划应输出企业标准体系表。企业标准体系表可包括编制说明、体系框架图、标准明细表等图表文件。

标准体系的构建、运行、评价、改进是企业建立标准体系的一个完整过程。在策划体系结构的基础上，可同时策划建立标准体系的完整过程，明确时间节点、目标任务、职责权限、方法措施等内容。

5. 标准的制（修）订、实施与监督检查

根据构建企业标准体系和企业标准需求，应制订标准的制（修）订计划，包括分解任务、明确责任、落实措施、规定时限等内容。

标准实施与监督检查的策划可与标准体系运行、评价一并进行。

6. 其他标准化活动

其他标准化活动主要有：采用国际标准或国外先进标准，参与国家标准、行业标准、地方标准的制（修）订，参与团体标准的制（修）订，参与标准化试点、示范，参与国内标准化技术委员会活动，参与社会团体组织标准化活动，参与国际标准化活动等。这些活动从发起主体来看，可分为内部标准化活动和外部标准化活动两类，内部标准化活动企业有绝对的主导作用，而外部标准化活动企业虽没有绝对主导作用，但应发挥主观能动性，提高和扩大企业影响力。

策划这些活动首先是收集活动相关信息；再结合企业实际情况和内外部需求进行分析，判断参与和开展这些活动的必要性和可能性，做出是否参与和开展这些活动的决定；根据参与和开展决定再策划如何参与和开展这些活动，应明确目标任务、方法措施、时间进度等内容。

（三）策划要素

策划企业标准化工作时，应关注管理活动、资源提供、产品实现或服务提供、监视、测量以及评价等过程，使标准更多地服务于这些过程。

策划时应确定以下要素：

（1）活动内容、流程及要求。

（2）所需的各种资源。

（3）活动的负责部门、负责人。

（4）实现的阶段与时限。

（5）对结果的评估程序与方法。

（四）成果输出

企业标准化工作的策划应输出含有策划内容和要素的标准化文件，如标准化方针、目标的文件，以及《标准化管理办法》《企业标准化规划》《标准化项目任务书》《标准化项目实施方案》《标准化年度计划》等，其文件名称和形式可多样化，但必须便于理解、内容完整。例如由企业标准化管理体系筹建小组（或标准化部门）负责编制《企业标准化管理体系策划报告》，报企业最高管理者审批实施。

《企业标准化管理体系策划报告》主要内容包括：

（1）企业标准化方针和目标。

（2）企业标准化规划和计划（报审稿）。

（3）企业标准化机构、人员及其职责。

（4）企业标准体系框架。

（5）企业标准化管理标准（管理制度）清单。

（6）企业标准化管理体系实施计划。

（7）企业标准化管理手册（或管理制度）框架等。

案例

××集团企业标准化工作规划（2014—2017年）

一、前言（略）

二、标准化方针

（一）标准先行

突出标准化在企业管理中的重要地位。企业要进行科学管理，首先要制定标准，建立标准体系。标准化是企业管理现代化中项目投入少、见效快、收益大的重要技术基础，理应放在各项管理工作的首要位置来抓。

（二）提质增效

强调标准化的重要功能和作用。标准化是稳定和提高产品质量的保证，是为经济效益不断增长的企业基本任务服务的。通过标准化精简企业管理，减少资源消耗，提高工作效率，增加经济效益，改进企业管理和经营业绩。

（三）科学发展

明确标准化管理工作目标。“得标准者得天下”成为许多企业的共识。通过标准体系的建设和不断改进完善，提高标准化水平，使标准化工作与企业方针目标及其他管理工作协调同步，实现高效科学发展，并以此为标准化工作的出发点和落脚点。

三、标准化工作现状

(一) 标准化组织机构

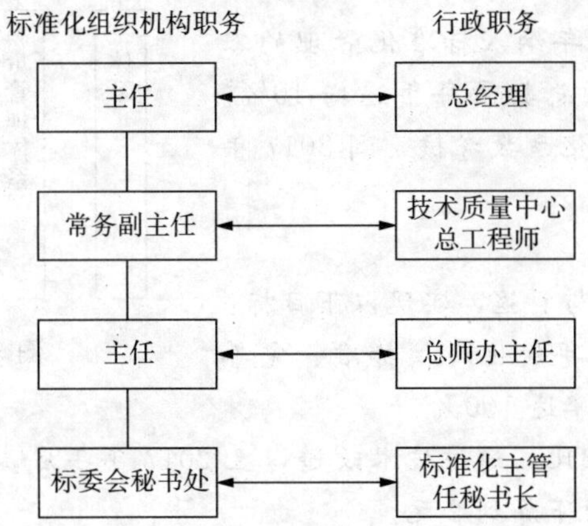

图1　标准化组织机构

(二) 目前企业标准体系整合情况

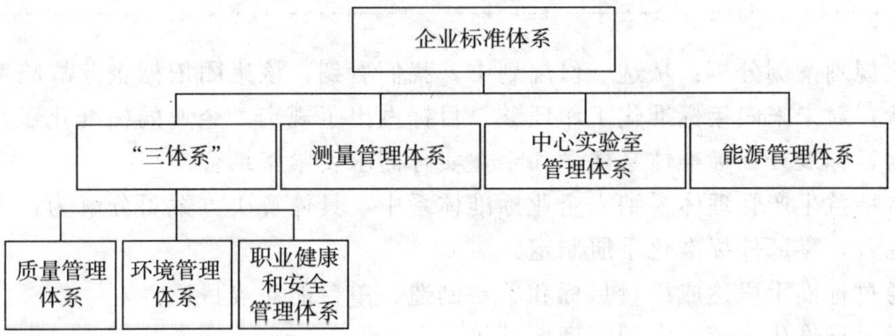

图2　企业标准体系整合情况

四、规划的依据

1.《中华人民共和国标准化法》

2.《中华人民共和国标准化法实施条例》

3. 企业中长期战略发展规划

4. GB/T 15496《企业标准体系　要求》等国家标准

5. 企业标准化工作现状

五、今后三年的目标

1. 标准化管理工作和技术标准化工作目标

整合企业标准体系和精益生产，充分发挥企业标准体系的系统性效能。

2. 质量管理工作目标

通过企业标准的实施，达到以下质量工作目标：

(1) 产品一次交验合格率97%以上。

(2) 2015年建立标准化零部件手册和引导性技术规范，使标准化向设计、生产和营销领域进一步深化。通过标准化系数提升和考核，到2017年节省研发和制造等费用1000万元。

（3）2015—2017年纳入标准化管理的零部件和原辅材料品种总数量每年递增10%。产品研发中引入标准化系数考核，到2017年达到26%。

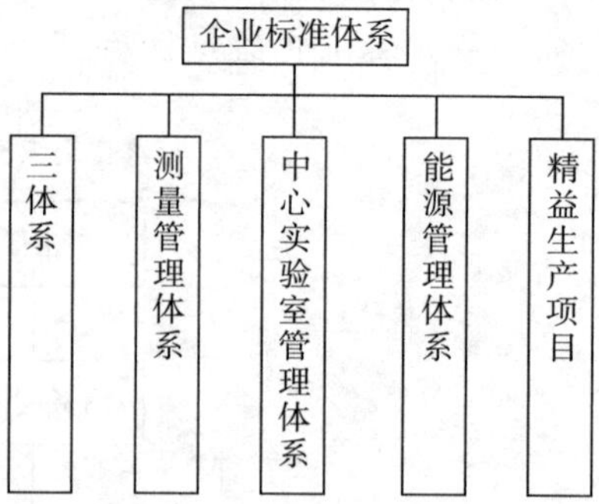

图3 企业标准体系

3. 其他工作目标

通过标准的提升与实施，实现以下目标：

（1）2014—2017年优化考核标准、完善考核体系，考核覆盖率达100%。

（2）与2014年相比，通过技术改造，至2017年年底，使单台能耗下降到6元/台，单台制造费用下降到2元。

（3）管理工作改进和提升中采取的临时有效措施、办法纳入管理标准体系。

（4）以科技大会为契机，在标准化管理、标准化培训等方面推动企业标准化工作进一步深化。

标准化规划案例分析：从这一份规划中，我们看到，该集团依据企业战略和当前标准化工作现状，对未来四年标准化工作任务、目标做出了规定。企业的标准化工作，紧紧围绕企业战略目标展开，标准体系建设和企业实际需求要紧密结合。

（1）将精益生产管理体系纳入企业标准体系中，具体解决方案可分解为：设计过程标准化系数提升，零部件标准化手册制定。

（2）通过标准手段达成质量目标和单台制造、单台能耗等目标。

（3）通过标准化考核，实现管理效益等。

五、企业标准化管理创新

（一）企业标准化管理创新的内涵及战略意义

1. 标准化管理创新的内涵

企业要真正理解标准化管理创新内涵必须掌握以下几点：第一，企业标准化管理创新的依据是竞争环境的变化，传统的标准化管理模式已经不能适应当前企业发展的需要；第二，创新要以更好地满足顾客的期望和需要为中心，以提高企业的竞争能力，实现企业可持续发展为最终目的；第三，标准化管理创新是企业管理创新的一个重要组成内容，它不是孤立的，是当前我国企业深化改革、建立现代企业制度的必然结果和现实选择。

2. 标准化管理创新的战略意义

标准化管理创新的战略意义如下：第一，顾客的需要已经成为企业一切工作的出发点。标准化作为企业生产经营管理的重要工具，必须随着企业经营理念和机制的转变进行创新。经过创新的标准化将在企业改革和发展的道路上起推动作用，促进企业的核心竞争力的提升及可持续发展。第二，产品竞争，标准先行。将标准化作为企业参与市场竞争的战略手段是我国工业企业管理创新的重要内容，对于我国企业管理与国际接轨，将产品打入国际市场具有重要意义。第三，标准作为技术的载体，与技术创新是密不可分的。标准创新是企业技术创新的内容和结果。没有标准化创新的技术创新是缺乏生命力的。标准化管理创新是我国民族工业提升国际竞争力的重要举措。

（二）企业标准化管理创新的内容

1. 观念创新

观念创新是企业标准化管理创新的前提和依据。没有适应市场需求的新的标准化管理观念，企业不可能实施创新行为。传统的标准化理念将标准化管理定位在“技术基础”和“管理手段”方面，称之为“科学管理”观念，其管理宗旨为“产品合格”。事实上，发达国家的跨国公司在标准化活动上投入了大量资源，通过取得国际标准化活动的控制权占领市场份额，其行为已经远远超出“科学管理”的范畴。因此，鉴于我国企业面临的国内外形势，当前必须树立标准化的“竞争管理”观念，其管理宗旨是通过获得“差别优势”，让顾客更满意。具体包括以下四个方面的内容：

（1）企业要树立标准化管理的竞争意识，它是“竞争管理”观念的核心。竞争意识表明标准化不仅仅是企业的一项基础管理工作，而且是企业参与市场竞争的重要武器。

（2）企业要树立标准化管理的战略意识，它是“竞争管理”的依据。企业必须进行标准化的战略规划，制定明确的企业标准化战略目标，并拟定具体的实施方案和策略。企业标准化战略应与企业营销战略紧密结合，为企业整体经营战略服务。

（3）企业要树立标准化管理的协作，识。企业营销环境复杂多变，要求企业必须与科研院所、标准化行政主管部门、标准化协作组织、同行业竞争者、供应商以及客户紧密协作。携起手来结成标准化战略联盟，共同研究和制定相同领域的技术标准。

（4）企业要树立标准化管理的超前意识。它要求企业时刻把握世界经济、技术发展的脉搏，洞悉市场需求的变化趋势，标准化活动要有前瞻性，不仅要满足消费者的现实需求，还要满足消费者潜在的期望和需求，才能始终处于行业发展的前沿，在国内外市场上具有绝对的竞争优势。

2. 标准创新

标准创新是企业标准化管理创新的核心，企业标准化实质上就是制定和实施标准的活动。标准创新的具体内容包括以下几个方面：

（1）在标准的确定和使用程序上要有创新

要树立产品标准化战略观念，改变生搬硬套国家标准这一传统思路，而应以市场为导向，在参照国家标准和行业标准的基础上制定好能确切反映市场需求的产品标准；要树立以顾客为中心的战略观念，把握顾客的实际需求，制定出由顾客来定义质量的产品标准。最关键的是把顾客的现实需求与潜在需求转化为企业标准中的质量要求，制定出能确切反映市场需求、令顾客满意的产品标准。

（2）在标准的内容和标准的制定方法上要有创新

① 与竞争产品相比，除规定必备的技术要求、功能要求和质量要求外，要充分体现产品的个性化特征，反映企业独特的资源优势。

② 要树立产品标准研制与新产品概念开发同步进行的战略观念。产品标准的功能特

性并非产品标准所固有的，而是在产品的研制过程中形成的。为确保产品标准能满足产品要求，产品标准研制应与新产品概念开发同步进行。要以产品研发为切入点，开展产品研制和生产全过程的标准化工作。

③ 标准体系是一个动态的系统，企业要根据市场需求、国内外技术发展动态以及竞争者等情况适时地对其进行修订和完善，始终保持标准体系的先进性、适宜性、协调性和配套性，才能为企业开展产品开发、生产和经营提供坚实的技术基础，有效突破国际营销绿色壁垒。

④ 标准创新的同时要进行技术创新。标准是技术要素和特性的载体，标准创新实质是技术创新的一部分。标准内容确定之后，需要把具体的技术要求变成现实。这就要求企业一定要增加技术创新的资源投入，否则不可能处于行业的技术领先地位。

（3）在标准的制定、实施和实施的监督检查上要有创新

要树立“PDCA”过程方法的观念，严格执行制定标准—实施标准—对标准的实施进行监督检查—分析改进的过程，以及再修订标准的动态过程，实现产品标准持续改进。

3. 模式创新

企业是市场的主体，为实现利益最大化，在市场需求的驱动下，必然需要制定有利于向顾客提供令其满意的商品和更大市场占有率的产品的标准。企业需要什么标准，实际是市场驱动的结果，而不只是行政计划。因此，社会主义市场经济条件下，企业标准化活动应遵循“市场驱动”的管理模式。

这一新的模式包括以下几个方面的内容：

（1）企业标准化活动的最终目的不仅仅是使产品合格，而关键是要让顾客满意。

（2）企业制定标准和标准体系的依据应该是顾客的需求特性、竞争者的标准体系和国内外标准化法规及已颁布的相关标准，根据上述要素设计和编制企业的标准体系。

（3）企业应通过与相关的标准化主管部门、科研院所、竞争者、供应商、客户、联盟企业合作建立企业标准体系。

4. 机制创新

（1）要强化企业标准的制（修）订管理。健全以需求为导向的企业标准立项机制。围绕企业发展战略需求，加强企业标准体系规划，指导企业标准项目申报和立项。严格企业标准制（修）订程序。搭建标准征求意见，信息收集、发布、交流互动信息化平台，保障利益相关方充分参与，促进标准制（修）订过程更加公开透明。

（2）要加强标准实施反馈及效益评价。完善标准实施反馈机制，在企业内部网站开通标准实施信息反馈专栏，畅通标准实施信息反馈渠道。建立标准实施效益评价机制，研究建立标准实施效益评价指标体系和评价模型。围绕提高标准适用性和有效性，开展标准实施效益评价试点。加强标准实施效益评价结果运用，将评价结果及时反馈到标准立项起草、复审等工作中，形成标准化工作的良性循环。

（3）要建立新型的标准化管理用人机制。新型的用人机制强调三个问题：一是引进专门的标准化管理人才，同时培训企业相关人员；二是标准化管理人才的知识面要广、内容要新，要熟悉企业生产经营情况；三是借用“外脑”，聘任具有丰富实践经验的标准化专家、学者为企业标准化活动出谋献策。

(4) 要建立标准化活动的科研与激励机制。这里所说的科研不仅指与技术研发有关的标准化问题，还包括企业的标准化战略、某些专项问题（如突破技术壁垒）等相关内容的研究和攻关活动。激励机制与科研活动密不可分，完善的激励机制能够促进企业标准化科研成果的积累和提升。

(5) 要建立企业标准化管理的监控和评价机制。为突出企业标准化管理的重要性，建议设立"标准化管理委员会"或"标准化管理领导小组"，指导和监督企业标准化的科研及管理活动。企业要设立专职的标准化管理部门，负责企业标准化管理的具体工作。要建立标准化管理的评价机制，即要定期对企业标准化活动效果进行评价。

综上所述，标准化管理创新是我国现代企业改革和发展的必然要求。企业标准化管理创新首先要进行观念上的创新，标准创新和管理模式创新是企业标准化管理创新的核心，机制创新是保证。企业最高管理者、标准总监要充分认识标准化管理创新的内涵及内容，重视企业标准化管理创新并付诸实施无疑具有重大现实意义。

5. 方法创新

(1) 企业在建立、实施标准化管理体系以及改进其有效性时应采用过程方法，为使企业有效运行，必须确定和管理众多相互关联的活动。要运用过程方法把企业标准化管理划分为体系（标准化管理体系）管理、资源管理、标准体系管理、标准的制定实施与监督检查、产品实现过程标准化、文件标准化、测评与改进等八个过程，按照过程方法开展标准化工作。通过满足顾客和相关方要求，增强他们的满意度。

(2) 信息技术的迅猛发展给标准化工作方法的改进注入新的动力，将企业标准体系的全部标准文件和各种文件记录输入电子网络，实行网络管理，使全部文件处于受控状态和便于应用。并且可以通过电子网络平台，为开展企业标准资料和标准信息管理，图样和技术文件审批管理，标准的制定、选用、实施和监督检查管理，以及产品实现过程等标准化活动提供新的方法，提高企业标准化管理水平。

案 例

安徽省标准创新贡献奖组织奖获奖单位：安徽古井贡酒股份有限公司

安徽古井贡酒股份有限公司围绕公司生产经营目标，积极创新标准化管理，提升公司科学管理水平，把标准化工作同公司管理有机结合，使公司的经营活动更加科学规范、有序高效，2013 年获评安徽省政府质量奖，2016 年通过 AAAA 级标准化良好行为企业评价，2018 年获评中国科技产业化促进会标准创新组织奖，2021 年获评首届安徽省标准创新贡献奖组织奖。

大力实施标准战略，构建标准体系，推进徽酒健康发展。立足"质量为天"战略，构建以质量、食品安全、标准化等管理体系为基础的质量管控体系，致力于为消费者提供高品质的产品和服务。1991 年以来，公司按照 GB/T 15496、GB/T 15497 和 GB/T 15498 等企业标准体系系列标准的要求，对公司的标准进行了分类管理和修订补充完善，主持和参与制（修）订国家标准 7 项、行业标准

1项、地方标准22项，修订完善企业内部标准862项，建立了较为系统的公司标准体系。通过体系的持续稳定运行，有效地保证了古井贡酒产品质量的稳定和提升，以标准稳定产品质量的提升，促进公司运行效益的提升。成立了以公司主要领导为主任的标准化委员会，下设标准化办公室作为标准化管理的专职机构，并设立标准化专（兼）职人员，制定完善了标准化相关文件，形成了归属明确、权责统一、流转畅通的标准化管理队伍，为公司标准化工作的开展提供了强有力的保障。

致力于质量管控技术研究，促进行业标准化科研技术水平的提升。通过对中国白酒酿造生产过程进行详细系统地梳理，开发出一套白酒固态发酵过程中质量控制检测技术体系，并建立相应的质量评价方法。针对酿酒用粮谷原料建立系统的分析方法，建立了古井酿酒原料精细化控制体系。建立了从研发、采购、制造到售后服务全生命周期的质量信息管理系统（QMS)，打破质量信息“孤岛”，实现质量管理标准化、质量过程信息化、质量信息集成化、质量分析智能化，开辟了白酒行业质量管理工作智能化先河。首次将标准化工程系统思维贯彻到白酒企业食品质量安全管理之中，形成了白酒品质保障综合标准化体系，“白酒品质保障综合标准化体系的研究与应用”荣获中国轻工业联合会科学技术进步奖三等奖。

充分发挥安徽省白酒标准化技术委员会秘书处的作用。围绕白酒产业健康发展总体目标，加强标准基础研究力度，开展白酒生产酿造控制研究，提升白酒生产过程质量控制水平；解决制约传统白酒跨越式发展的技术难题，提高食品安全管理水平；加强白酒清洁生产技术标准研究，促进白酒生产生态化、环保化转变；加强白酒技术标准信息化服务建设；加快推进徽酒标准体系建设工程；提升省内白酒在全球市场竞争力。

【本章小结】

(1) 标准化是指为了在既定范围内获得最佳秩序，促进共同效益，对现实问题或潜在问题确立共同使用和重复使用的条款以及编制、发布和应用文件的活动。标准是指通过标准化活动，按照规定的程序经协商一致制定，为各种活动或其结果提供规则、指南或特性，供共同使用和重复使用的文件。标准宜以科学、技术和经验的综合成果为基础。

(2) 企业标准体系是企业执行的标准按其内在联系形成的科学有机整体，企业标准体系表是企业标准体系的形态表现方式。

(3) 标准的数量众多，范围广泛，依据不同的维度可以将其划分成多个不同的类别。

(4) 标准化的基本方法，也称为标准化的形式，主要有：简化、统一化、系列化、通用化、组合化和模块化。

(5) 综合标准化是为了达到确定的目标，运用系统分析方法，建立标准综合体，并贯彻实施的标准化活动。综合标准化是系统工程和标准化相结合的产物。

(6) 新中国成立以来，我国标准化工作实现了三个历史性的转变。“十三五”期间，安徽省标准化工作取得了有目共睹的成绩。

（7）企业标准化是为实现企业的经营方针和战略目标，并为企业的长远发展打好基础，由企业独立自主地制定标准、实施和改进标准并灵活运用各种标准化形式的一系列活动过程，具有为本组织服务、独立自主开展、体现企业文化、重在解决问题的特点。

（8）企业对标准化工作进行整体策划时，要按照需求和围绕企业标准体系构建、标准制定与实施、参与标准化活动进行策划。

（9）企业标准化管理创新包括观念创新、标准创新、模式创新、机制创新、方法创新等。

【思考题】

（1）简述标准和标准化的区别与联系。

（2）简述我国标准的分类。

（3）举例说明统一、简化、协调、优化原理在标准化工作中的应用和体现。

（4）简述统一与简化的区别与联系。

（5）结合企业工作实际，简述企业如何开展标准化工作。

第三章 企业标准化战略

在经济全球化的背景下，标准化已必然性地从基础走向战略，成为企业和国家发展战略的重要组成部分。科技进步的加速和经济全球化促进了企业经营管理的转变，企业标准化战略就是通过实施企业标准化，使企业明确自己的战略目标，形成核心产品，进而获得独特的竞争优势。它可以作为整个企业的竞争战略，也可以作为企业竞争战略的一个子战略。企业标准化战略对于企业的发展与成功起着极为关键的作用，然而企业标准化战略并没有统一的模式，也不可能搞统一的模式。本章从介绍企业标准化战略入手，在第二章的基础上，扩展了制度体系、质量提升、合格评定、经济效益、科技创新、知识产权、国际贸易等相关领域与标准化的关系，引导企业关注市场环境和发展趋势，从企业实际出发，创造性地制定自己的企业标准化战略。

【学习要点】

➢ 了解企业标准化战略的内涵及企业标准化战略的制定与运行。

➢ 熟悉我国标准化制度体系，掌握《标准化法》对企业标准化工作的具体要求。

➢ 熟悉质量及质量管理的概念及标准化在质量管理中的作用。

➢ 熟悉合格评定的概念，了解检验检测、认证认可与标准化的关系。

➢ 了解标准化经济效益评价方法，熟悉科技成果转化为标准的路径和指南。

➢ 熟悉标准与专利的结合，掌握标准制定过程中涉及专利的处置，了解跨国公司的专利标准战略。

➢ 熟悉标准化在国际贸易中的地位与作用，了解技术性贸易壁垒的主要内容。

第一节 企业标准化战略概述

引 例

标准化是事关经济社会发展全局的战略工程。习近平强调，加强标准化工作，实施标准化战略，是一项重要和紧迫的任务，对经济社会发展具有长远的意义。他还指出，标准决定质量，有什么样的标准就有什么样的质量，只有高标准才有高质量。谁制定标准，谁就拥有话语权；谁掌握标准，谁就占据制高点。

标准化是实施创新驱动发展战略的内在要求。习近平强调，推动自主创新要与自主品牌、知识产权和标准化相结合，并把这三者称为自主创新的三大战略。他要求大力推进技术专利化、专利标准化、标准产业化，特别强调要推进标准国际化，推动中国标准“走出去”。他同时指出，人才、专利、标准等是世界各主要国家争夺的战略性创新资源。

标准化是推动外贸健康发展的重要工具。习近平指出，西方国家强化贸易保护主义，除反倾销、反补贴等传统手段之外，在市场准入环节对技术性贸易壁垒、劳工标准、绿色壁垒等方面的要求越来越苛刻。我国要解决影响互联互通的制度、政策、标准问题，推动形成以技术、标准、质量、品牌、服务为核心的对外竞争新优势。

企业作为国民经济的细胞，是市场经济的主要参与者，是社会生产和流通的直接承担者，是推动社会经济技术进步的主要力量。企业制定和实施标准化战略，对企业标准化工作有着提纲挈领的作用，可以推动企业标准化工作顺利开展，对于企业提升产品质量，增强产品市场竞争力，实现产业转型升级，保护消费者权益，维护市场公平竞争环境具有举足轻重的作用和深远的意义。

一、企业发展与企业战略

企业战略是对一定时期内企业各种战略的统称，是关于企业如何发展的理论体系。企业战略可以帮助企业指引长远发展方向，明确发展目标，指明发展点，并确定企业需要的发展能力；战略的真正目的就是要解决企业的发展问题，实现企业快速、健康、持续发展。

（一）企业战略的竞争性

质量管理大师戴明把企业管理中存在的问题分为“绝症”和“障碍”两大类，对于“绝症”他列出了7个方面，对于“障碍”他列出了12个方面。其中“绝症”首要的是“缺乏恒久目标”，“障碍”首要的是“不重视长期规划与转型”。他认为：“建立恒久目标，是促使企业立足世界的重要因素，没有恒久目标的指引，则会是灭亡的征兆。缺乏恒久目标的公司，仅仅考虑下一季股利，不会有一套在世界永久立足的长期规划，最终会迷失方向而走向衰微。”

他在这里讲的“恒久目标”和“长期规划”都属于企业发展的战略性问题。戴明先生一针见血地指出，如果企业只考虑眼前而不考虑长远，如果只注重战术问题而不注重战略问题，那么这个企业是注定不会长久的。他把这列为第一类“绝症”和第一类“障碍”，以警示企业。

因为所有的企业都在市场竞争的环境中生存和发展，所以几乎所有的企业战略都是竞争战略。关于竞争战略，当代最具影响力的战略学者、哈佛大学的迈克尔·波特教授是这样定义的，“所谓竞争战略就是要制造差异，也就是说，要故意选择不同的一套经营活动以创造一种独特的价值组合”。他的战略思想也认为，在思考管理问题时，仅仅考虑此时此刻、仅仅考虑自己是远远不够的，应该把思路扩展到未来，扩展到竞争对手，扩展到整个供应链的上游和下游，尤其是用户或顾客。这就是说企业仅仅做好自己围墙内的事是远远不够的，别人怎么做你也怎么做也是不行的。要创造差异就是要创造自己的特点，创造核心竞争力，而且是持久的竞争力不是一时的竞争力。

（二）竞争性战略的作用

自从20世纪初美国企业实行标准化基础上的大规模生产以来，这种生产方式始终备受崇拜，至今许多企业还在迷恋规模经济。为了实现规模经济，企业则致力于内部管理，力求提高运营的有效性，以获得效率和成本的竞争优势。但是，如果大多数企业都采取这样的经营理念，就会在追逐运营有效性这一共同目标的驱使下互相模仿提高效率的方法，管理者在不知不觉中把企业拉向趋同。所有竞争对手都向市场提供类似的甚至是一样的产品和服务。提高生产率的方法越是通用、越是标准化就传播得越快，结果是竞争对手之间差异性越来越小，企业的产品和服务呈现出趋同和无差别化的趋势。无差异即无企业的形象和定位，企业原有的特点和优势模糊了，企业之间的竞争就只有价格大战，结果是两败俱伤。这种现象不仅在中国而且在其他国家都已经是较为普遍现象了，有学者把它称作"运营有效性陷阱"。

怎样才能摆脱这个"陷阱"呢？波特认为只有战略能够避免误入这个陷阱。波特并不否认运营有效性的功绩，而是主张把运营有效性和战略结合起来，克服单纯追求运营有效性的不足，以使企业保持长久的持续性增长。

二、企业战略与企业标准化战略

20世纪60年代之后，由于科技进步的速度加快和世界经济一体化的潮流，地球"变小了"，但市场变大了。企业的经营理念以及企业间的竞争格局也都随之发生了变化。跨国公司的全球化生产、企业联盟的出现、供应链之间的竞争，使许多企业意识到再像以往那样，只是在一个相对狭小的时空中，用简单、静态、孤立的观点考虑和处理问题已经不能应对新的竞争环境，提出了对企业进行战略管理的需求。时至今日，企业战略已不是什么新概念了，许多企业已经在制定和实施自己的战略。战略决策已经成为企业经理人的一项本职工作，是企业审时度势的重大决策，它对企业的发展与成功起着极为关键的作用。

（一）企业标准化战略的内涵

目前关于"标准化战略"的研究相对较少，中国计量大学的洪生伟教授提出，"标准化发展战略是标准化机构制定的，在一定历史时期内重大的、全局的标准化方针、政策和任务。"原深圳市市场监管局局长邝兵通过对战略的定义、本质和特性的分析认为，所谓标准化战略"就是一个组织为了提升核心竞争能力，确立持续竞争优势，遵循标准竞争的规律，在标准化方面所制定的长远发展目标和工作方针，并以此为依据，对内部资源进行动态调整和有效整合，以充分发挥标准化的作用，并确定具体实施方案，来实现远景目标的全局性谋略和部署"。著名标准化专家李春田指出，"企业标准化战略就是通过实施企业标准化，使企业明确自己的战略目标，形成企业的核心产品，拥有与竞争对手抗衡的独具特色的竞争优势。它既可作为整个企业的竞争战略，也可作为企业竞争战略的一个子战略。"

企业标准化战略没有统一的模式，也不可能搞统一模式。它必须从企业实际情况出发，从市场环境和市场发展趋势出发，创造性地制定自己企业的标准化战略。应该说，每个企业的战略都不会是相同的。

结合实践，企业标准化战略可以定义为：以企业（或某一组织）为载体，以生产经营为优化目标，将标准化作为统领性、全局性、系统性、长期性左右企业（组织）成长与发展的手段、工具、方案与对策。企业标准化战略重在结合企业或组织自身实际，结合区域产业政策与发展状况，结合行业情况及竞争对手发展趋势综合制定，其内容包括企业标准化人才培养、企业标准化工作建设、标准体系实施与改进等，如海尔标准化战略、格力标准化战略等。

（二）标准化与企业战略的关系

1. 标准化是企业战略的重要组成部分

战略具有宏观性、目的性、适应性、前瞻性、竞争性、指导性、层次性等主要特性。而标准化的发展历程也告诉我们，在经济全球化和外部竞争日趋激烈的前提下，标准化已不仅仅是微观层面的工作，它小到对一个企业，大到对一个国家都具有全局性的指导意义，涉及企业和国家宏观层面的长远发展，因此，它日益具有宏观性。而标准化工作的根本目的就是在新形势下，抢占国际国内产业竞争的制高点，其目的性是非常强的。要实施标准化战略，就要积极适应日益激烈的竞争环境，结合企业自身的优势和特点来进行，这也决定了它的适应性。要加强标准化工作，必须准确把握国际标准化发展的趋势和规律，遵循经济和科技发展的方向，及时对标准化工作做出超前的规划，这就体现出它的前瞻性。如果忽视标准化手段的运用，企业就会失去竞争优势和发展后劲，这又决定了标准化战略的竞争性。同时，标准化战略一旦确定，就必须成为企业发展的指导性文件，按照相应的步骤稳步实施，这就要求其具有指导性。再者，对一个企业而言，各部门的特点不一样，需要结合不同部门的特点，制定分层次、分类别的标准化发展规划和各具特点的工作措施，这就体现了标准化工作的层次性。总之，标准化符合战略管理所固有的特性，它必然成为企业发展战略的一部分。

2. 对标准化作用的认识过程符合战略管理理论的发展规律

战略管理理论经历了这样的一个发展轨迹，即从关注企业内部到关注企业外部，再到关注企业内部，最后到关注企业内外互动。企业的逻辑轨迹是先强调战略是计划和分析的过程，再发展到强调分析产业结构的构成，再到强调构建企业的核心竞争能力、维护产业发展环境，最后到强调企业间的合作、建立优势互补的企业群体。这也符合对标准化作用的认识过程。一开始，人们主要强调标准化对企业内部加强管理和提高质量的作用，后来，逐步认识到，企业要积极参与外部标准的制定，否则会陷入被动，这就把关注点转到了企业外部；在参与的过程中，很多企业又进一步认识到，如果不提高自身的实力，企业在标准化方面难有大的作为，这又促使企业增强自身实力；最后，在开放竞争的环境下，许多企业认识到，一方面要积极寻求标准化的优势，另一方面，标准又是竞争与合作相结合的结果，企业必须在合作中竞争，又要在竞争中寻求合作，因而更加注重内外部的互动。可见，人们对标准化的认识过程完全符合战略管理演进的规律，这也从一个侧面说明，标准化本身也是战略管理的一部分。

3. 标准化是获得持续竞争优势的重要来源

从强调核心竞争力到注重获得持续竞争优势，是战略管理理论的一个重要发展，后者更强调战略的动态性和对环境的适应能力，这也是符合马克思所讲的事物是在矛盾运动中螺旋上升的原理的。实际上，持续竞争优势要以核心竞争力为基础，只不过它更要求核心竞争力要随着环境和条件的变化而不断调整和发展，使企业始终立于不败之地。标准化也同样如此。标准的背后其实是以一个企业的技术实力（亦即核心竞争力）为支撑的，如果没有这一实力，很难在标准之争中占据主动。但这一优势要持续保持，就必须持续创新，因为标准的制定不是一劳永逸的，它要随着技术的发展而不断变化，否则就会阻碍新技术的发展，也会被市场竞争所淘汰。因此，只有保持标准化的持续竞争能力，才能使一个组织获得持续竞争优势。

4. 标准化是以客户价值为核心的规则体系

如前所述，战略管理的发展演变将从传统的以客户价值为核心，拓展到围绕满足客户价值的规则制定，这是更为有力的竞争手段。从标准化的特点来看，无论是管理标准，还是技术标准、方法标准，都是适应市场竞争和客户需求的规则体系，尤其是自愿性标准，它规定了产品的技术要求，成为行业的准入门槛，发挥着市场规则的有效作用。它一方面要以客户价值为中心，满足市场需求，另一方面又有规则制定者特有的利益与优势，特别是如果掌握了规则的制定权，就比规则的遵守者拥有更多的资源和信息，从而赢得竞争的逻辑起点。标准由于其规则和新型竞争手段的特性日益受到企业和各个国家的重视，也日益成为一个影响企业发展的战略问题。

（三）标准化对企业的战略作用

美国的战略管理专家 C. W. L. 希尔和 G. R. 琼斯在二人合著的《战略管理》一书中，对标准化的作用做了详细的论述。他们认为，“事实上，产品差异化的根本源泉是建立在技术标准之上的。由于常常只有一个标准能主导市场，所以往往高技术产业的竞争就主要是产业标准之争”。他们把建立和控制市场技术标准的战斗称为“规格（Format）之战”，认为这是控制差异化以及差异化所创造价值的关键。

他们详细论述了自己的观点：标准的出现是为了获取与其相应的经济效应。首先，技术标准有助于实现产品和配件、其他产品的兼容。例如，集装箱要装载在火车、货车和轮船上，计算机需要安装各种软件。兼容的经济效应是无形的，它可以减少产品间相互匹配的成本。其次，标准可以减少顾客心中的困惑。比如，DVD 刚上市时，相互之间不能兼容，导致不同的 DVD 光盘不能在索尼的机器上播放，消费者无所适从，这项技术也不能在市场上立足。为了避免这种情况，DVD 设备制造商建立了一个标准制定委员会，即 DVD 论坛，为所有的企业制定通用的播放机和光盘的技术标准，从而促进了这项技术的市场化。再次，标准的出现有助于降低制造成本。标准出现后，基于标准设计的产品就可以大规模制造，企业可以获得规模效应，降低结构成本。例如，计算机的核心标准的出现就意味着计算机可以大规模制造。最后，标准的出现可以帮助降低供应配件的风险，从而增加配件的供应。以开放个人电脑软件为例，这是一项风险极高的工作，需要在实现销售之前投入巨资，假如市场上有 10 种操作系统，每种只占 10%的市场份额，而不是像现在这样 Wintel 占主导地位的局面，则软件开发商将不得不开发 10 种适用于不同操作系统的应用软件，而每一种的市场份额都很小，这将改变整个软件产业的格局，增加其风险，减少潜在的利润，同时，由于结构成本更高，规模经济不显著，软件的价格也将上升，这对消费者也是不利的。

他们认为，产业标准主要通过三种方式形成，一是产业内的公司认识到建立标准的利益，游说政府建立一项产业标准；二是技术标准在没有政府干预的情况下，由企业协商产生，政府或产业协会制定了标准以后，它们就成了公共品，任何人都可以自由地将基于标准的技术和知识结合到自己的产品中；三是产业标准也常常通过市场上消费者购买模式的竞争来实现，即通过市场需求来进行选择，在这一点上，企业推广其技术标准时所采用的战略和商业模式就特别重要，因为拥有专利和版权保护，不得模仿的产业标准是一项有价值的资产，是可持续的竞争优势和卓越的盈利能力的源泉。

邝兵分析了标准化对企业价值链的作用以后，从企业整体的角度来阐明标准化对企业的战略作用以及对竞争力的影响。标准化对企业的作用，决不仅限于企业微观层面，也非独立地在各个环节各自发挥作用，更重要的是在企业的竞争战略层面具有重要意义，其表现为：

1. 标准构成企业进入壁垒的一部分

迈克尔·波特在《竞争战略》一书中提出了“五力模型”，他认为企业的五种竞争力之一是“进入威胁”，而进入威胁的大小取决于现有的进入壁垒加上准备进入者可能遇到的现存守成者的反击。标准化就是重要的进入壁垒之一。标准化规定了产品的生产条件和技术指标，先发企业往往将本企业的优势技术融入标准，特别是形成加入了专利技术的“事实标准”，这就对后进入的企业构成行业准入的门槛；后发企业作为跟随者，往往会在技术上受制于先发企业，这样，标准就成为企业取得先发竞争优势的重要手段。

2. 掌握标准使企业成为行业规则的制定者

这是对波特竞争战略理论的反思得出的结论。波特的竞争理论是在当时现存产业中进行研究的，但随着信息时代的到来，波特所立论的产业外部环境发生了巨大变化，产业边界日益模糊，着眼于未来产业及其战略的构建更有意义。因此，现代新的战略管理专家认为：最有效的竞争战略是改变游戏规则，成为游戏规则的制定者。在这方面也出现了一些新型具有竞争优势的企业，比如美国高通公司，它在CDMA领域获得技术优势以后，随即将专有技术融入标准，再进行标准输出，通过收取专利费实现利益的最大化，而把低端的制造环节全部转移了出去。从中可以看出，谁掌握了标准，谁就掌握了规则制定的主动权，而规则制定者往往就是最具竞争优势的企业。

3. 通过标准可以有效建立企业战略联盟

现代企业的竞争，已很难是一个企业的单打独斗，因为一方面产业分工越来越细，每一个企业都与上下游的企业发生越来越多的联系；另一方面企业之间的利益关系除了竞争，还有合作。从前文分析来看战略管理领域最终更加注重企业内外的互动，比如“蓝海战略”的提出，就是讲求企业之间的互利双赢。而标准就是企业间实现战略联盟的重要纽带。当今，许多企业遵从这一规律，组成产业联盟、专利联盟和标准联盟，共同研制标准，形成“专利池”，实施交叉许可（即对联盟内互相授权准许免费使用对方的专利技术），这样既分担了研发成本，又提高了技术和标准的适用性，还能共同形成更强大的“进入壁垒”，对后发企业构成更有效的竞争优势。

4. 加强标准化能够大大促进企业实施自主创新战略

众所周知，自主创新对于企业的发展具有决定性的意义，一个没有创新活力的企业，也是没有前途的企业。它永远只能处于产业价值链的低端，而很难成为行业的领头者。而标准化恰恰是自主创新的重要手段。一方面标准化可以提高技术研发的效率和成功率，使企业更快更好地形成创新成果；另一方面自主创新的成果也能通过标准化固化下来，并以标准的形式成为行业准入的门槛，标准中蕴含的自主知识产权还是企业实现利益最大化的有力武器，因此，标准化已成为企业自主创新战略的重要组成部分，进而也是企业发展战略的组成部分。

5. 实施标准化战略可以大幅降低企业成本

波特认为，企业的竞争战略有三种，即总成本领先战略、差异化战略和目标集聚战略。成本领先战略要求企业积极建立达到有效规模的生产设施，全力以赴降低成本，实现资金成本和管理费用的控制，最大限度地减少研发、生产、服务、销售、广告等方面的成本费用。在前面讨论标准的作用时，已经全面阐述了标准对降低企业成本的作用，可以说这一作用体现在企业竞争力的各个方面，且十分明显。通过实施标准不仅可以使企业实现规模生产以降低成本，而且可以加强企业内外部的沟通协作，使接口更为顺畅，从而直接减少企业的多方面成本，这样就极大提高了企业的竞争力。

综上所述，标准化对企业具有重要的战略作用，这一作用由标准化在企业价值链中的作用所反映出来，又超乎这些微观作用之上而在整体上得以体现，对企业竞争力的提升和长远发展具有不可忽视的重要意义。

案例

一流的企业做标准：格力整体推进标准化战略

珠海格力电器股份有限公司是中国乃至全球最大的集研发、生产、销售及服务于一体的专业化制冷设备企业，现已发展成为多元化、科技型的全球工业集团，产业覆盖家用消费品和工业装备两大领域，产品远销160多个国家和地区。据日本经济新闻社2019年统计发布，格力家用空调全球市场占有率达20.6%，连续14年稳定保持全球第一；在国内市场，格力中央空调连续9年占有率全国第一。是什么支撑格力这一企业不断发展壮大的呢？灵活运用标准化原理，整体推进标准化战略是其走向成功的秘诀之一。

为了发挥标准支撑公司长远持续发展战略，格力高层非常重视标准化战略的应用与推广。2004年格力成立了董事长挂帅的标准化委员会，下设结构、系统、电控、产品等6个分委会，17个专业标准工作组，标准化专家200余人。2007年3月成立了标准管理部门，专职负责企业技术标准化管理工作，统一制定和控制公司的设计标准，产品标准，检验、验收和实验方法标准等技术标准，目前共有近100位专职从事技术标准化工作的人员，从事技术标准化的专家有700多人，是行业内从事标准化工作人员最多的企业之一。

在推进标准化战略的过程中，格力先后建立了标准化业务培训、全员参与标准化、标准化创新、标准化资金重点扶持、标准创新贡献奖等内部运行机制。以公司标准创新奖为例，最高金额高达120万元，基本实现了新技术与标准同步。在标准体系建设方面，公司建成了层次清晰、结构严谨、科学有效、全面合理的先进标准体系，体系内有国际、国家、行业、地方和企业标准13500余项，其中企业标准9400余项，占公司标准总数的80%，标准范围覆盖产品的设计、采购、工艺、检验、安装服务等全过程，覆盖率达到100%。

格力还积极主持或参与国际标准、国家标准和行业标准制定工作，近年来在国际标准、国家标准制定等领域表现活跃，主持和参与制定的国际标准、国家标准、行业标准、团体标准达490余项，其中国际标准13项、国家标准238项、行业标准126项。参加国外、国际标准化组织52个，格力电器董事长董明珠2021年担任国际标准化组织制冷和空气调节技术委员会制冷压缩机的实验和评定分委会（ISO/TC86/SC4）主席，以格力为代表的“中国造”在国际舞台上的影响力和话语权与日俱增。

同时，格力加强标准成熟度推广、标准的执行等工作，不断完善各项机制，推动了企业技术创新和管理创新。技术标准的广泛应用，大大提高了效益，提升了质量，降低了成本。另外，在产品质量内控标准化、售后服务标准化及专利标准化等领域也取得了明显成效。2011年，公司推出的变频空调整机“1年包换、12年免费包修”服务，比国家标准规定空调机的寿命10年还要长，远远超出了国家级服务标准要求。董明珠说：“我们要把国家标准、国际标准作为门槛，以消费者的需求为最高标准，因为我们的创造给消费者带来更美好的生活才是我们的目的。”

标准制定认真严谨、内控指标科学合理、标准实施程序严密、标准化水平改善明显，综合、整体、系统运用标准化，持续推动标准化战略是格力产品质量的保证，是企业做大做强的基础。由于标准化成绩显著，格力先后被国家标准化管理委员会、广东省人民政府、珠海市人民政府等有关部门授予各级标准创新奖等奖项，获批国家节能标准化示范企业、国家高端装备制造业标准化试点、国家级消费品标准化试点、5A级“标准化良好行为企业”等。

三、企业标准化战略制定与运行

在企业的发展过程中，任何一项政策或战略只有制定得科学合理，程序规范，支撑手段明确，轻重缓急清晰，细化分解周密，并认真贯彻实施，才能取得满意的效果，达到预期的目标。实施企业标准化战略也不例外。

（一）建立标准化战略运行体系

企业领导者要借助企业内外部环境和优势，结合企业经营实际，结合重大企业发展战略、重大项目及相关法律法规的实施，从全局和长远出发，制定与实施标准化战略。这既是标准化方法应用和不断满足外界环境变化的过程，也是不断提升企业自身核心竞争力的动态过程。企业标准化战略的存在形式一般为标准化发展规划或意见等文件，这些文件有些是落实其他战略的标准化支撑性设计，有些属于标准化战略的顶层设计。确定企业标准化的形式，遵循标准化的规律是关键。

按照经典的战略管理理论，战略管理过程至少包括环境分析与策划、战略制定、战略实施和战略控制四个部分。标准化战略的实施也不例外，具体地说：

在标准化环境分析与策划上，主要是企业调研内外部环境现状、面临的形势、存在的问题、机遇与挑战、本身的优势等。

在标准化战略制定上，应结合环境分析，重点考虑确定目标、原则，明确工作任务和重点工程，提出保障措施等，并编制提出的依据。

标准化战略制定完成后应形成标准化战略文件，明确分工，推动建立组织架构体系和职能执行体系等。

标准化战略控制主要结合实施过程中的重点和难点，以 PDCA 过程原理为基础，及时化解问题，完善战略动态管理，最终实现闭环管理。

标准化战略的四个阶段，相辅相成，融为一体。标准化战略策划与制定是战略实施的基础，战略实施又是战略绩效考核的依据，而战略绩效考核反过来又为战略策划和实施提供经验和教训。四个阶段的系统设计和衔接，可以保证取得整体效益和最佳结果。

结合上述过程和企业推广标准化战略的实践，实施标准化战略应建立组织架构体系、宏观指导体系、职能执行体系、工作考核体系等，各体系之间层层相接、环环紧扣，形成了统一整体。特别是要把点和线的内容确定好，并将战略、战术及策略有机结合起来，实施标准化战略才能真正落到实处。

（二）推动标准化战略实施

企业标准化战略的推动最终结果主要体现在标准制定、实施与改进，标准体系建立、维护及改进，人才培养等重要方面，其他标准化活动均是围绕这些活动而开展的。其最终目标是实现企业的最佳秩序，并提升企业的综合竞争力及核心竞争力，最终形成良好的长效机制。

运用“PDCA 戴明环”“朱兰三部曲”和其他标准化方法，企业标准化战略的实施，一般至少包括以下几个方面：

1. 精心组织，整体策划，重点突出，形成文件

（1）成立领导机构及组织机构，明确组织责任主体。结合标准化战略的内涵，制订工作计划，确定实施的范围和对象，明确实施的目标、原则、内容、重点工作任务及保障措施。

（2）开展调研、收集资料。充分考虑与上一级标准化战略及产业标准战略有效衔接，突出分解其目标与任务。同时结合本企业发展规划、发展战略、产业规划、重大政策及重要的法律法规，在企业经营全过程中布局，特别应充分考虑工艺质量、环保节能、职业健康等领域的关键标准（底层设计）的实施要求，充分了解以前的目标及问题，充分结合企业发展的整体目标，充分掌握同类型企业实施标准化的情况。同时，应研究重点领域国内外技术发展趋势等宏观管理要求，寻找和确定企业各部门推进标准化战略的落脚点和突破口。

（3）确定重点，形成推进方案、实施意见或规划征求意见稿。开展规划及方案的编制工作，组织专家评议，充分征询企业内部受战略影响的各部门机构意见；全面系统分析，整体综合协调，形成最佳方案，便于以后有效实施。

（4）审议通过，形成企业标准化战略实施方案、规划或意见，按照相关的程序，不断修改完善，形成送审稿，报企业最高领导者或领导机构审批后形成正式的规划、方案或意见。在方案或规划完成之后，通常制定细化的任务，含相关的任务分工与实施细则，亦可以矩阵图表述方法进行任务分工。

2. 周密部署，逐层展开，环环相扣，全面实施

（1）组织学习，全员参与。企业标准化战略涉及面广，影响范围大，应有组织、有计划地进行广泛宣传与贯彻，调动全公司的主动性与积极性，特别是涉及产品质量等方面的标准化工作，要提高关注度，促进全体人员标准化意识的整体提升。

（2）结合总任务，制定方案，逐年逐层展开。一般情况下，企业标准化战略是结合企业经营实际，结合重大企业发展战略、重大项目及相关法律法规的实施制定的，以生产经营为优化目标，周期不宜太长，必要时，对于中长期规划，应制定每年的行动计划，以此类推。在保证目标、合理配套的原则下，将规划、任务和目标逐层分解成具体措施及年度计划，通常按照上层措施是下一层目标任务的要求，制订实施计划和措施，认真组织实施推进。

（3）及时跟踪与反馈，并持续改进，其中同一层面措施的展开可采用矩阵图的形式进行分工，表格具体内容可据实际情况而定。在标准化战略的实施过程中，内外部环境在变化，应建立反馈机制及调整机制，使战略的目标任务能够保质保量完成。

（4）标准化管理部门通常是企业标准化战略的综合协调部门，应及时做好企业标准化工作的实施部署，实施难题、问题点的研究及上报工作，及时督促企业的标准化工作的实施检查，促进持续改进。

3. 督促检查，动态管理，力求实效

企业应建立检查、跟踪、分析、检验、验收、评价、考核、诊断等机制，开展自查活动，形成动态管理格局。动态管理主要包括：跟踪与分析，按照标准化方法做好标准化信息反馈，依照检查结果纳入绩效考核内容，同时企业各部门应根据自己的目标任务，协调统一做好各项标准化活动的跟踪检查，保证目标的实现，形成宏观推动、微观主动的标准化运行促进机制。考核可以组成专家组，按定时或不定时抽查方式进行。

4. 全员参与，持续改进，形成闭环

充分调动企业全体人员参与标准化战略的热情，注重人才的培养、标准的宣传与贯彻实行，将标准与企业每一位员工密切关联起来；注重建立激励机制，形成标准化投入就是预防成本和降低成本的观念。对于生产经营需要调整的项目，应按相关程序对战略进行适当的调整；针对目标中无法实现或过低的问题，在战略的推进过程中应予以通盘考虑，适时修订和完善。标准化战略的实施涉及的部门多、人员多，应协调好上下左右关系，形成共同目标，保持目标一致性。

5. 综合评估，立足长远，形成标准化长效机制

标准化战略的实施效果一般应每半年或一年进行一次综合性、整体性、系统性评估，及时发现问题，及时优化提高，及时结合企业发展战略的调整做出重大调整。标准化战略是企业的一项持续战略，一个方案或规划完成前，应做好下一轮的规划或方案的调研工作，按照PDCA循环形成循环扩展的趋势，促进企业标准化工作的持续整体提升，最终形成标准化长效机制。

第二节　制度体系与标准化

引 例

第十二届全国人大常委会第三十次会议表决通过了新修订的《标准化法》。都有哪些制度创新？将如何助力我国经济社会高质量发展？

扩大标准制定范围，建立政府协调机制。标准是经济社会活动的技术依据，标准化关系国民经济和社会生活的方方面面。“服役”近30年的《标准化法》所确立的标准范围过窄，侧重工业领域，成为我国经济提质增效升级的“瓶颈”。在标准范围上，新的《标准化法》明确了“农业、工业、服务业以及社会事业等各领域需要统一的技术要求”，都应当制定标准，用以满足人民日益增长的美好生活需要。《标准化法》明确，国务院建立标准化协调机制，统筹推进标准化重大改革，研究标准化重大政策，对跨部门跨领域、存在重大争议标准的制定和实施进行协调。标准化工作具有涉及面广、跨部门跨领域的特点，在标准化建设成为国家战略要素的背景下，需要在更高层面进行统筹协调和决策。

强化标准统一管理，标准供给打破政府“包办”。标准“打架”，会让守法者无所适从。新的《标准化法》强化了强制性标准的统一管理，有利于减少标准的重复、交叉、矛盾。将原来的强制性国家标准、行业标准和地方标准统一为强制性国家标准，强制性标准由过去的三级整合为现在的一级，并对强制性标准的范围做了严格的限定，可以更好地实现“一个市场、一条底线、一个标准”。《标准化法》还赋予团体标准以法律地位，构建了政府标准与市场标准协调配套的新型标准体系。国家鼓励社会团体组织制定团体标准，可以增加标准有效供给，满足市场和创新的需要，并由此改变我国只由政府单一供给的标准体系。

加强标准国际化活动，取消企业标准备案制度。标准是世界通用语言，是国际贸易“通行证”。中国作为世界经济大国、贸易大国、制造大国，需要更加重视标准化在国际交往中的作用。《标准化法》首次提出，国家积极推动参与国际标准化活动，开展标准化对外合作与交流，参与制定国际标准。《标准化法》强调了中国在标准制定、实施过程中要确保公开性和透明度，真正使标准化工作能够与国际规则深度融合，更好地促进中国标准与国际标准之间的“软连通”，助力中国更高水平的对外开放。过去我国更多强调采用国际标准，现在既要结合中国国情来采用国际标准，还要推动中国标准向国际标准的转化。《标准化法》还取消了企业标准备案制度，取而代之的是团体标准、企业标准自我声明公开和监督制度。这个制度既是“放管服”改革的需要，也充分释放了企业的创新活力。

一、标准化法律法规体系

我国现行标准化法律法规体系由《标准化法》、与《标准化法》配套的标准化法规规章，以及其他涉及标准化事项的法律构成，如图 3-1 所示。

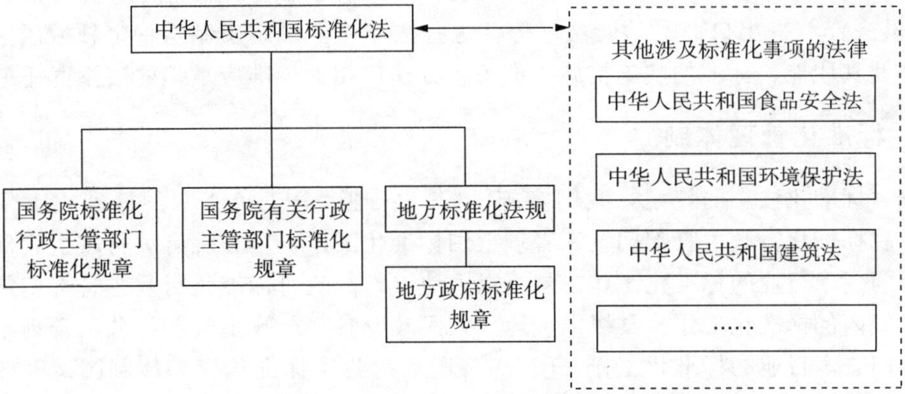

图 3-1 我国标准化法律法规体系结构

(一)《标准化法》

《标准化法》首次颁布于 1988 年，2017 年 11 月经第十二届全国人大常委会第三十次会议审议通过修订案，2018 年 1 月 1 日起实施。《标准化法》全文共 6 章 45 条，包括总则、标准的制定、标准的实施、监督管理和法律责任等方面的内容。

(二) 国务院标准化行政主管部门标准化规章

国务院标准化行政主管部门标准化规章主要规定贯彻落实《标准化法》的要求、管理全国标准化工作的细化措施，其内容涵盖了国家标准、行业标准和地方标准的制定、标准出版、标准档案管理，企业标准化管理，参与国际标准化活动的管理等。例如，针对国家标准制定流程、编号管理等管理措施的《国家标准管理办法》，针对采用国际标准的原则、编写方法、促进采用国际标准的措施的《采用国际标准管理办法》，针对专业标准化技术委员会组建与管理的《全国专业标准化技术委员会管理办法》，针对参加国际标准化活动的《参加国际标准化组织（ISO）和国际电工委员会（IEC）国际标准化活动管理办法》等。

(三) 国务院有关行政主管部门标准化规章

国务院有关行政主管部门标准化规章主要规定本部门权限范围内的行业标准制定、实施等管理措施，例如《海洋标准化管理办法》《中医药标准制定管理办法》《民用航空标准化管理规定》《工程建设国家标准管理办法》《工程建设行业标准管理办法》等。

(四) 地方标准化法规和规章

地方标准化法规主要规定本行政区域执行《标准化法》的细化措施、地方标准的管理措施以及国家标准、行业标准的实施细则，例如《浙江省标准化条例》《辽宁省标准化监督管理条例》等。地方政府标准化规章主要规定本行政区域执行标准化相关的法律、行政法规、地方性法规的细化措施，例如《宁夏回族自治区工程建设标准化管理办法》《甘肃省采用国际标准管理办法》《福建省人民政府关于加强标准和标准化工作的若干意见》等。

（五）其他涉及标准化事项的法律

由于标准化所涉及的国民经济和社会发展的领域较广，涉及公共领域和健康、安全、环境保护事项较多，因此，除了《标准化法》及其配套法规规章之外，其他一些领域或方面的法律也会涉及标准化的相关规定，例如，《农业法》《建筑法》《食品安全法》《药品管理法》《环境保护法》《大气污染防治法》《海洋环境保护法》《职业病防治法》《能源法》《产品质量法)》《进出口商品检验法》等。这些法律主要规定了制定特定领域国家标准的制定主体及其职能、标准的实施措施、有关各方违反相关标准应承担的法律责任等内容。

二、标准化管理体制

根据《标准化法》的规定，我国实施“统一管理、分工负责”的标准化工作管理体制。国务院标准化行政主管部门统一管理全国标准化工作，国务院有关行政主管部门分工管理本部门、本行业的标准化工作。县级以上地方人民政府标准化行政主管部门统一管理本行政区域内的标准化工作，县级以上地方人民政府有关行政主管部门分工管理本行政区域内本部门、本行业的标准化工作。图 3-2 所示为我国标准化管理体制图。国务院建立标准化协调机制，统筹推进标准化重大改革，研究标准化重大政策，对跨部门跨领域、存在重大争议标准的制定和实施进行协调。设区的市级以上地方人民政府可以根据工作需要建立标准化协调机制，统筹协调本行政区域内标准化工作重大事项。

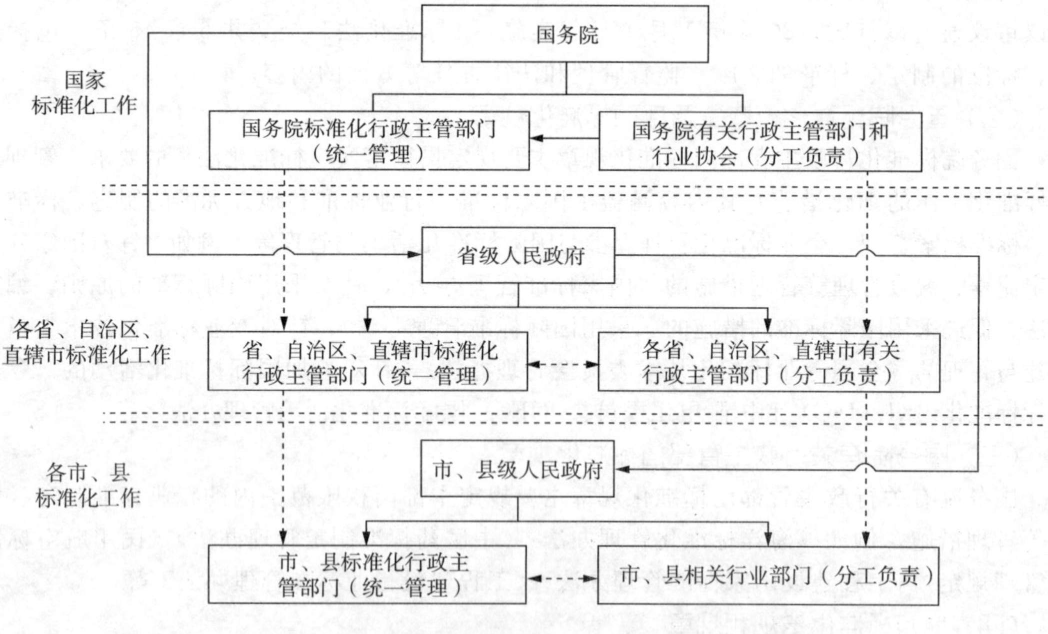

图 3-2 我国标准化工作管理体制

（一）标准化层级管理

1. 国务院标准化行政主管部门职责

国务院标准化行政主管部门统一管理全国标准化工作，主要履行下列职责：

（1）组织贯彻国家有关标准化工作的法律、法规、方针、政策。

（2）组织制定全国标准化工作规划、计划。

（3）负责强制性国家标准的立项、编号、对外通报和批准发布。

（4）负责制定推荐性国家标准。

（5）指导国务院有关行政主管部门和省、自治区、直辖市人民政府标准化行政主管部门的标准化工作，协调和处理有关标准化工作问题。

（6）组织实施标准。

（7）对标准的制定和实施情况进行监督检查。

（8）负责国务院标准化协调推进部际联席会议日常工作。

（9）代表国家参加国际标准化组织（ISO）、国际电工委员会（IEC）等有关国际标准化组织，负责管理国内各部门、各地方参与国际或区域性标准化组织活动的工作等。

2．国务院有关行政主管部门职责

国务院有关行政主管部门分工管理本部门、本行业的标准化工作，履行下列职责：

（1）贯彻国家标准化工作的法律、法规、方针、政策，并制定在本部门、本行业实施的具体办法。

（2）制定本部门、本行业的标准化工作规划、计划。

（3）负责强制性国家标准的项目提出、组织起草、征求意见、技术审查，承担国家下达的草拟推荐性国家标准的任务。

（4）组织制定行业标准。

（5）指导省、自治区、直辖市有关行政主管部门的标准化工作。

（6）组织本部门、本行业实施标准。

（7）对标准实施情况进行监督检查等。

3．县级以上地方人民政府标准化行政主管部门职责

县级以上地方人民政府标准化行政主管部门统一管理本行政区域的标准化工作，履行下列职责：

（1）贯彻国家标准化工作的法律、法规、方针、政策，并制定在本行政区域实施的具体办法。

（2）制订地方标准化工作规划、计划。

（3）指导本行政区域有关行政主管部门的标准化工作，协调和处理有关标准化工作问题。

（4）在本行政区域组织实施标准。

（5）对标准实施情况进行监督检查。

（6）依法对本行政区域内的团体标准和企业标准进行监督。

设区的市级以上地方人民政府标准化行政主管部门还依法履行组织制定地方标准的职责。

4．县级以上地方人民政府有关行政主管部门职责

县级以上地方人民政府有关行政主管部门分工管理本行政区域内本部门、本行业的标准化工作，履行下列职责：

（1）贯彻国家和本部门、本行业、本行政区域标准化工作的法律、法规、方针、政

策，并制定实施的具体办法。

（2）制定本行政区域内本部门、本行业的标准化工作规划和计划。

（3）承担设区的市级以上地方人民政府标准化行政主管部门下达的草拟地方标准的任务。

（4）在本行政区域内组织本部门、本行业实施标准。

（5）对标准实施情况进行监督检查。

（二）标准化协调机制

1. 国务院标准化协调机制

通常，标准涉及的面较广、产业链长，越重要的标准往往涉及的部门越多，协调工作量越大，需要建立跨部门、高层次的协调机制，保证标准协调一致、及时出台。2015 年 6 月 1 日，为加强部门间协调配合，推进标准化工作，国务院正式建立了国务院标准化协调推进部际联席会议制度。联席会议由国务院分管标准化工作的领导同志担任召集人，国家市场监管总局（国家标准化管理委员会）为牵头单位，由国家市场监管总局（国家标准化管理委员会）、中央网信办、外交部、发展改革委、教育部、科技部、工业和信息化部等 39 个部门和单位组成。联席会议办公室设在国家市场监管总局（国家标准化管理委员会），承担联席会议日常工作；国务院标准化协调推进部际联席会议的主要职能是：在国务院领导下，统筹协调全国标准化工作。研究提出促进标准化改革发展的重大方针政策，协调解决标准化改革发展中的重大问题；对跨部门跨领域、存在重大争议标准的制定和实施进行协调，审议确定需报请国务院批准发布的标准；完成国务院交办的其他事项。

联席会议根据工作需要定期或不定期召开全体会议，由召集人或召集人委托的副召集人主持，主要审议促进标准化改革发展的重大方针政策，协调解决标准化改革发展中的重大问题；也可定期或不定期召开由相关成员单位参加的标准协调专题会议，由召集人或召集人委托的副召集人主持，主要对跨部门跨领域、存在重大争议标准的制定和实施进行协调，审议确定需报请国务院批准发布的标准。成员单位根据工作需要可以提出召开会议的建议。在全体会议和专题会议之前，召开联络员会议，研究讨论联席会议议题和需提交联席会议议定的事项及其他有关事项。联席会议以纪要形式明确会议议定事项，印发有关文件并抄报国务院，重大事项按程序报批。

2. 地方政府标准化协调机制

设区的市级以上地方人民政府可以根据工作需要建立标准化协调机制。标准化协调机制的任务是统筹协调本行政区域内标准化工作重大事项，既包括地方标准的制定，也包括标准的实施、监督以及标准化政策措施的协调。目前，全国 31 个省（区、市）级政府建立了省级标准化协调推进机制。例如，2013 年北京成立了首都标准化委员会作为标准化工作议事协调机构。部分设区的市级人民政府也建立了标准化协调机制。例如，2017 年杭州成立杭州市标准化委员会，协调标准化人、财、物管理，以标准化推进城市国际化。此外，青岛、包头、武汉、成都等设区的市也建立了标准化协调机制。这些协调机制的建立，对标准化工作更好地促进当地经济社会快速发展发挥了重要作用。

三、标准在制度体系中的位置

在人类所从事的某些活动过程中会产生许多文件，其中一些文件，诸如法律法规以及标准化活动产生的标准，由于其内容具有约束和规范人类行为的性质，因而被称为规范性文件。众多规范性文件构成了规范人类社会的制度体系。标准和其他规范性文件之间存在着什么样的关系，在人类的制度体系中处于一个什么样的位置？厘清这些问题，有助于从更广阔的视野审视标准和标准化文件，进一步揭示标准的本质以及标准和标准体系在制度体系中的定位。

在人类的各种活动中经常会接触到众多的规范性文件，包括法律法规、技术法规、强制性标准、自愿性标准、规章制度、技术规定等。人类为了各项活动能够顺利开展需要建立各种秩序，规范性文件是人们为了建立秩序而从事的活动产生的结果。众多规范性文件形成的文件体系，构成了人类社会的制度体系。表 3－1 给出了构成制度体系的有关文件的特点及相互关系。

从表 3－1 的归纳可以得出，法律法规体系形成的是由社会规则构成的社会制度，技术法规或强制性标准形成的体系是由强制性技术规则构成的技术制度的一部分，众多标准形成的标准体系是由公认的技术规则构成的技术制度的另一部分。

表 3－1 构成制度体系的有关文件及相互关系

制度类型	法律法规	技术法规/强制性标准	自愿性标准	内部规章制度/技术规定	道德规范/公序良俗
	社会规则/制度	技术规则/制度	技术规则/制度	内部规则/制度	一般规则
约束力	普遍约束力	行政约束力	市场/技术约束力	内容约束力	道德约束力
目的	维护社会关系和社会秩序，实现社会的公平正义	保障健康和安全，保护环境	可用性、互换性、兼容性等	保证机构的运行，技术活动的开展	维护社会公德，公共秩序
功能	确定权利和义务	为相关活动的结果规定可证实的要求或为活动的过程规定可追溯的程序	为各种活动或其结果提供规则，指南或特性	确定权利，职责和义务；为机构内部的技术活动规定技术规范，操作工艺流程等	由大家公认的，群体成员共同遵守的一般原则、规矩，规则或行为准则，可以是约定俗成、流传下来的不成文的规矩，也可以是书面形式的成文规矩
核心内容	规定行为模式（可以、必须、不准）和法律后果	规定怎么做、做的结果	规定怎么做、做的结果	规定行为模式和违规后果，规定怎么做、做的结果	
相互关系	引用标准	引用自愿性标准，被法律法规引用	被法律法规、强制性标准引用	遵守法律法规和标准；编制各层次标准的基础	制定法律法规、标准、内部文件的基础

非强制性标准中的技术规则可成为制定法律法规、技术法规和强制性标准的重要的技术支撑。一方面，法律法规可能以各种方式涉及技术内容，尤其是技术法规常常引用甚至抄录标准中的技术规则；强制性标准涉及术语、符号、分类或试验方法时，如有现行适用

的非强制性标准，通常采取引用非强制性标准的做法。另一方面，标准的制定也经常注重满足法律法规、技术法规、强制性标准等文件的需求，从而被这些强制性文件所引用。非强制性标准通常无须引用强制性文件。

机构内部的规章制度形成的内部规则属于社会制度的组成部分，而技术规定形成的内部规则属于技术制度的组成部分。内部执行的文件需要遵守法律、法规的规定，还要根据技术和市场的需求遵守相应的标准。内部执行的标准化文件还可以成为编制各层次标准的基础，在技术制度的建立中发挥作用。道德规范和公序良俗是制度体系尤其是社会制度体系形成的基础。可以说人类的制度体系是由法（法律法规、技术法规等）、标（强制性标准、自愿性标准）、规（内部执行的规章制度、技术规定等）、准则（道德规范、公序良俗等）等构成的。

从上面的阐述可以看出标准和标准体系在制度体系中的定位。由于标准具有提供反映最新技术水平的公认的技术规则的本质特征，众多标准形成的标准体系构成了人类技术活动所需要遵循的技术制度，标准是构成技术制度的基本单元。各类规范性文件构成的规则体系，形成了人类社会的制度体系，技术制度是人类制度体系的重要组成部分。

四、《标准化法》对企业标准化工作的要求

本部分主要摘取了《标准化法》中与企业相关的部分条款以及一些条款的部分内容，并进行了解读。这些条款从概念、关联性、要求等方面构成了企业标准化工作法律上的支撑框架，如图 3-3 所示。

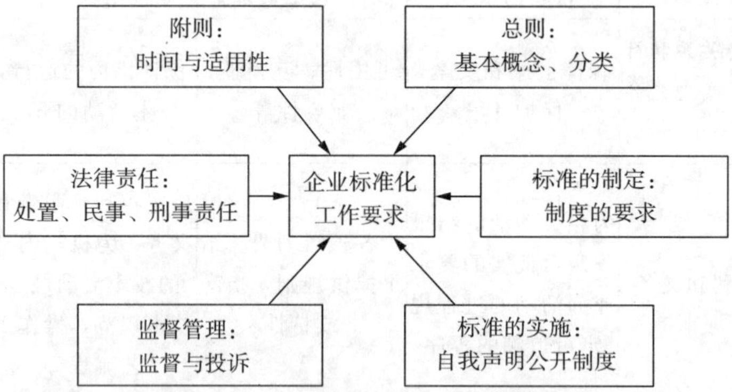

图 3-3　企业标准化工作法律条文框架

第一章　总则

第二条　本法所称标准（含标准样品），是指农业、工业、服务业以及社会事业等领域需要统一的技术要求。

标准包括国家标准、行业标准、地方标准和团体标准、企业标准。国家标准分为强制性标准、推荐性标准，行业标准、地方标准是推荐性标准。

强制性标准必须执行。国家鼓励采用推荐性标准。

本条是关于标准的范围和分类的规定。

第四条　制定标准应当在科学技术研究成果和社会实践经验的基础上，深入调查论证，广泛征求意见，保证标准的科学性、规范性、时效性，提高标准质量。

本条是关于制定标准基本要求的规定。

第七条 国家鼓励企业、社会团体和教育、科研机构等开展或者参与标准化工作。

本条是关于鼓励各方参与标准化工作的原则规定。

第八条 国家积极推动参与国际标准化活动，开展标准化对外合作与交流，参与制定国际标准，结合国情采用国际标准，推进中国标准与国外标准之间的转化运用。

国家鼓励企业、社会团体和教育、科研机构等参与国际标准化活动。

本条是关于鼓励参与国际标准化活动的原则规定。

第二章 标准的制定

第十条 省、自治区、直辖市人民政府标准化行政主管部门可以向国务院标准化行政主管部门提出强制性国家标准的立项建议，由国务院标准化行政主管部门会同国务院有关行政主管部门决定。社会团体、企业事业组织以及公民可以向国务院标准化行政主管部门提出强制性国家标准的立项建议，国务院标准化行政主管部门认为需要立项的，会同国务院有关行政主管部门决定。

本条是关于强制性国家标准制定范围和制定程序的规定。

企业可以向国务院标准化行政主管部门提出立项建议，国务院标准化行政主管部门认为需要立项的，会同国务院有关行政主管部门决定是否立项。

第十五条 制定强制性标准、推荐性标准，应当在立项时对有关行政主管部门、企业、社会团体、消费者和教育、科研机构等方面的实际需求进行调查，对制定标准的必要性、可行性进行论证评估；在制定过程中，应当按照便捷有效的原则采取多种方式征求意见，组织对标准相关事项进行调查分析、实验、论证，并做到有关标准之间的协调配套。

本条是关于强制性标准和推荐性标准制定工作要求的规定。

第十九条 企业可以根据需要自行制定企业标准，或者与其他企业联合制定企业标准。

本条是关于企业标准制定的规定。

企业根据自己生产和经营的需要，可自行制定本企业所需要的标准，不必经过其他机构的批准或认定。企业标准既可以是单个企业自己制定，也可以由多个企业联合起来制定。这种联合制定一般是以多个企业共同的名义或者多个企业协议组成的联盟（不是依法登记的社会团体）制定。自行制定的企业标准和联合制定的企业标准，都属于企业标准，制定程序和编号规则都应按照企业标准进行。

第二十条 国家支持在重要行业、战略性新兴产业、关键共性技术等领域利用自主创新技术制定团体标准、企业标准。

本条是关于国家支持制定自主创新团体标准和企业标准的规定。

企业是技术创新和产业化的主体，企业能够快速制定标准，及时满足市场需求。国家在政策环境、制度环境等方面给予支持。

第二十一条 推荐性国家标准、行业标准、地方标准、团体标准、企业标准的技术要求不得低于强制性国家标准的相关技术要求。

国家鼓励社会团体、企业制定高于推荐性标准相关技术要求的团体标准、企业标准。

本条是关于标准之间关系的规定。

强制性国家标准所规定的技术要求是全社会应遵守的底线要求，其他标准技术要求都不应低于强制性国家标准的相关技术要求。推荐性标准是政府推荐的基本要求，企业要在市场竞争中占据优势，提升自身和行业的市场竞争力，不能仅满足于推荐性标准的基本要求，而应积极制定高于推荐性标准的企业标准。

第二十二条 制定标准应当有利于科学合理利用资源，推广科学技术成果，增强产品的安全性、通用性、可替换性，提高经济效益、社会效益、生态效益，做到技术上先进、经济上合理。

禁止利用标准实施妨碍商品、服务自由流通等排除、限制市场竞争的行为。

本条是关于标准制定基本原则的规定。

第二十四条 标准应当按照编号规则进行编号。标准的编号规则由国务院标准化行政主管部门制定并公布。

本条是关于标准编号的规定。

第三章 标准的实施

第二十五条 不符合强制性标准的产品、服务，不得生产、销售、进口或者提供。

本条是关于强制性标准法律效力的规定。

第二十六条 出口产品、服务的技术要求，按照合同的约定执行。

本条是关于出口产品和服务技术要求的规定。

第二十七条 国家实行团体标准、企业标准自我声明公开和监督制度。企业应当公开其执行的强制性标准、推荐性标准、团体标准或者企业标准的编号和名称；企业执行自行制定的企业标准的，还应当公开产品、服务的功能指标和产品的性能指标。国家鼓励团体标准、企业标准通过标准信息公共服务平台向社会公开。

企业应当按照标准组织生产经营活动，其生产的产品、提供的服务应当符合企业公开标准的技术要求。

本条是关于企业标准自我声明公开和监督制度的规定。企业产品和服务标准公开是企业的法定义务，相关要求详见第六章第一节。

第二十八条 企业研制新产品、改进产品，进行技术改造，应当符合本法规定的标准化要求。

本条是关于技术创新的标准化要求的规定。

第四章 监督管理

第三十五条 任何单位或者个人有权向标准化行政主管部门、有关行政主管部门举报、投诉违反本法规定的行为。

标准化行政主管部门、有关行政主管部门应当向社会公开受理举报、投诉的电话、信箱或者电子邮件地址，并安排人员受理举报、投诉。对实名举报人或者投诉人，受理举报、投诉的行政主管部门应当告知处理结果，为举报人保密，并按照国家有关规定对举报人给予奖励。

本条是关于举报、投诉的规定。

第五章 法律责任

第三十六条 生产、销售、进口产品或者提供服务不符合强制性标准，或者企业生产的产品、提供的服务不符合其公开标准的技术要求的，依法承担民事责任。

本条是关于企业产品、服务违反标准应当承担民事责任的规定。

第三十七条 生产、销售、进口产品或者提供服务不符合强制性标准的，依照《中华人民共和国产品质量法》《中华人民共和国进出口商品检验法》《中华人民共和国消费者权益保护法》等法律、行政法规的规定查处，记入信用记录，并依照有关法律、行政法规的规定予以公示；构成犯罪的，依法追究刑事责任。

本条是关于产品、服务违反强制性标准所应当承担行政责任、刑事责任的规定。

第三十八条 企业未依照本法规定公开其执行的标准的，由标准化行政主管部门责令限期改正；逾期不改正的，在标准信息公共服务平台上公示。

本条是关于企业未依法履行标准自我声明公开义务的法律责任的规定。

第三十九条 社会团体、企业制定的标准不符合本法第二十一条第一款、第二十二条第一款规定的，由标准化行政主管部门责令限期改正；逾期不改正的，由省级以上人民政府标准化行政主管部门废止相关标准，并在标准信息公共服务平台上公示。

本条是关于违反标准制定基本原则处理方式的规定。

第四十二条 社会团体、企业未依照本法规定对团体标准或者企业标准进行编号的，由标准化行政主管部门责令限期改正；逾期不改正的，由省级以上人民政府标准化行政主管部门撤销相关标准编号，并在标准信息公共服务平台上公示。

本条是关于社会团体、企业未依法编号法律责任的规定。未依照本法的规定对其进行编号主要是指如下两种情况：一是不进行编号；二是编号不符合团体标准、企业标准的编号规则。

第三节 质量提升与标准化

引例

海尔不但是制造家电的企业，还是一个制定标准的企业。“防电墙”“防干烧”“免清洗”，这些耳熟能详的家电广告词，其实都是海尔集团制定的行业标准、国家标准，甚至是国际标准。海尔集团是中国家电行业标准的引领者，也是参与国际标准制定工作的领军企业。从 1984 年引进德国全套标准、建立起完整的标准体系开始，海尔集团的标准化战略实现了从标准引领到平台引领再到生态引领的三步发展。

张瑞敏刚刚掌舵海尔之时，我国尚处计划经济时期，产品只要过了质量关，就不愁没有销路。1985 年张瑞敏曾因产品质量不合格而将劣质冰箱全部砸毁，引发了震惊国内的“砸冰箱”事件，由此海尔在 20 世纪完成了对产品质量的内部革命。这一砸，砸出了 1988 年的“国家质量奖”，这是中国电冰箱史上的第一块金牌；这一砸，也砸出了海尔最初的质量标准，即“只要有缺陷的产品就是不合格产品”。

一、质量管理理论与原则

在全球化的竞争性市场上，质量已经成为各类组织乃至一个国家取得成功的最重要的因素之一。人们已经深刻地认识到，质量是企业竞争力和国家竞争力的核心之一，是组织最重要的绩效因素之一，质量管理则是组织提升其竞争力的重要的途径。戴明、朱兰和费根鲍姆是著名的质量专家，他们对质量管理的普及和深化发挥了巨大的作用。戴明环、“朱兰三部曲”和全面质量管理是比较著名的质量管理理论。

（一）质量管理理论

1. 戴明环

戴明主张不同的质量可以由多种尺度来衡量，比如，价格就是一种衡量质量的手段。戴明认为，最合适的战略就是“在使用者支付一定价格的基础上满足他们的需求”。然而，产品的质量主要是由使用者来判断的，因此戴明认为，“遵照消费者的需求来行事是不容易的，因为需求总是在不停地变化”，这种不断的变化给企业管理增加了难度，所以戴明提倡不断改进。PDCA（计划—执行—检查—改进）循环是美国质量管理专家休哈特博士首先提出的，由戴明采纳、宣传，从而推广普及，所以又称戴明环。PDCA 循环将质量管理分为以下四个阶段：

（1）P（Plan）计划，包括方针和目标的确定，以及活动规划的制定。

（2）D（Do）执行，根据已知的信息，设计具体的方法、方案和计划布局，进行具体运作，实现计划中的内容。

（3）C（Check）检查，总结执行计划的结果，分清哪些对了，哪些错了，明确效果，找出问题。

（4）A（Act）改进，对总结检查的结果进行处理，对成功的经验加以肯定，并予以标准化；对于失败的教训也要总结，引起重视；对于没有解决的问题，应提交给下个 PDCA 循环中去解决。

以上四个过程不是运行一次就结束，而是周而复始地进行，一个循环完了，解决一些问题，未解决的问题进入下一个循环，形成阶梯式上升。PDCA 的工作方法是质量管理的基本方法，并在运用中得到发展。

2. 朱兰三部曲

美国质量管理专家朱兰博士从顾客的角度出发，提出“产品质量就是产品的适用性，即产品在使用时能成功地满足用户需要的程度”。在此基础上，他提出，质量是通过质量策划、质量控制和质量改进三个相关过程来管理的，这便是“朱兰三部曲”。质量策划是公司内部实现质量管理方法三部曲中的第一部，主要观点包括：识别客户和客户需求；制定最佳质量目标；建立质量衡量方式；设计策划满足质量目标的过程；持续增加市场份额；优化价格，降低公司或工厂中的错误率。质量控制作为第二部，它评估质量绩效，用已经制定的目标比较实际绩效，并弥合实际绩效和设定目标之间的差距。朱兰将第三部质量改进作为持续发展的过程，这一过程包括建立形成质量改进循环的必要组织基础设施。他建议使用团队合作和逐个项目运作的方式来努力保持持续改进和突破改进两种形式。

3. 全面质量管理

“全面管理之父”阿曼德·费根鲍姆提出的“全面质量管理”（TQM）概念中，要求将质量体系运用到管理整个企业的过程中来，强调质量是以顾客为本的组织活动，并且要求内部活动必须遵守一定的纪律，以使对产品的质量控制能够满足顾客的期望。也就是说，质量是顾客根据所购买的商品或服务是否满足其需求而决定的，是完全混合产品和服务特征的营销、设计、制作和维护的综合体。这种“完全以顾客满意为导向”的方法是该理论建立的基础。

全面质量管理是以产品质量为核心，建立起一套科学、严密、高效的质量体系，以提供满足用户需要的产品或服务的全部活动。而PDCA循环是全面质量管理所应遵循的基本方法，全面质量管理活动的全部过程就是按照PDCA循环，周而复始地运转的。费根鲍姆将有形（装饰、员工制服等）和无形服务区分开来，认为服务部门在很大程度上取决于员工的技能、态度和培训。这样，承认顾客和员工之间相互作用的重要性就成为服务业中质量管理的基础。

在质量管理中，PDCA循环得到了广泛的应用，并取得了很好的效果，因此有人称PDCA循环是质量管理的基本方法。“计划—执行—检查—改进”的PDCA循环的管理模式，体现着科学认识论的一种具体管理手段和一套科学的工作程序，也是逐步推行标准和发展标准的过程。PDCA管理模式的应用对我们提高日常工作的效率有很大的益处，它不仅在质量管理工作中可以运用，同样也适合于标准化管理工作。

综上所述，一方面，质量是客观的，可用技术性规格衡量，这便有利于实现标准化管理。另一方面，质量是以顾客需要的程度作为衡量的依据，这就促使组织密切关注外部的因素和市场动向，促使组织管理人员分析顾客需求，根据顾客重视的质量属性，做好质量管理工作，从而保持组织的长期竞争优势。

（二）质量管理原则

成功地领导和运作一个组织，需要采用系统和透明的方式进行管理。针对所有相关方的需求，实施并保持持续改进其业绩的管理体系，可使组织获得成功。国际标准化组织（ISO）在综合提炼当代质量管理的实践经验和理论分析的基础上，确立了质量管理原则。ISO 9000：2015《质量管理体系　基础和术语》提出的七项质量管理原则被确定为最高管理者用于领导组织进行业绩改进的指导原则，是质量管理体系标准的基础。

1. 以顾客为关注焦点

质量管理的首要关注点是满足顾客要求并且努力超越顾客期望。组织只有赢得和保持顾客和其他有关相关方的信任才能获得持续成功。与顾客相互作用的每个方面，都提供了为顾客创造更多价值的机会。理解顾客和其他相关方当前和未来的需求，有助于组织的持续成功。

“以顾客为关注焦点”的主要益处有：提升顾客价值；增强顾客满意度；增进顾客忠诚度；增加重复性业务；提高组织的声誉；扩展顾客群；增加收入和市场份额。

2. 领导作用

各级领导建立统一的宗旨和方向，并创造全员积极参与实现组织的质量目标的条件。统一的宗旨和方向的建立，以及全员的积极参与，能够使组织将战略、方针、过程和资源协调一致，以实现其目标。

“领导作用”应体现在：提高实现组织质量目标的有效性和效率；组织的过程更加协

调；改善组织各层级、各职能间的沟通；开发和提高组织及其人员的能力，以获得期望的结果。

3. 全员积极参与

整个组织内各级可胜任、经授权并积极参与的人员，是提高组织创造和提供价值能力的必要条件。为了有效且高效地管理组织，各级人员得到尊重并参与其中是极其重要的。通过表彰、授权和提高能力，促进在实现组织的质量目标过程中的全员积极参与。

“全员积极参与”的主要益处是：组织内人员对质量目标有更深入的理解，以及更强的加以实现的动力；在改进活动中，提高人员的参与程度；促进个人发展、主动性和创造力；提高人员的满意程度；增强整个组织内的相互信任和协作；促进整个组织对共同价值观和文化的关注。

4. 过程方法

将活动作为相互关联、功能连贯的过程组成的体系来理解和管理时，可更加有效和高效地得到一致的、可预知的结果。体系是由相互关联的过程所组成。理解体系是如何产生结果的，能够使组织尽可能地完善其体系并优化其绩效。

采用“过程方法”可以实现以下目标：提高关注关键过程的结果和改进的机会的能力；通过由协调一致的过程所构成的体系，得到一致的、可预知的结果；通过过程的有效管理、资源的高效利用及跨职能壁垒的减少，尽可能提升其绩效；使组织能够向相关方提供关于其一致性、有效性和效率方面的信任。

5. 改进

成功的组织持续关注改进。改进对于组织保持当前的绩效水平，对其内外部条件的变化做出反应，并创造新的机会，都是非常必要的。

改进应包括：提高过程绩效、组织能力和顾客满意；增强对调查和确定根本原因及后续的预防和纠正措施的关注；提高对内外部风险和机遇的预测和反应能力；增加对渐进性和突破性改进的考虑；更好地利用学习来改进；增强创新的动力。

6. 循证决策

基于数据和信息的分析和评价的决策，更有可能产生期望的结果。决策是一个复杂的过程，并且总是包含某些不确定性。它经常涉及多种类型和来源的输入及其理解，而这些理解可能是主观的。重要的是理解因果关系和潜在的非预期后果。对事实、证据和数据的分析可导致决策更加客观、可信。

“循证决策”能够实现下述目标：改进决策过程；改进对过程绩效和实现目标的能力的评估；改进运行的有效性和效率；提高评审、挑战和改变观点和决策的能力；提高证实以往决策有效性的能力。

7. 关系管理

为了持续获得成功，组织需要管理与有关相关方（如供方）的关系。相关方影响组织的绩效。当组织管理与所有相关方的关系，以尽可能有效地发挥其在组织绩效方面的作用时，持续成功更有可能实现。对供方及合作伙伴网络的关系管理是尤为重要的。

通过“关系管理”可以实现下述目标：通过对每一个与相关方有关的机会和限制的响应，提高组织及其有关相关方的绩效；对目标和价值观，与相关方有共同的理解；通过共享资源和人员能力，以及管理与质量有关的风险，增强为相关方创造价值的能力；具有管理良好、可稳定提供产品和服务的供应链。

二、标准化与质量管理

标准是评价和衡量产品质量、服务质量的尺度。质量管理活动与标准不可分离，标准在质量策划、质量控制和质量改进等质量管理过程中均发挥着巨大的作用。

（一）标准与质量的关系

质量与标准是密不可分的。从质量实践中产生的认识是“标准即质量”“质量是符合标准的程度”，因此，标准决定质量，有什么样的标准就有什么样的质量，只有高标准才有高质量。产品标准对产品质量特性作出了明确和具体的规定，产品质量有专门的检验机构和检验制度，评定的依据就是标准。所以说，标准是质量实现的基础和保障，有了标准才有质量可言。制造产品必须有标准，抓产品质量必须首先抓好标准。

在企业的各项标准中，产品标准是核心，其他标准应根据产品标准的要求来制定。产品标准是规范企业经营行为和指导企业生产的技术文件，而产品质量是由标准和执行标准的状况决定的。标准与质量如同源与流，标准是质量的依据，质量是执行标准的结果。提高产品质量，首先应该提高标准水平。标准与质量两者相互补充、相互提高，质量管理说到底就是标准贯彻实施的活动。

案 例

产品质量合格率的判定标准将越来越严

产品质量关系着国民生命财产安全，也关系着国家形象。没有高质量的产品，就没有高质量发展。产品质量合格率（英文缩写 RPQ）是指质量合格产品在总体产品中所占的比率。实践中，按照规定的方法、程序和标准实施产品质量检测，计算判定为质量合格的样品数占全部抽查样品数的百分比。产品质量合格率指标的设计目的在于准确评估全国各地区、各行业的产品质量发展水平、主要特点和变动趋势。该指标对于实施宏观调控，全力推动我国经济由高速增长阶段向高质量发展阶段转变，具有重要的战略意义和积极的现实意义。

标准是质量的基准线，目前我国产品质量合格判定标准依据“被检产品的国家标准、行业标准、地方标准和国家有关规定，以及企业明示的企业标准或质量承诺”。截至 2019 年 3 月底，已汇总了覆盖 GB/T 4754—2017《国民经济行业分类》编号 13～41，共 29 个大类制造业行业、500 余类产品的合格判定准则。

根据国家标准委发布的首批消费品安全国内外标准对比结果，我国消费品安全标准与国际、国外标准相比，总体水平并不低，与欧美等发达国家和地区处于同一梯队，部分消费品安全标准指标甚至高于国际标准和国外标准，处于世界前列。但是，仍有部分产品合格判定标准较低，与国际先进水平存在一定差距。一是在个别技术指标上，国内标准缺乏类似国外跨领域、全产业链的通用要求。例如，欧盟法规《化学品注册、评估、许可和限制》累计发布的清单中共有169种化学物质，物品中含有任何一种SVHC候选清单中的物质，且该物质的含量超过0.1%，就有告知消费者的义务。而我国国家标准仅针对8种可迁移元素（锑、砷、钡、镉、铬、铅、汞、硒）作出了限量要求，且未制定跨行业的化学品管控标准。二是一些产品的合格判定标准对极端使用环境考虑不充分，例如，某品牌木质地板的甲醛释放量标准要求为0mg/L～1.5mg/L，常温下实测值为1.3mg/L，30℃高温实测值高达2.2mg/L，高温下甲醛释放超标。某品牌移动电源的有效输出容量标准要求为"不低于额定容量，且外观应无明显变形，应不爆炸、不泄气、不起火、不漏液、不破裂"，额定容量为6500mAh，常温下有效输出容量为6566.6mAh，低温下有效输出容量仅为6281.2mAh，低温下的有效输出容量未达到标准要求。

同时，国内对团体标准、企业标准重视程度远低于欧美发达国家。对发达国家企业而言，国家标准往往只是个进入门槛，为适应市场竞争，追求更高水平的企业标准要求更高。国家标准化管理委员会自2014年以来开展的消费品安全国内外标准比对行动结果显示，目前国标3816项消费品安全技术指标中，有3000项与国际要求一致，总体标准较高，但是国内的企业标准从数量和质量上都较国外有一定差距。在高质量发展和市场监管总局"大市场、大监管"的背景下，产品质量的提升，进一步推动了国人的消费升级。群众对制造业产品质量的期待，逐渐从"够不够"转向"优不优"。未来，我国标准将不断与国际接轨。随着标准的提升，产品质量合格判定基准也会提升，产品质量合格率的判定标准将越来越严。

（二）标准在质量管理中的作用

产品质量的性能、寿命、可靠性、安全性、经济性五个特性要求要通过标准来具体体现，从保证产品质量出发，企业的技术管理、计量管理、生产管理、物资管理、设备管理需要制定相应的工艺或工装标准，生产管理标准，原材料标准，设备性能、保养及维修方面的标准和计量方面的标准；为保证操作者的工作质量需要制定工作标准；为评价产品的质量价格比需要制定一系列的经济标准（预算、核算及材料消耗方面的标准）。因此，标准是质量管理的支柱，是质量管理的基础和前提。

质量管理始于标准，终于标准。进行质量管理要有完善的质量管理标准；进行质量检验和评定鉴定要求相应的技术规范和标准；建立质量体系要按标准的要求选择模式；质量记录要有统一的规范化的格式；对产品质量实行全过程控制都要有相应的标准等。在质量策划活动中，确定必要过程的相关资源，这些工作在很大程度上就是在制定标准。质量控制致力于满足质量要求，也就是要使管理的对象不折不扣地符合预期的要求或目标标准。质量改进致力于增强满足质量要求，改进活动也仍然同标准有着密切的关系。人们实施改进以现有标准为出发点，改进目标的实现则意味着将要在新的标准下进行控制。

在质量管理中主动地制定和实施标准，将使得组织的运营对于个人的依赖降到最低。具有标准化意识的管理者采用的是一种"对事不对人"的管理方式，遇到问题，他们关注的是找出产生问题的原因，针对原因制定解决问题的对策。如果对策是有效的，则通过标准将之固定下来，成为新的工作方式，从而彻底消除同类问题再次发生的根源。

（三）质量管理体系标准

20世纪50年代末，美国发布了MIL-Q-9858A《质量大纲要求》，成为世界上最早的有关质量保证方面的标准。随着质量保证活动的发展，国际标准化组织（ISO）于1979年成立了质量管理和质量保证技术委员会（ISO/TC176），制定并发布了1SO 9000系列标准，使各国的质量管理和质量保证活动统一在ISO 9000系列标准的基础之上。

ISO 9000系列标准的诞生是世界范围质量管理和质量保证工作的一个新纪元，对推动世界各国工业企业的质量管理和供需双方的质量保证，促进国际贸易交往起到了很好的作用。我国等同转化了ISO 9000系列标准，制定并发布了GB/T 19000系列国家标准，指导我国质量管理和质量管理体系认证工作。

根据ISO 9000的定义，管理体系是指组织建立方针和目标以及实现这些目标的过程的相互关联和相互作用的一组要素。质量管理体系通常包括制定质量方针、目标以及开展质量策划、质量控制、质量保证和质量改进等活动，它是有效开展各项质量管理活动的基础。在激烈竞争的市场环境中，仅仅以单个产品满足质量标准是远远不够的，标准不仅是保证和促进质量提高的重要技术基础，而且要贯穿于企业质量管理的全过程。ISO 9000系列标准，为企业取得质量体系认证，进入国际市场、参与国际竞争铺平了道路。

ISO 9000系列标准由三个核心标准构成：

1. ISO 9000：2015《质量管理体系 基础和术语》

该标准为质量管理体系提供了基本概念、原则和术语，为质量管理体系其他标准奠定基础。它主要由以下两个方面构成：基本概念，质量管理原则、术语和定义。

2. ISO 9001：2015《质量管理体系 要求》

该标准为各种类型、不同规模和提供不同产品或服务的组织规定了质量管理体系要求．它主要由以下七个方面构成：组织环境、领导作用、策划、支持、运行、绩效评价、改进。

3. ISO 9004：2018《质量管理 组织的质量 实现持续成功指南》

该标准为各种类型、不同规模和从事不同活动的组织提供了通过运用质量管理方法实现持续成功的指南，以帮助组织应对复杂的、严峻的和不断变化的环境。它主要由以下八个方面构成：组织质量和持续成功，组织环境，组织特性，领导作用，过程管理，资源管理，绩效评价，改进、学习和创新。

三、标准引领质量提升

高质量发展是“十四五”乃至更长时期我国经济社会发展的主题，关系我国社会主义现代化建设全局。习近平指出，“标准决定质量，有什么样的标准就有什么样的质量，只有高标准才有高质量”。标准化是创新发展的驱动力，是质量技术基础的核心要素，是经济活动和社会发展的技术支撑。

（一）质量提升行动

在我国，制定技术先进、内容协调统一，既能满足国内经济提质增效升级需求，又能得到国际同行认可的高标准，是提升产品质量的重要保障，也是推动产业高质量发展的重要基础。在全球层面，通过制定或参与国际标准，有利于提升我国产业国际竞争力；在宏观层面，通过制定支撑技术法规和强制性标准等，能够规范并促进产业增长稳定、发展均衡、环境协调、就业充分；在产业层面，通过推动技术创新与标准结合，有利于促进创新发展、产业规模壮大、结构优化、质量提升；在微观企业层面，通过应用先进质量管理标准，则有利于提升企业竞争力、质量可靠性和品牌影响力。

高质量发展离不开高标准的引领与支撑。这些年来，通过标准化改革，我国在标准体系、高标准引领实践和国际标准化方面打下了扎实基础，基本建立起政府主导制定的标准和市场自主制定的标准协同发展、协调配套的新型标准体系。开展地方标准化综合改革试点，紧贴经济社会发展需求，在新旧动能转化、产业转型升级、促进新兴产业加快发展等方面大力开展高标准引领制造业高质量发展实践，提高标准供给能力和水平、推动主要消费品标准由跟随者向创新者、领跑者转变，培育出一批高标准高质量的区域品牌。此外，我国在参与国际标准化活动中取得了瞩目的成绩，国际标准化地位显著提升，这些基础为我国标准“走出去”创造了便利条件。

要认识到，不断提升标准的先进性、有效性和适用性，以高标准引领高质量发展，是一项综合性发展任务。

《中共中央　国务院关于开展质量提升行动的指导意见》提出，推动技术创新、标准研制和产业化协调发展，用先进标准引领产品、工程和服务质量提升。全面发挥标准在农产品、食品药品供给、消费品提质升级、装备制造竞争力、建设工程质量水平、服务业提质增效、社会治理和公共服务水平、对外贸易优化升级中的重要作用，充分发挥先进的标准在破除质量提升瓶颈、夯实国家质量基础设施、改革完善质量发展政策和制度中的作用，见表 3-2 所列。

表 3-2　质量提升行动中的标准引领

<table>
<tr><th colspan="2">质量提升行动</th><th>标准引领质量提升</th></tr>
<tr><td rowspan="4">全面提升产品、工程和服务质量</td><td>增加农产品、食品药品优质供给</td><td>健全农产品质量标准体系，实施农业标准化生产和良好农业规范。加快高标准农田建设，加大耕地质量保护和土壤修复力度。继续推动食品安全标准与国际标准对接，加快提升营养健康标准水平。推进传统主食工业化、标准化生产。实施药品、医疗器械标准提高行动计划，全面提升药物质量水平，提高中药质量稳定性和可控性</td></tr>
<tr><td>促进消费品提质升级</td><td>加快消费品标准和质量提升，推动消费品工业增品种、提品质、创品牌，支撑民众消费升级需求</td></tr>
<tr><td>提升装备制造竞争力</td><td>加快装备制造业标准化和质量提升，提高关键领域核心竞争力</td></tr>
<tr><td>提升建设工程质量水平</td><td>规范重大项目基本建设程序，坚持科学论证、科学决策，加强重大工程的投资咨询、建设监理、设备监理，保障工程项目投资效益和重大设备质量。加快推进工程质量管理标准化，提高工程项目管理水平。加强工程质量检测管理，严厉打击出具虚假报告等行为。因地制宜提高建筑节能标准。完善绿色建材标准，促进绿色建材生产和应用</td></tr>
</table>

（续表）

质量提升行动		标准引领质量提升
	推动服务业提质增效	提高生活性服务业品质。发展大众化餐饮，引导餐饮企业建立集中采购、统一配送、规范化生产、连锁化经营的生产模式。促进生产性服务业专业化发展。提高物流全链条服务质量，增强物流服务时效，加强物流标准化建设，提升冷链物流水平。支持发展工业设计、计量测试、标准试验验证、检验检测认证等高技术服务业。提升银行服务、保险服务的标准化程度和服务质量
	提升社会治理和公共服务水平	推广“互联网＋政务服务”，加快推进行政审批标准化建设，优化服务流程，简化办事环节，提高行政效能
	加快对外贸易优化升级	加快外贸发展方式转变，培育以技术、标准、品牌、质量、服务为核心的对外经济新优势
破除质量提升瓶颈	实施质量攻关工程	加强与国际优质产品的质量比对，支持企业瞄准先进标杆实施技术改造
	加快标准提档升级	改革标准供给体系，推动消费品标准由生产型向消费型、服务型转变，加快培育发展团体标准。推动军民标准通用化建设，建立标准化军民融合长效机制。推进地方标准化综合改革。开展重点行业国内外标准比对，加快转化先进适用的国际标准，提升国内外标准一致性程度，推动我国优势、特色技术标准成为国际标准。建立健全技术、专利、标准协同机制，开展对标达标活动，鼓励、引领企业主动制定和实施先进标准。全面实施企业标准自我声明公开和监督制度，实施企业标准领跑者制度。大力推进内外销产品“同线同标同质”工程，逐步消除国内外市场产品质量差距
	激发质量创新活力	开展新产业、新动能标准领航工程，促进新旧动能转换
	推进全面质量管理	发挥质量标杆企业和中央企业示范引领作用，加强全员、全方位、全过程质量管理，提质降本增效。鼓励各类市场主体整合生产组织全过程要素资源，纳入共同的质量管理、标准管理、供应链管理、合作研发管理等，促进协同制造和协同创新，实现质量水平整体提升
	加强全面质量监管	完善产品伤害监测体系，提高产品安全、环保、可靠性等要求和标准
	着力打造中国品牌	建立和完善品牌建设、培育标准体系和评价体系，开展中国品牌价值评价活动，推动品牌评价国际标准化工作
夯实国家质量基础设施	加快国家质量基础设施体系建设	加快国家标准体系建设。大力实施标准化战略，深化标准化工作改革，建立政府主导制定的标准与市场自主制定的标准协同发展、协调配套的新型标准体系。简化国家标准制定修订程序，加强标准化技术委员会管理，免费向社会公开强制性国家标准文本，推动免费向社会公开推荐性标准文本。建立标准实施信息反馈和评估机制，及时开展标准复审和维护更新
	深化国家质量基础设施融合发展	深度参与质量基础设施国际治理，积极参加国际规则制定和国际组织活动，推动计量、标准、合格评定等国际互认和境外推广应用，加快我国质量基础设施国际化步伐
	提升公共技术服务能力	加快培育产业计量测试、标准化服务、检验检测认证服务、品牌咨询等新兴质量服务业态，为大众创业、万众创新提供优质公共技术服务
	健全完善技术性贸易措施体系	利用技术性贸易措施，倒逼企业按照更高技术标准提升产品质量和产业层次，不断提高国际市场竞争力。建立贸易争端预警机制，积极主导、参与技术性贸易措施相关国际规则和标准的制定

（二）国家质量基础设施

国家质量基础设施（National Quality Infrastructure，NQI）是指一个国家建立和执行标准、计量、认证认可、检验检测等所需的质量体制框架的统称。近年来，联合国工业发展组织、国际标准化组织和世界贸易组织等均提出国家质量基础设施的概念，强调计量、标准、认证认可和检验检测是一个完整的技术链条，是保障国民经济有序运行、促进科技创新、提升国际竞争力的基础，是提升质量竞争能力的基石。与交通、通讯、水利、文化教育、医疗卫生等基础设施一样，国家质量基础也是保障经济和社会发展的基础。

根据一般定义，标准是指通过标准化活动，按照规定的程序经协商一致制定，为各种活动或其结果提供规则、指南或特性，供共同使用和重复使用的文件。制定、发布和实施标准的过程，就是标准化。计量，古称度量衡，是指实现单位统一、保证量值准确可靠的活动，是测量的科学与应用。认证是有关产品、过程、体系和人员的第三方证明，类似于“担保人”和“证人”。认可是对认证、检验等机构的资格审核。检验检测是对产品安全、功能等特性或者参数进行分析测试、检验检测，必要时进行符合性判断的活动。作为一个完整的技术链条，四者互相依存、密不可分。标准为计量、认证认可和检验检测提供了依据，计量是制定、实施标准的基础和保证，认证认可和检验检测通过计量手段判断是否符合标准。简单地说，计量解决准确测量的问题；实际需要多大的量，就形成了标准；标准执行得如何，就需要通过认证认可和检验检测来判定，如图 3-4 所示。

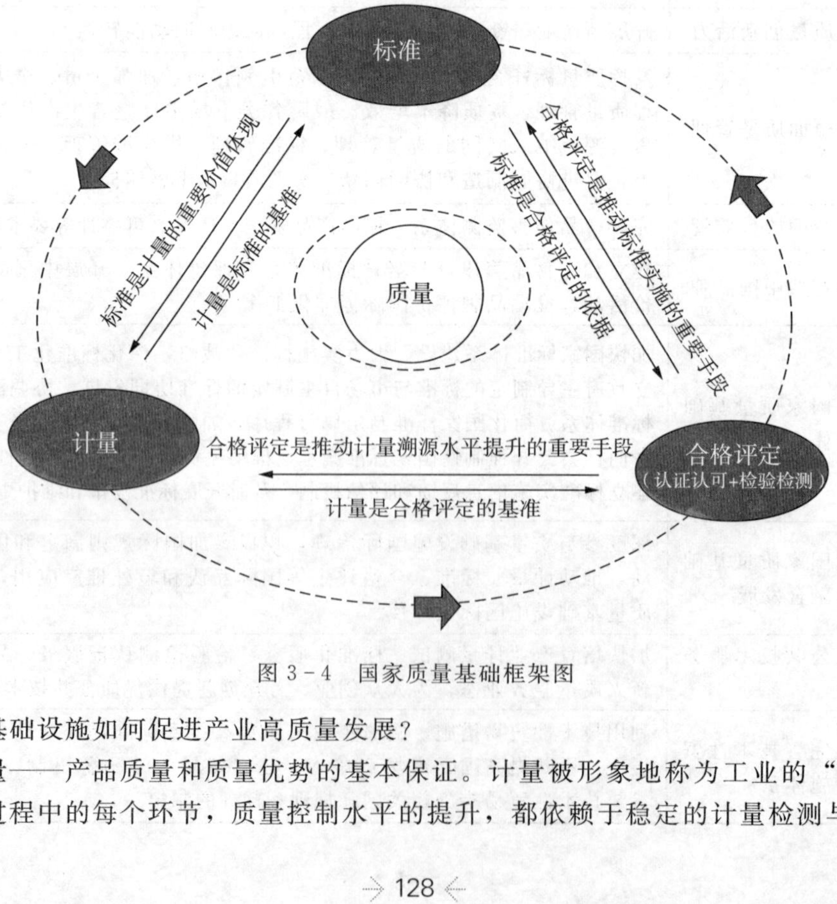

图 3-4　国家质量基础框架图

质量基础设施如何促进产业高质量发展？

看计量——产品质量和质量优势的基本保证。计量被形象地称为工业的“眼睛”，在产品生产过程中的每个环节，质量控制水平的提升，都依赖于稳定的计量检测与管理。没有科学、准确的测量，质量就得不到保证。

看标准——科学、技术和实践经验的总结，标准引领质量。先进的标准能为质量改进提供路线图，从而提高产品与服务的附加值，优化产业结构；能够带动从基础元器件、基础材料到关键工艺、重大装备乃至整个最终产品产业链的质量提升。

看检验检测认证认可服务——市场经济条件下加强质量管理、提高市场效率的基础性制度，是市场监管工作的重要组成部分。检验检测认证认可服务业可提供有力技术支撑，为中国制造打造国际市场准入服务平台和面向国际国内市场的本地化测试平台，构建“一个标准、一次检测、全球通行”的检测认证体系，有助于中国制造业成功进入全球市场。

当前中国进入高质量发展阶段，提高经济发展质量和效益是主攻方向。无论是生产供给还是消费服务，提升质量都需要设定相应的标准规制，统一高质量标准和完善质量基础设施就具有重要的现实意义。

近年来，国家领导人对国家质量基础设施也给予了前所未有的重视。早在 2014 年 9 月 15 日，李克强总理在首届中国质量（北京）大会上发表重要讲话时就曾指出，计量、标准、认证认可、检验检测是国际公认的国家质量基础设施，政府要更加注重质量基础设施建设。2017 年 9 月 15 日，习近平主席在致中国质量（上海）大会贺信中再次指出：“推动质量基础设施互联互通，通过提高质量不断促进经济发展、民生改善，为各国人民实现对美好生活的向往作出贡献。”

“完善国家质量基础设施，建设生产应用示范平台和标准计量、认证认可、检验检测、试验验证等产业技术基础公共服务平台”写入了《中华人民共和国国民经济和社会发展第十四个五年规划和 2035 年远景目标纲要》。2020 年 11 月，国家市场监管总局印发《关于大力开展质量基础设施“一站式”服务的意见》（国市监质〔2020〕177 号），提出要按照经济规律开展质量基础设施“一站式”服务。

质量基础设施“一站式”服务是通过有机融合计量、标准、认证认可、检验检测、质量管理等要素资源，面向企业、产业、区域特别是中小企业提供的全链条、全方位、全过程质量基础设施综合服务。力争到 2025 年，质量政策体系进一步完善，质量基础设施布局更加合理，质量基础设施效能评价指标体系基本建立，计量、标准、认证认可、检验检测、质量管理等要素良性协同，服务效能明显增强，质量基础设施“一站式”服务模式更加成熟，全国质量基础设施服务体系和网络基本建成，质量基础设施国际互联互通程度和影响力明显提升。

案 例

以“标准化”助力高质量发展（新论）

《人民日报》（2019 年 09 月 25 日 05）

高标准是高质量的保证，高质量的产品和服务不仅关乎生活品质的提高、财产安全的保障，更直接关系到人民群众的生命健康，国家对此一直高度重视。不久前，国务院新闻办举行发布会，介绍中国标准化改革发展成效有关情况。相关改革和制度建设，有力促进了质量强国建设。

从中国古代的“车同轨、书同文”，到现代工业规模化生产，都是标准化的生动实践。通过完善标准化建设，能够有效保护公共利益不受损害。比如，对设计和生产标准设置较高“门槛”，有助于提高产品质量；企业按照高标准要求组织生产，有利于规范流水线高质量、高效率作业；检验检测机构根据高标准要求对产品原料、零部件、生产环节等进行检测，能确保进入市场的产品符合规定的指标。这一从设计、生产到市场流通的闭环质量管理，任何一环离开了标准，都无法切实保证质量。精简优化政府标准体系、提高市场标准有效供给、提升标准国际化水平，才能更好提升标准的整体质量，以高标准建设推进高质量发展。

首先，精简优化政府标准，切实保障公共利益。对此，近年来的相关改革先做“减法”，即“整合精简强制性标准”和“优化完善推荐性标准”，既“把该管的管住管好”，又为培育发展市场标准预留空间。同时，按照法律要求只规定强制性国家标准一级，仅在保障健康安全和经济社会管理需要的范围内制定，行业和地方标准不再具有强制性而均为推荐性标准，既能筑牢质量安全底线，又能避免标准交叉、重复、矛盾。这是以法律手段为政府标准体系“瘦身”，推动推荐性标准向公益类标准过渡，以更好地满足各方需求、协调各方利益。

其次，培育搞活市场标准，提升质量和竞争力。标准化工作的改革要充分发挥市场在资源配置中的决定性作用，针对我国标准缺失、老化、滞后的现实问题，相关改革做了两项“加法”，即“培育发展团体标准”和“放开搞活企业标准”，“团体标准”的法律地位进一步明确。有了这一市场标准的新类型，协会、商会等社团便有权制定更加灵活的标准，及时回应市场变化。此外，赋予企业制定自身标准的自主权，取消了对企标备案的限制性规定，有助于激发企业活力，促进产业转型升级。

最后，瞄准国际标准，提高标准整体水平。在做好“加减法”的基础上，相关改革对提升标准整体水平进行“优化”，即在借鉴国际标准的基本经验之外，积极推动各方参与国际标准化活动。这一方面规定了参与的内容，以推进国际标准转化应用，助力提升我国标准的整体质量，共享质量发展的优势；另一方面也为国家鼓励社会各方包括企业、社团等参与国际标准化提供了制度支撑，进一步推动中国标准“走出去”，带动产品、技术、装备和服务“走出去”。

习近平主席在致第三十九届国际标准化组织大会的贺信中指出，“标准助推创新发展，标准引领时代进步”。更好发挥政府作用保护公共利益，有效发挥市场作用满足企业提质增效的需求，定能让标准成为质量的“硬约束”，成功助力高质量发展。

第四节　合格评定与标准化

引例

1903年，英国率先在生产的钢轨上刻印“风筝标志”（BS标志），以表明这种产品是按英国钢轨尺寸标准生产的，1919年在制定的《商标法》中全面推行这一做法，由英国标准协会质量保证部对各类产品的标志进行注册，1926 年 BS 标志向英国电气公司颁发了第一个“风筝标志”许可证，这便是合格评定制度（或认证认可制度）的开端。

一、合格评定概述

任何一个组织要推进标准的实施，除了自己认真进行标准实施的检查、审查和考核等之外，一个行之有效的方法就是通过第三方的合格评定。合格评定活动在一定意义上可视为证明符合技术法规和标准及合同要求的活动，因而也被视为标准化活动中“化”的具体体现，是实施标准的一个有力手段，也是国际贸易中的技术性贸易措施之一。

（一）合格评定的概念

根据 ISO/IEC 17000：2020《合格评定　词汇和通用原则》所给出的定义：合格评定也可以称为符合性评定，指“规定的要求得到满足的证实”。合格评定的评价活动包括了第一、二、三方的各类检验、检测、注册、鉴定、认证、验证和对各类机构进行的认可活动。

作为国际标准化领域的两大国际标准化组织，国际标准化组织（ISO）和国际电工委员会（IEC）均设有专门负责合格评定工作的管理机构，分别是合格评定委员会（ISO/CASCO）和合格评定局（IEC/CAB）。ISO/CASCO 负责组织制定、修订合格评定国际标准和导则；IEC/CAB 是 IEC 在合格评定领域的管理和决策机构，负责认证认可领域的制度建设、方针制定、检测与认证体系的建立等工作。

截至 2020 年，ISO/CASCO 已制定、发布且正在生效的国际标准、导则近 60 个，涵盖了合格评定活动的基本规则、互认体系、符合性标志、供方声明、认可、产品认证、管理体系认证、服务认证、检验、检测、检查人员认证等活动。

特别需要说明的是，尽管“合格评定”一词已为多数国家或地区所接受，但不少国家出于习惯，也将这类评价活动称之为“认证认可”活动。目前，认证认可是国内外开展合格评定活动的主要内容和基本形式。认证认可是合格评定活动不可分割的两个组成部分，认证是认可的前提和依据，也是开展工作的对象；认可是认证发展到一定阶段的产物，它为认证的公正性、权威性提供了保障，推动了认证的健康发展。认证认可的区别主要表现见表 3－3 所列。

表 3－3　认证与认可的区别

项目	认证	认可
主体	具有认证资格的第三方机构	经授权的机构（通常由政府主管部门授权）
对象	产品、过程、管理体系或人员	从事特定合格评定活动的机构
目的	为认证对象提供符合性的书面证明，使公众确信其符合规定要求	对认可对象从事特定活动的能力予以承认
内容	依据特定的标准对特定事项的符合性进行审核与评定，以确认其符合规定要求	依据特定的准则对认可对象从事特定活动的能力进行检查和评定，以确认其具备所要求的能力

（二）合格评定的作用

合格评定在为可持续发展和贸易建立信任方面发挥着关键作用。合格评定程序保证产品符合规定和标准的要求。ISO/IEC 合格评定标准和指南在协调合格评定实践和作为评定机构技术能力基准方面发挥了重要作用，提高了对其结果的可信度和信心。因此，ISO/IEC 的合格评定工作有助于克服技术性贸易壁垒、有助于建立以国际标准为基础的认可制度、有助于向贸易伙伴保证测试和证书的供应商是有能力的。

1. 设置合理的技术壁垒

根据 WTO/TBT 协定要求：各成员方按照国际规范开展合格评定活动，但是在涉及国家安全、防止欺诈行为、保护人类健康和安全、保护动植物生命和健康以及保护环境等情况下，允许各成员方实施与上述国际标准、导则不尽一致的技术法规、标准和合格评定程序。

根据此原则，各成员在一般性贸易壁垒逐步消除的情况下，都在争取最大程度保护本身利益，利用合格评定制度给其他成员设立了合理的技术性贸易壁垒。其典型做法是：法律规定或政府要求＋技术法规＋合格评定程序，由于各国政府（法律）要求不同，技术法规、标准化发展程度以及科学技术发展的不同，合格评定程序选用的不同，就造成了技术性贸易壁垒。如：美国多数州政府发布法规，要求电气产品必须经过 UL 的认证。UL 根据不同的产品、依据不同的技术规范，实施不同的检验、认证程序（合格评定程序）。在欧洲，欧盟发布 12 个指令（法规），对这些指令覆盖的产品都必须有 CE 标志，依据 EN 标准（技术规范），实施产品认证（合格评定）。另外，欧盟、美国、南非及亚洲有关国家（日本、韩国、新加坡）对肉类以及畜产品所采取的措施都是政府规定，按照本国标准或技术法规对出口国的企业实施注册制度（合格评定）。同时，对进口商品实施的法定检验的做法亦采取这种模式。国际上还有许多认证制度，做法也都如此。

2. 推进标准的严格实施

标准为产品规定了相应的技术要求和质量要求，合格评定是实施标准的具体手段，用以验证产品的质量、性能是否达到了相应的标准。标准与合格评定结合在一起能有效地推动市场的发展。2002 年 10 月 14 日，IEC、ISO 和 ITU 的负责人以“一个标准、一次检验、全球接受”为题，发表了“第 33 届世界标准日祝词”，充分阐述了标准与合格评定相结合使贸易双方能对产品的内在价值达成一致意见、使全球贸易系统及市场简化、从而给所有的市场参与方带来最大利益的观点。

产品质量认证、质量/环境/安全管理体系认证，以及实验室和检验机构认可等，既是对各相关标准实施作了客观、公正的评审/审核，又卓有成效地推进了这些标准的全面而认真的实施。如在 2013 年 9 月，国务院发布了国家卫星导航产业中长期规划，其中在保障措施中提出“加大标准宣传力度，完善标准信息服务、认证、检测体系，做好标准实施的监督工作，推动合格评定与产品认证服务的发展及国际合作，促进北斗卫星导航系统全球化应用”，就充分说明了合格评定和标准的互相促进关系。

二、检验检测与标准化

作为合格评定的主要内容之一，开展检验检测既是对产品标准实施监督的主要任务和中心环节，也是把控产品质量、提高产品质量，从而增长社会财富、提高人民实际生活水平、降低消耗的有效途径，是增强产品在国内外市场上的竞争能力、开拓市场驾驭竞争的必要手段。

（一）检验检测的类型

我们所说的检验检测通常是指为满足产品质量标准要求，由企业、国家、用户或第三方，用一定的检测手段，检验产品的质量特性，并将检验结果与相应的产品标准相比较，从而确定其质量是否合格的评价过程，即产品质量检验。

按检验阶段（产品形成过程的相应阶段）分类，可分为：进货检验、过程检验、最终检验。

按检验场所分类，可分为：固定场所检验、流动检验（巡回检验）。

按检验手段分类，可分为：理化检验、感官检验、量值界限检验、试验性使用鉴别。

按检验产品数量分类，可分为：全数检验、抽样检验。

按检验的执行人员分类，可分为：自检、互检、专检。

按对产品损害程度分类，可分为：破坏性检验、非破坏性检验。

按检验目的分类，可分为：生产检验、验收检验、监督检验、验证检验、仲裁检验。

按供需关系分类，可分为：第一方检验、第二方检验、第三方检验。

按检验系统组成部分分类，可分为：逐批检验、周期检验。

按检验的效果分类，可分为：判定性检验、信息性检验、寻因性检验。

国内外的实践已证明，要搞好产品质量，没有技术标准不行；有了技术标准，不按照技术标准进行生产检验也不行；只依靠和相信生产单位的检验，没有第三方专业机构进行检验同样不行。

（二）检验检测的依据

企业产品生产检验是以本企业实际执行的产品质量标准为依据，可以是国家发布的标准，也可以是企业自行制定的企业标准，还可以是订货合同中的协议标准。

在检验检测中，最经常使用的技术标准就是试验方法标准。试验方法标准是给出测定材料、部件、成品等的特性值、性能指标或成分的步骤以及得出结论的方式的标准。试验方法标准化是将试验方法作为标准化对象，建立测定指定特性或指标的试验步骤和结果计算规则，以为试验活动和过程提供指导。试验方法标准的目的是促进相互理解，试验方法标准在文本形式上具有典型的结构、特定的要素构成以及相应的内容表述规则，其核心技术要素是实验步骤和实验数据的处理，大致包括仪器设备、样品、试验步骤、试验数据处理和试验报告等。

案 例

一次性防护服的质量要求与试验方法

在抗击新冠肺炎疫情中，医用防护服无疑是发挥了重要的作用。医用防护服是为保证医护人员、公共卫生工作者、患者等进入感染区域人员安全而必备的防护性服装，其作用包括隔离病菌、有害超细粉尘、酸碱性溶液等，保证相关人员的生命和工作安全，同时保持环境清洁。一件防护服的质量是否合格，取决于是否符合标准。我国医用一次性防护服必须满足GB 19082—2009《医用一次性防护服技术要求》的要求，在该强制性标准中，规定了医用一次性防护服的要求和试验方法，包括阻燃性能、液体阻隔功能、断裂伸张率、过滤效率、微生物指标和环氧乙烷残留量等。每一个要求都有相应的试验方法用来检测，例如阻燃性能，就是按照GB/T 5455《纺织品　燃烧性能　垂直方向损毁长度、阴燃和续燃时间的测定》规定的垂直法进行燃烧性能试验。

三、认证认可与标准化

认证认可的共同点都是以技术法规、标准为依据出具证明。认证主要是证明产品符合相关的技术法规和标准，主要目的是解决交易双方产品质量与标准信息不对称的问题，传递供需信任；认可主要是证明认证机构有能力实施特定的合格评定工作，具备承担特定合格评定工作的能力，主要目的是保证技术法规、标准的符合性切实得到满足。标准是开展认证认可活动的前提和依据，认证认可推动了标准的实施，标准的适用性、协调性、科学性、先进性需要通过检测来验证、通过认证来证明，标准的持续改进需要通过验证反馈的信息和数据来支撑和推动。通过认证可以识别和判断产品与服务质量是否符合相关标准，为有效限制不符合标准的产品与服务进入市场提供了依据。标准符合性认证推动了市场的公平竞争，有效地避免了“劣币驱良币”的市场逆向选择，为高标准高质量发展提供了保证。认可制度的建立和有效运行规范了标准符合性认证机构的行为，通过保证认证机构开展认证工作的公正性和权威性，从而保证了标准有效实施的公正性和权威性。

（一）认证与标准化

根据《中华人民共和国认证认可条例》规定，认证是指“由认证机构证明产品、服务、管理体系符合相关技术规范、相关技术规范的强制性要求或者标准的合格评定活动。”根据《认证机构管理办法》规定，认证机构是指“依法取得资质，对产品、服务和管理体系是否符合标准、相关技术规范要求，独立进行合格评定的具有法人资格的证明机构。”国家根据经济和社会发展的需要，推行产品、服务、管理体系认证。产品认证、服务认证、管理体系认证的差异比较见表3-4所列。

表3-4　产品认证、服务认证、管理体系认证的差异比较

要求	产品认证	服务认证	管理体系认证
认证对象	组织提供的产品	组织提供的服务	组织的管理体系
认证目的	证明某一产品符合相应标准和相应技术规范	证明特定服务符合规定要求，或组织兑现了服务的承诺	证明组织建立并符合了特定管理体系要求
认证准则	产品标准/技术规范	服务规范/标准、服务承诺	管理体系标准（详见表3-5所列）

（续表）

要求	产品认证	服务认证	管理体系认证
认证方式	评审、检测、测量、检查、设计评估、服务和过程评价、确认等	观察、评审、检验、检测、验证、确认等	对记录的评审、反馈、面谈、观察、测试、审核后的评审等
认证模式	①型式试验 ② 型式试验＋获证后监督（市场和/或生产企业抽样检验） ③ 型式试验＋生产企业质量体系评定＋获证后监督（质量体系复查＋生产企业和/或市场监督检验） ④ 质量体系评定＋获证后质量体系复查 ⑤ 批量检验 ⑥ 100%检验	包括但不限于： ① 服务特性检验或检测（统称测评），包括公开的和神秘顾客（暗访）两种 ② 顾客调查（功能感知） ③ 既往服务足迹检测（验证感知） ④ 服务设计审核 ⑤ 服务管理审核，以及他们的组合	①文件审核 ② 现场审核
认证标志的使用	可用于产品或产品铭牌上	可用于服务产品、服务平台、服务合同等	可用于组织介绍、广告宣传，但不能用于服务或产品等可能引起服务或产品规定要求的歧义之处

在我国，管理体系认证的依据是等同采用国际标准的管理体系国家标准，相关的法律、法规及顾客的要求（由合同、标书、协议及供方承诺等体现）。质量管理体系认证、环境管理体系认证和职业健康安全管理体系认证的依据文件见表 3－5 所列。

表 3－5 质量、环境、职业健康安全管理体系认证的依据文件

认证依据	质量管理体系认证	环境管理体系认证	职业健康安全管理体系认证
标准	GB/T 19001/ISO 9001 GB/T 18305/ISO/TS 16349 GB/T 19011/ISO 19011	GB/T 24001/ISO 14001 GB/T 19011/ISO 19011	GB/T 45001/ ISO 45001
法律法规	产品质量法 标准化法 计量法 相关法律、法规和规章	环境保护法 大气污染防治法 水污染防治法 固体废物污染环境防治法 环境噪声防治法 海洋环境保护法	安全生产法 职业病防治法 道路交通安全法 矿山安全法 消防法 劳动法等
技术法规		环境质量标准 “三废”排放标准等	安全技术法规 安全标准
顾客要求	合同、协议、标书 供方承诺及 QMS 文件	EMS 文件	职业健康安全管理体系文件

此外，食品安全管理体系认证的依据标准为 GB/T 22000/ISO 22000《食品安全管理体系 食品链中各类组织要求》，信息安全管理体系认证的依据标准是 ISO/IEC 27001《信息安全管理体系 要求》，能源管理体系认证的依据标准是 GB/T 23331《能源管理体系 要求》，测量管理体系认证的依据标准是 GB/T 19022/ISO 10012《测量管理体系 测量过程和测量设备的要求》等。可见，管理体系认证与标准密切相关，即在标准的指导下进行体系认证。

案例

天方茶业股份有限公司通过多项认证提升品牌竞争力

天方茶业股份有限公司把茶产业标准化作为乡村振兴的重要抓手，通过持续打造标准化示范区等举措，将石台县茶产业、硒产业等资源优势转化为产业优势、经济优势，构建茶产业、茶经济、茶生态、茶旅游和茶文化互融共进、协调发展的现代茶产业体系。承担实施了富硒有机绿茶国家农业标准化示范区项目以及其提升项目——国家茶产业标准化示范区；通过了 ISO 9001、ISO 22000 等管理体系认证、SC 认证、C 标志认证和 GPM 认证，被列为全国农业旅游示范点。

为了加强企业的质量管理和品牌创建，天方茶业严格按照 ISO 9001 质量管理体系要求进行质量管理，建立一系列企业标准去保障产品质量。公司下设天方茶叶研究院，拥有实验室、检测室和化验室、专家办公室和检测研发中心，配有一系列专业设备及由博士、硕士和专业技师组成的研发团队，长期与中国科学技术大学、安徽农业大学、安徽省农业科学院等进行产学研合作，不断创新研发新产品、严格控制产品质量，同时免费帮地方百姓做相关产品检测。通过长期的努力，塑造了“天方”“雾里青”等一系列企业自有品牌，成为中国唯一拥有三个“中国驰名商标”的茶企。

（二）认可与标准化

GB/T 27011—2019（ISO/IEC 17011：2017，IDT）《合格评定 认可机构通用要求》对认可的定义是：“正式表明合格评定机构具备实施特定合格评定工作能力的第三方证明。”根据《中华人民共和国认证认可条例》规定，认可是指由认可机构对认证机构、检验机构、实验室以及从事评审、审核等认证活动人员的能力和执业资格，予以承认的合格评定活动。

中国合格评定国家认可委员会（CNAS）是根据《中华人民共和国认证认可条例》的规定，由国家认证认可监督管理委员会（CNCA）批准成立并确定的认可机构，统一实施对认证机构、实验室和检验机构等相关机构的认可工作。截至 2021 年 6 月 30 日，CNAS 认可各类认证机构、实验室及检验机构三大门类共计十五个领域的 13075 家机构，其中，累计认可各类认证机构 204 家，分项认可制度认证机构数量合计 764 家，涉及业务范围类型 12088 个；累计认可实验室 12187 家，其中检测实验室 9961 家、校准实验室 1489 家、医学实验室 499 家、生物安全实验室 101 家、标准物质生产者 24 家、能力验证提供者 100 家、实验动物机构 10 家、科研实验室 3 家；累计认可检验机构 684 家。认证机构认可、实验室认可和检验机构认可的差异比较见表 3-6 所列。

表 3-6　认证机构认可、实验室认可和检验机构认可的差异比较

要求	认证机构认可	实验室认可	检验机构认可
认可对象	认证机构	实验室	检验机构
认可领域	管理体系认证机构认可 产品认证机构认可 人员认证机构认可 软件过程及能力成熟度评估机构认可 温室气体（GHG）审定核查机构认可	检测实验室认可（包括司法鉴定法庭科学机构认可） 校准实验室认可（包括医学参考测量实验室认可） 医学实验室认可 能力验证提供者认可 标准物质标准样品生产者认可 实验室安全认可 实验动物机构认可 科研实验室认可 生物样本库认可	商品检验 交通运输 特种设备 建设工程 信息安全 节能与环保 公共服务
主要依据	CNAS-RC01《认证机构认可规则》 CNAS-CC01《管理体系认证机构要求》（等同采用 ISO/IEC 17021-1） CNAS-CCO2《产品、过程和服务认证机构要求》（等同采用 ISO/IEC 17065） CNAS-CCO3《人员认证机构通用要求》（等同采用 ISO/IEC 17024） CNAS-CC04《温室气体审定/核查机构要求》（等同采用 ISO 14065） CNAS-CC51《软件过程及能力成熟度评估机构通用要求》	CNAS-RL01《实验室认可规则》 CNAS-RL02《能力验证规则》 CNAS-CL01《检测和校准实验室能力认可准则》（等同采用 ISO/IEC 17025） CNAS-CLO2《医学实验室质量和能力认可准则》（等同采用 ISO 15189） CNAS-CL03《能力验证提供者认可准则》（等同采用 ISO/IEC 17043） CNAS-CL04《标准物质/标准样品生产者能力认可准则》（等同采用 ISO 17034） CNAS-CL05《实验室生物安全认可准则》（等同采用 GB 19489） CNAS-CL06《实验动物饲养和使用机构质量和能力认可准则》（等同采用 GB/T 27416） CNAS-CL07《医学参考测量实验室认可准则》（等同采用 ISO 15195） CNAS-CL08《司法鉴定/法庭科学机构能力认可准则》 CNAS-CL09《科研实验室认可准则》 CNAS-CL10《生物样本库质量和能力认可准则》	CNAS-RI01《检验机构认可规则》 CNAS-CI01《检验机构能力认可准则》 CNAS-CI01-G001《检验机构能力认可准则的应用说明》（等同采用 ILAC P15：06/2014） CNAS-GI001：2018《检验机构认可指南》 CNAS-GI006：2021《检验机构认可范围表述指南》
国际组织	国际认可论坛（IAF） 太平洋认可合作组织（PAC）	国际实验室认可合作组织（ILAC） 亚太认可合作组织（APAC）	国际实验室认可合作组织（ILAC） 亚太实验室认可合作组织（APLAC）

CNAS主要依据认可规范开展认可工作。认可规范包括：

认可规则（R系列）：CNAS实施认可活动的政策和程序，包括通用规则和专项规则类文件。通用规则主要有CNAS-R01：2020《认可标识使用和认可状态声明规则》、CNAS-R02：2018《公正性和保密规则》、CNAS—R03：2019《申诉、投诉和争议处理规则》。

认可准则（C系列）：CNAS认可的合格评定机构应满足的基本要求。包括基本准则（如等同采用的相关ISO/IEC标准、导则等）以及对其的应用指南或应用说明（如采用的IAF、ILAC制定的对相关ISO/IEC标准、导则的应用指南，或其他相关组织制定的规范性文件，以及CNAS针对特别行业制定的特定要求等）文件。

认可指南（G系列）：CNAS对认可准则的说明或应用指南，包括通用和专项说明或应用指南类文件。

认可方案（S系列）：是CNAS针对特别领域或行业对上述认可规则、认可准则和认可指南的补充。

案 例

国家工业机器人产品质量监督检测中心（安徽）

芜湖赛宝机器人产业技术研究院有限公司，是以工业机器人全产业链的研发设计、检验检测、认证等服务为主的第三方专业化高技术服务企业，2015年6月成为全国六家之一的“国家机器人检测与评定中心”；2016年12月获批承担“安徽省机器人标准化技术委员会”秘书处工作；2018年8月获批承担“安徽省机器人产业发展联盟”秘书处工作；2019年1月获批“国家工业机器人产品质量监督检测中心（安徽）”，已获得CNAS、CMA和CAL资质；2019年12月获批安徽省新型研发机构。

芜湖赛宝建设了机器人性能检测中心、电磁兼容检测中心、可靠性与环境适应性研究中心、失效分析中心等技术研究、检测中心，为机器人提供包含从零部件到整机的全方位质量与可靠性服务，已成为全面覆盖机器人本体、核心部件等全生命周期的质量与可靠性公共服务平台，是安徽省及中部地区推进制造业转型升级的重要支撑，持续推进关键零部件技术突破和整机的国产化水平提升。

第五节 经济效益与标准化

引 例

厦工（三明）重型机器有限公司位于福建三明市，是国内生产垃圾压实机的高新技术企业。垃圾压实机是一种用于垃圾填埋场的大型机械，早期国内垃圾压实机市场均由国外厂家垄断。当时国家没有相关的标准，产品销售遇到一定麻烦，2006年，正当该公司准备申请制定垃圾压实机行业标准时，国家相关部门已将该标准项目委托武汉一设计院负责起草，并且这家设计院正准备邀请国外一机械巨头作为行业标准制定的主要参与者。一旦国外企业参与制定行业标准，整个垃圾压实机的技术极易受制于人。以同种性能的压实机为例，国内产品是国外产品价格的三分之一到二分之一，若受标准牵制，国内企业每年还要多花大量专利费或高价引进相同设备。该公司积极申请加入标准的起草，最终成为《垃圾填埋压实机》主要起草单位，掌握了市场的主动权，不仅打破了国外企业对国内垃圾压实机的垄断，还凭借先进的技术，提高了标准的技术要求，掌握了技术和市场主动权。目前，公司以每年70%的市场占有率，奠定国内垃圾压实机行业霸主地位，成为目前国内最大的压实机械生产厂家之一，产品源源不断发往上海、广东、乌克兰、摩洛哥等国内外市场。

一、标准化效益评价概述

（一）基本概念

在GB/T 3533.1—2017《标准化效益评价　第1部分：经济效益评价通则》中就标准化经济效益评价相关概念给出了如下具体定义：

1. 标准化有用效果

制定与实施标准所获得的节约和有益结果。例如，产品产量的提高、采购/生产和交易成本的降低、市场规模的扩大、生产和工程效率的提高和各种活动时间的减少等。

注：制定含修订。

2. 标准化劳动耗费

制定与实施标准所付出的活劳动与物化劳动耗费的总和，即标准化投资。

注：活劳动耗费是指劳动者进行该项技术活动、生产建设所消耗的劳动量，指劳动投入；物化劳动耗费是指原材料、动力、工具等的直接消耗和设备、厂房、流动资金等的占用，指资本投入。

3. 标准化经济效益

标准化有用效果与标准化劳动耗费的差。

4. 标准化经济效率

标准化有用效果与标准化劳动耗费的比。

5. 价值驱动因素

对价值链的某环节起关键作用的价值要素。

（二）发展概况

1. 国际发展情况

美国福特汽车公司早在1815年就研究了增大产量与降低制造成本的关系，发现在5万辆汽车产量内，成本随产量增加呈急剧下降的趋势；从5万辆至10万辆，每辆汽车成本大约降低15%；产量达20万辆时，每辆成本降低10%；此后，成本降低幅度就很小了。

1939 年法国人卡柯特（Cagnot）经过大量调研，验证了前面的结论，提出：在一定的生产批量内产品的生产成本与产量的四次方根成反比，即产量增加 1 倍，成本降低 10%；产量增加 4 倍，成本降低 30%；产量增加 16 倍，成本降低 50%；产量增加 50 倍，成本降低 60%。因此该公式又被人称为卡柯特公式，它的结论则被称为“卡柯特法则”。

日本松浦四郎对卡柯特公式也进行了研究和验证，进一步阐明产品品种、产量和成本之间的关系，认为：当品种减少1/2,产量增加 1 倍，产品成本降低 16%。当品种压缩到 1/16，产量提高 16 倍，产品成本可降低 50%。但应指出，当品种简化到某个数值后，再增加产量，成本的下降也就微乎其微了，可见这个数学模型只是在一定范围内有效。

人们在研究中，又进一步考虑了配料所占份额对降低成本的影响，提出了一个产量增加、品种简化与材料费与成本的比重这三者的关系。如苏联提出了工业产品、产量、品种、配料与成本关系。

企业标准化产生经济效益的机理还在继续研究和探讨着，从 20 世纪 60 年代至今已取得了不小的成果。国际标准化组织（ISO）以及美国、苏联、英国、德国和日本等发达国家都不同程度地对标准化经济效益评价方法进行了研究。

1979 年，国际标准实践联合会（IFAN）建立的第一工作组就是标准化经济效果工作组，经过几年的研究，发布了指导性文件《一个公司标准化经济效果的计算方法》和题为《标准化的效益》的小册子等。

国际标准化组织标准化原理常设委员会第十工作组（ISO/STACO/WG10）在经过大量调查研究的基础上撰写了《贯彻国际标准的效果》《贯彻国际标准经济效果的判断》《经济效果的计算》《经济效果的近似判断》《经济效果的分析》《产品国际标准化优先顺序评价》等一系列文件。

2. 中国的发展情况

中国从 20 世纪五六十年代开始研究标准化经济效益，1983 年和 1984 年在考虑中国实际情况下，结合国内外有关研究成果，先后制定了 GB/T 3533.1—1983《标准化经济效果的评价原则和计算方法》和 GB/T 3533.2—1983《标准化经济效果的论证方法》、GB/T 3533.3—1984《评价和计算标准化经济效果数据资料的收集和处理方法》三个国家标准。2009 年用 GB/T 3533.1—2009《标准化经济效果评价　第 1 部分：原则和计算方法》代替了 GB/T 3533.1—1983 和 GB/T 3533.2—1983。2017 年，GB/T 3533.1—2009 又被 GB/T 3533.1—2017《标准化效益评价　第 1 部分：经济效益评价通则》代替，为企业评价和计算实施标准的经济效益提供了新的、有效的工具。我们可以相信在今后，企业标准化经济效益的研究将更广泛、更深入地继续开展，同时也将取得更大的成果。

（三）意义和作用

1. 标准化经济效益是衡量标准化活动成效的重要标志

标准化活动的成效最终要用它所取得的效益大小来衡量，标准化工作的意义和作用主要通过它的效益来体现。为了评价和检验标准化活动的结果，提高人们对标准化的认识，必须进行标准化经济效益的评价和计算工作。通过开展标准化经济效益的评价和计算，详细分析每项标准化活动以及标准化在每个环节中起到的作用，对于标准化活动成效的评定有着重要的意义。事实上开展标准化所获得的技术效益和社会效益更大，它们又能间接地转化为经济效益。

2. 标准化经济效益是制定企业标准化目标、规划和计划的可靠依据

计算标准化经济效益可以检验标准化活动成效，对标准化活动的结果作出恰当的评价，预测标准实施能够在技术、经济等方面获得多大的效益。因此，企业标准总监在策划制定企业标准化目标、规划和计划时，只有通过对所需制定的标准项目进行标准化经济效益的计算、评价和论证，才能确定企业标准化目标的框架和指标值、标准规划的项目，以及计划的优先顺序等内容，使国家和企业用于标准化的有限人力物力和财力得到合理、有效的使用，发挥出最佳的效益。

3. 标准化经济效益是企业实施产品标准战略和标准创新的有效手段

对企业标准化工作来说，最具有核心价值的三项工作是：制定好产品标准、建立标准体系和创建企业标准化平台。这就是李春田教授在《企业标准化战略三步曲》中对企业标准化工作提出的要求。其中，“制定好产品标准”是第一步，登上第一个台阶的标志，就是企业要制定出好的产品标准，并以符合标准的产品去占领市场。那么，怎么样的产品标准才是好标准呢？该书指出：企业要想通过产品销售赢得市场竞争，不能只凭企业的主观臆想和仅凭以往的经验来制定标准，最关键的是要满足顾客需求，把顾客的现实需求与潜在需求转化为企业标准中的质量要求，制定出能确切反映市场需求、令顾客满意的产品标准，然后在企业中认真贯彻实施，这样，企业生产的合格产品就会是市场的畅销品。

首先，企业应该在产品标准的研制和制定的全过程中，积极开展标准化经济效益的评价和计算工作，不断地预测产品标准的经济效益和技术水平，随时找出与竞争对手的差距，并予以及时改进。

其次，在选用（或采用）标准、制定标准和实施标准时，首先要对标准可能产生的经济效益进行充分的分析和预测，才能确定所制定或实施标准的先进性和经济性，提高标准编制、修订的质量和明确实施标准的作用。

最后，鉴于我国企业面临的国内外形势，当前必须进行标准创新，树立标准化的“竞争管理”观念，其管理宗旨是通过获得“差别优势”，让顾客更满意，确保产品质量满足市场和顾客需求，增强企业市场竞争力，实现“产品标准战略”和标准创新。

4. 标准化经济效益是企业标准体系评价的重要工具

在实施企业标准体系自我评价（或内部评价）和评价机构的确认（社会确认）时，有一项不可回避的内容就是企业标准化的经济效益。另外，企业在接受质量管理体系、环境管理体系、职业健康安全管理体系等认证认可检查、年度监督检查以及顾客代表的“二方审核”时，同样也是十分关注这项内容。因此，企业应制定、实施开展标准化经济效益的评价和计算工作的规划和计划，并保持记录。

5. 标准化经济效益是评定标准化科技成果的主要尺度

开展标准化活动的目的就是要获得标准化经济效益。由于标准化经济效益可以直观地反映出标准化活动的成效，因此，标准化经济效益作为评定标准化科技成果，确定奖励先进标准和优秀标准化工作者（或集体）的主要尺度是十分恰当和必要的。

二、标准化经济效益评价方法

根据 GB/T 3533.1—2017，标准化经济效益评价的基本方法包括价值链分析法、生产

函数法、模糊综合评价法。其中，价值链分析法适用于企业和行业层面的标准化经济效益评价，生产函数法、模糊综合评价法适用于行业和国家层面的标准化经济效益评价。本书重点介绍价值链分析法。

价值链是指与生产产品、服务或某种输出相关联的一连串活动。作业的输出按固定顺序贯穿价值链各阶段，并在各阶段获得增值。价值链分析法是通过将企业内部结构分解为基本活动以及相关的辅助活动方式来分析组织盈利模式的方法。应用价值链分析法分析企业标准化经济效益，宜按以下四个步骤进行：

第一，了解企业价值链。明确产业边界，分析企业价值链，识别企业主要业务功能。

第二，识别标准的影响。识别标准对主要业务功能及相关活动的影响，选择相关营运指标以识别标准的主要影响。

第三，确定价值驱动因素和关键营运指标。识别价值驱动因素，以便重点评价最相关的标准影响。为每个价值驱动因素找到一个关键绩效指标并转换为成本或收入。

第四，衡量标准的影响。量化最相关标准的影响。计算每一标准对息税前利润（EBIT）的影响，整合结果，计算对企业的总影响。

GB/T 3533.1—2017 还给出了标准化经济效益指标的具体计算，附录 D 给出了价值链各环节标准化有用效果指标、对价值驱动因素的分析及对结果的评价和整合，附录 E 给出了标准化有用效果的主要指标的计算公式，附录 F 给出了标准化经济效益指标的计算公式，附录 G 给出了标准化节约与投资的动态计算公式和折算系数表。在标准有效期内评价总的标准化经济效益时，对投资数额较大、效益延续时间较长的标准项目，应采用动态计算，各年度的节约或投资应折算成相同年度的数额进行比较。

GB/T 3533.1—2017《标准化效益评价　第 1 部分：经济效益评价通则》的价值链分析法基本借鉴了 ISO 标准经济效益方法论，详见本节的“三、ISO 标准经济效益方法论”。

三、ISO 标准经济效益方法论

标准经济效益的评价不仅有助于标准机构吸引公司使用相关标准，也可以帮助公司更好地理解如何通过开展标准化工作而获益。为此，国际标准化组织（ISO）在罗兰贝格国际管理咨询公司的支持下，制定了一套用以评价和量化标准经济效益的方法论（以下简称“ISO 方法论”）。该方法论为各个组织评价标准的经济效益提供了统一的准则、指导原则和工具框架。

（一）方法论的基本分析方法——价值链

价值链是指一连串与产生某些输出、产品或服务相关的活动。作业的输出按固定顺序贯穿价值链各个阶段的活动，并在每个阶段获得增值。价值链中的各个阶段可能是在某一个公司内部，或者也可延伸至供应链网络中互相合作的不同公司。图 3－7 显示了简单价值链的相关内容。其中，价值链的“阶段”可以是一个组织的一部分（公司价值链）或链接多个不同组织（供应链或产业价值链）。

1. 公司价值链

公司价值链是指某一公司内部进行的一连串活动。公司的营运可分为多项业务功能，如图 3－8 所示。其中每项业务功能都与一组具体的价值链活动相关联。例如，涉及零部

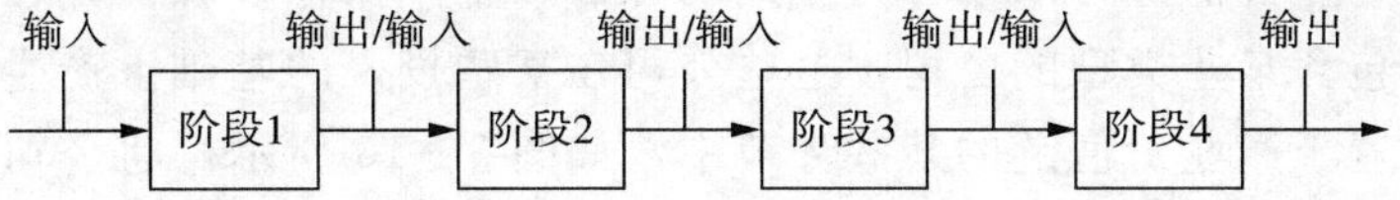

图 3-7　简单价值链

件生产和最终产品装配的活动在"生产/营运"业务功能中进行。

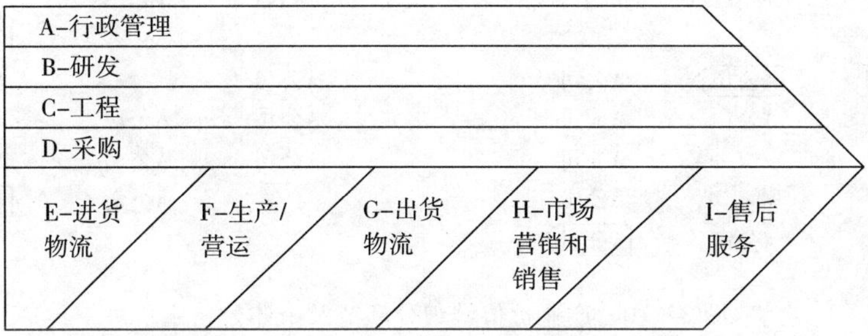

图 3-8　公司价值链（制造公司）

图 3-8 横向所示各项功能（功能 E～I）称之为主要功能，纵向所示各项功能（功能 A～D）称之为支撑功能。原则上，所有制造业公司的所有产品都要经过这些主要业务功能。其中有些功能可能很复杂，包括许多不同的阶段，而另一些功能可能相对简单。支撑功能会影响主要功能并辅助其执行。

图 3-8 所示公司价值链为通用的公司价值链，源于制造业公司的模型。价值链也可用于其他组织类型（如服务性公司或社会机构），但需要进行适当调整以反映其特定的营运活动。

2. 产业价值链

公司价值链的方法仅适用于个体公司范围。然而，价值链模型可扩展至对整个产业领域的分析，涵盖生产、服务以及供应商和客户网络等各个阶段，这就是所谓的"产业价值链"。图 3-9 所示给出了石油和天然气工程产业价值链。

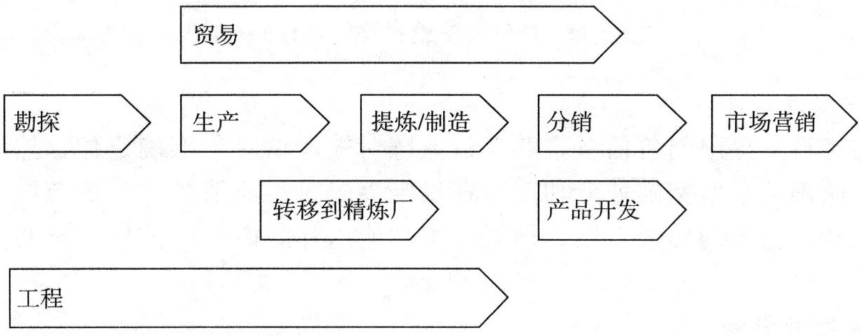

图 3-9　石油和天然气工程产业价值链

一般而言，产业价值链可以细分为不同的环节和生产操作步骤，并在某些阶段交汇关联。每个环节都包含某些类型的公司，这些公司在某些投入的基础上产生某些输出，因此这些公司可被放置于产业价值链的某些环节中，如图 3－10 所示。将公司置于产业价值链的背景中有助于理解它如何嵌入相互关联的输入输出网络。

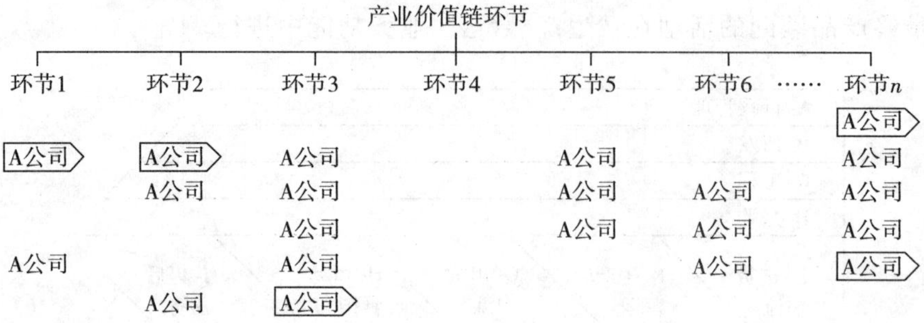

图 3－10　产业价值链细分环节及个体公司定位

（二）评价标准影响的关键步骤

图 3－11 给出了评价标准影响的步骤。虽然每个评价项目的具体情况和约束条件不同，但仍建议按照以下步骤和顺序进行。实践经验表明，为逐步完善评价结果，对大部分项目的评价都要重复某些步骤。

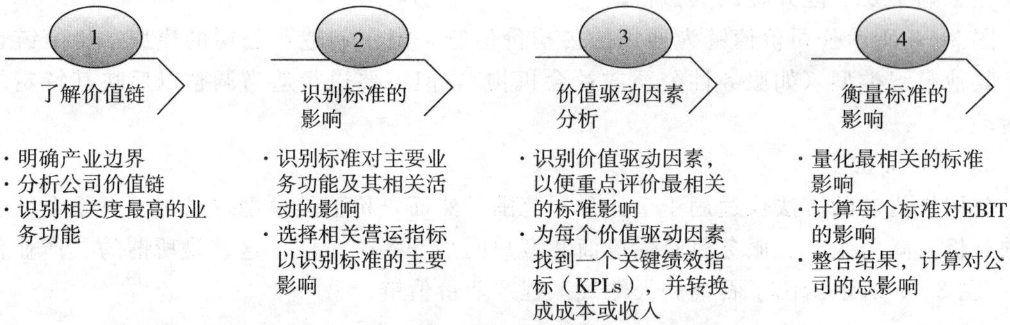

图 3－11　ISO 方法论：评价过程四部曲

1. 了解价值链

首先要明确行业界限与价值链，并在价值链对被评估对象准确定位，然后对企业价值链进行分析，明确关系紧密的业务功能。在设定界限时，应清楚评价的范围，例如，只评估标准对某个特定业务的影响，则无须考虑本功能以外的内容，该标准对其他功能的影响也无须探讨。

2. 识别标准的影响

为识别出在公司价值链中发挥重要作用的核心区域，国际标准化组织（ISO）开发了辅助工具，即标准影响图，见表 3－7 所列。它用于识别标准在价值链哪些环节能发挥重要作用，以及确定标准所产生的影响。表中所示的影响可追溯到价值链中使用了标准的主要业务功能及其活动。

表 3－7 标准影响图：业务功能、活动和标准潜在影响

业务功能	活动	影响	描述
进货物流	所有活动	更好地传递内部信息	由于内部使用了标准化的文件和规范，能更有效地传递关于产品和服务的内部信息
		更好地培训员工	由于相关产品和服务相关规范已标准化，进货物流人员可以得到更好的培训
		更高效的物流	由于供应品品种的减少，进货物流可以更有效地进行
	进货物流	更有效地接收供应品	供应品采用标准化的文件、包装、标记或标签使接收更加高效
	仓储	减少仓储需求	由于很容易获得标准化的产品，因而仓库中只存储少量的供应品
生产/运作	所有活动	更好地传递内部信息	由于使用了标准化的文件和规范，能更有效地传递关于产品和服务的内部信息
		更好地培训员工	由于产品和服务的相关规范已标准化，生产/运作人员能够得到更好的培训
		更好地加工	由于减少了非标准化产品品种数，生产/运作变得更有效率
	加工	更高效地装配	由于产品结构模块化，加工装配更加高效
		更优质的设备和供应品	按标准生产的优质设备和供应品，降低了故障率和校正成本
	质量保障	更好的质量管理	可以更有效地推行基于标准的质量管理
	健康、安全和环境	减少与法规的偏差	标准制定过程中施加影响，有助于减少与法规的偏差
		更好地符合健康、安全和环境的要求	可以更有效地实施基于标准的健康、安全和环境管理
出货物流	所有活动	更好地传递内部信息	由于使用了标准化的文件和规范，能更有效地传递关于产品和服务的内部信息
		更好地培训员工	由于产品和服务的相关规范已标准化，出货物流人员能够得到更好的培训
		更高效的物流	产品品种数的减少意味着出货物流可以更有效地进行
	包装/运输	更高效地包装和运输	由于采用标准化的文件、包装和标签，使包装和货物运输更加高效

（续表）

业务功能	活动	影响	描述
销售	所有活动	更好地传递内部信息	由于使用了标准化的文件和规范，能更有效地传递关于产品和服务的内部信息
		更好地培训员工	由于产品和服务的相关规范已标准化，营销和销售人员能够得到更好的培训
		更有效的营销活动	如果减少产品品种数，营销和销售活动可以更有效地进行
	市场分析、研究	更全面的竞争对手信息	由于竞争对手的产品规格标准化，可以更有效地进行市场研究
	营销活动、客户发展	更完善的客户信息	如引用标准，就可以更有效地与潜在客户就产品和服务规范和要求进行沟通
	签约	更高效的合同协议	明确的公司产品规范和明确的客户需求，使签署合同协议更加容易
	销售	更高的销售额	由于客户信赖标准化的产品和服务，因而销售额会提高
		更加剧烈的竞争	由于市场上标准化产品和服务竞争激烈，降低了市场份额
		缩短上市时间	对于采用标准化零部件的产品和服务，由于更容易获得相关技术的使用权，从而缩短其上市时间和获得更大的市场份额
		参与标准制定过程的收益	公司通过将自己的技术提升为标准并赢得客户，可以获得更大的市场份额
服务	客户服务与技术自持	更好地传递内部信息	由于使用了标准化的文件和规范，能更有效地传递关于产品和服务的内部信息
		更好地与客户沟通	由于产品和服务使用标准化的规范，可以更有效地与客户沟通产品和服务的信息
		更好地培训员工	拥有标准化的产品和服务规范，就可以更好地培训服务人员
		更高效的客户服务	由于减少了非标准化产品品种数，可以更有效地进行售后服务活动
		减少对咨询服务的需求	标准化产品质量的提高意味着对咨询需求减少

3. 价值驱动因素分析

价值驱动因素作为评估的重点，可帮助找寻最相关的标准，对经营活动与财务运行具有较大影响。标准中规定，在设计与开发过程中提供的信息，包括生产、采购与服务等方面，均要在适宜的阶段进行验证和评审，对设计与开发进行优化和修正。在企业生产中，样板设计为重心，可为后续生产、测试等提供准确的操作信息。按照标准中的规定，企业将客户提供工艺单转变为制作工艺单，使内部人员都能够理解内容，将工艺操作所需的各类细节信息传递给相应部门，提高客户对产品的满意度。由此可见，标准的使用能够使企业外部信息传递变得更加高效。在此基础上，企业对客户反馈的信息进行归纳整理，以文件的形式下发到生产、管理部门中，为产品质量改善提供有力依据。在明确驱动因素后，应顺势推导出关键绩效指标，促使其转变为成本形式，如材料成本、工艺成本、产品合格率和顾客满意率等。

4. 衡量标准的影响

首先，将受标准影响最大的指标进行量化，因为这些影响能够被直接测量出来，如材料采购节约的成本、组件安装节约的成本等，也可以企业现有数据为依据，对各个标准对息税前利润的影响进行计算，最终汇总起来便可获得总体相关影响，并对评估成果进行巩固。

(三) 收集数据及其获得可能性

评价所需数据通过如下步骤获取：首先，开展案头研究和收集有用的行业数据；其次，对公司代表进行访谈和召开座谈会，访谈时应优先选择业务部门的负责人或者类似级别的经理，访谈过程中应注意获取所属行业或类似公司的信息；最后，综合计算出所选公司使用标准创造的总价值。

如前文所述，ISO 方法论可用于评价单个公司也可扩展到某个行业。评价行业基于从产业价值链的不同环节选择典型公司。按上述步骤对各个公司进行评价，得出采用标准对各个公司 EBIT 的具体贡献。把各公司评价的结果，以及通过案头研究收集的行业信息进行汇总，计算出采用标准对整个行业 EBIT 的总贡献。

(四) ISO 方法论相关的文件和工具

ISO 方法论的主要文件和工具有：

(1) 方法论指南，内容包括方法论的理论背景、如何将该方法论应用于公司或行业，以及如何调整以适用于公共部门的组织机构。

(2) 方法论工具箱，提供开展分析所用的方法和工具。

(3) 方法论实施指南，对应用方法论、逐步评价标准化的效益提供指导。

(4) 标准经济效益报告，是特定产业实施方法论的实例。

案 例

大连船舶重工集团有限公司标准经济效益评价

ISO 与其成员机构在 20 多个国家共同实施了试点项目，用以评估和量化公司能够从使用标准中获取的利益。这些试点项目是 ISO 成员机构、学术机构、各国公司与 ISO 中央秘书处的工作人员密切合作的成果，ISO 中央秘书处的工作人员担任项目组顾问。以下是大连船舶重工集团有限公司试点的相关情况：

一、价值链分析

在当今全球经济一体化进程中，船舶凭借其运输量大、成本低的优势成为全球化运输不可替代的中坚力量，包括船舶设计、船舶制造、船舶运输以及船舶配套在内的船舶行业已成为现代经济的一个综合性产业。

1. 产业价值链

造船业是一个庞大的社会系统工程，包括上游（钢铁等各种原材料、配套产品制造、零部件制造等）、中游（船舶设计与制造）、下游（航运业、修理服务业、拆船回收、休闲娱乐业和海洋资源勘采等，并衍生出海洋工程价值链）。

2. 公司价值链

公司价值链涵盖两部分：核心活动（进货物流环节、生产/营运环节）、支撑活动（管理环节、研发环节、采购环节）。

二、识别标准的影响

本项目的主要评价范围是研发环节。一方面，研发是体现公司核心竞争力的关键环节，研发环节应用标准可以帮助协议双方将标准作为共同的谈判语言与要求，从而减少达成协议所需的时间。另一方面，研发环节通过进行更加高效的产品研究和减少研发种类，能够提高设计效率，降低设计成本。

三、标准经济效益的计算

通过计算，可知标准对本项目评价范围的EBIT影响为1327.79万元人民币。

鉴于造船产业研发环节在用标准的年限都较长，标准的作用已经融入日常的研发活动中，评价标准对收入的贡献率应以近五年的平均收入为基础进行衡量，标准对研发环节的贡献率高达12.19%。

四、结果的评价

大连船舶重工集团有限公司取得了长足的发展，在设计研发方面人员变化不大，也没有明显延长劳动时间，主要依靠技术进步和积极推进标准化设计。目前“按标准干，按程序办”的理念已深入人心。通过在研发环节提高开发、设计的效率，减少设计误差，标准对研发环节的贡献率高达12.19%。其主要原因在于标准有助于增强技术研发水平，加快新产品研发步伐；同时提高人员技术水平和工作效率，降低制造周期。研究肯定了标准对公司造船产业研发环节的重大贡献。

第六节　科技创新与标准化

引例

“中国标准2035”：高质量发展的创新之路

2020年1月14日，“中国标准2035”项目结题会暨“国家标准化发展战略研究”项目启动会在中国工程院召开。“中国标准2035”，这一项目被称作是“顶天立地”“国之大事”，旨在为制定我国实施标准化战略的纲领性文件提供全方位支撑。之所以说“中国标准 2035”是一个创新的信号，是因为它立足顶层设计，为国家和企业制定出具有高技术含量的发展战略路线图。当今国际上，各国都制定有各种类型的发展蓝图，其中有“德国工业 4.0”“印度 Make in India”“英国工业 2050 战略”“美国 IIC”“韩国制造业革新 3.0 战略”“日本 RRI”等。

与这些战略发展蓝图同样，“中国标准 2035”也将在特定的领域，发挥出战略指导功能，为党中央战略决策服务。“创新是引领发展的第一动力，是建设现代化经济体系的战略支撑。要瞄准世界科技前沿，强化基础研究，实现前瞻性基础研究、引领性原创成果重大突破。”

一、科学技术是标准化的坚实基础

ISO/IEC Guide 2 对“标准”的定义是“通过标准化活动，按照规定的程序经协商一致制定，为各种活动或其结果提供规则、指南或特性，供共同使用和重复使用的文件”，并指出“标准宜以科学、技术和经验的综合成果为基础”；对“标准化”的定义是“为了在既定范围内获得最佳秩序，促进共同效益，对现实问题或潜在问题确立共同使用和重复使用的条款以及编制、发布和应用文件的活动”。

从上述定义中不难发现，ISO 和 IEC 非常明确地认定，标准的作用就是为各种活动或其结果提供规则、指南或特性，而标准化则是制定这类文件的一系列相关活动。标准化固然有多种目的，但最主要的目的应属获得或建立最佳秩序。标准固然也有多方面的作用，但最根本的作用应属获得最佳秩序。

“最佳秩序”是对标准的作用和标准化目的最准确、最深刻的概括。它既是理解标准和标准化一系列问题的一个基本理论观点，也是理解标准化效益机理的一把钥匙。

标准和标准化为什么会有这样的作用呢？这是因为：

(一) 标准建立在科学、技术和经验的综合成果基础上

这是标准具有科学性、先进性的坚实基础。制定标准的过程，就是将科学研究的探索成果和实践中积累的先进经验，相互结合，纳入标准。不是不加分析地纳入，而是要经过分析、比较、选择，再加以综合，是一个总结和提炼的优化过程。例如，空气质量标准中有关极限值的确定，就是建立在一系列科学成果的基础上，包括：环境中不同浓度的各类污染物对人体、生物及对建筑物造成危害影响的研究；必要的工业毒理学实验和流行病学调查；污染物剂量与环境效应之间的相关性等方面的研究成果。同时考虑国情和地区差异，才能使标准既科学合理，又切实可行。只有这样制定出来的标准，才能最大限度地建立秩序。

(二) 标准化过程是一个不断制定标准又不断修订标准的过程

这个过程本身就足以表明它是积累科学技术成果和实践经验的一种形式。这种形式比其他形式更系统、更广泛，而且是有计划、有组织地进行的。一个新标准的产生是这种积累的开始，标准的修订是深化和提高，是新经验取代旧经验。标准化过程说到底是人类社会实践经验的规范化过程。它来自实践经验并服从和服务于人类的社会实践。由于它同人

类实践活动息息相关，标准虽然是一种约束，但实践活动中的人们会充分理解这种约束的必要性而自觉地尊重它、遵守它。

（三）标准是各方利益协调的产物，协商一致的共识

作为技术规范的标准，它既不是局部的、片面经验的总结，也不能只反映局部的利益，更不体现个别人的主观意志。标准是各方利益协调的产物，协商一致的共识，这是标准民主性的特征。也正是基于这一点，标准才能同其他规范一样被社会所认同，成为有效规范人们行为的准则，从而达到“促进最佳社会利益的目的”。

标准所具有的鲜明的科学性和民主性，使得它在社会生活中的权威性日渐增强。需要标准和通过标准建立和维护其秩序的，已经不仅仅是技术领域和生产领域，开始向人类活动更多的其他领域渗透。在任何需要建立和维护秩序的领域，标准化都有可能发挥作用。

二、标准化在科技创新过程中的作用

2015 年，中共中央、国务院发布了《关于深化机制体制改革加快实施创新驱动发展战略的若干意见》，随后发布了《国家创新驱动发展战略纲要》，为创新驱动提供了体制机制探索的空间，明确了标准体系建设是创新驱动的重要支撑手段，为创新成果标准化提供了有力支撑。创新和标准是密切联系在一起的，创新与产业是密不可分的，今天的传统产业需要通过节能、节水、节电、节材等创新逐步转变成新兴产业，而发展战略性新兴产业需要做好基础研究，瞄准最前沿的技术，争夺科学技术制高点，标准是必然的桥梁。标准化对创新来说似乎是矛盾的、互相对立的，其实它们是对立的统一。科学地开展标准化不仅不会限制创新，而且恰恰是为创新提供必要的条件，可以说标准化是创新的平台。但我们也要认识到，并不是所有的标准都能够促进技术发展。

（一）标准化是实现技术积累的平台

技术创新意味着对原有技术的变革，这种变革的形式有时是不显著的，有时则是跳跃式的。或者说，技术创新既有渐进性创新，又有突破性创新。渐进性技术创新往往表现为在一定的技术框架内，一代人甚至几代人进行较长时间的经验和技术的积累。

从这个意义上说，没有积累也就无所谓质变和创新，标准化过程本身就是知识和经验的积累过程。一项标准的产生，要做许多工作、经历许多环节，但最关键的一环就是要把人类社会在该领域的实践经验和科学成果加以总结和提炼，纳入标准，这就是积累。而标准的实施过程就是普及化过程，在这个过程中又会有新经验和技术的再创新，随着标准的修订，这些经验和创新成果又被纳入标准，这就是技术的再积累。这个标准的“制定—实施—修订”过程，恰恰是经验和技术的“创新—普及—再创新”过程。标准好比建筑工地上砌砖工人站的脚手架，只有站在这上面才能把砖砌高，同时砖砌高了才能再升高，标准化就是托起技术创新和产品创新的一个平台。因为有了这个平台，创新活动才有立足点和坚实的基础；也正因为有了这个平台，创新才不至于一切从头摸索和从零起步，给创新带来了节约和效率。创新与标准化之间的这种互动关系，标准化为创新做积累、打基础的这个平台作用，还是易于理解的。

（二）标准化是提高创新效率的平台

在当今的市场竞争中，决定胜负的关键是企业的竞争力，而企业的创新能力则是竞争

力的核心或者说是企业的核力竞争力。

企业核心竞争力的内容和表现形式，可能会因企业不同而有所不同，企业创新的内容和形式也会有所不同，但有一点是相同的，即在创新能力的较量中，也有个效率问题，即捷足者先登，也就是说谁能抢先一步把新技术、新产品开发出来，谁就有了抢占市场的优势。标准化在这里又给创新者准备了一个平台，凭借这个平台，可以最大限度地提高技术和产品的创新、开发的效率。

（三）标准化是加快创新扩散的平台

创新成果的传播扩散是创新活动的最后一个环节，也是一个关键性的环节。通过技术创新取得预定成果固然非常重要，没有成果就是失败，一切都无从谈起，但仅仅有了成果并未达到最终目的也是不成功的。尤其是重大技术攻关的成果，是要推广应用的，只有广泛应用才能收到应有的效益，达到创新的目的。如果取得的成果未能推广应用而被束之高阁，那也是一种失败。

由于标准化对创新扩散的显著作用，现在有越来越多的企业将自己的创新成果一方面申请专利保护，另一方面以此为基础开发标准；同时竭力将其标准向国家标准甚至国际标准渗透，力争能成为国家标准和国际标准的原型。这样的标准化策略一旦成功，就会使其创新成果极广泛、极迅速地扩散。采用其标准的同时，不可避免地要采用其专利技术，企业的创新成果便可获得稳定可观的回报，有的高科技产品标准中专利技术多达几十项甚至上百项，这就是当今许多企业将产品的开发创新、技术创新与标准的开发同时进行的原因。

案 例

标准化成为海信技术创新的推进器

海信集团有限公司现已形成以数字多媒体技术、现代通信技术和智能信息系统技术为支撑，涵盖多媒体、家电、通信、智能信息系统和现代地产与服务的产业格局。其发展壮大的一个重要因素就是全面系统开展标准化工作，标准化已成为海信技术创新的推进器。

海信积极收集国外先进标准，在其基础上改进提高，为技术创新做技术准备，企业标准与国际标准实现了无缝接轨，增强了国际竞争力；同时，自主知识产权固化为标准，积极探索并推广，将知识产权中的先进技术指标转化成先进企业标准。目前，海信已建立了标准化与技术创新、发展高科技与产业化的机制，鼓励员工主动将具有自主创新的知识产权固化到标准中，占据产品质量的技术优势，既保护知识产权，又及时形成产业化，促进了先进标准在企业的推广应用，从而获取最大经济效益。

截至 2019 年底，海信集团有限公司主持和参与制定 28 项国际标准、139 项国家标准、198 项行业标准；主持制定的《高清晰高画质数字视频媒体处理芯片》等标准先后荣获中国标准创新贡献奖。基于海信在显示领域的技术领先地位和在国际标准化领域的突出贡献，海信承办了2019青岛国际标准化论坛上的“国际标准推动新型显示产业技术发展”专题论坛。海信标准化工作的有效开展，推进了海信的技术创新工作，提高了海信的产品质量和品牌竞争力，为企业的长远发展和市场竞争提供强有力的支持。

（四）标准化对技术进步是把双刃剑

标准化与技术发展存在着区别与联系。标准化不同于技术上的研究开发活动，技术知识是标准化的必要手段，在经验与技术的基础上，标准把有关技术知识系统化，并以此协调技术发展的轨道。

在认识标准化与技术发展之间关系的时候，我们需要注意对标准化过程、标准本身的内容以及标准的执行进行必要的区分。事实上，这三者对技术发展具有不同的影响。

第一，标准化过程是技术研发活动的延伸。

第二，标准本身的内容实际上是对研究、设计和开发成果的综合。对企业的研发活动而言，标准既是外部路标，也是内部约束。

第三，标准的执行主要影响市场的竞争状况。

在正式标准化组织的标准化过程中，标准化过程、标准内容和标准的执行是循序进行的；然而，在事实标准中，标准的执行往往先于标准的制定。

标准的强制力来源标准的制定过程。例如，是来自民主的协商一致，还是企业论坛相关利益集团的磋商，又或者是实际上的市场控制等。不同标准化类型在标准的实施上，也有不同的表现。换句话说，标准的类型意味着对技术发展具有不同的作用，例如“事实标准”往往是由“锁定效应”所导致的，不仅对技术发展没有促进作用，反而对新技术有阻碍，计算机“QWERTY”键盘就是典型例子。

需要注意的是，不同时期的标准化也具有不同的现实意义。20世纪70年代末，标准化的普遍形式常常是“事后”（产品化之后）对产品品种或者技术工艺的简化，而80年代后则是更多的标准化工作者对信息技术领域进行“预先”（指在产品化之前的研发阶段）标准化。在技术成熟早期进行标准化常常是信息技术领域实现相互操作性的有效办法，希望通过标准来防止信息通信服务中的不兼容性。为此，人们制定参考框架、基础标准和功能标准。

总之，由于不同的标准化方法，在制定标准过程中多元主体所扮演的角色也不同，制定标准在技术发展的不同时期，对标准执行以及对技术发展具有不同影响。并不是所有的标准都必然能够促进技术发展，也并不是所有标准化战略都有利于企业的发展。应当说，只有根据实际情况采取适宜的标准化策略，才能对企业的技术创新产生激励作用。

三、科技创新成果转化为标准的路径

（一）转化时机与趋势

1. 科技创新成果转化成标准的时机

近几年来，中国制定了一批自主知识产权标准，包括第五代移动通信标准、数字电视地面传输标准、EVD标准和无线局域网安全标准等，这些标准引起了国际关注，甚至引起了跨国公司的恐慌。这一方面说明了我们在未来的国际竞争中仍然有发展机遇，关键是如何把握机会；另一方面说明了跨国公司不希望看到中国有标准话语权，认为这不属于中国的工作范畴，这反而推动了跨国公司抓紧布局并划定势力范围的进程。

这里仅对第一个方面进行阐述，《中国高科技标准战略研究报告》的观点很值得我们思考和借鉴。即产业转型是后发国家制定标准的时机，也是后发国家企业参与标准制定、重新构建产业秩序的时机。以目前ICT领域为例，该领域正发生巨大的转型，并出现两大趋势：融合趋势和应用趋势。以融合趋势为例，主要表现在：从点到点突破至点到面的突破；从单一领域的应用到整体应用；从组件级别的创新到系统创新；从局部的智能到网络的智能。而每个产业，融合和转型的关键就是出现标准，即一个架构体系和一组协议。架构体系和协议构成了新体系的基础；而一个行业也许会出现一到两个这种标准，行业的发展就会在不同标准之间和同一标准的内部互动中前进。围绕转型形成的产业生态包括：系统级的厂商和组件级的厂商，两者是相互配合的。通过标准的架构和协议，系统级厂商可以鼓励客户使用其他组件级厂商的知识和产品，而其他组件级厂商的发展，会增加了整个阵营的力量，从而给系统级厂商带来显著的网络效益。

2. 将应用技术创新成果转化成标准具有较好的优势

过去30多年的产业发展，主要是技术导向推动产业的发展，技术是产业发展的关键环节。而今天，这种技术导向慢慢被应用导向和内容导向所取代。尤其是中国市场大，消费者群体广泛，中国企业将应用技术转化成标准具有良好的优势，中国企业制定应用导向标准的成功机会也很大。从技术上讲，标准是推广应用技术的载体和平台，是消费者心目中的天平，是很好的推销技术及产品的工具。而产业界的共识是，应用技术是主流，技术是背后的平台。以闪联为例，闪联是一个应用导向的标准，它通过设备传输将底层的技术和协议进行屏蔽，让开发者更加关注上层的应用和增值空间，可以说闪联正是看准关联增值产业这个空间，才获得成功的。

3. 面临着产业发展转型的优势

在当前全球化产业转型的关键时期，从传统产业向网络制造、绿色制造、虚拟制造、智能制造等先进制造的过程中，很多新理念、新技术可以通过转化成标准，获得广泛应用，这是创新标准化的良好机遇。只要企业储备足够的标准化人才、善于捕捉发展过程中的机遇、善于使用标准工具，创新成果转化成标准就并非难事。

综上所述，创新成果与标准是密不可分的整体，创新成果是标准的核心内容，将创新成果反映到标准中，是一个国家、地区或企业竞争力的体现。

（二）转化的工作指南

技术标准是促进科技成果转化为生产力的桥梁和纽带。早在2006年，《国家中长期科学和技术发展规划纲要（2006—2020年）》中就提出要“促使标准制定与科研、开发、设计、制造相结合，保证标准的先进性和效能性”。2016年，中共中央、国务院印发《国家创新驱动发展战略纲要》，进一步提出要“提升中国标准水平。强化基础通用标准研制，健全技术创新、专利保护与标准化互动支撑机制，及时将先进技术转化为标准”。应该说，当前标准研制与科技创新同步趋势愈发明显，标准研制开始逐步嵌入到科技活动的各个环节，为科技成果快速进入市场、形成产业提供重要支撑。

为了提高科技创新成果转化为标准的整体效率，我国制定发布了国家标准 GB/T 33450—2016《科技成果转化为标准指南》。该标准规定了科技成果转化为标准的需求分析、可行性分析、标准类型与内容的确定，以及标准编写等要求；提出了推动科技成果转化为标准的通用路径，为指导各行业、各类组织将科技成果转化为标准提供总体指导。

1. 需求分析

科技成果转化为标准前要做需求分析，对科技成果转化为标准的必要性进行初步评估。需求分析宜考虑的因素包括但不限于以下内容：

(1) 符合各类组织、地方、行业规范自身发展，提高管理效率的需求。

(2) 符合企业推广新技术新产品的试验开发和应用推广的需求。

(3) 符合各类组织保障产品、服务质量，树立自身品牌、扩大影响力的需求。

(4) 符合相关行业建立接口，保证互换性、兼容性，降低系统运行成本的需求。

(5) 符合消费者权益保护、保护环境、保障安全和健康的社会公益需求。

(6) 符合企业参与建立市场规则的需求。

(7) 符合企业、行业参与国际事务、国际贸易、突破技术性贸易壁垒的需求。

2. 可行性分析

(1) 科技成果的标准特性分析

要分析科技成果是否具有标准的以下基本特性：

① 共同使用特性：拟转化为标准的科技成果在一定范围内（如某企业、区域、行业或全国范围）被相关主体共同使用。

② 重复使用特性：拟转化为标准的科技成果不应仅适用于一次性活动。

(2) 科技成果的技术成熟度分析

要对拟转化为标准的科技成果的成熟度和认可度进行评估。评估时考虑的因素包括：

① 该科技成果所处的生命周期。

② 该科技成果推广应用的时间、范围及认可程度。

③ 该科技成果与相关技术的协调性。

④ 该科技成果对行业技术进步的推动。

对于高新技术等发展更新较快，且属于国际竞争前沿的领域，宜从技术先进性、适用性角度对拟转化为标准的科技成果进行评估。评估时考虑的因素包括：

① 该科技成果是否解决了该领域的技术难题或行业热点问题。

② 与同行业相比，该科技成果是否达到国内或国际领先水平。

③ 该科技成果的设计思想、工艺技术特点是否符合市场发展导向。

(3) 科技成果的推广应用前景分析

要对拟转化为标准的科技成果的未来推广应用前景进行评估。评估时考虑的因素包括：

① 成果所属产业的性质：产业在国民经济发展中的优先次序，产业关联度，产业的成长性，产业的国内或国际竞争力。

② 与市场对接的有效性：市场的需求量，现有市场占有率，是否属于市场主导型技术，市场风险。

③ 对经济的带动作用：对产品更新换代的作用，对国民经济某一行业或领域发展的带动作用，对产业结构优化和升级的作用。

④ 对社会发展的带动作用：对保障公共服务质量的作用，对环境、生态、资源以及社会可持续发展的作用，对促进社会治理、维护国家安全和利益的作用。

（4）与同领域现有标准的协调性分析

对拟转化标准与同领域现有标准的协调性进行评估，评估时要做到：

① 明确拟转化为标准的科技成果的所属领域。

② 与所属领域的标准化归口部门或标准化技术委员会加强沟通，掌握该领域标准体系总体现状（含已发布的标准、已立项的在研标准计划项目）。

③ 从标准适用范围、核心内容与指标等角度，重点分析拟转化标准与同领域相关标准的协调性，避免标准间的重复交叉。

3. 确定标准类型考虑的因素

（1）标准适用范围

要根据标准适用范围的不同，确定科技成果转化为标准的类型：

① 对在我国某个企业内推广使用的科技成果，制定企业标准。

② 对在我国某个省/自治区/直辖市内推广使用、具有地方特色的科技成果，制定地方标准。

③ 对在我国某个社会组织（如学会、协会、商会、联合会）或产业技术联盟内推广使用的科技成果，制定团体标准。

④ 对在我国某个行业内推广使用的科技成果，制定行业标准。

⑤ 对在我国跨不同行业、不同区域推广使用的科技成果，制定国家标准。

（2）标准约束力

要根据标准内容的法律约束性的不同，确定科技成果转化为标准的属性：

① 对涉及保护国家安全，防止欺诈行为，保护消费者利益，保护人身健康和安全，保护动植物的生命和健康，保护环境的技术成果，制定强制性标准。

② 对上述五类情况之外的其他科技成果，制定推荐性标准。

（3）标准技术成熟度

对于仍处于技术发展过程中的技术成果，宜制定标准化指导性技术文件。

案 例

华大基因创新发展成行业一杆旗

华大基因拥有一支世界一流水平的产学研队伍，形成了科学、技术、标准与产业相互促进的创新发展模式。目前，华大基因在研的国家科技部课题有 30 多项，申请的发明专利达 700 多项，国际人类基因组、生物基因条形码等基因测序能力及生物信息分析能力，都处于世界领先水平。在基因检测产业化中，华大基因创新开展了一系列重要的动植物、人类健康等基因组的研究与标准化，市场化服务网络覆盖全球100多个国家和地区，已成为全球该领域的一面旗帜。

基因测序被誉为生命科学领域的高新技术服务产业，是造福人类社会的科技转化应用科学。研究表明，基因测序能够真实反映基因组DNA上的遗传信息，比较全面地揭示基因组的复杂性和多样性，在生命科学、农业育种等方面扮演着十分重要的角色，应用前景非常广阔。创新成果标准化方面，该公司不仅积极参与了ISO生物技术标准化技术委员会的各项活动，还参与了美国FDA牵头组织的高通量基因测序SEQC标准，以实现基因测序结果的全球互认，目前已将“基因测序技术规范、混合肉类鉴定方法及基因合成质量要求”等多项科研专利技术转化为标准，使基因测序产业现有标可依，为规范检测市场奠定了基础，此举不仅加快推动了基因测序造福人类的进程，也为基因检测技术产业化、市场化发展开辟了通道。

第七节　知识产权与标准化

引例

中国标准必要专利第一案：索尼被判停止侵权并赔偿900余万元

被业界称为“中国首个标准专利侵权案”或“中国标准必要专利第一案”的西电捷通无线网络通股份有限公司诉索尼移动通信产品（中国）股份有限公司WAPI专利侵权案，2018年3月28日有了判决结果。

“驳回索尼公司上诉，维持一审判决。根据这一结果，索尼被判停止侵权及3倍侵权赔偿合计900余万元。”这是北京市高级人民法院作出的终审判决。

在中国，“停止侵权”等同于欧美的产品禁售令。由于索尼拒绝获得许可、谈判过程中存在过错和拖延等，索尼需按照标准许可费的3倍赔偿西电捷通，西电捷通的专利许可费是1元/件，被告在2010年1月1日至2014年12月31日期间已获电信设备进网许可证的移动电话机产品的数量为2876391件，因此经济损失赔偿数额为8629173元。

一方为一家中国技术创新企业，一方是全球500强企业，西电捷通与索尼公司的诉讼，俨然是一场双方体量极不对称的对决。中国专利保护协会称，“这是我国严格知识产权保护的里程碑事件”。北京大学法学院教授、互联网法律中心主任张平表示：“本案是中国企业作为标准必要专利权人起诉外国公司的首个判例，说明中国企业的科技创新实力和知识产权战略应用能力有了质的改变。”

一、标准与知识产权概述

知识产权（Intellectual Property Rights，IPR）保护知识拥有者和创新者的利益，是法律赋予知识产品所有人对其智力创新成果所享有的某种专有权利。国际上通常将知识产权分为工业产权和版权两大部分。其中工业产权包括专利权、技术机密、商标权和反不正当竞争权。知识产权是一种无形财产权，具有时间性、地域性和专有性的特性。

很长一段时间以来，人们认为技术标准与知识产权是互相排斥的。技术标准具有公开性、普遍适用性，技术标准的推广应用是其价值的最重要体现；知识产权是技术的产权属性，它带有地域性、排他性、垄断性的特征，获得许可是实施专利技术的前提。事实上，标准是知识产权的载体，是知识产权战略的高级形式，知识产权是标准的内容。技术标准许可在本质上就是知识产权的许可，技术标准管理的核心是知识产权政策的制定和利用。新经济时代的发展，知识产权纳入技术标准成为不可逆转的趋势，技术标准的内容由普通技术规范向包容具有知识产权的技术方向发展。所谓技术标准中的知识产权问题，主要是指技术标准内容中涉及专利、版权以及商业秘密等《知识产权法》保护的对象而产生的问题，通常表现在以下几个方面：

（一）技术标准中的专利

技术标准的内容主要涉及的是技术要求和技术方案，因此，其中涉及的大部分知识产权属于专利范畴。详见本节的“二、标准与知识产权结合”。

（二）技术标准中的版权

技术标准中涉及的版权问题典型地表现为计算机软件。比如美国微软公司的 Windows 操作系统和英特尔公司的微处理器所形成的“Wintel 事实标准”就涉及此问题。

此外，标准版权的保护也是国际标准化机构关注的重点。国际标准化组织（ISO）版权政策坚持版权归标准化组织所有、成员必须承担保护版权义务、非商业化使用标准文本免费、商业性使用必须按照相关规定付费、版权纠纷适用瑞士法律的基本原则。

我国就标准的出版发行也作出了一些规定。《标准化法》规定：强制性标准文本应当免费向社会公开，国家推动免费向社会公开推荐性标准文本。强制性标准属于《著作权法》排除保护的对象，这已得到学界和实务的普遍认可。推荐性标准的版权问题还存在较大争议。2017 年，国务院标准化协调推进部际联席会议办公室发布了《推进国家标准公开工作实施方案》（国标委信办〔2017〕14 号），提出了“保护版权、免费公开”的原则。国家标准公开应当保护标准版权，维护标准版权所有者合法权益；国家标准公开实行文本免费在线查阅，促进标准推广应用。在国家标准全文公开系统（http：//openstd. samr. gov. cn/），强制性国家标准非采标的可在线阅读和下载，采标的只可在线阅读；推荐性国家标准非采标的可在线阅读，采标的只提供标准题录信息。关于团体标准版权，《团体标准管理规定》第二十二条规定，社会团体应当合理处置团体标准涉及的著作权问题，及时处理团体标准的著作权归属，明确相关著作权的处置规则、程序和要求。

（三）技术标准中的商业秘密

按照技术标准的适用层级，企业标准并不具有普遍适用性，往往在本企业内部协调技术要求、质量要求及管理要求，因而很可能包含本企业的商业秘密信息，这类标准在输出或推广中就会涉及商业秘密问题。

二、标准与知识产权结合

（一）结合的原因

标准与知识产权的结合是近年来随着世界经济朝区域化、全球化方向的发展以及现代科学技术的发展而产生的新现象。二者的结合源于标准化和知识产权本身的性质以及知识产权在现代科学技术发展中重要性的不断凸显和标准化对市场影响力的不断提升。

1. 标准的科学性与“专利灌丛”现象

标准的制定和贯彻必须以科学、技术和实践经验的综合成果为依据。标准的制定不是制定者的随心所欲，而是受某一时期、某一领域的科学技术发展水平高低的限制。然而，在知识经济时代，新技术存在的状态已经较过去有了很大的改变。新技术的掌握者大多寻求以知识产权保护自己的新技术。而且一项尖端技术往往包含多个技术方案并分别为不同的知识产权所有人所掌握，附有内容不同的知识产权。以专利权为例，当某一技术领域存在多项专利技术时，要将该技术推向商业化就必须获得多次授权，美国学者将这种现象称之为“专利灌丛”（Patent Thicket）。标准的制定实施也会遇到类似于专利灌丛的问题。

2. 标准的协商基础与知识产权的专有性

当一些标准化组织发现，从技术层面上讲某些标准的制定难以回避含有知识产权的技术方案时，其最初的反应是要求知识产权人放弃权利，但事实证明这种简单化的解决思路根本无法付诸实践。

1982 年，欧洲电信协会（CEPC）主持起草全球移动通信系统（GSM）标准，要求掌握相关核心技术的公司都无偿许可使用其专利技术，否则该公司将不能在合同中就通信设备自由定价。这一提案遭到了众多专利权人的强烈反对，致使 GSM 标准迟迟无法出台。为此欧洲委员会在 1988 年特别成立了一个独立的欧洲标准化机构——欧洲电信标准化协会（ETSI）。1993 年 3 月，ETSI 出台了所谓的“缺席许可规则”，规定：如果专利权人不特别声明则推定其同意“公平、合理、非歧视性”的许可；在标准化会议将该专利技术纳入标准后的 180 天内，专利权人有权提出收回许可。然而，这一许可方案又遭到了专利权人的反对。由于仅摩托罗拉一家公司就拥有支持 GSM 标准的 30 项核心专利技术，所以没有其支持，GSM 标准根本无法实施。ETSI 最终决定专利权人有决定是否许可的自由。

其实只要理解了标准化的原理和知识产权的特性，就不难理解 GSM 所遭遇的尴尬处境。标准化的效益只有在标准被实行时才能表现出来，否则即使被硬性发布了，标准不实施也毫无价值可言。所以完全舍弃知识产权人合法利益的做法只能导致丧失知识产权人作为标准参与者的支持，最终影响标准本身的制定和实施。

3. 标准的本质与知识产权权利的行使

标准是一种规定，其本质在于统一。在某一领域内，凡是接受标准的参与者都会遵守该标准的规定，按照其要求进行生产经营。而知识产权人行使权利的重要方式之一是许可授权。当知识产权人意欲许可授权时，必然希望有更多的被许可者，且其许可授权是独一无二、没有竞争对手的。很明显，如果某项知识产权被纳入某标准之中，则意味着参与其中的所有成员都会使用该项知识产权，而其前提就是获得该知识产权人的许可授权，这无疑扩展了知识产权许可的范围，增强了许可授权的力度。

综上所述，知识产权与标准的结合是科技进步、经济发展的必然结果，特别在高科技领域几乎是不可避免的。因此，一方面，标准化组织需要制定相应的知识产权政策，以求对知识产权人行使标准所涉及的知识产权的行为进行正确的规制和引导；另一方面，标准化组织也需要综合运用包括版权和商标权在内的各种知识产权，为标准的制定实施提供保证，并为标准化组织本身带来一定的收益。

（二）结合的方式

在此仅以专利权与技术标准的结合为例进行分析。

1. 标准与专利权的结合方式

从技术标准中技术要素与知识产权的关系出发可以将技术标准与专利权的结合方式分为以下三种：

(1) 技术标准的技术要素包含对某种产品功能的规定或者指标要求，而专利技术则是实现该要求的具体技术方案。虽然这类技术要素所记载的内容从字面上看并没有与专利权的权利要求相重叠，但专利技术却是该技术标准的实现途径和技术支撑。

(2) 标准的技术要素涉及产品的某些特征，而专利是实现这些特征的技术手段。这时技术标准所规定的特征与专利权权利要求书中的描述有部分重叠。

(3) 标准的技术要素包含专利技术的全部技术特征，此时技术要素的字面内容即构成一项完整的专利技术方案，这种情况主要见于有关规定环保和建筑施工方法的标准。

2. 标准与专利权结合的处理

标准与专利如果结合得当既能使最新的科技成果马上转化为社会生产力，又能保护专利权人得到补偿和回报。但是，由于专利具有垄断性质，标准的实施会涉及专利的许可，而标准化组织或标准的持有人也有可能利用标准的优势从事垄断市场或滥用标准、滥用专利权的行为，因此，对于在标准中引入专利必须防止垄断。

一般而言在处理标准与专利关系时，需要注意以下三方面的问题：

(1) 引入的专利必须具有必要性，即该专利技术是该标准中必不可少的一项技术。必要性主要体现为两点：一是其技术的必不可少性使得没有其他的非专利技术可以来代替它。二是此专利技术必须与标准针对的产品或方法有直接的联系。只有被确定为必要技术的专利，才可以在标准中被列入。

(2) 实施适当的专利许可制度。专利权人必须向所有申请人在协商一致的前提下以合理、非歧视的条件给予许可。此外尽管专利权人有权依法获得合理的使用费，采用技术标准的单位或个人应当支付合理的使用费。但是这种使用费不能等同于普通的专利使用费，普通的专利许可是双方的民事法律行为，遵循契约自愿原则，只要双方认为公平即可。而因适用技术标准实施专利许可，就不仅仅是双方的行为，会涉及将采用技术标准的所有人，甚至是社会公众。这种情况下应当采用普遍原则、公平原则和防止专利权滥用原则。

(3) 强制性标准不应引入专利，或专利权人放弃其权利。这是因为，专利是一种私权利，而强制性标准作为一种具有普遍约束力的规范性文件，具有“公”的属性。一旦专利被纳入强制性标准，借助标准化最大限度地实施专利，排斥其他技术，实现专利技术的扩大垄断，滥施专利权，使专利的私权与社会整体利益冲突。因此，如果专利引入强制性标准，就会产生两种后果：一是私权利由于依法公开而失去了知识产权所固有的特性，也就是专有性、保密性；二是一种畸形的公权利为私权利所用，即利用国家行政手段给予拥有知识产权这一私权利的少数个人或企业垄断利益，而这是法治社会所绝对不允许的。

案 例

工信部：我国5G标准必要专利声明数量居全球首位

2021年5月16日，工信部公布数据，我国5G发展取得领先优势，已累计建成5G基站超81.9万个，占全球比例约为70%；5G手机终端用户连接数达2.8亿，占全球比例超过80%；5G标准必要专利声明数量占比超过38%，自去年上半年以来上升近5个百分点，位列全球首位。

此前德国专利信息分析机构（IPLytics）发布的报告显示，截至2021年2月，全球5G标准必要专利声明前五的公司分别是华为、高通、中兴、三星电子和诺基亚。从专利申请份额来看，华为以15.39%的份额位居榜首，其次是高通（11.24%）、中兴（9.81%）、三星（9.67%）、诺基亚（9.01%）。另外，中国的OPPO（3.47%）、大唐电信（3.44%）、小米（2.77%）、vivo（2.23%）、联发科（0.70%）和Shanghai Langbo（0.65%）也在该榜单内。

三、标准中涉及专利的处理方法

（一）国际标准化机构（ISO、IEC、ITU）

国际标准化组织一般允许专利技术纳入技术标准，它们只负责收集有关的知识产权信息，而不介入专利的有效性和实用性的审核，也不负责专利技术的许可谈判，而是通过专利权人自己的许可使用声明来确定在标准使用中所发生的权利与义务关系。ISO/IEC导则的第1部分规定，如果由于技术的原因在制定的标准中有些条款涉及专利权，应遵守以下程序：

（1）标准提案人应将其所知道的并认为会在标准中涉及的专利权提请委员会注意，并且在标准的制定过程中，参与的任何一方都应将其知晓的专利提交委员会。

（2）若标准草案中涉及了专利技术，专利的持有人应作出声明，愿意以合理、无歧视的条件下同使用标准的任何人通过协商讨论专利许可事宜。

（3）在专利权人作出的声明没有完全被接受的情况下，除非标准化技术委员会授权，否则标准文件不得公开。

如果标准文件公开后才发现其所包含的条款中涉及专利权的许可不能以合理、无歧视的条件获得，标准文件将交回有关技术委员会重新考虑。国际、区域和国家标准化组织处理标准中专利问题的共性特点见表3-8所列。

表 3-8 国际、区域和国家标准化组织处理标准中专利问题的共性特点

序号	特征类型	基本内容
1	基本态度	标准制定中，基于技术的考虑无法避免专利时，允许标准中纳入专利
2	专利信息的收集和公布	①标准化组织采取有效措施，敦促所有相关利益方，如发现标准中可能涉及任何已知专利或申请专利，应尽早反馈给标准制定组织 ② 标准化组织公布所能收集到的标准中专利的全部信息
3	专利信息确认及专利许可	①标准化组织公布标准中专利的信息，但对于该专利的真实性、有效性以及所涉及的范围界定等，概不负责 ② 标准化组织不从事标准中专利的许可工作，也不对专利许可价位发表任何意见，这些工作均由专利持有者和标准使用者自行协商解决
4	专利政策核心（专利持有者许可声明）	标准化组织要求专利持有者签署书面声明，该声明要求专利持有者在以下三种选项中作出选择： ① 专利持有者同意在合理无歧视（RAND）的条件下，与其他各方就免费许可专利使用权进行协商。这种协商应在标准化组织之外，由相关各方自行开展 ② 专利持有者同意在合理无歧视（RAND）的条件下，与其他各方就许可专利使用权进行协商。这种协商应在标准化组织之外，由相关各方自行开展 ③ 专利持有者不同意采纳上述两种选择方案

（二）发达国家或地区标准化机构

以美国为例，与国际标准化组织对专利权的政策类似，美国在国家标准化组织一级处理专利权问题时，除了对专利权的尊重和对标准使用者的利益的保护外，也大体上采取了“责任自负”的态度。美国国家标准协会（ANSI）和美国电气与电子工程师协会（IEEE）关于标准中引用专利的政策典型地代表了美国国家标准中引用专利问题的处理方式。ANSI 的专利政策是：将专利包含在国家标准中，只在意专利所有人是否已提交了声明等相关资料，不负责评估其是否符合要求，也不负责对专利的法律有效性进行确认。

欧洲标准化委员会（CEN）和欧洲电工标准化委员会（CENELEC）的专利政策是：未对专利权和类似权利的范围、有效性和证据方面作权威性的评估，对标准草案与知识产权发生的冲突，CEN 和 CENELEC 提出具体的解决方案和行政管理措施。

以私权为基础的标准化组织的专利政策是：允许专利写入标准中，并积极成立专门机构负责专利的评估、制定收费标准，负责与专利权人洽谈许可问题。

（三）我国对技术标准中涉及专利问题的基本考虑

针对我国的实际情况，国家标准化管理委员会和国家知识产权局发布了《国家标准涉及专利的管理规定（暂行）》，规定了专利信息的披露、专利实施许可、强制性国家标准涉及专利的特殊规定等内容。其配套国家标准 GB/T 20003.1—2014《标准制定的特殊程序 第 1 部分：涉及专利的标准》规定了标准制定过程中涉及专利问题的处置要求和特殊程序。

1. 专利信息的披露

在国家标准制（修）订的任何阶段，参与标准制（修）订的组织或者个人应当尽早向相关全国专业标准化技术委员会或者归口单位披露其拥有和知悉的必要专利，同时提供有关专利信息及相应证明材料，并对所提供证明材料的真实性负责。参与标准制定的组织或者个人未按要求披露其拥有的专利，违反诚实信用原则的，应当承担相应的法律责任。

鼓励没有参与国家标准制（修）订的组织或者个人在标准制（修）订的任何阶段披露其拥有和知悉的必要专利，同时将有关专利信息及相应证明材料提交给相关全国专业标准化技术委员会或者归口单位，并对所提供证明材料的真实性负责。

全国专业标准化技术委员会或者归口单位应当将其获得的专利信息尽早报送国家标准化管理委员会。

国家标准化管理委员会应当在涉及专利或者可能涉及专利的国家标准批准发布前，对标准草案全文和已知的专利信息进行公示（http：//patent. sacinfo. org. cn/），公示期为30天。任何组织或者个人可以将其知悉的其他专利信息书面通知国家标准化管理委员会。

2. 专利实施许可

国家标准在制（修）订过程中涉及专利的，全国专业标准化技术委员会或者归口单位应当及时要求专利权人或者专利申请人作出专利实施许可声明。该声明应当由专利权人或者专利申请人在以下三项内容中选择一项：

（1）专利权人或者专利申请人同意在公平、合理、无歧视基础上，免费许可任何组织或者个人在实施该国家标准时实施其专利。

（2）专利权人或者专利申请人同意在公平、合理、无歧视基础上，收费许可任何组织或者个人在实施该国家标准时实施其专利。

（3）专利权人或者专利申请人不同意按照第（1）（2）项进行专利实施许可。

除强制性国家标准外，未获得专利权人或者专利申请人根据上面第（1）项或者第（2）项规定作出的专利实施许可声明的，国家标准不得包括基于该专利的条款。

涉及专利的国家标准草案报批时，全国专业标准化技术委员会或者归口单位应当同时向国家标准化管理委员会提交专利信息、证明材料和专利实施许可声明。除强制性国家标准外，涉及专利但未获得专利权人或者专利申请人根据专利实施许可声明的第（1）项或者第（2）项规定作出声明的，国家标准草案不予批准发布。

国家标准发布后，发现标准涉及专利但没有专利实施许可声明的，国家标准化管理委员会应当责成全国专业标准化技术委员会或者归口单位在规定时间内获得专利权人或者专利申请人作出的专利实施许可声明，并提交国家标准化管理委员会。除强制性国家标准外，未能在规定时间内获得专利权人或者专利申请人作出的专利实施许可声明的，国家标准化管理委员会可以视情况暂停实施该国家标准，并责成相应的全国专业标准化技术委员会或者归口单位修订该标准。

对于已经向全国专业标准化技术委员会或者归口单位提交实施许可声明的专利，专利权人或者专利申请人转让或者转移该专利时，应当事先告知受让人该专利实施许可声明的内容，并保证受让人同意受该专利实施许可声明的约束。

案 例

关于国家标准《生僻汉字结构数字键编码》涉及专利相关信息公示

公示日期：2020—08—27　　　　　　　截止日期：2020—09—26

各有关单位和个人：

由全国新闻出版信息标准化技术委员会负责归口管理的《生僻汉字结构数字键编码》（项目编号：2016103812）报批稿已完成。按照《国家标准涉及专利的管理规定（暂行）》及其配套标准的有关要求，现对报批稿中涉及的有关专利信息进行公示，请于2020年09月27日前将意见以邮寄或电子邮件方式反馈至国家标准委。

详见下表及相关附件：

序号	专利号【申请号】	专利名称	专利权人	涉及章节	实施许可声明方式	实施许可日期	证书
1	ZL 00122889.7【00122889.7】	数码键对称结构汉字输入方法	王子善	4.1、4.2、4.3、5.1	b）收费许可实施	2019—08—16	查看
2	ZL 00120863.2【00120863.2】	汉字结构对称输入法	王子善，王淑兰，王颖	4.1、4.2、4.3	b）收费许可实施	2019—08—16	查看
3	暂无专利号【CN201910302767.2】	用于超大中文字符集的汉字输入方法及装置	王子善，王淑兰，王颖	4.1、4.2、4.3、5.1、5.2、6	b）收费许可实施	2019—08—16	查看

如有补充，请获取项目管理人及相关TC联系方式。

3. 强制性国家标准涉及专利的特殊规定

强制性国家标准一般不涉及专利。

强制性国家标准确有必要涉及专利，且专利权人或者专利申请人拒绝根据专利实施许可声明的第（1）项或者第（2）项作出声明的，应当由国家标准化管理委员会、国家知识产权局及相关部门和专利权人或者专利申请人协商专利处置办法。

涉及专利或者可能涉及专利的强制性国家标准批准发布前，国家标准化管理委员会应当对标准草案全文和已知的专利信息进行公示，公示期为30天；依申请，公示期可以延长至60天。任何组织或者个人可以将其知悉的其他专利信息书面通知国家标准化管理委员会。

4. 团体标准涉及专利的处理

《团体标准管理规定》第十六条要求，社会团体应当合理处置团体标准中涉及的必要专利问题，应当及时披露相关专利信息，获得专利权人的许可声明。

知识产权与技术标准逐渐地融为一体使标准制定者和使用者面临巨大的挑战，同时也是空前的机遇。它对我国的经济、科技、企业的发展已经产生了巨大的影响，标准化与知识产权的问题研究将越来越深入、越来越完善。

四、跨国公司的专利标准战略

跨国公司深知标准与专利结合的重要性，高度重视专利标准战略，其目标是技术专利化、专利标准化、标准全球化。标准与专利的结合既是标准化战略的高级形式，也是专利战略的高级表现形式。所以跨国公司总是设法创造标准与专利结合的条件，适时地把私有的专利加入公共的标准中，借助标准的公权力实施，进行专利许可，从而获得市场垄断地位。

跨国公司专利标准战略的技术路线图是：

专利布局前调研→专利布局→专利联盟→私有标准→公共标准→垄断市场。

下面着重介绍一下专利布局与专利联盟。

（一）专利布局

跨国公司产品进入目标市场之前，首先进行认真细致的市场需求调研，把握目标市场的技术水平并预测目标市场未来的专利发展趋势，在此基础上制定研发策略和专利布局方案。然后在目标市场大量申请专利，占据有利位置。申请专利的目的是提前对目标市场进行专利包围，设置专利壁垒，预先确立跨国公司在未来市场的垄断地位，从而挤压竞争对手的市场空间。申请专利是跨国公司专利战略最基础的工作，也是最重要的工作，申请的专利越多，保护的市场范围就越大；而其竞争对手的范围就越小，跨国公司未来的竞争优势就越强。申请专利是实施战略的基础与前提。

（二）专利联盟

知识经济时代企业的经济利益更多地取决于技术创新、知识产权和技术标准。建立在专利基础上的标准，在获取竞争优势和垄断利润中发挥着巨大的推动作用。跨国公司为了有效利用专利技术，把具有专利技术的事实标准、论坛标准和合作体标准作为迅速占领国际市场的重要武器。他们还以技术联盟的形式，打造“共享专利池”和“事实上的国际标准”，形成了技术垄断和竞争优势。这种方式规定了协议各方可以使用其他方所拥有的专利技术，将互补性技术融合起来，以降低交易成本、清除相互阻碍及避免高昂的侵权诉讼，保持技术上的领先地位和竞争的优势地位，这就是发达国家的跨国公司积极推行“技术专利化、专利标准化、标准许可化”的标准战略。例如以索尼、日立、LG 电子、松下、三菱、先锋、飞利浦、三星电子、夏普电子等为首的蓝光联盟，和以东芝、NEC、微软和英特尔等为主的 HDDVD 联盟，在新一代光盘标准大战中投入了大量的资金和技术来争夺未来市场的主导权。最终，这场光盘标准大战以索尼为首的蓝光阵营获胜。蓝光标准此后成了新一代光存储行业的主导技术规范，索尼等公司通过收取专利使用费等方式获得了巨大的商业利益。然而这种新趋势在某些时候也可能产生限制竞争的效果，尤其是当被用作一种明显的实现固定价格、分配市场和顾客的机制时，就会对竞争产生严重的妨碍作用，损害竞争，形成垄断。在这种新的国际竞争秩序下，发展中国家将更加难以突破发达国家跨国企业的技术垄断地位，更加难以获得有利的贸易地位。

案例

微软公司的事实标准战略

微软公司在产品研发初期采取了较为宽松的知识产权政策。1995年11月，微软推出Explorer2.0，该软件据称性能比不上其竞争对手Netscape的Navigator，但用户可以免费使用。微软这一策略几乎将其他收费浏览器置于死地，迅速占领了市场。从一定程度上说，微软提供的IE浏览器免费软件的发展带动了整个互联网的发展；另一方面，其私有技术在自由市场竞争中慢慢赢得用户，有效地阻止了其他厂商，使IE标准成为事实标准，从而增强了其在产业上的核心竞争力。但是微软不仅限于将自己私有的技术推广应用，其根本目的还是为了占领市场，赢取更大的利润。1998年6月25日，Windows98与Explorer浏览器实现完全的融合。即使在浏览器市场争夺激烈的今天，IE市场占有率仍高达72%以上，微软在产业竞争中已经占有了绝对的优势地位。

此后，微软通过不断升级版本使得用户被锁定，更新技术并对事实标准做微小的修改，把追随者甩在后面；同时，还通过采取强硬的知识产权政策，展开一系列维权诉讼活动来维护其事实标准的垄断地位，并最终实现其行业垄断。

第八节　国际贸易与标准化

引例

习近平主席曾说："当前，科技创新的重大突破和加快应用极有可能重塑全球经济结构，使产业和经济竞争的赛场发生转换。在传统国际发展赛场上，规则别人都制定好了，我们可以加入，但必须按照已经设定的规则来赛，没有更多主动权。抓住新一轮科技革命和产业革命的重大机遇，就是要在新赛场建设之初就加入其中，甚至主导一些赛场的建设，从而使我们成为新竞赛规则的重要制定者、新的竞赛场地的重要主导者。如果我们没有一招鲜、几招鲜，没有参与或主导新赛场建设的能力，那我们就缺少了机会。机会总是留给有准备的人的，也总是留给有思路、有志向、有韧劲的人们的。"

一、标准化在国际贸易中的地位和作用

全球经济一体化，在深度和广度上都对标准化提出了更高和更广泛的要求。如何充分

有效地利用国际标准，加快全球经济一体化的步伐，标准的国际化作为协调各国经济共同发展的技术纽带，作为向国际社会传播先进实用的生产方式的手段，作为在技术上统一协调，减少和消除产品和相关要素移动障碍的重要措施，已引起各国政府和有识之士的广泛关注。特别是标准的国际化已成为世界经济一体化的客观要求和重要组成部分，成为其运行链条中的一个重要环节。

中国在激烈的国际竞争中正在由贸易大国向贸易强国转变，由于国际政治、经济、技术的多重因素，当前的中国正处于对外贸易摩擦的高峰期、多发期；同时，由于知识经济的成果大量地嵌入技术标准中，更进一步把技术标准的重要性提升到产品和产业竞争制高点的地位。

由于上述诸多方面的原因，标准化（还包括技术法规和合格评定）在现代国际贸易中的地位和作用，比以往任何时候都更为重要。

（一）标准是国际贸易链条不可缺少的重要环节

标准化是经济全球化、分工国际化连接的纽带。跨国公司生产资源的配置，早已突破了一国一地的局限，全球择优采购是跨国公司重要的经营策略和竞争战略，为了确保国际分工协作有序进行，并在提高效率、经济、质量、生态、安全性、可靠性、兼容性、可操作性等方面处于最佳状态，标准须臾不可缺少，无论是机械、电气，还是交通、能源、信息和通信，离开了标准，寸步难行。

标准化是连接生产者和终端消费者的纽带。在市场经济中，消费信息的不对称往往使市场难以有序、有效地运行。生产者和消费者都希望用一个统一的尺度来表述产品质量和其他特性的信息，从而减少对产品的信任度的信息不对称性。技术标准正好能够扮演这样一个角色，通过标准成为合同契约的一部分的功能来协调市场主客体行为，既可防范道德风险、欺诈行为，又可使市场有序、有效地运行。如果在技术上产生了歧义甚至纠纷，标准为贸易的仲裁和争端磋商的解决提供了依据。

（二）国际标准是国际贸易规则的重要组成部分

经济全球化、一体化给世界各国带来的一个重要课题，就是如何保证市场井然有序地运行。从技术层面看，这就需要在国际贸易中制定一个为各方所能接受的游戏规则，WTO通过各缔约方签署的《技术性贸易壁垒协定》，既强化了国际标准在国际贸易中的权威性，又把国际标准提升到国际贸易一项重要的游戏规则的地位，并对各签约方的标准化行为进行必要的规范。ISO、IEC和ITU三大国际标准化机构提出“一个标准，一次检测，全球接受”的理念（这里的标准，是指国际标准或享有“事实上的国际标准”地位的标准），从而强化了标准的国际贸易游戏规则的地位。

许多国家认识到，当今的时代已进入国际标准影响市场的时代，掌控国际标准是应对市场竞争的有力武器，开发标准同开发产品一样具有战略意义；一项标准被有效利用，往往能够带来巨大的经济效益，甚至能决定一个行业的兴衰和国家的经济利益。许多国家还认识到，它们当前所面临的国际标准的竞争不仅是技术问题，还是战略问题，必须把参与制定国际标准竞争提升到战略竞争的高度。

许多国家的国际标准化战略具有很强的时代性和挑战性，标志着各国的国际标准化工作由工业化时代向经济全球化时代的重大转移，应对21世纪经济全球化的挑战，明确了要以技术标准为武器占领国际贸易竞争的制高点，确保国家经济利益的战略目的。

显而易见，谁掌握了游戏规则并有效利用，谁就可以在国际贸易竞争中占据主动地位，也就有了将技术标准转化为经济收益的能力。更重要的是，知识经济崛起的今天，知识产权能够促进知识价值的资本化，这种资本化的过程，包括通过制定技术标准，把知识产权的核心成果规范化。因此，控制标准制高点的争夺，实质上是一场国家的核心竞争力的争夺。所以，国际标准或已构成“事实上的国际标准”的制定者，总是设法把技术标准与专利捆绑在一起，总是设法把尽可能多的专利技术嵌入标准的要求中去。一旦某企业的产品不得不采用该项标准，就无法回避向专利技术的拥有者支付专利使用费，从而使主持制定标准的一方取得市场竞争的有利地位。

（三）标准对于现代化国际贸易有重要推动作用

标准化是国际贸易的一个出色的推动器。在国际贸易中，保持价格的优势，进行优良的售后服务，给予优惠的贸易信贷，以及利用著名品牌的美誉度、信任度等，都是推动出口的重要手段，在这方面技术标准的作用具有不可替代性。但是标准化因其对生产和贸易的巨大影响力，在实施过程中不可避免地存在因滥用标准化而引起的壁垒设置和限制竞争的现象，这就是标准化在国际贸易中表现出来的双重性。

1. 协调和促进作用

标准化的一个重要职能就是协调，只有通过协调标准，取代那些杂乱无章的规定，才能使之成为简化贸易的有效手段，促进贸易的发展。所谓标准的协调，就是指由不同的标准化机构批准的在技术上相同的标准，为了贸易的需要进行协商协调。这是因为在竞争的情况下，各国不仅利用标准中的不同要求来保护本国的制造商，甚至可以在产品的尺寸额定值或其他要求方面排斥国外的竞争者，而且当利用标准达不到保护目的时，则在产品的试验、检定和质量保证的程序上设置障碍。许多国际性、区域性和双边、多边的标准化组织，其重要任务之一便是协调各方的标准和合格评定程序，从而尽可能减少贸易的技术壁垒，为贸易自由化铺平道路。

2. 合理的保护作用

技术标准是一把双刃剑，既可以用来消除贸易的技术壁垒，又可以用来在国际市场上筑起新的技术性贸易壁垒。ISO 前主席曾呼吁国际标准化组织各签约方，不得假借标准或滥用标准来炮制规范，给进出口设置障碍，也不得利用标准差异庇护本国生产商不符合标准的产品。标准化的实质就在于其普遍性和统一性，如果利用标准来实现狭隘的、目光短浅的利益，那么就完全丧失了标准化的真正目的。《技术性贸易壁垒协定》（WTO/TBT）及其附件 3 中制定、批准和实施标准的良好行为规范就是为此目的制定的。与此同时，协定还规定各成员基于维护国家安全、防止欺诈行为、保护人类健康与安全、保护动植物生命与健康、保护环境等五个方面的正当理由，可以制定相应的技术性贸易措施。建立这方面的技术法规、标准和合格评定体系是合理保护国家利益的关键。

3. 仲裁作用

在国际贸易中，标准是进行仲裁的依据。随着国际贸易的发展，买主、卖主之间在技术上的纠纷不断增加，为解决这些纠纷进行仲裁和争端磋商，一般应以标准为交货和验收的依据，按买卖双方协商同意的标准或按国际标准进行检验。尤其是采用国际范围统一制定的客观的、中立的、合理实用的、为买卖双方所能接受的国际标准中规定的试验方法、检验方法、抽样方法进行检验，可以防止在贸易中以次充好、以劣充优，使经济技术上的强者不能去诈骗经济技术上的弱者，公正地解决贸易中的纠纷，这也是目前国际标准中方法标准占有很大比例的一个原因。标准提供了信用，提供了贸易双方发生争端进行磋商解决问题的基础。因此，标准为贸易的顺利进行创造了一个伦理的基础，争议的问题应有标准来约束，标准为解决纠纷进行裁决创造了条件。

4. 阻碍作用

（1）滥用标准化限制了处于相对弱势的中小型企业的发展

中小企业是社会经济不可缺少的一部分，也是防止市场垄断、促进自由竞争最重要的力量。但是中小企业在资金、规模、技术、人才等方面都无法与大企业相抗衡，处于相对弱势地位，尤其是技术模式和管理模式不同于大企业的中小企业，在标准化过程中容易遭受歧视性待遇。

现在事实标准、论坛标准以及合作体标准一般是由行业协会和各大企业参与制定，这类标准的制定，既提高标准化效率，降低标准制定成本，增加标准适应性，也集中反映了标准制定者的利益。在行业内占主导地位的大企业可以在标准化的过程中获得巨大的经济利益，成员企业也会利用标准化来限制竞争行为，追逐利益。但更要看到的是，恰恰是其以标准化为借口，设置市场壁垒，拒绝中小企业和创新产品进入市场，从而损害了市场的良性竞争。

（2）不合理的技术标准是发达国家对发展中国家设置的最重要的贸易壁垒

在国际贸易中，技术壁垒是必要的，而且任何时候都需要，通过制定技术标准等手段来限制某些生产和贸易发展，显得尤为必要。WTO/TBT 协议中不能给国际贸易制造不必要技术障碍的授权，给一些发达国家为限制它国商品进口设置技术壁垒提供了足够的合法理由，美国、欧盟和日本等经济发达国家由于其技术、管理和法律的领先性，已经解决了技术壁垒的技术和法律程序，建立了比较完善的贸易技术壁垒体系，所以在对外贸易中占尽先机。而与此相反，发展中国家成了不合理的技术标准的最大受害者。

首先，严格复杂的标准和歧视性达标给生产和检测技术均不发达的发展中国家的出口设置了重重的障碍。其次，发达国家之间也不断利用各国的标准的不一致性，灵活机动地选择对自己有利的标准，从而使技术标准、法规不仅在条文上限制外国产品的销售，而且在实施过程中也可以对外国产品的销售设置重重障碍。再次，严格复杂的标准和歧视性的发达国家主导操纵的纠纷解决机制（DSU）的缺陷，进一步伤害发展中国家。发达国家利用争端解决机制程序之便，拖延时间，采取实用主义，让发展中国家在国际贸易中失去机遇和市场，直接损害发展中国家的利益。

案例

欧盟 RoHS、日本肯定列表等对中国出口企业影响巨大

《关于限制在电子电气设备中使用某些有害成分的指令》简称 RoHS 指令，是欧盟立法制定的一项强制性技术法规，已于 2006 年 7 月 1 日开始正式实施，

主要用于规范电子电气产品的材料及工艺标准，旨在从人身健康与环境保护出发，消除电机电子产品中的铅、汞、镉、六价铬、多澳联苯和多澳联苯醚等6种物质，并规定了铅含量不能超过0.1%，对我国家电产品产生过重大影响。

日本肯定列表是日本为了加强食品中农业化学品（包括农药、兽药和饲料添加剂）残留管理而制定的一项制度，旨在保护人身健康，提出了豁免物质、农药最大残留限量及一律标准三项措施。其要求：食品中农业化学品含量不得超过最大残留限量标准，对于未制定最大残留限量标准的农业化学品，其在食品中的含量不得超过“一律标准”，即0.01mg/kg，该制度于2006年5月29日起执行。对中国浙江、山东一带出口日本的农产品影响巨大。

上述技术法规是近几年来对我国影响深远的几例，企业在遇到有关问题与处理时，亦可采取磋商与申诉等方式解决，不一一列举。

二、技术性贸易壁垒与标准化

（一）技术性贸易壁垒概述

1. 技术性贸易壁垒

“技术性贸易壁垒”（Technical Barriers to Trade，TBT）又称“技术性贸易措施”，是指一国或一个区域组织以维护国家或区域基本安全、保障人类健康和安全、保护动植物健康和安全、保护环境、防止欺诈行为、保证产品质量等为由而采取的一些强制性或自愿性的技术性措施，这些措施对其他国家或区域组织的商品、服务和投资进入该国或该区域市场产生影响。

技术性贸易壁垒一般以国家或地区的技术法规、协议、标准和认证体系（合格评定程序）等形式出现，涉及的内容广泛，涵盖科学技术、卫生、检疫、安全、环保、产品质量和认证等诸多技术性指标体系，呈现出灵活多变、名目繁多的特点。由于这类壁垒大量地以技术面目出现，因此常常会披上合法外衣，成为当前国际贸易中最为隐蔽、最难对付的非关税壁垒。WTO关于技术性贸易壁垒的文件有两个，分别是“技术性贸易壁垒协定”（TBT协定）和“实施卫生与动植物卫生措施协定”（SPS协定），于1995年1月1日WTO正式成立起开始执行。

2. 技术性贸易壁垒具体内容

从技术壁垒的具体内容来看，主要有以下几个方面：

（1）技术标准

主要是指极为严格烦琐的技术标准，既有产品标准，也有试验、检验方法标准和安全卫生标准；既有工业品标准，也有农产品标准。

（2）技术法规

对于一个企业来说，向国外出口产品要考虑进口国的法规。法规是具有强制力的文件，包括法律、法规或行政规定，它们由法定权力机关正式发布。一些国家颁发的法律越来越多、越来越复杂，对贸易造成不同程度的障碍。

法规一般涉及：劳动安全、环境保护、节约能源与原材料、卫生与健康、交通规则、无线电干扰等。此外，还有一些特殊部门颁布的法规，如船舶、铁路、核电站及危险品的运输等，在贸易中都需加以考虑。

一些工业发达国家颁布的技术法规名目繁多，甚至有些地方政府也颁布工业产品和消费品的技术法规。

（3）商品包装规定

一些国家对商品的包装做了苛刻烦琐的规定，进口商品必须符合这些规定，否则不准进口或禁止在市场上销售。

受全球生态环境进一步恶化的压力，现在越来越强调绿色包装，也称生态包装或环境之友包装，强调减量（Reduce）、重复使用（Reuse）、再循环（Recycle）和可降解（Degradable）的“3R+1D”原则。这实际上也是中国当前倡导的循环经济的一个重要方面。对于广大发展中国家来讲，要把本国产品打入国际市场，包装是一个不可忽视的问题。包装能否满足环保要求，已成为贸易谈判的一个重要条款和筹码。美国和新西兰禁止利用干草、稻草、谷糠等作为包装材料，在某些情况下，这些包装材料只有在提供消毒证明的条件下才允许使用。

（4）商品的标签规定

标签是商品上必要的文字、图形和代号。许多国家的进口商为了保护消费者的利益，尽量向消费者提供产品质量和使用方法的信息。其制作方式可以是印刷、贴附、挂签等，也可另附说明书。

随着产品的标准化，标签的说明也正在标准化，除了名称、生产单位外，生产者还应向消费者提供主要性能和使用方法、储藏条件等，它是生产者和消费者之间的纽带。

（5）认证、认可制度

在国际贸易中，不仅标准能构成贸易的技术壁垒，而且认证制度的差异也能构成贸易的障碍。质量认证是由经过国家认可的专门机构颁发的认证证书或质量标志，认可和证明供应商能够提供符合质量标准的产品的一种制度。国际贸易对产品的认证尤为重视，有些国家甚至限制没有经过安全认证的产品进入本国市场。

（6）检验程序和检验手续

有些国家为了推行贸易保护主义，当借用技术标准等措施达不到保护目的时，则在产品的试验、检验程序和检验手续上设置重重障碍，增加检验项目。

（7）计量单位制

许多出口商品能够顺利销售，有时取决于所使用计量单位制。明显的例子就是仪器、工具、夹具、模具等。有些国家抵制与本国计量单位不一致的商品进口。

另外，当产品从一国销往另一国时，需要对检测仪器的误差进行校准和检测，这种校准的技术复杂程度越来越大，成本越来越高，耗时越来越长，也将成为贸易的技术壁垒。

（8）物品编码标志系统

物品编码标志系统，是用数字和条码标志表达国家名称、制造厂名称、物品和与物品有关的诸多特征的信息系统，使物品符合国外超级市场自动扫描结算的要求，为快速有效地自动采集、识别、处理和交换信息提供了保障，为商品进入超级市场提供了先决条件，国际上条码发展很快，西欧各国、美国、日本、加拿大的商品条码普及率已达90%以上。

因此，商品上有无条码，已成为事实上的贸易壁垒。没有条码的商品很难进入已经使用条码的国家的超级市场，商品没有条码，不能自动扫描识别，只能进入低档商店，构成了贸易的技术壁垒。

(9) 实施动植物卫生检疫的法律、规定、程序

动植物卫生检验检疫，是用严格的法规和先进的技术，防止动物传染病、寄生虫病，防止植物危险性病、虫、杂草，以及其他有害生物，通过动植物、动植物产品及其他检疫物与有关的装载容器、包装物、运输工具等，在国家或地区之间运转而传播的一项防范活动，各国均有严格的法规和标准。

(10) 环境和生态要求

20 世纪 70 年代，人类越来越注意到，他们在用勤劳的双手和聪明的智慧不断改造自然、创造人类文明的同时，也在不断地破坏环境和生态平衡。随着全球气候持续变暖，国际社会对全球气候变化问题越来越重视，对二氧化碳、甲烷等“温室气体”的排放进行限制。许多国际公约、条约和协议也应运而生，如《京都议定书》等，国际标准化组织又发布了 ISO 14000 环境管理体系国际标准，各国也先后制定了法律法规。这些法律法规都是结合各国的具体情况制定的，内容的差异给国际贸易带来了障碍。

前文列举的 10 大类技术壁垒，远不是全部。

3. 技术性贸易壁垒文件形式

从技术壁垒的文件形式来看，主要包括三类文件。

(1) 标准（包括标准中对包装、标签的要求）。

(2) 技术法规（包括技术法规中对包装、标签的要求）。技术法规分为两种：一是正式技术法规（政府强制执行）、法律（议会颁布）、命令（政府批准发布）、部门建议（政府各部门批准发布）、各种权力机构发布的条例、地方政府发布的条例；二是事实上的法规，由某些机构发布的指示、指南，没有法律约束力，但在实际工作中又不得不执行的文件。

(3) 合格评定的规定和程序。

(二) 技术性贸易壁垒协议以国际标准为基础

1. 国际标准在技术性贸易壁垒协议中的地位

技术性贸易壁垒协议（TBT 协议）要求各成员在需要制定技术法规并且有关的国际标准已经存在或其制定工作即将完成时，应使用这些国际标准或其有关部分，作为制定技术法规的基础；在要求以肯定方式保证产品符合技术法规或标准，且由国际标准化机构颁布的有关指南或建议已经存在或其制定工作即将完成时，各成员应确保中央政府机构使用它们，或有关部分作为制定其合格评定程序的基础。除非这些国际标准或有关合格评定程序的指南或建议，由于诸如基本气候或地理因素或基本技术等问题而对实现合法目标来说，显得无效或不适当。从 TBT 协议的上述规定可以看出，如果 WTO 成员制定的技术法规、产品标准、合格评定程序是以国际标准、指南或建议为基础的，无须履行特殊的合理性说明等程序，这些技术法规、产品标准、合格评定程序被推定为合法的技术性措施。这就确定了国际标准在 TBT 协议中的地位——使用国际标准是技术性措施合法的初步证据。

为了进一步促进国际标准在成员中的广泛采用，减少因成员技术标准不同造成的国际贸易的障碍，TBT 协议进一步要求成员应积极参与国际标准化组织和其他国际标准组织的工作。TBT 协议还专门制定了一项《关于制定、采用和实施标准的良好行为规范》，作为其附件之一适用于 WTO 成员领土内的任何标准化机构，一个或多个成员为 WTO 成员的任何政府区域标准化机构，以及一个或多个成员位于 WTO 成员领土内的任何非政府区域标准化机构。根据 TBT 协议第 4 条的规定，WTO 成员中央政府的标准化机构有义务接受和遵守《关于制定、采用和实施标准的良好行为规范》，即该守则对其有强制实施的效力。对地方政府标准化机构、非政府标准化机构以及区域标准化机构，《关于制定、采用和实施标准的良好行为规范》不具有强制执行的效力，这些机构可以自愿采纳，协议要求 WTO 成员采取合理措施确保这些机构接受和遵守该规范。

《关于制定、采用和实施标准的良好行为规范》意在为标准化机构的活动提供一般的标准和模式，其规定的义务包括：

（1）在标准要求方面，标准化机构给予来自 WTO 任何其他成员产品的待遇不得低于给予国内同类产品或其他国家同类产品的待遇。

（2）标准化机构应当确保标准的制定、采纳或实施，不给国际贸易造成不必要的障碍。

（3）成员国内标准化机构应当尽可能参加国际标准化组织的活动，以国际标准作为其制定标准的基础。

（4）标准化机构每隔 6 个月发表和公布其有关标准工作的情况。在采纳其标准前至少应提前 60 日公布，以便于有关当事方发表意见。

2. 技术性贸易壁垒协议对国际标准化的影响

贸易全球化发展过程中，谁越早地介入国际标准的制定过程，谁就能更有利地抓住贸易乃至经济技术发展的先机。在标准国际化的道路上，发达国家的参与意识明显早于和强于发展中国家。近年来，欧美等主要发达国家一直致力于国际和区域标准化活动，企图长期控制国际标准化的技术大权，并且不遗余力地把本国标准变成国际标准。而将本国标准制定成国际标准，或者将本国的国家标准、行业标准或企业标准推向世界并为各国所公认，就可以在国际贸易中取得优势，先声夺人。

在国际贸易领域，因现行的法律规范明确了国际标准的合法地位，国际标准也因此而演变成了一种游戏规则。谁掌握了标准的制定权，谁的技术成了国际标准，谁就掌握了市场的主动权。从国家的角度来看，哪个国家掌握了国际标准的制定权，或者哪个国家的标准转化成了国际标准，哪个国家就同时拥有了货物贸易（可以通过国际标准向国家技术法规的转化影响货物进出口）和技术贸易（可以通过标准技术的许可拥有技术贸易的优势）的垄断地位。通常情况下，单一知识产权影响的只是一个或若干个企业，而标准影响的却是一个产业，甚至是一个国家的竞争力。因此，在某种意义上，可以说“得标准者得天下”。

从 TBT 协议对国际标准的肯定以及在 TBT 协议实施后国际标准化的发展可以看出，在现代贸易实践中，国际标准已经表现出正反两个方面的作用。其正面作用是通过标准的国际化，可以避免因各国标准的差异以及歧视性地适用而给国际贸易自由化造成阻碍。负面作用则是在国际标准的制定程序被滥用的情况下，国际标准本身就会演变成一种国际技术性贸易壁垒，并且由于这种技术性贸易壁垒具有合法的外衣，因此会对国际贸易自由化也会产生负面的作用。

案 例

温州打火机事件

温州是中国打火机的主要生产基地，产品大都出口，年外贸销售量6亿只，占全球金属打火机市场总量的70%，其中三分之一出口欧盟。而欧盟是中国打火机最大的进口国。正因如此，欧美国家想尽办法阻碍我国的打火机贸易，美国在1994年全面实行CR标准，当时几乎把所有的温州打火机都逐出美国；在中国即将入世的1998年，欧盟又仿照美国提出了CR标准，2003年底进入实施阶段。CR标准要求低价打火机必须安装安全锁，但安全锁的专利是控制在欧盟企业手中，因此欧盟利用标准纳入专利阻挠我国打火机贸易的意图显而易见。

事实上，在欧洲和美国两大市场的一系列案子背后，都有一个竞争对手作为发起人。在美国，对手是名声很响的ZIPPO公司；在欧洲，对手则是BIG公司。温州商人以低于欧美10倍之差的成本优势成为对这两大公司威胁极大的竞争对手。BIG公司推动欧盟提出CR法规的目的，就在于提高温州打火机的成本和价格，从而扩大他们自己的市场空间。可以明显地看出欧洲和美国制定的这个法规的目的就是通过设置技术性贸易壁垒来保护他们自己在当地的市场。

二、标准化在国际市场竞争的优势和挑战

（一）技术优势是最重要的竞争优势

对一个以产品或服务参与市场竞争的企业来说，技术优势是企业最重要的竞争优势。在当今社会经济和科技迅速发展的推动下，产品更新换代加快，企业面临的竞争环境日益复杂而多变，不确定因素增多。这种市场环境使许多企业意识到，以新产品参与竞争有更大的优势。正如经济学家罗伯特·艾略所说："技术是企业参与全球竞争的一个强有力武器，尤其是当技术能帮助企业向市场推出一代新产品时，其威力更加强大。"企业倘能通过技术创新，开发出某种新产品并抢先占领了市场；或者改进了生产工艺使产品成本下降，使企业在竞争中获得了价格优势；或者节约了某种资源、改善了劳动条件、减少了对环境的污染等，都会增强企业在市场上的整体竞争优势。

在国际资本相对过剩、人员流动频繁、市场环境越发严峻的今天，企业在竞争中的地位和优势，主要取决于技术转化为生产力的速度、规模、范围和效果。发达国家争夺资源的重点已由原材料转到技术上，不仅在产品开发和创新上大量投入，还以优厚条件网罗人才。发达国家在把高新技术推向工业化应用方面更是不惜代价，在一些高端产品上，如高清晰度电视、数字技术产品、移动通信产品等的表现尤为突出。可以说每个企业都在拼命

争夺，因为这确实关系到企业的生死存亡。

（二）善用标准化能够培育企业的技术优势

1. 标准化是增强企业素质的健身术

市场经济条件下的竞争，归根结底是企业之间的竞争，企业既是市场主体，也是竞争主体；既是技术创新的主体，又是执行标准的主体。

竞争是一场实力较量，竞争面对的环境又是复杂多变的，企业要在群雄逐鹿中取胜，技术创新能力至关重要，但是要保持企业持久不衰的竞争力，仅凭这一方面是不够的。保持和加强竞争力的根本之道是苦练内功，通过制度创新、组织创新、技术创新建立起高效率的、有应变能力的生产经营系统，尤其是要努力提高员工素质，把一切积极因素都转化为现实的竞争力，使企业具备应对各种竞争环境的整体素质。

企业标准化，就其本质来说，就是企业修炼内功、增强整体素质的健身术。标准化之所以能有这样的作用，在于通过标准化使企业的管理秩序、管理业务和生产经营过程规范化，并用以约束所有人的行为，从而保证企业里每个环节、每个岗位、每个人乃至每项管理活动和每项操作，都是合理的、高效率的，并且都是围绕企业的总目标而协调动作的。它在企业内造就一种像一台机器一样井然有序的环境，为企业的素质建设奠定了基础。在此基础上，根据竞争的需要，提高企业标准化的目标，再通过标准的实施，经营系统的有序化程度进一步提高，随之便是企业组织能力和经营能力的增强，具备了与同行企业进行效率竞争的素质。企业员工逐步把标准的强制要求，看作一种客观需要，产生自觉的标准化意识，这是员工素质的一次升华。闯过这个阶段之后，员工不仅不会把标准视为强加的约束，反而会感到正是因为标准化才会一切井然有序，才得以高效率地处理各项业务，才有可能使包括领导者在内的各类人员，把节约的时间按个人的专长和兴趣用在自主开发的创造性活动中。到了这时，个人的潜能、每个员工的个性、企业的潜在竞争力将得到充分的发挥，企业各方面充满朝气。这就会产生质的飞跃，产生强大的企业生命力，形成坚不可摧、高效率的整体竞争素质。

2. 标准化是优势延伸的策略

由企业的技术专长所形成的专业优势，是企业竞争力的基础。这种专业优势的形成是一个漫长的过程，有的甚至凝结着几代人的心血。毫无疑问专业优势是企业最宝贵的资源和遗产。

在市场竞争中，没有专业优势的企业是难有立足之地的。许多成功企业的经验证明，专业化经营有利于形成优势，占据领先地位的可能性较大。但任何优势都不可能是永久的，优势不仅有可能被别人超越，还有可能转化为劣势。当企业原有的优势与市场的新变化和新要求不相适应时，优势就变成劣势。例如，一个生产电视机的企业，具有生产黑白电视机的专业优势，当市场上绝大多数顾客的需求转向彩色电视机时，它原有的生产黑白电视机的专业优势就失去了意义，转化为市场竞争的劣势。

在技术创新步伐加快、新产品层出不穷的今天，企业丧失专业优势的情况是经常发生的。因此，如何保持优势、发展优势，就成了与每个企业命运攸关的大问题。

标准化过程不论对企业专业优势的形成还是发展都有极密切的关系和极重要的作用。企业专业优势的形成过程是一个技术的积累过程，而企业的标准化过程就是这个技术的积累过程，是同一过程的不同表现形式。因此，可以说企业标准的每一次修订、标准水平的每一次提高，都意味着技术积累的深化和提高，而且每一次积累的成果都以标准的形式加以体现并以标准的形式推行和实施，当然还有其他形式，但标准化是较为理想的并越来越广泛应用的技术以及管理经验的积累形式。

标准化对巩固和发展专业优势的作用已被众多企业所认识并得到了广泛的应用，如产品的系列化开发就是当前全世界都在采取的市场竞争策略，产品系列开发同其他开发方式比较，有许多符合市场需求的特点。首先，根据市场和顾客的要求，发挥企业的专业优势，开发生产出一种主导产品，凭借其技术优势占领了一部分市场；其次，在主导产品的基础上继续开发规格、型号不同的产品，使之形成系列，满足不同层次、不同档次的需求，从而扩大了市场；最后，随着市场的变化和顾客需求的变化，企业可以在系列产品的基础上再开发变型系列和变型产品，以满足变化的市场需求和个别顾客的特殊需求，甚至开发出顾客潜在需求的产品和顾客从未想到过的产品，创造出新的市场需求。

这是产品系列化的一般过程，其独特之处在于它能不断延伸企业的专业优势。企业最初开发的主导产品，是企业专业优势的集中体现；在此基础上形成的产品系列，便是专业优势的一次横向扩展；在基本系列基础上产生的变型系列，则是专业优势的纵向延伸，从而覆盖了整个市场，因此说标准化是优势延伸策略。在基型产品的基础上发展变型有时只需更换或增加少数结构和零件，周期之短、效率之高、经济效益之好是任何开发方式都无法比拟的。

（三）标准化面临创新的挑战

在全面创新的新世纪，传统的标准化遇到了来自方方面面的挑战。也正是这种挑战所形成的压力，推动着标准化创新。

当今的标准化是工业化时代的产物，即所谓的传统工业的产物，标准化的某些观念、理论和方法，是从这个传统工业所固有的特性中派生出来的，并且为这个传统工业的体制和生产方式服务。这个过程已经在全世界延续了一个世纪，在中国也有几十年之久。标准化的理论、原则，乃至标准化工作者头脑中的观念和方法论无不受到它的制约和影响。例如，传统的机器大工业的显著特征之一是大批量生产，它长期以来是标准化工作者竭力提倡的先进的生产组织形式。因为有了这个大批量生产才使标准化显现出威力和效果。事实也的确如此，托夫勒概括了工业化社会的六大特征，首当其冲的就是标准化。标准化确实为这个时代立下了汗马功劳，有的学者甚至把这个时代称为“标准化时代”。然而，随着经济的发展和技术的进步，这种生产组织形式渐渐失去了优势。尤其在市场需求日益呈现个性化、多样化和瞬息万变的情况下，它必将为更先进的生产组织形式所取代，在某些领域已让位给多品种、小批量生产乃至定制式生产的组织形式。面对一系列变革，标准化该怎么办？

这就是挑战，并且这个挑战不是一般的挑战，它要求标准化将自身的理论基础从工业经济时代转向知识经济时代；从为计划经济服务，转向为市场经济服务；从适应大量生产的要求拓展到适应个性化、多样化需求和市场形势多变的要求，以及适应经济全球化的要求。

案例

中国高铁“走出去”　需要标准“走出去”

中国高铁一直令国人振奋，已成为中国制造的骄傲，成为世界制造业的一张靓丽名片，同时，高铁产业还带动了冶金、机械、电子、软件、橡胶、合成材料、精密仪器、建筑工程等庞大产业链的发展。

高铁要“走出去”，首先要研究国际相关领域的标准与规则。李克强总理要求：“推广中国标准，唱响中国装备。”“一带一路”倡议为高铁走出去迎来了新机遇，这是毋庸置疑的。中国高铁已在布局走出去战略，同时更要研究国际同行走出去的规则与标准，提前系统布局标准，争取规则话语权，这是走出去的关键选项。

努力让中国高铁标准“走出去”，形成国际优势。从输出单一产品到高端机车整车出口、从列车设计到高铁施工等都应该有一整套的标准，这些标准同时应该互为支持，形成系统整体，以此形成中国高铁的高标准和竞争力。中国高铁在工程建造、高速列车、列车控制、客站建设、系统集成、运营管理等领域都掌握着核心技术。围绕走出去战略，系统布局国际标准和先进标准，已成为中国高铁形成国际优势的必然选项。

让高铁产业形成高端服务，用服务标准赢得世界。中国高铁走出去，最终必然是中国高铁服务走出去。设计服务、营运服务、维修服务等，将成为高铁的主体运营方向。结合自身的优势，实施更高水平的国际化经营战略，积极提前布局高铁服务的国际标准，将为中国高铁“走出去”的长远战略打下良好基础。

中国标准是中国产品与中国企业参与国际市场竞争的开路先锋，中国高铁技术标准在非洲一些项目上打破欧美技术标准的垄断，为中国高铁标准“走出去”提供了先例。未来的竞争，只有高水平的标准体系保驾护航，才能提高中国产品和中国企业在国际市场上的竞争力和影响力，才能在国际上争取更多高端市场的话语权。相信不久的将来，中国高铁通过标准引领一定能打造成全球铁路的领跑者。

【本章小结】

(1) 企业标准化战略可以定义为：以企业为载体，以生产经营为优化目标，将标准化作为统领性、全局性、系统性、长期性左右企业成长与发展的手段、工具、方案与对策。企业标准化战略没有统一的模式，也不可能搞统一模式。它必须从企业实际情况出发，从市场环境和市场发展趋势出发，创造性地制定自己企业的标准化战略。

(2) 我国现行的标准化法律法规体系由《标准化法》与其配套的标准化法规规章以及其他涉及标准化事项的法律构成。我国实施“统一管理、分工负责”的标准化工作管理体制。《标准化法》对企业标准化工作提出了具体要求。

(3) 七项质量管理原则被确定为最高管理者用于领导组织进行业绩改进的指导原则，是质量管理体系标准的基础。标准是评价和衡量产品质量、工作质量的尺度。国家质量基础设施强调计量、标准、认证认可和检验检测是一个完整的技术链条，是保障国民经济有序运行、促进科技创新、提升国际竞争力的基础，是提升质量竞争能力的基石。

(4) 合格评定活动在一定意义上可视为证明符合技术法规和标准及合同要求的活动，因而也被视为标准化活动中"化"的具体体现，是实施标准的一个有力手段，也是国际贸易中的技术性贸易措施之一。

(5) 标准化活动的成效最终要用它所取得的效益大小来衡量，ISO 方法论给出了评价标准影响的步骤：了解价值链、识别标准的影响、价值驱动因素分析、衡量标准的影响，可用于评价单个公司也可扩展到某个行业。

(6) 科学技术是标准化的坚实基础，标准化是技术积累的平台、提高创新效率的平台、创新扩散的平台。GB/T 33450—2016《科技成果转化为标准指南》规定了科技成果转化为标准的需求分析、可行性分析、标准类型与内容的确定，以及标准编写等要求。

(7) 技术标准中的知识产权问题，主要是指技术标准内容中涉及了专利权、版权以及商业秘密等《知识产权法》保护对象而产生的问题，核心是专利权。技术标准中涉及专利问题的处置通常包括专利信息的披露和专利实施许可。

(8) 标准是国际贸易链条不可缺少的重要环节，是国际贸易规则的重要组成部分，对于现代化国际贸易有重要推动作用。技术性贸易壁垒一般以国家或地区的技术法规、协议、标准和认证体系（合格评定程序）等形式出现，涉及的内容广泛，涵盖科学技术、卫生、检疫、安全、环保、产品质量和认证等诸多技术性指标体系，呈现出灵活多变、名目繁多的特点。技术性贸易壁垒协议以国际标准为基础。

【思考题】

(1) 思考企业标准化战略与企业战略有什么关系？
(2)《标准化法》对企业标准化工作提出了哪些要求？
(3) 企业如何运用国家质量基础设施提升质量竞争能力？
(4) 结合工作简述科技成果转化为标准的路径和方法。
(5) 技术标准中涉及专利应如何处置？
(6) 如何运用标准化提升国际竞争力？

第四章　企业标准体系

企业标准体系是企业战略性决策的结果。企业标准体系的构建是企业顶层设计的内容之一，是企业管理体系的重要组成部分，也是企业获得卓越绩效、实现持续发展的途径。

企业在进行标准体系设计时，应充分考虑所遵循国家法律、法规的要求，所处行业的特征及其环境的变化，以及企业自身的规模、发展阶段、组织机构、采用的过程、提供的产品和服务等因素，以实现企业战略和满足各相关方的需要为根本目标进行企业标准体系的自我设计，并遵循“构建—运行—评价—改进”方法周而复始地运作，形成自我驱动的标准体系实施、评价和改进机制，实现企业标准体系的持续改进。

本章介绍企业标准体系的基本理念，指导构建企业标准体系，包括工业标准体系、农业标准体系和服务业标准体系的结构、标准明细表、标准统计表和标准体系编制说明以及体系的运行、评价与改进等内容。

【学习要点】

➢ 了解企业标准体系建设的基本理念。

➢ 掌握企业标准体系的基本框架。

➢ 掌握企业标准体系表的编制方法。

➢ 了解企业标准体系的运行和评价。

➢ 熟悉 GB/T 35778—2017《企业标准化工作　指南》、GB/T 15496—2017《企业标准体系　要求》、GB/T 15497—2017《企业标准体系　产品实现》、GB/T 15498—2017《企业标准体系　基础保障》、GB/T 19273—2017《企业标准化工作　评价与改进》系列国家标准。

➢ 熟悉 GB/T 13016—2018《标准体系构建原则和要求》、GB/T 13017—2018《企业标准体系表编制指南》。

第一节　企业标准体系概述

引例

企业标准体系是企业标准化战略重点。企业标准体系是企业将各类标准、制度及法律法规按照内在联系，形成科学有机的整体，它不是孤立的、互不相关的。建立标准体系就是运用系统方法，利用信息化手段，通过分析研究，选择最优化的系统方案，发挥系统效应和敏捷高效作用，形成企业完善机制和寻求长远发展的关键平台，是企业实施标准化战略的重点内容。

构建标准体系是运用系统论指导标准化工作的一种方法，构建标准体系主要体现为编制标准体系结构图和标准明细表，提供标准统计表、编写标准体系编制说明，是开展标准体系建设的基础和前提工作，也是编制标准制（修）订规划和计划的依据。标准体系表是一定范围内包含现有、应有和预计制定标准的蓝图，是一种标准体系模型。

一、企业标准体系的特征

标准体系是一个由标准组成的系统，为此，它也具有系统的目标性、集成性、层次性、动态性和稳定性，现分别介绍如下。

（一）目标性

建立企业标准体系必须有明确的目标。例如发展产品品种和服务项目、提高产品或服务的质量、提高生产效率、降低资源消耗、确保生产安全和职业健康以及保护环境等。企业标准体系的目标应该是具体的、可测量的，为企业的科研、生产、服务、经营、管理提供全面的作业依据和技术基础，从而在实践中可以评价和有效控制其是否达到预期的目的。

（二）集成性

现代标准体系以相互关联、相互作用的标准集成为特征。随着生产和服务的社会化规模化程度的不断提高，任何一个单独的标准都难以发挥作用，若干相互关联、相互作用的标准集成为一个系统，才能实现一个共同的目标，而系统目标的优化程度又和标准的集成程度直接相关。

（三）层次性

为了充分发挥企业标准体系的功能，必须对复杂的系统实现分层管理。企业标准体系的结构层次是由系统中各要素之间的相互关系、作用方式以及系统的运动规律等因素决定的，高层次对低级的结构层次有制约作用，而低层次又是高层次的基础。

（四）动态性

企业标准体系处于企业生产经营这一更大的系统环境内，并与生产经营系统的有关要素处于相互消长的运动中。企业标准体系始终要受到企业总体方针目标的制约，同时，还要不断淘汰那些不适用的、功能低劣的要素，及时补充新的要素；对那些不能满足生产、经营、管理的项目，必须采取纠正措施或预防措施，以保证企业标准体系的动态持续改进。

（五）稳定性

科学技术的不断发展和生产经验的不断丰富，决定了企业标准体系的阶段性。但是，企业标准体系必须处于相对稳定的状态，这又是由标准化的基本特点决定的。由稳定状态到非稳定状态，再进入高一级的稳定状态，是企业标准体系阶段性发展的特征。

二、企业标准体系的建立

（一）建立依据

企业标准体系的建立必须遵守国家法律法规的规定，特别是国家有关标准化的法律法规和国家、行业、地方的有关企业生产、经营、管理和服务的强制性标准的规定。表 4－1 所列的是目前国家发布的与企业标准体系有关的国家标准，它们是企业标准体系建立的基础要求和前提条件，是加强企业管理、提高企业整体素质、提高经营管理水平和经济效益的需要。

表 4－1　企业标准体系有关的国家标准

序号	标准编号	标准名称
1	GB/T 13016—2018	标准体系构建原则和要求
2	GB/T 13017—2018	企业标准体系表编制指南
3	GB/T 15496—2017	企业标准体系　要求
4	GB/T 15497—2017	企业标准体系　产品实现
5	GB/T 15498—2017	企业标准体系　基础保障
6	GB/T 19273—2017	企业标准化　工作评价与改进
7	GB/T 35778—2017	企业标准化工作　指南
8	GB/T 24421.1—2009	服务业组织标准化工作指南　第 1 部分：基本要求
9	GB/T 24421.2—2009	服务业组织标准化工作指南　第 2 部分：标准体系
10	GB/T 24421.3—2009	服务业组织标准化工作指南　第 3 部分：标准编写
11	GB/T 24421.4—2009	服务业组织标准化工作指南　第 4 部分：标准实施及评价

（二）基本理念

企业标准体系的构建是建立在需求导向、创新设计、系统管理和持续改进四大基本理念基础之上的。这些理念反映了国际上先进的管理理念和方法，是企业标准体系得以科学构建并有效运行的前提。企业应根据所在行业特征、企业特点构建适合企业战略规划、经营管理需要的标准体系，以及形成自我驱动的标准体系实施、评价和改进机制。

1. 需求导向

以企业战略需求为导向，充分考虑企业内外部环境因素和相关方的需求与期望，以实现企业发展战略为根本目标，构建企业标准体系，并融入企业经营管理系统。

2. 创新设计

企业可按照 GB/T 15496—2017 进行企业标准体系的设计，也可在 GB/T 15496—2017 的基础上，根据企业实际进行创新设计，构建系统、协调、适应企业发展战略和经营管理需要的企业标准体系。

3. 系统管理

运用系统管理的原理和方法，识别企业生产、经营、管理全过程中相互关联、相互作用的标准化要素，建立企业标准体系，并与企业经营管理系统充分融合、相互协调，发挥系统效应，提高企业实现目标的有效性。

4. 持续改进

采用“PDCA”的循环管理模式，即按照标准体系的“设计和建立—实施与运行—监督与评价—改进与创新”，周而复始，实现企业标准体系持续改进。

（三）基本原则

1. 目标明确

标准体系是为企业业务目标服务的，构建标准体系应首先明确标准化目标。

2. 全面成套

应围绕着企业标准体系的目标展开，体现在体系的整体性，即体系的子体系及子子体系的全面完整和标准明细表所列标准的全面完整。

3. 层次适当

企业标准体系表应有恰当的层次：

（1）标准明细表中的每一项标准在标准体系结构图中应有相应的层次。

注：从一定范围内的若干同类标准中，提取通用技术要求形成共性标准，并置于上层；基础标准宜置于较高层次，即扩大其适用范围以利于一定范围内的统一。

（2）从个性标准出发，提取共性技术要求作为上一层的共性标准。

（3）为便于理解、减少复杂性，标准体系的层次不宜太多。

（4）同一标准不应同时列入两个或两个以上子体系中。

注：根据标准的适用范围，恰当地将标准安排在不同的层次。一般应尽量扩大标准的适用范围，或尽量安排在高层次上，即应在大范围内协调统一的标准不应在数个小范围内各自制定，以达到体系组成尽量合理简化。

4. 划分清楚

标准体系表内的子体系或类别的划分，各子体系的范围和边界的确定，主要应按行业、专业或门类等标准化活动性质的同一性，而不宜按行政机构的管辖范围而划分。

（四）系统模型

应以企业战略为导向构建企业标准体系，并遵循“PDCA”理念和方法，实现系统管理和持续改进。企业标准体系系统模型如图 4-1 所示。

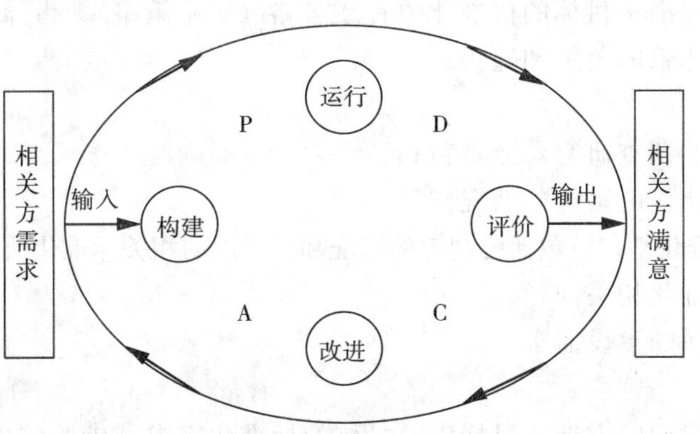

图 4-1　企业标准体系系统模型图

如图 4-1 所示，企业标准体系的“PDCA”循环中：P——根据相关方要求及期望、外部环境及企业战略需要，进行企业标准体系的设计与构建；D——运行企业标准体系；C——根据目标及要求，对标准体系的运行情况进行检查、测量和评价，并报告结果；A——必要时对企业标准体系进行改进和优化，以提升实施绩效。

企业标准体系的构建应根据企业发展战略及相关方需求与期望，企业标准体系中各标准之间是相互关联、协调作用的关系。

（五）总体要求

企业应按 GB/T 15496—2017、GB/T 15497—2017、GB/T 15498—2017 和 GB/T 19273—2017 建立、实施和改进标准体系。

GB/T 15496—2017 对企业标准体系构建提出如下总体要求：

（1）企业标准体系应遵循“PDCA”方法构建、运行、评价与改进。

（2）企业应以本企业战略为导向，分析需求，策划企业标准体系，根据分析结果宜形成企业标准体系构建规划。

（3）企业标准体系应目标明确，体系内所有标准应完整、协调，满足相关方需求。

（4）企业标准体系应层次清晰，结构合理，体系内所有标准边界清楚，接口顺畅，构成有机整体。

（5）企业标准体系应适宜、有效，企业可根据需求和内外部环境变化调整企业标准体系。

（6）企业宜将其他管理体系的标准纳入企业标准体系。

（7）企业应定期开展企业标准体系评价工作，确保体系持续有效。

（8）企业应利用标准化的方针目标评审和体系评价所产生的结果，持续改进和完善企业标准体系。

（六）构建方法

1. 确定标准化方针目标

在构建标准体系之前，应首先了解下列内容，以便于指导和统筹协调相关部门的标准体系构建工作：

（1）了解标准化所支撑的业务战略。

（2）明确标准体系建设的愿景、近期拟达到的目标。

（3）确定实现标准化目标的标准化方针或策略（实施策略）、指导思想、基本原则。

（4）确定标准体系的范围和边界。

2. 调查研究

开展标准体系的调查研究，通常包括：

（1）标准体系建设的国内外情况。

（2）现有的标准化基础，包括已制定的标准和已开展的相关标准化研究项目和工作项目。

（3）存在的标准化相关问题。

（4）对标准体系的建设需求。

3. 分析整理

根据标准体系建设的方针、目标以及具体的标准化需求，借鉴国内外现有的标准体系的结构框架，从标准的类型、专业领域、级别、功能、业务的生命周期等若干不同标准化对象的角度，对标准体系进行分析，从而确定标准体系的结构关系。

4. 编制标准体系表

编制标准体系表，通常包括以下内容：

（1）确定标准体系结构图

根据不同维度的标准分析的结果，选择恰当的维度作为标准体系框架的主要维度，编制标准体系结构图，编写标准体系结构的各级子体系、标准体系模块的内容说明。

企业标准体系通常按 GB/T 15496—2017、GB/T 15497—2017、GB/T 15498—2017 的规定构建；服务业企业标准体系可以按 GB/T 24421. 1—2009、GB/T 24421. 2—2009 的规定构建；企业标准体系也可按其他要求构建。

（2）编制标准明细表

收集整理拟采用的国际标准、国家标准等外部标准和本领域已有的内部标准，提出近期和将来规划拟制定的标准列表，编制标准明细表。

（3）编写标准体系表编制说明

标准体系表编制说明的相关内容见本章第二节的“四”。

5. 动态维护更新

标准体系是一个动态的系统，在使用过程中应不断优化完善，并随着业务需求、技术发展的不断变化进行维护更新。

三、与其他管理体系的关系

企业标准体系专注于为实现企业战略目标提供标准化管理的系统方法和管理平台。各类管理体系文件是企业标准体系的一部分。对于各管理体系的通用要求，可采用整合、兼容和拓展的方式，将相应标准修订后纳入标准体系；对于各管理体系的特定要求，可直接将原管理体系的文件纳入企业标准体系。

（一）企业标准体系是一个整体，有机整合是关键

首先树立一个理念，即标准化的基本原理是简化，标准体系是为企业有效管理服务的，无论体系标准如何变化，企业应结合自身实际，遵循自身规律，适时整合和选择各项标准体系，使之更加完善有效、持续提高，也就是说企业不应为标准而标准，这是管理的关键。

目前，企业中广泛采用的通用型管理体系标准主要包括：GB/T 19001—2016/ISO 9001：2015《质量管理体系　要求》、GB/T 24001—2016/ISO 14001：2015《环境管理体系　要求及使用指南》、GB/T 45001—2020/ISO 45001：2018《职业健康安全管理体系　要求及使用指南》、GB/T 23331—2020/ISO 50001：2018《能源管理体系　要求及使用指南》、GB/T 19580—2012《卓越绩效评价准则》、GB/T 36000—2015/ISO 26000：2010《社会责任指南》、ISO/IEC 17799：2005《信息技术　信息安全管理规程》等，这些标准适用于各种类型的组织，并可以通过第三方机构获取认证。

还有一些特殊专业使用的标准，基本上是在通用型管理体系标准基础上的一种更加严格的特殊管理模式或体系，基本覆盖通用型标准有关要求，如 GB/T 27025—2019《检测和校准实验室能力的通用要求》、ISO 22000：2018《食品安全管理体系　要求》、ISO/TS 16949：2009《质量管理体系　汽车生产和部分有关服务组织应用 ISO 9001：2008 的特殊

要求》、ISO 15189：2012《医学实验室对质量和能力的特殊要求》、ISO/IEC 17020：2012《各种检查机构运作的一般规则》等，由于其有特殊性，因此采用该类标准时，不宜再同时采用通用类标准。以汽车行业为例，企业已采用了ISO/TS 16949：2009《质量管理体系　汽车生产和部分有关服务组织应用ISO 9001：2008的特殊要求》，就不需再采用ISO 9001：2015《质量管理体系　要求》标准。

上述标准有一个共同特征，均是采用过程管理方法，这为各种体系整合创造了条件，这些标准与GB/T 15496—2017、GB/T 15497—2017、GB/T 15498—2017或服务业组织的GB/T 24421.1—2009、GB/T 24421.2—2009等一脉相承。另外，企业的管理系统本身就是一个整体，不能也不应该因标准而分家管理。因此，建立企业《标准化管理手册》是企业应对外界要求不断增加、不断完善自身机制，提升核心竞争力的必然要求。企业不管外界发生什么变化，不管需要什么标准，也不管建立什么体系，只要有新的要求，结合自身实际，不断往里面增加新的内容，通过文件修订满足新要求，同时不断优化管理工具，做到简化、简练，这是最好的选择。

（二）协调、整合、兼容是各类文件共同的愿望

国际标准化组织（ISO）的几个国际标准，表达了愿意与其他管理体系结合、协调和整合的意愿：

GB/T 19001—2016/ISO 9001：2015《质量管理体系　要求》指出："本标准不包括针对其他管理体系的特定要求，如环境管理、职业健康与安全管理、财务管理或风险管理的特定要求。然而本标准使组织能够将自身的质量管理体系与相关的管理体系要求相协调或整合。"

GB/T 24001—2016/ISO 14001：2015《环境管理体系　要求及使用指南》指出："本标准符合ISO对管理体系标准的要求。这些要求包括一个高阶结构，相同的核心正文，以及具有核心定义的通用术语，目的是方便使用者实施多个ISO管理体系标准。本标准不包含针对其他管理体系的要求，例如：质量、职业健康安全，能源或财务管理。然而，本标准使组织能够运用共同的方法和基于风险的思维，将其环境管理体系与其他管理体系的要求进行整合。"

而我国企业标准化工作系列国家标准，更是阐明了需要整合的意愿：

GB/T 15496—2017《企业标准体系　要求》指出："企业标准体系专注于为实现企业战略目标提供标准化管理的系统方法和管理平台。各类管理体系文件是企业标准体系的一部分。对于各管理体系的通用要求，可采用整合、兼容和拓展的方式，将相应标准修订后纳入标准体系；对于各管理体系的特定要求，可直接将原管理体系的文件纳入企业标准体系。"

国际标准化组织多年来一直努力开拓一体化的工作，后将"一体化"更改为"兼容"，并使用ISO/IEC指南2的定义来解释："在具体条件下，诸多产品、过程或服务一起使用，各自满足相应要求，彼此间不引起不可接受的相互干扰的适应能力。"

兼容是指组织可以用全部或部分共享的方式实施多个标准的共同要素，而不需要双重的或强加的有冲突的要求。企业盼望能有一种整体的认证、评价或确认的出现，最少也希望在文件的整理上，减少各单独体系分别"各自为政""以我为主"的不良倾向。

（三）以文件兼容为手段将各类文件统筹到企业标准体系

多个管理体系在企业共存是客观事实，各有各的作用，谁也不能替代谁，但是表达诸

体系的文件是可以整合的。文件整合需要共同的基础，这个基础就是以过程为基础的企业标准体系表，它面对的是企业“重复使用和共同使用”的所有文件。完全可以以“文件兼容”为手段，将各类文件统筹入企业标准平台。

GB/T 19001（GB/T 24001、GB/T 45001）规定的质量（环境管理、职业健康安全管理）手册、程序文件，是管理标准（基础保障标准）的一种形式，企业按照 GB/T 19001（GB/T 24001、GB/T 45001）规定建立形成文件的质量（环境管理、职业健康安全管理）管理体系，应充分利用已有的企业管理标准，并将质量（环境管理、职业健康安全管理）手册、程序文件纳入企业基础保障标准体系。这使得企业现行常用管理体系与企业标准体系的相互关系，在几个主要的“过程管理”方面有了一个相对明确的说法。

至于企业中那些不需要外部认证而客观实际存在的“财务管理体系”“人力资源管理体系”“生产管理体系”等体系的“文件”当然都有资格加入该文件系统。此时，企业标准体系表的建立不仅仅是一种理念的表达，更是一种可直接采用的工具和方法。

无论企业建立何种管理体系（不管是需要认证或不需要认证的各类体系），其实都需要为“产品”实现，或围绕之建立的“过程”提供文件，该标准体系则均可为企业提供文件化的支持；无论哪种体系或模块的建立，在企业标准体系表中都容纳得下，并分别给出了其相应的位置，这些“位置”其实就是由某“体系”某“子体系”，或由某“模块”、某“子模块”所占据。从而较好地解决了一个企业体系繁多、互不协调的问题，显现出企业标准体系确是各项管理工作的基础。从管理统筹角度看，则实现了“纲举目张”，这个“纲”就是企业标准体系结构图，而企业其他各类管理体系的文件（标准），分别都是在某个单项范围或某个模块内需要的“目”，各类管理体系文件就是企业标准体系的一部分。

企业标准体系给出的模式（例如“板块模式”），只是一个可供企业参考的框架，并非不可逾越的“雷池”。国家标准中提供的标准体系结构图是为企业建立企业标准体系而提供的标准化参考模型，为企业建立本企业具体的标准体系结构图提供借鉴和参考。企业标准体系作为支撑企业业务战略而构建的系统，宜根据生产经营的业务需求采用不同标准体系结构图，企业应根据实际对结构图中所列出的方框进行分析，进行相应的裁剪或做新的组合。企业标准也可以以多种形式存在，可以是文字形式，也可以是流程、图片、实物等形式，详见第五章第一节的“四”。

案 例

美的中央空调部整合标准体系创国际品牌

美的中央空调事业部结合企业实际，逐步树立了以企业标准体系为基础，与 ISO 9001 质量管理等体系有机融合的多元而又统一的现代化管理体系的思想意识，在实施过程中达成了共识，促进了管理体系的整合。

首先，制定、修订、完善企业标准。按照企业标准化工作系列国家标准的要求，制定了体系表及结构图，修订了《文件控制程序》，然后进行查漏补缺工作，按照持续改进的原则，逐步完善企业标准体系。其中对于可以直接上升为标准的文件，直接纳入体系表；对存在不足的管理制度，进行修订和整合，按照标准进行管理和控制；而针对已建立的标准，分工制定，并通过各部门评审、会审，逐步补齐。

其次，有机整合各管理体系是管理的关键。在企业标准体系的总体框架内，对质量、环境、职业健康安全等多个管理体系及公司原有企业标准、规章制度等进行体系整合，按照企业标准体系的要素、格式与要求进行分类将其纳入企业标准体系，用企业标准明细表将“企业标准体系”与其他管理体系联系起来，从而做到企业管理活动的简化、统一，减少重复。

另外，规范企业标准的编号规则和编写格式规定。在《美的集团企业标准编号规则》的框架下，对空调部门的三大标准体系进行了全面统一编号。在充分考虑GB/T 1.1要求的同时，重点考虑企业应用实际，制定符合企业实际的企标格式，如企业技术标准按照标准的特性分为2个标准模板和11个作业指导书模板，企业管理标准和工作标准各1个标准模板，既在一定程度上参考GB/T 1.1对标准的格式进行了规范，又能够充分体现企业的实际需求，不生搬硬套GB/T 1.1的条款。

同时，明确与完善各部门的标准化管理，各部门参照企业标准体系要求，规范、完善部门内企业标准管理工作；组织制定、实施与本部门有关的企业标准，负责本部门企业标准的复审；建立归口本部门管理的企业标准档案和明细表。将原有的部门职责编入部门工作标准，以现有岗位设置为基础，上至决策层，下至普通员工，均编制《岗位职责说明书工作标准》，使各个岗位职责更加细化、更加便于科学考核，更有利于人员系统管理。同时明确了职责权限和绩效考评指标，使其更好地调动各岗位员工的积极性。

通过体系的建立和有效运行，以及不断的自我评价与改进，美的中央空调事业部的标准化工作呈现出崭新的局面，共制定、修改、完善了4247项企业标准。其中：管理标准204项、技术标准885项、作业指导书2972项、工作标准186项，企业标准体系更趋科学、合理、有效，对企业的生产经营管理和企业持续发展发挥了明显的支撑作用，并成为现代企业制度的重要组成部分，为企业进一步做强做大奠定了坚实的基础。

第二节　工业企业标准体系表

引例

中车青岛四方机车车辆股份有限公司（以下简称“中车四方股份公司”）是中国高速列车产业化基地，铁路高档客车的主导设计制造企业，国内地铁、轻轨车辆定点生产厂家和国家轨道交通装备产品重要出口基地。公司所拥有的高速列车技术、直线电机地铁车辆技术、高原铁路客车技术已居世界领先水平。

在其快速发展过程中，标准化发挥了重要作用。中车四方股份公司于2003年建立了标准化部，成立了以总经理为主任的标准化委员会，委员会下设技术标准组和工作（管理）标准组，形成了公司标准化管理机构网络体系。

技术标准支撑公司创新发展。公司以高速动车组的技术标准为主要研究目标，结合产品设计、制造过程和自主创新高速动车组项目建立了包括设计技术标准、产品技术标准、采购技术标准、工艺技术标准、设备与基础设施技术标准、工艺装备技术标准、检验验收与试验方法技术标准、测量检验与试验设备技术标准、安全技术标准、职业健康技术标准、环境技术标准及信息技术标准等12个子体系构成的技术标准体系，先后发布了技术标准体系表、高速动车组技术标准体系表及城轨车辆技术标准体系表，这些技术标准为公司创新发展提供了强有力的支撑。

标准化建设推动管理水平提升。公司建立了包括经营与企划管理标准、市场营销与服务管理标准、设计与工艺管理标准、生产管理标准、质量检验与试验测量管理标准、设备与基础设施管理标准、安全与职业健康卫生管理标准、信息与信息技术管理标准、环境与能源管理标准、人力资源管理标准及综合类管理标准等11个子体系构成的管理标准体系。将各项管理标准贯穿于公司经营、技术、生产活动等所有环节中，不断提高科学管理水平，协调管理秩序，优化生产经营模式。

中车四方股份公司坚持将标准与技术创新高度融合，以标准支撑科技创新发展，积极开展标准研制，成为多项国家标准、行业标准的主持制定者，并积极参与国际标准的制定，推动中国标准与国际先进标准体系的对接。公司以创新发展推进标准提升，发挥了标准在企业乃至轨道交通运输行业发展中的推动作用。

一、标准体系结构

标准按照不同的分类规则可以划分为不同的类别，因此，标准体系也可有不同的结构。标准按标准化对象可分为：产品实现标准、基础保障标准和岗位标准；因此，标准体系可分为：产品实现标准体系、基础保障标准体系和岗位标准体系。标准按属性可分为：基础标准、技术标准、管理标准和工作标准；因此，企业标准体系可分为：基础标准体系、技术标准体系、管理标准体系和工作标准体系。

（一）按标准化对象划分的标准体系结构

按标准化对象划分的标准体系结构如图4－2所示。

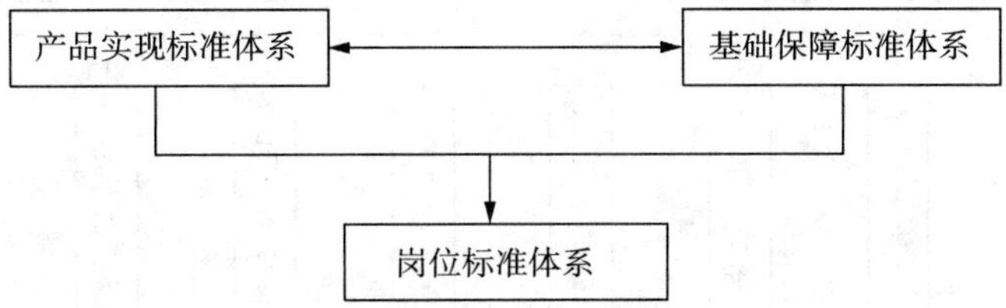

图4－2　按标准化对象划分的标准体系结构图

1. 产品实现标准体系

产品实现标准体系是为满足用户需求，规范产品实现全过程而建立的体系。产品实现标准体系可按照 GB/T 15497—2017 的建议构建，一般包括产品标准、设计和开发标准、生产/服务提供标准、营销标准、售后/交付后标准等子体系。产品实现标准体系结构如图 4-3 所示。

产品实现标准体系是开放、动态的有机管理系统，企业可根据产品类型和产品实现的过程对产品实现标准体系进行设计，包括删减、增补或整合标准体系的内容。产品实现标准体系应确保其充分性、适宜性和有效性，并且应与 GB/T 15496—2017 和 GB/T 15498—2017 的规定相互协调。

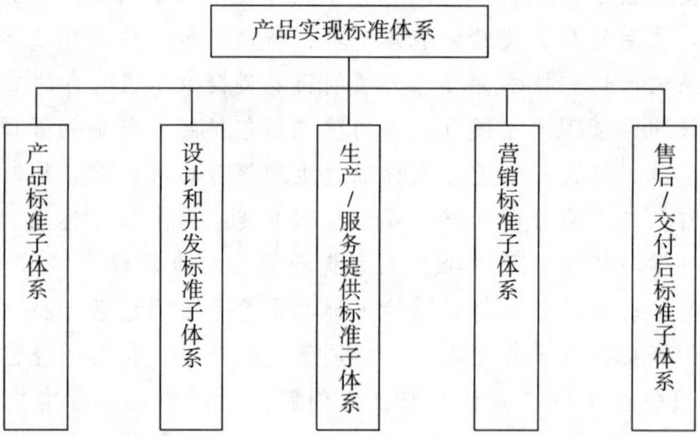

图 4-3　产品实现标准体系结构图

（1）产品标准子体系

产品标准是企业根据市场和顾客的需求，结合企业自身的技术和资源优势，对产品结构、规格、验证方法等作出技术规定，并对产品进行科学分类的标准。

产品标准可包括：企业声明执行的国家标准、行业标准、地方标准或团体标准；企业声明执行的企业产品标准和服务标准；为保证和提高产品质量，制定严于国家标准、行业标准、地方标准、团体标准或企业产品和服务标准的，作为企业内部质量控制的企业产品和服务内控标准；与顾客约定执行的技术要求或其他标准。产品标准子体系结构如图 4-4 所示。

（2）设计和开发标准子体系

设计和开发标准子体系可包括：产品决策标准、产品设计标准、产品试制标准、产品定型标准、设计改进标准。设计和开发标准子体系结构如图 4-5 所示。

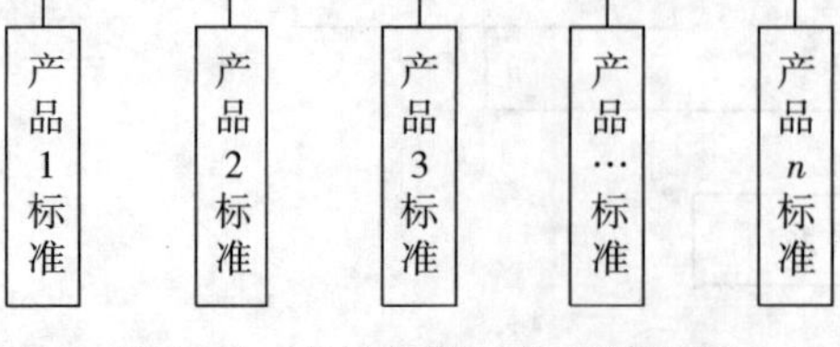

图 4-4　产品标准子体系结构图

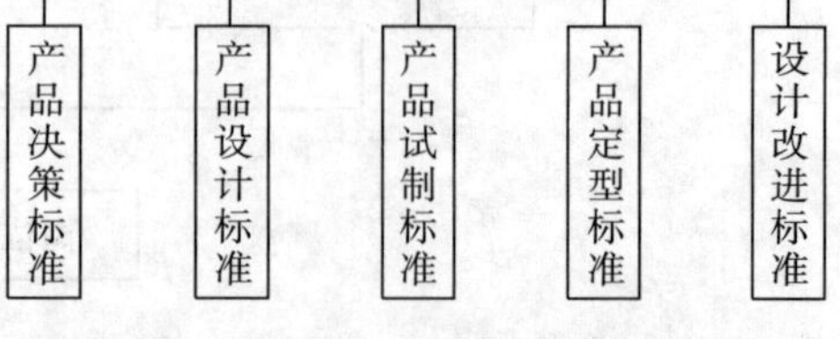

图 4-5　设计和开发标准子体系结构图

产品决策标准可包括：决策信息的收集，决策信息分析内容、方法和程序的要求，产品决策输出的报告和记录的要求，决策结构的要求。

产品设计标准可包括：产品设计输入的要求，例如，产品的质量特性要求、专业设计规范标准以及通用化、系列化、模块化的要求；产品设计的方法和程序的要求；产品设计评审的要求；产品设计输出的要求。

产品试制标准包括：申请产品试制的条件要求，责任部门/人员的职责和权限、工作内容及程序和协作关系的要求，评审、验证的要求，试制结论的确认条件及结果应用的要求。

产品定型标准包括：申请产品定型的条件要求，产品定型的工作内容和程序、试验内容和方法，产品定型文件的要求，产品生产/服务提供和试验/测试用的设施、设备、工具、器具的定型与配置要求，检验和测量仪器的配置和标定要求，产品定型确认/批准的要求。

设计改进标准包括：改进信息的收集、分析等的要求，改进方案的编制、评审、验证、确认的要求，改进实施的要求，改进效果评价的要求。

（3）生产/服务提供标准子体系

生产/服务提供标准子体系包括：生产/服务提供计划标准，采购标准，工艺/服务提供标准，监视、测量和检验标准，不合格控制标准，标识标准，包装标准，贮存标准，运输标准和产品交付标准。生产/服务提供标准子体系结构如图 4－6 所示。

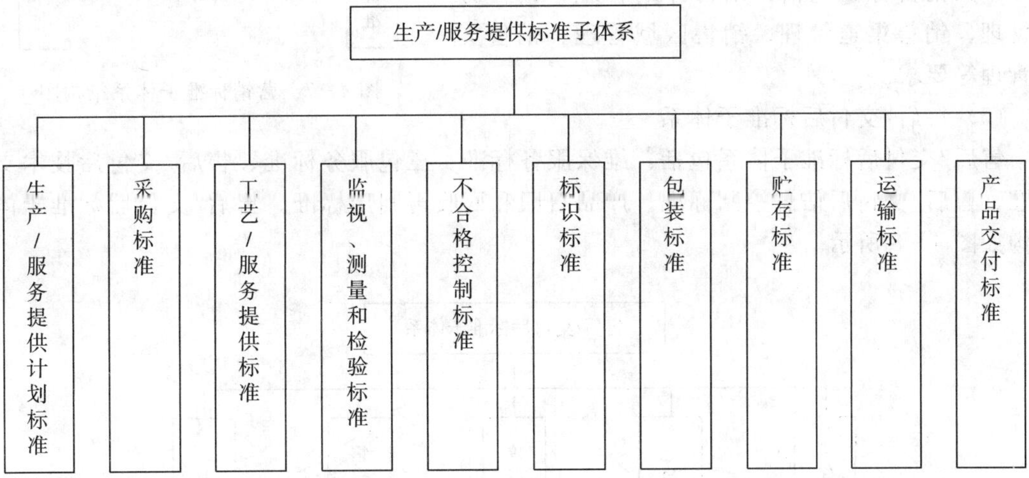

图 4－6　生产/服务提供标准子体系结构图

生产/服务提供计划标准包括：计划的分类，计划制订依据、模型/方法、程序以及计划文件，计划实施的准备、进度控制、调整的程序以及例外情况处理，计划考核内容、方式、周期以及结果应用，计划统计分析的数据、方法、结果应用以及统计报表。

采购标准包括：品种规格简化、优化，质量要求，采购过程控制，供方选择与评定等。

工艺/服务提供标准包括：生产/服务提供的方法和程序、过程质量控制、现场定置管理、操作规范管理等要求。

监视、测量和检验标准包括：监视、测量和检验的方法、程序、结果应用等要求。

不合格控制标准包括：不合格的识别、分类，不合格处理、纠正和预防措施，不合格记录等要求。

标识标准包括：标识使用、管理以及特殊要求。

包装标准包括：包装材料、工艺以及管理要求。

贮存标准包括：物资贮存、贮存设施、贮存日常管理以及出入库管理等要求。

运输标准包括：运输方式、条件及装卸方式的要求，运输时限的要求，运输防护的要求，以及易腐、易燃、易爆、有毒、有害、放射性产品意外泄漏时的应对措施等。

产品交付标准包括：产品交付条件、方法、程序的要求，交付使用的设施、设备的技术要求及精密度要求，交付应检查的项目、程序、检查方法和判定规则，交付完整性及交付文件的完整性要求。

(4) 营销标准子体系

营销标准子体系包括：营销策划标准和产品销售标准。营销标准子体系结构如图 4-7 所示。

营销策划标准包括：营销策划过程管理的要求、营销信息管理要求、顾客关系管理的要求、营销效益评价要求。

产品销售标准包括：销售计划管理、销售方式管理、销售渠道管理、销售区域管理、销售文件管理等要求。

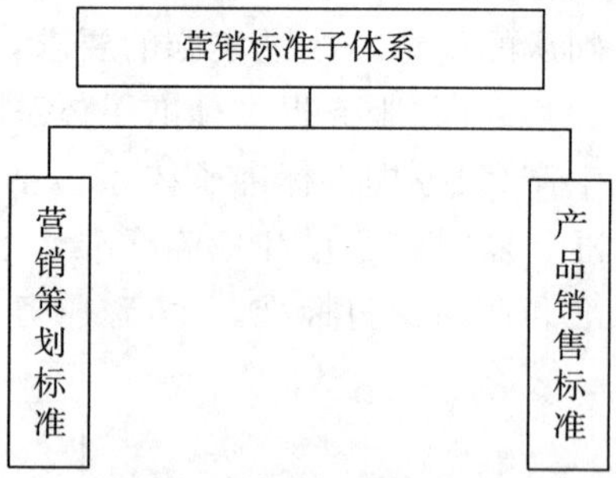

图 4-7　营销标准子体系结构图

(5) 售后/交付后标准子体系

售后/交付后标准子体系包括：维保服务标准、三包服务标准、售后/交付后技术支持标准、售后/交付后信息控制标准、产品召回和回收再利用标准。售后/交付后标准子体系结构如图 4-8 所示。

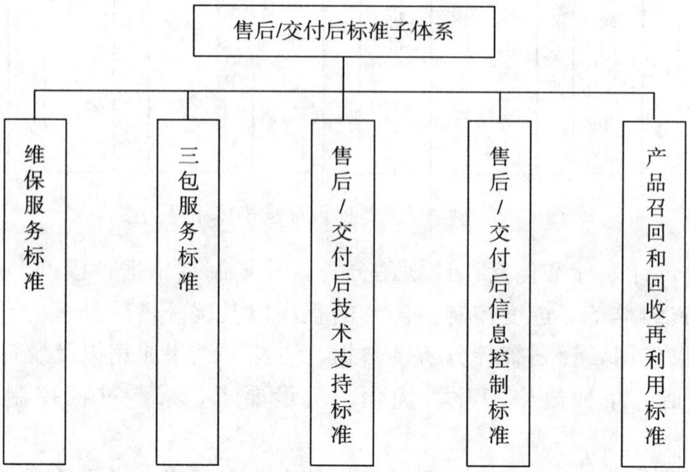

图 4-8　售后/交付后标准子体系结构图

维保服务标准包括：服务网点的设置评价、服务网点及设施设备、维保服务技术文件的要求，服务人员及服务规范、服务提供方的要求，维保服务工作的内容、程序的要求，备品备件及维保工具、设备的要求，顾客档案及维保服务记录的要求。

三包服务标准包括：调换、退货和保修的要求。

售后/交付后技术支持标准包括：技术支持需求的识别及技术支持的提供的要求。

售后/交付后信息控制标准包括：售后/交付后信息收集内容、周期、方式、统计、分析、传递、处理等要求，顾客投诉管理的要求。

产品召回和回收再利用标准包括：产品召回和回收再利用产品的技术要求，过程控制的要求，产品处置要求，效果评价要求。

2. 基础保障标准体系

基础保障标准体系是为保证企业产品实现标准体系有效实施，保障企业生产、经营、管理等各项工作的有序开展，以事项为组成要素而建立的体系。基础保障标准体系可按照GB/T 15498—2017《企业标准体系　基础保障》的建议构建，一般包括：规划计划和企业文化标准、标准化工作标准、人力资源标准、财务和审计标准、设备设施标准、质量管理标准、安全和职业健康管理标准、环境和能源管理标准、法务和合同标准、知识管理和信息标准、行政事务和综合标准等子体系。基础保障标准体系结构如图 4－9 所示。

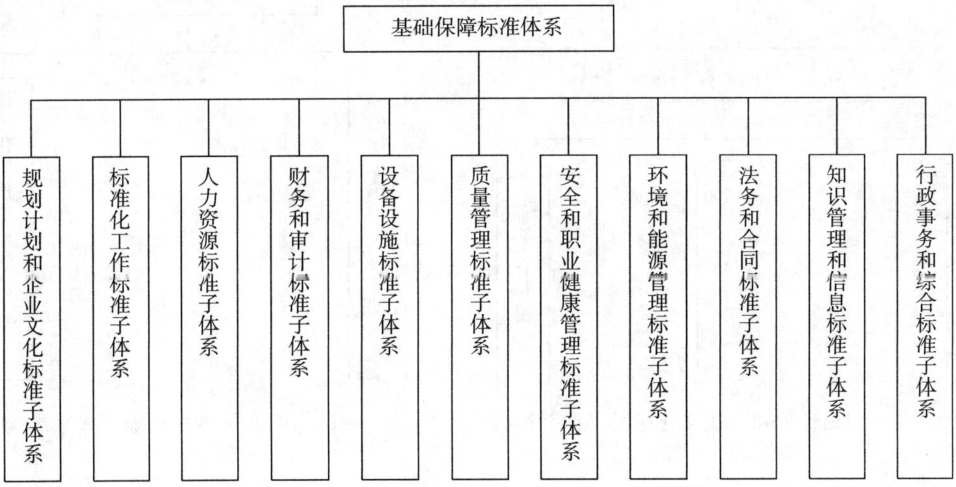

图 4－9　基础保障标准体系结构图

基础保障标准体系应以保证企业产品实现有序开展为前提进行设计，以生产、经营和管理活动中的保障事项为要素。它应在相关法规及其组织环境、企业战略、方针目标和企业标准化管理文件指导下形成，以企业生产、经营和管理等活动为依据。纳入基础保障标准体系的标准应相互协调，标准内容符合生产、经营和管理活动实际。不同类型的企业可根据市场、经营和管理活动的特点，对基础保障标准体系中的要素进行适当选择、调整、裁减与补充，选择、调整、裁减与补充应确保体系的适宜性、充分性和有效性，且不影响企业的产品实现。

基础保障标准体系应充分考虑和满足企业质量管理、职业健康安全管理、环境管理、能源管理、信用管理的要求，为企业建立和实施相关管理体系奠定基础。基础保障标准体系应与 GB/T 15496 和 GB/T 15497 的规定相互协调。

（1）规划计划和企业文化标准子体系

规划计划和企业文化标准子体系一般包括：规划计划标准、品牌标准和企业文化标准。规划计划和企业文化标准子体系结构如图 4-10 所示。

企业规划计划标准包括：规划计划的编制、调整和执行等方面的要求。

品牌标准包括：品牌的策划、定位和设计，品牌管理的组织和执行，品牌的评估、推广和保护等方面的要求。

企业文化标准包括：企业经营理念、价值观、诚信建设、社会责任、道德意识等精神文化要素，行为规范、治理机制、制度要求等制度文化要素，企业形象、企业标识、产品形象、环境建设、文化传播等物质文化要素。

（2）标准化工作标准子体系

企业应制定标准化工作标准，规定企业标准化工作的目标、内容、程序、要求、检查和改进方法等。标准化工作标准子体系一般包括标准化工作组织与管理标准和标准化工作评价标准。标准化工作标准子体系结构如图 4-11 所示。

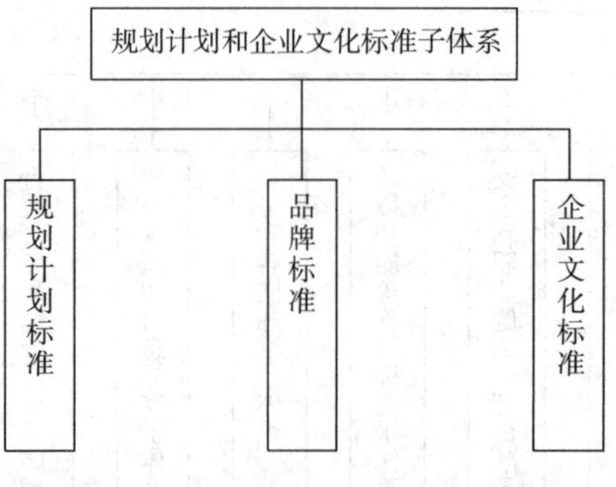

图 4-10 规划计划和企业文化标准子体系结构图

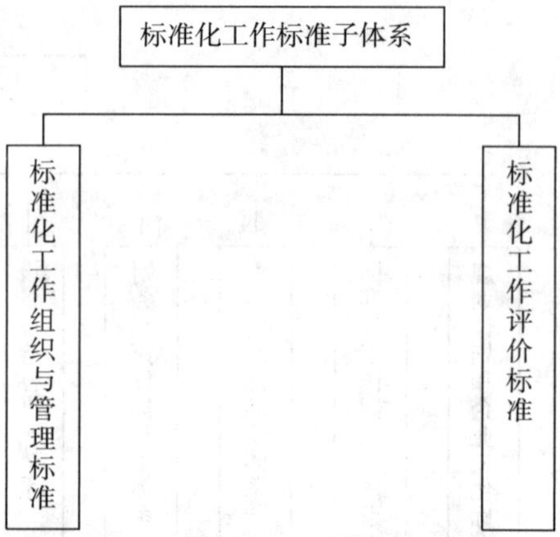

图 4-11 标准化工作标准子体系结构图

标准化工作组织与管理标准包括：标准化工作要求，标准化原理和方法，标准化术语，计量、单位、符号、代号和缩略语等标准，标准化工作的组织与开展，标准制（修）订管理，标准化信息管理等方面的要求。

标准化工作评价标准包括：标准复审及其结果的处置管理，标准实施与检查，标准体系评价与改进，标准化奖励，标准化经济效益与社会效益评价等方面的要求。

（3）人力资源标准子体系

人力资源标准子体系应根据企业发展、生产规模、劳动形式、生产环境、人员情况等编制，其中涉及岗位的具体要求应按照 GB/T 15496 中的规定执行。它包括劳动组织、劳动关系、绩效、薪酬福利保障、培训和人才开发等标准。人力资源标准子体系结构如图 4-12所示。

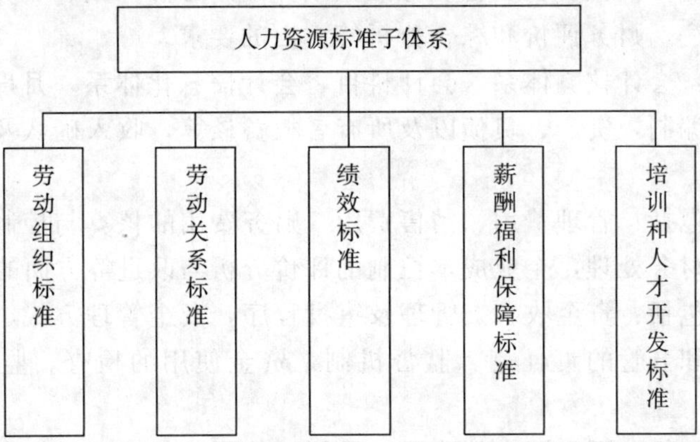

图 4－12 人力资源标准子体系结构图

劳动组织标准包括：企业组织机构的设置、变更及其管理，机构人员及岗位设置，岗位分析及规范等方面的要求。

劳动关系标准包括：员工招聘、选拔、录用、建档、调动、离职及退休管理，中高级管理人员的考察、选拔、聘任、考核、交流及培养，专业技术职务管理、职业技能鉴定及能力素质评价，员工的人事档案管理，劳动合同管理，劳动纠纷处理等方面的要求。

绩效标准包括：以员工绩效为对象的有关绩效计划制定、绩效辅导沟通、绩效考核评价、绩效结果应用和绩效目标提升，绩效系统的建立、测量、分析和评价等方面的要求。

薪酬福利保障标准包括：人工成本预算管理，员工工资核定、发放，薪酬福利制度调整，各项社会保障管理等方面的要求。

培训和人才开发标准包括：员工培训与开发需求分析，员工培训计划的编制与实施，教育培训经费的预算及使用，培训效果评价，员工职业生涯发展规划，培训资源的开发和人才队伍建设等方面的要求。

(4) 财务和审计标准子体系

企业应按国家法律、法规和地方、行业要求，对财务和审计活动进行规范，制定预算决算、核算、成本管理、资金管理、资产管理、投资融资、税务管理和审计管理标准。财务和审计标准子体系结构如图 4－13 所示。

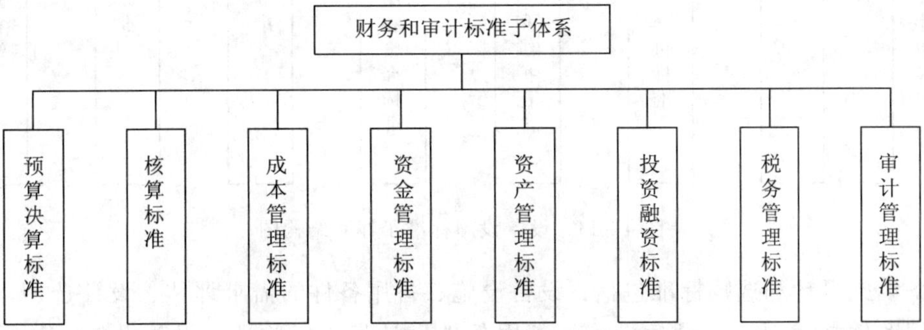

图 4－13 财务和审计标准子体系结构图

预算决算标准包括：预、决算管理标准，预算编制方法，预、决算执行情况统计、分析、控制和调整方法，财务评价和综合分析等方面的要求。

核算标准包括：会计核算体系，会计科目，会计信息化体系，月度、季度、年度财务报表以及财务报告编制，资产、负债以及所有者权益核算，收入确认及成本核算等方面的要求。

成本管理标准包括：管理费用、销售费用、财务费用的核算与控制，成本费用使用审批，成本费用报销财务处理，企业成本控制的评价分析与改进等方面的要求。

资金管理标准包括：资金收、支管理及审批程序，资金管理方式、措施、重点环节管理规定，资金使用和分管的责任制、监督机制，资金使用的检查、监督和考核等方面的要求。

资产管理标准包括：固定资产的购置、登记、使用、折旧、报废和处置，无形资产的使用、摊销和处置，存货的收发、盘点和核算，物资消耗以及物资储备等方面的要求。

投资融资标准包括：对内外投资程序、决策、项目实施和投资后评估，企业并购、收购程序、决策、实施和后评估，融资决策、实施、资金使用、风险评估等方面的要求。

税务管理标准包括：税务筹划、税务申报、税务票据管理，纳税核算等方面的要求。

审计管理标准包括：企业审计机构工作规则，企业内部财务审计、管理评审的程序和方法，风险识别、控制和评估，内部控制体系的监督检查、缺陷管理及内控评价等方面的要求。

（5）设备设施标准子体系

企业设备设施标准子体系包括：设备设施的设计和选购，储运，安装调试和交付，使用、保养和维护，改造、停用和废弃，工艺装备，基础设施，监视和测量等标准。设备设施标准子体系结构如图 4－14 所示。

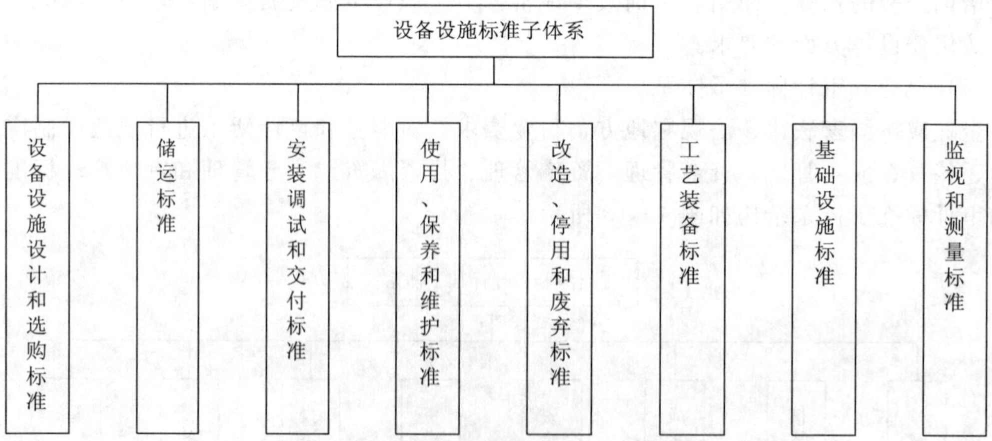

图 4－14　设备设施标准子体系结构图

设备设施设计和选购标准包括：设备设施、备用备件的需求评估、设计选型，设备设施、备用备件技术要求，设备设施、备用备件设计评审、验证，设备设施、备用备件监造，设备设施的测试、验收，采购设备设施、备用备件的检验项目与检验方法等方面的要求。

储运标准包括：设备的储存、运输，备用备件储运条件、方式、方法，备用备件出入库管理、盘点查库等方面的要求。

安装调试和交付标准包括：设备设施安装的技术条件、安装工艺、允许误差，设备设施现场制造技术、管理要求，设备设施调试技术和工艺，设备设施检测、试验方法与要求，试运行的技术要求和方法，交付与质保的技术要求与验收程序及其他管理要求。

使用、保养和维护标准包括：设备设施使用、操作、运行要求，设备设施保养和维护要求，设备设施检修要求，设备设施使用、保养、运行、维护、检修管理要求等。

改造、停用和废弃标准包括：设备改造技术要求，设备失效、废弃评判标准，失效废弃设备停用与处置要求，设备改造、停用与废弃管理要求等。

工艺装备标准包括：夹具、模具、器具、工具和样板要求，夹具、模具的零部件要求，工艺流转器具要求，工艺装备设计规范，刀具、夹具、模具、工位器具的维护保养要求，刀具、夹具、模具、工位器具定期检查、检验要求，刀具、夹具、模具、工位器具管理要求，其他移动式工器具技术和管理要求等。

基础设施标准包括：基础设施的造册、登记要求，基础设施证件办理、保管、变更等要求，基础设施的监测、维护、检修、改造要求，基础设施的报废处置要求，基础设施维护、检修、改造管理要求等。

监视和测量标准包括：设备设施的监视测量方法要求，设备设施的监视测量变更要求，设备设施的异动、变化的处置要求，设备设施的监视测量用仪器、仪表的检定要求等。

（6）质量管理标准子体系

质量管理标准子体系包括对产品实现过程的质量控制、精细化管理、精益化管理等标准。质量管理标准子体系结构如图 4－15 所示。

质量控制标准包括：原材料的品质管理与控制要求，不合格及半成品、制成品质量的管理与控制要求，成品质量的管理与控制要求，最终成品品质的管理与控制要求，体系和过程的质量控制要求等。

精细化管理标准包括：为保障产品质量、满足要求而开展的将管理责任具体化、明确化的要求。

精益化管理标准包括：为保障成品质量、满足要求、杜绝浪费和无间断的专业流程的标准，包括整理、整顿、清扫、清洁、素养等方面的要求。

（7）安全和职业健康管理标准子体系

安全和职业健康管理标准子体系包括安全管理标准、应急管理标准和职业健康管理标准。安全和职业健康管理标准子体系结构如图 4－16 所示。

安全管理标准包括：电器、机械产品、锅炉及压力容器、特种设备、危险化学品、儿童玩具等产品安全要求，勘测、贮运、爆破、燃气、建筑、电器、防火防爆、防止放射性、防生物伤害等工程安全要求，操作、工作环境、设备等的生产安全要求，交通安全标志、警示、管理等的交通安全要求，消防器材、消防设备设施购置、布置、使用、维护、检查、管理等消防安全要求，信息安全风险识别和评价、物理控制措施和管理控制措施、信息安全事件处置等信息安全要求，安全教育、安全检查以及安全技术措施计划、设计、开发、鉴定和使用规定的程序、风险评估、安全评审、事故处置等安全管理要求。

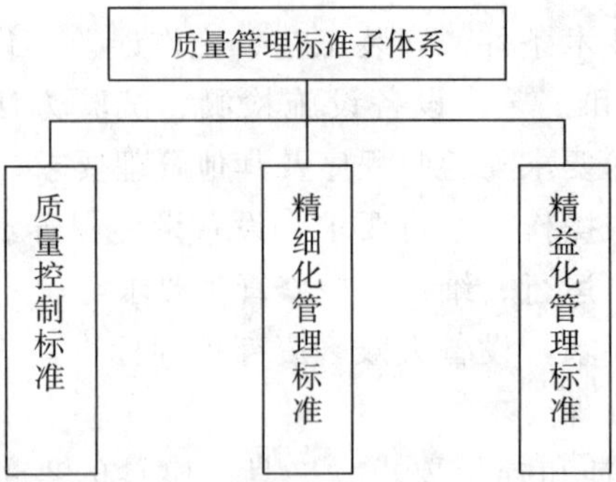

图 4－15　质量管理标准子体系结构图

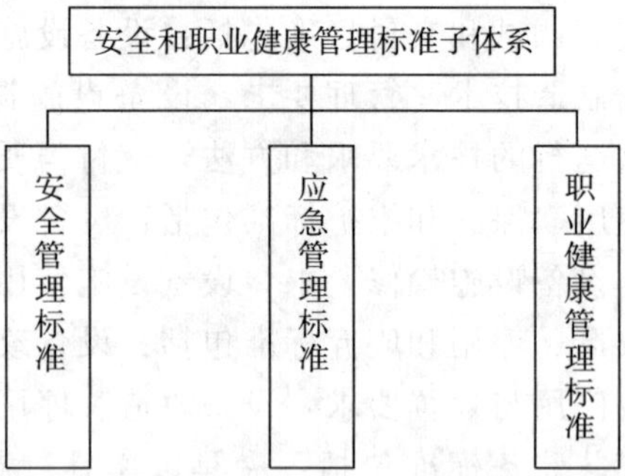

图 4－16　安全和职业健康管理标准子体系结构图

应急管理标准包括：潜在紧急事件的辨识，危险作业安全，应急物资、装备的技术及管理，应急预案编制，应急预案培训、演练、修正等方面的要求。

职业健康管理标准包括：工作环境条件、工作环境监测、劳动保护要求、职业禁忌疾病诊断、职业健康管理等方面的要求。

（8）环境和能源管理标准子体系

环境和能源管理标准子体系包括环境管理标准、废弃物排放标准和能源管理标准。环境和能源管理标准子体系结构如图 4－17 所示。

环境管理标准包括：环境标志技术和管理要求，环境保护评价标准，落实国家法律、法规和标准要求采取的技术和管理方法等。

废弃物排放标准包括：企业在生产、经营和管理活动各个环节中有关废弃物处置以及向大气、土壤、水体排放控制等方面的要求，一般涉及排放的极限值、排放检测及管理要求。

能源管理标准包括：能源产品标准，能源分配、转换和消耗的标准，能源计量器具、检测装置及新能源技术试验仪器、装置的配套和管理，节能技术进步的要求，能源综合利用等方面的要求。

（9）法务和合同标准子体系

法务和合同标准子体系包括法务管理标准和合同管理标准。企业应研究和甄别在市场、经营和管理活动中因不符合法律规定或者外部法律事件导致风险损失的可能性，并收集和制定相应标准。企业还应收集和编制在生产、经营和管理活动中与相关方有关的合同拟定、审批、执行、保管、纠纷处理、销毁以及合同分类、格式的标准。法务和合同标准子体系结构如图 4－18 所示。

法务管理标准包括：法人授权管理、章程及出资协议管理、证照管理、合规经营管理、法律纠纷案件管理、法制宣传教育等方面的要求。

合同管理标准包括：合同分类与格式，合同授权、谈判、起草、审核、评估、签订履行、预警、纠纷处理、管控、档案等程序和要求。

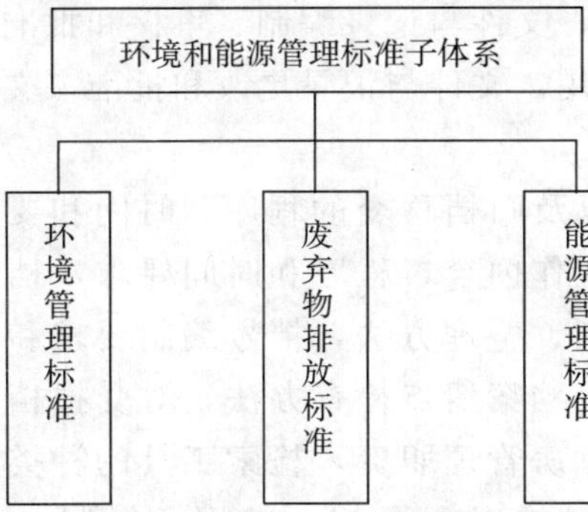

图 4-17 环境和能源管理标准子体系结构图

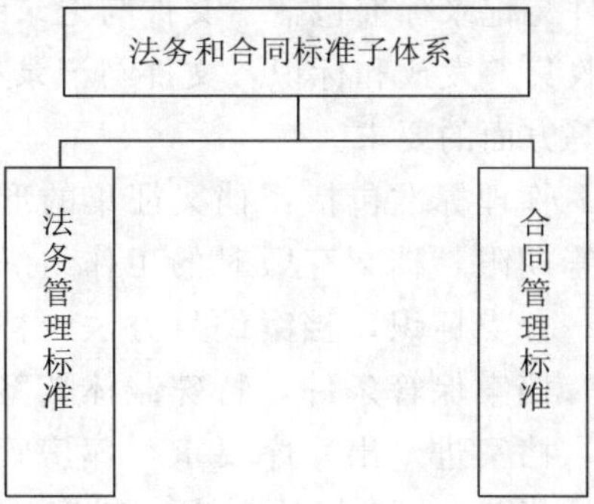

图 4-18 法务和合同标准子体系结构图

(10) 知识管理和信息标准子体系

知识管理和信息标准子体系包括知识产权管理标准、信息标准、文件与记录标准、档案管理标准。企业应收集和编制新技术、新工艺、新材料、新产品标准，以及成果登记、认可、鉴定、奖励、版权、标志标准，推动企业科技创新与成果应用。企业还应收集和编制对生产经营活动中产生影响的各类信息的标准，通过信息化手段，对这些信息进行分类、利用、保护。知识管理和信息标准子体系结构如图 4-19 所示。

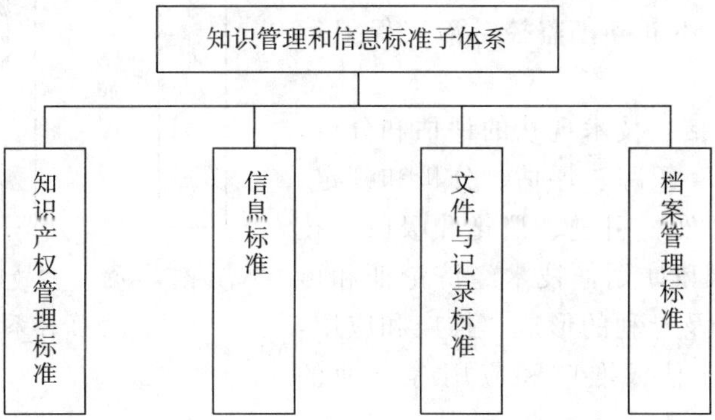

图 4-19 知识管理和信息标准子体系结构图

知识产权管理标准包括：企业关键知识识别和需求分析的内容和方法，产品和服务方面知识创新的流程和要求，企业内部已有知识的整理积累的要求和外部现有知识的获取方法，企业知识库的构建方法和对技术工具的要求，知识在员工、团队、企业之间交流、传递和转移的途径和方法以及知识保护的要求，企业知识运用的程序、方法和要求，以及效果评价等内容。

信息标准包括：信息分类、标识、描述、格式、适用范围、有效性等，信息的审核、批准、更新要求，信息的分发、访问、检索、使用和控制要求，信息的存储、防护要求，选择信息的保留、处置要求，统一编码、信息交换与接口规范，数据采集、储存、传递、选择、分析、开发、利用等要求，网络要求，通信要求，信息系统的策划、技术配置、技术实现、测试验收、操作、运行、维护和升级等要求。

文件与记录标准包括：文件与记录编制的格式，文件与记录编制、审核和批准，文件与记录收集、发放和标识，文件与记录有效性和使用，文件与记录更改和批准，文件作废和处置等方面的要求。

档案管理标准包括：档案征集的形式、流程以及归档移交的程序、时间和要求，档案的保管期限，档案存毁时的工作组织、职责、工作内容、程序和时间要求，档案的分类方法、分类标识，档案编号方法，档案整理原则、整理方法，档号编制要求和档案装具要求，档案保管条件，特殊载体档案保管方式，档案清点检查办法，对受损档案的处置办法，档案进（出）库要求，库房管理要求和库房管理职责，检索工具的种类、编制要求、检索途径和使用方法，档案应用的审批、核对、登记、借用、复制、归还的要求。

（11）行政事务和综合标准子体系

行政事务和综合标准子体系由行政事务标准、技术资源标准、风险和内部控制管理标准组成。行政事务和综合标准子体系结构如图 4－20 所示。

行政事务标准包括：公共关系处理、印信管理、公函往来与处置、办公会议组织与安排、督办事务等文秘工作要求；公务用车、用房、办公用品购置与发放、文明环境、后勤服务等行政工作要求；来信来访、涉外风险分析、接待与出访、经济与技术交流等涉外事务，监控、治安保卫等方面的要求。

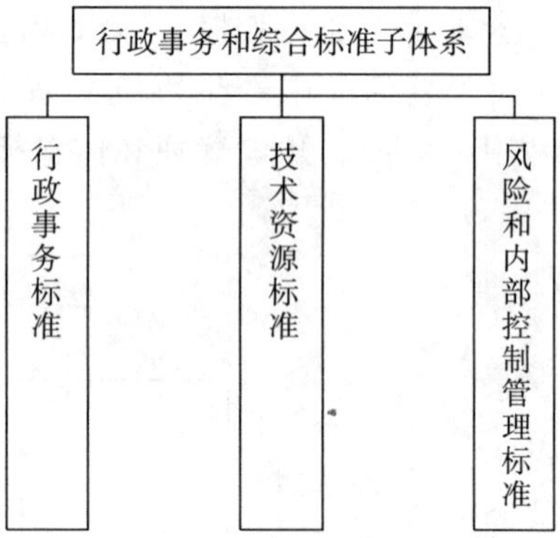

图 4－20　行政事务和综合标准子体系结构图

技术资源标准包括：技术现状的评估和分析，技术发展趋势的研究、跟踪、评估、分析和判定，先进技术和标准的开发、引进、消化和吸收，技术开发与改造的目标和计划，技术经济论证和可行性分析，技术技巧及专利的形成、推广和应用，创新管理的形成、评估、推广和应用等方面的要求。

风险和内部控制管理标准包括：风险管理标准和内部控制管理标准。风险管理标准包括风险识别、风险评估和规避风险方面的要求。内部控制管理标准包括企业资产、财务信息的准确性、真实性、有效性、及时性要求，企业员工、工作流程、物流的有效管控要求，企业经营活动监督机制方面的要求。

3. 岗位标准体系

岗位标准体系是为实现保障标准和产品实现标准有效落地，规范企业员工作业而建立的体系。岗位标准是以基础保障标准和产品实现标准为依据，针对具体岗位而制定的文件，是基础保障标准和产品实现标准提出和设定的要求在具体岗位、具体操作中的落实。岗位标准应覆盖企业的全部岗位。岗位标准中的内容来源于基础保障标准和产品实现标准，忠实于基础保障标准和产品实现标准，不可遗漏也不可超越。岗位标准可以是书面文本图表、多媒体，也可以是计算机软件化工作指令。岗位标准体系一般包括决策层标准子体系、管理层标准子体系和操作人员标准子体系。岗位标准体系结构如图4－21所示。

(1) 最高决策者及决策层其他管理人员，每个职务都应制定明确的职责和权限工作标准。

(2) 中层管理人员，正职和副职的职责和权限都需要制定工作标准。

(3) 部门的工作标准可以用部门正职管理人员的工作标准代替。

(4) 一般管理人员的职责、权限应体现在工作标准中，工作标准应按岗位制定，不按现实分工制定。

(5) 应为操作岗位员工制定通用的工作标准。

(6) 对特殊过程的操作人员，可对特殊工种、特殊岗位制定相应的工作标准。

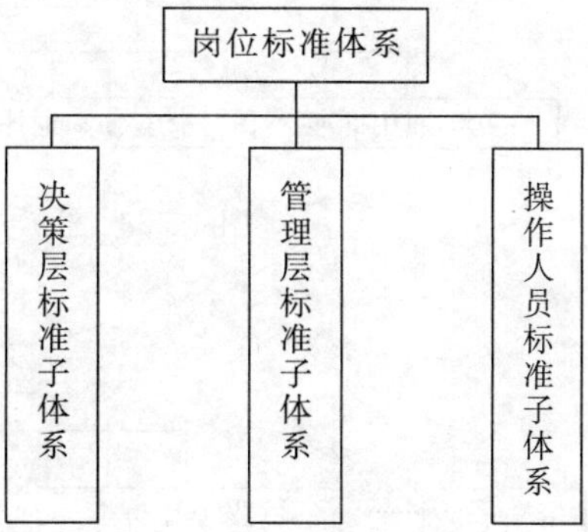

图 4－21 岗位标准体系结构图

(7) 操作人员的职责权限应体现在具体的岗位工作标准中，应按工种制定。

(二) 按标准属性划分的标准体系结构

按标准属性划分的企业标准体系结构如图 4－22 所示。

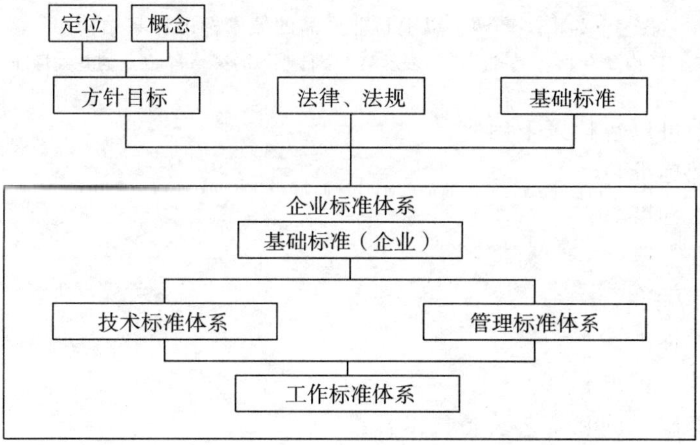

图 4－22 按标准属性划分的企业标准体系结构图

注：方针目标（包括定位、概念）、法律、法规、基础标准是建立企业标准体系的依据，基础标准包括全国通用综合性基础标准和行业基础标准。基础标准（企业）位于企业标准体系的第一层次，是本企业采用国家、行业基础标准或企业转化国家、行业基础标准而制定的基础性标准。技术标准体系和管理标准体系位于第二层次，连线表示两者之间的交互制约作用。工作标准体系应同时实施技术标准体系和管理标准体系中的相应规定，是技术标准体系和管理标准体系共同指导和制约的下层标准。

1. 技术标准体系

技术标准体系的层次结构如图 4－23、图 4－24 所示。

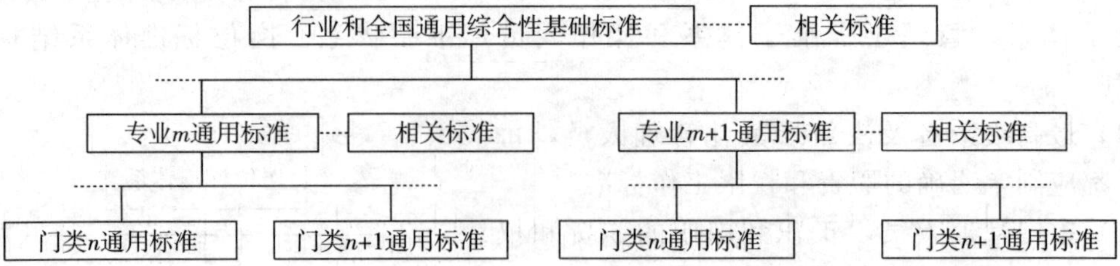

图 4－23　生产一个行业产品的技术标准体系结构图

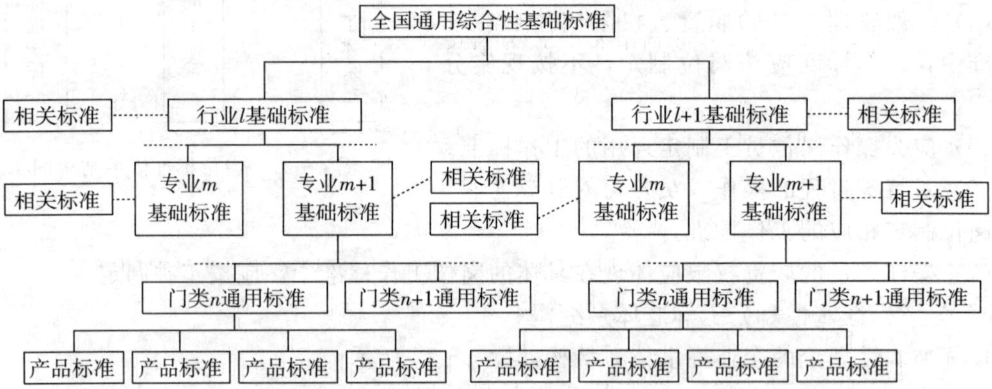

图 4－24　生产两个以上行业产品的技术标准体系结构图

注：图内“专业 m 基础标准”表示第 l 个行业下的第 m 个专业的基础标准。

技术标准体系可以包括以下内容：

（1）技术基础标准。

（2）设计技术标准。

（3）产品标准。

（4）采购技术标准。

（5）工艺技术标准。

（6）半成品技术标准。

（7）设备、基础设施和工艺装备技术标准。

（8）检验、验收和试验方法技术标准。

（9）测量、检验和试验设备技术标准。

（10）包装、搬运、贮存、标志技术标准。

（11）服务技术标准。

（12）能源技术标准。

（13）安全技术标准。

（14）职业健康技术标准。

（15）环境技术标准。

（16）信息技术标准。

2．管理标准体系

管理标准是指对企业标准化领域中需要协调统一的管理事项所制定的标准。

“管理事项”主要指在企业管理活动中涉及的经营管理、设计开发与创新管理、质量管理、设备与基础设施管理、人力资源管理、安全管理、职业健康管理、环境管理、信息管理等与技术标准相关联的重复性事物和概念。

管理工作所涉及的领域非常广泛，不同类型的企业差异较大。以制造业企业为例，管理标准体系结构如图 4－25 所示。

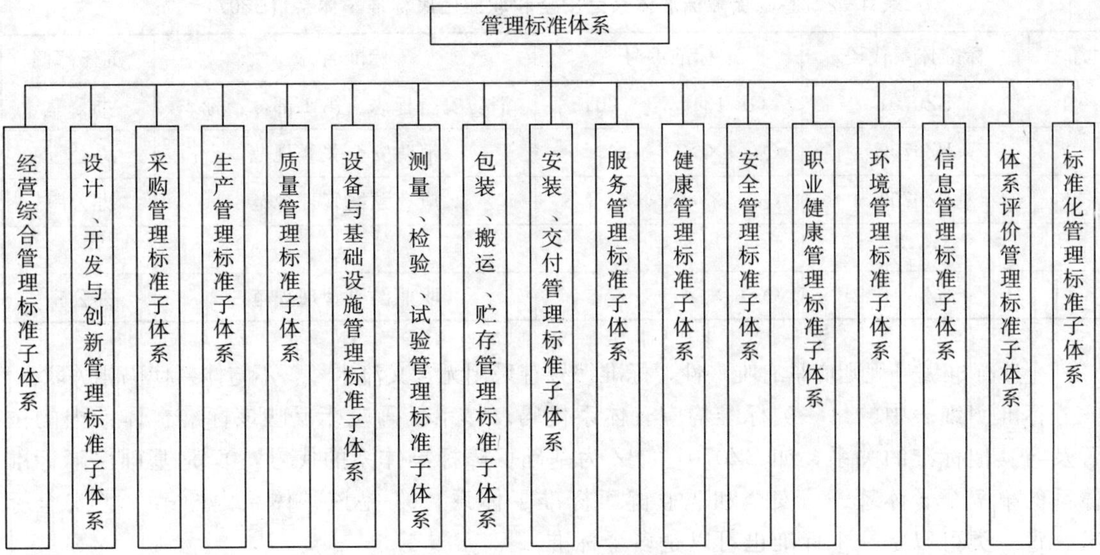

图 4－25　管理标准体系结构图

3．工作标准体系

工作标准是指对企业标准化领域中需要协调统一的工作事项所制定的标准。

“工作事项”主要指在执行相应管理标准和技术标准时与工作岗位职责、岗位人员基本技能、工作内容、要求与方法、检查与考核等有关的重复性事物和概念。工作标准体系结构如图 4－26 所示。

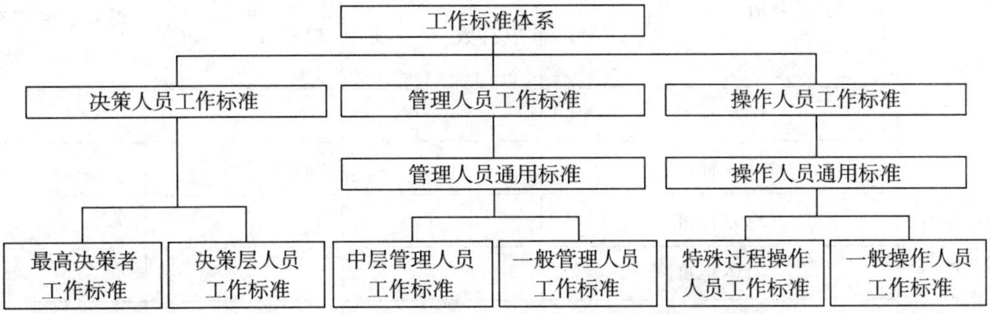

图 4－26　工作标准体系结构图

二、标准明细表

企业应根据企业标准体系结构，对产品实现标准体系、基础保障标准体系和岗位标准体系编制对应的标准明细表。

标准明细表应满足企业对标准的管理和运用需要，其表头一般包括：序号、体系代码、标准编号、标准名称、责任部门等内容，也可包括编制该项标准的依据文件信息和关联标准信息等。标准明细可参考表4－2。

表4－2 基础保障标准体系之安全和职业健康标准子体系（BZ07）

序号	标准体系代码	标准编号	标准名称	责任部门
1	BZ0701	GB 13495.1—2015	消防安全标志 第1部分：标志	办公室
2	BZ0702	Q/×××－××××	消防安全关联规范	办公室
3	BZ0703	Q/×××－××××	应急预案管理规范	办公室
……	……	……	……	……
10	BZ0710	Q/×××－××××	职业健康管理规范	办公室

企业标准编号规则应具有唯一性，标准编号宜采用无含义流水号，不与体系代码相关联。

标准明细表中的每一类标准均应有体系代码。体系代码应能反映该标准在体系内的位置及与其他标准的关系，如BZ0701，BZ为基础保障标准体系的代号，07是基础保障标准体系的第7个子体系——安全和职业健康标准子体系，01是该子体系内的第1类安全标准，每一类可以是一个标准也可以是多个标准。

三、标准统计表

标准统计表根据统计目的的不同而设置成不同的标准类别及统计项，其一般格式见表4－3。

表4－3 标准统计表

标准类别		统计项		
		应有数/个（项）	现有数/个（项）	现有数和应有数的百分比
按制定主体划分	国家标准			
	行业标准			
	地方标准			
	团体标准			
	企业标准			
	共计			

（续表）

标准类别		统计项		
		应有数/个（项）	现有数/个（项）	现有数和应有数的百分比
按标准化对象划分	基础标准			
	方法标准			
	产品、过程、服务标准			
	零部件、元器件标准			
	原材料标准			
	安全、卫生、环保标准			
	其他			
	共计			

四、标准体系编制说明

企业标准体系编制说明是开展企业标准体系活动的必要说明，内容一般包括以下几点：

1. 标准化规划与企业战略相符合的情况

标准化规划和企业战略的符合情况，以及企业标准体系与标准化规划的总体说明，需在企业标准体系编制说明中加以阐述。企业战略要达到降低制造成本的目标，需要转化为企业标准化规划，并最终在企业标准体系中得到实现。

2. 编制体系的依据及要达到的目标

编制说明应阐明体系编制的依据，即是依据 GB/T 15496—2017 等标准，还是依据其他标准，抑或是企业自我设计，在编制说明中应说明；同时编制说明中应明确编制标准体系要达到的目标。

3. 体系的划分依据和划分情况

企业标准体系要符合企业实际，因此企业要对编制体系所依据的标准进行分析，厘清本企业的标准体系和依据标准给出的体系框架之间的关系，说明在内部层次上，哪些做了变更、哪些做了整合、增加了哪些模块等内容，并对上述变更作出必要的解释说明。

4. 自我设计的企业标准体系构成

对于自我设计的标准体系，编制说明中应给出自我设计的子体系结构与本标准体系，以及 GB/T 15497—2017、GB/T 15498—2017 企业标准体系子体系结构的对照表，以确保自我评价和体系确认的有效展开。

5. 与其他体系交叉情况和协调处理意见

通常情况下，企业会有多个体系在运行，各体系之间的关系如何？各体系文件在标准体系中是如何处理的？这些都需要在编制说明中予以阐述。

6. 宜按标准类别，统计标准数量

宜列明企业标准明细表并进行统计分析。应结合企业标准明细表分析现有标准与国际标准、国外标准的差异、特点和优势或薄弱环节，明确近期及将来的标准化重点方向。企业常常追求标准多，认为标准多比少好，造成企业标准体系过于庞杂，因此统计分析的目标不是为了罗列，而是将统计列为今后标准体系管理的内容，企业应结合体系实际情况，为今后体系“增肥”或“瘦身”提供基础数据。

案例

标准化良好行为企业：大秦铁路股份有限公司侯马北车辆段

大秦铁路股份有限公司侯马北车辆段主要担负着铁路敞车、棚车、集装箱车、平车等多种路用货车的段修、临修任务，年均完成铁路货车段修任务8000余辆次、临修任务5000余辆次。2020年5月28日，侯马北车辆段通过第三方机构评价，获得AAAAA级标准化良好行为企业证书。

侯马北车辆段按照企业标准化工作系列国家标准，以及上级集团公司有关企业标准体系建设的实施意见要求，立足长远、高标启动，专项实施、阶段推进，扎实开展企业标准体系建设工作。

针对2017年年底新版企业标准化工作系列国家标准的出台，车辆段结合企业标准体系建设时间较短，现有建设工作开展层次还较低的现状，紧跟企业标准化工作最新研究成果，按照新版国家标准对企业标准体系进行重塑。按照新版国家标准要求，全面梳理相关国家、行业、地方标准，上级集团公司制发的企业标准、技术规章、管理制度等各类规范性文件，以及段制发的作业指导书、管理制度、应急预案、技术规章等各类规范性文件，组织专题研讨，对各层级规范性文件的内容进行整理、分类，识别与段管理、生产、经营直接相关的规范性文件3073项，并分别纳入相应标准子体系（图1），初步完成标准体系明细表的编制工作。

车辆段按照动态更新、定期公布的原则对标准体系进行持续更新，共计对企业标准体系进行大规模更新6次，完成正式公布2次。截至2020年3月31日，车辆段现行版本企业标准体系共计包括国务院文件、交通运输部文件、国家标准、行业标准等各级别规范性文件2402项；对需执行的法律法规32项、指导标准171项一并整理，编制完成相应目录。建立完善标准化信息系统，推进标准管理信息化。目前该管理系统在界面布局上能较好地展示企业标准体系，在使用上具备标准搜索、在线阅读、下载、打印等功能。

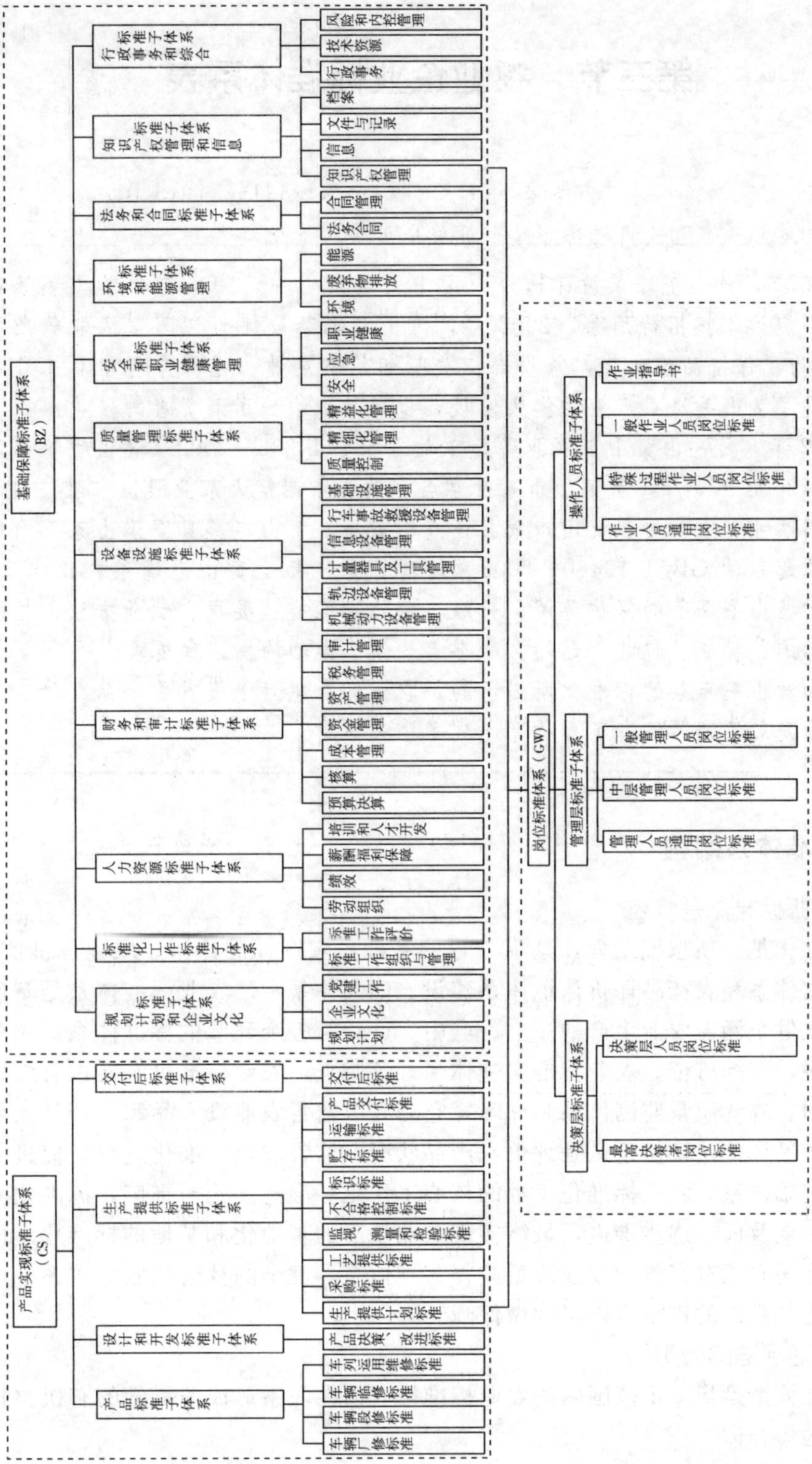

图1 侯马北车辆段标准体系结构图

第三节 农业企业标准体系表

引 例

1955 年，黄山毛峰茶被评选为中国十大名茶之一。1986 年，黄山毛峰茶被外交部指定为外宾招待用茶。2008 年，黄山毛峰茶被评为“国家级非物质文化遗产”。为了保持品牌优势，政府部门先后组织开展黄山毛峰茶标准化工作，有力地促进了黄山毛峰茶产业的健康发展，也有效地维护了消费者的权益。

2002 年 8 月，由黄山市农业局起草的 DB34/T 236—2002《黄山毛峰茶》正式发布。2008 年 6 月，由黄山市茶叶学会、黄山市谢裕大茶业股份有限公司、黄山市光明茶业有限公司、黄山市歙县汪满田茶场、黄山市黟县五溪山茶厂有限公司等单位起草的 GB/T 19460—2008《地理标志产品 黄山毛峰茶》正式发布。该标准对黄山毛峰茶的保护范围、分级与实物标准样、要求、试验方法、检验规则以及标志、标签、包装、运输、贮存等均作了详细的描述和要求。

正如黄山毛峰茶的标准化所揭示的，农业标准化对于提升农产品质量、推动现代农业发展、消除信息不对称等起到了巨大作用。

一、标准体系结构

（一）农业标准体系概述

农业标准化是一项系统工程，这项工程的基础是农业标准体系、农业标准实施体系、农业质量监测体系和农产品评价认证体系建设。四大体系中，农业标准体系是基础中的基础，只有建立健全涵盖农业生产的产前、产中、产后等各个环节的标准体系，农业生产经营才有章可循、有标可依。农业标准实施体系是落脚点，农业标准只有通过有效地实施才能发挥其作用。农业质量监测体系是保障，它为有效监督农业投入品和农产品质量提供科学依据。农产品评价认证体系则是评价农产品状况、监督农业标准化进程、促进品牌战略实施的重要基础体系。农业标准化工程的核心工作是标准的实施与推广，标准化基地的建设与推广，由点及面，逐步推进，最终实现农业生产的基地化和基地的标准化。同时，这项工程的实施还必须有完善的农业质量监督管理体系、健全的社会化服务体系、较高的产业化组织程度和高效的市场运作机制做保障。

（二）农业标准的分类

农业标准体系是指一定范围内的农业标准按其内在联系形成的科学的有机整体，是农业相关标准的集合体。

根据农业标准的属性，可分为技术标准、管理标准、工作标准和环境标准。

根据农业生产流程的环节及顺序，可分为产前标准、产中标准、产后标准、加工标准、储运标准和销售标准。

（三）农业标准体系的内容

农业标准体系的内容十分广泛，主要有以下几点：

1. 农业基础标准

是指在一定范围内作为其他标准的基础并普遍使用的标准。主要包括在农业生产技术中所涉及的名词、术语、符号、定义、计量、包装、运输、贮存、科技档案管理及分析测试标准等。

2. 种子、种苗标准

主要包括种子、种苗、种畜、种禽、鱼苗等品种种性和种子质量分级标准，生产技术操作规程，包装、运输、贮存、标志及检验方法等。

3. 农产品标准

是指为保证农产品的适用性，对产品必须达到的某些或全部要求制定的标准。主要包括农林牧渔等产品品种、规格、质量分级、试验方法、包装、运输、贮存、农机具标准，以及农资标准、农业用分析测试仪器标准等。

4. 方法标准

是指以试验、检查、分析、抽样、统计、计算、测定、作业等方法为对象而制定的标准。包括选育、栽培、饲养等技术操作规程、规范，以及试验设计、病虫害测报、农药使用、动植物检疫等方法或条例。

5. 环境保护标准

是指为保护环境和有利于生态平衡，对大气、水质、土壤、噪声等环境质量、污染源检测方法以及其他有关事项制定的标准。例如水质、水土保持、农药安全使用、绿化等方面的标准。

6. 卫生标准

是指为了保护人体和其他动物身体健康，对食品、饲料及其他方面的卫生要求而制定的农产品卫生标准。主要包括农产品中的农药残留及其他重金属等有害物质残留允许量的标准。

7. 农业工程和工程构件标准

是指围绕农业基本建设中各类工程的勘察、规划、设计、施工、安装、验收，以及农业工程构件等方面需要协调统一的事项所制定的标准。如塑料大棚、种子库、沼气池、牧场、畜禽圈舍、鱼塘、人工气候室等。

8. 管理标准

是指对农业标准领域中需要协调统一的管理事项所制定的标准。如标准分级管理办法、农产品质量监督检验办法及各种审定办法等。

（四）农业综合标准化

综合标准化是现代标准化方法之一，我国早在 1985 年就提出要开展农业综合标准化以获取农业经济的普通发展和最佳经济效益。

1990 年，我国制定和发布了 GB/T 12366.3—1990《综合标准化工作导则　农业产品综合标准化一般要求》。2015 年发布了 GB/T 31600—2015《农业综合标准化工作指南》，对农业产品综合标准化的基本原则、工作理解和内容要求作出了明确规定。

1. 基本原则

农品综合标准化应遵循 GB/T 31600—2015 中提出的几点基本原则。

(1) 目标导向原则

应以目标为导向，针对目标来开展影响农业综合标准化及目标实现的相关要素分析、标准综合体规划、标准综合体建立与实施等一系列综合标准化活动，实现预期目标。

(2) 系统优化原则

应运用系统理论和方法，综合考虑和系统分析农业综合标准化各种相关要素，优化调整相关要素和具体指标参数，以系统整体效益最佳为目标，寻求解决农业综合标准化问题的最佳方案。

(3) 整体协调原则

应整体协调对象、要素、指标之间的相互关系，调整农业综合标准化对象及要素的相关内容和指标参数，确定最佳方案，保证标准综合体实施的整体效益大于各标准单个实施的累加效益。

(4) 因地制宜原则

应综合考虑农业的区域性、生物性、季节性等特性，依据农业资源条件、经济与技术发展水平、产业链长度等因素和条件，合理确定综合标准化的对象、目标和指标参数等。

2. 工作程序与步骤

农业综合标准化的一般工作程序分为 6 个阶段 15 道步骤，见表 4-4 所列。

表 4-4 农业综合标准化工作程序表

工作阶段	GB/T 12366—2009 《综合标准化工作指南》	GB/T 31600—2015 《农业综合标准化工作指南》
1. 准备阶段	1.1 确定对象 1.2 调研 1.3 可行性分析 1.4 建立协调机构	1.1 确定对象 1.2 可行性分析 1.3 建立协调机构
2. 规划阶段	2.1 确定目标 2.2 编制标准综合体规划	2.1 确定目标 2.2 设计标准综合体 2.3 编制标准综合体规划
3. 制定标准阶段	3.1 制定工作计划 3.2 建立标准综合体	3.1 制定标准制（修）订计划 3.2 建立标准综合体
4. 实施阶段	4.1 组织实施 4.2 评价和验收	4.1 制定实施计划 4.2 整体组织实施
5. 评价阶段	—	5.1 评价方式 5.2 评价内容 5.3 评价方法及指标体系
6. 总结改进阶段	—	6.1 总结分析 6.2 改进提升

3. 工作内容和要求

现以新疆长绒棉综合标准化为例说明农业综合标准化的过程、内容与要求。

（1）确定对象

长绒棉是纺高支纱的特种纺织原料，具有纤维长、细、强等优点，产于新疆，符合下列要求：

① 国民经济建设和人民生活需要的大宗农产品。

② 出口创汇的农产品。

③ 自然资源丰富、优势大的农产品。

④ 投资少、见效快、经济效益好的农产品。

⑤ 重大农业科技成果的推广项目。

因此，新疆维吾尔自治区标准化行政部门确定农业产品综合标准化为首要对策。

（2）可行性分析

内容略。

（3）建立协调机构

新疆维吾尔自治区标准化行政部门组建了由农业厅、农料区、纤维检验所、种子管理总站、兵团种子公司、农业局、棉麻公司及有关基层农业单位人员参加的长绒棉综合标准化协调机构（即工作机构）。

（4）确定目标

依据长绒棉生产的历史、现有资料、用户要求及兵团农师《长绒棉模式栽培规范》等科研成果确定长绒棉综合标准化的目标。如平均亩产从48.6kg增加到55～60kg等。

（5）设计长绒棉标准综合体

内容略。

（6）编制长绒棉标准综合体规划

通过对长绒棉及其种植过程各相关因素的补充分析，编制相关要素图如图4－27所示。

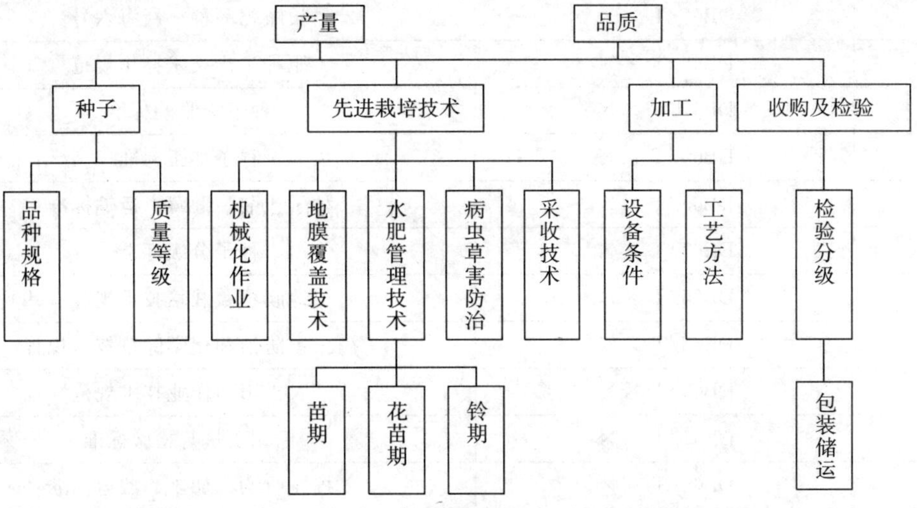

图4－27　编制长绒棉相关要素图

（7）制订标准制（修）订工作计划

依据长绒棉标准综合体规划，制订具体的制（修）订标准和实施标准的工作计划，明确责任人和工作期限。例如，长绒棉种子标准由自治区种子管理总部刘××（高级农艺师）和兵团种子公司王××（农艺师）负责起草等。

（8）建立长绒棉标准综合体

根据系统分析结果，进行目标分解，确定长绒棉标准综合体，包含下列标准类别：

① 品种及种子标准。

② 生产技术操作规程。

③ 收购、加工、包装、储运标准等。

（9）制订实施工作计划

依据长绒棉标准综合体规划制订具体的制（修）订标准和实施标准的工作计划，明确责任人和工作期限。

依据标准制（修）订程序完成标准综合体规划中每项标准的起草、审定、批准和发布工作，建立长绒棉标准综合体，见表4-5所列。

表4-5　长绒棉标准综合体一览表

序号	标准编号	标准名称
1	DB65/T ××	长绒棉品种区域试验方案标准
2	DB65/T ××	长绒棉品种　新海棉
3	DB65/T ××	长绒棉品种　新海一号
4	DB65/T ××	长绒棉品种　新海二号
5	DB65/T ××	长绒棉品种　新海三号
6	DB65/T ××	长绒棉品种　新海四号
7	DB65/T ××	长绒棉品种　新海五号
8	DB65/T ××	长绒棉品种　新海六号
9	DB65/T ××	原种生产技术操作规范
10	DB65/T ××	种子棉收购标准
11	DB65/T ××	种子加工标准
12	DB65/T ××	种子包装、贮藏、运输标准
13	DB65/T ××	种子分级标准
14	DB65/T ××	地膜覆盖栽培技术规程
15	DB65/T ××	病虫害防治和化学除草技术规程
16	DB65/T ××	农机田间作业技术规范
17	DB65/T ××	棉花质量与检验标准
18	DB65/T ××	棉花收购、加工、贮运标准
19	DB65/T ××	棉花包装标准

(10) 建立实施长绒棉标准综合体

长绒棉标准综合体建立后，应选择有代表性的地区进行示范。示范时要做好标准化技术指导工作，做好原始记录，以便总结与推行。

有些标准也可以经过一定时间和一定范围（规模）的试行验证后，再正式发布标准。

新疆长绒棉标准综合体内各项标准从 1989 年起分别在农二师 29 团和 30 团、鄯善县等地示范试行，然后在全疆推广。

(11) 确定评价方式和内容

农业产品综合标准化开展一定期限后，应进行总结评价：这种总结评价一般是以农产品综合标准化前后的效益对比，或以综合标准化与非综合标准化方法对比的形式进行。

(12) 确定评价方法和指标体系

内容略。

(13) 总结分析

新疆长绒棉综合标准化协调机构在总结分析的基础上组织验收，验收时要提供下列文件：

① 产品综合标准化对象的相关要素图表及有关文字说明。

② 标准综合体规划及标准文本。

③ 农产品综合标准化试点和/或推广工作总结。

④ 评价分析资料。

⑤ 用户意见等。

(14) 改进提升

内容略。

二、标准明细表

内容与工业企业标准体系基本一致，见本章第二节相关内容。

三、标准统计表

内容与工业企业标准体系基本一致，见本章第二节相关内容。

四、标准体系编制说明

内容与工业企业标准体系基本一致，见本章第二节相关内容。

案 例

黄花产业标准化开出脱贫“致富花”

国家黄花种植与加工标准化示范区是大同县三利农副产品有限公司承担建设的第九批国家农业标准化示范区之一，位于山西省大同市云州区。云州区是全国四大黄花菜传统种植产区之一。“大同黄花”用标准化走出一条黄花产业现代化发展的新路子，使黄花产业成为当地扶贫产业，开出脱贫的“致富花”，相继荣获中国百强农产品区域公用品牌，入选中国农业品牌目录、国家知识产权局地理标志运用促进项目工程，得到了广大农民的认可。2020年5月11日，习近平主席视察山西，实地考察示范区的黄花标准化种植基地时指出："黄花也能做成大产业，有着很好的发展前景。要保护好、发展好这个产业，让黄花成为群众脱贫致富的'致富花'。"

一、健全黄花全产业链标准体系，夯实产业发展基础

一是坚持安全第一，制定实施《黄花病虫害防治技术规程》，严格控制农药喷洒时间、使用药量、喷洒位置，禁止使用硫黄熏蒸黄花或添加焦亚硫酸钠，解决农药残留、防腐剂含量超标问题，保障黄花产品质量安全。二是坚持质量优先，制定实施《黄花栽培技术规程》《黄花田间管理方法》，将黄花种植行距由0.7～0.9米变为1.2～1.4米，既便于机械化操作，又降低了病虫害，在保证产量的基础上有效地提升了黄花品质质量。三是强化标准化加工，制定实施《干制黄花菜加工流程规范》，建造大型现代化冷库、杀青烘干房，一举改变了过去农户一家一户分散采摘、晾晒要"看老天爷脸色"的局面，实现了高品质黄花的规模化生产加工。四是实行分等分级，制定实施《黄花菜分级指南》，提高黄花产品商品化程度，实现优质优价。2020年7月，随着《大同黄花生产技术规程》省级地方标准的发布实施，示范区构建起包括17项国家标准、2项行业标准、1项地方标准、54项企业标准在内的覆盖黄花种植、加工、流通的全产业标准体系。

二、大力推广"公司＋农户＋基地＋标准"的标准化生产经营模式

以标准为核心，以公司为桥梁，一头连着市场，一头连着农户，将标准贯穿始终。示范区承担单位大同县三利农副产品有限公司在建立黄花种植、加工、流通全产业标准体系的同时，按标准化要求建设2万亩基地，直接带动贫困农户221户，亩产黄花鲜菜达3500～4000斤，产值达1.4亿元，通过标准化示范区建设辐射带动周边乡镇黄花标准化种植10万余亩。做好标准化服务实施"四统一"管理。示范区建设中注重做好标准化服务，通过实施统一标准、统一收购、统一加工、统一销售的"四统一"管理，提升了示范区全产业链标准化水平。在统一标准方面，加大相关标准的宣传推广力度，针对黄花种植户和加工企业开展专题培训10余次，涉及人员22000余人次，发放宣传资料23600余份；在统一收购方面，成立大同市云州区黄花产业界人大代表联络站，实施按标准收购，将农民、种植大户、合作社与龙头企业直接对接，确保鲜黄花及时采摘收购；在统一加工方面，地方政府主导新建晾晒场地，龙头企业按标准收集加工，在保鲜的同时保证了大同黄花的绿色品质；在统一销售方面，由成品销售企业、合作社按标准进行收购、分级，具有资质的销售企业负责销售，确保产品优质优价。

三、取得的成效

自示范区建设以来，云州区已发展黄花标准化种植基地2万亩，实施标准化种植后，平均每亩增产干黄花40公斤，增加收入1600元，黄花盛产期每亩收入可达8500～10000元，获得了显著的经济、社会和生态效益。同时，大同市通过示范区建设推动了黄花菜标准化、产业化、品牌化发展，引领带动全市黄花种植面积从11万亩发展到26.1万亩，带动全市3.25万户近10万人稳定脱贫。

第四节　服务业企业标准体系表

引 例

2017年4月20日，在“4.28京东配送员日”到来之际，京东对外发布了业内首个“五星级配送服务标准”，这套服务标准包含“您好十”（微笑及文明用语）服务、清洁包裹、纸箱回收、帮带垃圾、拍照通知、闪亮登场、呵护孩子、佩戴鞋套、郊县代购、安心达服务等十条服务规范，展示了京东对于服务专业化和人性化的高度关注，标准的出台有助于引领物流服务行业规范发展，将电商行业整体用户体验带上一个新的台阶。

此次京东公布的“五星级配送服务标准”中，“闪亮登场”“呵护孩子”“郊县代购”“安心达服务”等大众较为陌生的服务标准引起了消费者关注。据京东相关负责人介绍，“闪亮登场”是指京东要求每位配送员每周对工作服进行一次清洗、经常洗澡、每月至少一次理发，保证以最清新的面貌、最良好的形象出现在用户面前；“呵护孩子”则是针对家中有婴孩的客户，配送员了解后提前电话联系，轻声敲门，避免惊扰孩子；“郊县代购”是针对偏远山区购物不便的客户，配送员可以为他们代购一些蔬菜等生活用品；“安心达服务”是指购买了高价值商品的用户，会为之提供新能源车配送、定制工作服等一系列定制服务。据了解，这十项服务标准是京东物流部门通过不断收集、总结实际服务中消费者的需求和反馈制定的。在“京东配送员日”之际，京东推出十大标准并推进全体一线配送员工参照执行，全面提升服务水平，后续京东还将持续根据用户的实际需要对服务标准进行充实和完善，真正做到“360度”贴心服务无死角。

一、标准体系结构

（一）标准体系总体结构

GB/T 24421.2—2009《服务业组织标准化工作指南　第2部分：标准体系》给出了服务业组织编制标准体系的一般结构和要求，服务业企业可根据实际情况对本企业的标准体系结构进行删减和扩充，以满足企业的实际需要。服务业企业的标准体系通常由服务通用基础标准体系、服务保障标准体系、服务提供标准体系三大体系组成，如图4－28所示。每个体系都不是独立的，它们之间有着紧密的内在联系，缺一不可。已经建立质量管理体系、环境管理体系、职业健康管理体系等单一标准体系的服务业企业，可以将已建立的标准体系梳理、归纳，融入整体标准体系中，形成一个较完整的服务业企业标准体系。

标准体系的建立应结合服务业企业的实际情况，突出服务功能和特点，建立适合自身要求的协调配套、科学合理的标准体系，并有效运行。

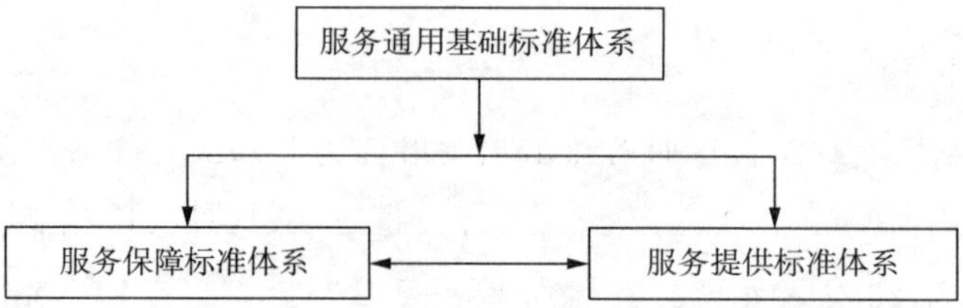

图 4-28　服务标准体系结构图

通用基础标准体系是服务保障标准体系、服务提供标准体系的基础，服务保障标准体系和服务提供标准体系是标准体系的核心。服务保障标准体系对服务提供标准体系起着保驾护航的作用，服务提供标准体系对服务保障标准体系起着检验、验证的作用，只有有效的服务保障才会有有效的服务提供。服务提供标准体系是为满足顾客需要规范服务提供方与顾客之间直接接触活动而建立的体系。在服务提供过程中遇到因服务保障不完善造成服务不能有效提供时，就应考虑对服务保障体系进行完善和改进。

服务业企业标准体系表的编制可依据 GB/T 24421.2—2009 结合实际情况进行删减和扩充，应符合 GB/T 13016—2018 和 GB/T 13017—2018 要求的编制原则和工作方法、格式与编写说明内容等，并结合服务业企业的实际情况。

（二）服务通用基础标准体系

服务业企业服务通用基础标准体系结构如图 4-29 所示。

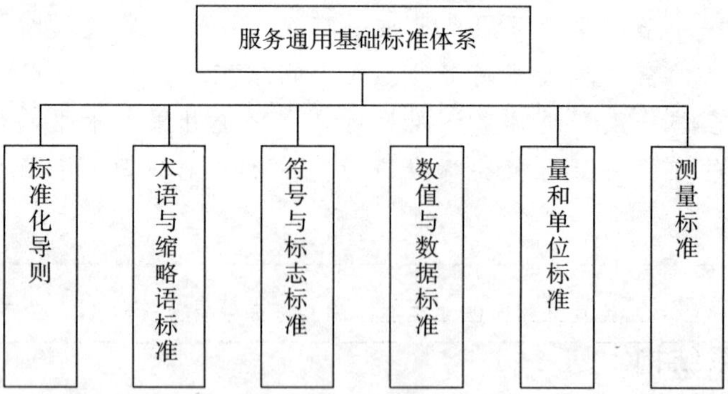

图 4-29　服务通用基础标准体系结构图

服务通用基础标准体系中的标准是指该类标准对所有服务业企业直接或间接适用，同时又具有广泛指导作用的标准。服务通用基础标准体系是服务业企业标准体系的一部分，是所有服务业企业在建立和实施标准体系时应遵循的一些通用的或基础的标准的集合。因此，一般情况下，服务通用基础标准体系处于整个服务业企业标准体系的最上层，对服务保障标准体系和服务提供标准体系的建立和制定起着技术上的保证和支撑的作用。

服务通用基础标准体系一般包括标准化导则、术语与缩略语标准、符号与标志标准、数值与数据标准、量和单位标准以及测量标准等六个子体系。由于服务业门类广泛，服务的对象、内容、要求各不相同，不同的企业在建立服务通用基础标准体系时，可以不完全局限于上述六个方面建立子体系。

除了上述通用基础标准外，还有一些标准不是所有服务业企业通用的基础标准，但是属于某些服务业企业要用到的基础标准。比如：技术制图、公差配合、图像信息、信息技术、汉字编码等方面的基础标准也可作为企业的服务通用基础标准体系的子体系，特别是针对设计、科研、通信、教育等性质的服务业企业可以增加更适合本企业服务需求的通用基础标准子体系。

1. 标准化导则

适用于本企业、本行业标准化工作的相关标准，如 GB/T 1《标准化工作导则》、GB/T 20001《标准编写规则》、GB/T 13016—2018《标准体系构建原则和要求》、GB/T 20000《标准化工作指南》等，以及企业制定的标准化工作相关标准。

2. 术语与缩略语标准

适用于本企业、本行业的术语和缩略语标准。

企业制定的用于企业内部信息沟通用的概念定义和（或）术语含义标准，其内容应包括中文名称、英文名称、术语定义等。

企业可将企业内常用的较长词句缩短省略成较短的词语并将对照关系制定成缩略语标准。

3. 符号与标志标准

适用于本企业、本行业的符号与标志相关标准。

企业对符号与标志的样式、颜色、字体、结构及其含义制定的规范性文件。

4. 数值与数据标准

企业运行和管理活动涉及的数值和数据相关标准。

企业对各种数值和数据的判定与表示制定的标准等。

5. 量和单位标准

企业运行和管理活动中采用的量和单位相关国家标准。

企业对量和单位的选用和确定制定的标准等。

6. 测量标准

企业运行和管理活动中使用的测量方法和测量设备相关标准。

企业制定的测量相关标准，包括但不限于：测量方法、依据和程序技术规范；测量设备使用技术规范；测量设备检定规程及校准、安装和使用程序；测量设备使用人员的资质和技能要求；测量量值的计量基准和标准，测量、校准时间间隔；测量控制的监测点和范围；测量记录、统计方法；测量标志、证书等使用要求。

（三）服务保障标准体系

服务业企业服务保障标准体系结构如图 4 - 30 所示。

服务保障标准体系是服务组织为支撑服务有效提供而制定的规范性文件，以安全、环保、健康、节约能源为主，以人力资源、设备、财务、信息为辅，为服务的有效开展提供必要的资源。

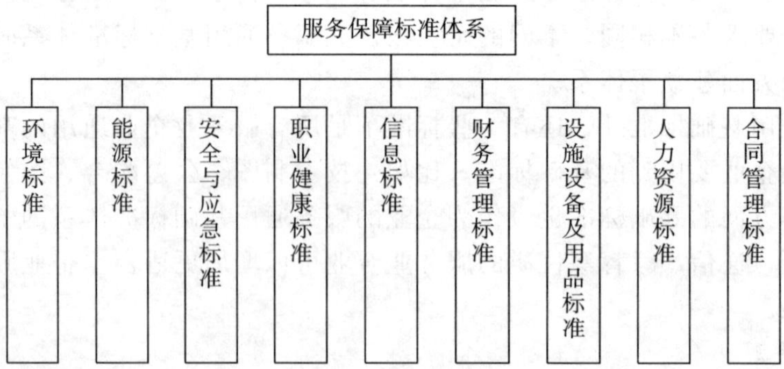

图 4－30　服务保障标准体系结构图

服务保障标准体系包括环境标准、能源标准、安全与应急标准、职业健康标准、信息标准、财务管理标准、设施设备及用品标准、人力资源标准和合同管理标准等。

1. 环境标准

企业应收集、制定的环境条件和环境保护标准，包括但不限于以下内容：

（1）落实国家法律法规和标准要求应采取的管理措施。

（2）环境质量、监测方法、环境保护措施标准。

（3）经营和管理活动中废气、废水、废渣和有毒有害物质等的限量和处理标准。

（4）环境目标、实施、运行和持续改进的管理要求。

（5）服务提供所需的温度、湿度、光线、空气质量、卫生、清洁度、噪声、场地面积等基本条件的要求。

（6）企业场所日常环境管理标准。

2. 能源标准

用能和节能工作收集、制定的标准，包括但不限于以下内容：

（1）能源产品标准，如煤、电、油、气体燃料、热力、水等产品质量标准。

（2）能源设备及其系统的经济运行标准，如能源的转换设备、供能输送设备、用能终端设备的耗能定额标准以及设备经济运行规范等。

（3）节能材料标准，如节能材料及能量传导材料技术标准。

（4）节能调整和改造标准。

（5）能源管理各种记录的保存和使用标准。

（6）能源计量和能耗的分析标准。

（7）经济运行及评价标准。

3. 安全与应急标准

以保护顾客生命和财产安全为目的收集、制定的标准，包括但不限于以下内容：

（1）安全目标的设定与管理标准。

（2）安全标志、报警信号、危险因素分类等安全标准。

（3）突发事件分类标准，应对预案、上报程序、检查与处置程序标准。

（4）识别风险、评估风险、控制风险的管理标准。

（5）安全管理、安全防护等管理标准。

（6）安全人员配备及安全培训标准。

（7）设施、设备安全标准，如电器、压力容器、锅炉、电梯等特种设备使用安全标准，无障碍基础设施标准。

（8）各类风险控制与应急的工作预案和处理程序。

（9）安全监测技术与评价、控制技术标准，如食物中毒、火灾、医疗事故等监测、评价与防范规范。

（10）落实国家法律法规和标准要求应采取的管理措施。

（11）需要顾客注意的风险控制及应急技术要求。

（12）预防、补救和纠正措施标准。

（13）安全与应急信息沟通形式、流程及其管理的标准。

4. 职业健康标准

以消除和减少服务提供过程中产生的职业安全风险，针对职工从事职业活动中的健康损害、安全危险及其有害因素收集、制定的标准，包括但不限于以下内容：

（1）工作场所的空气、噪声、温湿度限值标准。

（2）工作场所有害物质限量标准。

（3）劳动防护标准。

（4）职业安全风险统计分析标准。

（5）职业危害预防和纠正措施标准。

（6）职业安全培训标准。

（7）职业禁忌病的诊断与管理标准。

5. 信息标准

（1）信息通用标准，包括但不限于以下内容：

① 信息术语与编码标准。

② 软件与设备标准。

③ 存储技术与管理标准。

④ 网络技术与信息安全。

（2）信息应用标准，包括但不限于以下内容：

① 数据元与代码标准。

② 文件格式标准。

③ 业务流程与应用标准。

④ 信息交换标准。

⑤ 数据处理标准。

（3）信息管理标准，包括但不限于以下内容：

① 信息分类与控制要求，适用范围和有效性管理。

② 信息发放、回收、借阅、销毁的要求。

③ 信息的评审与更新批准要求。

④ 信息的识别和检索。

⑤ 信息使用的追溯要求。

6. 财务管理标准

按法律法规和标准的要求，对财务活动中的成本核算和收支等方面进行管理，收集、制定的标准，包括但不限于以下内容：

（1）筹资、投资管理标准，筹集资金比例评估与核算、投资项目评估与管理、成本管理。

（2）营运资金管理标准，流动资产和流动负债的管理。

（3）利润分配管理标准。

（4）财务决策管理标准，财务计划分析与控制。

7. 设施、设备及用品标准

（1）选购标准，包括但不限于以下内容：

① 设施、设备及用品的需求评估及采购计划管理。

② 设施、设备及用品的技术要求。

③ 进货验收的质量检验项目与检验方法。

④ 设施、设备及用品的供方管理，审批程序、购置程序管理。

（2）储运标准，包括但不限于以下内容：

① 设施、设备及用品的储运方式、方法、条件等标准。

② 设施、设备及用品入出库管理、盘点查库管理标准。

③ 易腐、易燃、易爆物品和有毒、有害、放射性物品的储运管理标准。

（3）安装调试标准，包括但不限于以下内容：

① 安装验收技术条件，对安装完工后的试运行技术要求和方法的规定。

② 验收程序、抽样及试验方法。

③ 安装、交付管理要求。

（4）使用与维护保养标准，包括但不限于以下内容：

① 设施、设备使用中的操作、运行要求。

② 设施、设备维护保养技术要求。

③ 设施、设备维护保养管理要求，包括设施、设备维护保养计划，日常管理，自检和巡回检查管理。

（5）停用改造与报废标准，包括但不限于以下内容：

① 设施、设备失效评判标准。

② 设备、设施停用改造管理要求。

③ 设备、设施报废评判与处置管理。

8. 人力资源标准

企业对人员配备与管理的相关标准，包括但不限于以下内容：

（1）人员资质要求。

（2）人员的聘用标准。

（3）人员教育和培训标准。

（4）人员工作绩效考核标准。

9. 合同管理标准

企业将顾客需求形成文件或口头协定，达成一致并企业实施整个过程的相关标准，包括但不限于以下内容：

（1）合同的分类与格式要求。

（2）合同的评估要求，如需求评估、能力评估、经济性与合法性评估。

（3）合同签订、授权或委托的权限和程序要求。

（4）合同实施管理要求。

（四）服务提供标准体系

服务业企业服务提供标准体系结构如图 4－31 所示。

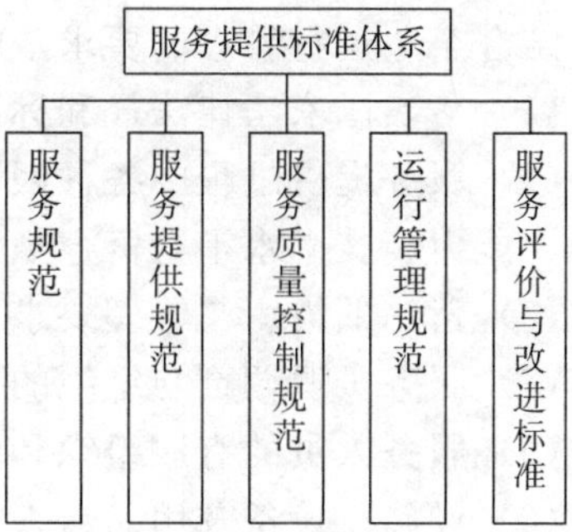

图 4－31　服务提供标准体系结构图

服务提供标准体系一般包括：服务规范、服务提供规范、服务质量控制规范、运行管理规范、服务评价与改进标准等五个子体系。企业可根据五个子体系的不同特点，分别收集和制定适合本企业需求的服务提供方面的标准。在编制服务提供标准体系时，不一定完全局限于五个子体系，可以根据本服务业的特点对子体系适当剪裁，对子体系的内容进行修改或补充，也可以在五个子体系下再分出下一层的子体系。例如某些商业、修理行业可以把服务规范再分为接待服务规范和售后服务规范，作为服务规范标准体系的第二层子体系，以突出本行业的服务特色。

1. 服务规范

服务规范是企业为满足顾客需求，根据服务项目的环节、类别等属性而规定的特性要求，这些特性要求可以是定量的或定性的。服务规范应从功能性、安全性、时间性、舒适性、经济性、文明性等六个方面对服务应达到的水平和要求进行规范。

根据一般服务流程可收集、制定以下服务规范：

（1）接待、受理服务要求。

（2）服务组织、实施要求。

（3）服务验收与结算要求。

（4）售后服务要求。

2. 服务提供规范

服务实现过程中，对服务提供的要求、提供的方法、程序所制定的标准，包括但不限于以下内容：

（1）提供服务的方法和手段，如服务提供过程中所要求的各项设施、设备及用品的配备数量和结构。

（2）服务流程和环节划分的方法和要求，以及各环节的操作规范、工作内容和输入输出要求。

（3）服务的沟通与确认要求。

3. 服务质量控制规范

服务提供过程中，识别、分析对服务质量有重要影响的关键过程，并加以控制而收集、制定的标准，包括但不限于以下内容：

(1) 服务提供的评价方法、控制措施标准。

(2) 对顾客抱怨等不满意的处置标准。

(3) 不合格服务的纠正与管理，如分析、识别、评审和处置等控制办法。

(4) 预防性措施的要求及评价标准。

(5) 质量争议处置的管理规范。

4. 运行管理规范

结合企业运行管理的要求，收集、制定的标准，包括但不限于以下内容：

(1) 落实国家法律法规和标准要求应采取的管理措施。

(2) 服务提供过程中各种因素平衡的管理，如经济效益最大化与社会效益保障、需求与生产能力、技术水平与资金规模等。

(3) 营销的组织与管理要求，客户关系管理要求。

(4) 服务资源调剂与组织的一般要求。

(5) 服务人员的有序组织和配备要求。

(6) 设施、设备及用品与人员的配合标准。

(7) 工作现场各类信息沟通要求和反馈渠道要求。

(8) 工作现场整理、整顿、清理、清扫要求。

5. 服务评价与改进标准

对服务的有效性、适宜性和顾客满意度进行评价，并对达不到预期效果的服务进行改进而收集、制定的标准，包括但不限于以下内容：

(1) 评价的基本条件、原则和依据。

(2) 评价的组织机构和人员。

(3) 评价的程序和方法。

(4) 评价内容和要求。

(5) 检验和验证。

(6) 数据分析、处理和评价。

(7) 改进的原则与方法。

(8) 服务产品的开发与设计。

二、标准明细表

内容与工业企业标准体系基本一致，见本章第二节相关内容。

三、标准统计表

内容与工业企业标准体系基本一致，见本章第二节相关内容。

四、标准体系编制说明

内容与工业企业标准体系基本一致，见本章第二节相关内容。

案例

××山生态旅游区服务标准体系表

一、××山生态旅游区服务标准体系表基本要求

××山生态旅游区服务标准体系表在法律法规、基础标准和企业方针目标指导下建立。××山生态旅游区服务标准体系表是按一定形式排列起来的图表，包括：××山生态旅游区服务标准体系结构图和××山生态旅游区服务标准明细表。

二、××山生态旅游区服务标准体系结构图

××山生态旅游区服务标准体系结构图，根据GB/T 24421.2—2009推荐的模式构建。××山生态旅游区服务标准体系结构框架图如图1所示。结构图分为三个模块：模块1为“服务通用基础标准体系”如图2所示；模块2为“服务保障标准体系”如图3所示；模块3为“服务提供标准体系”如图4所示。

三、××山生态旅游区服务标准体系标准明细表

××山生态旅游区服务标准体系内容包括从各类标准中优选的各级标准（包括旅游区应用的国家标准、行业标准、地方标准、团体标准等）以及根据旅游区实际需要补充的企业标准。

××山生态旅游区服务标准明细表按照结构图划分为：服务通用基础标准明细表、服务保障标准明细表、服务提供标准明细表。（受篇幅限制，本案例不一一列出。）

四、××山生态旅游区服务标准统计表及标准体系编制说明

标准统计见表1所列。

标准体系编制说明主要包括：编制体系表的依据及达到的目的；国内外标准概况；分析现有标准的差距，明确今后方向；专业划分依据和划分情况；与其他体系交叉情况和处理意见；需要其他体系协调配套的意见。（受篇幅限制，本案例不一一列出。）

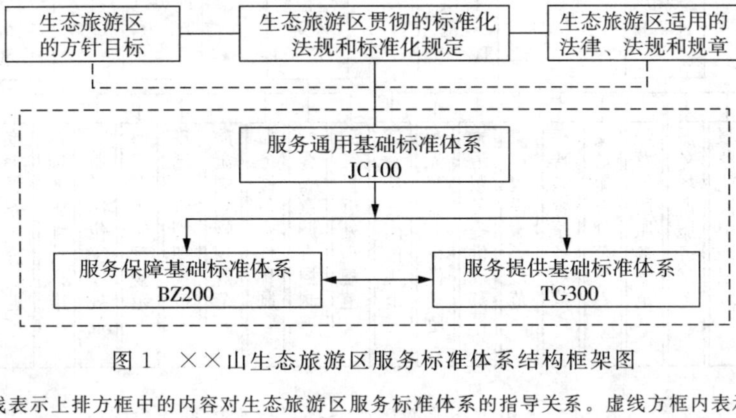

图1 ××山生态旅游区服务标准体系结构框架图

注：上图虚线表示上排方框中的内容对生态旅游区服务标准体系的指导关系。虚线方框内表示完整的景区服务标准体系结构图。实线连线表示相关关系。

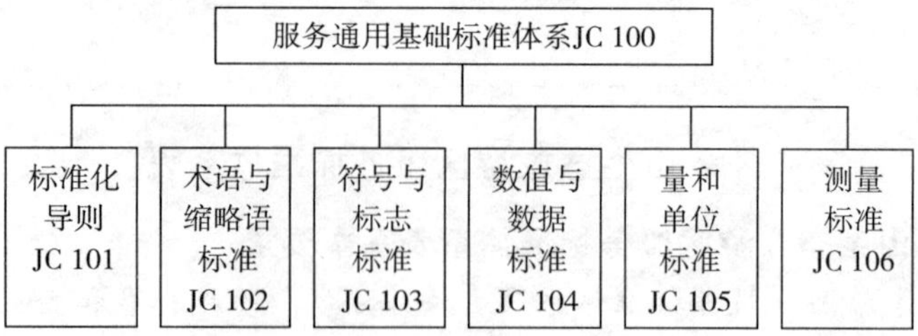

图 2　××山生态旅游区服务通用基础标准体系结构图

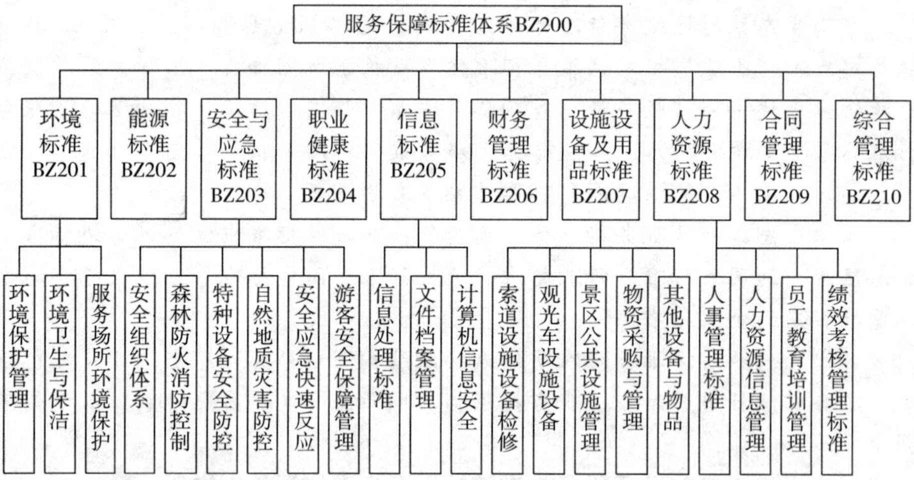

图 3　××山生态旅游区服务保障标准体系结构图

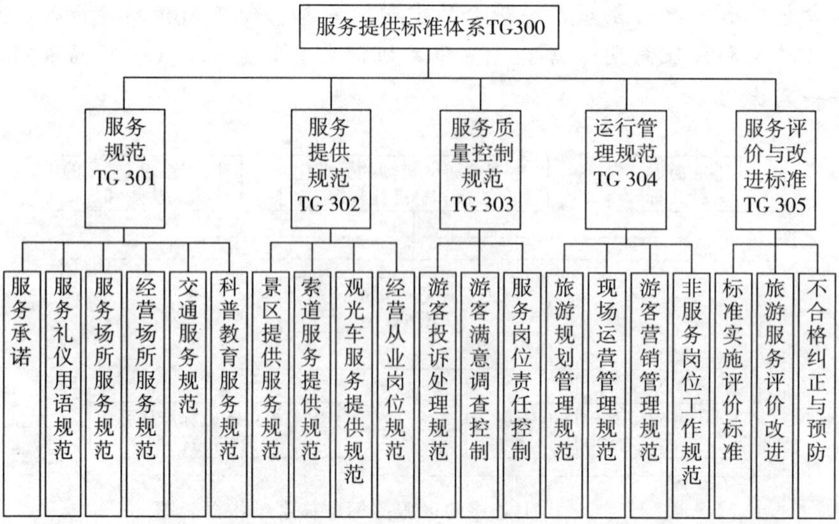

图 4　××山生态旅游区服务提供标准体系结构图

表 1 ××山生态旅游区服务标准统计表

项目	标准类别	强制性国家标准	推荐性国家标准	行业标准	地方标准	团体标准	景区标准	合计
JC 服务通用基础标准体系	101 标准化导则							14
	102 术语与缩略语标准							15
	103 符号与标志标准							28
	104 数值与数据标准							6
	105 量和单位标准							3
	106 测量标准							3
小计								69
BZ 服务保障标准体系	201 环境标准							24
	202 能源标准							2
	203 安全与应急标准							42
	204 职业健康标准							8
	205 信息标准							14
	206 财务管理标准							8
	207 设施设备及用品标准							26
	208 人力资源标准							7
	209 合同管理标准							3
	210 综合管理标准							7
小计								141
TG 服务提供标准体系	301 服务规范							20
	302 服务提供规范							15
	303 服务质量控制规范							15
	304 运行管理规范							41
	305 服务评价与改进标准							4
小计								95
合计								305

第五节 企业标准体系运行与评价

引 例

报喜鸟控股股份有限公司，是一家以服装为主业，涉足投资领域的股份制企业，是温州服装行业第一家获得AAAA级标准化良好行为评价的企业，先后荣膺“中国驰名商标”“中国名牌”“中国服装品牌品质大奖”“全国纺织工业先进集体”“标准化工作特殊贡献奖”等荣誉。

报喜鸟从战略高度推动标准化，确保其与企业战略的一致性和协调性，自2008年建立企业标准体系，报喜鸟持续高效开展标准化工作，全力服务于企业全面优化和升级发展。通过标准化工作，增强了企业内部管理融合度，使企业管理标准化、标准制度化、制度流程化、流程信息化。

2018年，报喜鸟开始构建新版企业标准体系，按要求开展体系评估、策划，立足企业实际，结合相关方需求和期望，进一步梳理、整合、制（修）订标准和有关规范性文件，改建企业标准体系，体系包括843项标准，其中产品实现标准343项、基础保障标准258项、岗位标准242项。2019年9月，报喜鸟组织了新版体系标准化良好行为自我评价，并于2020年1月申请并通过了标准化良好行为AAAA评价。

为确保公司的标准体系合理、有效且满足公司的生产、经营、管理等活动，报喜鸟构建了多维度、多层次的标准化监督检查机制，对公司各过程管理情况实施监督，结合稽核工作，统合多体系要求有效开展，不定期组织抽查、内审、管评、异常问题纠正等活动，加强监督，促进标准的落地，减少无效过程及低效过程，提高流程效益，降低内部管理成本。在全国共同抗击新型冠状病毒肺炎疫情的特殊形势下，报喜鸟积极主动承担社会责任，迅速组建工业级防护服生产线并进行标准化作业，采购的防护服面料按YY/T 0506.2—2016标准检测合格，生产的防护服在第一时间内发放至防疫一线，进一步缓解了防疫物资供应紧张的问题，为打赢疫情防控阻击战助力。

管理是企业之基，标准化的管理对于企业的发展壮大至关重要，在保持标准化良好行为过程中，报喜鸟将秉承“聚焦简单，标准可复制”的方针，持续开展标准化管理工作，继续加强企业的创新能力建设，改进与提升弱势环节，不断提升企业的核心竞争力，保证企业的持续发展。

一、企业标准体系的运行

企业标准体系的运行是整个标准化活动的一个十分重要的环节，企业标准体系运行的好坏直接关系到整个标准化活动的成效。企业标准体系运行是将标准贯彻到生产、服务、技术、经营以及管理工作中，使企业成为一个高效的有机整体，从而实现企业自身发展战略需求。在企业标准体系发布运行之后，标准化管理机构应立即组织企业内各部门研究、落实企业标准体系内容，开展必要的企业标准体系培训工作。企业标准体系只有通过有效运行才能产生预期效果、发挥体系的作用和效益；才能验证其科学性、适宜性和可行性，进而对企业标准体系内标准的编制质量和水平做出科学、全面、准确的评价；才能发现其中存在的或潜在的问题，为修订和改进企业标准体系提供实践依据，从而不断完善，发挥企业标准体系的最大效益。

（一）运行原则

企业标准体系运行前应得到发布，运行应满足以下原则：

1. 整体性

体系应整体运行，体系内各项标准均应得到实施。在企业标准体系运行中，标准的效应除了直接产生于各个标准自身之外，还需要从构成该标准体系的标准集合之间的相互作用中得到。构成企业标准体系的各标准并不是独立的要素，标准之间相互联系、相互作用、相互约束、相互补充，从而构成一个完整统一体。

2. 持续性

体系应持续运行，体系内各项标准均应长期得到实施。企业标准体系正式发布运行后，企业应能按既定目标持续地运行下去，在企业战略不发生变化的情况下，体系内各项标准应能在企业内部得到持续的实施。

3. 有效性

体系应有效运行，体系内各项标准均应切实有效。企业标准体系内标准的有效性也是十分重要的，对于国家标准、行业标准、地方标准和团体标准，企业需要定期或在必要时检查更新，以确保标准的有效性；对于企业自身编制的标准应根据企业自身的变化对标准进行及时修订、剔除或补充，确保企业标准体系内各项标准切实有效，满足企业实施发展要求。

（二）前期准备

前期准备工作是确保企业标准体系顺利运行实施的关键环节和重要保证。企业标准总监尤其要重视运行实施前的准备工作，并针对标准体系运行实施过程中可能出现的各类突发情况做好应急预案。

1. 组织准备

标准体系的运行实施应明确相应的管理机构，尤其应明确其负责研究标准体系实施的各项具体措施、协调解决标准体系实施过程中出现的问题。管理机构的建立应根据标准体系实施的范围和要求来确定，主要是明确由谁来牵头负责，有哪些单位、部门和人员参加，以及对应的职责权限等。必要时，还可以专门成立以决策层领导为首的标准体系实施领导小组，各单位、各部门负责人员均应作为小组成员，共同组织和协调标准体系实施工作。对单一的、较简单的标准的实施，也至少应设专人或某一具体单位、部门来牵头负责标准实施工作。

2. 人员准备

运行实施标准体系涉及的关键岗位，应配备具有相应资质和技能的工作人员。人员准备是关键，对技术要求较高或国家有明确规定的，在标准正式实施前，通常需要对有关实施人员进行专业系统的培训；对技能要求不高的岗位，一般也要进行相应的岗前培训。

3. 技术准备

技术准备也是标准体系运行实施过程的一个关键活动。标准运行实施涉及技术改进时，应提前进行相应的技术准备，必要时应进行技术攻关或采取新的工作方法、流程。

4. 经费和物资准备

企业标准体系运行实施要有一定的资金和物资条件做后盾，需对体系运行的各个环节都做出明确规定。为了达到企业标准体系内标准要求，有时需要对现有设施进行技术改造，有时还需要购置新设备或必要的检验检测设备、工具等。因此，应做好详细的经费预算和物资采购计划。标准体系内其他标准实施中所需要的原料、辅料、设施设备、工具、资金以及实施标准相适应的环境条件应按照标准实施过程及时提供。

（三）运行实施

各项准备工作完成之后，就要正式组织标准体系的贯彻运行。这一阶段的中心工作就是要把标准体系中各项标准规定的要求应用到各项管理活动中去。

1. 发挥最高管理者的作用

最高管理者的决策影响着标准体系运行的效率和效益。最高管理者应根据企业实际情况提供相应的人力、物力、财力保障，确保获得标准体系运行必要的资源，以实现企业标准体系的持续、有效运行。

2. 加强标准化管理机构和各部门联络

标准体系运行是企业整体联动的标准化活动，在运行过程中最高管理者的指示及年度目标下达后，标准化管理机构和各部门相互之间的联络质量直接影响标准体系的有效运行。加强标准化管理机构和各部门联络，是为了确保在标准体系运行和标准实施过程中遇到的问题能得到及时沟通和解决。

3. 严格按照标准体系内标准规定的要求组织实施

标准正式实施后，有关部门和人员应严格按照标准的规定提供服务或进行经营、管理活动，不得随意降低标准或不按标准规定执行。具体要求有：一是对管理活动涉及的设备、用品、工具及相应的环境条件等，通过一定的方法确认其达到标准要求后再投入使用；对于人员，应通过考核确认其工作技能能够达到标准规定要求后，再准予上岗。二是对标准规定的质量要求、工艺要求等应转化为各个岗位的具体工作要求再加以实施。三是对于安全、环保等方面的标准要求，应落实到具体关键点上，并有相应的保证措施。四是对实施过程中遇到的各种问题应及时采取有效措施予以解决，以保证标准各项要求的贯彻落实和标准实施的连贯性。一般来说，强制性标准及标准中的强制性条款，对以上四点要求给出限制的，在实施过程中必须达到；推荐性标准及标准中的推荐性或可选择的要求，可以根据实际情况灵活实施，但一经采纳也应严格执行。

标准实施必定会对经营管理等各个环节及最终结果产生一定影响，实施过程中必然会形成一系列新的实施数据。例如：实施设施设备标准时，要记录设备运行状况，验证功能是否满足要求，检查设施设备性能、安全环保等指标；实施工艺流程标准时，要记录每个环节运转情况，监测完成时间、数量等方面指标。实施标准过程中形成的各项数据是改进标准实施工作和修订标准的重要依据，因此，必须要求相关工作人员认真做好实施记录并妥善保管，必要时，应及时将记录信息反馈至有关单位或部门。

二、企业标准体系评价与改进

（一）评价形式

企业标准体系评价分为三种形式：一是企业自我评价（第一方评价），即企业自己组织的评价；二是第二方评价，即企业的顾客或顾客委托的专业机构的评价；三是第三方的评价和确认，是由独立于第一方和第二方的评价组织机构按照规定的组织程序和要求对企业进行的评价和确认。企业标准体系评价应以自我评价为主，并在自我评价的基础上经第三方评价。只有将自我评价和外部评价相结合，企业标准体系的评价才会更全面、完整。企业标准体系的评价与改进可按照 GB/T 19273—2017 进行。

（二）评价要求

在实践中如何策划、实施评价工作，首先应该明晰评价要求，评价要求既包括评价活动本身遵循的原则和依据，也包括评价活动中企业、评价组织、评价人员的要求。

1. 评价原则

对企业标准化工作进行评价应遵循以下原则：

（1）坚持客观公正的原则

评价要以客观事实为依据，尽量将评价过程中发现的事实进行客观描述，原则上要具体到人和设备编号等，进而给出公正的结论。客观证据是判断等级的依据，它是以客观事实为基础的，包括记录、陈述、文件资料、实物特性、客观现象等，不得加入任何个人猜想和推测成分，客观证据不足，或未经验证的其他信息，都不能作为等级评定的依据。评价时，应排除各种因素干扰，坚持客观公正，切忌主观、片面，始终维护判断的独立性和公正性。

（2）坚持科学严谨的原则

一方面要求评价人员应具有科学严谨的工作态度，另一方面要求采取科学的评价方法。也只有真正坚持“科学严谨”的态度，才能发现企业存在的真实问题，有利于持续改进，也才能使评价更具有意义、评价结果更具有使用价值。

（3）坚持全面准确的原则

无论是标准工作评价还是标准体系评价，只有全面系统地进行评价才能解决系统问题。评价时，往往不可能对所有事项评价，需要制定抽样方案，确定评价指标，抽样所带来的风险由评价人员承担，这就要求全面准确地进行评价。评价工作的一个重要目标，就是追求评价结果能“全面准确”地反映实际情况，换句话来说，能否做到“全面准确”是衡量评价工作质量，确保一致性的重要指标。

（4）坚持注重实效的原则

不同类型的企业产品与服务千差万别，这就要求评价方法、评价方案应具有可行性，应确保评价过程是可实施的、可完成的，结果是可追溯的。特别需要注意的是，不同的企业所处产业链位置不同，存在不涉及某一过程或某几个过程（如设计外包型企业，其设计和开发过程可能是全部外包或部分外包）的现象，这就要求评价追求实施，注重实效，只有这样才能让企业在评价中受益。

（5）坚持服务发展的原则

无论进行第一、第二、第三方评价，其真正目的是通过评价来推动企业标准化工作不断完善，以满足企业发展需要。持续改进是企业开展标准化活动中非常重要的一个环节。只有不断改进，企业才有活力，才能发展。标准化组织结构、企业标准体系建立起来后，不是永恒不变的，它随着科学技术的改进、管理的改进在不断变化。标准本身也在发展、变化，不会停留在一个水平上。企业只有通过定期或不定期地对企业标准化工作的全过程进行评价，不断发现问题，并找出问题的解决办法和原因，才能促进企业不断进步，持续发展。这正是评价工作的重要导向。

2. 评价的依据

评价的依据包括以下内容：

（1）国家有关的方针、政策。

（2）标准化及相关法律法规和强制性标准。

（3）企业标准化方针、目标。

（4）GB/T 15496—2017、GB/T 15497—2017、GB/T 15498—2017、GB/T 35778—2017 及 GB/T 19273—2017 等，服务业企业一般依据 GB/T 24421.2—2009 等。

（5）企业标准体系及相关文件。

3. 对企业的基本要求

企业应识别并遵守有关的法律，法规，标准化方针、政策，以及强制性国家标准要求，将这些标准作为支撑上述法规政策的工具，一以贯之执行，确保企业生产经营合法合规，标准采用合法合规。实际上，企业应识别和遵守与本企业有关的方针，如政策、法律、法规以及强制性国家标准等，属于企业标准化工作的“底线”，是衡量企业标准化基础的扎实程度的重要指标。如果企业违反了这些守则，首先在“标准化”方面就已经不合格，更遑论“标准化”做得“好不好”。

企业标准化工作系列国家标准是企业标准化工作的基础，是确保企业标准化工作有效性、符合性和适宜性的依据，是进行第一、第二、第三方评价的基础。企业只有依据企业标准化工作系列国家标准开展标准化工作，开展标准化评价工作才具备全面性、系统性和可行性。

正如上文所述，GB/T 19273—2017 对企业标准化工作评价主体未作明确的规定，企业可以依据自身需求进行第一、第二、第三方评价。为确保第三方评价的市场性和公信力，GB/T 19273—2017 对企业申请第三方评价进行了强化性要求，并要求做出自我声明，即 5.1.3 条做了细致的要求：a）、b）项对企业营业资质合法性提出了要求；c）项要求被评价企业三年内未发生重大质量、安全、环境保护等事故；d）项要求企业按照规定自我声明的产品标准、服务或其他事项应真实、完整，并对声明的事项承担相应的责任，降低评价组织评价法理上的风险；e）项要求企业至少开展一次完整的自我评价，为第三方评价提出可供现场评价的依据；f）项明确企业是自愿提出申请评价的，意味着第三方评价不是强制的，是市场化行为，是企业自身有主观愿望，建设并持续改进标准化工作。

结合上述要求，对企业申请材料作了统一的要求。具体见 GB/T 19273—2017 中的附录 A 和附录 B 的要求或格式。特别是企业申请第三方评价时，企业需要按照附录 A 准备并提供相关材料，按照附录 B 的格式应提供至少一次自评报告。

4. 对评价组织的基本要求

根据 GB/T 19273—2017，评价组织应满足下列要求：应有与开展评价工作相适应的专（兼）职评价人员；应明确评价人员的职责、权限；应是具有保障评价活动的标准化文件。开展第三方评价的组织，应具有独立法人资格的标准化组织。

标准化工作评价涉及面宽、内容复杂，应成立或委托相应的评价组织，并由相关人员完成。评价组织人员的多少，专业类别应根据评价的工作量的大小和所涉及的专业来确定，与评价工作相适应，既要保证评价工作质量，又要尽可能减轻被评价组织的经济负担。

5. 对评价人员的基本要求

企业标准化工作评价是一项专业性比较强的工作，特别是标准体系评价，在很大程度上依赖于评价人员的知识水平、技能和经验，因此对评价人员要求比较高。在 GB/T 19273—2017 的 5.3 节中，5.3.1 条是对评价人员对国家有关标准化方针、政策及相关的法律、法规、企业标准化工作系列和标准化知识和相关专业知识的要求，强调的是综合协调能力。5.3.2 条要求评价人员对被评价企业有所了解，具备良好的标准化专业能力，只有这样，评价人员才能准确识别相关标准化的问题。评价人员对其评价结果应承担责任。强调评价人员的责任意识和判断分析能力。5.3.3 条是对评价人员职业道德的基本要求。

评价组织应设评价组组长，全面负责评价工作，组织制订评价计划或方案，协调处理评价过程出现的有关问题，组织全体评价人员研究确定评价结论、分析不符合项的原因及改进意见，主持编写评价报告等。强调组长的综合协调统筹能力，并实行组长负责制，承担评价工作的主要风险。

为了突出第三方评价机构的公信力，第三方评价人员还应具备相应的要求。GB/T 19273—2017 的 5.3.5 条 a）项要求第三方评价人员对被评价企业所处行业有所了解，熟悉其行业特点、服务、经营、管理过程，即强调专业能力和专业背景；b）项对评价人员经验提出年限要求，规定其连续从事标准化工作不少于三年，主要考虑工作经验；c）、d）项对第三方评价人员职业道德保密性和独立性做了更为明确的要求，这是评价人员职业道德的底线，同时强调为保证公信力，应独立于被评价企业，不得有利益关系。评价人员要严格遵守评价纪律，参与制订评价计划或方案，按评价原则要求，认真进行各项检查、验证工作，详细填写记录表、评分表和不符合项报告，并提出建议和意见。

总之，评价要求是对企业、评价组织和评价人员开展相关工作的基本要求，在各方执行时，应将这些要求努力形成细化的、可测量的标准或制度，在操作时，努力将之形成可追溯、可复制的记录和档案，这也是将评价原则贯彻至评价要求之中的关键，对评价的科学公正也是一种过程保障。

（三）评价实施

评价实施的过程是“P—D—C—A”应用的全过程。

1. 评价策划

（1）评价策划的输入

评价策划的输入，即评价策划过程中必须考虑的相关因素。GB/T 19273—2017 中

6.1 的 a）项要求必须考虑方针、政策、法律、法规和相关标准的要求，这些内容是评价策划最首先考虑的内容，如果企业达不到法律、法规及相关标准的要求，可以视为企业标准化工作底线标准未满足要求，更遑论评价了。b）项要求必须考虑企业的产业业态、规模、产品质量信息、标准化工作现状及其他相关文件。企业的产业业态、规模决定评价策划的总体情况，决定了评价人员的安排、评价实施的强度和评价策划的编排，更明确了标准化组织机构评价方向。产品质量信息是决定评价策划的核心要素，明确了企业标准体系，尤其是关键产品标准的评价方法和评价手段。标准化工作现状及其他相关文件是企业标准化工作水平和现有基础的佐证，决定企业标准化工作实施的繁简程序和程度。c）项要求必须考虑政府管理活动产生的信息，尤其是政策信息。政策信息也是企业标准化工作评价策划考虑的重要内容，评价实施必须考虑不同的政策导向，将政策信息融入评价策划中，通过评价使企业标准化工作围绕政策信息调整导向，使企业与时俱进。

（2）评价策划的内容

评价策划与其他认证活动中的审核“策划”相近，与 ISO 9001 等策划一致，其核心思想是运用“六何”分析法，即“5W1H”——对选定的项目、工序或操作，都要从原因（何因 Why）、对象（何事 What）、地点（何地 Where）、时间（何时 When）、人员（何人 Who）、方法（何法 How）等六个方面提出问题进行思考。作为评价策划，应该从全局出发，考虑评价实施发生的各种要素、各种风险和状况，确保评价顺利完成。

评价策划内容一般包括：

① 评价组的组成。第一方评价（自我评价）、第二方评价：企业在开展自我评价前，应成立由最高管理者，或由最高管理者书面委托企业标准总监或一名主管生产经营、管理的副职代表参加的评价小组，并由最高管理者或其委托的人员担任组长，负责全部评价工作。小组成员应包括各部门（岗位）的负责人或工程技术人员。人数可根据企业的经营规模，复杂程度由企业自己确定。第二方评价参照第一方评价执行。第三方评价：开展第三方评价的组织机构，应是具有独立法人资格的标准化服务组织。第三方评价机构应根据企业的经营规模、复杂程度、企业所处行业成立满足评审要求的评价小组。在对专业性较强的企业评审时，还应该配备技术专家。

评价组组长负责制订评价计划，分配评价任务，协调工作文件的准备，指导编制评价检查表，主持现场评价，组织编写和提交评价报告，组织跟踪验证。评价组组员应服从评价组组长指导，支持评价工作，编制评价检查表，独立完成分工范围内的评价工作，验证被评价企业采取纠正措施的有效性，对所负责的评价结果负责。评价组成员中至少有一名涵盖被评价企业相关专业的人士，熟悉企业工艺流程。

② 评价时间。评价组应根据评价工作强度、评价企业规模、评价计划（区域范围、要素审核范围、部门覆盖范围）安排计算评价人员的人日。评价工作须确保充足的时间来完成，可参考 ISO 9001 外部审核的标准计算评价人日数。

③ 评价程序与方法。结合评价策划输入，考虑区域范围要素审核范围、部门覆盖范围，明确评价重点，一般是采用检查记录表和评分表（详见 GB/T 19273—2017 附录 C），并通过提问、观察、听对方陈述、检查、比对、验证等评价方式进行，从中获取客观证据，对标准体系文件及实施过程是否满足标准要求进行打分，根据评分表的最后得分，确

定企业标准化工作是否满足企业需求、建立的标准体系是否合格，并向被评价方提供评价报告和确认结论。

④ 评价方案（或评价计划任务书）。评价方案（或评价计划任务书）包括评价范围、依据、目的、工作程序、任务分工及时间安排等，是具体实际评价过程中的工作说明书，同时也是得到被评价企业充分合作，配合评价工作的重要行动依据。

⑤ 评价沟通。评价是一个双向、互动、高频交流的环节，评价前需要双方进行沟通的，应在评审方案中确认，需要评价组内部沟通的内容，应形成记录，确保评价顺利进行，因此在评价策划过程中，明确评价沟通的内容十分有必要。

⑥ 特殊情况的处理。评价实施中的特殊情况，主要指的是分歧性情况和突发性情况。因此应具体考虑这些突发情况如何处理，包括：被评价企业对于评审结果提出不同意见时，如何进行沟通和澄清；被评价企业不配合评审应如何处理；在评审过程中，尤其是产品实现评审过程中如何确保评价人员安全；若评价成员出现突发情况无法参与评审，如何在评审开始前确保评价活动有序进行。评价组组长应对特殊情况处理的情况特别熟悉，并确保评价人员知悉如何处理特殊情况。第三方评价组织应建立特殊情况处理的程序或制度。

(3) 评价策划的输出

评价策划的直接结果是形成书面报告，即评价方案或评价计划书。称谓不限于上述名称，这是评价实施的重要计划。一方面确保评价过程按照评价策划的任务分工时间进度进行，另一方面确保评价策划过程可以溯源。评价方案或评价计划书一般应至少提前一周送达并通知被评价机构。第一方评价时，建议企业召开全体员工大会，说明评价工作的目的、意义以及具体的时间安排，并宣布评价组组长和全体成员名单。第三方评价时，应确保评价方案或评价计划任务书已经被评价企业确认，这保证企业知悉评价实施内容，并确保企业在评价实施过程中配合评价组织评价，并提供场所、设施的支持。

2. 首次会议

首次会议是评价现场实施的开始，是评价组织全体成员与被评价企业的最高管理者及有关人员共同参加的会议。首次会议由评价组组长主持召开，主要是向被评价的企业明确目的、做法和主要的任务内容等。

(1) 首次会议的内容

首次会议的内容，适用于第一、第二、第三方评价，主要按照 GB/T 19273—2017 的 7.1.3 条进行。其中 c) 项需要解释的是，确认评价双方沟通的方式，支持评价所需的资源和设施等内容，主要包括：评价组组长介绍评价组成员；可让企业领导介绍参加会议的企业成员；明确双方沟通手段和方式，如陪审人员、评价区域负责人的联系方式及配备相应的资源；明确评价人员对企业的生产经营或其他情况不清楚的，可提出疑问，便于进一步掌握企业有关情况。e) 项作出可能造成评价提前终止的情况说明，主要包括但不限于下列情况：被评价企业提出修改评价范围；评价文件存在明显的虚假、伪造、涂改等情况；评价人员安全无法得到有效保障；存在 GB/T 19273—2017 的 B.1 中提到的否决项目。

(2) 第三方评价还需关注的内容

与企业确认安全区域和保密区域，必要时，企业应提供评价人员所需的防护和应急用品用具等，主要包括：澄清不明确的内容以及企业保密和限制的区域；明确企业安全区域；对于评审过程中的危险因素应跟企业沟通；企业应提供（或评价人员应要求企业提供）评价人员所需的防护和应急用品、用具。

应对有关保密和公正性声明等事宜承诺和确认，主要包括：企业与评价组应对保密性事宜在首次会议作出明确的承诺与确认，并可与企业在现场补签有关保密事宜的协密性；评价组组长应对评价工作公正性作出承诺。评价组组长认为应确认的其他事项。

提醒企业对评价过程及评价结论有申诉和投诉的权利，评价组组长应在首次会议上明确告知被评价企业，如：企业针对评价过程及评价结论可以提出复核、申诉和投诉。评价组应告知企业其权利，权利包括：复核、申诉和投诉的渠道；复核、申诉和投诉的时间限制；复核、申诉和投诉的有关内容要求。

要求企业指定相应联络员与评价人员对接，并提供相应的支持，主要包括：明确企业需要提供的支持的资源和设施，如打印设备、会议场地等。明确企业需要提供的事务性安排，如：午饭安排、住宿安排、交通安排等，以及其他评价组组长认为应获得支持才可达到公正科学的评价事项。

（3）关于评分模板的删减情况事宜的处理

在首次会议上说明的事项还包括：由于企业类型不同，产品实现的过程不尽相同，特别是不同的企业所处产业链位置不同，存在不涉及某一过程或某几个过程（如设计外包型企业，其设计和开发过程可能是全部外包或部分外包）的现象。企业应结合 GB/T 19273—2017 的附录 C，在自身的文件中作出对评分表“企业标准体系”模块中“产品实现标准体系（60 分）”、“实施、监督与改进”模块中“产品实现标准体系实施情况（60 分）”进行部分删减的说明，并提出充分理由。由现场评价的该领域评价人员或组长作出判断，以保证其删减的合理性。删减后计分要求按照 GB/T 19273—2017 的表 C.1，分数计算方法：在计算总分时只考虑涉及得分项的分数，不涉及的不予计算。在计算时用“实际得分总和/涉及得分项总和×100%”，得出百分比乘以原该模块应得分，其结果即为实际得分。

示例：检查表中关于“产品实现标准体系实施情况”模块的总分为 55 分，其中 A 企业经合理删减后应得总分为 43 分，实际得分为 33 分，则 A 企业“产品实现标准体系实施情况”该部分内容最终得分为：33/43×100%≈76.7%，76.7%×55≈42.2（分）。

3. 文件评价

首次会议之后，进入现场评价阶段。现场评价分为文件评价（对企业标准化文件的评价）和现场评价（对企业标准化工作实施的评价）。在文件评价中，从评价内容和抽样方法两个方面展开。

文件评价主要按照 GB/T 19273—2017 的附录 C“企业标准化工作评分表”，同时参考 GB/T 15496—2017、GB/T 15497—2017、GB/T 15498—2017、GB/T 35778—2017 的相关内容进行评价。评分的原则和细则，评价组在文件评价前应结合专业类别及企业规模进行沟通，必要时进行专项培训，并形成共识。

（1）文件评价具体内容

① 标准化管理机构建设和运行情况。查阅标准化组织机构及职责文件，围绕企业发展战略制定的方针、目标、规划和计划等，考核或实施情况记录。

② 标准体系构建情况。查阅需求分析报告、标准体系结构图、标准体系表、编制说明以及标准文本。

③ 标准实施情况。查阅标准实施过程中的相关记录、标准的查询及跟踪相关记录等。

④ 其他相关标准化工作情况。查阅采用国际标准或国外先进标准的材料及采标证书的使用情况，查阅主持或参与制（修）订国家标准、行业标准、地方标准和团体标准的资料和标准文本，查阅开展标准化试点、示范和参与国际、国内标准化活动的记录等。

⑤ 标准化成效情况。查阅开展标准化经济效益、社会效益评价文件及相关证明材料，以及获奖证书、报告等相关材料。

（2）文件抽样要求

由于需要评价的企业标准化文件较多，尤其是在标准体系评价中尤为明显。标准体系往往包含较多的标准与记录，作为评价人员往往不能逐份查验，因此需要对其标准体系内标准进行抽查，抽查工作必须注意下列事项。

① 抽取的标准文本应涵盖产品实现标准体系、基础保障标准体系和岗位标准体系。

② 抽取的标准文本应覆盖识别的关键环节。

③ 由评价组组长根据企业规模、产品的复杂程度、纳入企业标准体系的标准文本数量等因素确定标准文本抽样的数量，样本数量应为标准总量的 4%～8%，且不应少于 20 份。

4. 现场评价

现场评价是评价实施的核心手段。现场评价通过提问、察看、检查验证等方式，对企业标准化工作、制定的标准体系的实施和监督过程进行评定。按评价计划、检查表，围绕附录 C“企业标准化工作评分表”中的实施、评价与改进部分，对规定检查的部门进行现场检查并记录真实信息。根据记录内容，在评分表中给出合理的分数，检查记录表可同时作为评价报告和不符合项的依据。对于评分的原则和细则，评价组在现场评价前应结合专业类别及企业规模进行沟通，必要时进行专项培训，并形成共识。

现场评价的重要任务是核验评价文件和现场实施的符合性和有效性，考察企业标准化的水平和特点。下面将从评价内容和评价方法两个方面进行阐释。

（1）现场评价内容

① 标准化意识。员工标准化基础知识掌握程度、参与标准化培训等活动情况。

② 标准掌握情况。员工对本岗位有关标准的掌握程度。

③ 标准实施情况。工艺流程、关键环节、现场管理、设备设施、产品、半成品、原材料检验验证等与标准内容有关的符合性及执行标准的情况。

④ 标准体系。覆盖企业生产、经营管理全过程，标准体系整体运行状况及动态维护情况。

（2）现场评价方法

现场评价时，可采用查看、询问、操作演示、结果复核、查阅资料或报告记录、调查统计等方法，主要包括以下内容：

① 通过采用观察的方法，对标识、设施设备运行、文件管理等内容进行符合标准情况的直接评价；通过询问和查阅资料，直接评价员工的意识和培训情况等。

② 通过询问、操作演示，评价员工对标准内容的掌握程度、各岗位人员对相关标准的实施情况效果及深度。

③ 通过访谈、座谈和倾听，评价部门及企业的标准实施及标准体系运行情况。

④ 通过查阅资料或报告等，评价各类标准及相关记录、档案管理情况。

⑤ 通过现场演示或结果复核等，再现产品实现的过程，评价标准实施的有效性及体系运行的持续性。

5. 沟通

（1）内部沟通

内部沟通指评价组内部的沟通，包括：协调评价进度与分工；出现重大不符合项以及不期望情况时的沟通；对评价信息进行沟通，并形成评价结论。

（2）外部沟通

外部沟通指评价组与评价对象的沟通，包括：要求提供必要支撑文件以及必要说明；协调评价工作进度；针对现场评价安全风险情况，提出继续评价或是终止评价；对评价过程中发现的不符合项以及评价结论意见等内容进行沟通，并得到确认。

沟通是让评价顺利开展的重要方法，是确保评价结果科学有效的重要手段，应将沟通贯穿于评价的全过程。

6. 末次会议

末次会议是评价结束后召开的由评价组全体成员和被评价企业最高管理者及各有关部门负责人共同参加的一次会议，参加人员应该与首次会议相同，会议由评价组组长主持。会议的目的是向被评价企业说明评定中所看到、听到和检查到的问题、否决项目和不符合项，提出不符合报告，并宣布评价结论。

末次会议内容应包括：

（1）说明获取客观证据的方法及评价中发现的不符合项，评价工作汇总与不符合报告等应符合 GB/T 19273—2017 中表 B. 1 和表 B. 2 的要求。

（2）整改建议，包括纠正措施、验证的要求、整改时间等。

（3）形成评价报告，并宣布评价结论，评价报告应符合 GB/T 19273—2017 中 B. 3 要求。

（4）明确申诉或投诉的权利及处理程序。

评价的实施是评价工作核心环节，每个过程均应遵循相应的方法，保留相应的记录，保证评价活动可追溯，确保评价活动的有效性。

（四）改进

改进是企业不断完善生产、经营和管理活动，实现企业最终目标的有效方法，特别是外部环境在变化，改进是企业发展的常态。改进也是运用 PDCA 管理模式进行的，属于大循环中的最后一个过程，该过程又是由若干个完整而独立的小循环组成的。通常的改进包括日常改进、持续改进、评价或认证后的改进等形式。

1. 对改进的要求

持续改进是非常重要的方法论，贯穿于企业标准化工作的全过程、全要素，企业只有把握了持续改进的方法论，才能在日益激烈的竞争中立于不败之地。下文主要结合 GB/T

19273—2017 中的有关要求，就改进的实施进行阐述。

2. 对改进依据的分析、处置

改进的信息和依据有很多来源，对企业标准化工作开展评价的目的之一就是推动企业标准化工作不断获得改进。企业对改进的信息和评价结果，应进行测量统计、归纳分析，找出存在问题的部门，查出不合格的原因，有针对性地采取纠正措施和预防措施加以消除，确保不再出现类似的问题。

(1) 纠正措施和预防措施的制定

企业分析识别不合格或潜在不合格因素，制定纠正措施和预防措施，改进存在问题是企业开展标准化工作的重要一环，是实施日常监督、自我评价、内审、评审和外部评价的重要工作。纠正措施和预防措施的提出是相关责任部门与评价人员共同的责任，所有不合格或潜在不合格因素都应采取相应的纠正措施和预防措施并予以实施。

在实施中，要清晰识别纠正、纠正措施及预防措施的定义及关系。纠正是对“不合格进行处置”，而纠正措施“针对不合格原因，采取消除措施”。预防措施是针对潜在或发展趋势中的不良问题，分析原因，采取措施，避免不合格。而改进措施是为提高各项活动的效果、效益而采取的措施。针对不同情况应具体问题具体分析，找出不合格产生的原因，弄清根源，才能有效制定纠正措施和预防措施。

(2) 纠正措施和预防措施的实施和监督

在改进的过程中，为了保证纠正措施和预防措施能够有效实施，纠正措施或预防措施制定完成后，应由部门负责人或企业最高管理者代表批准。批准的目的是，审查纠正措施或预防措施是否具有可行性和有效性，是否需要设施设备的投入及部门调整等。结合企业的轻重缓急，由不同的人员进行审批，确保实有效实施，同时能够得到监督。纠正措施和预防措施的实施应规定实施期限，一般规定为一个月内完成。纠正措施和预防措施在实施过程中，若发生问题，应报告部门负责人或最高管理者代表，说明原因，请求延期。对纠正措施和预防措施的实施情况，各相关部门应保存有关记录，以便进行验证。

(3) 纠正措施和预防措施的跟踪验证

纠正措施和预防措施实施后，企业应对措施的实施情况进行跟踪验证，查验措施的有效性。对纠正措施和预防措施进行验证时，验证的内容一般包括：

① 是否按照计划规定的实施完成。

② 计划中的各项措施是否都完成。

③ 完成后的效果如何，是否还有类似的不合格发生。

④ 实际情况是否有记录可查，记录是否有编号并妥善保存。

⑤ 若需修改标准体系文件的，是否由有关部门按文件管理办法办理了修改、审批和发放手续并有记录，修改后的文件是否在认真执行等。

(4) 对纠正措施和预防措施的评价

纠正措施和预防措施按计划完成后，企业应对实施过程和记录进行评价。一是评价过程和记录是否符合措施要求；二是评价在实施过程中是否发现新的问题，并分析原因，采取新的措施加以克服；三是评价纠正设施是否有效地解决了问题发生的根源，阻止问题的再次发生。

3. 建立改进机制

查明和消除不合格的原因，采取纠正措施和预防措施，防止不合格发生，是企业进行改进的有效方法。改进应按照PDCA循环管理模式进行，企业应建立改进机制，应从搜集和分析不合格因素，到制定纠正和预防措施，再到纠正措施和预防措施的实施和跟踪，建立一套有效的管理机制，并由专人负责。改进的来源通常包括：日常检查、日常监督、内审、管理评审、自我评价、外部评价、认证等。在改进的形式上通常分为：日常改进、持续改进、认证或评价后改进等。下面从内外部评价角度，概述改进的机制。

（1）自我评价、内审及管理评审后的改进

在构建企业标准体系时，企业应明确建立一个管理体系，形成一套标准体系文件。由于企业标准体系之间的标准是相互关联的，企业应将实施ISO 9001、ISO 14001等体系标准的相关内容与GB/T 15496—2017体系有机整合，借鉴认证的做法，企业应将内审、自我评价及管理评审的方式，纳入企业的内部改进机制中，形成良好的持续提高的运作模式，其中内审和自我评价可一并进行。内审就是企业对照所采用的标准、企业标准化文件及具体的操作，审核企业的有效性、适宜性和符合性。内审一般可采取滚动式审核，也可以采用全部门全要素审核，内审方式一般由企业结合实际而确定。而管理评审是企业建立和实施标准体系之后，结合内审和自我评价的结果，由企业高层定期开展的一项重要的决策性活动，其目的是确保企业的方针、目标以及各种管理体系的适应性、充分性、有效性等，同时得到资源保障，最终形成决策。管理评审一般每年至少一次，特殊情况可增加评审次数。

（2）外部认证或评价后的改进

为了提升企业的水平，不断满足顾客的需求，企业寻求外部评价和认证时，认证机构或评价组织对企业的评价或审核，通常给出评价结论或审核结论，形成不合格报告，针对不合格项制定纠正措施和预防措施，这是重要的改进机制。在一个企业内部，自身发现问题，有时是较为困难的，而外部评价或审核，是国际上实施标准的重要监督形式，这种改进往往是全面的、系统的。改进后，企业应及时总结经验，对效果进行评价，有关记录要保存，从而保证企业提升水平，促进经济效益和社会效益不断提高。

（3）建立改进的奖惩制度

企业应建立改进措施的奖惩制度，鼓励全员参与改进工作，推动企业标准化工作持续提升。奖惩制度考核范围可包括企业的全体员工。

通常奖励的内容包括：发现不合格项，提出纠正措施；发现潜在的不合格项，提出预防措施；对评价、确认的不合格项，提出纠正措施，实施并验证有效；跟踪验证纠正措施中，发现新的不合格，提出改进措施和预防措施；企业开展标准化工作中，提出合理化建议，或改进建议；对安全、环保、节能等管理工作提出合理化建议，并取得实效。

通常惩罚的内容包括：出现不合格的个人或部门（按严重程度进行处罚）；在规定期限内仍未执行纠正措施；抵触、妨碍纠正措施和预防措施落实的。

通常考核机制包括：考核可采取年度考核或月考核，并与个人奖金挂钩；企业最高管理者负责考核的审批；成立考核小组，负责考核的组织、协调和实施；办公室负责考核的资料收集、汇总和申报。具体的考核办法应由企业结合标准的推进情况而制定。

总之，改进是企业实现自我完善的重要方法，是 PDCA 循环管理模式中最重要的闭环，树立持续改进理念，灵活运用改进方法有助于企业形成完善的运行机制。

【本章小结】

(1) 企业标准体系是企业标准化的战略重点。企业标准体系建设应遵循需求导向、创新设计、系统管理、持续改进的基本理念和目标明确、全面成套、层次适当、划分清楚的原则。

(2) 企业标准体系专注于为实现企业战略目标提供标准化管理的系统方法和管理平台。各类管理体系文件是企业标准体系的一部分。对于各管理体系的通用要求，可采用整合、兼容和拓展的方式，将相应标准修订后纳入标准体系；对于各管理体系的特定要求，可直接将原管理体系的文件纳入企业标准体系。

(3) 工业企业标准体系可由产品实现标准体系、基础保障标准体系和岗位标准体系构成；或者由技术标准体系、管理标准体系和工作标准体系构成。也可以在上述标准体系结构的基础上根据企业实际需要进行创新设计。

(4) 农业企业标准体系主要包括农业基础标准、种子种苗标准、产品标准、方法标准、环境保护标准、卫生标准、农业工程和工程构件标准、管理标准等。

(5) 服务业企业标准体系由服务通用基础标准体系、服务保障标准体系、服务提供标准体系组成。

(6) 企业应按照“PDCA”的思想，对标准体系的实施情况定期进行检查、评价和改进，以保证标准体系持续改进，实现标准体系的先进性、适宜性和有效性。

【思考题】

(1) 简述企业标准体系建设应遵循的基本理念。

(2) 结合自己所在公司的实际，简述企业标准体系与其他管理体系的关系。

(3) 结合自己所在公司的实际和行业特点，思考如何构建企业标准体系。

(4) 简述企业标准体系评价与改进的意义。

第五章 企业标准制（修）订

随着时代发展和科技进步，企业之间的市场竞争日益白热化。如何保持企业在行业的领先地位，是企业生存发展所面临的一项重要课题。企业赢得市场，就是获得发展空间。把市场需求的信息转化为可操作的标准要求，研发出满足市场需求的新产品。企业只有做好上述工作才能强化核心竞争力，在市场经济中取得行业领先地位，这是企业标准化工作的重点。企业标准化的使命是培育企业的动态适应力，而标准的制（修）订向来是困扰企业的难题之一，本章将从企业标准制（修）订要求出发，到企业标准具体编写规则的分析，全方位、多角度地展现做好企业标准制（修）订工作所需要的知识和技能。

【学习要点】

- 掌握企业标准的制定原则和对象。
- 掌握标准各要素的基本概念、编写规则和方法。
- 掌握标准结构、标准内容的编写。
- 掌握标准信息管理和标准文献检索的概念。
- 熟悉标准信息管理的内容。

第一节 企业标准制（修）订要求

引例

2018年8月，国家标准化管理委员会公布了第一批国家级消费品标准化试点项目名单，伊利成为乳制品行业唯一一家入选企业。伊利先后参与国家相关标准、法规制（修）订几百项，并主持50多项食品安全国家标准和行业标准制（修）订工作。伊利能够在国家级标准中拥有发言权，面向消费者不断推出高品质乳制品，源于自身对标准化建设的重视。以在产品和乳品原料质量控制方面为例，伊利一直执行严于国家标准的世界一流、极为严苛的原材料质量控制标准——设置超过1000项检验项目。在伊利，有一个行业闻名的质量管控“三条线”：检测规程中，在国标线的基础上，伊利提升了50%的标准，制定了企标线；在企标线的基础上，又提升了20%的标准，制定了内控线。企标线严于国标线，内控线严于企标线，进一步保障了产品品质，更是让国外的供应商直言："你们的检测标准太严苛了。"也正是对标准的重视，对品质的恪守，伊利品质也得到了消费者长期的认可。

一、企业标准制定范围

《中华人民共和国标准化法》规定，企业可以根据需要自行制定企业标准，或者与其他企业联合制定企业标准。国家支持在重要行业、战略性新兴产业、关键共性技术等领域利用自主创新技术制定团体标准、企业标准。企业标准的技术要求不得低于强制性国家标准的相关技术要求，国家鼓励社会团体、企业制定高于推荐性标准相关技术要求的团体标准、企业标准。GB/T 35778—2017 明确了企业标准制（修）订的范围。

1. 没有相应或适用的国家标准、行业标准、地方标准、团体标准时制定的产品/服务标准

企业制定的产品或服务标准，将消费者的需求转化为产品技术指标，是对顾客和市场需求的定义，也为企业的质量管理确立了工作核心，企业的所有活动都必须为企业生产的产品或提供的服务达到标准规定的要求来服务。并且，企业制定的产品或服务标准也是判定企业产品或服务质量的准则和依据，企业在交付产品或服务，以及政府在进行监督时，都以此为依据。因此，企业在面向市场提供产品和服务时，没有相应或适用的国家标准、行业标准、地方标准、团体标准时，应当针对提供的产品和服务制定产品或服务标准。

产品标准一般包括产品的分类、结构要求、功能要求、性能要求、相应的试验方法/验证方法、验收准则，以及标识、包装、运输和贮存要求等。服务标准一般包括对服务特性的清晰描述和每一项服务特性的评价方法。

2. 为满足相关方需求制定的产品实现标准

产品实现标准是企业为满足顾客需求所执行的，规范产品实现全过程的规范性文件。企业应围绕如何满足顾客需求，制定产品实现标准。产品实现标准包括：产品标准、设计和开发标准、生产/服务提供标准、营销标准、售后/交付后标准。

3. 为支持产品实现或服务提供制定的基础保障标准

基础保障标准是企业为保障企业生产、经营、管理有序开展所执行的，以提高全要素生产率为目标的规范性文件。企业应围绕如何保障产品实现，以及企业生产、经营管理有序开展，提高全要素生产率制定基础保障标准。

基础保障标准包括规划计划和企业文化标准、标准化工作标准、人力资源标准、财务和审计标准、设备设施标准、质量管理标准、安全和职业健康管理标准、环境和能源管理标准、法务和合同标准、知识管理和信息标准、行政事务和综合标准等。

4. 为支撑产品实现标准和保障标准的实施而制定的岗位标准以及满足生产、经营、管理的其他标准

岗位标准是企业为实现基础保障标准体系和产品实现标准体系中的标准有效落地所执行的与岗位作业为组成要素的规范性文件。企业应围绕如何落实基础保障标准体系和产品

实现标准体系中的标准，针对各岗位实际情况来制定岗位标准。

岗位标准一般以作业指导书、操作规范、员工手册等形式体现，包括职责权限、工作范围、作业流程、作业规范、周期工作事项、条件触发的工作事项等。

二、企业标准制定原则

根据《中华人民共和国标准化法》，企业标准的制定需满足以下原则：

(1) 制定企业标准应当符合国家法律法规和强制性标准要求，企业标准的技术要求不得低于强制性国家标准的相关技术要求。国家鼓励社会团体、企业制定高于推荐性标准相关技术要求的企业标准。

(2) 制定企业标准应当在科学技术研究成果和社会实践经验的基础上，深入调查论证，广泛征求意见，保证标准的科学性、规范性、时效性，提高标准质量。

(3) 企业可以根据需要自行制定企业标准，或者与其他企业联合制定企业标准。

(4) 国家支持在重要行业、战略性新兴产业、关键共性技术等领域利用自主创新技术制定企业标准。

(5) 制定企业标准应当有利于科学合理利用资源，推广科学技术成果，增强产品的安全性、通用性、可替换性，提高经济效益、社会效益、生态效益，做到技术上先进、经济上合理。

(6) 标准应当按照编号规则进行编号。

三、企业标准制（修）订程序

企业标准制（修）订程序一般包括七个阶段：立项、起草草案、征求意见、审查、批准、复审、废止。

(一) 立项

调查研究、收集有关信息是制定标准的关键环节。调查研究的目的也是为了获得相关信息，充足的信息是制定标准的依据，信息是否充足直接影响制定标准的质量。企业应根据所制定的标准对象、内容及适用范围，从以下几个方面进行调查研究和搜集信息。

1. 标准化对象的国内外现状和发展方向

在制定某项标准时，首先是了解标准化对象的国内外技术水平、产品实现情况、质量状况、市场占有情况、发展趋势等内容。如制定某一项产品标准，就必须掌握同类产品在国内外市场的现状，包括生产情况、主要技术指标、质量水平、市场占有率、影响产品质量的因素和提高质量的可能性、顾客和市场的要求以及今后的发展趋势等，然后分析本企业实现产品的能力，如资源能力、工艺条件、检验能力等，这样就对制定标准的依据和能够制定标准的条件做到心中有数。

2. 有关最新科技成果

科技成果是制定标准的基础。企业可通过收集国内外有关科技文献及出版物，有关专利和发明方面的信息，产品样本、样机、样品等，从中了解有关科技成果和发展趋势，将其转化为标准。

3. 顾客的需求和期望

顾客的需求和期望是制定企业标准的重要依据。顾客的需求和期望往往是多方面的，如顾客对产品/服务的要求，有明示的、隐含的和必须履行的需求或期望。这些要求和期望可归纳为：性能要求、可信度要求、安全性要求、经济性要求、交付周期、售后服务、美学等。企业可以通过市场调研了解顾客对产品的需求和期望。

4. 生产/服务提供过程及市场反馈的统计资料、技术数据

企业在实施质量管理体系标准及其他管理体系标准过程中，对生产/服务全过程进行测量，积累了大量数据，还有企业拥有从市场反馈的统计资料，以及企业在生产实践中积累的技术数据、统计资料等，将这些资料收集起来，进行分析、对比、研究，这为合理确定标准中的技术指标提供了科学依据。

5. 国际标准、国外先进标准和技术法规及国内相关标准

国际标准、国外技术法规、国家标准和行业标准，这些方面的信息资料是公开发行的，企业比较容易收集到。国外先进标准则较难收集，企业可采取经济合作技术引进、出国考察等途径获取。

在经过充分地调查研究和信息收集之后，便可提出企业标准的立项申请。对需要制（修）订的标准进行立项，可进一步制订工作计划、配备相应资源。

（二）起草草案

企业标准立项申请通过后，要成立标准起草小组（或起草工作组），参加起草小组的人员和人数，应根据所起草标准对象而定，一般由具有实践经验的从事技术工作或管理岗位的骨干组成。

起草小组对搜集到的信息资料进行整理、分析、对比、优选，必要时应进行试验验证，然后编写标准征求意见稿和标准的编制说明。编制说明的结构和内容可由企业根据实际情况和使用习惯自行规定，以能够给相关方说明标准制（修）订的原则、主要技术内容变化和相应的理由为基本原则。企业标准草案可以按 GB/T 1.1—2020 起草。产品标准内容的编写应反映产品特性，至少包括满足产品使用需求的功能指标、性能指标、必要的理化指标及相关检验方法，可包括环境适应性、人类工效学等方面的要求，还可包括检验规则、标志、包装、储运等要求，具体见本章第二节的“四”。服务标准内容的编写应体现功能性、经济性、安全性、舒适性、时间性、文明性等特征要求，至少包括服务流程、服务提供、服务质量与控制及验证等内容，具体见本章第二节的“五”。产品/服务标准一般不包括产品的配方、组分、工装等可能涉及企业技术或商业秘密的内容。

（三）征求意见

标准起草小组（或起草工作组）将标准草案和编制说明，以及相关的附件等发至标准使用的相关部门和人员广泛征求意见，必要时可发送给企业外有关科研、设计单位以及大专院校、使用单位征求意见。

对反馈的意见要逐一分析研究，决定取舍，进一步修改标准草案，形成标准送审稿、编制说明和征求意见汇总处理表。

（四）审查

根据标准的复杂程度、涉及面大小，可采取会审或函审。审查企业标准应吸收本企业有经验的工程技术人员、管理人员和工人参加，必要时也可邀请外单位的专家和用户参加。

审查内容至少包括以下方面：

(1) 是否符合有关法律法规、强制性标准要求。

(2) 是否符合或达到预定的目标和要求。

(3) 是否可操作、可验证。

(4) 与本企业相关标准的协调情况。

(5) 是否符合本企业规定的标准编写格式。

在标准审查过程中，起草小组要认真听取各方面的意见，特别是用户的意见；对反对的意见也应慎重考虑；对各种分歧意见要充分讨论和协商，使标准能充分反映各方面的利益。只有得到大多数人同意，至少是对于实质性问题没有坚持反对意见，审查才算通过。

会议审查应有会议纪要和对标准草案的审查结论。审查结论可单独编写成文件，也可写在“审查纪要”中。“审查纪要”应如实反映审查的综合情况。

审查纪要的主要内容有：审查会议的主持单位、参加审查会的单位和人员、对标准水平的认定情况等。会议审查时，经审查修改后的标准草案和审查会议纪要应经与会代表通过。

经审查通过的标准送审稿，起草小组应根据审查意见进行修改，编写标准报批稿及编制说明、审查会议纪要、意见汇总处理表。

(五) 批准

审查后根据审查意见进行修改，编写标准报批稿，并准备报批需呈交的相关文件资料，报企业法定代表人或授权人批准、发布。

(六) 复审

企业标准应定期复审，复审周期一般不超过三年；当外部或企业内部运行条件发生变化时，亦及时对企业标准进行复审。

复审的结论包括继续有效、修订、废止三种。

(1) 继续有效

标准内容不作修改仍能适应当前需要，确认继续有效。

注：对标准只作少量修改时，可采用修订单，确认标准继续有效。

(2) 修订

标准内容需要改动才能适应当前使用的需求和科学技术的发展，予以修订。

(3) 废止

标准已完全不适应当前需要，予以废止。

(七) 废止

审查结论决定为“废止”的标准，企业予以公告废止。

废止的企业标准应及时收回，不再执行。

(八) 企业标准制定的特殊情形

企业在自主研制标准时，建议采用完整的企业标准制定程序，以保证标准的适用性、先进性和合理性。除了上述一般程序以外，企业在不同的情形下，其标准制定的程序也可不同，以下列出几种特殊情形的企业标准制（修）订程序。

1. 纳入企业标准体系的企业标准的制定

由于企业标准已纳入企业标准体系，无论如何均要制定，因此，该类企业标准可省去立项环节。在进行充分的调研分析和信息收集之后，便可直接进入起草阶段。但在征求意见时，除了对标准使用部门和人员征求意见以外，还应向标准有关部门和人员征求意见，如标准中规范性引用文件的使用和归口管理部门，与该标准配套使用的标准使用和归口管理部门，与该标准所处同一标准体系或子体系的标准归口管理部门。

在标准审查时，该类标准除了前文提到的审查重点以外，还应特别关注与企业标准体系内其他标准的内在联系，以及内容的协调性、兼容性。

2. 将国际标准、国外先进标准转化成企业标准

该类标准转化制定时，一定要在制定前对标准中的技术内容结合企业自身的实际情况进行充分的论证和分析，确保其与企业内技术水平的一致性，如企业的设计开发能力、工艺技术水平、设备设施的先进性、操作工人的经验和能力等，切忌好高骛远。

该类标准可省去起草阶段，但在征求意见和标准审查时，可邀请具有专业外语水平的外部专家参与。

3. 对国家标准、行业标准、地方标准或团体标准进行选择和补充

对国家标准、行业标准、地方标准或团体标准进行选择和补充制定企业标准时，可省去起草阶段，直接将国家标准、行业标准、地方标准或团体标准结合本企业的实际情况，转化成企业标准征求意见稿，分发征求意见。

4. 将企业在用的规范性文件转化成标准

由于企业实行的规范性文件已经在企业内部发布实施，只是将其内容按照标准的表述规则进行规范，对不具备操作性的内容进行补充、细化和完善，并按照标准的程序进行发布，因此，该类标准的转化制定可省略立项阶段、起草阶段和征求意见阶段，直接进入审查阶段。

虽然不同的企业标准制定的主要过程不完全一致，但作为企业标准，还应有其规定的产生程序，并经协商一致，这也是企业标准与企业管理制度在产生程序上的根本不同。企业应制定企业标准制（修）订程序，对采用不同方法制定企业标准的过程做出要求，并按照执行。

四、企业标准其他形式

企业标准体系中所含标准是指企业执行的所有标准，包括国家标准、行业标准、地方标准、团体标准、企业（含上级母公司）标准。标准的类型可以是标准、程序文件、作业指导书、规章制度等受控的规范化文件；标准可以是文字形式，也可以是流程、图片、实物等形式。

随着企业的不断发展，信息化技术在企业应用越来越广泛，无纸化办公、数控加工中心，甚至智能化制造的逐步推进，企业标准以什么形式存在，纸质文档还是电子文档，是流程还是标准，这是我们需要厘清的问题。

在第四章第一节中，我们探讨了多体系融合的问题，很多企业针对同一事项，制定了质量管理体系的程序文件，也制定了管理标准，这是“两张皮”现象。那么产生“两张

皮”现象的原因是什么？说到底，还是“企业标准以什么形式存在”的问题。

“不管黑猫白猫，抓住耗子就是好猫”，标准最大的成功在于“管用”，对重复发生的事物起到“规范”的作用。标准的形式应以企业方便为出发点，这是符合标准化“简化”原则的。

企业标准的标准形式及其编写详见本章第二节。下面来看流程图、制度、图片等形式的企业标准案例。

（一）流程图形式

案例

企业费用报销流程

一、表单内容

企业费用报销表单内容见表1所列。

表1 企业费用报销表单内容

单据编号	FYBX－201503－000881	录入日期	2015－3－6
员工编号	114060285	录入日期	张洁 员工级别 请选择… ▼
报销类型	请选择… ▼	报销币别	人民币 ▼ *
关联借款单据		手机号码	
支付方式	请选择… ▼ * GX代码：		
报销金额总计		实报金额	
供应商代码		发票	请选择… ▼
报销说明	▲ ▼ *		
附件	上传		

今后除业务招待费须领导签字外，其余纸质报销单不需要领导签字。

1. 报销类型：普通费用报销、员工手机话费报销、业务招待费、手提电脑费用、数码相机费用、开发样衣/面辅料费用、生产质量奖报销。

2. 员工级别：普通员工、部门第一负责人及以上。

3. 支付方式：银行转账、冲抵备用金。

4. 报销类型等于“员工手机话费报销”时，会跳出手机话费报销类型选项：常规、出差。

二、流程节点

企业费用报销流程节点如图 1 所示。

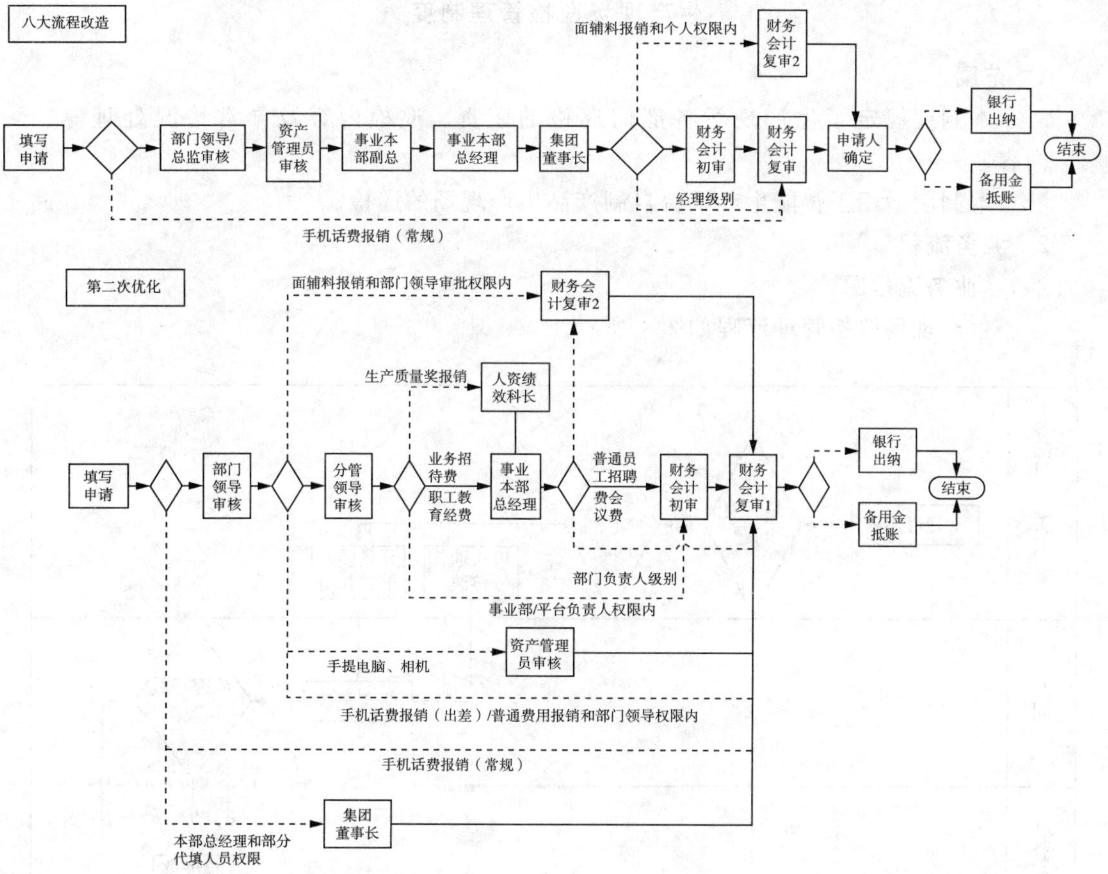

图 1　企业费用报销流程节点

改造后流程中各环节审批职责：

1. 部门领导和总监环节合并，权限一致，根据各部组织架构自行选择。
2. 资产管理员：手提电脑、相机费用的报销才跳转该环节审核。
3. 副总经理、总经理、集团董事长环节根据权限跳转。
4. 财务会计初审：审核费用报销是否符合报销制度。
5. 财务会计复审：进一步把关是否有违规现象，是否给予报销。
6. 银行出纳和备用金抵账根据业务费用支出方式跳转。

从流程案例可以看出，企业标准形式多种多样，以流程为管理方式的企业，可采用流程方式，简化标准形式；同时，流程应受控，并不断优化。

（二）制度形式

案 例

生产现场巡检管理制度

1　范围

本制度规定了生产现场各部门巡检的职责、巡检内容及异常情况处理等内容。

本制度适用于智能生产平台自制产品生产现场的巡检。

2　业务流程

2.1　业务流程图

生产现场巡检管理流程如图1所示。

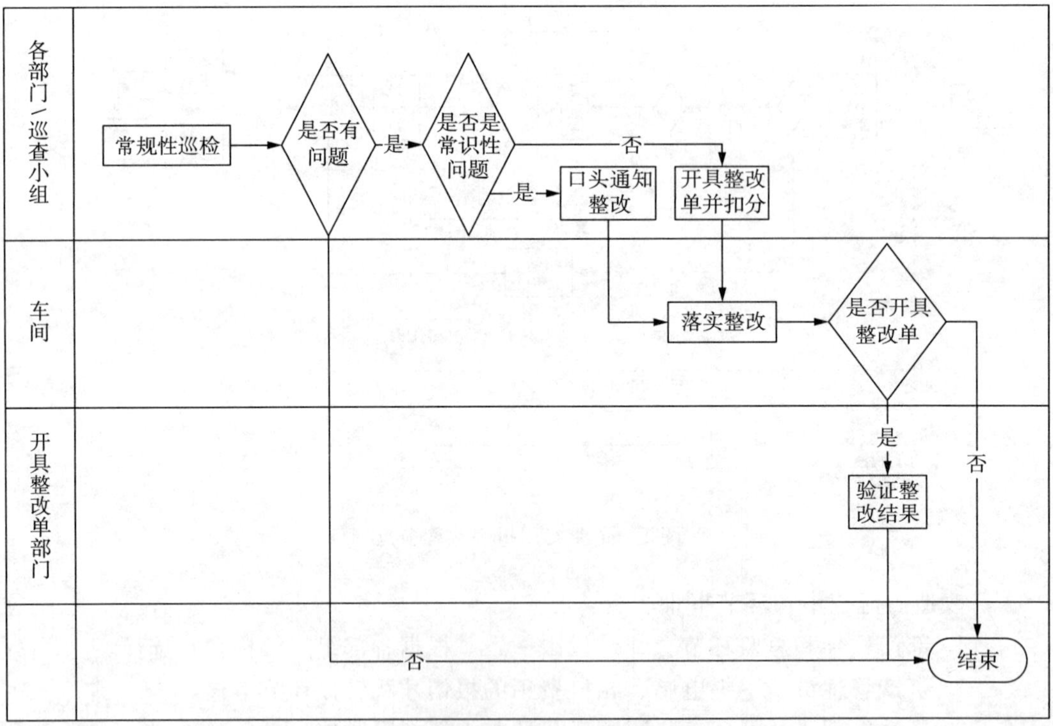

图1　生产现场巡检管理流程图

2.2　职能权限

2.2.1　各部门/巡检小组

2.2.1.1　技术部负责对生产现场的工艺技术执行情况等进行检查。

2.2.1.2　质量管理部负责对生产现场检验执行情况及计量器具状况等进行检查。

2.2.1.3　IE部负责对生产现场人、机、料、工序状态及现场环境等进行检查。

2.2.1.4　设备部负责对生产现场设备运行、保养及安全情况等进行检查。

2.2.1.5 生产部负责对生产现场产品质量、效率、环境、纪律等进行检查。

2.2.1.6 巡检小组负责对生产现场产品的质量、工艺、现场环境、设备保养状况、安全情况等进行检查。

2.2.1.7 各部门/巡检小组在开具整改单时，需说明具体问题情况，并注明整改期限。

2.2.2 车间

根据巡检人员给出的整改建议和时间要求，在限期内进行落实整改。整改后，在整改单上备注改进措施和完成时间。

2.2.3 开具整改单部门/人

由开具整改单的部门/人在下轮巡检时，核实车间整改是否已到位，并在整改单上批复验证结果。

…… ……

（三）图片形式

案 例

标准形式的图片形式

…… ……

三、物料定位

1. 采用宽度为 4.8cm 的黄色胶带线。

2. 胶带线距离物料 2cm，如图 1 所示。

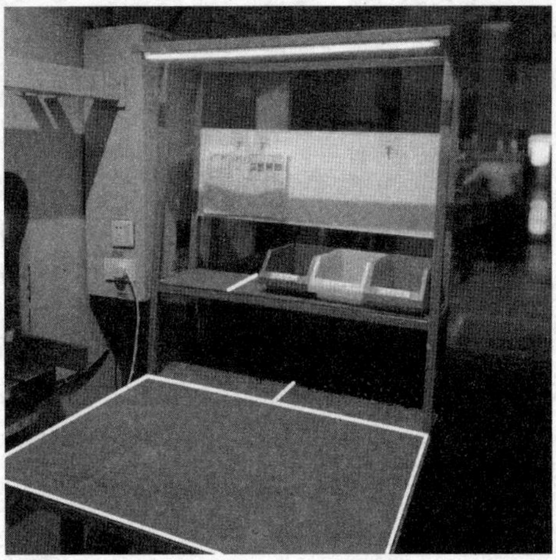

图 1 胶带线与物料的距离

…… ……

五、企业联合制定标准

企业根据自己生产和经营的需要，可自行制定本企业所需要的标准，不必经过其他机构的批准或认定。企业标准既可以是单个企业自己制定，也可以由多个企业联合起来制定。支持同行业企业或者产业链上下游企业完善全产业链资源，共同制定和实施企业联合标准，促进企业协同创新、融通发展，推动产业基础高级化、产业链现代化。这种联合制定一般是以多个企业共同的名义或者多个企业协议组成的联盟（不是依法登记的社会团体）制定。

自行制定的企业标准和联合制定的企业标准，都属于企业标准，制定程序和编号规则都应按照企业标准进行。企业联合制定标准按照企业标准进行管理，其声明公开也应当按照《中华人民共和国标准化法》第二十七条执行。

第二节　企业标准的编写

引 例

如何起草一个好的标准？本节就是要在回答什么是好标准这一问题的同时，向广大企业标准起草者阐释如何起草一个好标准。

第一，起草的标准紧扣需求——遵循标准起草三项原则：确认标准化对象或领域、明确标准使用者及其需求、确定标准编制目的（目的导向）。在综合考虑这三项原则后应将确定的标准化对象或领域、标准使用者的需求、标准的编制目的列出清单。在标准整体框架的搭建，标准类别或功能类型的确定，文件核心技术要素、其他规范性要素及其条款的选择和确定时，都需要查看该清单，以便起草的标准紧扣标准化需求。

第二，核心要素反映标准功能——遵守各功能类型标准对应的原则：规范标准需要遵守“性能/效能原则”“可证实性原则”；规程标准需要遵守“可操作性原则”“可追溯/可证实性原则”；指南标准需要遵守“指导方向明确原则”。以便某功能类型标准的核心技术要素中确定的条款，能够反应该标准的功能类型，也就是说要通过遵守相应原则形成的条款，赋予标准具有相应的功能。

第三，要素表述清楚准确——遵守标准表述三原则：要素的表述要形成清楚、准确和无歧义的条款，以便被未参加标准编制的专业人员所理解，为此需要遵守一致性原则、协调性原则；起草的标准要便于应用，为此需要遵守易用性原则，运用好要素的各种表述形式，准确表述标准中的条款和附加信息。

好的标准不仅取决于标准的层次如何划分、内容如何表述，以及标准的格式如何编排，更取决于能否恰当地选择与确定标准的技术要素及其条款。本书虽然给出了起草标准需要遵循的原则和采取的步骤，但是在起草具体标准时，还需要起草者领会其中的要点，融会贯通后才能形成一个好的标准。

标准的起草是标准化活动的主要内容之一，包括确立条款和起草文件两项工作内容。起草形成的标准文本的规范化是标准化活动首先要考虑的工作任务之一。为此，我国形成了以 GB/T 1.1 为主的支撑标准制（修）订工作的基础性系列国家标准。

协调、一致且适用性好的标准文本，取决于标准中规范性技术要素的正确选取与确立，取决于标准文本结构的合理搭建，更取决于标准要素、技术内容表述的清楚与准确。标准起草者对标准技术内容选择和表述原则的准确把握，将影响对编写标准具体规则的理解与运用，进而影响标准的最终质量。

本节从介绍企业标准编写原则入手，进而阐述编写企业标准应考虑的因素和应掌握的规则，最后结合企业常见的产品标准和服务标准给出了具体的编写指导和示例。篇幅限制，仅对与企业标准编写有关的基础知识进行阐释，如要具体编写一个适用性好的、符合编写规则的标准，还需要从支撑标准制（修）订工作的基础性系列国家标准和有关标准编写的书籍中得到具体的指导。

一、企业标准编写原则

起草标准时，首先要做的工作就是确立条款以及选择和确定标准的规范性要素。在考虑一个标准需要对哪些技术内容标准化时，需要遵循并综合考虑标准化对象或领域、标准使用者以及目的导向三项原则，这三项原则直接影响着标准整体框架的搭建、标准类别或功能类型的确定、标准核心技术要素和其他规范性要素及其条款的选择和确定。

（一）标准化对象原则

标准化对象是指“需要标准化的主题”。从编制标准这个角度可以将标准化对象理解为“产品/系统、过程或服务”。针对每个特定的标准，其标准化对象就是具体的产品/系统、过程或服务，如电冰箱、变电站监控系统、管理过程、快递服务等。

标准化对象原则是指起草标准时需要确定标准化对象或领域，即拟标准化的是产品/系统过程或服务，还是与某领域相关的内容；是标准化对象所有必备方面，还是某个特殊方面，从而确保规范性要素中的内容与标准化对象或领域紧密相关。

标准化对象原则是在起草标准开始阶段就要考虑的原则，确定标准化对象是为了规划标准的整体框架，确保标准中规范性要素及其条款与具体的标准化对象（或领域）或其特殊方面紧密相关。

（二）标准使用者原则

标准使用者也即利益相关方，一般包括：设计者、生产者/提供者/操作者/执行者、安装者、供应者，通常称为第一方；使用者/消费者、订货者/采购者、维护者（有时由第一方提供维护）等，通常称为第二方；检测者/检验者、认证者、管理者等，通常称为第三方。

标准使用者原则是指起草标准需要考虑该标准是给谁用的、他们的具体需求是什么。为了满足标准使用者的不同需求，拟编制标准的功能类型会不同。

标准使用者原则同样是在起草标准的开始阶段就需要遵守的原则。这一方面能够通过将标准划分成不同的部分，使得标准更加适合不同使用者的需求；另一方面能够形成适应标准使用者需求的标准功能类型，从而保证标准的规范性要素及其技术内容都是特定使用者所关注、所需要的。

（三）目的导向原则

起草标准时还需要考虑标准编制目的，遵守目的导向原则，即以编制目的为导向选择并确定标准的技术内容。

目的导向原则是指起草标准时需要充分考虑标准编制目的，并以确认的编制目的为导向，确定标准的目的类别，进而通过对标准化对象的功能分析，识别出标准中拟标准化的内容或特性。

目的导向原则是在起草标准开始阶段就需要考虑的原则。这一方面能够通过将标准划分成不同的部分，使得每个部分规定的内容都与编制目的紧密相关；另一方面就是要以编制目的为导向选择并确定标准的技术内容，也就是说标准编制目的决定了标准中技术内容的选取和确定。以目的为导向，能够保证标准中规定的技术内容都是为了满足标准编制目的而设定的。

二、编写应考虑的因素

（一）确定标准化对象

1. 标准化对象的理解

正如本书第二章第一节所述，所谓标准化的对象，是指“需要标准化的主题”。这一内涵界定中，有两个关键词。第一是“主题”，即回答“针对什么而制定标准”。标准化对象决定了标准的名称、范围以及标准技术要素的选择。当然，在标准的编写过程中，标准的名称将会随着标准内容的进一步明确调整得更加准确，标准的范围也将随着标准内容的完成得到补充完善。第二是“需要”，即回答了“为什么制定标准”。也就是说，在众多的“主题”中，只有“需要”标准化的，才能成为标准化对象。“需要”的主体包括企业、消费者和政府三类。企业为了提升质量、提高管理效率和水平、促进创新而制定和实施标准，是标准的直接使用者，是标准的直接需要主体；消费者出于对自我利益的保护，要求企业按标准生产产品和提供服务，是标准的间接需要主体；政府部门及相关机构为促进社会经济发展，充分发挥标准的本质作用，在对标准产生的必要性进行论证和把关的基础上进行标准的制定、宣贯和监督。政府监管的需求是正式标准产生的必要条件。

2. 确定标准化对象需要考虑的内容

标准化的对象不同，标准的内容也不同，确定标准化对象应从以下几个方面考虑：

（1）标准需求分析

标准化对象的确定是标准制定工作的第一项任务。前面已经说明了“需要”是确定标准化对象的关键所在。衡量哪些对象需要标准化是一个十分重要的问题。只有建立对需求迫切性的评估程序，使需求分析充分到位，才能使标准准确及时地反映市场需求。需求分析可以从标准化目的和用途、实施标准的可行性、制定标准的适时性等方面考虑。

（2）考察是否具备标准的特点

从标准的定义可知，标准需要具备“共同使用”和“重复使用”两个特点，因此必须考察所确立的标准化对象是否同时具备了这两个特点，缺少任何一个都不适宜作为标准发布。

（3）了解本领域的技术发展状况

应随时掌握本领域的技术发展动向，尤其是新技术、新工艺、新发明，为确定标准化对象做好充分的技术准备。

（4）考虑与有关文件的协调

要考虑新项目与现行法律、法规、标准或其他文件的关系，并评估它们的特性和水平，判断是否需要在技术上进行协调，在此基础上决定是否开展新的标准项目。

（二）资料搜集要求

根据制（修）订标准的需要，收集和分析与标准化对象相关的以下资料：

（1）政策、经济、社会、环境、顾客需求、国际标准、国外先进标准、国家标准、行业标准、地方标准、团体标准等外部信息。

（2）生产、经营、管理实践中积累的经验数据、员工反馈意见、检查评价结果等内部信息。

（三）基本编写方法

企业编写标准的方法主要有两种，即自主研制和转化制定。

1. 自主研制

在没有相应的国际标准、国外先进标准、国家标准、行业标准、地方标准、团体标准或企业在用的规范性文件时，企业需要根据实际需要，自行制定企业标准。在这种情况下，企业宜按下列方法根据本章第一节的程序制定产品/服务标准。

（1）将顾客对产品的功能需求和性能需求转化成技术指标

企业在产品设计和开发之初，会对市场进行调研。此时，企业需要将顾客提出的非专业性功能需求和性能需求转化成产品应符合的技术指标。而在转化成技术指标时，应遵循可证实性原则，即不论产品标准的目的如何，标准中应只列入那些能被证实的技术要求。或者说，如果没有一种试验方法能在相对较短的时间内证实产品是否符合稳定性、可靠性或寿命等要求，则标准中不应规定这些要求。

（2）设计开发产品并进行验证

企业根据转化成的技术指标依据相关标准对产品进行设计和开发，除了满足顾客提出的功能指标和性能指标以外，还会同时提出其他的技术指标。而这些指标构成了企业产品标准中的技术要求。

为了满足可证实性原则，企业还应对这些技术要求进行验证。进行验证时采用的方法，首先应选择国家、行业或地方标准中已有的方法。若现行的国家、行业或地方标准中没有可证实的方法，企业可以通过反复的验证自行设计和开发。而这些验证方法便构成了产品标准中的试验方法。

（3）确定其他内容

企业还应根据产品的特点，对检验规则、标志标签、包装、贮存、运输等内容作出规定。

（4）制定标准

将上述确定的内容，按照本小节（四）、（五）的要求和企业标准制定的程序，制定企业适用的产品或服务标准并发布实施。

2. 转化制定

转化制定企业标准一般包括将国际、国外先进标准转化成企业标准，对国家标准、行业标准、地方标准或团体标准进行选择和补充，以及将企业在用的规范性文件转化成标准。

(1) 将国际标准、国外先进标准转化成企业标准

若国际标准或国外先进标准的内容全部或部分适用于企业时，企业可将其转化为企业标准。转化成企业标准时，可采用翻译法、重新起草法。

① 翻译法。若国际标准或国外先进标准的内容全部适用于企业，国际标准或国外先进标准的结构可以不发生变化，或仅是表述习惯或使用的计量单位制与企业执行标准不同，在将国际标准或国外先进标准转化为企业标准时，可采用翻译法，即将国际标准或国外先进标准翻译成企业标准，并进行编辑性修改，或增加资料性附录等内容。

② 重新起草法。若国际标准或国外先进标准的内容部分适用于企业，即存在以下情况时，可采用重新起草法，即在相应国际标准或国外先进标准的基础上重新编写成企业使用的企业标准：

——国际标准或国外先进标准的部分内容与企业标准要求一致；

——国际标准或国外先进标准的内容与企业标准的部分要求一致；

——企业标准与国际标准或国外先进标准的部分内容相同，但都含有与对方不同的要求；

——企业标准中增加了一个与相应的国际标准或国外先进标准条款同等地位的条款，作为该国际标准或国外先进标准条款的另一种选择；

——企业标准与国际标准或国外先进标准的技术内容和文本结构不同。

(2) 对国家标准、行业标准、地方标准或团体标准进行选择和补充

现行的国家标准、行业标准、地方标准或团体标准的全部内容适用于企业，企业可直接收集使用，或重新制定为企业标准。

现行的国家标准、行业标准、地方标准或团体标准的部分内容与企业标准要求一致，或现行的国家标准、行业标准、地方标准或团体标准的内容与企业标准的部分要求一致，或企业标准与国家标准、行业标准、地方标准或团体标准的部分内容相同，但都含有与对方不同的要求，则可通过重新制定的方法将其转化为企业标准。

如：GB/T 5780—2016《六角头螺栓　C级》给出了23种螺纹规格，虽然从中选择了14种螺纹规格作为优选规格，9种螺纹规格作为非优选规格，但是对于企业来说，优选的14种螺纹规格也不一定全部适用。因此，为了降低采购成本和库存成本，提高设计工作效率，企业可以对提供的各类产品中使用的C级六角头螺栓进行梳理和分析，在满足企业产品设计和生产的前提下对规格进行优选，从国家标准中给出的所有螺纹规格中选出部分企业适用的规格，重新制定成企业标准。

(3) 将企业在用的规范性文件转化成标准

企业在建立企业标准体系或制定企业标准之前，已经建立了其他的管理体系，并形成了大量的规范性文件，如程序文件、作业指导文件、管理制度等。但由于其本身与标准在本质上不同，造成了其中的内容不可量化（测量）或不可比较，难以像标准一样实施，因

此，企业可以对已形成的这类文件按照标准制定的原则进行转化。

如：某作业指导文件中规定“将螺栓拧紧”，对于如何“拧”，“拧”到何种程度算“紧”没有作出要求。因此，在转化为标准时，应对如何操作，以及操作到何种程度均应明确。即可将该内容转化为“用扳手将螺栓按照顺时针方向拧三圈，然后再松半圈。用扭力扳手按照图纸要求将拧紧扭矩达到设定的控制扭矩”。

又如：某管理制度中规定“应及时将相关文件转至技术中心”，在这里何为“及时”、“相关文件”是哪些文件均不明确。因此，应根据实际要求，将“及时”进行明确，若为时间触发，则应明确具体的时间要求，即“每周一”，若为条件触发，应明确具体的触发条件，又或者明确为“接到技术中心要求时”。同时，对相关文件的具体内容进行明确。

值得注意的是，企业无论对何种文件进行转化，形成企业适用的企业标准，除了在技术内容上应当符合标准的要求以外，还应按照标准制定的程序进行制定。

案 例

黄山百大系统开展标准制定全面推进品牌提升

2018 年 6 月，合百集团黄山百大商厦有限公司顺利通过国家级服务业标准化试点项目终期评估，成为安徽省唯一的国家级服务业标准化试点成功的传统百货店。经过全面深入的调查研究和小组会议讨论，黄山百大确定了包含服务保障标准体系 234 项标准、服务提供标准体系 124 项标准的标准明细表。

为了每项标准的编写都达到科学性、规范性、有效性，标准化办公室经过深入研究，对标准编写分两步进行：一是把百大集团 50 多年的管理经验纳入体系，首先由小组成员针对企业质量手册中的制度、规范、流程等，进行标准文本的转换，包括语言的规范及可测量性的要求，并报标准化领导小组审核。二是把员工的经验转化成标准编进体系之中，按照各岗位职责和《服务业组织标准化工作指南》，进行无标建标、缺标补标，充分研讨、总结各岗位服务流程和先进经验，把工作中长期积累的好的服务经验、好的工作方法转化为企业标准，比如商品陈列标准，各商场分派品类经理及员工参加讨论会，仅讨论会就用了一周时间，而参与编写商品陈列标准的员工达 120 余人。经过全体员工的共同努力，初步形成具有黄山百大特色，以部门为单位的员工、商场、综合、营运、财务、后保 6 本标准手册，涵盖企业管理、服务各个环节。

随着互联网的发展，网络购物平台的兴起，黄山百大创新营销思维，从线上线下提升顾客体验感，制定《微信发布管理规范》《抖音推送管理规范》《抖音激励方案》等，以标准化促进创新，增强企业核心竞争力。为提升运营服务质量，打造企业特色服务品牌，黄山百大制定了《先行赔付制度》《异地退换货制度》《商品售出跟踪服务规范》等多项服务标准，保障了消费者的利益，赢得了广大消费者好评。黄山百大的很多标准来源于一线员工和基层管理人员，不仅激发了广大员工的学习精神与荣誉感，同时也大大增强了大家遵制度、守标准的自觉性，真正让广大员工做到对企业标准“内化于心，外化于行”。

(四) 自主研制考虑

企业标准涉及企业经营、生产和管理活动全过程，并为企业适用。因此，企业在制定企业标准时，应运用标准化的原理和方法，在有关标准化的方针、政策和法律、法规的指导下，考虑以下因素，以便提高所制定标准的质量，确保标准的适宜性、有效性。

1. 符合国家法律、法规、强制性标准，与相关标准协调

企业的生产、经营和管理活动与维护社会经济秩序和人们的生活有着密切的关系。企业提供的产品/服务要进入社会，企业的生产、经营和管理活动及其产品可能对环境造成污染。《标准化法》及其配套的法规、规章，以及相关法律、法规，如《产品质量法》《食品卫生法》《环境保护法》等都对标准化作出了明确的规定。我国制定的大量强制性标准，对保障人类健康和人身财产安全、产品的安全、卫生、环境保护、重要的技术术语、符号、代号等有关的强制性标准，都是指导企业制（修）订标准的重要依据，企业必须贯彻执行。

2. 促进新技术、新发明成果转化和提高市场占有率

在制定企业标准时，标准中规定的指标、特性和要求，应充分考虑技术发展的最新水平，力求应用最新科学、技术和经验的综合成果，使制定出来的企业标准具有技术上的先进性，以便更有效地指导企业的生产、经营、管理活动，使产品/服务具有较强的市场竞争能力。

3. 降低成本，提高生产、经营和管理效率

企业在制定标准时应对企业生产、经营和管理活动所覆盖的流程进行优化，并将优化后的成果进行固化，形成企业适用的标准。同时，梳理各流程、环节之间的接口，并在制定标准时充分考虑，确保各工作环节流畅。此外，制定标准时，还应考虑关注原、辅料及生产交付/服务提供过程中使用的设施设备及用品的品种、型号、规格的优化、压缩和选用。

4. 改善环境，确保安全和健康，节约资源

企业在进行经营生产活动时除了确保股东和所有者的权益以外，还应考虑确保本身的活动对环境的影响和对资源的利用；同时还应考虑其从业人员的人身健康、生命财产安全，以及与其有关的所有相关方的安全。因此，企业应通过制定标准，规范生产和经营行为，达到改善环境，确保安全和健康、节约资源的目的。

5. 增强产品/服务的兼容性和有效性

企业提供的产品/服务标准表明了企业提供的产品和服务应达到的质量要求。而质量要求的产生，来自市场、顾客的需求和期望。因此，企业在制定产品/服务标准，以及如何实现产品的生产和服务的提供相关的标准时，应充分考虑顾客和市场的需求，保证产品质量，满足顾客的要求。

6. 有利于发展贸易，规范市场秩序，保护消费者权益

在市场经济环境下，企业的生产、经营方针应以顾客为中心，以市场为导向。企业的标准化工作要服从企业的生产、经营方针制定与其相适应的企业标准，以满足企业发展经

济需要。企业的生存和发展取决于顾客对产品（服务）的满意程度，所以任何企业均应始终关注顾客，将满足顾客需求和期望作为首要目标来考虑，通过制定标准将顾客和市场的需求和期望转化为企业标准。消费者的利益主要体现在产品质量方面。消费者也是顾客，企业的产品满足了顾客的需求和期望，也就是维护了消费者的利益。

7. 标准实施的可行性

标准的制定不是目的，而是通过其实施起到应有的作用。因此，企业在制定标准时，就应考虑其内容是否符合企业的实际情况，即标准在企业内是否可行。

8. 方便标准使用者使用

企业制定标准时，应该考虑标准的使用人员是否具有实施该标准的能力，如知识、经验、工作习惯，以及岗位性质等。例如，日常事务性工作人员使用的标准，宜以流程图的形式作为载体；而对于操作性工作人员，宜以图片的形式作为载体。对于文化水平较低的人员，若用大量的文字进行规定，则不如视频配文字解说的形式更易于接受。

（五）特定内容起草

GB/T 20002《标准中特定内容的起草》是指导编写标准中某些特定内容的标准。截至 2021 年，该项标准由 4 个部分组成，涵盖了儿童安全、老年人和残疾人需求、产品标准中涉及环境的内容以及标准中涉及安全的内容，见表 5－1。企业在编写企业标准时，如涉及上述的内容应考虑 GB/T 20002《标准中特定内容的起草》系列标准的要求。

表 5－1 GB/T 20002《标准中特定内容的起草》的组成部分

序号	标准编号	文件名称	对应的国际标准编号
1	GB/T 20002.1—2008	标准中特定内容的起草　第 1 部分：儿童安全	ISO/IEC Guide 50：2002
2	GB/T 20002.2—2008	标准中特定内容的起草　第 2 部分：老年人和残疾人的需求	ISO/IEC Guide 71：2001
3	GB/T 20002.3—2014	标准中特定内容的起草　第 3 部分：产品标准中涉及环境的内容	ISO/IEC Guide 64：2008
4	GB/T 20002.4—2015	标准中特定内容的起草　第 4 部分：标准中涉及安全的内容	ISO/IEC Guide 51：2014

案 例

从“海底捞”看企业标准化对象的确定

海底捞的服务备受推崇，而支撑其对外呈现良好服务的重要原因正是流程制度下的一个个标准化对象。比如擦桌子，看似是简单、没有技术含量的工作，海底捞却对其设定流程动作，同时麻利的动作也引起顾客围观、拍照。网上就曾流传一段海底捞擦桌子的视频，视频中，收台的服务生擦桌子分别使用了蓝、红、白三种颜色不同的毛巾：第一条为蓝色湿毛巾，拂去台面上的残渣，同时将已喷洒的洗洁精涂满整个台面；第二条为红色湿毛巾，擦去台面上的洗洁精和油污；第三条为白色干毛巾，擦干台面上的水珠。海底捞所有店面的平均翻台率为4.1，压缩收台时长、减少顾客排队时长，这些标准化对象的管理与海底捞翻台率的提高不无关系。

根据标准化对象的内涵和本质特点，识别标准化对象的思路一般从四个方面考虑：一是技术交流、理解方面是否有障碍、歧义、不一致，阻碍技术沟通协作；二是是否有些产品、过程或服务需要改进和提高质量；三是技术协作、集成（包括共享、协作、互通）是否需要遵守共同的规则；四是相同、相似或相近的产品、过程或服务是否存在过多过杂，需要择优、简化或统一。如果某一领域存在这些事项，就说明需要开展标准化工作。具体思路如下：有没有通用要素？有没有共用要素？有没有必要统一？是否有成熟的科学技术或经验进行统一、简化？统一、简化的方法是什么？如何对统一、简化后的预期效果或经统一、简化后的实践效果进行评估？

海底捞在后台管理方面值得称赞，这与其流程标准化和行业以及组织特征相关。一般而言，对于那些管理和运作规则程度要求较高、业务产出标准较高的企业，流程的标准化管理是非常有必要的。只有从流程管理入手，才能将企业的原始资源通过一系列有目的、有规则的活动转化为市场需求的更有价值的资源。而对于知识型、研发型、创新型产业，建立硬性流程反而禁锢了经营业务的开展，降低了人员工作的自主性，甚至降低了工作效率。只有深入调查、反复沟通，才能建立起企业应该具有且需要的流程，以达成支持战略目标、提升组织运行效率的目标。

三、企业标准起草规则

（一）标准的名称

起草企业标准，在经过了若干研究分析，确定了标准的整体框架，明确了标准的类别和类型之后，就需要草拟标准名称并进一步确定标准的结构。

与章、条、图表标题类似，标准的名称可以看作标准的标题。标准名称是对标准所覆盖主题的清晰、简明的描述，是标准使用者应用、收集和检索标准的主要依据。标准名称编写是否适当正确，直接关系到标准主要信息的传递效果，因此标准名称的正确编写是十分重要的。

1. 通则

任何标准均应有标准名称，并应置于封面中和正文首页的最上方。标准名称的表述应使得某标准易于与其他文件相区分，不应涉及不必要的细节，任何必要的补充说明由范围给出。标准名称由尽可能短的几种元素组成，其顺序由一般到特殊。所使用的元素应不多于以下三种：

（1）引导元素：为可选元素，表示标准所属的领域。

（2）主体元素：为必备元素，表示上述领域内标准所涉及的标准化对象。

（3）补充元素：为可选元素，表示上述标准化对象的特殊方面，或者给出某标准与其他标准，或分为若干部分的标准的各部分之间的区分信息。

2. 可选元素的选择

（1）引导元素

如果省略引导元素会导致主体元素所表示的标准化对象不明确，那么标准名称中应有引导元素。如果主体元素（或者同补充元素一起）能确切地表示标准所涉及的标准化对象，那么标准名称中应省略引导元素。

示 例

正　确：农业机械和设备　散装物料机械　技术规范

不正确：散装物料机械　技术规范

由于名称中的主体元素“散装物料机械”反映不出标准化对象所属专业领域，因此需要用引导元素“农业机械和设备”来加以明确。

示 例

正　确：散装牛奶冷藏罐　技术条件

不正确：畜牧机械与设备　散装牛奶冷藏罐　技术条件

由于名称中的主体元素“散装牛奶冷藏罐”不可能是“畜牧机械与设备”以外的其他机械与设备，因此不需要用引导元素来界定标准化对象的专业领域。

（2）补充元素

如果标准只包含主体元素所表示的标准化对象的一个或两个方面，那么标准名称中应有补充元素，以便指出所涉及的具体方面；两个以上但不是全部方面，那么在标准名称的补充元素中应由一般性的词语（例如技术要求、技术规范等）来概括这些方面，而不必一一列举；所有必要的方面，并且是与该标准化对象相关的唯一现行标准，那么标准名称中应省略补充元素。

示 例

正　确：咖啡研磨机

不正确：咖啡研磨机　术语、符号、材料、尺寸、机械性能、额定值、试验方法、包装由于名称中的主体元素“咖啡研磨机”是唯一现行标准，所以不需要用补充元素来给出标准化对象的特殊方面，例如术语、符号、材料、尺寸、机械性能、额定值、试验方法、包装。

3. 标准名称的形式

由于标准名称三种元素中只有主体元素是必备元素，其他两个都是可酌情取舍的，因此，引导元素和补充元素的有无以及它们和主体元素各种组合的结果，会衍生出不同形式的标准名称，可能的形式有三种：

(1) 一段式

只有主体元素，例如“手术无影灯”。

(2) 两段式

引导元素＋主体元素，例如“化学试剂　苯”；主体元素＋补充元素，例如“工业用过硼酸钠堆积密度测定”。

(3) 三段式

引导元素＋主体元素＋补充元素，例如“叉车　挂钩型货叉　术语”。

4. 避免限制标准的范围

标准名称宜避免包含无意中限制标准范围的细节。然而，当标准仅涉及一种特定类型的产品/系统、过程或服务时，应在标准名称中反映出来。

示例

航天　1100MPa/235℃级单耳自锁固定螺母

5. 词语选择

标准名称不必描述文件作为“标准”或“标准化指导性技术文件”的类别，不应包含“……标准”“……企业标准”或“……标准化指导性技术文件”等词语。不同功能类型标准的名称的补充元素或主体元素中应含有表示标准功能类型的词语。所用词语及其英文译名宜从表 5 - 2 所列中选取。

表 5 - 2　标准名称中表示标准功能类型的词语及其英文译名

标准功能类型	名称中的词语	英文译名
术语标准	术语	vocabulary
符号标准	符号、图形符号、标志	symbol，graphical symbol，sign
分类标准	分类、编码	classification，coding
试验标准	试验方法、……的测定	test method，determination of...
规范标准	规范	specification
规程标准	规程	code of practice
指南标准	指南	guidance，guidelines

（二）标准的结构

标准的结构是标准的基本骨架，结构搭建的完好与否决定了最终文本的质量好坏。标准化涉及的领域十分广泛，标准化对象种类繁多，不同的标准之间具有很大差异，标准又有其独自的特点。标准内容的特殊性决定了其形式的独特性，标准特殊结构的表现形式，使得标准使用者能够一目了然地辨认出它是标准，而不是其他的文件。

标准中不同的内容发挥着各自的功能，每个相对独立的功能单元称之为“要素”。在编写标准的内容时，出于表述的需要，将标准的内容划分成具有从属关系的若干“层次”，“层次”是标准内容的外在表现形式。标准内容中发挥各自功能的“要素”和标准内容的表现形式“层次”构成了标准的结构。界定标准结构的另一种规范的表述为：结构是指“标准中层次、要素以及附录、图和表的位置和排列顺序”。

1. *层次*

从方便要素（主要是规范性要素）的表述出发，可以从形式上将标准划分成若干“层次”。标准的层次采用部分、章、条、段、列项等形式。表 5－3 给出了标准中的各个层次及其相应的编号示例。

表 5－3　层次及其编号

层次	编号示例
部分	××××.1
章	5
条	5.1
条	5.1.1
段	［无编号］
列项	列项符号：“——”和“·”；列项编号：a)、b) 和 1)、2)

（1）部分

部分是一项标准划分出的第一层次，划分出的若干部分共用同一个标准顺序号，部分不应进一步细分为分部分。标准分为部分后，每个部分可以单独编制、修订和发布，并与整体标准遵守同样的起草原则和规则。

在起草标准时，针对一个标准化对象通常编制成一项无须细分的标准，特殊情况下可编制成分为若干部分的标准，每个部分单独出版。在综合考虑下列情况后，针对一个标准化对象可能需要编制成若干部分：

——标准篇幅过长；

——标准使用者需求不同，例如生产方、供应方、采购方、检测机构、认证机构、立法机构、管理机构等；

——标准的编制目的不同，例如保证可用性，便于接口、互换、兼容或相互配合，利于品种控制，保障健康、安全，保护环境或促进资源合理利用，以及促进相互理解和交流等。

按照上述原则可以将一项标准分为若干部分。起草这类标准时，有必要事先研究各部分的安排，考虑是否将第1部分预留给诸如“总则”“术语”等通用方面。

部分编号应置于标准编号中的顺序号之后，使用从1开始的阿拉伯数字，并用下脚点与顺序号相隔（例如“××××.1”“××××.2”等）。

分为部分的标准中的每个部分的名称的组成方式应符合标准名称的规定。部分的名称中应包含“第×部分：”（×为使用阿拉伯数字的部分编号），后跟补充元素。每个部分名称的补充元素应不同，以便区分和识别各个部分，而引导元素（如果有）和主体元素应相同。

示例

GB/T 14048.1　低压开关设备和控制设备　第1部分：总则

GB/T 14048.2　低压开关设备和控制设备　第2部分：断路器

（2）章

章是标准层次划分的基本单元。应使用从1开始的阿拉伯数字对章编号，章编号应从范围一章开始，一直连续到附录之前。每一章均应有章标题，并应置于编号之后。

（3）条

条是章内有编号的细分层次。条可以进一步细分，细分层次不宜过多，最多可分到第五层次。一个层次中有一个以上的条时才可设条。条编号应使用阿拉伯数字并用下脚点与章编号或上一层次的条编号相隔。

第一层次的条宜给出条标题，并应置于编号之后。第二层次的条可同样处理。某一章或条中，其下一个层次上的各条，有无标题应一致。

在无标题条的首句中可使用黑体字突出关键术语或短语，以便强调各条的主题。某一章或条中的下一个层次上的无标题条，有无突出的关键术语或短语应一致。无标题条不应再分条。

（4）段

段是章或条内没有编号的细分层次。为了不在引用时产生混淆，不宜在章标题与条之间或条标题与下一层次条之间设段（称为“悬置段”）。

示例

根据图1所示，按照章条的隶属关系，第5章不仅包括所标出的“悬置段”，还包括5.1和5.2。这种情况下，引用这些悬置段时有可能发生混淆。避免混淆的方法之一是将悬置段改为条。根据图2所示，将左侧的悬置段编号为“5.1”并加标题“通用要求”（也可给出其他适当的标题），并且将左侧的5.1和5.2重新编号，依次改为5.2和5.3。避免混淆的其他方法还有将悬置段移到别处或删除。

5 要求

××××××××××××× }

×××××××××××××× } 悬置段

××××××××× }

5.1 ××××××××

××××××××××××××××××

5.2 ××××××××

××××××××××××××××××

××××××××××××××××××××

××××××××××××××××××××××

××××××××××××××××××××××

××××××××

6 试验方法

图 1 不正确的示范

5 要求

5.1 通用要求

×××××××××××××

×××××××××××××

5.2 ××××××××

×××××××××××××××××

5.3 ××××××××

××××××××××××××××××

××××××××××××××××××××

××××××××××××××××××××××

××××××××××××××××××××××

××××××××

6 试验方法

图 2 正确的示范

（5）列项

列项是段中的子层次，用于强调细分的并列各项中的内容。列项的最后一项均由句号结束。列项可以进一步细分为分项，这种细分不宜超过两个层次。

在列项的各项之前应标明列项符号或列项编号。列项符号为破折号（——）或间隔号（·）；列项编号为字母编号，即后带半圆括号的小写拉丁字母，如 a）、b）等，或数字编号，即后带半圆括号的阿拉伯数字，如 1）、2）等。

通常在第一层次列项的各项之前使用破折号，第二层次列项的各项之前使用间隔号。列项中的各项如果需要识别或表明先后顺序，在第一层次列项的各项之前使用字母编号。在使用字母编号的列项中，如果需要对某一项进一步细分，根据需要可在各分项之前使用间隔号或数字编号。

列项应由引语和被引出的并列的各项组成。具体形式有以下两种：

① 后跟句号的完整句子引出后跟句号的各项。

示 例

导向要素中图形符号与箭头的位置关系需要符合下列规则。

a）当导向信息元素横向排列，并且箭头指：

1）左向（含左上、左下），图形符号应位于右侧；

2）右向（含右上、右下），图形符号应位于左侧；

3）上向或下向，图形符号宜位于右侧。

b）当导向信息元素纵向排列，并且箭头指：

1）下向（含左下、右下），图形符号应位于上方；

2）其他方向，图形符号宜位于下方。

② 后跟冒号的文字引出后跟分号或逗号的各项。

示例

下列仪器不需要开关：

——正常操作条件下，功耗不超过 10W 的仪器；

——任何故障条件下使用 2min，测得功耗不超过 50W 的仪器；

——连续运转的仪器。

示例

仪器中的振动可能产生于：

——转动部件的不平衡，

——机座的轻微变形，

——滚动轴承，

——气动负载。

2. 要素

按照功能，可以将标准内容划分为相对独立的功能单元——要素。

（1）要素的类别

按照不同的维度，可以将标准中的要素划分成不同的类别。

根据要素发挥的作用这一维度来划分，可以将标准中的要素分为两大类：规范性要素和资料性要素。规范性要素是“界定标准范围或设定条款的要素”，资料性要素是“给出有助于标准的理解或使用的附加信息的要素”。根据要素在标准中是否必须存在的状态这一维度来划分，可将标准中的要素划分为两类：必备要素和可选要素。必备要素有封面、前言、范围、规范性引用文件、术语和定义、核心技术要素，其他为可选要素。

要素的内容由条款和/或附加信息构成。规范性要素主要由条款构成，还可包括少量附加信息；资料性要素由附加信息构成。构成要素的条款或附加信息通常的表述形式为条文。当需要使用标准自身其他位置的内容或其他标准中的内容时，可在标准中采取引用或提示的表述形式。为了便于标准结构的安排和内容的理解，有些标准需要采取附录、图、表、数学公式等表述形式。

条款类型分为：要求、指示、推荐、允许和陈述。条款可包含在规范性要素的条文、图表脚注、图与图题之间的段或表内的段中。

附加信息的表述形式包括：示例、注、脚注、图表脚注，以及“规范性引用文件”和“参考文献”中的文件清单和信息资源清单、“目次”中的目次列表和“索引”中的索引列表等。除了图表脚注之外，它们宜表述为对事实的陈述，不应包含要求或指示型条款，也不应包含推荐或允许型条款。表 5 - 4 界定了标准中的要素及其构成，给出了要素允许的表述形式。

表 5 - 4 标准中的要素及其构成和表述形式

<table>
<tr><th rowspan="2">要素</th><th colspan="2">要素的类别</th><th rowspan="2">要素的构成</th><th rowspan="2">要素所允许的表述形式</th></tr>
<tr><th>必备或可选</th><th>规范性或资料性</th></tr>
<tr><td>封面</td><td>必备</td><td rowspan="4">资料性</td><td rowspan="4">附加信息</td><td>标明文件信息</td></tr>
<tr><td>目次</td><td>可选</td><td>列表（自动生成的内容）</td></tr>
<tr><td>前言</td><td>必备</td><td>条文、注、脚注、指明附录</td></tr>
<tr><td>引言</td><td>可选</td><td>条文、图、表、数学公式、注、脚注、指明附录</td></tr>
<tr><td>范围</td><td>必备</td><td>规范性</td><td>条款、附加信息</td><td>条文、表、注、脚注</td></tr>
<tr><td>规范性引用文件①</td><td>必备/可选</td><td>资料性</td><td>附加信息</td><td>清单、注、脚注</td></tr>
<tr><td>术语和定义①</td><td>必备/可选</td><td>规范性</td><td>条款、附加信息</td><td>条文、图、数学公式、示例、注、引用、提示</td></tr>
<tr><td>符号和缩略语</td><td>可选</td><td rowspan="5">规范性</td><td rowspan="5">条款、附加信息</td><td rowspan="5">条文、图、表、数学公式、示例、注、脚注、引用、提示、指明附录</td></tr>
<tr><td>分类和编码/系统构成</td><td>可选</td></tr>
<tr><td>总体原则和/或总体要求</td><td>可选</td></tr>
<tr><td>核心技术要素</td><td>必备</td></tr>
<tr><td>其他技术要素</td><td>可选</td></tr>
<tr><td>参考文献</td><td>可选</td><td rowspan="2">资料性</td><td rowspan="2">附加信息</td><td>清单、脚注</td></tr>
<tr><td>索引</td><td>可选</td><td>列表（自动生成的内容）</td></tr>
</table>

注：①章编号和标题的设置是必备的，要素内容的有无根据具体情况进行选择。

（2）要素的选择

规范性要素中范围、术语和定义、核心技术要素是必备要素，其他是可选要素，其中术语和定义内容的有无可根据具体情况进行选择。不同功能类型标准具有不同的核心技术要素。要素的类别如图 5 - 1 所示。

规范性要素中的可选要素可根据所起草标准的具体情况在表 5 - 4 中选取，或者进行合并或拆分，要素的标题也可调整，还可设置其他技术要素。

资料性要素中的封面、前言、规范性引用文件是必备要素，其他是可选要素，其中规范性引用文件内容的有无可根据具体情况进行选择。资料性要素在标准中的位置、先后顺

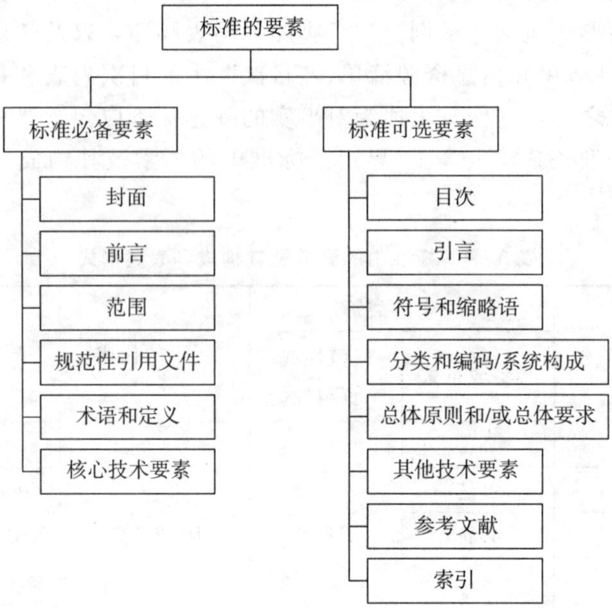

图 5-1　标准中要素的类别

序以及标题均应与表 5-4 所呈现的相一致。

（3）核心技术要素的编写

明确了标准的主题及其技术内容，确立条款的工作就完成了。下面的工作是编制标准，也就是要着手起草标准的文本。起草标准文本的主要任务就是编写标准的各类要素。标准中大部分要素的内容都与核心技术要素有关，所以核心技术要素需要先于其他要素确定。其他规范性要素是根据核心技术要素的需要设置的，要在核心技术要素之后确定。而资料性要素是对规范性要素的解释或说明，因此一般要在规范性要素之后编写。GB/T 20001《标准编写规则》规定了各功能类型标准的起草原则以及编写规则。下面分别简述各功能类型标准核心技术要素的编写。

① 术语标准。术语标准的核心要素是“术语条目”。

“术语条目”中要给出需要界定的某领域或学科中使用的概念的指称及定义，通常形成某领域的概念体系。术语标准中的术语条目最好按照概念层级进行分类编排。术语条目中至少包括四个必备内容：术语条目编号、表达概念的首选术语（即概念的指称）、英文对应词和概念的定义。在此基础上还可增加术语的缩写形式、符号、非首选术语、概念的其他表述形式（公式、图等）参照的相关条目、注等。

术语标准中应在标准的范围所限定的领域内定义概念。也就是说术语标准中不应定义不是标准所涉及的领域中的概念。对概念的定义尽量选择内涵定义，即给出概念所反映的客体的全部本质特征。通常概念的定义采用下述优选结构：定义＝所定义概念与其他并列概念间的区别特征＋上位概念。

② 符号标准。符号标准的核心技术要素为“符号或含有符号的标志”。

符号标准的要素“符号”“图形符号”或“标志”中要给出需要界定的符号、图形符号或标志，同时还要给出符号的名称或含义，如必要还可给出相应的说明。这些内容最好以表的形式列出，以便清晰地表述它们之间的关系。表中通常包括编号栏、符号栏、名称栏、说明栏等。如果所有符号或标志的名称或含义已经十分明确，又没有其他需要说明的内容，那么可以省略说明栏。

③ 分类标准。分类标准的核心技术要素为“分类”或“编码”。也就是说根据具体情况，在特定的分类标准中至少包括“分类”和“编码”两个要素中的一个。

分类标准的要素“分类”中通常给出分类方法。指明针对分类对象划分出多少“层次”（线分类法）或“层面”（面分类法），指出上位类、下位类之间的层级关系，或“面”之间彼此独立的非层级关系。要说明每一次划分所依据的属性，需要给出划分出的作为每个层次或层面统称的类目名称。如果在类目之下还给出了包含的具体项目，那么通常需要对项目命名，给出项目名称。

在分类标准中如果需要对分类的结果进行编码，需要指明所采用的编码方法，给出编码位数或编码结构、每个码位所代表的含义以及每个码位上所使用的代码字符。适宜时，可给出编码结构图，以便充分展示所采用的编码方法。如果在给出编码方法后，需要对具体类目或项目名称进行编码，那么要给出具体的代码或代码表。

④ 试验标准。试验标准的核心技术要素包括“试验步骤”和“试验数据处理”。

在试验标准的“试验步骤”中要使用祈使句准确地表述试验需要的每一步操作。需要进行多少个操作或系列操作，“试验步骤”就可分为多少条，或在列项中分为多少项。“试验步骤”中可包括预试验或验证试验、空白试验、比对试验、平行试验等。如果试验步骤中可能存在危险（例如爆炸、着火或中毒），且必须采取专门防护措施，则应在“试验步骤”的开头用黑体字标出警示的内容，并写明专门的防护措施。

试验标准中的要素“试验数据处理”需要列出试验所要录取的各项数据，并给出试验结果的表示方法或结果计算方法，具体说明以下内容：

——表示结果所使用的单位；

——计算公式；

——公式中使用的物理量符号的含义；

——表示量的单位；

——计算结果表示到小数点后的位数或有效位数。

⑤ 规范标准。规范标准的核心技术要素包括“要求”和“证实方法”。

规范标准中的要素“要求”需要通过直接或引用的方式规定以下内容：保证产品/过程/服务适用性的所有特性；特性值；适宜时，描述证实方法。规范标准中要求的表述需要遵守性能/效能原则：标准中的要求要由反映产品性能、过程或服务效能的具体特性来表述，以便给技术发展留有最大的自由度。

对于产品规范标准，通常规定以下类别的产品性能要求：使用性能、理化性能、生物学/病理学/毒理学性能、人类工效学性能、环境适应性等。产品规范标准通常不对产品结构规定要求，在为了便于产品的互换性、兼容性、相互配合或者为了保证安全的情况下，才可对产品结构、尺寸等提出要求。规范标准通常也不对材料规定要求。当为了保证产品性能和安全时，可对材料提出要求或指定产品所用的材料。如果需要规定材料的性能，那么可在附录中进行规定。产品规范标准通常也不对生产过程、工艺等规定要求。为了保证产品性能和安全，不得不限定生产过程、工艺时，可在附录中作出相关规定。

对于过程规范标准，通常规定反映过程效能的具体特性和特性值，而不规定履行过程的具体行为指示。当无法确定反映过程效能的特性，可对活动内容或与活动内容有关的特性进行规定，还可规定与过程运作的控制条件有关的特性，例如：温度、湿度、水分、杂质等。

对于服务规范标准，首先选择规定服务提供者与服务对象接触界面的要求。通常，针对以下类别的服务效能规定要求：服务效果、宜人性、响应性、普适性等。当无法确定反映服务效能的特性时，服务规范标准可规定与服务内容有关的特性，或规定与服务环境有关的特性。除非选择不出拟标准化的特性或内容的特殊情况，当没有适用的标准时，可在附录中作出适当的规定。通常服务规范标准不对组织机构、人员资质或提供服务所使用的物品、设备等规定要求。

在规范标准的要素“证实方法”中，需要描述用于证实产品、过程或服务是否满足要求以及保证结果再现性的所有条款。针对“要求”中的每项要求都需要描述对应的证实方法。证实方法通常包括测量和试验方法、信息化方法、主观评价方法以及其他证实方法。产品规范标准通常考虑编写测量方法或试验方法，过程规范标准和服务规范标准通常考虑编写信息化方法、主观评价方法以及其他证实方法。编写测量和试验方法，通常包含测量/试验步骤和试验数据处理。编写信息化方法以及主观评价方法以及其他证实方法，要描述实施该特定证实方法的主体、频率（或持续时间、起始时间、实施时间）、地点，观察、记录、标记、录制、对比、评价、确认等证明材料的内容，以及相应的计算方法等。

⑥ 规程标准。规程标准的核心技术要素包括“程序确立”“程序指示”和“追溯/证实方法”。

规程标准中的要素“程序确立”用来清晰描述标准涉及的程序，可按照逻辑次序给出具体程序的构成。根据具体情况，程序可划分为步骤；也可先将程序细分为阶段，再进一步细分为步骤。该要素通过陈述型条款来确立程序，如需要也可辅以流程图。

在规程标准的要素“程序指示”中通过指示型条款对履行阶段/步骤的行为给予指示。按照确立的程序次序来编排具体的行为指示。在每个阶段/步骤中，为了更好地展现先后顺序，行为指示最好编排为带有编号的列项。当一个阶段/步骤存在多个可供选择的后续阶段/步骤时，在要素“程序指示”中还要使用要求型条款规定从这个阶段/步骤到下一个阶段/步骤的转换条件，如需要还要规定程序的结束条件。

在规程标准的要素“追溯/证实方法”中，针对“程序指示”中规定的行为指示需要描述针对关键节点的追溯方法；针对转换条件、结束条件需要描述满足这些条件对应的证实方法。其中追溯方法可以是，诸如过程（现场）记录/标记、录音、录像等；证实方法可以是，诸如对比、证明文件、测量和试验方法等。编写追溯方法需要描述该方法的实施主体、频率（或持续时间、起始时间、实施时间）、地点，以及观察、记录、标记、录制、对比、评价、确认等证明材料的内容等。编写测量和试验方法，应包括试验步骤，以及相应的计算方法、结果表述等。

⑦ 指南标准。指南标准的核心技术要素是“需考虑的因素”。

根据具体情况，可灵活编写指南标准的核心技术要素的标题，如可改为“需考虑的内容”“需考虑的要点”等。根据标准的技术内容，指南标准可分为试验方法类、特性类和程序类等类别。指南标准类别不同、所涉及的主题的不同，“需考虑的因素”的具体结构和内容也会不同。

试验方法类指南标准，“需考虑的因素”通常会对涉及的试验方法全过程或部分关注的过程一如实验步骤等提供选择原则、框架和需考虑的要点等，从而提供指导或在指导的基础上提供建议；也可针对具体“需考虑的因素”推荐系列选择以及选择的原则，供标准使用者选取。

特性类指南标准，根据具体情况“需考虑的因素”可涉及“特性选择”“特性值选取”两个方面。可通过给出选择特性或特性值的要素框架、确定原则和需要考虑的要点等，提供方向性的指导或在指导的基础上提供建议；也可针对特性值推荐供选择的系列数据，或一定范围的数据，供使用者选取；还可给出大量的具有技术内容的资料、文件、发展模式案例等信息，供使用者在特性选择、特性值选取时参考。

程序类指南标准，“需考虑的因素”的具体结构和内容应能够表明该活动的规律，根据具体情况可考虑“程序确立”“程序指示”两个方面。可给出程序确立或程序指示的原则、方法和需要考虑的要点等，以便提供指导或在指导的基础上提供建议；也可针对程序指示推荐供选择的系列行为指示、转换条件/结束条件，并给出选择的原则，供使用者选取。

（三）技术内容的确定

选择并确立了标准的技术要素及其技术内容之后，这些技术内容决定了标准所发挥的具体功能，由此可得出标准的功能类型。按照标准发挥的功能，目的类别中的基础标准可分成术语标准、符号标准、分类标准、试验标准；目的类别中除了基础标准之外的其他标准可进一步分成规范标准、规程标准和指南标准三个功能类型。标准的功能类型不同，所针对的标准化对象或领域以及使用者也会有所侧重。

1. 界定术语或符号

根据相互理解的目的编制的标准，如果标准的核心技术要素（通常不会含有其他技术要素）给出了某领域或学科中使用的概念的指称及定义，那么标准的功能为“界定术语和定义”，由此可以判定该标准的功能类型为术语标准；如果标准的核心技术要素界定了某领域或学科中使用的符号的表现形式并给出其含义或名称，那么该标准的功能为“界定符号及其含义”，可以判定该标准的功能类型为符号标准。

从标准的编制目的这一维度分类，术语标准和符号标准都属于基础标准，它们通常针对某个领域（个别情况下才针对具体标准化对象）形成概念体系、符号体系等。术语标准使用对象通常非常广泛，凡是标准涉及的标准化对象或领域中的所有标准制定者或使用者都有可能成为术语标准的使用对象；符号标准界定的符号将便于各种语言、文化、知识背景的人们相互交流，其使用对象也比较广泛。

2. 确立分类体系

根据相互理解的目的编制的标准，如果标准的核心技术要素中给出了分类原则或方法，或者给出分类结果，那么标准的功能为“确立分类体系”，这样形成的标准功能类型为分类标准。分类标准的标准化对象通常针对某个领域，也可能是对产品、过程或服务的分类，其使用者为标准所涉及的领域中的标准制定者或使用者。

3. 描述试验方法

按照相互理解的目的编制的标准，如果标准的核心技术要素中给出了详细的试验步骤、实验数据处理（结果的计算方法）等内容，那么标准的功能为“描述试验方法”，形成的标准功能类型为试验标准。试验标准的标准化对象通常为产品，其使用者为产品的生产方、采购方或检测机构。

4. 规定要求或程序指示

以保证标准化对象的可用性，便于接口、互换、兼容或相互配合，利于品种控制，保障健康、安全、保护环境或促进资源合理利用等为目的编制标准，如果标准的核心技术要素规定了标准化对象需要满足的要求，同时描述判定符合要求所对应的证实方法，那么标准的功能为“规定可证实的要求”，这样形成的标准功能类型为规范标准。规范标准的标准化对象是某一特定领域的产品、过程或服务，标准的使用对象通常为第一、第二和/或第三方。

当标准制定目的与上述相同，标准的核心技术要素为规定了一系列明确的履行程序的行为指示，并且描述了对应的追溯/证实方法，那么标准的功能为“规定履行程序的行为指示”，这样形成的标准功能类型为规程标准。规程标准的标准化对象仅为过程，标准使用者针对的是操作者或管理者。

5. 提供指导和/或建议

在对某些宏观、复杂、新兴的标准化主题，且针对相互理解之外的目的编制标准时，如果由于种种因素的限制，导致不能规定关于主题的具体特性，或不能规定活动开展的具体程序，而代之以在标准的核心技术要素中提供普遍性、原则性、方向性的指导和/或具体的建议，或给出有参考价值的信息，这类标准所具有的功能为“提供方向性的指导和/或建议”，标准的功能类型为指南标准。指南标准的使用者也比较广泛，它能够帮助标准使用者起草相关标准（例如规范标准、规程标准等）或其他技术文件，或者形成与该主题有关的技术解决方案。

(四) 标准内容的表述

1. 表述三原则

(1) 一致性原则

结构、文体、术语、形式一致。

(2) 协调性原则

避免重复和不必要的差异、起草标准宜符合基础标准和领域内通用标准的有关条款、采用国际标准、采用引用的方式。

(3) 易用性原则

易于直接应用或被其他文件引用。

2. 条款和附加信息

条款是“在文件中表达应用该文件需要遵守、符合、理解或作出选择的表述”。它通常分为要求、指示、推荐、允许或陈述等五种表述类型。条款的表述应使得标准使用者在声明其产品、过程或服务符合该标准时，能够清晰地识别出需要满足的要求或执行的指示，并能够将这些要求或指示与其他可选择的条款（例如推荐、允许或陈述）区分开来。

每种类型的条款有其独特的表述形式。在标准编制过程中，不同类型的条款是通过使用不同的汉语句式或能愿动词来表述的。

附加信息是附属于标准条款的信息，它们不能独立存在。规范性要素的资料性内容通常是对规范性内容的进一步解释或说明，包括注、脚注、示例、例如等。资料性要素全部为资料性内容，不同的资料性要素的内容的表述形式不同，主要包括注、脚注、清单或列表等。除了图表脚注之外，附加信息宜表述为事实的陈述，不应包含要求或指示型条款，也不应包含推荐或允许型条款。

（五）基础性国家标准体系

大家都知道，起草标准需要遵守 GB/T 1.1—2020《标准化工作导则　第 1 部分：标准化文件的结构和起草规则》。GB/T 1.1 是适用于起草各类标准化文件的最基础的标准，然而要想编制一个高质量的标准，仅遵守 GB/T 1.1 是远远不够的。在具体编制标准时，还需要遵守其他相应的基础标准（详见附录二）。

针对标准制定工作，我国目前已经发布了一系列的标准，形成了"支撑标准制定工作的基础性国家标准体系"：GB/T 1《标准化工作导则》、GB/T 20000《标准化工作指南》、GB/T 20001《标准编写规则》、GB/T 20002《标准中特定内容的起草》、GB/T 20003《标准制定的特殊程序》和 GB/T 20004《团体标准化》。从事标准化工作，尤其是起草标准，需要全面了解支撑标准制定工作的基础性国家标准体系。

1. GB/T 1《标准化工作导则》

GB/T 1《标准化工作导则》是指导我国标准化工作最基础的标准，旨在确立普遍适用于标准化文件起草、制定和组织工作的准则。该项标准拟由 4 个部分构成，已经发布了以下 2 个部分：GB/T 1.1—2020 确立了普遍适用于各类、各层次标准编写的通用规则，包括编写标准需要遵守的总体原则和要求、标准的结构、要素的编写与表述规则，以及标准的编排格式；GB/T 1.2—2020 确立了以 ISO 和/或 IEC 标准化文件为基础形成我国国家标准化文件的起草规则，包括总体原则和要求、起草步骤，以及相关要素和附录的编写规则。

2. GB/T 20000《标准化工作指南》

GB/T 20000《标准化工作指南》基本上是以 ISO 发布的 ISO 指南、ISO 和 IEC 联合发布的 ISO/IEC 指南为基础编制形成的我国标准。截至 2021 年，该项标准由 7 个部分组成，旨在为我国标准化活动的开展提供普遍性、原则性、方向性的指导、建议，或者给出相关信息。GB/T 20000 主要包括：建立标准化活动概念体系的 GB/T 20000.1，提供规范性文件中引用标准化文件的原则与表述的 GB/T 20000.3，提供标准化良好行为的 GB/T 20000.6，规定管理体系标准编制规则的 GB/T 20000.7，给出建立标准制定程序阶段代码系统遵照的原则和指南的 GB/T 20000.8，以及指导国家标准的英文译本翻译与表述的 GB/T 20000.10 和 GB/T 20000.11。

3. GB/T 20001《标准编写规则》

GB/T 20001《标准编写规则》是为起草各类标准建立的规则。截至 2021 年，该项标准由 8 个部分组成。在遵守 GB/T 1.1 的前提下，编写术语标准、符号标准、分类标准、试验标准、规范标准、规程标准和指南标准等各功能类型的标准应分别遵守 GB/T 20001.1～20001.7 中规定的总体原则和要求，以及核心技术要素和相关要素的编写规则。另外，起草产品标准应遵守 GB/T 20001.10 规定的编写规则。

4. GB/T 20002《标准中特定内容的起草》

GB/T 20002《标准中特定内容的起草》是指导编写标准中某些特定内容的标准。截至 2021 年，该项标准由 4 个部分组成，涵盖了标准中涉及安全的内容、儿童安全、老年人和残疾人需求以及产品标准中涉及环境的内容的起草规则。

5. GB/T 20003《标准制定的特殊程序》

GB/T 20003《标准制定的特殊程序》是为特殊情况或特定类型标准的制定确立的特殊程序。截至 2021 年，该项标准只发布了 1 个部分，即 GB/T 20003.1《标准制定的特殊程序　第 1 部分：涉及专利的标准》，该部分规定了标准制定过程中涉及专利问题的处置要求和特殊程序。

6. GB/T 20004《团体标准化》

GB/T 20004《团体标准化》是指导如何开展团体标准化活动的标准。截至 2021 年，该项标准由 2 个部分组成，提供了社会团体开展标准化活动的指南包括良好行为及其评价的指南。

在起草具体标准时，首先要遵守 GB/T 1.1 的规定，如果是以 ISO/IEC 标准为基础起草我国的国家标准还应遵守 GB/T 1.2 的规定，同时还要注意按照 GB/T 20003 的规定在编制标准的过程中处理好专利问题。其次，要根据所起草标准的具体情况，在支撑标准制定工作的基础性国家标准体系中选择对应的标准，按照相应标准中的规定，遵循标准中的指导、原则或方法起草标准。根据起草标准的功能类型，要遵守 GB/T 20001 相应部分的规定；如果起草的标准涉及安全、环境以及特定人群的特定需求，要遵守 GB/T 20002 中相应部分的规定；如果需要编制团体标准，要考虑 GB/T 20004 对良好行为给出的原则与建议。

（六）标准编写软件

标准编写工具 SET 2020（Standardizing document Editing Tool）是一款辅助标准编写的工具性软件，软件界面设计友好，界面功能操作简洁方便。借助该软件，标准起草者可以方便快捷地实现标准草案的要素和层次样式的设置、表述形式的编辑、标准的排版等操作，进而起草完成符合 GB/T 1.1—2020《标准化工作导则　第 1 部分：标准化文件的结构和起草规则》规定的标准草案。SET 2020 可以支持目前主流的操作系统以及 Word 2010 及以上版本的办公软件。

四、产品标准的编写

（一）什么是产品标准

准确地界定什么是产品标准，厘清产品标准与其他相关标准的关系与边界，并且详细讨论产品标准的分类，从而明确产品标准在相关标准体系中的位置。只有这样清晰地认识产品标准，才能够有针对性地深入讨论产品标准的编写。产品标准一般不包括产品的配方、组分、工装等可能涉及企业技术或商业秘密的内容。

GB/T 20000.1—2014《标准化工作指南　第1部分：标准化和相关活动的通用术语》规定，产品标准是指规定产品需要满足的要求以保证其适用性的标准。

标准的分类可以从多个维度进行划分。产品标准这一概念是从标准化对象这个维度对标准进行分类后形成的标准种类之一。从上述定义中可以看出，产品标准需要满足两个条件：其一，标准化对象必须是“产品”；其二，标准的内容必须规定产品需要满足的“要求”。这些要求的提出是以保证产品“适用性”为目的的。因此，只有具备了针对产品适用性需要满足的要求才能称为是产品标准。当然，在满足了上述两个条件的基础上，产品标准还可以直接包括或以引用的方式包括诸如术语、分类、试验方法、包装和标志等方面的内容。

1. 按照标准化对象划分

不言而喻，产品标准的标准化对象一定是产品，然而每个特定标准的标准化对象所针对的具体产品是不同的。以标准化对象为属性可将产品标准分成不同的类型。

GB/T 20001.10—2014《标准编写规则　第10部分：产品标准》适用于有形产品标准的编写，涉及的有形产品通常包括原材料、元器件、零部件，制成品和系统。产品标准所针对的具体产品不同（也就是标准化对象不同），产品所属的类型不同，标准的技术内容就会有差异。按照产品标准的标准化对象对标准进行划分，可以将标准分为以下四类。

（1）原材料标准

原材料是原料和材料的统称。原料通常指没有经过加工制造的材料，例如用以纺纱的棉花，制造面粉的小麦，都是原料，是经过人类采集但未加工或初步加工的对象。材料是用于制造物品、器件、机器或其他产品的物质。

以原料或材料为标准化对象的产品标准称为原材料标准，例如GB/T 3078—2019《优质结构钢冷拉钢材》、GB/T 39955—2021《增材制造　材料　粉末床熔融用尼龙12及其复合粉末》。根据原材料的特点，原材料标准中的技术要求常常首选对原材料的理化性能进行规定。

（2）零部件或元器件标准

零部件是零件和部件的统称。零件通常指机械中不可分拆的单个制件，是机器的基本组成要素，也是机械制造过程中的基本单元，例如螺母、曲轴、叶片、齿轮、连杆体等，其制造过程一般不需要装配工序。部件是机械的一部分，由若干装配在一起的零件组成。在机械装配过程中，先将零件装配成部件（部件装配），然后才进入总装配。在电子、电器或无线电工业中将电子电路中的独立体称为元器件。

以零部件或元器件作为标准化对象的产品标准称为零部件或元器件标准，例如GB/T 67—2016《开槽盘头螺钉》、GB/T 4023—2015《半导体器件　分立器件和集成电路　第2部分：整流二极管》。由于零部件、元器件是构成机械、电器等设备的基本单元，因此便于接口、互换性和利于品种控制会成为编制零部件（或元器体）标准的主要目的之一。标准中通常含有满足这些目的的技术要求，包括结构要求、理化性能，或许材料要求会成为零部件标准中通常要考虑的技术内容。

（3）制成品标准

制成品是指在一个工业企业内完成全部生产过程，经检验符合规定的技术要求，并可销售供社会使用的合格产品。以制成品作为标准化对象的产品标准称为制成品标准，例如

GB/T 25677—2010《印刷机械　卷筒纸平版印刷机》。产品标准涉及的“制成品”是指终端产品（通常由元器件、零部件组装而成），这些产品无须加工就能够被终端用户使用。

这类标准中的规定常常首选从使用性能的角度提出技术要求，还会考虑人类工效性能，而理化性能常常被考虑作为使用性能的间接指标。

（4）系统标准

系统是由相互作用相互依赖的若干产品或组成部分结合而成、具有特定功能的有机整体。以系统作为标准化对象的产品标准称为系统标准，例如 GB/T 24716—2009《公路沿线设施太阳能供电系统通用技术规范》、GB/T 24833—2009《1000kV 变电站监控系统技术规范》。由于系统是由各组成部分所构成，系统整体功能的发挥依赖于各部分功能的发挥，因此接口、相互配合以及兼容性成为编制系统标准需要考虑达到的主要目的。系统标准中需要规定满足这些目的的技术要求，在对系统各部分提出要求的同时，对接口的尺寸及功能要求是系统标准通常要考虑的技术内容。

2. 按照标准的技术要素及其技术内容划分

按照产品标准的编制目的，不同标准所包含的技术要素及其技术内容就会不同。根据标准中包含的技术要素及其技术内容可以将标准划分成四个类型：技术要求类产品标准、规范类产品标准、完整的产品标准、通用类产品标准等。这四个类型的产品标准，其标准名称中应有反映各自类型特征的“用语”。

（1）技术要求类产品标准

如果产品标准中不包含“试验方法”“检验规则”两个要素，但包含了“多种类型的技术要求”或“单一类型的技术要求”，根据需要可含有分类、术语和定义等技术要素，则该类标准属于“技术要求类产品标准”。例如 GB/T 14555—2015《船用导航雷达接口及安装要求》等。

（2）规范类产品标准

规范标准是指规定产品、过程或服务需要满足的要求以及用于判定其要求是否得到满足的证实方法的标准。从上述定义中，可以得出规范类产品标准是指规定产品需要满足的要求以及用于判定其要求是否得到满足的证实方法的标准。也就是说产品标准的核心技术要素只要包含了“技术要求”和“试验方法”两项内容，而不管是否还包含了其他技术要素，以及包含什么其他技术要素，该标准则属于规范类产品标准（或称为产品规范标准）。

（3）完整的产品标准

完整的产品标准需要满足两个条件：第一，核心要素“技术要求”中包含了满足适用性目的的全部技术内容；第二，标准的技术要素包含了特定产品的所有基本方面。具体来说就是包含了分类、标记和编码，试验方法，标志、标签和随行文件等要素。请注意，完整的产品标准并不意味着是最好的产品标准。完整主要指包含的要素及技术内容的完整。衡量一个标准的好坏，关键看它的适用性是否满足了编制标准的目的。例如，如果编制标准的目的是保证安全，则标准中只要包含所有与安全有关的技术要求，并不需要包含满足其他目的的技术要求。从满足产品的全部适用性的目的来看，该标准的技术要求并不完整，但从满足保证安全这一目的来看，它仍是一个适用的、好的标准。

（4）通用类产品标准

如果标准中规定的技术内容适用于一类或者多种产品，则该类标准属于通用类的产品标准，通常包含“通用规范类”或“通用技术要求类”产品标准。

产品标准内容的编写应反映产品特性，至少包括满足产品使用需求的功能指标、性能指标、必要的理化指标及相关检验方法，可包括环境适应性、人类工效学等方面的要求，还可包括检验规则、标志、包装、储运等要求。具体按 GB/T 20001.10—2014 的规定编写。

（二）编写要求

1. 标准名称

（1）产品标准如包含了本小节 3～8 的全部技术要素，可用产品名称作为标准名称。

（2）产品标准的规范性技术要素中如仅包括了“技术要求”和“试验方法”，或者同时还包括了本小节 3、5、7、8 中的部分技术要素，可使用“技术规范”或“规范”作为标准名称的补充要素。

（3）同类产品共同使用的“技术规范”，可使用“通用技术规范”或“总规范”作为标准名称的补充要素。

2. 范围

范围应明确标准所涉及的具体产品，还应按照本小节 3～9 的顺序指出所涉及的具体内容。如有必要，还应针对编制标准的目的指出技术要求所涉及的方面。

范围还应指出标准的预期用途和适用界限，或标准的使用对象。

3. 分类、标记和编码

产品标准中分类、标记和编码为可选要素，它可为符合规定要求的产品建立一个分类（分级）、标记和（或）编码体系。产品标准中的标准化项目标记应符合 GB/T 1.1—2020 中的相关规定。根据分出的类别的识别特点，可以使用“分类”“分类和命名”“分类和编码”“分类和标记”作为该要素的标题。

根据具体情况，该要素可并入技术要求，或编制为标准的一个部分，也可编制为单独的标准，对于这种情况，该标准属于“分类标准”，不属于产品标准。

（1）产品分类的基本要求

① 划分的类别应满足使用的需要。

② 应尽可能采用系列化的方法进行分类。

③ 对于系列产品应合理确定系列范围与疏密程度等，尽可能采用优先数和优先数系或模数制。

（2）根据产品不同的特性（如来源、结构、性能或用途等）进行分类

① 分类原则与方法。

② 划分的类别，如产品品种、型式（或型号）和规格及其系列。

③ 类别的识别，通常可用名称（一般由文字组成）、编码（一般由数字、字母或它们的组合构成）或标记（可由符号、字母、数字构成）进行识别。

4. 技术要求

（1）一般要求

产品标准中技术要求为必备要素，它应包括下述内容：

① 直接或以引用方式规定的产品的所有特性。

② 可量化特性所要求的极限值。

③ 针对每项要求，引用测定或验证特性值的试验方法，或者直接规定试验方法。

该要素中不应包括合同要求（有关索赔、担保、费用结算等）和法律或法规的要求。

在某些产品标准中，可能需要规定产品应附带的针对安装者或使用者的警示事项或说明，并规定其性质。另一方面，由于安装或使用要求并不用于产品本身，因此应规定在一个单独的部分或一个单独的标准中。如果标准只列出特性，其特性值要求由供方或需方明确而标准本身并不予以规定时，在标准中应规定如何测量和如何表述（如在标志、标签或包装上）这些数值。

（2）适用性的要求

① 可用性。为了保证可用性，需要根据产品的具体情况规定产品的使用性能、理化性能、环境适应性、人类工效学等方面的技术要求。针对不同类别的产品可考虑诸如以下内容：

——使用性能：选择直接反映产品使用性能的指标或者间接反映使用性能的可靠代用指标，如生产能力、功率、效率、速度、耐磨性、噪声、灵敏度、可靠性等要求。有可靠性要求的产品可定量地规定可靠性指标，如故障率、失效率、平均寿命（MTTF）、平均失效间隔时间或平均失效间隔工作时间（MTBF）或强迫停机率（FOR）等。用不同测试方法得出的不同指标的数据或得出的同一指标的不同数据，经过一定换算，能够在使用范围内得到同样有效的判断或结论时，可用这些数据中的某些数据代替别的数据作为衡量产品性能的指标。这时，前者被称为后者的代用指标。

——理化性能：当产品的理化性能对其使用十分重要，或者产品的要求需要用理化性能加以保证时，应规定产品的物理（如力学、声学、热学）、化学和电磁性能，如产品的密度、强度、硬度、塑性、黏度；化学成分、纯度、杂质含量极限；电容、电阻、电感、磁感等。

——环境适应性：根据产品在运输、贮存和使用中可能遇到的实际环境条件规定相应的指标，如产品对温度、湿度、气压、烟雾、盐雾、工业腐蚀、冲击、振动、辐射等适应的程度，产品对气候、酸碱度等影响的反应，以及产品抗风、抗磁、抗老化、抗腐蚀的性能等。

——人类工效学：产品的人机界面要求，产品满足视觉、听觉、味觉、嗅觉、触觉等外观或感官方面的要求，如对表面缺陷、颜色的规定，对易读性、易操作性的规定等。

② 健康、安全，环境或资源合理利用。如果保障健康、安全，保护环境或促进资源合理利用成为编制标准的目的之一，则应根据具体情况编制相应的条款，诸如：

——对产品中有害成分的限制要求；

——对产品运转部分的噪声限值、平衡要求；

——防爆、防火、防电击、防辐射、防机械损伤的要求；

——产品中的有害物质以及使用中产生的废弃物排放对环境影响的要求；

——对直接消耗能源产品的耗能指标的规定，如耗电、耗油、耗煤、耗气、耗水等指标。

这些要求可能需要含有极限值［最大值和（或）最小值］或严格尺寸的某些特性，有时这些要求中还可能包括结构细节（例如保证安全的防错装结构）。在规定极限值水平时应尽可能降低风险因素。

为了便于引用，这些要求宜编制成标准中单独的章，或标准的单独部分，甚至单独的标准。GB/T 20002.3—2014《标准中特定内容的起草　第3部分：产品标准中涉及环境的内容》给出了编写产品标准中涉及环境的内容的指南。如果标准只涉及健康、安全、环境保护或资源合理利用中的一种或多种要求，则属于强制性标准。如果这些要求规定在强制性标准或技术法规中，相应的试验方法需要编制成单独的推荐性标准，而强制性标准或技术法规通常要引用这些试验标准。企业通常可直接引用此类标准。

③ 接口、互换性、兼容性或相互配合。便于接口、互换性、兼容性或相互配合等要求是编制标准的重要目的之一。具体产品的标准化可以只针对这几个方面。如果编制标准的目的是保证互换性，则关于该产品的尺寸互换性和功能互换性均应予以考虑。由于贸易、经济或安全等原因，互换件的可获得性是重要的。需要满足尺寸互换时，在规定接口尺寸时，应规定其公差。

④ 品种控制。对于广泛使用的材料、物资或机械零部件、电子元器件或电线电缆等，利于品种控制是编制标准的重要目的。

品种可包括尺寸和其他特性。在涉及品种控制的标准中应提供可选择的值（通常给出一系列数据），并规定其公差。

（3）其他要求

① 结构。需要对产品的结构提出要求时，应做出相应的规定。规定产品结构尺寸时，应给出结构尺寸图，并在图上注明相应尺寸（长、宽、高三个方向），或者注明相应尺寸代号等。

② 材料。产品标准通常不包括材料要求。为了保证产品性能和安全，不得不指定产品所用的材料时，如有现行标准，应引用有关标准，或规定可以使用性能不低于有关标准规定的其他材料；如无现行标准，可在附录中对材料性能做出具体规定。对于原材料，如果无法确定必要的性能特性时，宜直接指定原材料，最好再补充如下文字："……或其他已经证明同样适用的原材料。"

③ 工艺。产品标准通常不包括生产工艺要求（如加工方法、表面处理方法、热处理方法等），而以成品试验来代替。然而为了保证产品性能和安全，不得不限定工艺条件，甚至需要检验生产工艺（例如压力容器的焊接等）时，则可在"要求"中规定工艺要求。

（4）要求的表述

涉及产品适用性的某些要求，有时可使用产品的类型（例如深水型）或等级（例如宇航级），或使用需要满足使用条件的描述术语（如"防震"）来表达，以便在产品上做标记或标志（例如手表外壳上的"防震"字样），同时规定只在能使用标准试验方法证明相应要求得到满足时才可使用这些术语或标志。

要求型条款用文字表述的典型句式为：

① 对结果提要求："特性"按"证实方法"测定"应"符合"特性的量值"的规定；

② 对过程提要求："谁""应""怎么做"。

要求型条款用表格表述时，其表头的典型形式为编号、特性、特性值、试验方法等，其中试验方法栏通常给出该标准中规定试验方法的章条编号，或者给出引用的标准编号及章条号。该表格应在正文中使用要求型条款提及。

5. 取样

产品标准中取样为可选要素，它规定取样的条件和方法，以及样品保存方法。该要素可位于要素的起始部分。

6. 试验方法

(1) 一般要求

产品标准中试验方法为可选要素，编写试验方法的目的在于给出证实技术要求中的要求是否得到满足的方法。因此，该要素中规定的试验方法应与技术要求有明确对应关系。在标准中该要素可以：

——作为单独的章；

——融入技术要求中；

——成为标准的规范性附录；

——形成标准的单独部分。

技术要求、取样和试验方法虽然是不同的要素，但在产品标准中它们是相互关联的，应作统筹考虑。

由于一种试验方法往往稍加变动或原封不动就适用于几种产品或几类产品，所以试验方法最容易出现重复现象。因此，在编制产品标准时，如果需要对试验方法进行标准化，应首先引用现成适用的试验方法。规定试验方法时应考虑采用通用的试验方法标准和其他标准中类似特性的相应试验方法。只要可能，应采用无损试验方法代替置信度相同的破坏性试验方法。不应将正在使用的试验方法不同于普遍接受的通用方法作为理由，而拒绝在标准中规定普遍接受的通用方法。

在标准中列出的各项试验方法，并不意味着具有实施这些试验的义务，而仅仅是陈述了测定的方法，当有要求或被引用时才予以实施。如果在标准中指明产品的合格评定采用统计方法，则符合标准的陈述是指整体的或成批的产品合格。如果标准中指定每件产品需按照标准进行试验，则产品符合标准的陈述意味着每件产品均经过了试验并满足相应的要求。

(2) 试验方法的内容

试验方法的内容应包括用于验证产品是否符合规定的方法，以及保证结果再现性步骤的所有条款。如果各项试验之间的次序能够影响试验结果，标准应规定试验的先后次序。通常情况下产品标准中的试验方法应包括试样的制备和保存、试验步骤和结果的表述（包括计算方法以及试验方法的准确度或测量不确定度），也可根据需要增加其他内容，如原理、试剂或材料、仪器、试验报告等。化学分析方法的编写见 GB/T 20001.4—2015《标准编写规则　第 4 部分：试验方法标准》的规定。该标准的大部分内容亦适用于非化学品的产品试验方法。

如果试验方法涉及使用危险的物品、仪器或过程时，应包括总的警示用语和适宜的具体警示用语。

（3）供选择的试验方法

如果一个特性存在多种适用的试验方法，原则上标准中只应规定一种试验方法。如果因为某种原因，标准需要列入多种试验方法，为了解决怀疑或争端，应指明仲裁方法。

（4）按准确度选择试验方法

所选试验方法的准确度应能够对需要评定的特性值是否处在规定的公差范围内做出明确的判定。当技术上需要时，每个试验方法应包括其准确度范围的相应陈述。

7. 检验规则

产品标准中检验规则为可选要素，针对产品的一个或多个特性，给出测量、检查、验证产品符合技术要求所遵循的规则、程序或方法等内容。

产品标准不应涉及合格评定方案和制度的通用要求。使产品符合相关技术要求不应依赖于质量管理体系标准，即产品标准中不应规范性引用诸如 GB/T 19001—2016《质量管理体系　要求》。

若标准中需要规定检验规则，应指出该检验规则的适用范围，必要时应明确界定供制造商或供应商（第一方）、用户或订货方（第二方）和合格评定机构（第三方）分别适用的检验类型、检验项目、组批规则和抽样方案以及判定规则等。

8. 标志、标签和随行文件

（1）一般要求

产品标准中标志、标签和随行文件为可选要素，可作为相互补充的内容，只要有关应纳入标准，特别是涉及消费品的产品标准。如果需要，标记的方法也应做出规定或建议。

该要素不应涉及符合性标志。符合性标志通常使用认证体系的规则（参见 GB/T 27023—2008《第三方认证制度中标准符合性的表示方法》)。涉及标准机构或其发布的文件（即符合性声明）的产品标志参见 GB/T 27050.1—2006《合格评定供方的符合性声明　第1部分：通用要求》和 GB/T 27050.2—2006《合格评定供方的符合性声明　第2部分：支持性文件》，GB/T 20002.3—2014《标准中特定内容的起草　第3部分：产品标准中涉及环境的内容》给出了涉及安全内容的条款。

可在资料性附录中给出订货资料的示例，对标志或标签加以补充。

（2）标志和标签的要求

适用时，含有产品标志内容的产品标准应规定的内容：

——用于识别产品的各种标志的内容，适宜时，包括生产者（名称和地址）或总经销商（商号、商标或识别标志），或产品的标志［例如生产者或销售商的商标、型式或型号、标记（见 GB/T 1.1—2020 中的相关规定）］，或不同规格、种类、型式和等级的标志；

——这类标志的表示方法，例如使用金属牌（铭牌）、标签、印记、颜色、线条（在电线上）或条形等方式；

——这类标志呈现在产品或包装上的位置。

如果标准要求使用标签，则标准还应规定标签的类型，以及在产品或其包装上如何拴系、粘贴或涂刷标签。

如果需要给出有关产品的生产日期（或表明日期的代码）、有效期、搬运规则、安全警示等，则相应的要求应纳入涉及标志和标签的章条。

用作标志的符号应符合GB 190—2009《危险货物包装标志》、GB/T 191—2008《包装储运图示标志》、GB/T 6388—1986《运输包装收发货标志》以及其他相应的标准。

(3) 产品随行文件的要求

产品标准可要求提供产品的某些随行文件，例如可包括：

——产品合格证，参见GB/T 14436—1993《工业产品保证文件　总则》；

——产品说明书；

——装箱单；

——随机备附件清单；

——安装图；

——试验报告；

——搬运说明；

——其他有关资料。

适用时，标准中应对这些文件的内容做出规定，参见GB/T 5296《消费品使用说明》、GB/T 9969—2008《工业产品使用说明书　总则》以及其他相关标准。

9. 包装、运输和贮存

产品标准中包装、运输和贮存为可选要素，需要时可规定产品的包装、运输和贮存条件等方面的技术要求，这样既可以防止因包装、运输和贮存不当引起危险、毒害或污染环境，又可以保护产品。

(三) 数值的选择

1. 极限值

根据特性的用途可规定极限值［最大值和（或）最小值］。通常一个特性规定一个极限值，但有多个广泛使用的类型或等级时，则需要规定多个极限值。

2. 可选值

根据特性的用途，特别是品种控制和某些接口的用途，可选择多个数值或数系。适用时，数值或数系应按照GB/T 321—2005《优先数和优先数系》（进一步指南参见GB/T 19763—2005《优先数和优先数系的应用指南》和GB/T 19764—2005《优先数和优先数化整值系列的选用指南》）给出的优先数系，或者按照模数制或其他决定性因素选择。

当试图对一个拟定的数系进行标准化时，应检查是否有现成的被广泛接受的数系。

采用优先数系时，宜注意非整数（例如数3.15）有时可能带来不便或要求不必要的高精确值。这时，需要对非整数进行修约（参见GB/T 19764—2005《优先数和优先数化整值系列的选用指南》）。宜避免由于同一标准中同时包括了精确值和修约值，导致不同使用者选择不同的值。

根据产品的分类，可以对某些特性提出不同的特性值，这时应清楚地指明类别和值的对应关系。

3. 由供方确定的数值

如果允许多样化，则不必对产品的某些特性规定特性值（尽管这些特性对产品的性能有明显的影响）。标准中可列出全部由供方自行选择的特性，其值由供方确定，可规定以何种形式（如铭牌、标签、随行文件等）表明特性值。例如，对于某些纺织品，在标准中不必具体规定羊毛含量的特性值，只需要求供方在标签上注明即可。对于大多数复杂产品，只要规定了相应的测试方法，则由供方提供一份性能数据（产品信息）清单比标准中给出具体性能要求更好。对于健康和安全要求，标准应规定其特性值，不准许采用由供方确定的特性值。

案 例

空气消毒剂通用要求

1 范围

本标准规定了用于室内空气消毒的消毒剂的原料要求、技术要求、检验方法、使用方法、标签说明书和注意事项。

本标准适用于以杀灭空气中微生物为主要目的，并能达到消毒要求的室内空气消毒剂。

…… ……

4 原料要求

过氧化物类消毒剂应符合 GB/T 26371 的要求；二氧化氯消毒剂应符合 GB/T 26366的要求；其他成分的消毒剂应符合相应标准的要求。

5 技术要求

5.1 理化指标

消毒剂有效成分含量、pH 值和稳定性等理化指标应符合相关产品标准的要求。

5.2 杀灭微生物要求

5.2.1 实验室杀菌试验：在20℃～25℃、相对湿度50%～70%条件下，消毒剂作用≤1h，对空气中白色葡萄球菌（8032）的杀灭率应≥99.90%。使用气溶胶喷雾法消毒时，消毒剂用量应≤10mL/m^3。

5.2.2 现场试验：在自然条件下，消毒剂作用≤1h，对空气中自然菌的消亡率应≥90.9%。使用气溶胶喷雾法消毒时，消毒剂用量应≤10mL/m^3。

5.3 安全性要求

5.3.1 毒理安全性

5.3.1.1 急性经口毒性属实际无毒。

5.3.1.2 急性吸入毒性属实际无毒。

5.3.1.3 致突变试验为阴性。

5.3.2 金属腐蚀性

应进行金属腐蚀性试验，并在产品说明书中注明腐蚀性等级。

6 检验方法

6.1 理化指标检测

按照相关标准规定进行测定。

6.2 **消毒效果评价方法**

按《消毒技术规范》(2002 年版)有关规定进行测定，其中空气消毒剂中和剂鉴定试验方法见附录A。

6.3 **安全性检验方法**

6.3.1 **毒理学指标检验方法**

按《消毒技术规范》(2002 年版)有关规定进行测定。

6.3.2 **金属腐蚀性检验方法**

按附录B进行检验。

7 **使用方法**

可采用气溶胶喷雾、加热汽化熏蒸或气体熏蒸方式进行消毒。

8 **标签说明书和注意事项**

8.1 产品标签和说明书应符合消毒产品标签说明书有关规范和标准的要求，并应注明只能用于无人条件下进行空气消毒。

8.2 配制和使用空气消毒剂时应注意个人防护，包括戴好防护口罩、防护眼镜及防护手套；必要时使用全面型呼吸防护器。如不慎接触，应立即用大量清水连续冲洗，严重时应及早就医。

8.3 消毒时，应密闭门窗；消毒操作完成后，操作人员应尽快离开；消毒结束后应待室内消毒剂降低至对人无影响时，方可进入，情况允许时可开窗通风。

8.4 过氧乙酸、过氧化氢和二氧化氯等消毒剂对金属物品有腐蚀性，对织物有漂白作用，臭氧对橡胶制品有损坏，消毒时应尽量避免消毒剂直接作用于物体表面。

8.5 熏蒸消毒时，应注意防火、防止烫伤。

8.6 稀释液应现用现配。

五、服务标准的编写

服务标准编写是服务业企业标准化工作的关键环节，是标准实施的重要基础。标准的编写质量直接影响企业标准化工作的有效性。而服务作为服务业企业的核心，其相关标准与工业上的产品标准、方法标准等有较大的不同，如服务很难用量化的指标来测量和评价，因此，有必要针对服务业企业的标准编写制定标准。GB/T 24421.3—2009《服务业组织标准化工作指南　第3部分：标准编写》、GB/T 24620—2009《服务标准制定导则　考虑消费者需求》、GB/T 15624—2011《服务标准化工作指南》等标准给出了服务业企业标准编写时应遵循的规则，力求为各类服务业企业制定标准提供指导。

(一) 基本要求

GB/T 24421.3—2009 第3章从八个方面规定了服务业企业在标准编写过程中应满足的基本要求。

(1) GB/T 1.1—2020 对标准结构、标准表述规则和编排格式等进行规范；GB/T 24421.1—2009 给出了服务业企业标准化工作的基本原则、任务和内容以及管理要求等，其中涉及关于标准编写的原则上的规定，因此在制定服务业企业标准时要遵守上述两个标准。

(2) 服务业企业在编写标准时，首先要识别与本企业所提供的服务和企业的实际情况相关的国家法律法规的要求，特别是安全、卫生、环境、节能减排和保护消费者合法权益等法律法规，如《食品安全法》《消费者权益保护法》和《突发公共卫生事件应急条例》等。

(3) 不同的服务对象可能对服务提供有不同的需求，编写标准前应充分考虑服务对象的需求。对于处于相对弱势的服务对象，如，老年人、儿童、不同文化背景顾客及患病残疾或行动受限等顾客的期望和需求，在编写标准时应予以特别的关注。

(4) 服务提供过程是服务业企业的关键环节，是其服务质量和水平的体现。为了确保标准的适用性，在编制标准前应充分识别和分析服务提供过程的各环节，确定每个环节的输入、输出、所需的资源、提供服务的相关人员、所需的作业标准以及评价标准等。

(5) GB/T 24421.3—2009 依据 GB/T 24620—2009，从满足消费者需求的角度提出了制定服务标准时需要考虑的服务要素，包括服务提供者、供方、职员、合同、支付、交付、服务环境、设备、补救性措施和沟通等。制定服务标准时可围绕服务要素做出适当的规定。

(6) 服务业企业在制定服务标准时应搜集相关资料，重点查找是否有相关的国际标准或国外先进标准，对于先进的国际标准或国外标准，可结合企业的实际情况加以采用，如 GB/T 10001《公共信息图形符号》等。同时，鉴于管理体系标准比较成熟，且许多服务业企业不同程度地建立了相关管理体系，如质量管理体系、环境管理体系、职业健康安全管理体系，因此制定服务标准时，应充分考虑 GB/T 19001—2016《质量管理体系　要求》、GB/T 24001—2016《环境管理体系　要求及使用指南》、GB/T 45001—2020《职业健康安全管理体系　要求及使用指南》等标准的相关规定，以确保标准之间的协调性。

(7) 为便于标准使用者正确理解和应用标准，标准的结构要清晰，层次需分明，具体解析详见下节。此外，标准内容要具体，只有内容具体才能确保标准的可操作性，并有利于运用标准检查工作。

(8) 制定标准的目的在于应用，应用的前提在于充分理解标准的规定。因此标准制定过程中应做到语言简明、通俗易懂；不应产生歧义；且在一个标准或系列标准中应用到的术语、符号和代号应统一。

（二）编写方法

服务标准的编写有按服务流程编写和按服务要素编写两种方法。

1. 按服务流程编写

按服务流程编写标准的方法是根据服务行为发生的时间顺序。一般来说，程序性特点比较明显的服务提供可采用此种方法。例如，酒店前台接待、导游服务提供规范等各种服务流程标准。按照服务流程编写服务标准，需要对整个流程进行清楚的梳理，做到不遗漏，再理清先后逻辑顺序，之后逐步对每个流程编写标准。这种编写的方式对于具体操作的人员而言相对更易理解和实施。

2. 按服务要素编写

按服务要素编写标准的方法是针对服务活动所涉及的各个要素给出要求。可根据服务提供的具体情况，围绕服务组织、职员、顾客、合同、支付、交付、服务结果、服务环境、设备设施及用品、补救措施和沟通等要素制定标准。一个服务标准既可针对一个服务要素制定，例如GB/T 21070—2007《仓储从业人员职业资质》仅围绕“职员”这一要素来编写；也可以围绕多个服务要素来编写，例如GB/T 20647.1—2006《社区服务指南 第1部分：总则》中对社区服务的组织要求、人员资质要求、设备设施配置要求、工作场所环境要求等要素均作出了规定。当然，按服务流程和按服务要素这两种标准编写方法并不是孤立的，可以在同一个标准中同时使用，以YZ/T 0128—2007《快递服务》为例，该标准中第4章“组织”就是按照服务要素的方法进行编写的，而第5章“服务环节”则是按照服务流程方法进行编写的。

（三）服务要求的编写

GB/T 24421.3—2009第5章针对七项服务要求（规范性要素）提供了编写指南，给出了每一项服务要求包括的基本内容，服务业企业可灵活应用。为了让标准的使用者更好地理解这七项服务要求，本节给出了服务要求编写的案例，案例中给出的标准并不代表先进性，不鼓励服务业企业照搬照抄。

1. 服务规范

所谓服务是指为满足顾客的需要，供方与顾客接触的活动和供方内部活动所产生的结果。服务规范应包括对所提供服务的完整而精确的阐述，包括需经顾客评价的服务特性的清晰描述和每一项服务特性的验收标准。

服务特性适用于不同类型服务业企业，企业可根据自身的实际情况确定特性要求，对于这些特性要求可以单独形成服务规范，也可将服务规范和服务提供规范在同一标准中体现，下面结合服务业的实际，给出了六个方面的特性要求。

（1）功能性要求是从服务项目所达到的功效角度提出的。服务业企业应着眼于自身提供的服务从满足顾客需要的角度确定功能要求。这种要求可以分散到企业的不同服务标准中，例如，一个健身俱乐部可能有教练服务的规范和游泳馆的服务规范，因服务项目的不同对于功能的要求可能会有所不同，也可将这些要求在不同的服务提供规范中规定。

（2）经济性要求往往是企业从自身的生存和发展以及社会资源有效利用的角度提出的。经济性主要关注的是资源投入、使用过程中成本节约情况，以及资源使用的合理性，旨在用较少的资源提供高质量的服务。经济性是相对于所得到的服务质量而言的，即经济性是与功能性、时间性、舒适性等密切相关的。

（3）安全性对于服务业企业尤为重要，服务提供活动大多在与顾客接触层面发生，服务业企业应识别企业中可能会对顾客造成各种伤害的危险源，并根据实际情况规定安全性方面的要求。如，游泳馆的溺水方面的安全要求、物业公司对防盗窃等方面的安全要求。

（4）舒适性是顾客对提供的服务，包括服务设施服务提供人员等方面的一种感受，如何能保证让顾客感觉舒适，服务业企业应在认真调研和分析的基础上确定这方面的要求。

（5）时间性的要求在当今社会越来越为顾客所关注，服务业企业应针对有服务时限要求特性的服务项目提出相关的服务要求，如，快递服务中的投递时限要求。

（6）文明性要求体现了一个服务业企业中从业人员的素质，这种文明性的要求在服务业组织中具有普遍的适用性。

对于上述服务特性的要求可以是定量的，也可以是定性的。定量的要求是可测量的，是对服务的“量”的要求，如银行要求处理存取款的时间是在五分钟之内。定性的要求是以可进行比较的，是对服务的“质”的要求，是规定服务“有没有”和“是不是”，如良好的仪容仪表要求和不得索取小费的要求等。

案 例

快递服务

…… ……

3.1 **时效性**

快件投递时间不应超出快递服务组织承诺的服务时限，同城快递服务时限不超过 24 小时。

3.2 **准确性**

快递服务组织应将快件投递到约定的收件地址和收件人。

3.3 **安全性**

快递服务的安全性主要包括：

a）快件不应对国家、组织、公民的安全构成危害；

b）快递服务组织应通过各种安全措施保护快件和服务人员的安全，同时在向顾客提供服务时不应给对方造成危害；

c）除依法配合国家安全、公安等机关需要外，快递服务组织不应泄露和挪用寄件人、收件人和快件的相关信息。

3.4 **方便性**

快递服务组织在设置服务场所、安排营业时间、提供上门服务等方面应便于为顾客服务。

…… ……

2. 服务提供规范

服务提供过程是将输入转化为服务的一组相互关联和相互作用的活动，是提供某项服务所必需的供方活动。服务的提供可涉及如下活动：

（1）在顾客提供的有形产品上完成的活动（如维修汽车）；

（2）在顾客提供的无形产品上完成的活动（如为顾客填写准备税款申报书所需的收益表）；

（3）无形产品的交付（如传授知识）；

（4）为顾客创造氛围（如提供宾馆的住宿环境和氛围）。

服务提供规范应考虑服务业企业的方针、目标和能力，以及诸如安全、卫生、环境或适用法律法规等方面的要求，应包括描述服务提供过程所用方法的服务提供程序，具体有：

（1）对直接影响服务业绩的服务提供特性的清晰阐述；

（2）每项服务提供特性的验收标准；

（3）设备、设施的类型和数量的详细资源要求必须是为实现服务规范所需的；

（4）人员配置等。

服务提供规范的制定是以服务规范为前提，为了达成服务规范要求的特性，应对服务提供过程进行策划。可将服务提供过程划分为各个工作阶段，每个工作阶段应制定相应的程序（流程）标准，标准中应描述包含在每个阶段中的活动，应特别注意各个不同工作阶段之间的衔接，服务提供过程的详细流程图能有助于工作阶段的划分。

应制定包括应急预案在内的应急准备和响应标准，以应对突发事件。发生服务中断或有紧急情况足以影响服务提供时，顾客希望及时得到有关信息，包括：事件的性质、存在的风险、联络信息、明确的指引、恢复服务所需的时间和临时解决方案等，对于不能按协议和承诺提供服务时应给出赔偿的程序。标准中可规定组织内可能会出现的紧急异常情况，如何对这些紧急情况做好预防和准备，以及如果发生类似情况如何响应的应急预案。

由于服务的发生在与顾客接触层面上，服务业企业与顾客的沟通非常重要，沟通不畅往往会导致顾客不满，招致投诉。因此，应在标准中对沟通进行规定，具体可以包括沟通的内容、沟通态度、沟通的渠道、沟通的频率、沟通出现问题时的解决方案等方面内容。此外，通过沟通获得顾客满意度信息十分重要。顾客满意度是顾客对企业所提供服务的一种感受，企业制定标准时应考虑顾客满意度信息的获取渠道和方法等内容。

本节的示例中给出了导游服务规范，服务流程可以用流程图体现，也可以用语言描述的方式。

案例

导游服务规范

…… ……

5 导游服务通用要求

5.1 准备工作

5.1.1 熟悉接待计划与团队情况

上团前，导游员应认真查阅团队接待计划及相关资料，熟悉掌握旅游团（者）的全面情况，团队行程安排、特殊要求或注意事项等细节内容，注意掌握其重点和特点。

5.1.2 必需物品的查核与准备

上团前，导游员应做好证件、交通票据、资金以及有关资料等必需资料品的准备。从计调人员处接收团队资料时应做好核查登记，以确保团队的相关资料与票据是适宜和可用的。对不适用的票据或资料应及时提前请计调人员处理。团队资料交接记录应予保存。

5.1.3 知识准备

导游员应熟悉旅游地的旅游及文化资源、风土人情、法律法规等情况。

5.1.4 **联络与沟通**

全陪导游员或地接社等相关接待单位应建立并保持有效沟通，互通情况，以确保团队接待的相关事宜得到妥善安排。

地陪导游员应：

a）与食宿、交通、游览等有关部门落实、核查旅游团（者）的交通、食宿、行李运输等事宜；

b）确认旅游团（者）所乘交通工具及其准确抵达时间；

c）与司机确认车辆停放的位置，需要时，在旅游团出站前与行李员取得联络，落实行李运输事宜。

5.2 **团队出发与迎接**

导游员应提前到达团队出发/迎接地点展示旅行社团队标识迎接旅游团（者），致欢迎词并简介本次旅游行程。

团队出发时，全陪导游员应：

a）清点团队人数，引导旅游者乘坐约定的交通工具；

b）发放本次行程的相关资料；

c）乘坐飞机时，协助旅游者办妥登机、安检和行李托运等相关手续，并适时引导旅游者从正确的登机口依次登机；

d）乘坐火车时，全陪导游员应协助办好铺位的登记和分派等手续。

…… ……

3. 人员资质

人员数量、员工技能可以直接影响到企业的安全、保障和服务提供能力。因此，标准可以直接列明服务业企业所必须达到的人员配置标准。如最低人员配备、人员的能力要求和重要岗位人员所占全体员工的最低比例。

应规定从事影响服务提供过程的人员的资质要求，资质要求应根据企业的机构设置、岗位设置、岗位职责及所需的人员技能和资格来确定。应规定一个合理的能力水平，过高和过低的要求都是不适宜的。标准中还应特别关注与顾客直接接触的人员。

对于人员能力的要求，应从教育培训、技能、经验以及人员的健康与素养方面予以规定；对于人员涵养方面的要求应包括对顾客隐私保密等方面的要求。

案 例

人员资质要求

…… ……

2.4 **资质要求**

2.4.1 **教育**

旅游、饭店管理专业大专以上毕业或同等学历。

2.4.2　**经验**

有从事客房服务2年以上的工作经历。

2.4.3　**能力要求**

2.4.3.1　根据不同情况，及时处理日常服务、卫生、安全等方面出现的问题，具有一定的应变能力。

2.4.3.2　具有为满足客人合理要求，维护饭店星级标准而与其他部门配合的能力。

2.4.3.3　具有调查研究、改进工作方法、处理工作人员意见的能力。

2.4.3.4　具有按照宾馆的准则，处理宾馆投诉的能力。

2.4.4　**外语要求**

能正确使用礼貌外语，能用外语进行简单会话。

2.4.5　**身体要求**

身体健康、五官端正、精力充沛。

2.4.6　**品德要求**

树立"宾客至上、服务第一"的观念，对宾客礼貌热情、细心周到、严以律己、以身作则、严格管理、乐于助人、做好员工表率、平等待人、处理公道、不谋私得。

2.4.7　**培训要求**

2.4.7.1　专业知识：客房区域内的设备设施、房务工作有关的操作程序和质量标准，服务礼仪，各类安全消防设施和灭火器材的使用，家电、卫生等相关知识，以及电器、家具、设备的名称、性能、用途、使用和保养知识。

2.4.7.2　其他相关知识。

…… ……

4. 运行管理

服务业企业应针对与服务提供过程相关的运行管理事项制定标准，建议企业参照质量管理、环境管理和职业健康安全等管理体系标准，制定有关运行管理标准，并实施相关管理活动。

运行管理活动是各种类型的企业都会涉及的，运行管理标准的制定应立足于企业自身的管理活动，这类标准不是服务业企业特有的，因此，本节只是简要地描述了各类标准应规定的内容，每个服务业企业可根据自身的实际情况决定各类运行管理标准的结构和内容。

方针是企业意图和方向的体现，应由最高管理者确定并发布。企业在方针的框架下建立各层次的目标，目标的设定应切合实际，通过努力可达成的。企业可通过采用目标管理的方式实现企业业绩的持续改进。

沟通包括企业内部的沟通和企业与其他相关方之间的外部沟通。沟通的方法多种多样，在标准中应规定与沟通对象的文化和技能水平相适应的沟通方式，应确保所沟通的信息清楚和易于理解，并及时传递给相关的人员。

可通过制定人力资源管理标准来规范和提升员工的职业胜任力。人力资源管理标准可包括培训、招聘、调岗、轮岗、考核和培训等内容。以培训为例，培训标准可包括培训方式、培训频率、培训内容等方面；培训内容可涉及人员专业知识、安全和健康要求、关注顾客特殊需要等方面；具体的培训活动应与员工所承担的工作任务相关。有关考核和评价的标准十分重要。企业应依据考核评价标准找出人员能力的差距，从而更好地识别出人力资源管理的需求。

制定采购管理标准时，主要从以下方面进行考虑：

第一，供方（包括服务的外包方）的选择、评价和再评价。

第二，采购活动的控制要求，包括采购信息（合同、协议、清单、口头约定等）、采购流程及控制要求等。

可从以下方面考虑制定对供方评价的标准：

第一，评价供方的产品/服务质量。

第二，评价供方的质量业绩，如顾客满意度测量和企业业绩等。

第三，评价供方的管理能力，可通过现场的第二方审核和现场能力调查等方式评价。

第四，征询其他顾客对供方的意见，了解其社会信誉。

第五，查证有关符合性的证明文件，如产品检验报告等。

评价标准包括对服务结果、服务提供过程、各类运行管理活动的评定以及服务质量的顾客评定等方面的标准，应明确实施评价的职责和方法。通过评价获得了各类活动实施情况的数据，在对数据进行分析的基础上寻求改进的方向，以提高企业的总体业绩。

企业为持续改进企业业绩应制定有关数据分析和改进措施的标准，为了更好地理解各类改进活动以制定适宜的标准，现介绍以下三个术语：

纠正：为消除已发现的不合格所采取的活动，例如，发现客房未及时清扫而采取的纠正活动可能是通知有关工作人员对客房进行清扫。

纠正措施：为消除已发现的不合格或其他不期望情况的原因采取的措施，如分析为什么客房未能及时清扫，若原因是清扫人员的配置过少，纠正措施可以是增加该岗位的工作人员；如果在增加工作人员数量的情况下，类似情况还不断出现，就要急需查找原因，并制定相应纠正措施，以杜绝此类情况发生。

预防措施：为消除潜在的不合格或其他潜在不期望情况的原因所采取的措施，如没有发现客房清扫不及时的问题，但凭经验或从其他方面获得的信息判断可能会产生类似的问题，可提前采取措施，防止此类情况出现。

案 例

运行管理要求

…… ……

3 服务质量评定准则

…… ……

3.2 **服务质量评定频次**

3.2.1 各服务窗口，每天由岗位负责人对本岗位服务质量特性进行自检，发现问题做好记录。

3.2.2 各服务项目主管部门负责人，每周组织相关人员对所管辖范围的服务窗口的服务质量特性进行巡检，并将巡检的结果做好记录。

3.2.3 各服务项目主管部门每月对所管辖范围的服务窗口的服务质量进行汇总，做综合评价。

3.3 **服务质量评定方法**

3.3.1 园务管理部应将各服务项目的《服务质量提供规范》《服务质量控制规范》下发到各服务项目的主管部门和各服务窗口。

3.3.2 各服务项目岗位负责人依据《服务质量控制规范》规定的评定标准，每天对本岗位的服务质量特性进行自检，评定打分，并填写《服务质量评价记录》。到月末将每天评定结果进行汇总，将服务质量特性的打分结果分别进行统计，然后再加权平均，评价月份服务质量考核结果，并填写《服务质量评价报表》上报主管部门。

3.3.3 各服务项目的主管部门依据《服务质量控制规范》规定的评定标准，每周组织相关人员对所管辖的服务窗口的服务质量特性进行巡检，并将检查结果进行评定打分，并填写《服务质量评价记录》。到月末将每周各服务窗口服务质量的巡检结果进行汇总，对服务质量特性的打分结果分别进行统计，然后再加权平均，评价各服务窗口的服务质量。

3.3.4 游客中心每月末将收集的游客反馈信息，包括游客投诉信息、游客意见或建议信息等进行整理，上报到与信息相关的部门。

3.3.5 各服务项目的主管部门每月末应将各服务窗口上报的《服务质量评价报表》与每周巡检评价汇总的最终结果及游客反馈信息（投诉、表扬、意见等）结合在一起进行综合评价，评价结果即是服务质量最终结果。

…… ……

---

5. 安全

服务业企业的服务提供活动多发生在企业与顾客的接触层面上，与之相关的安全问题尤为重要。企业应制定相关的标准，以消除自身存在的安全隐患，包括顾客在内的各相关方的危险源，对风险进行管理和控制，以确保相关方处于安全状态下。

可从场所、用品、设施和人员等方面考虑安全问题，对于存在的风险应制定安全保障措施，这些保障措施包括对人身和物品的安全保障措施，也包括对各类信息的安全保障措施。如电信、医疗等企业应制定关于保护个人隐私信息的安全保障措施。

企业在编写标准时可参考 GB/T 45001—2020《职业健康安全管理体系　要求及使用指南》的相关要求，对于上述各方面可能存在的导致人员安全健康和公众生命安全，重大财产损失、环境损害和社会影响的危险源应制定风险分析和应急预案管理等方面标准。应急预案的编制可参考 GB/T 29639—2020《生产经营单位生产安全事故应急预案编制导则》。

很多法律法规、政策和标准都涉及安全方面的规定。企业在编写有关安全的标准时应充分考虑这些内容，如 GB 2894—2008《安全标志及其使用导则》。

案 例

安全要求

1 范围

…… ……

3.1 安全要求

3.1.1 旅游区域内早 8：00 至晚 17：00 禁止自行车行进。旅游自行车在园门外存放。骑自行车上班及务工人员的自行车一律存放到办公区或南门外存车棚。

3.1.2 园内业户的机动车及进、送货车限早 8：00 前或晚 17：00 后进出，8：00至 17：00 时段内不准停留在旅游区内。

3.1.3 各种机动车辆进入旅游区内一律限速 10km/h。

3.1.4 禁止驾驶员酒后开车，违者一次待岗处理。

3.1.5 通勤车驾驶员在行车中禁止吸烟或与他人闲聊、打电话及进行一切有碍驾驶的行为。

3.1.6 禁止职工在通勤车内吸烟。

3.1.7 禁止职工动用器具进行打闹、开玩笑。工作需要携带的锹、镐等用具要肩扛前行，禁止拖、抱工具行走，以防伤人。

3.1.8 禁止私自接电线或更换保险丝，确需接电须提出申请由行政科安排专业人员操作。

3.1.9 园内各游船要配备救生衣，游客要着救生衣划船，违者对经营业户罚款 200 元/次。

3.1.10 各科室负责人为本部门安全第一负责人；各班组要设安全员；游艺桥区要设专职安全员、护桥员和救生员。

3.1.11 园内餐饮、食杂业户禁止经营过期、变质食物，严防食物中毒事件发生，如违规，造成后果由业户自行承担，并按经营科处罚规定执行。

3.1.12 各工种要严格按操作规程操作。严禁违章作业。对违章作业造成后果者除承担责任外还应给予纪律处分，直至解聘。

3.1.13 园内各游艺设施要定期检查，对发现的问题要限期解决。

3.1.14 根据不同岗位工作，各部门要开展安全教育。对临时工要进行岗前安全教育并提出安全要求，不遵守安全规定和安全管理者一律辞退。

3.1.15 湖中禁止野浴。

…… ……

6. 环境

环境条件标准针对服务业企业所应达到的基本条件以及管理提出要求，以确保服务环境满足顾客需求。如宾馆内不同季节的温度控制要求、噪声的控制要求，银行内光线的控制要求，餐厅内的清洁卫生控制要求等。

环境因素的提出是源于 GB/T 24001—2016《环境管理体系　要求及使用指南》，为便于读者的理解，以下简要介绍环境因素有关的术语：

(1) 环境。企业运行活动的外部存在，包括空气、水、土地、自然资源、植物、动物、人，以及这些存在之间的相互关系。外部存在是由企业延伸到自然界的各种直接或间接影响人类生活和发展的因素的总体。

(2) 环境因素。企业在活动、产品和服务中能与环境发生相互作用的要素。如厨房废水的排放、空调氟利昂的泄漏、水和电的消耗以及噪声的排放等。

(3) 环境影响。由企业的环境因素给环境造成的任何有害或有益的变化。环境因素和环境影响之间是存在因果关系的。判断环境因素是否造成环境影响主要看环境是否发生了变化，企业需要控制的是对环境造成不利影响的环境因素，对于造成有益影响的环境因素应保持。

服务业企业在编写标准时应识别出特殊环境下可能出现的情况以及相关法律法规要求，并从以下三个方面制定环境管理的标准：

(1) 环境条件。如酒店规定不同季节的温湿度的控制要求。

(2) 环境因素。如对企业内的环境因素进行识别和管理的标准。

(3) 环境运行控制。如日常运行中控制和减少有害环境影响的要求。

案例

环境要求

…… ……

5　控制要求

5.1　后勤保障部按法律、法规及其他要求中有关噪声的规定，搜集各噪声源的噪声限值信息要求，了解其运行过程，以控制和管理噪声。

5.2　对游艺设施、设备的噪声加强管理与控制，应采取有效的噪声污染防治措施。重点噪声源必须配备相应噪声污染防治设施，保证这些设施的正常使用，达到隔声、减震、消声的效果。

5.3　对相关方噪声源、噪声产生施加影响。按照园区承包商环境/职业健康安全行为要求进行减少和降低噪声的控制，包括：

a) 园区内各承包商不得设置高音喇叭，不得设置“卡拉 OK”游乐项目；

b) 汽车、摩托车等交通运输工具不得在园区内鸣喇叭；

c) 承包商的游乐设施必须经安全监察部门检查合格才能投入经营；

d) 餐饮业及商店的冰箱、空调、排油烟机、排风机等设备必须符合产品出厂的噪声要求，噪声异常和超值的，应限期采取措施或更换；

e）建设项目承包商在承包协议中，应明确其对环境污染的要求，包括建筑设备及施工过程的噪声控制。

5.4 体系办协同后勤保障部，对噪声控制的效果进行监督检查。

…… ……

7. 设施、设备及用品

设施、设备和用品是保证服务提供活动的资源。管理者应结合顾客要求按服务提供的策划配备这些资源，并在日常工作中对这些资源予以有效的管理。企业应从购置、验收、使用、存放、维护保养和报废处置等方面对设施、设备和用品资源进行规定：

(1) 建筑物、工作场所，如办公楼、服务提供的现场（餐厅、酒店大堂、客房等）、储存场所等，以及与之配套的水、电、气的供应，通风照明，空调系统等相关设施。

(2) 过程设备，泛指各种类型的与服务提供过程相关的各种硬件和软件，如办公设备及软件、工具、器具、装置等。

(3) 支持性服务或者设施，如通信技术及设施（如果是以提供通信服务为主的企业此类设施属于过程设备）、运输设施、信息系统、维护网络等。

(4) 各类用品，除设施、设备之外，为保证服务提供活动所需的物资，如餐饮业的食物原料、饭店业的客房用品等。

对于设施、设备和用品的标准应从两个方面予以考虑：

(1) 对确保服务提供过程的有效运作所需的设施、设备和用品的要求，如设施设备的安全技术要求和最低配置的要求等。

(2) 对设施、设备及用品的管理要求，如设施设备的操作规程、维护保养规定、报废处理规定等。

案 例

设施、设备及用品要求

…… ……

2 控制要求

2.1 机械设备、建筑及游艺设施的日常管理

2.1.1 后勤保障部应建立机械设备、建筑及游艺设施档案，由专人统一管理。

2.1.2 对机械设备外借进行控制，设备外借须经主管主任批准，其他任何人不得擅自外借园内设备。

2.1.3 设备要由经过训练的专业人员使用、保养与维护，其他人不得随意使用。

2.1.4 特种设备操作人员应持国家有关部门下发的合格证上岗。

2.2 机械设备、建筑及游艺设施的保养与维护

2.2.1 机械设备的保养与维护

2.2.1.1 日常保养，每次使用前检查，使用后清理。

2.2.1.2 一级保养，定期更换零部件，把老化的不能保证其性能的零部件更换为可靠的部件，保证其正常使用。

2.2.1.3 二级保养，在使用一定年限或行走一定里程后，机械和设备进行全面检修或大修。

2.2.2 建筑设施的保养与维护

2.2.2.1 维修班要定期进行设施检查，若发现损毁、丢失等情况，维修班长应及时组织维修并填写维修记录。

…… ……

第三节 企业标准信息管理

引 例

标准信息一站式服务越来越成为主流，在开展企业标准信息管理系统建设时，一是要做好整体规划，明确要建设的范围、内容及要求，如标准化管理中的主要标准检索、企业标准全生命周期、企业标准体系、标准贯彻等方面；二是要认真梳理系统建设中数据与数据之间的关联关系，如在该系统将自建的型号采标数据库中的标准状态与各类标准数据库的标准状态进行动态关联，便于策划开展标准贯彻；三是要系统梳理标准化业务流程及相关之间的逻辑关系，满足不同业务流程所产生同一类数据的自动更新、迭代，如标准修改流程所产生的标准数据可自动更新由标准修制订流程所产生数据；四是梳理需要与标准化管理系统集成的应用系统，以满足其他应用系统对标准数据的需求。

开展企业标准化管理信息系统建设，不仅有利于提高标准化工作效率和质量，而且可以更好地为企业的发展提供技术支持和服务保障。通过开展标准数据库、标准化工作流程的建设，实现标准的集中在线检索、利用，实现标准化业务的在线管控。

一、标准信息与标准文献

（一）标准化信息工作

1. 基本概念

企业应根据产品开发、生产和经营管理活动的需要收集、整理、保管、提供标准化信息。

标准化信息工作是指把记录标准化科研和实践成果的标准、专著、期刊等标准化文献以及与标准化有关的信息资料经过收集、整理、贮存、分析研究、报道和咨询，及时准确地为科研、生产、经营和管理提供服务的活动。

标准文献是指由各类具有标准性质的文件所组成的一种特定形式的技术文献体系。

2. 工作意义

（1）为企业标准化工作奠定基础。

（2）有利于企业提高产品质量，提高生产水平，改善经营管理，开发新产品和新的科学技术。

（3）有利于企业在国内市场竞争中立于不败之地，有利于打入国际市场。

（4）有利于提高企业管理水平。

3. 工作任务

（1）根据企业产品发展规划和标准化工作规划，确定开展标准化信息工作的原则，制订标准文献采购计划，明确标准化信息研究的方向和课题。

（2）做好标准文献资料的收集、整理、贮存、分析研究、管理和咨询服务等工作。

（3）开展专题标准信息的研究，为科研、生产服务，为产品创优服务，为公司领导的经营决策服务。

（4）为制（修）订企业标准提供标准信息。

（5）参加本行业、本地区标准化信息协作活动，搞好标准化信息工作的经验交流和业务培训等。

4. 工作要求

（1）建立广泛而稳定的信息收集渠道。

（2）及时地了解并收集有关的标准发布、修订、更改和废止的信息。

（3）对收集到的信息进行整理、分类、登记、编目和借阅，及时传递到使用部门。

（4）收藏的标准信息应及时更替、更改，保持良好的时效性。

（5）宜建立标准电子文档信息库。

（6）开通标准的网络服务系统等。

5. 标准化信息范围

（1）企业科研、生产、经营、贸易等方面所需的有效的各种标准文本。

（2）国内外有关标准化期刊、出版物、专著。

（3）国家和地方有关标准化的法律、法规、规章和规范性文件。

（4）有关的国家标准、行业标准、地方标准、团体标准文本。

（5）有关的国际标准、技术法规和国外先进标准的中外文本。

（6）其他与本企业有关的标准化信息等。

（二）标准文献检索

广义的文献检索，是指将文献按照一定的方式组织和存储起来，并根据用户的需要查找出有关文献的过程。由此可见，文献检索包括两部分：一是存储，即将大量的杂乱无序的文献加以科学的组织，使之成为有序集合；二是查找，即运用各种检索工具，将用户所需的文献取出来。

狭义的文献检索仅指该过程的后半部分，即从众多文献中查找出包括用户指定特征或含有用户所需信息的那些文献的过程。就是说，文献检索是人们查找文献的过程。文献检索包括手工检索和机械检索两种形式。手工检索是指用传统的手工方法进行文献检索；机械检索是借助于计算机等现代化设备进行文献检索。

有时利用检索工具查得的文献线索只是题录或文摘，要进一步详阅文献全文，必须根据查到的文献线索去索取和查阅原始文献。

目前强制性国家标准文本和非采标的推荐性国家标准文本已经在国家标准全文公开系统（http：//openstd. samr. gov. cn/）、全国标准信息公共服务平台（http：//std. samr. gov. cn/）免费公开。行业标准可从行业标准信息服务平台（http：//hbba. sacinfo. org. cn/）检索，地方标准可从地方标准信息服务平台（http：//dbba. sacinfo. org. cn/）检索，团体标准可从全国团体标准信息平台（http：//www. ttbz. org. cn/）检索。

国际标准、国外标准可以在全国标准信息公共服务平台（http：//std. samr. gov. cn/）、中国标准信息服务网（https：//www. sacinfo. cn/）、国家标准文献共享服务平台（http：//www. nssi. org. cn/）或者相应标准化机构的官方网站检索。

（三）标准文献分类法

标准文献分类，就是根据标准化对象的专业性质，参照文献本身的特点，在具有一定体系的分类组织中给每一种标准以相应的位置，并通过一定类号来反映。其目的是对标准信息实行科学管理，将其内容有系统地揭示出来，便于报道，提供给读者检索使用。

分类是标准化工作的基础，是统一和交流的前提。世界各国对标准文献的分类都十分重视，几乎所有先进的工业国家都有自己的分类法。目前采用的标准文献专用分类法，按标记与编号大体可分为字母分类法、数字分类法（如国际标准分类法就采用了这种方法）及字母数字混合分类法（如中国标准文献分类法就采用了这种方法）三种。本节重点介绍国际标准分类法和中国标准文献分类法。

1. 国际标准分类法 ICS

随着标准化事业的发展，各自为政的分类法已不能满足世界标准化信息交换的需要，特别是在世界贸易不断涉及标准的情况下，统一标准分类法对于国际交流与合作就显得越来越迫切和重要了。为了解决这一问题，国际标准化组织信息委员会（ISO/INFCO）于1992年推出了一部标准文献专用分类法，称为国际标准分类法（International Classificaion for Standards，ICS)。ISO于1994年在其颁布的标准中采用ICS分类号，并积极向其成员组织推荐ICS分类体系，以期获得在标准分类工作中的统一。随后ISO不断地对ICS的版本进行更新，对其各级类目进行微调，目前为第7版，于2015年发布。

ICS分类法的特点是列类广泛、覆盖全面、结构合理、简明实用；特别是配号方法灵活，允许用户根据需要自行扩类，适用于手检、机检等不同层次的需要。为便于从主题途径进行检索，ICS分类法正文后面附有按字顺排列的题内关键词索引。

ICS采用层累制分类法，由三级类目构成，各层采用数字编号。第一级和第三级采用双位数，第二级采用三位数表示。第一级为大类，在相应的大类下再细分为二级类目；以此类推，在二级类目下又细分为三级类目。二级类目的类号由一级类目的类号和被一个圆点隔开的三位数组成；三级类目的类号由一、二级类目的类号和被一个圆点隔开的二位数组成。

ICS 第 7 版中，第一级有 40 个大类，涵盖了 40 个标准化的活动领域。在 40 个一级类目中又细分为 392 个二级类目，在 392 个中的 144 个进一步划分为 909 个三级类目。这里以电信（一级编码 33，该类目还包括视听工程）类目为例，电信大类包括 14 个二级类目、55 个三级类目。

示 例

33.060.20　电信．无线电通信．接收和传送设备

ICS 作为国际、区域性和国家标准以及其他标准文献的目录结构，并作为国际、区域性和国家标准的秩序体系的基础，可以用于数据库和图书馆中标准及标准文献的分类。ICS 也可作为信息数据的排序工具，例如目录、选择清单、参考文献、磁介质和光介质上的数据库等，从而促进国际、区域性和国家标准以及其他标准文献在世界范围内的传播。

为促进我国标准化事业尽快与国际接轨，我国决定于 1997 年 1 月 1 日起在我国国家标准、行业标准和地方标准上标注 ICS 分类号，与中国标准文献分类法（CCS）同时使用。

2. 中国标准文献分类法 CCS

鉴于标准文献不同于书、刊之类的一般文献，其数量可以预测、新旧更替频繁、篇幅较短，分类编码要求简明、易懂、易记、书写管理方便。用一般文献分类法（如图书）作分类标准不太方便。于是，早在 20 世纪 80 年代，我国原国家标准局在 1983 年就开始研究编制中国标准文献分类方法，并于 1984 年 8 月发布了《中国标准文献分类法（试行）》，开始试行。通过一段时间试行后，原国家技术监督局组织进行了修订补充，于 1989 年发布，《中国标准文献分类法》从 1990 年 1 月 1 日起正式实施至今。

中国标准文献分类法（Chinese Classification for Standards，CCS）的分类体系采用的是字母与数字混合分类法，原则上由二级组成，即一级类目和二级类目。

一级类目为主类，其设置基本以专业划分，共设置了 24 个类目，类目号分别用一个大写英文字母来表示。

二级类目采用两位数字表示，每一个一级类目包含有由 00～99 共一百个二级类的容量。通过规划，目前大约设置了 1606 个二级类目，剩余的作为扩充使用。

示 例

M10/29 的类名为“通信网”，其下级分类号 M13 的类名是“通信网结构”，它包括电话网、电报网、数字通信网、光通信、卫星通信网结构及数字网网同步等。

由于 ICS 是基于西方特点编制的分类法，不能完全适合我国的实际需要，因此，我国在采用 CCS 的同时，也采用 ICS。这样既满足了标准文献的国际交流，又适应了中国标准

文献的管理特点。ICS 和 CCS 虽然采用的具体分类方法不同，但又有共同点，即它们都是按专业分类，专业之间是有对应关系的。

在 GB/T 1.1—2020 中明确规定：在标准封面的左上角要同时标注 ICS 号和 CCS 号，ICS 号在上，CCS 号在下。

二、企业标准信息管理系统

根据 GB/T 35778—2017 要求，企业宜建立标准化信息管理系统或与其他信息化管理系统融合，对标准体系构建、标准制（修）订、标准实施与检查、评价与改进等活动信息进行专项管理。

（一）企业标准信息管理系统的作用

随着市场经济体制的形成，市场竞争的不断加剧，当前企业的生产规模、经济实力、技术能力已经不完全是决定企业在市场竞争中取胜的主要条件，而信息化手段和能力已经成为企业市场竞争中取胜的重要手段。在市场经济环境下，企业要发展，要参与市场竞争，最重要的是为其产品寻求市场，产品能不能在激烈的市场竞争中取胜，取决于企业的新产品开发能力和产品的质量。标准化信息对企业的生产、经营和管理活动，对产品质量等多方面起着非常重要的作用。

（二）企业标准信息管理系统的基本要求

企业标准化信息管理是指对企业所需要的标准化信息的收集、加工、传递、保管和使用等一系列活动的管理。开展标准化信息管理是确保企业标准化工作顺利开展的重要环节，是企业标准化工作的重要内容，也是开展企业标准化工作的基础。企业应提供必要的财力和人力专用于标准化信息的管理，以确保企业标准化信息工作能够满足企业发展的需要。

企业在销售产品/服务前，应声明公开执行的企业产品/服务标准信息。公开的产品/服务标准信息包括：企业执行国家标准、行业标准和地方标准的，公开相应的标准名称和标准编号；执行企业标准或团体标准的，公开企业产品的主要技术指标和对应的检验试验方法，也可公开企业产品/服务标准文本。公开的产品/服务标准信息应完整、真实、有效。

标准化信息管理系统应该对标准体系构建、标准制（修）订、标准实施与检查、评价与改进等活动信息进行专项管理。及时收集、更新相关的国内外标准化信息，进行分析、加工，并结合生产、经营、管理的需求转化为标准，更新企业标准体系。建立标准化信息反馈机制，及时搜集、整理、评审、处置有关标准体系和标准实施过程中的各种标准化信息。采取有效措施开展数据信息安全管理。

（三）企业标准信息管理系统的内容

定期对标准化文件进行整理、清理，确保有效适用。GB/T 35778—2017 中指出企业标准化信息管理的标准文件至少包括如下内容：

（1）企业方针、目标。

（2）企业标准体系表与所包含的标准。

（3）标准实施及监督检查形成的文件及记录信息。

（4）企业标准化工作评价与改进形成的文件及记录信息。

（5）其他企业标准化文件。

案例

安徽江淮汽车集团标准管理系统平台

安徽江淮汽车集团股份有限公司通过标准化管理创新，建立和完善企业技术标准体系，共享成熟的实践经验，提高产品研发效率，提升企业基础管理水平，并以项目制推动参与国家、行业、地方和团体标准制定工作，已累计参与制定国家、行业、地方标准超过120项，运用信息化平台促进标准化管理。

实现网上发布、查询标准信息。集团创建了标准管理系统平台，搭建完整的功能结构模块，导入标准化的各项成果，满足标准体系日常管理需求，实现企业标准体系表、标准法规目录与文件、分析材料、宣传贯彻培训的讲义与资料在线查询和使用，并通过主页定期发布企业标准制（修）订、作废代替的信息公告，使广大技术人员及时、方便地获取有效的内外部标准信息，提高工作效率。

实现基础标准的流程化应用，加强产品标准化管理。集团开发的产品数量很多，为了清晰管理，制定了产品平台、型号、设计号等企业标准，通过流程实现产品代号的申请，改变了设计人员手拿纸质档案到处找人签字的模式，节省了时间，提高了效率。通过系统实现产品的结构化管理，按照标准建立了产品大类→产品平台→产品系列→产品BOM的型谱，并将数据与其关联，形成了完整的产品结构树。

通过库管理，推进零部件通用化建设。集团原来在产品设计时，标准件完全由设计人员任意选用，国标件、汽标件、韩标件使用没有任何顺序和规则，致使各类产品中标准件种类、规格越来越多，给企业的采购、生产和库管带来了很高的管理成本。同时每个设计人员对于所用的标准件单独创建数模，既耗费了大量时间，又导致系统中数据不一致而产生无法共享的问题。标准化人员联合设计人员、采购人员系统梳理了设计引用和实际采购的标准件清单，优化了种类和规格，创建了标准件库，建立了标准件的三维模型，并与三维软件集成，实现直接调用。还制定了《标准件管理规范》，在系统增加了约束机制，设计人员不能自行创建标准件，如需新增，需在系统中提交申请流程，这样有效控制了规格的增长。当前，此项标准件库已扩展至通用件库，零部件通用化水平明显提高。

【本章小结】

企业标准制（修）订是企业标准化工作中一个重要环节，本章从企业标准制（修）订要求出发，到具体企业标准的编写要求，再到企业标准信息管理，介绍了企业标准的制定、编写、管理，主要内容包括：

(1) GB/T 35778—2017《企业标准化工作　指南》明确了企业标准制（修）订范围：没有相应或适用的国家标准、行业标准、地方标准、团体标准时制定的产品/服务标准，为满足相关方需求制定的产品实现标准，为支持产品实现或服务提供制定的基础保障标准，为支撑产品实现标准和保障标准的实施而制定的岗位标准以及满足生产、经营、管理的其他标准。

(2) 制定企业标准应当符合国家法律法规和强制性标准要求，企业标准的技术要求不得低于强制性国家标准的相关技术要求。国家鼓励社会团体、企业制定高于推荐性标准相关技术要求的企业标准。

(3) 企业标准制（修）订程序一般包括七个阶段：立项、起草草案、征求意见、审查、批准、复审、废止。

(4) 标准的类型可以是标准、程序文件、作业指导书、规章制度等受控的规范化文件；标准可以是文字形式，也可以是流程、图片、实物等形式。

(5) 企业可以根据需要自行制定企业标准，或者与其他企业联合制定企业标准。

(6) 起草标准时，首先要做的工作就是确立条款以及选择和确定标准的规范性要素。在考虑一个标准需要对哪些技术内容标准化时，需要遵循并综合考虑标准化对象或领域、标准使用者以及目的导向三项原则。

(7) 企业编写标准的方法主要有两种，即自主研制和转化制定。

(8) 从方便要素的表述出发，可以从形式上将标准划分成若干“层次”。标准的层次采用部分、章、条、段、列项等形式。

(9) 规范性要素中范围、术语和定义、核心技术要素是必备要素，其他是可选要素，其中术语和定义内容的有无可根据具体情况进行选择，不同功能类型标准具有不同的核心技术要素。

(10) GB/T 1《标准化工作导则》、GB/T 20000《标准化工作指南》、GB/T 20001《标准编写规则》、GB/T 20002《标准中特定内容的起草》、GB/T 20003《标准制定的特殊程序》和 GB/T 20004《团体标准化》构成了支撑标准制定工作的基础性国家标准体系。

(11) 国家标准可以从国家标准全文公开系统（http://openstd.samr.gov.cn/）检索，行业标准可从行业标准信息服务平台（http://hbba.sacinfo.org.cn/）检索，地方标准可从地方标准信息服务平台（http://dbba.sacinfo.org.cn/）检索，团体标准可从全国团体标准信息平台（http://www.ttbz.org.cn/）检索。

(12) 企业宜建立标准化信息管理系统或与其他信息化管理系统融合，对标准体系构建、标准制（修）订、标准实施与检查、评价与改进等活动信息进行专项管理。

【思考题】

(1) 根据《标准化法》简述企业标准制定的原则。

(2) 结合企业实际简述企业标准制（修）订程序。

(3) 编写企业标准应考虑哪些因素？

(4) 结合企业实际说明产品/服务标准编写规则。

(5) 举例说明标准信息检索的方式。

第六章 企业标准实施与监督

在 PDCA 闭环管理中，标准的实施与监督是整个标准化活动中间两个关键环节。标准是否有效实施，某种程度上直接关系到企业的产品（服务）质量、环境质量、节能减排和安全生产水平，直接关系到消费者的切身利益，直接关系到产业的发展状况，直接关系到能否建立公平的市场环境，甚至关系到区域乃至国家的科学发展水平。而对标准实施的监督是促进标准有效实施的手段，是推动企业实施标准的有效方法，是提升消费者信心的重要工具，是市场化机制成熟与否的重要基础。对标准实施的监督通常包括企业自我监督、政府监督及社会监督等方式。本章第一节通过从企业标准备案制到企业标准自我声明公开的变革，详细说明了企业标准自我声明公开和监督制度的建立，提供了企业标准自我声明公开的操作流程；第二节介绍了企业标准实施的意义、原则、程序及应用场景；第三节介绍了企业标准实施监督检查的意义、作用、内容、程序和改进。

【学习要点】

- 掌握企业标准自我声明公开和监督制度内容和要求。
- 了解企业标准自我声明公开的发展历程、操作方式。
- 掌握企业标准实施的原则和程序。
- 熟悉标准在不同场景下的应用。
- 掌握企业标准实施监督检查的内容和方式。

第一节 企业标准自我声明公开和监督

引 例

企业标准从“备案管理”到“自我声明公开”

企业产品标准备案是指一项标准在其发布后，负责制定标准的部门或单位，将该项标准文本及有关材料送至标准化行政主管部门及有关行政主管部门存案以备查考的活动。1988 版的《标准化法》和《标准化法实施条例》明确了企业产品标准制定和备案是企业的法定义务，该制度在计划经济向市场经济转型过程中，对推动企业采用先进管理理念和方法、提升标准化意识、培养标准化能力、提高产品质量安全水平和维护国家经济社会稳定发展等发挥了重要的基础性作用。

为推动政府职能转变，实现简政放权，备案管理制度已不再适应社会经济的发展和需要，其虽然在以往的标准化工作中取得了一定的成效，但也显露出了不少弊端，主要有以下几个方面：一是企业产品标准备案制度不适应我国产品制造市场繁荣发展、快速更新换代的要求；二是企业产品标准备案管理制度与现有的产品质量管理模式不匹配；三是对企业标准的法律责任理解出现偏差，甚至出现了责任转移，造成责任不清；四是市场自主制定、快速反映需求的标准不能有效供给，企业能动性受到抑制，缺乏创新和竞争力。

以往，企业办理企业标准备案时需到窗口办理，部分企业对流程不熟悉的要跑几趟。而采用自我声明公开的方式，一个操作熟练的工作人员，坐在办公室几分钟即可完成材料上传。“企业标准自我声明公开”给企业松了绑，落实了企业主体责任，同时也符合政府简政放权、激发市场主体活力的要求。企业通过企业标准信息公共服务平台，将产品质量相关的标准信息向社会公开，通过自身执行标准的竞争，扩大影响力，吸引消费者。

一、企业标准自我声明公开和监督制度

（一）建立过程

企业标准自我声明公开和监督制度是在总结局部试点经验的基础上确立起来的。1988版的《标准化法》确认了企业产品标准备案制度，随着市场化改革的不断深入和社会经济的发展，企业标准备案制度日益显示出与市场经济发展不匹配的弊端，不能体现政府的管理目标。

从企业产品标准备案制度的建立开始，各地强化了企业产品标准备案的管理，各地标准化行政主管部门和企业行政主管部门为管理企业标准付出了较多的时间和精力，企业为了搞好产品标准的备案，也需花费大量的人力和物力。即使这样，在企业产品标准备案的环节上，政府和企业的关系也出现了不协调的一面，这些都是需要加以改革的。

2014 年 9 月 15 日，李克强总理在首届中国质量（北京）大会上指出，要努力构建全社会质量共治机制，坚持标准引领、法制先行，树立中国质量新标杆。公开产品和服务标准，确立中国质量对市场的硬承诺；鼓励消费者对产品和服务的优劣“用脚去投票”，举报质量违法行为，充分利用市场机制倒逼质量提升，形成“人人重视质量、人人创造质量、人人享受质量”的社会氛围。12 月 17 日，原国家质量监督检验检疫总局、国家标准化管理委员会发布《关于在部分省市开展企业产品标准自我声明公开试点工作的通知》（国质检标联〔2014〕660 号），决定在上海、浙江、福建、山东、重庆、深圳、成都七省市开展企业产品标准自我声明公开制度试点工作。

2015 年 3 月 11 日，国务院印发了《关于深化标准化工作改革方案》（国发〔2015〕13 号），提出放开搞活企业标准，建立企业产品和服务标准自我声明公开和监督制度，

逐步取消政府对企业产品标准的备案管理，落实企业标准化主体责任；鼓励标准化专业机构对企业公开的标准开展比对和评价，强化社会监督。9月14日，原国家质量监督检验检疫总局、国家标准化管理委员会印发《企业产品和服务标准自我声明公开和监督制度建设工作方案》（国质检标联〔2015〕422号），制定了《企业产品和服务标准自我声明公开和监督制度指南》，并计划在2017年全面实施企业产品服务标准自我声明公开和监督制度。

2017年11月4日，十二届全国人大常委会第三十次会议审议通过《标准化法（修订草案）》。《标准化法》于2018年1月1日起正式实施。企业产品和服务标准自我声明公开和监督制度有了直接和正式的法律依据。

2019年4月26日，企业标准信息公共服务平台自我声明公开的标准数量首次突破一百万；5月13日，交通运输部印发《交通运输标准化管理办法》（交通运输部令2019年第12号），鼓励企业标准通过标准信息公开服务平台向社会公开；5月20日，中共中央、国务院印发《关于深化改革加强食品安全工作的意见》，要求“建立企业标准公开承诺制度”；6月5日，国家市场监管总局发布《团体标准、企业标准随机抽查工作指引的通知》（市监标创函〔2019〕1104号）；9月12日，国务院印发《关于加强和规范事中事后监管的指导意见》（国发〔2019〕18号），要求“开展标准自我声明公开并承诺执行落实”；2020年，市场监管总局发布关于贯彻落实《优化营商环境条例》的意见（国市监注〔2019〕249号），其中要求“完善企业标准自我声明公开和监督制度，推动企业公开标准实现便利化、信息化”。

截至2020年底，全国共有30万余家企业在企业标准信息公共服务平台自我声明公开了171万余项标准，涵盖了近300万种产品/服务。

（二）法律依据

企业标准从备案制转换到自我声明公开，企业承担的社会责任将更加重大，也是企业实现自我管理、自我完善的重要途径。《标准化法》第二十七条以立法的形式，将自我声明公开确立下来。该条规定：“国家实行团体标准、企业标准自我声明公开和监督制度。企业应当公开其执行的强制性标准、推荐性标准、团体标准或者企业标准的编号和名称；企业执行自行制定的企业标准的，还应当公开产品、服务的功能指标和产品的性能指标。国家鼓励团体标准、企业标准通过标准信息公共服务平台向社会公开。企业应当按照标准组织生产经营活动，其生产的产品、提供的服务应当符合企业公开标准的技术要求。”这一规定在《标准化法》的修订过程中几经变化才确定下来，成为自我声明公开的明确法律依据。

（三）目的及作用

1. 自我声明公开的目的

建立企业标准自我声明公开和监督制度，是营造公平竞争市场环境的重要举措。一是有利于放开搞活企业，保障企业主体地位，落实企业主体责任。二是有利于消除顾客与生产企业之间对产品质量信息不对称的问题，维护顾客包括知情权在内的合法权益，引导市场理性消费。三是有利于政府更好地提供公共服务，提高事中事后监管的针对性、有效性。四是有利于社会监督，方便产品用户、消费者、行业组织、技术机构利用公开的企业产品标准，参与对企业实施标准情况的监督，促进形成全社会质量共治机制，提升企业产品和服务标准水平，推动建立“优标优质优价”的市场竞争新秩序。

2. 自我声明公开的作用

企业产品标准具体是指对企业生产的产品结构性能、规格、质量特性和检验方法所做的技术规定，它可以规定一个产品或同一系列产品应满足的要求，以确定其对用途的适应性。企业所执行的产品标准须包含在自我声明的内容中，并通过一定的途径向社会适度公开。而自我声明则发挥着对产品质量检验合格的证明功能，作用有以下几点：

（1）对产品质量符合产品标准的明示担保作用。

（2）为买方了解和掌握产品的质量状态提供保障。买方可依据自我声明所适度公开的产品标准对卖方交付的产品进行验收。

（3）为消费者依产品质量而非仅依产品价格选择产品奠定基础。消费者购买所需产品时，可通过比较自我声明中适度公开的产品标准进而比较产品质量，以此来判断和决定需要购买的产品。

（4）为市场竞争的良性发展作出贡献。企业是向社会适度公开其产品标准，因此企业会主动地制定和采取更高质的、更符合市场需求的产品标准作为内部生产的依据和质量管理的目标，提高产品的质量，从而提升自己的市场竞争力。

（5）为产品质量的社会共治铺设道路。通过企业的自我声明适度公开产品标准，更好地实现对产品质量的企业自身把关、政府抽查和执法，以及其他主体监督等社会共治。

以上企业产品标准自我声明的作用，构成了企业产品标准自我声明实践的内在动因和外在条件。对内，企业可更好地取得市场的信任并推销产品，愿意进行企业产品标准自我声明；对外，买方为购买到优质优价的产品，倾向于已经作出企业产品标准自我声明的产品，或者要求与之交易的企业作出企业产品标准自我声明。同时，政府为提高国家产品质量整体水平也会通过制定配套激励政策、搭建平台、舆论宣传等多种手段，鼓励和推动企业进行企业产品标准自我声明。

3. 自我声明公开的效力

企业生产的产品和提供的服务应当符合企业自我声明公开的标准提出的技术要求，不符合企业自我声明公开标准提出的技术要求的，应依法承担相应的责任，详见本节的“三、企业标准自我声明公开的监督”。

二、企业标准自我声明公开要求

（一）自我声明公开的内容

公开的企业产品标准和服务标准必须准确完整地描述企业产品或服务的质量特性。企业生产的产品和提供的服务，如果执行国家标准、行业标准、地方标准和团体标准的，企业应公开相应的标准名称和标准编号；如果企业生产的产品和提供的服务所执行的标准是本企业制定的企业标准，企业除了公开相应的标准名称和标准编号，还应当公开企业产品、服务的功能指标和产品的性能指标。功能指标是指描述产品、服务功效，如空调具有调节空气温度的功能。性能指标是指产品、服务在一定条件下实现功能的程度，如空调的制冷量、耗电量。

以空调为例，“制冷类型：冷暖”为空调的功能指标，提示此款空调具有制暖和制冷两项功能；“制冷量（W）3500、制冷功率（W）1110、制热量（W）4500、制热功率（W）1500，电辅加热功率（W）1000”为产品的性能指标，提示此款空调的制冷量和耗电量等。公开标准指标的类别和内容由企业根据自身特点自主确定，企业可以不公开生产工艺、配方、流程等可能含有企业技术秘密和商业秘密的内容。企业应对公开的产品和服务标准的真实性、准确性、合法性负责。

不存在一个标准，其描述的内容能涵盖产品或服务所有特性，用标准中的文字去描述和表达一个产品或服务所具备的质量特性，有其局限性。衡量一个产品标准或服务标准是否是高质量的标准，要看其主要内容能否满足顾客对产品或服务特性信息的需求。产品或服务标准信息的完善是持续的过程，它会随着市场竞争和企业产品或服务质量管理能力的持续提升而不断改进，用法律或者法规直接提出某个企业产品或服务标准具体要公开的内容，显然是行不通的，也是没有意义的。对于公开标准信息的完整性和准确性，一方面要发挥政府引导作用，通过诸如树立行业典范、制定公开指南、提供产品或服务标准模板等措施加强引导，尽量将公开标准的完整性和准确性水平提升到尽可能高的层次；另一方面，更关键的是，通过市场竞争和市场监督的作用，持续发挥落实企业主体责任，由企业主动持续地对公开的企业产品和服务标准进行自我改进。

（二）自我声明公开的时间

企业应在其产品和服务进入市场公开销售之前，将产品和服务明示执行的标准信息声明公开。

（三）自我声明公开的权利和义务

企业在企业标准自我声明公开中拥有的权利和义务，主要包括以下三个方面：

（1）企业有权依法自行确定公开标准信息的内容和形式，有权对公开标准信息进行修改、更新。

（2）企业应确保公开的企业产品标准信息真实、有效，符合国家有关法律法规、强制性标准及相关产业政策的要求，企业对公开标准信息的完整性、真实性、准确性、合法性负责，并对标准实施的后果承担责任。

（3）企业生产的产品和提供的服务应符合相应时段内声明公开的产品和服务标准的要求。

（四）自我声明公开的方式

在我国，目前企业开展企业标准自我声明公开主要有两种途径：

1. 通过标准信息公共服务平台向社会公开

国家建立企业标准信息公共服务平台（http：//www.qybz.org.cn/），为企业开展标准自我声明公开提供服务，鼓励企业在国家统一的平台开展自我声明公开，统一的平台更有利于自我声明公开的实施。企业标准信息的采集和发布在统一的平台上，可以提高企业标准自我声明公开制度实施的效率，节约大量社会成本。企业无论身处何地，都可以通过互联网快速锁定公开平台，利用平台提供的服务，对自身的产品标准和服务标准进行制定、发布、修订和管理等，根据企业产品开发和上市计划，随时完善标准内容、调整发布时间。产品相关的顾客、竞争者、专业技术机构、政府等通过统一的平台获取比对和使用公开的标准信息，服务于产品购买、检验检测质量水平比对以及政府的监管活动，促进产品和服务信息的公正透明，维护市场竞争的公平公正。

2. 采用其他方式向社会公开

采用其他方式向社会公开主要指企业通过产品说明书、宣传资料、产品包装等形式对产品的功能、性能、执行标准、技术特点和质量水平等特性所做的承诺性明示。企业已在产品包装或者产品和服务的说明书上明示其执行的标准的，视为已履行自我声明公开义务。企业已在产品包装或者产品和服务的说明书上公开其执行的标准的，仍鼓励企业通过标准信息公开服务平台公开。

（五）企业标准信息公共服务平台

1. 平台网址及功能

企业标准信息公共服务平台网址为 http：//www.qybz.org.cn/，用户为公开标准信息的企业。主要功能为：企业注册成为系统用户，自主声明公开本企业使用的国家标准、行业标准、地方标准、团体标准和企业自行制定的企业标准，同时填写符合该标准的产品。企业用户可以随时对已经公开的标准进行管理，或对自己的用户信息进行维护。

2. 注册或登录指南

企业可以点击平台首页右上角企业登录入口，进入行政区划选择页面，点击选择所在行政区划，点击进入企业注册/登录页面。具体操作如图 6－1 至图 6－3 所示。

没有注册过的企业用户完成注册后方可登录。点击注册后，需填写企业基本信息，如图 6－4 所示。基本信息包括：统一社会信用代码、机构名称、法定代表人、法人证件号、注册地址等，这些字段的值为必填项。已注册成功的企业无须再次注册，可打开登录页面，

图 6－1 企业登录入口示意

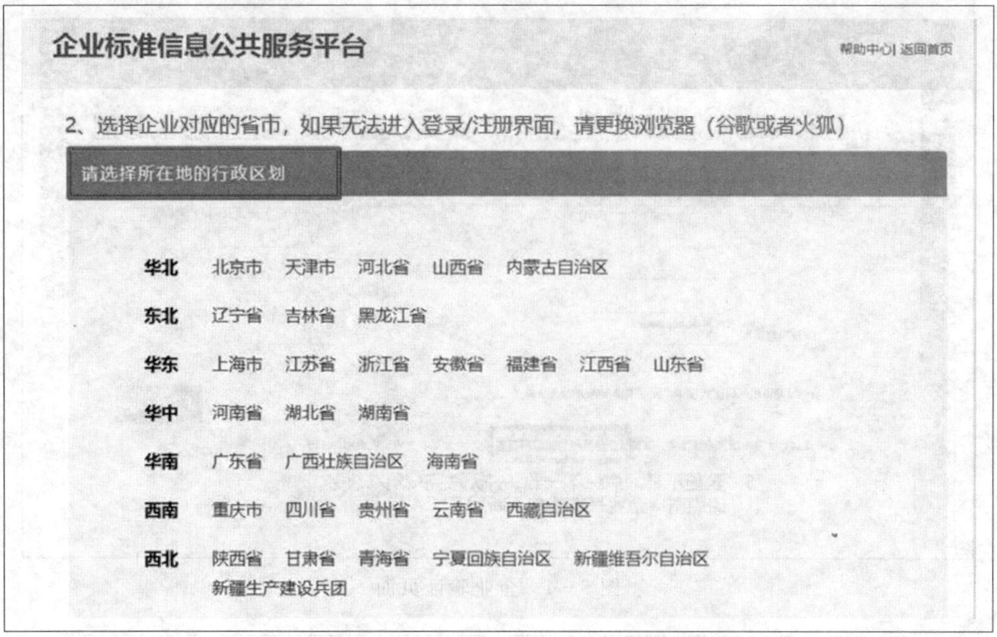

图 6-2　企业所在区域选择示意

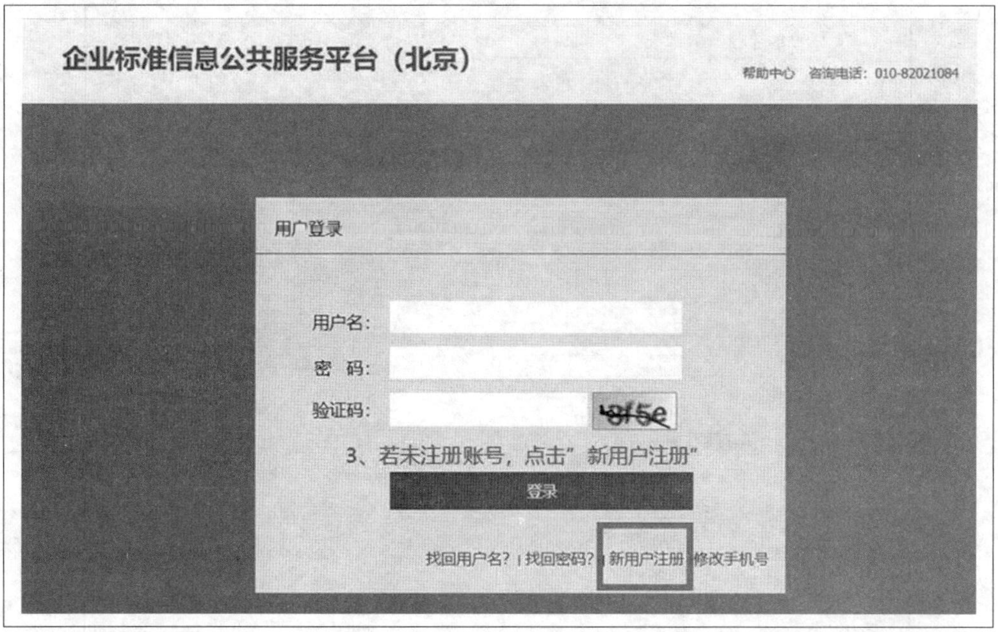

图 6-3　企业注册/登录页面

直接登录，如图 6-8 所示。

基本信息验证通过后，出现用户信息填写页面，填写要注册的“用户名”和“密码”及联系人信息，并上传营业执照，如图 6-5 所示。

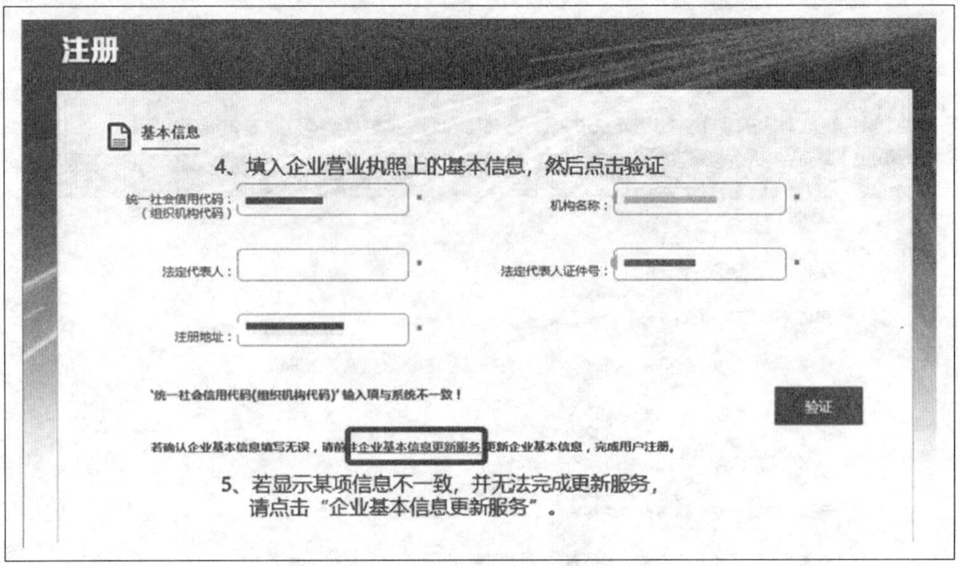

图 6-4　企业验证页面

图 6-5　用户信息填写页面

“用户名”和“密码”是用来登录平台的，在注册完成后一定要牢记。用户信息填报完成后，点击下一步，进入注册手机激活页面，用户输入自己的手机号后点击发送验证码，在短信验证码处输入收到的验证码，激活成功，如图 6－6 所示。

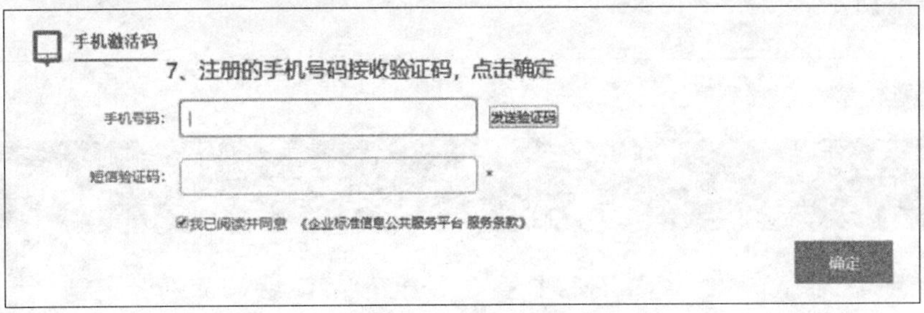

图 6－6　注册手机激活页面

注册成功后，显示成功页面，如图 6－7 所示。

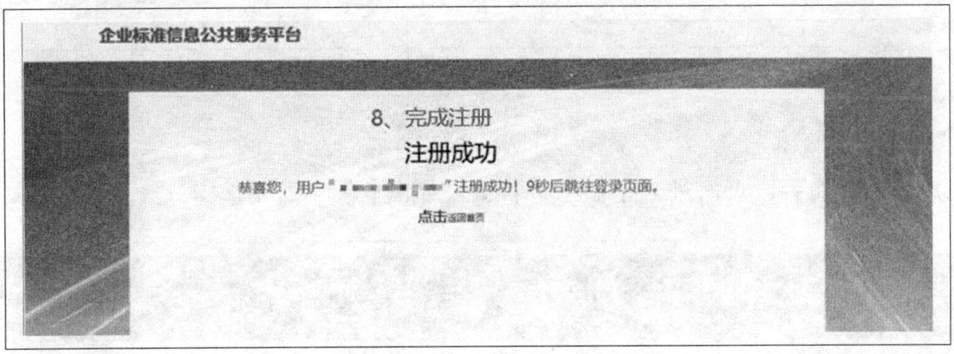

图 6－7　注册成功页面

浏览器中输入地址，打开登录页面，如图 6－8 所示。然后输入注册时填写的用户名和密码，以及页面验证码，点击登录。

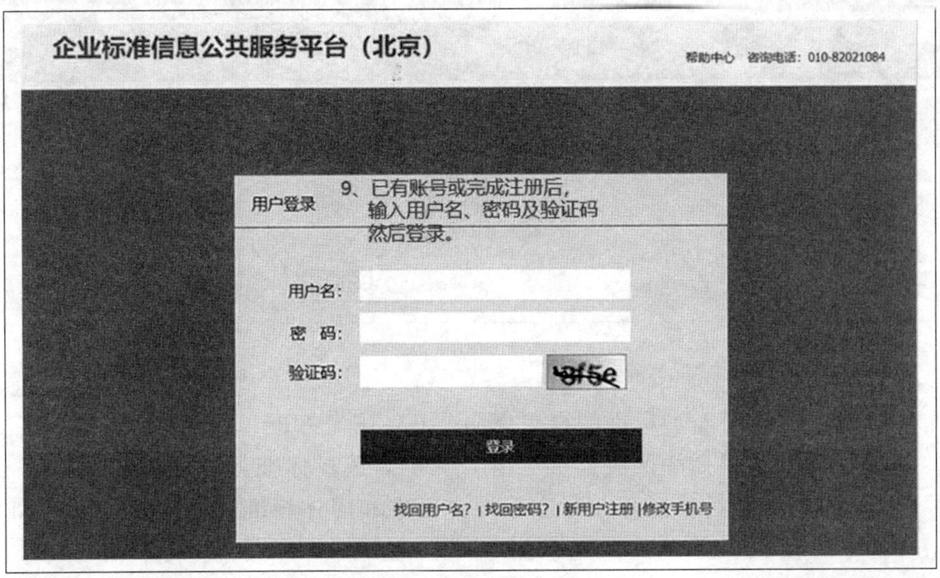

图 6－8　用户登录页面

登录后，进入手机动态密码验证页面，此时手机会收到动态密码，输入后，登录成功，如图 6－9 所示。

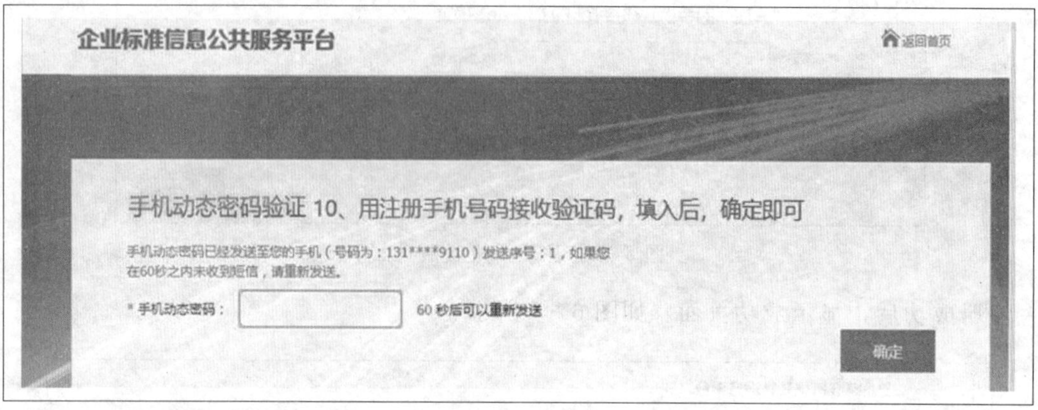

图 6－9　手机动态密码验证页面

3. 标准公开指南

用户登录成功后，页面进入企业账户首页，如图 6－10 所示。

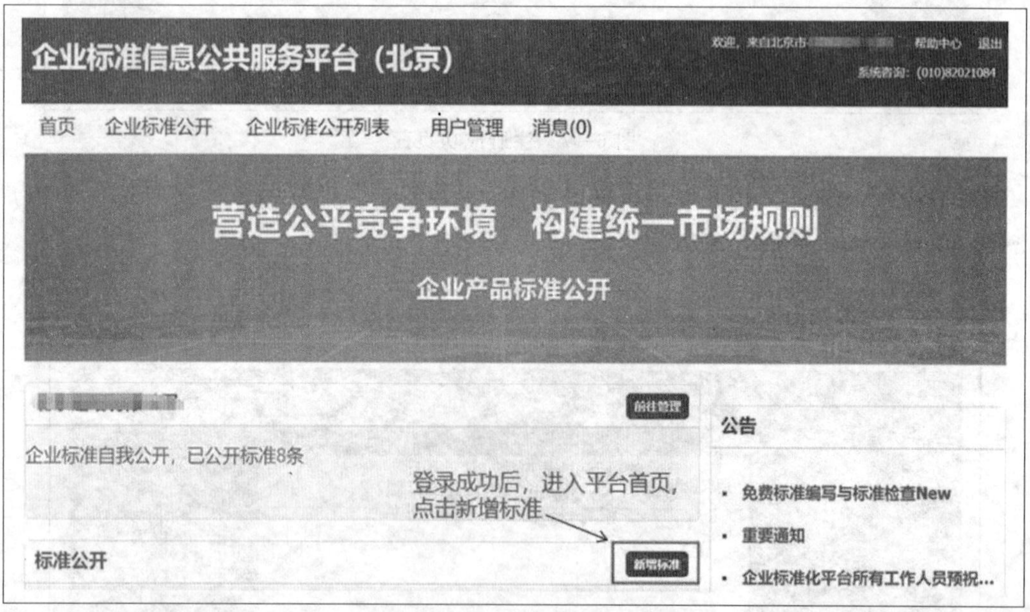

图 6－10　企业账户首页

目前，平台支持五种类型标准的自我声明公开：国家标准、行业标准、地方标准、团体标准、企业标准。这里列举两种标准公开，一个为选择标准（国家标准为例），另一个为输入标准（企业标准为例），行业标准、地方标准和团体标准可参照国家标准和企业标准公开方式录入。

在企业账户首页点击新增标准，进入企业标准公开选择页面，如图 6－11 所示。

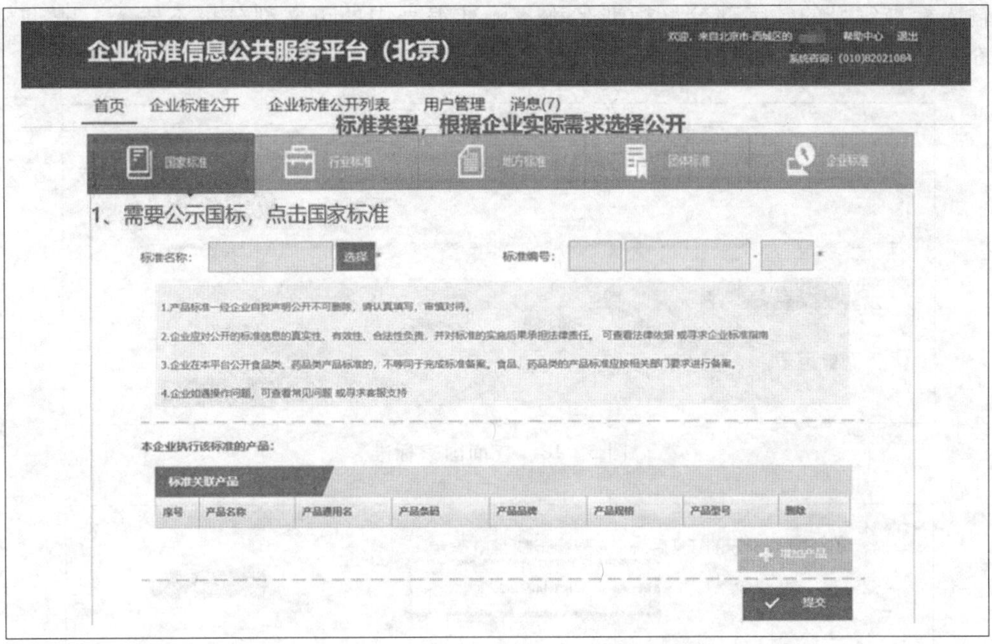

图 6－11　企业标准公开选择页面

（1）执行国家标准公开指南

国家标准的公开包含两部分：标准名称和标准编号、执行该标准的产品。点击国家标准，如图 6－11 所示；打开国家标准自我声明公开页面，如图 6－12 所示，点击标准名称右侧的选择，打开标准选择弹出框，选择国家标准。

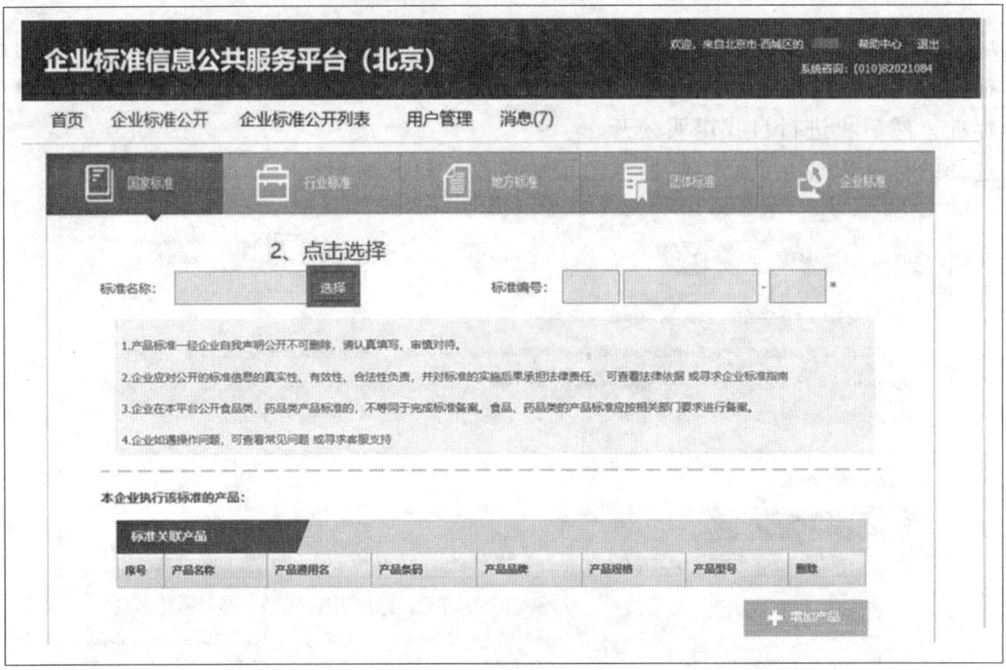

图 6－12　选择国家标准

输入标准编号的数字部分（标准名称、标准编号中的英文部分可不输入）查询标准，如图 6－13 所示；勾选查询出的标准前方的“方框”，点击确定，如图 6－14 所示。

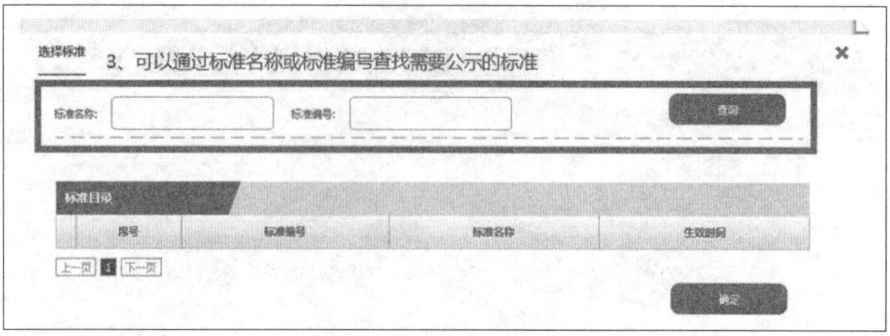

图 6－13　查询国家标准

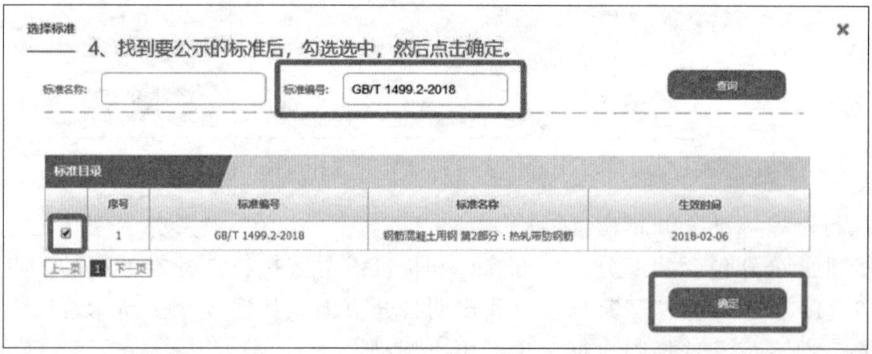

图 6－14　勾选查询的国家标准

应当注意的是，国家标准中，产品的检测或者安全类别标准，是不能作为企业的产品执行标准的，平台中已经将其过滤，是无法查询和搜索到的。这种情况下，企业需要制定企业标准，然后再进行自我声明公开。

选择的标准出现在页面，随后点击增加产品，打开弹出框，如图 6－15 所示。

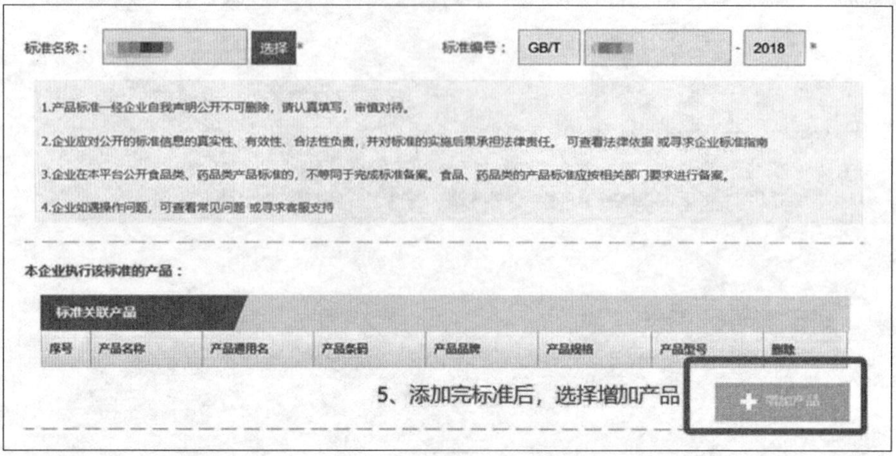

图 6－15　增加产品页面

按照要求依次填写产品信息，公开一条标准至少添加一条产品信息，带有 * 标记的选项均为必填项，其他为选填项，如图 6 - 16 所示。

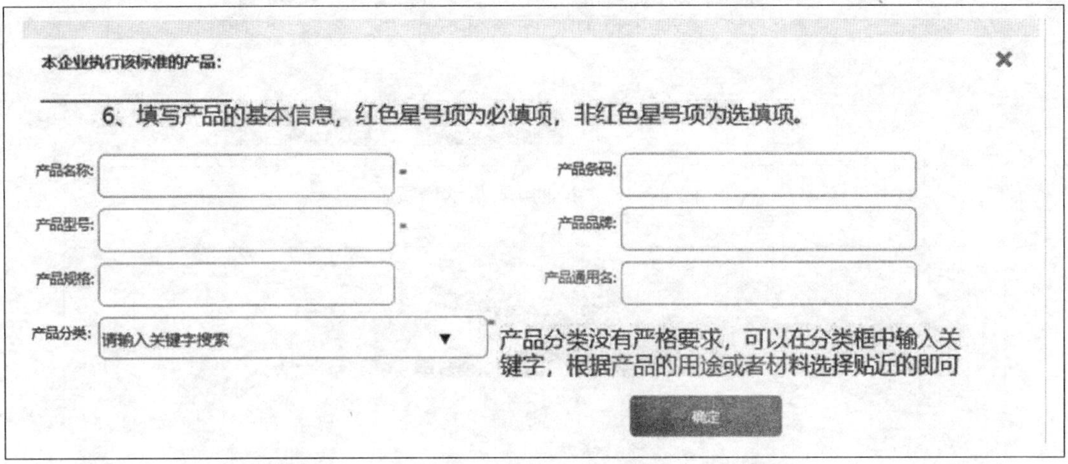

图 6 - 16 添加产品信息

产品信息填写完成后，点击确定，页面显示如图 6 - 17 所示。

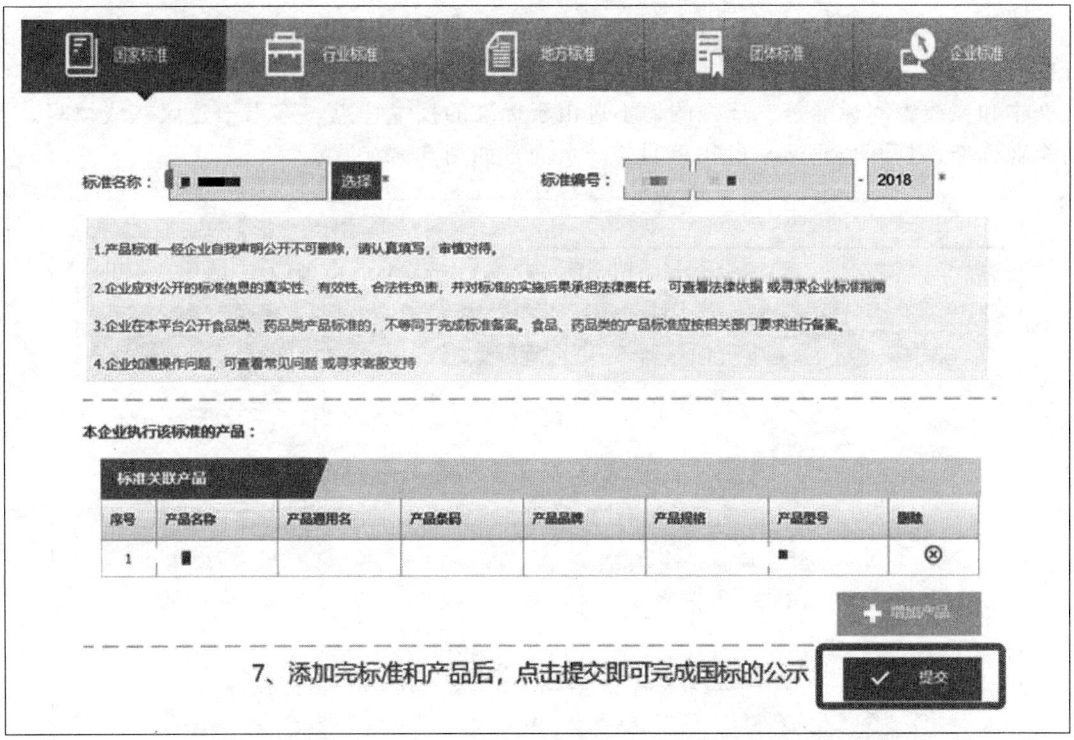

图 6 - 17 标准关联产品信息页面

确认信息填写无误后，点击提交，在弹出的对话框里勾选企业声明与承诺，如图 6 - 18 所示；点击确定，页面跳转至标准公开成功页面，如图 6 - 19 所示。

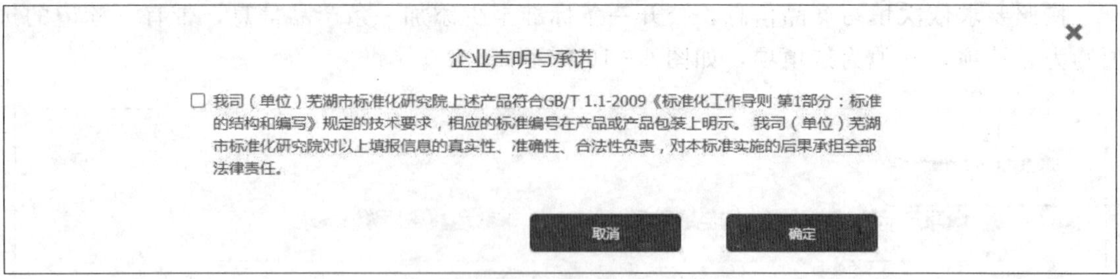

图 6－18　企业声明与承诺页面

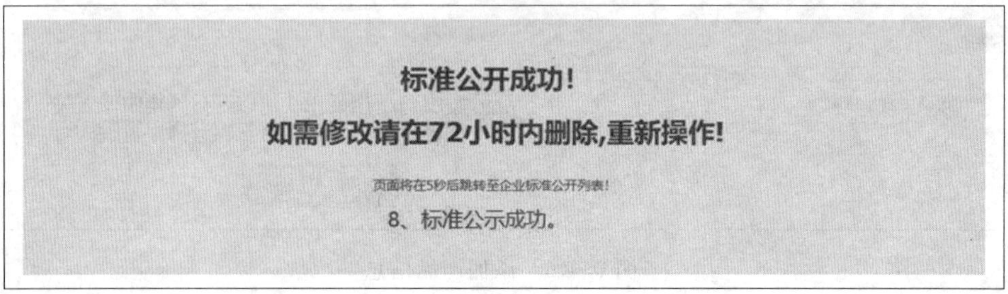

图 6－19　标准公开成功页面

（2）执行企业标准公开指南

企业标准的自我声明公开包含三部分：标准名称和标准编号、执行该标准的产品、公开内容。其中，公开内容可以上传公开全文，也可以在线编写标准，如图 6－25 所示；标准文本和在线编写标准是二选一的，不过由于标准的技术特点，本书不建议在线填写。点击企业标准，打开企业标准自我声明公开页面，如图 6－20 所示。

图 6－20　企业标准自我声明公开页面

企业标准名称和标准编号需要企业自行输入，标准编号可通过给出的样例提示编写，标准编号中的年代号需点击下拉选项进行选择，若没有年代号，可选择“无”，如图 6－21 所示。然后，添加符合此标准的产品，点击页面增加产品，如图 6－22 所示。

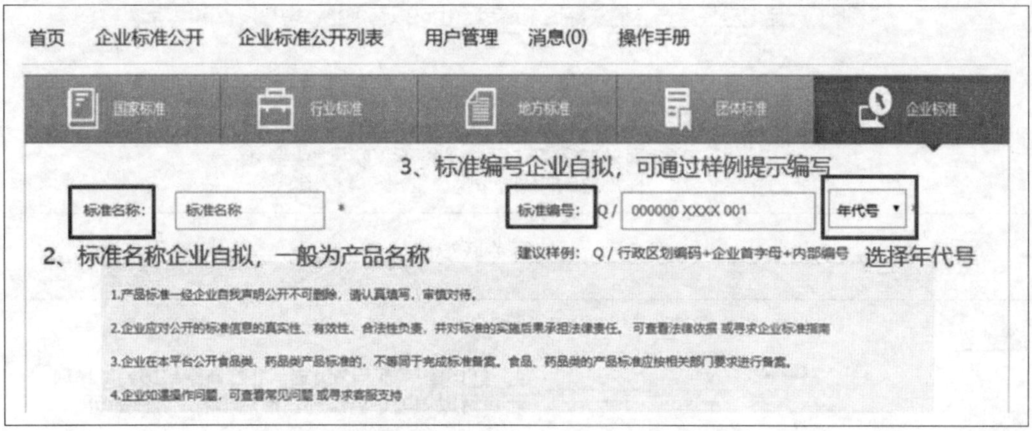

图 6－21　填写企业标准信息页面

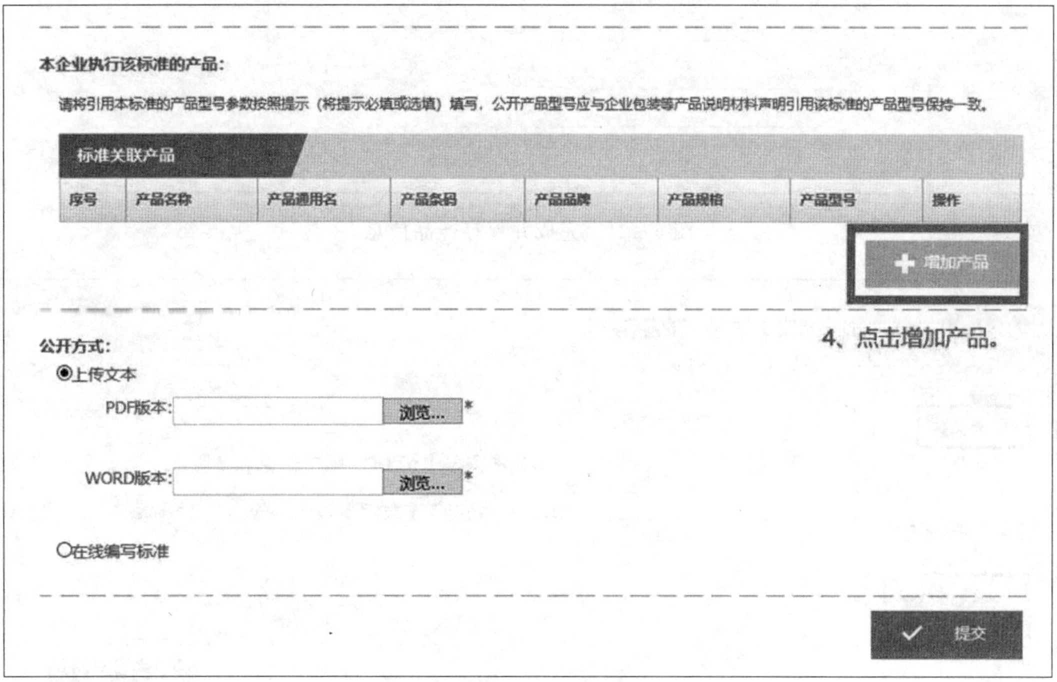

图 6－22　增加产品信息入口

在弹出的产品页面依次填写产品信息，然后点击下一步，如图 6－23 所示。填写完产品信息后点击确定保存，如图 6－24 所示。

产品信息填写完成后，进入标准“公开方式”选择部分，“上传文本”和“在线编写标准”是二选一的，点击选择其中一种方式操作即可，如图 6－25 所示。

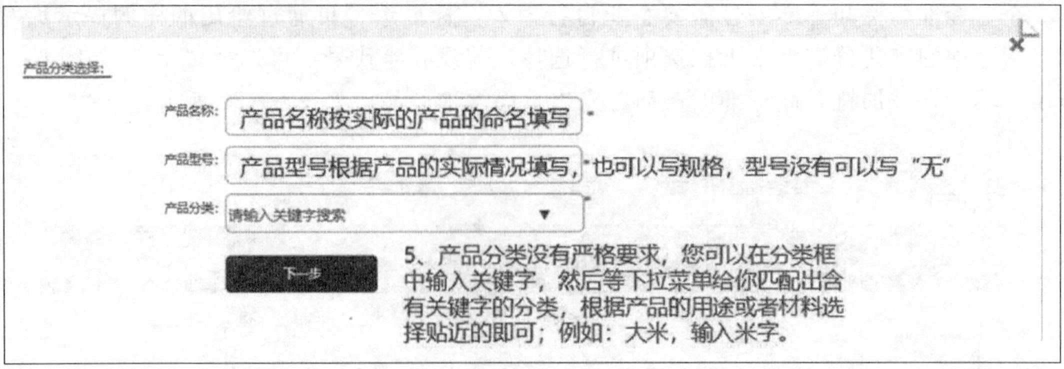

图 6 - 23　填写关联产品信息

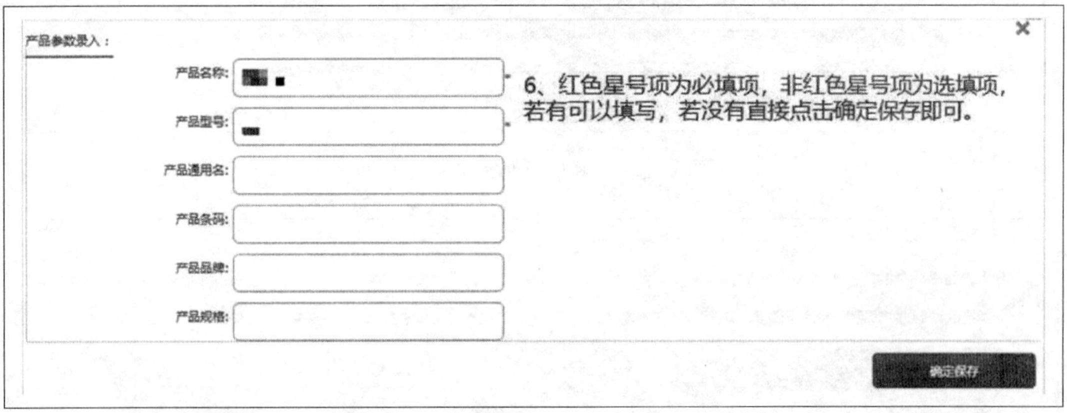

图 6 - 24　完成并保存产品信息

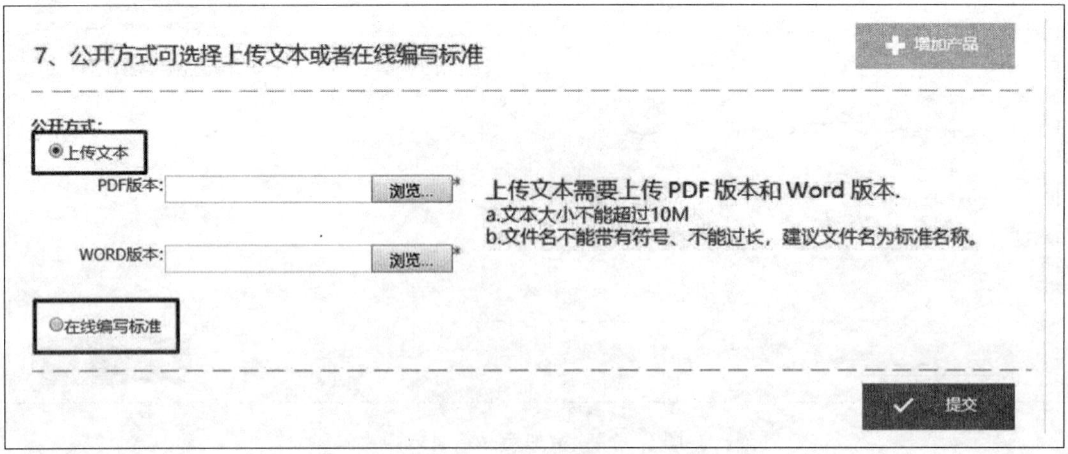

图 6 - 25　标准公开方式选择

确认信息填写无误后，点击提交，在弹出的对话框里勾选企业声明与承诺，点击确定，如图 6 - 26 所示；随后跳转到企业标准的预览页面，若确定信息无误可点击继续提交，如图 6 - 27 所示。

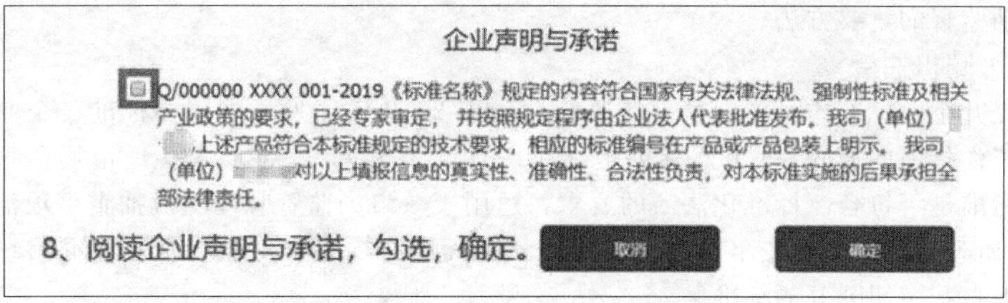

图 6－26 企业声明与承诺页面

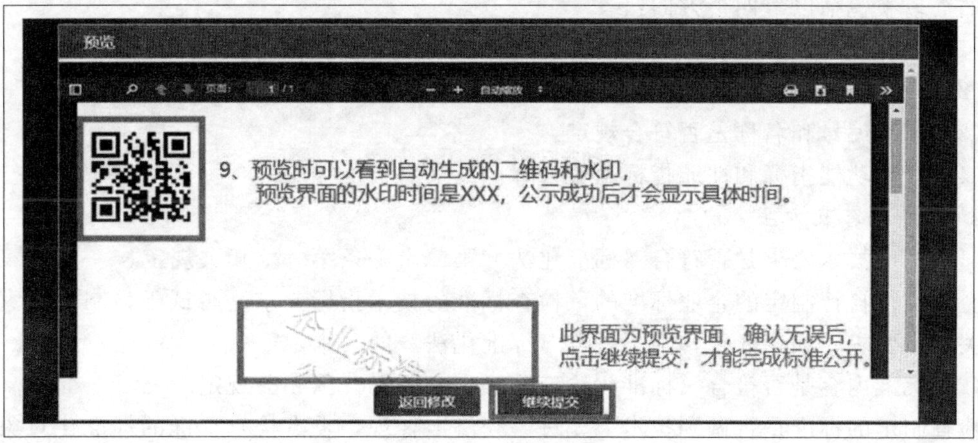

图 6－27 企业标准预览页面

页面跳转至标准公开成功页面，此条信息就此发布完成了，发布成功的标准在企业标准信息公共服务平台上展示，如图 6－28 所示。

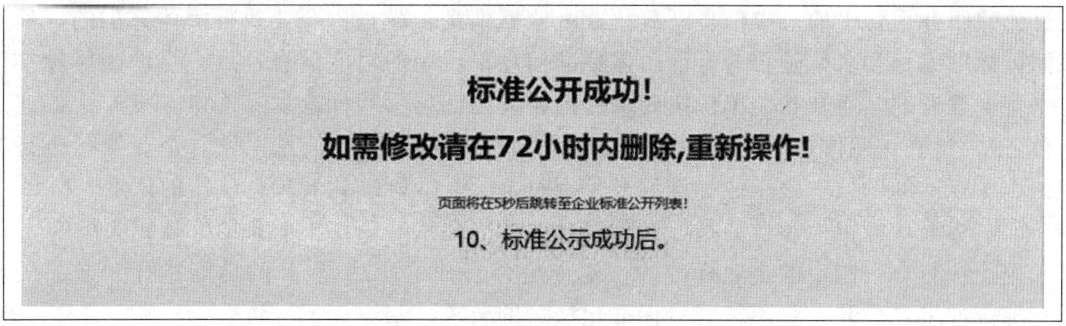

图 6－28 标准公开成功页面

三、企业标准自我声明公开的监督

（一）监督方式

任何单位、个人对企业标准自我声明公开的监督，通过其向标准化行政主管部门或有关行政主管部门举报、投诉企业相关违法行为实现。县级以上人民政府标准化行政主管部门、有关行政主管部门对企业标准自我声明公开的监督通过主动监督的方式实现，随机抽查是主动监督的重要方法。

（二）随机抽查

为提升企业标准质量，国家市场监管总局于2019年印发了《团体标准、企业标准随机抽查工作指引的通知》（市监标创函〔2019〕1104号），文件要求各地市场监管部门抽查企业标准是否符合《标准化法》的要求，适用于《市场监管总局随机抽查事项清单（第一版）》所列企业标准抽查事项的网络检查、书面检查，检查对象为企业标准信息公共服务平台上自我声明公开的标准。

1. 抽查事项

抽查事项包括以下四个方面：

(1) 标准技术要求是否低于强制性国家标准。

(2) 标准内容是否做到技术上先进、经济上合理。

(3) 标准编号和名称是否符合规定。

(4) 标准功能指标和性能指标是否公开。

2. 检查内容及方法

(1) 标准技术要求是否符合《标准化法》第二十一条第一款相关规定。

企业执行自行制定的企业标准的，检查标准的技术指标要求是否低于强制性国家标准的相关技术要求；如果低于，则不符合《标准化法》的要求。

(2) 标准内容是否符合《标准化法》第二十二条第一款相关规定。

检查制定的标准是否做到技术上先进、经济上合理，重点检查标准的标准化对象是否属于国家发布的最新版《产业结构调整指导目录》中的淘汰类别；属于淘汰类别的，则不符合《标准化法》的要求。

(3) 标准编号和名称是否符合《标准化法》第二十七条第一款相关规定。

企业执行国家标准、行业标准或地方标准的，检查该标准编号和名称是否与全国标准信息公共服务平台中的对应信息一致；检查该标准是否废止。企业执行团体标准的，检查该团体标准编号和名称是否与全国团体标准信息平台中的对应信息一致；全国团体标准信息平台上没有的，通知相关单位按要求提供相关证明材料（标准发布文本、发布文件或发布公告），检查该团体标准编号和名称是否与证明材料的对应信息一致。企业执行自行制定的企业标准的，检查该企业标准编号是否符合《企业标准化管理办法》的规定。

(4) 标准功能指标和性能指标是否符合《标准化法》第二十七条第一款相关规定。

企业执行自行制定的企业标准的，检查是否公开了产品/服务的功能指标和产品的性能指标。如果未公开，则不符合《标准化法》的要求。

案例

芜湖市市场监管局防疫物资企业标准监督抽查

2020年，受新冠肺炎疫情影响，芜湖市市场监管局根据防疫物资质量专项整治提升行动要求，加大对口罩产品标准的抽查力度，对截至2020年4月30日在企业标准信息公共服务平台上自我声明公开口罩产品企业标准的11户企业的13项标准，按抽查比例100%进行抽查。其他标准主要抽查2019年在企业标准信息公共服务平台上自我声明公开企业标准的企业（共有235户企业声明公开了其企业标准，双随机系统有效229户），按16.2%比例共抽取39户企业（每户只抽查1个标准），以此共抽查了50户企业52项企业标准。本次抽样的企业标准实现了全市各县市区全覆盖，对被审查的每一项标准均出具了评价报告。根据标准审查相关规定，标准审查结论分为继续有效、修订和无效三种类型，在52项随机抽查的企业标准中，继续有效15项，占抽样数的29%；修订33项，占抽样数的63%；无效1项，占抽样数的2%，另外有3项口罩标准在抽查过程中由企业自行废止，未做具体审查评价。

企业标准自我声明公开是政府优化营商环境、简政放权、放管结合，充分发挥市场作用的重要举措之一。对企业标准信息公共服务平台自我声明公开企业标准的监督检查，是标准化行政主管部门在新形势下加快转变政府职能、创新监管模式，依法履职和建立公平、开放市场规则的重要手段及工作任务。通过企业标准随机抽查，验证了企业标准是否具备先进性和合理性，提升了企业标准质量，推动了企业产品、服务质量及标准化工作水平的提升。

（三）法律责任

企业违反企业标准自我声明公开制度需要承担相应的法律责任，需要对自己行为可能产生的后果有清晰的认知。

1. 违反企业标准自我声明公开行为的主要表现形式

主要表现形式有以下两种：

（1）企业未依法公开其执行的标准。

（2）企业生产的、提供的服务不符合其公开标准的技术要求。

企业未依法公开其执行的标准是指企业违反上述有关企业标准自我声明公开的内容、公开的方式、公开的时间以及公开标准信息不符合完整性、真实性、准确性、合法性要求。企业未依法公开其执行的标准，县级以上人民政府标准化行政主管部门有权责令其改正，同时由负责查处的部门将违法行为和改正的情况在标准信息公共服务平台向社会公示。

2. 企业生产的产品、提供的服务不符合其公开标准技术要求的情况

不符合公开标准技术要求的有以下两种情况：

（1）企业生产的产品、提供的服务不符合强制性标准。

（2）企业生产的产品、提供的服务符合强制性标准，但不符合其公开技术要求。

企业的产品、服务不符合强制性标准应当依法承担民事责任、行政责任、刑事责任。上述民事责任主要是侵权责任或者违约责任，受损害方有权选择要求承担违约责任或者侵权责任；侵权责任包括修理、更换、退货及赔偿责任；违约责任包括继续履行、采取补救措施、支付违约金或者赔偿损失。上述行政责任包括记入信用记录并在企业信用公示系统或者其他系统公示；责令改正、停止生产销售，可以根据情节单处或者并处没收违法所

得、违法生产或销售的产品及用于违法生产经营的工具、设备、原料等物品，并处罚款；情节严重的，责令停业整顿、吊销营业执照或者许可证。违反强制性标准的行为，如果危害较大，应当依据《刑法》相关规定追究刑事责任；在《刑法》中，直接涉及违反强制性标准的罪名有生产、销售不符合安全标准的产品罪，生产、销售不符合卫生标准的化妆品罪，生产、销售不符合安全标准的食品罪；前述罪名可能判处的刑罚有拘役、有期徒刑、无期徒刑，并处罚金或者没收财产。企业的产品、服务符合强制性标准，但不符合其公开标准的技术要求，应当承担民事责任中的违约责任，包括继续履行、采取补救措施、支付违约金或者赔偿损失。

第二节　企业标准实施与应用

引 例

为什么中国的标准有时执行不起来？

中国很多企业，标准是有的，但表面上看着很完善，实质上执行起来困难很多。除了文化因素、人为因素外，按照PDCA模式梳理，主要原因分析如下：

参与度不够，标准本身有缺陷。标准设计制定的调研阶段，对标准的适用对象定位不准确、公开透明度不高、调研力度不够、系统性考虑不周全、情况不明、数据不准、时间仓促等现象普遍存在，致使参与度较差，广泛性不够，最终造成指标设置不科学、不合理。对受标准影响的相关方，分析不到位，尤其是标准本身的缺陷，有失科学公正，受到广泛抵触，可操作性较差，质疑声音较多，造成参与度不高；另外缺乏对标准的整体策划与效果评价。

标准出台后，普及推广力度不够。全员的规则与参与意识较弱，发动全员参与的手段不足，针对性的宣传教育不完善，致使标准或被束之高阁，或不被认知。特别是没有建立与“受益者”或“受害者”利益直接挂钩的培训教育机制，“学会运用标准保护自己”的外部环境尚未形成。

标准的执行力度不够，不严肃的现象时有发生。在标准执行过程中，对标准本身的问题，不善于总结提升，执行标准随意性较大，改进提升的延续性、连续性较差，有意“规避”或“变通”执行标准的情况较为普遍。同时，缺乏应有的公开透明度，标准制（修）订的程序不完善，“朝令夕改”的现象影响了标准本身的严肃性。试想，一项标准出台后若受到的处罚代价远远高于其触犯及风险成本，何人还会去违反标准呢？

缺乏有力的监督、考核及改进。标准实施后，相关的激励机制及管理措施较弱，致使标准通常仅仅为企业领导服务，需要时就建立，不需要时就束之高阁，成为运动式监督的工具，而不是为全体人员服务；形式的东西过多，表面化现象严重。对违反标准的人员，听之任之的多，“下不为例”的多，“网开一面”的多，最后标准失去了应有的威慑力，形同虚设。

一、标准实施要求

（一）标准实施的要求

标准化活动是一个科学有机的整体，而标准的实施是整个标准化活动的重要环节，标准实施的效果直接关系到企业的效益和消费者的切身利益。按照过程方法，标准的实施自身也是PDCA小循环过程，是一项有计划、有组织、有措施和不断完善的标准化活动，是将标准贯彻到企业产品（服务）实现过程和保障体系过程的活动。根据GB/T 35778—2017，实施标准的最终载体是各岗位有明确的操作规范，各种论证验证活动及实施均应有记录，重要记录应归档，立足通过建立信息化系统或平台实现处处留痕，关键环节应有重点保障，体系运行应符合程序等，标准实施的最终目的是实现可操作、可复制、可追溯、可传承等目标。标准具体实施要求如下：

（1）确保实施标准的相关部门和人员得到相应标准。

（2）进行必要的标准化与专业技能培训。

（3）可将标准规定的要求转化为流程图、作业卡以及以信息技术为支撑的人机交互系统等可视化形式，提高实施效率和效果。

（4）对标准中有关特定（如质量、安全、环保等）要求，应落实到关键点并有相应措施予以保障。

（5）标准全面实施并连贯有效，企业标准体系运行按GB/T 15496—2017中第6章的规定。

（6）按标准要求记录和保存实施证据，包括记录表/卡、音视频、照片等记录信息和通知、报告、计划等工作文件。记录表/卡按标准要求进行设计，能反映记录时内容和记录人等相关信息。

（二）标准实施的意义

企业标准化最重要的任务是实施标准。在实践中，企业实施企业标准体系的各类标准，既包括自己制定的企业标准，也包括与企业相关的国家标准、行业标准、地方标准、团体标准等。应该说，实施标准的工作涉及企业生产、经营、工艺、技术、管理、岗位等各个方面，需要领导重视，全员参与。在一个机制健全的成熟企业，从最高管理者到一线操作者，实施标准应成为各类人员对所从事的重复性事物进行管理和作业的基本方式。作为新员工，企业应建立相应的机制，能够及时获取标准，并能够对本领域的标准有效操作并获得正确理解。企业全体员工只有认识到实施标准的重要性，才能在实施标准时将自己的经验总结固化形成标准，才能将企业各类标准转化成个人的能力，才能增强员工实施标准的积极性和主动性，才能给企业带来各种效益。

1. 通过标准实施，获取最佳秩序，产生更大效益

标准化的目的是获得最佳秩序和最大效益。一方面，就企业而言，针对产品（服务）质量、环境保护、职业健康安全、节能减排等领域，适用的国家标准、行业标准和

地方标准应获得严格的实施，这是国家、行业和区域在这个领域的底线，只有通过标准实施才能获得最佳秩序，获得各方信任，并降低各种来自外部的风险。另一方面，企业自身制定的标准，若不能认真实施，标准的作用就无法显现，也就达不到企业本身发展的目的，也就谈不上获取最佳秩序和最大效益。以建立企业标准体系为例，企业花了很多人力、物力和财力建立了企业标准体系，每项标准却得不到及时和全面的宣贯，各类人员对标准也不熟悉或理解，就谈不上掌握标准和实施标准，企业标准体系的作用就会大打折扣。

2. 标准质量是通过标准实施持续改进的

在实施标准的过程中，标准规定的内容、指标是否科学合理，是否具有可操作性，只有通过实践才能检验。当前，我国标准的分类有五种，有些标准是国家组织制定的，有些标准是研究机构制定的，有些标准是社会团体制定的，能不能结合产业或区域的实际，有没有先进性和操作性，只有通过企业对标准实施才能评价其质量。以智能电饭煲产品标准实施为例，按标准生产出来的产品，在国内高端市场却不受顾客欢迎，消费者还总去欧盟、日本等国家和地区购买高端产品，从实践上说，标准实施没有发挥相应的作用。企业为了开拓市场，为了让顾客满意，借鉴日本、美国等发达国家相关标准，制定并实施基于感观等符合高端市场的先进标准，并以此培育品牌，产品就会深受消费者依赖，从实践上说，标准实施对识别消费者需求，进而提升产品质量就发挥了应有的作用。由于我国地域辽阔，地理、气候、资源条件、技术水平差异较大，标准实施受到方方面面的影响，尤其是在科学、技术方面，标准的质量和水平有时即使没有问题，也难以全面实施。企业应围绕标准质量，围绕自身的发展定位，持续改进标准实施的方法和路径，推动标准层次的多元化价值实现，也是供给侧改革的重要内容。

3. 通过标准实施，发现标准问题，促进标准修订，形成完善机制

标准化实施的过程伴随着人们经验的不断丰富，新技术的不断发展和新工具的不断应用。通过标准实施，收集有效信息与数据，发现问题与不足，查找原因并改进过程，最终通过修订标准达到标准的不断完善，这是一个螺旋式循环上升的过程。在标准实施过程中，将发现的问题和积累的有效信息作为评价和修订标准的基本依据，是标准自身创新的过程，也是企业标准化工作水平不断提高的重要模式，广泛应用在产品质量、安全指标、环保指标及节能减排指标的提升和改进中，对推动创新驱动、产业转型升级具有不可替代的基本支撑作用。

案例

2020年央视3·15晚会："过期"的汉堡王

汉堡王是全球大型连锁企业，宣称"味道为王、食物新鲜""现点现做、料多味足""每一个皇堡都符合汉堡王的皇冠标准"。中央广播电视总台2020年"3·15"晚会曝光了汉堡王的标准在实际执行中，存在严重问题。

为了保证食物品质，汉堡王制定了一套严格的标准，详细规定了每一种食物

的储存、加工标准及方法。按照标准，制作红烩牛肉皇堡需要搭配21g蛋黄酱、21g生菜、两片西红柿。央视“3·15”晚会视频内容显示，被曝光的南昌市汉堡王红谷滩天虹店员工在明知产品制作流程和配料标准的情况下，却偷工减料，不是少放一片西红柿就是少放一片芝士。除了偷工减料外，汉堡王还存在修改食材日期，销售过期食品的情况。汉堡王门店内明明设置有食材到期提醒的装置，但门店的工作人员会选择无视过期提示，重新将已经闪烁红灯（表示该储藏柜的食物已经过期，按照汉堡王的标准，应该被丢弃）的储藏柜重新设置为绿灯（表示该储藏柜食物新鲜），然后继续售卖。此外，该门店当班经理发现面包到期后，会吩咐员工更换标签。员工将这批汉堡上旧的标签撕掉，换上了新的标签。第二天继续把这批过了保质期的面包拿出来，做成汉堡卖给了顾客。即便到了食物容易发霉变质的夏天，保质期照改不误。

除了上述门店，在汉堡王南昌王府井店，不仅是过期面包被重新修改保质期再销售，过期的南美风味鸡腿排同样被要求修改标签，延长保质期。南昌市多家汉堡王餐厅的员工们对此类现象已经见怪不怪，对于汉堡王的标准，员工记得非常清楚，可实际操作却偏偏不执行！

对于企业而言，要提高生产效率和产品质量，标准化是行之有效的工具。但是，需要谨记的是，标准化的本质是制定统一的规范并严格执行，一旦懈怠执行，标准就只是一堆毫无用处的废纸。

二、标准实施原则

（一）必须严格执行

1. 国家法律法规及政策明确规定要求强制实施的标准

随着我国产业结构不断调整，供给侧改革不断深入，产业转型成为新常态，按照国家有关法律法规和政策，运用实施改革推动产业转型和创新驱动将成为政府重要的管理手段，这也是市场在资源配置中发挥决定性作用的重要体现。企业应密切跟踪本领域国家法律、法规及政策的动态情况，结合国家法律法规及政策及时调整本企业的标准明细，及时制定或采用相关标准，并有效实施，确保国家法律法规及政策的落实，这是标准实施的基本原则。

2. 强制性国家标准

《标准化法》规定，推荐性国家标准、行业标准、地方标准、团体标准、企业标准的技术要求不得低于强制性国家标准的相关技术要求，明确了“强制性国家标准”是一切标准的“底线”，不可逾越。《标准化法》提出，国家标准分为强制性标准、推荐性标准，行业标准、地方标准是推荐性标准。这一举措将原来的强制性国家标准、强制性行业标准和强制性地方标准统一为强制性国家标准，强制性标准由过去的三级整合为现在的一级，并对强制性标准的范围做了严格的限定，可以更好地实现“一个市场、一条底线、一个标准”。

按照《标准化法》有关要求，企业应严格实施强制性国家标准要求，不符合强制性标准的产品、服务，不得生产、销售、进口或者提供。按照 WTO/TBT（贸易技术壁垒协定）基本原则，制定标准和实施的目的是避免不必要的贸易技术壁垒。我国加入 WTO 后，为了履行国际义务，严格按照国际有关规则制定标准和实施标准，强制性国家标准仅限制在保障人身健康和生命财产安全、国家安全、生态环境安全以及满足经济社会管理基本需要的技术要求等领域。由于我国没有技术法规，强制性国家标准在我国发挥着重要的技术法规作用，是面对国内和国际两个市场的共同要求。

案 例

农夫山泉“标准门”事件

2013 年 4 月 10 日，《京华时报》刊发了题为“农夫山泉被指标准不如自来水”的报道；两天后，又刊发“饮用水协会确认农夫山泉标准不及自来水”的报道。此后，《京华时报》对于农夫山泉饮用水标准一直在追踪报道。面对《京华时报》的连续报道与评论，农夫山泉也在其官网上连续四次发文回应。这一事件被称为农夫山泉“标准门”事件。

当时，农夫山泉瓶装水的产品标准号 DB33/ 383—2005 是浙江省地方标准《瓶装饮用天然水》，对比这个标准与 GB 5749—2006《生活饮用水卫生标准》，即通常所说的“自来水”标准发现，二者在 pH 值、色度、浊度等几个基本指标上差别不大，但前者关于几项有害物质的限量标准比后者宽松。按照国家《生活饮用水卫生标准》要求，砷、硒含量需小于（或等于）0.01mg/L，而浙江的地方标准则为小于（或等于）0.05mg/L，要求放宽了 5 倍。对于镉的限量，前者要求小于（或等于）0.005mg/L，后者为小于（或等于）0.01mg/L。对于包装饮用水，国家颁布了 GB 19298—2003《瓶（桶）装饮用水卫生标准》，并在 2008 年进行过两次修改。与修改后的国家标准相比，浙江地方标准在总砷指标上较为宽松，并缺少溴酸盐限量标准。也就是说，浙江省地方标准在某些有害物质的指标上，比国家生活饮用水卫生标准和瓶装饮用水卫生标准宽松，而这两项强制性国家标准是瓶装水企业执行标准的底线。

3. 企业公开声明的标准

《标准化法》取消了企业标准备案制度，取而代之的是企业标准自我声明公开和监督制度。《标准化法》明确指出，企业应当按照标准组织生产经营活动，其生产的产品、提供的服务应当符合企业公开标准的技术要求。自我声明制度一方面可以让企业真正成为产品质量、环境保护、安全生产等责任主体，充分释放企业的创新活力；另一方面，企业生产的产品和提供的服务，向消费者和全社会公开标准，实际上发挥着民事担保的作用。若企业公开声明的标准，得不到严格实施，企业的诚信就会受到质疑，企业的产品质量和其他体现社会责任的事项就无法落实，甚至会扰乱市场秩序和公共秩序。从建设企业为主体的制度体系来看，企业公开声明的标准，必须严格实施。企业对产品或服务标准的自我公开是未来较长时期我国的一项技术政策，是培育良好市场机制的发端，企业应严格遵守并诚信经营，才能形成品牌。

（二）应严格执行

1. 企业采用的推荐性标准

推荐性国家标准、行业标准、地方标准、团体标准，规定了大量技术要求、产品质量指标和管理要求，对全国的科研、技术、生产、经营和管理活动具有指导、规范作用，对推动产业发展有明显作用。推荐性标准中有很大一部分是采用国际标准，标准的质量较高，对提升整体水平有较高的指导性，且已得到同行和消费者的高度认同。这些推荐性标准可直接被企业采用并实施。采用国家相关的推荐性标准是加快企业标准化工作的有效途径，是促进企业产品（服务）获得消费者和社会信任的重要依据。《标准化法》指出国家鼓励采用推荐性标准，从《标准化法》的角度，相关的推荐性标准属于企业自愿采用的范围，但从《合同法》的角度，企业一经对外声称采用相关的推荐性标准，即纳入民事担保和对外承诺的事项，就应严格执行；前述《标准化法》也提出企业应当按照标准组织生产经营活动，其生产的产品、提供的服务应当符合企业公开标准的技术要求。企业采用什么标准，对社会、政府和广大消费者属于重要承诺，若得不到兑现，应受到法律的约束。如《产品质量法》第三章“生产者、销售者的产品质量责任和义务”中规定生产者应当对其生产的产品质量负责，产品质量应当符合下列要求：“在产品或其包装上注明采用的产品标准。”企业生产的产品采用推荐性标准，在合同中约定或在产品或其包装中明示，因而受到《合同法》或《产品质量法》的约束，从这个意义上讲，企业采用的推荐性标准，应严格执行有关要求，做到诚信守法。

2. 纳入企业标准体系的标准

企业标准体系中所有标准都是为了实现企业所确定的工作方针和生产经营目标而建立的，它们之间是相互依存、相互关联、相互制约、协调配套的关系。只有相关标准得到有效实施后，其单个效应和系统效应才能发挥出来；若得不到有效实施，有时单个效应发挥不出来，有时甚至影响企业标准体系系统效应，企业标准体系的整体功能也会大打折扣。因此，凡列入企业标准体系的标准都有特定的目标和需要，是企业不可或缺的组成部分，均应严格执行。

（三）按约定执行

出口产品的技术要求，依照进口国（地区）的法律、法规、技术标准或合同约定执行。标准是世界通用语言，是国际贸易“通行证”。《标准化法》提出：出口产品、服务的技术要求，按照合同的约定执行。出口产品的技术要求，企业应自觉遵守进口国（或地区）法律、技术法规、合同要求及技术标准，企业的产品要出口，只有严格执行有关要求才能走出去。作为企业，首先应了解、掌握有关的要求和规定，对出口产品应做充分的市场调查，了解进口国相关法律、法规、标准及认证等要求。出口产品技术要求及标准可由双方在合同中约定，约定的事项包括可采用什么标准（如我国标准、进口国标准或其他标准），企业应严格按合同约定的技术要求或标准执行。《标准化法》要求进一步加强标准国际化工作，积极推动参与国际标准化活动转化运用。近年来，我国相当一部分外向型企业出口产品时，由于不关注国外标准及合格评定制度发生变化，被退货或召回，蒙受严重的经济损失，企业应高度关注相关国家的标准实施情况，制定具有国际领先水平的标准。

（四）几个注意问题

1. 强制性标准从严实施的问题

《标准化法》明确指出：对保障人身健康和生命财产安全、国家安全、生态环境安全以及满足经济社会管理基本需要的技术要求，应当制定强制性国家标准。在环保、节能减排、职业病防护、食品安全、交通安全、建筑质量与安全生产等特殊领域，相关的专门法明确要求地方标准应严于国家或行业标准，报备后实施。如：《环境保护法》规定，省、自治区、直辖市人民政府对国家污染物排放标准中未作规定的项目，可以制定地方污染物排放标准；对国家污染物排放标准中已作规定的项目，可以制定严于国家污染物排放标准的地方污染物排放标准。地方污染物排放标准须报国务院环境保护行政主管部门备案。凡是向已有地方污染物排放标准的区域排放污染物的，应当执行地方污染物排放标准。《节约能源法》规定，省、自治区、直辖市制定严于强制性国家标准、行业标准的地方节能标准，由省、自治区、直辖市人民政府报经国务院批准。省、自治区、直辖市人民政府建设主管部门可以根据本地实际情况，制定严于国家标准或者行业标准的地方建筑节能标准，并报国务院标准化主管部门和国务院建设主管部门备案。企业在上述领域除了关注国家强制性标准的要求外，必须关注更加严格的地方标准，减少违规的风险。

2. 企业标准持续改进的问题

为了规范行业或产业，调整产业结构，促进创新驱动，提高质量与管理水平，国家或区域通常采用制定相关标准的形式，对企业加以引导与管理。《标准化法》提出，制定标准应有利于科学合理利用资源，推广科学技术成果，增强产品的安全性、通用性、可替换性，提高经济效益、社会效益、生态效益，做到技术上先进、经济上合理。短期内标准的实施可能会增加企业的负担，甚至需要对产品类型、规格和组织管理等进行全面规划或重新设计，如实施术语、型号编制、符号、安装要求等基础性标准和技术内容的标准。企业应从产业整体调整出发，从提高自身产品质量入手，适应市场竞争和可持续发展要求，迅速规划、调整及实施企业标准，以免失去市场或造成损失。

3. 协调统一的问题

对于一些互换性的标准，如尺寸、零部件（如螺钉等）及相关的安全、卫生、环保、节能降耗等方面的标准，企业应从国家或区域整体发展大局出发，认真组织实施，维护社会和谐与可持续发展，努力克服实施过程中可能增加的人力、经济等方面的困难，对实施过程中存在的有关问题，尤其是标准自身的问题应及时反馈。

4. 推荐性标准认识的问题

针对企业标准，企业可以在不违反相关法律法规及强制性国家标准的要求下，制定适合自身的企业标准。《标准化法》明确指出，国家鼓励企业制定高于推荐性标准相关技术要求的企业标准。因此国家鼓励企业制定严于国家标准或行业标准的企业标准在企业内部实施。企业根据市场需要也可以制定低于国家相关推荐性标准的企业标准，但是要注意处理好特殊市场需求和一般市场需求的关系，在推广产品时和产品包装上明确产品适用的特殊范围，避免不必要的产品质量争议，影响企业的品牌声誉。一般不提倡制定低于国家相关推荐性标准的企业标准。

5. 科学协调的问题

标准的实施与其他事务实施一样，应讲究方法的科学性和实施的科学性，企业应善于运用适合自身特点的标准化方法，找准标准实施的切入点，把握好重点突破和系统实施的关系，把握好标准单个效应和系统效应的关系，把握好局部和全局、短期和长期的关系，立足实现标准效益的最大化。

6. 军民融合的问题

《标准化法》明确指出：国家推进标准化军民融合和资源共享，提升军民标准通用化水平，积极推动在国防和军队建设中采用先进适用的民用标准，并将先进适用的军用标准转化为民用标准。目前，军民融合已经成为发展趋势之一，标准化军民融合有利于减少相关产业重复建设，有利于推动军民标准相互转化和采用，有利于提升军民标准通用化水平，最终实现标准化军民融合和资源共享。企业根据需要应予以重点关注。

三、标准实施程序

实施标准是一项系统、复杂而又细致的工作，有时会涉及生产、使用、经营、管理等多个部门、多个岗位，在企业内还可能涉及科研、工艺、生产、检验、供销、财务、计划等各个方面。在企业标准体系运行时实施标准，一般按照集中式实施的方法，按照整体计划进而针对国家、行业或地方颁布的标准，要在规定的时间内提前做好计划和准备工作按时按要求实施。其他标准的实施一般也是按照标准化方法进行。实施标准是一项 PDCA 循环活动，是一项有组织、有计划的活动，应协调一致，统筹安排。一般说来，标准实施一般分为计划、准备、实施、检查、总结五个步骤进行。

（一）编制实施计划

在标准实施之前，根据实施标准的具体领域或单位的实际情况，充分考虑实施的范围和幅度，制订出实施标准的计划。

标准实施计划的内容主要包括：实施标准的方式、内容、步骤、责任负责人、相关人员、是否编制细则或规程、相关记录表格、应达到的要求等，适用时还包括起止时间等。在编制标准实施计划时，应考虑以下几个问题：

（1）从总体上分析实施标准的有利因素和不利因素，明确并识别关键标准，确定轻重缓急和关键次要，了解实施过程中的先后顺序及应采取的措施。除重大基础性标准需要专门组织实施外，一般标准应尽可能结合或配合相关工作一并进行。如结合企业的新产品开发、老产品更新改造、技术改造以及企业的各项正常生产、经营活动来实施有关标准。

（2）标准实施的项目需分解成若干项具体任务和要求的，应分配给有关部门、单位并明确其职责，规定起止时间以及相互配合的内容和要求；如标准实施中，需要增加设备，应将设备的采购纳入到任务分工中；如需要培训人员，需将培训的专业技能纳入资源培训任务等。

（3）根据标准实施项目的难易程度和涉及范围大小，选择合适的实施方式，有些标准需一次全面铺开；有些涉及面广，难度大，需分步实施，可先行试点，然后分期组织实施等；重点把握步骤和时间节点。

(4) 要合理运用人力、物力及财力，安排经费开支，即要保证工作顺利进行，又要降低各种成本，确保简化、统一、协调、优化的目标。

(二) 标准实施准备

标准实施准备工作是标准化活动的重要环节，是确保标准有效实施的基础，做好由于标准实施可能带来的风险预测及应急处理措施准备。实践证明，标准实施准备工作做得扎实细致周到，标准实施的效果就好；反之，实施效果就会大打折扣。标准实施准备工作一般包括思想、组织与人员、技术和物资四个方面。

1. 思想准备

任何一项标准的实施，都需要投入一定的人力、物力和财力，甚至涉及技术改造、设备更新等重大事项。首先，解决人员的意识和技能问题，应做好标准实施的宣贯培训，让标准相关方均清楚标准实施的必要性和重要性，包括让企业最高管理者有足够的思想重视，尤其是涉及企业生死存亡和员工健康安全的关键标准，应让更多的人了解标准实施的意义，思想认识准备好了，具体的措施才能发挥更好的作用。其次，要使标准的使用人员充分理解标准的内容与要求，掌握标准的难点，学会正确的操作，可以通过宣传培训，让有关人员熟悉和掌握标准，并在实践中实施标准。

2. 组织与人员准备

标准实施应有相应的组织管理机构负责标准实施的整体协调与管理。尤其关键标准的实施通常涉及面广，需统筹安排和协调，需建立专门的组织机构。在企业，针对产品等方面的标准实施一般由品管部负责，质量管理、环境管理等方面的标准实施一般由管理部负责。对于简单标准的实施，可以与岗位标准相对应，至少有专人负责。做到标准规定的，应能做到；做到的，应有相应的记录；需要记录的，应编制好规范的表格表单和图形符号。

3. 技术准备

技术准备是标准实施工作中的关键环节，是标准实施计划的重要输入内容。通常技术准备包括以下内容：

(1) 为各类人员准备实施标准所需的标准文本、相关标准、简要介绍、贯标教材、挂图及其他图片（影像）资料等，特别是技术表格表单的标准化设计等。最终目的是便于相关人员取阅和学习。

(2) 有些标准需要先搞试点，在少数单位先实施，取得经验，然后再推广，以减少阻力，努力促进一致性贯标中存在的技术难题的解决。应重点做好技术装备更新维护或调整技术参数的，应组织力量在规定的时间内解决完毕，必要时应进行技术改造或技术攻关。

4. 物资条件的准备

标准的全面实施，需要一定的物资条件作为后盾。特别是在当前产业转型的过程中，产品质量、环境保护、节能减排等指标不断提高，相关的标准实施成为企业生存发展的重要引擎，有些涉及企业的技术改造，有些涉及淘汰落后装备，有些涉及创新等。例如，企业为了实施互换标准，要购买所需的量具或仪器仪表；为了实施产品标准，需要购置新的原材料、零部件、工艺装备、设备、测量装置等。为有效实施标准，做好物资条件准备，是企业开展标准化工作的重要内容之一。

（三）实施标准

企业在做好各项标准实施的准备工作之后，即按照计划组织标准的贯彻实施。这阶段的中心工作是将标准规定的内容和指标，在生产、经营、管理、流通、使用等各个领域加以贯彻执行。实施时，可根据标准使用范围及工作任务的不同，灵活采用不同的方法；对实施过程中可能遇到的各种情况，有针对性地采用积极有效措施，保证标准的实施。记录是标准实施的重要证据，记录的形式很多，具体应根据企业的信息化发展程度来确定，企业应高度重视标准实施的记录工作。标准实施的结果通常就是以记录和归档的形式体现的，特别是对人、机、料、法、环、测量溯源等方面的标准实施记录应给予严格的档案管理。说到底，标准实施就是让企业所有重复性工作，通过标准的实施实现可复制、可溯源、可传承，成为企业的财富和生生不息的动力。

GB/T 35778—2017 明确要求，“按标准要求记录和保存实施证据，包括记录表/卡、音视频、照片等记录信息和通知、报告、计划等工作文件。记录表/卡按标准要求进行设计，能反映记录时间、内容、人等相关信息。”标准实施过程是重要的环节，实施过程记录的重要方式多体现在岗位标准的实施以及其他标准转化为岗位操作规范的事项。岗位标准和岗位操作规范明确每个过程中各项岗位工作由谁干、干什么、干到什么程度、何时干、何地干，是实施标准的核心。

（四）标准实施检查

实施检查是企业在标准实施过程中不可或缺的环节，从检查类型上看，通常包括日常检查和抽查两种方式。通过日常检查，及时发现标准实施中存在的问题，及时查找原因，采取纠正措施和预防措施；另一方面，通过检查，还可以发现标准本身存在的问题，为以后的标准修订工作积累信息，为向国家或行业部门反馈标准的实施意见提供可信的数据。详细内容见本章第三节。

（五）标准实施总结

标准实施工作是一项连续性的工作，直到该标准作废为止。按照现有的企业管理模式，对标准实施的总结可结合企业的内审、评审或自我评价等一并进行。针对关键标准，如产品质量标准、环境保护标准、节能减排标准等，企业应建立定期总结的制度，定期分析相应的风险及发展趋势，及时将创新成果应用到标准的实施过程中。特别是针对存在的问题，应制定纠正措施，定期进行效果分析和评价。标准实施总结工作主要包括以下几个方面：技术、方法、与同行的差距、标准实施过程中遇到的问题和意见、可能存在的风险、对下一步实施工作的改进建议和对标准的修改意见和建议。

在标准实施的总结过程中，企业标准化工作机构应深入实际了解情况，应对标准实施的重点部门、单位、岗位和环节建立标准信息反馈渠道，及时交流情况、总结经验，在推动标准全面实施的同时，为标准的修订和提升提供最好的数据积累和证据，形成良好的长效机制和螺旋式上升趋势，这是标准实施总结的重大意义。

总之，标准实施本身是一个 PDCA 循环，大过程包含无数个小过程，小过程不断提升，从而促进标准的有效实施和不断完善，这是企业标准实施的最高境界。

四、标准应用场景

标准的直接应用，一方面要使得人的行为以及行为结果符合标准的规定，另一方面在需要时还要能够追溯是否履行了标准规定的程序或证实是否达到了标准要求的结果。标准的直接应用通常涉及生产服务、组织管理、贸易交流、检测检验、合格评定、技术交流等方面。标准的广泛直接应用，也就是标准的功能得以发挥，标准确立的技术规则得到遵守、实施的过程。

（一）产品生产或服务提供

在产品生产或服务提供中应用标准即是第一方（产品生产方、服务提供方）对标准的使用，包括在产品或服务的设计中、产品生产或服务提供的过程中、产品性能或服务效能达标与否的检验中应用标准。在产品生产或服务提供中，主要涉及应用规程标准、规范标准、试验标准等。

1. 产品或服务的设计

在产品或服务的设计阶段，主要应用设计标准。这类标准通常按照设计过程规定设计的流程或程序，或者规定相关阶段的设计要求。设计阶段往往还要利用其他相关标准，如原材料标准、零部件标准、接口标准或分类标准等。在企业的设计标准中通常也会对原材料、零部件、接口等做出规定。

在设计阶段应用设计标准和其他标准可以充分利用已经标准化的资源，包括前期设计经验（标准设计）、原材料、标准件等方面的标准。遵守设计标准可以避免过多的重新设计，充分利用标准的原材料、零部件，实现品种控制，减少或消除由于设计环节出现的问题造成的产品瑕疵。应用设计标准一方面需要严格按照设计程序进行设计，选择标准中规定的原材料、零部件等；另一方面要按照标准中给出的计算方法进行计算，保证设计出的产品满足设计标准给出的要求及指标。

2. 产品生产、服务提供的过程

在产品生产、服务提供过程中应用规程类企业标准，可以达到生产、服务过程的规范化，从而保证了生产出的产品、提供的服务满足用户的需要。规程类标准通常为产品生产者、服务提供者提供可操作的行为指示和可履行的途径。应用这类标准的关键是按照标准的规定规划、布置或组织生产或服务的整个程序、各个阶段及关键环节。具体操作者需要严格执行程序或流程的各阶段/步骤中规定的行为指示，按照指示履行程序中的每一步骤，并在每个阶段进入下一个阶段时以及程序最终结束时，确保符合阶段的转换条件或程序的结束条件。应用规程类企业标准中提供的程序可以保证生产出的产品、提供的服务符合规范标准规定的性能、效能指标。

企业通常可以直接应用行业内现有适用的标准，但主要是要应用企业自己的操作规程、工艺流程、服务提供流程、操作手册等文件。产品生产者或服务提供者遵守操作规程、流程或手册中的指示，使得生产的操作、服务的提供井然有序、简洁高效，流程中的每个阶段都能达到阶段需要完成的预期目标，从而保证最终生产或提供了适用性良好、满足需求、符合标准要求的产品或服务。对于产品生产或服务提供的具体管理者，应用标准

提供的追溯、证实方法，可以监督产品生产者或服务提供者是否严格执行了标准中规定的指示，是否履行了所有的程序。

3. 产品性能、服务效能的检验

产品生产、服务提供者在按照规程类标准组织生产、提供服务后，如果需要确认最终形成的产品或提供的服务是否达到预期的产品性能或服务效能时，就要用规范类标准（可以是国家、行业标准或企业标准）和相应的试验类标准进行检验。

产品的检验环节通常设置在产品生产过程的关键节点，例如，在生产完成后，产品出厂或交付之前，新产品投产或生产条件改变时。相应的检验类型有出厂检验或交付检验、型式试验（产品质量稳定性检验或定型检验）等。检验中的抽样方案可以依据标准中规定的抽样方案或相关的抽样方案标准来确定。检验后判定产品是否合格的判定规则可以依据相应行业或企业产品标准中的规定。

对于服务的提供，通常在服务过程中或服务完成后，通过提供服务过程的证据或设置的评价方法来检验。

产品性能或服务效能的检验过程就是应用规范标准、试验标准以及规定如何评价的标准的过程。按照规范标准中规定的试验方法或证实方法，可以检验生产出的产品是否符合规范标准中规定的性能要求，验证提供的服务是否达到了标准中规定的效能指标。如果需要通过检验判定一批产品是否符合规定，需要应用包含检验规则的规范类企业标准进行检验和判定。

（二）供需双方的贸易活动

在供需双方的贸易中应用标准涉及第一方（产品生产方、服务提供方）和第二方（采购方、需求方）对标准的使用，包括供方自我声明、需方采购活动，或供需双方的贸易活动。在这些贸易活动中主要涉及应用规范标准、试验标准。

1. 供方自我声明

生产方或供方依据规范标准中规定的性能/效能指标以及证实方法，对其产品或服务进行检验与评估。如果认为符合了标准的规定，可以自我声明其产品或服务符合相应文件的规定。这种符合性声明结合企业信用可以为企业产品的销售或服务的提供打下一定的基础。供需双方可以在声明符合的标准中规定的性能或效能指标的基础上展开贸易洽谈，直至签订合同。

2. 需方采购活动

企业的生产活动通常都需要采购有关的原材料、零配件、半成品或某些成品。原材料、零配件大多都有现行的标准，如果这些标准适用，那么可以作为依据进行采购。在采购活动中应用标准可以简化采购手续。如果采购市场上符合标准的批量生产的原材料、零部件或标准件，不但简化了采购手续，减轻了采购人员的工作量，还能减少产品的错误率，并且减少成本。例如对于生产建筑用塑料门的企业，如果按照自己设计的门窗尺寸生产，在锯制塑料型材的工序中切割耗费率就会较高；如果按照国家标准（如 GB/T 28886—2012《建筑用塑料门》）中规定的类型和尺寸组织生产，就能订购到合适尺寸的材料来保证在锯制工序中使浪费减到最少。

对于某些半成品或成品，当没有适合的现行标准时，采购方或买方可根据需求编制形成自己的规范类企业采购标准。在从事采购行为时采购方依据其采购标准进行采购，可以保证采购的产品或服务符合其需求。在这种情况下，生产方或销售方通常根据采购方提供的采购标准提供产品或服务。在特殊情况下，生产方也可以根据自身的技术条件及特点，在采购方提供的标准的基础上与采购方协商，对某些技术指标进行调整达到既满足采购方的需求，又充分利用自身特殊条件的目的。可见，在采购贸易中，采购标准可以作为直接的依据，或作为调整采购指标的基础。

3. 供需双方的贸易活动

供需双方从事贸易活动时，在签订合同之前，通常需要就相关技术内容进行洽谈或谈判。由于标准（无论是国际标准、国家标准、行业标准，还是企业标准）确立了产品性能或服务效能的指标，因此在贸易谈判中以这些标准为基础能够极大地简化对产品性能或服务效能指标的确定过程，缩短了谈判时间，不但减少了交易成本，而且可以减少交易中对技术指标的争议。

在需方仅提出一些需求和主要技术指标，但没有形成采购标准的情况下，如果供方声明其产品或服务符合国家、行业标准或符合本企业编制的产品或服务规范，那么征得需方同意，供需双方可以在供方提供的标准或规范的基础上进行协商。如果供方提供的标准或规范被需方完全认可，就可以按照供方提供的文件直接签订合同，也就是在合同当中直接指明需要符合的标准或企业规范。如果需方提出需要对供方提供的标准或规范中的技术指标进行调整，双方可以进一步谈判，达成一致后再签订合同。

在以标准为基础确立了技术指标后，供需双方可以集中精力就合同中需要确定的其他事项进行磋商。比如，如何检测技术指标的符合性，如何对最终的产品或服务进行验收等。对于这些事项，供需双方也可应用标准中的规定。

（三）第三方合格评定活动

前文谈到，生产方或供方（第一方）可以依据规范标准公开声明其产品或服务符合标准的规定，以便取得买方（第二方）对其产品或服务的信任。然而，这种由第一方的自我声明的可信度有时会受到质疑。因此，独立的不受供需双方利益支配的第三方（这里主要指认证机构和检测机构）合格评定越来越受到重视。

为了证明自己的产品或服务符合标准的规定，第一方会委托第三方进行检测或检查，以证明其符合性。第二方认为有必要也会将自己不具备检测能力的项目委托第三方进行检测。标准是第三方合格评定活动所依据的最主要的文件形式，主要涉及应用规范标准、试验标准、认证技术规范等标准。

1. 认证活动

产品认证和管理体系认证是认证机构目前从事的主要合格评定活动。认证机构在认证活动中，通常直接应用或者在其认证技术规范中明确被认证的产品或服务须符合的相关标准。通常在认证技术规范的“认证实施的基本要求”中，详细规定合格评定对象所要符合的标准及标准中的具体条款。涉及的标准通常是产品或服务规范标准、试验标准等。只有按照相应检验规则对合格评定对象进行检验后，满足了相应标准中的要求，认证机构才对合格评定对象颁发认证标志。

下面案例给出了国家认证认可监督管理委员会 2020 年 5 月 29 日发布的 CNCA—

C11—20：2020《强制性产品认证实施规则　汽车用制动器衬片》（2020 年 6 月 1 日实施）中应用标准的条款。

案 例

强制性产品认证实施规则　汽车用制动器衬片

…… ……

2　认证依据标准

依据标准 GB 5763《汽车用制动器衬片》。

依据用标准应执行国家标准化行政主管部门发布的最新版本。当需增加适用标准或使用标准的其他版本时，则应按认监委发布的适用标准要求的相关公告执行。

…… ……

产品认证通常包括“选取（取样）”“确定”以及“符合与证明（决定）”三个阶段。在产品认证的选取（取样）阶段，通常按照相关标准或认证技术规范中规定的取样方法进行选取。在认证的确定阶段，产品性能或服务效能符合性确定过程中，需要进行检测、检查、评定等活动。而这些活动的过程以及结果的判定都需要依据相关标准，如试验标准、规范标准或相应认证技术规范中规定的试验方法、验证方法或评价方法。检测、检查或评价结果依据规范标准中规定的指标，或者还要依据相关标准中规定的检验规则判断产品性能或服务效能的符合性，并最终根据认证机构规定的认证规则和程序确定是否符合认证的要求。

对于复杂的事项、系统或领域以及与其相关的活动或结果，认证机构可依据规定如何评价的标准进行全面评价或系统评价。管理体系认证几乎都是依据通用性的管理体系规范标准。例如，我国的质量管理体系认证依据 GB/T 19001《质量管理体系　要求》。开展这方面的管理体系认证的过程就是这些标准的应用过程。

2. 检测活动

检测机构在进行检测活动时，通常按照试验标准或规范标准中的试验方法进行检测。检测机构通常应用的标准包括：国际标准、国家标准、行业协会标准，检测机构自行编制的标准，第一方或第二方委托时指定的标准等。

检测机构在检测活动中应用标准有以下几种形式：履行标准中规定的试验程序、行为指示进行试验；按照标准中给出的结果计算方法形成实验结果；如需出具试验/检测报告，遵守标准中的报告编制要求。

（四）管理活动

无论是产品生产、服务提供，还是第三方合格评定，都离不开与这些活动有关的组织管理。按照相关的标准从事管理活动，可以使管理工作更加有操作性。另外，政府在从事各类监管活动中也常常应用各类标准来达到监管的目的。在管理中主要涉及应用规程标准和规范标准。

1. 企业管理

企业的管理活动遵守相关的管理规程标准中规定的流程及指示，并且依据标准中给出的追溯及证实方法进行检查与验证，从而将管理工作落实到位。

企业还可以依据企业编制的企业管理评价等标准对企业管理的效果、企业标准的应用情况等进行整体评估。

企业在管理中应用管理体系标准，可以从组织、领导、技术人员、管理人员和全体员工等各方面全面提高企业满足顾客需求的管理能力。

2. 政府监管

保障人类的身体健康与安全，保护环境是政府的重要职责。政府可以利用标准化的成果行使管理职责，推动或强制实施相应的标准。例如相关管理部门依据诸如海洋、环境监测，污染物排放等标准进行环境监测活动，达到保护环境的目的；依据各类安全、危害物质限量等标准对产品安全、食品安全进行监督，保障人类的健康与安全。

政府还可以借助强制性标准中规定的技术指标，开展市场准入、事中或事后监督。通过在市场中对相关产品或服务进行抽检，按照强制性标准规定的指标以及抽检方法，判定产品或服务的符合性，对不符合强制性标准的产品或服务进行相应的处罚。

（五）交流与合作

人类的技术交流与合作离不开对基础标准的应用，主要涉及术语标准、符号标准、分类标准以及技术制图、公差与配合等标准。

在技术交流与合作中，应用术语标准中已有术语及其定义是相关人员快速取得共识的方法。在这些活动中，使用术语标准界定术语及其表示的概念，会减少许多因为对基本概念理解不一致而导致的分歧，进而减少各方在概念界定上长时间的讨论甚至争吵。

在技术交流与合作中，应用标准中界定的技术语言——符号、图形符号，可以减少由于技术文件中使用的语言以及表述上的不一致，造成理解上的差异甚至无法理解的情况。例如，在产品技术文件中，技术制图、公差与配合等标准（如 GB/T 4457、GB/T 1182 等）被广泛应用。这些标准的应用，就是借助标准化的语言，使得技术文件能够被相关技术领域内所有专业人员看懂，从而在国家、区域甚至国际范围内进行无障碍的交流。

人们在某个领域中从事技术、贸易等方面的交流，同样会应用到该领域中为产品、过程、服务或系统确立分类体系的分类标准，以及在产品或服务标准中规定的标准化项目标记。在交流中，借助标准中界定的分类体系可以方便地指出涉及的是哪种产品或服务，甚至可以借助标准化项目标记的唯一性直接指明，所涉及的产品或服务需要符合哪个标准中的哪些具体规定。

在公共领域和生产区域，应用标准中的符号、图形符号、标志等建立的导向系统，既可以让具有不同文化程度、使用各种语言的人在较大的范围，甚至是全世界范围内行动自如，又可以避免对异国语言不能理解而导致的人身伤害。在公共领域广泛使用的全身图像的“男女卫生间”标志就是一个典型的案例。同样，由于安全标志标准（ISO 3864、GB/T 2893）的广泛应用，使得人们在世界各国的公共场所或工作区域内看到所设置的安全标志，通常都会明白其警示的意义，从而保证了人身安全。

人们在技术交流过程中通过直接应用标准的术语、符号、分类、标记等“标准表述”，才能够相互理解，概念系统得以逐步建立。有了一致的概念体系、共同的认知基础，以及标准表述的广泛应用，概念秩序才能够建立，交流的便利和效率才得以获得。

第三节　企业标准实施监督检查

一、监督检查的意义和作用

（一）监督检查的意义

1. 促进标准的有效实施

实际上，企业对所实施的所有标准均应进行监督检查，即包括国家规定需要企业实施的标准，也包括企业自行制定并执行的标准。企业对标准实施开展监督检查，主要有如下几个作用：了解关键标准的贯彻执行情况；了解企业产品实现标准、保障标准、管理标准、岗位标准系统运行与协调一致情况；检查企业研制新产品、改进产品技术要求、装备改造、引进新技术和设备是否符合标准化及相关法律、法规、规章和强制性国家标准的要求；了解本企业与同类企业的差距情况等。说到底，企业在开展标准化的过程中，应结合自身行业特点，高度关注并认真收集国家依据各项法律法规及相关政策而制定的、要求企业实施的规范性和引领性标准，只有把握了外部底线，企业才可能生存，才可能面向市场并抓住发展机遇，降低企业风险，推动企业合法生产与经营。

2. 促进企业形成完善的 PDCA 循环

针对监督检查应制订计划，明确监督检查的标准化对象及内容，监督检查的目的、范围、依据，标准实施的时间节点以及人员任务分工等。监督检查的组织实施一般分定期和不定期两种，一般结合内审、评审或自我评价等内部监督一并进行。针对关键标准，亦可单独组织实施。对监督检查一般通过复核的形式对其自身进行检查，确保监督检查的效果得到有效控制。监督检查的记录，应结合 GB/T 35778—2017 中 8.2.6 的有关要求进行。监督检查的记录是标准修订的重要输入，应引起企业的高度关注。这一切促进了企业自身形成一种完善的运行机制。

3. 推动企业形成完善的追溯系统

GB/T 35778—2017 提出应完善监督检查的书面档案记录等要求，无论依据标准的 8.2.4～8.2.6 如何强调监督检查的方式，是现场查看与问询，还是计划安排组织实施，任何监督检查过程与结果都应该形成书面记录及文件，一方面可以对书面记录与文件进行核实与分析、运用技术或其他方法进行验证；另一方面，对监督检查结果存在异议的时候，确保有据可依，实现各类标准实施的可追溯管理，对企业提升风险意识具有很重要的意义。

总之，企业对标准实施的监督，是企业不断完善自我、持续改进的内在需要，也是企业寻求自身发展、打造优质品牌的重要手段，理应成为企业重要的管理手段。

(二)监督检查的作用

1. 标准制定、实施和监督检查过程的重要环节

制定标准、组织实施标准和对标准的实施进行监督检查，是企业标准化管理体系一个重要过程。这个过程是一个制定标准—实施标准—对标准的实施进行监督检查分析改进，以及再修订标准的周而复始地顺序运作的过程，其中缺少任一环节都不行。标准制定得再好，若不实施就等于没有制定，但是实施不到位也不行，这就要依靠监督检查这个环节来把关。由此可见，标准实施的监督检查是这个过程的重要环节。

2. 督促企业严格执行标准的有效措施

监督标准是否得以严格地实施，关系到产品和服务质量，关系到社会经济效益，关系到顾客和消费者的利益。严格实施标准，不仅要企业自觉地进行，而且需要各方面的监督检查。通过监督检查活动，对那些必须在企业严格执行的标准进行管理和控制，将会更有效地督促企业严格执行标准。

3. 有利于实现对标准的反馈控制，使标准更加科学合理

在科学技术迅速发展的今天，标准具有很强的时效性，需要不断地更新，才能建立起同经济技术水平相适应的标准体系。通过对标准的实施进行监督检查，能够发现标准中不合理的问题，便于及时修订标准。标准修订后再实施，再通过监督检查发现问题，再修订标准，这样周而复始地运行，有利于实现对标准的反馈控制，使标准更加科学。

4. 有利于维护标准的权威性和严肃性

强制性标准一经批准发布，其本身就具有法律效力，有很强的权威性和严肃性。对强制性标准，企业应该无条件地严格执行，对标准的实施进行监督检查，正是为了维护标准的权威性和严肃性。

二、监督检查的内容和方式

(一)监督检查的内容

1. 判断实施标准的资源与满足标准实施要求的符合情况

由企业标准化工作机构牵头，成立自我监督小组，参照质量管理体系内审的程序或GB/T 19273—2017中规定的自我评价的方式展开企业内部的审查活动或自我评价活动，即制订计划、举行首次会议、实施审查、举行末次会议、对末次会议确定的问题进行跟踪直至责任部门解决问题。其中最关键的是判断实施标准的资源与满足标准实施要求之间是否具有差距，如果有差距，就应该在人、财、物等方面给予补足。

2. 分析关键点各项控制措施的完备情况

结合产业特征，每个产业均有其关键控制环节，企业标准化工作紧紧围绕这些环节，重点监督这些关键环节，重点考察企业标准体系核心关键点，如产品实现的生产/服务提供环节、基础保障的人力资源保障环节。此外应对标准中有关特定（如质量、安全、环保等）要求，考察其是否落实到关键点并有相应措施予以保障。

3. 检验员工对标准的掌握程度

企业标准化工作最终是由人去实施和推动的，企业不仅应有标准化意识培养的机制，还应建立标准操作的动态监督奖惩机制，使员工能够积极配合标准化工作机构开展产品标

准自我监督工作。通过对标准实施的监督，从根本上检验员工对标准的掌握程度和可操作性。必要时，企业应通过多种方式对标准化工作人员及相关标准操作人员进行培训，标准化工作人员应自学现代标准化原理及工作方法，以适应现代标准化工作对于复合型标准化人才的需要。

4. 检查岗位人员作业过程与标准的符合情况

企业应把标准实施的监督落脚点放在各岗位人员作业过程与标准的符合性检查上来。对已有明确的产品标准和作业规程的，检查产品标准中的技术参数，在作业规程中有无对应的测试项目；检验作业规程中的方法与产品标准中的方法是否一致；检验作业规程中的项目的评判标准与产品标准中的是否一致。通过这三方面的对比，检查岗位人员作业过程与标准的符合情况，同时建立可追溯体系，实现作业过程与标准的复现性和一致性。

5. 验证作业活动产生的结果与标准的符合情况

在自我监督中，通过对产品标准、产品使用说明书、操作规程的检验，审查产品与产品使用说明书同产品标准的一致性，验证作业活动产生的结果与标准的符合情况。还有其他验证活动，结合企业实际进行。

（二）监督检查的方式

1. 企业对标准实施的监督

企业对标准实施的监督是企业标准化工作的重要内容，是对标准实施进行监督的主体。企业自我对标准实施的监督，一方面侧重于对产品（服务）实现标准实施过程中标准有效性的控制，工艺流程的控制，以及最终落到实处的标准实施经济效益的监督；另一方面侧重于对基础保障标准实施的结果监督和岗位标准实施过程符合性的监督。而自我监督的基础是过程监督。

GB/T 35778—2017 的 8.2 明确提出了监督检查的方式与频次等内容。通常而言，对产品（服务）实现标准的监督检查，一般通过检验、验证、测量等方式进行过程监督，也可以通过标准化审查及最终产品的检验等方式；对保障标准的监督检查，一般按照实施的主体，由标准化管理部门会同相关部门通过内审和评审一并进行；对岗位标准的检查可由人力资源、标准化管理部门及相关的专业部门组织能力验证和技能考核等检查方式进行。前面已介绍，标准化审查、内审、评审、自我评价或确认等手段是企业标准化监督检查的重要方式，监督考核的信息应及时反馈和处理，成为修订标准的重要输入，形成持续改进的机制。

企业在生产、经营、管理活动中贯彻执行各类标准，对标准实施监督检查的方式通常包括以下几种做法：

（1）产品标准（包括原材料、零部件、元器件、外购件、外协件、半成品等），由企业质量检验机构、采购部门等按有关标准规定的技术要求、试验方法、检验规则进行监督抽查或检查，并作出处理。如通过监督检查，确保企业生产的产品在出厂时全部达到相关标准的要求，及时发现不合格的产品，并采取纠正措施。对原材料、零部件、元器件、外购件、外协件等，应按照标准实施进厂监督抽查或检验，做到不符合标准的原材料、零部件、元器件、外购件、外协件等不进入到生产环节。

(2) 对生产过程和各项保障工作实施有关标准情况的监督检查。企业应建立明确的分工责任机制，对违反标准操作的，给予及时纠正和处理。如生产实现过程需要执行大量的标准，如设计、工艺、半成品、工艺装备、设备、检验及试验方法、包装、搬运、贮存、标志、安装、交付、安全、卫生、环境保护等，应认真贯彻有关标准。同时，在经营、设计采购、生产、质量、设备、检验、安全、环境、卫生、能源等方面还需贯彻相应的保障标准。对这些标准实施的监督检查，应由企业根据其内部机构设置及监督职责分工情况，按照定期或抽查两种方式进行，应明确负责监督检查的部门具有对违反标准的行为责令相关部门纠正和处理的权力，如企业的设备管理部门，负责对设备质量标准、检验标准，以及设备购置、验收、安装、使用、维修等一系列保障标准实施情况的监督检查，对违反设备相关标准的行为和个人，予以纠正和处理，确保设备的齐全、完好，满足生产使用需要。

(3) 对各部门岗位标准执行情况的监督检查。如岗位标准由企业领导或授权人力资源部门统一组织考核，一般情况下，高层负责对中层的考核，中层负责对基层人员的考核；在部门内部各类人员岗位标准执行情况，由所在部门的负责人组织考核。岗位标准的考核结果应与企业的奖罚制度挂钩，应与岗位标准的修订关联。

(4) 标准化审查。标准化审查是指对企业在新产品研制、产品更新改进、装备改造以及新技术引进和设备进口过程中，是否认真贯彻了国家有关标准化法律、法规、规章和强制性国家标准的要求而进行的监督检查工作。按照《标准化法》有关要求：企业研制新产品、改进产品、进行技术改造，应当符合标准化要求。为贯彻执行标准化要求，保证和提高产品质量，提升经济效益，企业在新产品研制、产品更新换代、装备改造以及引进新技术和设备过程中，应对有关技术文件进行标准化审查，确保相关技术要求满足法律、法规规章及强制性国家标准要求。标准化审查是标准实施监督检查的一项重要任务，应由企业标准化机构统一组织有关部门一起进行审查。

2. 政府对标准实施的监督

政府对标准实施的监督是指国家行政机关采用各种方式对标准执行情况进行督促、检查和处理等活动，既是政府标准化行政主管部门和其他有关行政主管部门管理标准化活动的重要手段，也是协调标准制定与实施，推进标准的有效实施，监督标准贯彻执行的效果，考核标准的先进性、科学性和合理性的需要。政府通过对标准实施的监督，及时发现标准中存在的问题，为进一步修订政府标准提供依据，为不断推进成熟的市场化标准创新条件。其最终目标是维护市场公平竞争，减少违法违纪情况，培育良好市场环境，进而维护公共利益。另外，通过对标准实施情况的监督，发现与其他标准的关系，并有效推动法律、法规及相关政策的落地，促进形成统一、协调、系统和配套的法律、法规支撑体系。

由于法律不同，国家行政机关在标准化工作中的管理权限不同，对标准实施监督的性质和形式有所不同。按照对标准实施的监督过程，可分为事前监督、事中监督和事后监督。从产品或服务标准实施的监督方式上看，政府对标准实施监督通常侧重于通过建立随机抽取被检查对象、随机选派检查人员的“双随机”抽查机制，强调企业主体责任。政府监督的核心是强制性国家标准监督和事后监督，主要包含四方面的监督内容：一是政府对企业自我声明标准进行监督，保护公平的市场环境；二是政府通过各类活动对标准实施进行监督；三是政府通过向社会购买服务对标准实施情况进行监督；四是政府对企业自行制定的标准抽查等。

企业是实施标准的主体，政府对标准实施的监督是促进企业有效实施标准的重要外部手段，作为企业应及时了解政府对标准实施的监督要求，及时了解政府对企业产业的要求，及时了解法律、法规要求，只有这样，才能做到守法、合法和依法生产经营，降低工作风险，把握发展机遇。

3. 社会对标准实施的监督

在市场经济下，推动标准实施仅仅依靠企业的自觉执行和政府的外部监督是远远不够的，必须发挥市场的决定作用。实际上，企业的产品和服务最终要面向社会，尤其是消费者；企业在提供产品或服务的过程中，需要利用资源，需要排放污染物等，这一切也需要利益相关方的关注和监督，从这个意义上来讲，社会对标准实施的监督具有开放性。社会对标准实施的监督作用主要体现在维护公平的竞争环境和保护消费者的合法权益上。从社会治理和市场治理的角度，社会对标准实施的监督主要包括消费者、公众、企业员工、同行或竞争对手、社会中介机构、认证与检测机构和新闻媒体等，包括消费者对标准实施的监督、中介组织对标准实施的监督、社会媒体对标准实施的监督、技术机构和认证机构对标准实施的监督、竞争对手对标准实施的监督等形式。市场经济正是充分发挥市场的作用，运用消费者、企业员工、生产者、中介机构、行业协会及新闻媒体等之间的相互监督，逐步走向社会共治和成熟的。

（1）让消费者参与标准实施的监督

用“消费者的利己主义制约产品或服务提供者的利己主义”的市场原理是让消费者参与标准实施监督的主要理论依据，在产品质量、服务质量、建筑工程质量、环境质量、医疗卫生质量等涉及消费者切身利益的领域，让消费者参与标准制定，熟悉标准指标要求，充分发挥消费者的利己心态，建立并增加对产品/服务提供者的违约责任赔付，完善相关法律法规，是强化标准实施监督的重要方法，也是维护消费者权益的重要方法。《消费者权益保护法》已加大了对消费者的权益保护力度，提高赔付标准，用高额赔付促进企业严格执行标准，这也促进了对标准实施的监督，产品/服务提供者应高度关注标准的适用性，通过不断提供顾客满意的产品/服务，促进企业的发展。

（2）让公众参与标准实施的监督

凡涉及影响公众利益的标准，政府应鼓励并建立相应的激励机制，推动公众参与制定、实施并监督标准的实施，如环境质量标准、污染物排放标准、节能减排标准等，均可发挥公众的作用。近年来，一些石化企业在一些地区建厂，受到公众的高度关注，最终不了了之，说明我国公众的权利意识在提高，强化法规引导标准实施的监督，有利于唤醒公众的参与，提高标准实施监督的针对性。

（3）让企业员工积极参与标准实施的监督

近年来一些不良企业的违法违纪行为屡屡遭到社会的鄙视，如某地化工企业用高压泵向地下排污等行为，严重违反法律和标准。国家可建立企业内部人员对标准实施监督的奖励机制，通过奖励，让企业员工自觉监督企业违反强制性国家标准和相关法律法规的行为。同时，加大对违规违法企业的处罚力度，提升标准实施监督的有效性。

（4）让产业界参与标准实施的监督

一项标准的实施影响着产业的健康发展，通过对标准实施监督，不仅可以及时发现问题，还可以规范产业良好运作，促进产业良性竞争。近年来，一些产业的潜规则屡屡遭到曝光，说明我国市场运行还不成熟，没有显规则或显规则没有树立起来，市场环境会恶化，这对产业的破坏是极大的。同类企业及行业中介组织应加强对企业的标准实施监督。采用各种手段，通过标准实施监督与行业自律，驱逐害群之马，实现产业良性竞争，促进优胜劣汰，使我国产业实现机制成熟和脱胎换骨。同行对标准实施的监督是净化市场的重要手段之一。

（5）让相关方及新闻媒体参与标准实施的监督

通过政府购买服务等手段，发挥标准利益相关方的标准实施监督作用，让技术机构及认证机构参与标准实施的监督，发挥专业化作用，不仅有利于标准水平的提高，还有利于强化对企业的监督力度。另外，加强对关键标准的实施宣传，发挥新闻媒体对标准实施的监督作用，促进全社会形成正能量，促进企业实施标准的有效性，进而促进标准的不断完善，提升产业规范化水平。通过发挥社会各界对标准的监督，不断提升标准的质量，有利于市场的成熟，有利于推动企业认真执行标准，进而形成良好的市场化机制。

另外，通过多年实践，从社会监督的方法方式上看，以下四种方式确实是有效可行的：一是消费者针对企业明示和声明的标准及对消费者的承诺进行监督是最直观和有效的；二是鼓励本企业直接或间接竞争对手在相关竞争活动中，对该企业标准实施有效性进行监督，有利于培育市场活力；三是第三方“排行榜”或新渠道平台“点评”的相关监督也是新时期重要的方法；四是通过企业“领跑者”制度，提升企业的品牌影响力，达到优胜劣汰的目标。

从消费者角度，国家可提高赔付额度，可设立企业违反标准的举报奖励制度，促进消费者及相关方对标准实施监督的积极性和主动性。从政府角度，可以不断提高对违反标准实施的处罚力度。从产业角度，行业组织可制定行业自律规范，将影响产业发展的重点标准实施的监督纳入到产业结构调整的部署或计划中去，将标准实施的监督作为衡量行业自律的重要依据，并制定奖励与惩罚手段和措施，促进企业实施标准。从新闻媒体角度，以适当的方式，积极宣传推广标准良好运作和优质品牌，建立违反标准实施的黑名单制度，定期发布或曝光，促进企业认真执行标准。社会监督的方法方式很多，促进社会对标准实施的监督，让违法失信者广泛接受人民群众的各种监督，是市场治理的基本要义，是市场成熟的必然要求。

三、监督检查的程序和结果

（一）监督检查的程序

我们必须认识到，企业是标准实施监督的主体。根据 GB/T 35778—2017 的 8.2.4 和 8.2.5，企业对标准实施的监督检查程序主要流程如图 6－29 所示。

（二）监督检查的结果

企业对标准实施的监督检查结果应形成记录或文件，作为考核、改进的依据。对于监督检查结果，可有如下处置方式：

1. 完善企业标准体系

企业标准实施的监督检查活动围绕着企业标准体系核心开展。监督检查的结果也将应用于企业标准体系的完善，不断更新、完善适应企业发展的标准，剔除落后或不能满足企业需要的标准，使企业标准体系处于阶段性动态管理状态；借助标准信息化管理系统，开展标准研究和分析工作。做好企业标准体系建设工作，可以使企业的标准构成全面成套、相互协调、层次清晰的执行体系，形成紧密联系的有机整体，使企业各项生产经营活动保持有序和良性发展，为数字化企业建设提供坚实的保障，为企业高质量发展和业务转型奠定基础。

2. 开展针对性标准宣贯

标准实施的重要基础就是相关标准的宣贯，而标准实施监督检查结果可以发现标准执行过程中因宣贯不到位导致的问题，便于针对性地开展标准宣贯。标准宣贯可采用举例讲解，对标准实施的薄弱环节进行单项强调宣贯，对执行较好的标准进行经验分享，也可针对执行较差项目组成员、部门人员或个别人员进行针对性条款宣贯。可邀请标准起草人员进行答疑和标准起草目的说明，增强受训人员对标准的理解，消除部分人员因不理解标准导致的标准不执行，不断提高全员标准化意识。对于新发布的标准，通过实施一段时间后的监督检查结果，了解大部分人员对标准的掌握程度，开展大范围的集中化宣贯，筑牢标准实施的理论基础。

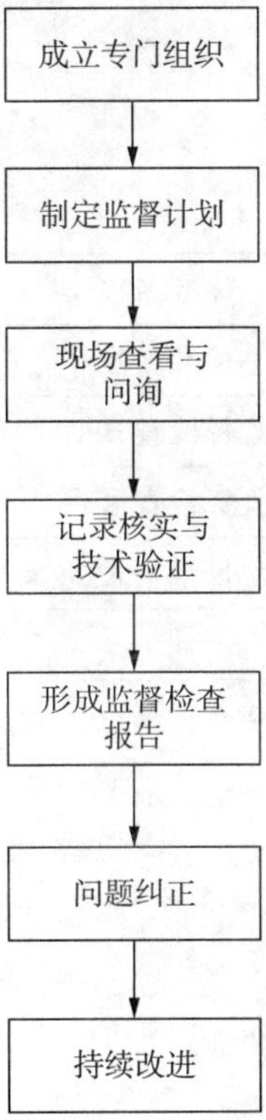

图 6－29　监督检查程序流程图

3. 建立监督检查机制

通过标准实施监督检查工作总结，不断总结检查过程中不同检查对象、不同标准、不同产品、不同人员的特点，进行梳理和总结，提炼、分类不同情形的检查形式、检查重点、检查时机，形成并不断完善检查方案的制定指南，建立一套高效的检查机制，使监督检查工作程序化、规范化、专业化，培养一批可信赖的监督检查团队，为标准实施的监督检查工作提供保障。

4. 形成考核激励规则

标准实施的监督除了督促各类标准的有效实施，通过监督检查结果的应用，与项目组、部门或个人工作绩效建立联系，在标准化管理机构统一领导下，形成考核激励规则。激励自觉执行标准、勇于优化标准的组织或个人，形成人人参与标准化工作的良好氛围，调动全员维护标准严肃性的积极性。

案例

《企业标准实施的监督检查登记表》样表

企业标准实施的监督检查登记表

编号：

标准名称	
标准编号	
监督检查日期	
监督检查形式	
监督检查人员	
监督检查记录	
监督检查概况：	
标准实施中存在的问题和建议： 监督检查组负责人：　　年　月　日 标准化部门负责人：　　年　月　日	
注：每进行一次监督检查，由监督检查负责人填写本表格并签署，经标准化职能部门负责人审查签署后，送标准项目负责人保存。标准项目负责人将此表格放入标准档案盒保存。	

【本章小结】

(1) 国家实行企业标准自我声明公开和监督制度。企业应当公开其执行的强制性标准、推荐性标准、团体标准或者企业标准的编号和名称；企业执行自行制定的企业标准的，还应当公开产品、服务的功能指标和性能指标。

(2) 国家鼓励团体标准、企业标准通过标准信息公共服务平台向社会公开。企业应当按照标准组织生产经营活动，其生产的产品、提供的服务应当符合企业公开标准的技术要求。

(3) 企业标准随机抽查事项包括以下四个方面：标准技术要求是否低于强制性国家标准；标准内容是否做到技术上先进、经济上合理；标准编号和名称是否符合规定；标准功能指标和性能指标是否公开。

(4) 企业标准化最重要的任务是实施标准。在实践中，企业实施企业标准体系的各类标准，既包括自己制定的企业标准，也包括与企业相关的国家标准、行业标准、地方标准、团体标准等。

(5) 实施标准的工作涉及企业生产、经营、工艺、技术、管理、岗位等各个方面。一般说来，标准实施分为计划、准备、实施、检查、总结五个步骤进行。

(6) 标准的直接应用通常涉及生产服务、组织管理、贸易交流、检测检验、合格评定、技术交流等方面。标准的广泛直接应用，也就是标准的功能得以发挥，标准确立的技术规则得到遵守、实施的过程。

(7) 企业标准实施监督检查内容包括：实施标准的资源与满足标准实施要求的符合情况、关键点各项控制措施的完备情况、员工对标准的掌握程度、岗位人员作业过程与标准的符合情况、作业活动产生的结果与标准的符合情况。

(8) 标准监督检查的方式主要包括：企业对标准实施的监督、政府对标准实施的监督和社会对标准实施的监督。

【思考题】

(1) 结合实际，说明企业如何自我声明公开所执行的企业标准。

(2) 简述标准实施的具体要求。

(3) 举例说明标准在企业中的应用。

(4) 简述企业标准实施监督检查的内容。

第七章 参与标准化活动

参与标准化活动是企业标准化工作的重要组成部分，企业应积极参与国际、国家、行业、地方以及标准团体组织的各类标准化活动。企业可以结合自身人才、技术、资金等情况，确定参与各类标准化活动的方式和内容。本章从企业视角出发，给出了企业参与标准化试点示范、标准制（修）订、标准化技术组织活动、国际标准化活动、标准化创新活动等的形式和途径，为企业参与标准化活动提供了方向和指南。企业通过参与标准化活动，就有机会将企业的技术创新成果纳入相关标准，引导行业技术的发展，使企业科技成果产业化、国际化，进而提高企业的声誉和国际竞争力。

【学习要点】

- 熟悉各类标准化试点示范的申请、管理及工作内容。
- 熟悉国家标准、行业标准、地方标准、团体标准的制定原则和程序。
- 熟悉全国和安徽省标准化技术委员会的职责及工作程序。
- 熟悉三大国际标准化组织，了解参与国际标准化活动的形式和途径。
- 熟悉企业标准“领跑者”等活动的主要任务和政策措施。

第一节 参与标准化试点示范

引 例

《标准化法》第三十一条规定：县级以上人民政府应当支持开展标准化试点示范和宣传工作，传播标准化理念，推广标准化经验，推动全社会运用标准化方式组织生产、经营、管理和服务，发挥标准对促进转型升级、引领创新驱动的支撑作用。

一、参与标准化试点示范目的与作用

试点是为了探新路，示范是为了树标杆。标准化试点示范是标准实施推广的重要手

段。试点示范通过典型经验促进相关标准在各领域的普及与推广，推动标准化工作在各行各业落地生根。标准化试点示范工作在促进生产方式转变和产业结构调整方面发挥了积极的引导、辐射和带动作用。企业通过参与标准化试点示范，可不断增强全体员工的标准化理念，促进标准实施与持续改进，提高产品质量、服务质量和管理水平，提升企业知名度和竞争力。

企业参与标准化试点示范是企业自主实施标准的重要形式和途径之一。近年来，国家、行业、各地标准化管理部门通过推进和建设试点示范项目，有力地促进了标准的推广实施，对经济社会发展起到了积极的支撑、助推或引领作用。目前标准化试点示范项目主要有：农业标准化示范区、服务业标准化试点、社会管理和公共服务综合标准化试点、循环经济标准化试点、高新技术产业标准化示范区、消费品标准化试点、标准化良好行为企业试点、农村综合改革标准化试点以及标准化服务业试点等。截至 2020 年底，各地开展国家级、省级各类标准化试点示范建设项目 26285 个，其中国家级标准化试点示范项目 7118 个，详见表 7－1 所列。多年的试点示范实践，丰富了标准实施的内涵，强化了标准实施与推广，为新时期标准化工作全面深入开展、更有效服务于经济社会发展探索出新的路径。

表 7－1　标准化试点示范项目数量统计表

项目类别	国家级	省级
农业标准化示范区	4305	8453
农业综合改革标准化试点	149	216
新型城镇化标准化试点	52	26
服务业标准化试点	913	3439
服务业标准化示范	100	168
社会管理和公共服务综合标准化试点	636	975
高端装备制造业标准化试点	49	55
循环经济标准化试点	99	171
节能标准化试点	41	66
高新技术产业标准化示范区	46	479
消费品标准化试点	30	5
团体标准化试点	181	538
标准化良好行为企业试点	222	3737
国家技术标准创新基地	50	18
标准化服务业试点	86	2
农业标准化区域服务与推广平台	34	—
国家基本公共服务标准化试点	44	2
其他	81	835
合计	7118	19185

二、标准化试点示范的主要工作内容

（一）关注标准化试点示范情况

为确保试点示范实现预期的经济社会效益，企业应关注各级标准化管理部门、行业组织开展的标准化试点示范项目情况，在开展试点示范之前，应当对试点示范的对象和内容进行筛选，选择确定项目后申报实施。

1. 明确试点示范的目的、内容、条件和要求

企业应当及时了解有关标准化试点示范项目信息，吃透并理解试点示范的目的、内容、条件、要求以及申请程序。在开展标准化试点示范活动之前，企业应当明确开展标准化试点示范活动的具体目的，确定哪些内容是试点示范的重点，并对参与标准化试点示范的对象提出具体的条件和要求，使试点示范工作从一开始就有明确发展方向，整体工作目标明确、思路清晰。目前，农业标准化示范区、服务业标准化试点（示范）、社会管理和公共服务综合标准化试点、循环经济标准化试点、高新技术产业标准化示范区、标准化良好行为企业试点等试点示范活动，国家及地方标准化管理部门已经出台相应的管理办法或文件，对试点示范的目的、内容、条件、要求等方面都有较为明确的规定，有意参与试点示范的企业，应当及时了解这方面的内容和要求，在申请实施、管理试点示范的过程中，做到心中有数、有的放矢，严格按照试点示范管理规定开展工作，增强工作的有效性。

2. 企业申报试点示范应注意的要点

（1）自愿申报

申报单位出于自身发展需要，在了解管理者和组织者公布的试点示范目的、内容、条件、要求以及申请程序等情况下，自愿提出承担有关试点示范项目的申请。申报单位申请试点示范的主观目的应与有关试点示范的管理要求相符。

（2）诚实可信

申报单位的申报材料、汇报内容，都应当诚实可信。特别是对于申报者而言，不可为了获得试点示范项目而片面强调其好的和有利的一面，夸大其规模、业绩和能力，弱化或回避其不足和不利的内容。

（3）标准化意识

申报单位应通过申报材料、现场汇报等途径向管理者表示标准化意识，特别是承担标准化试点示范的意愿。申请者标准化意识主要体现在以下几个方面：领导对标准化工作的重视程度、员工对标准化工作的认识，单位在标准化工作方面的人员配备、资金投入，以及标准化工作推进时间、程度及成效等。

（4）注重标准化工作基础

参与各类标准化试点示范工作都需要具备一定的工作基础，不是所有业内单位都可以承担标准化试点示范任务。对于不具备工作基础的申请单位，应当在改进其工作条件、具备工作基础后再申报承担试点示范任务。标准化工作基础主要包括：软硬件设施，标准化人员队伍，一定的技术水平，必要的产品和服务质量要求，参与标准化活动经验等。不同类型的标准化试点示范，对工作基础要求的侧重点存在较大差异，如工业和战略性新兴产业领域的标准化试点，可能侧重于技术水平和硬件设施，服务业领域可能更侧重于软件和

员工队伍素质，在选择时应当根据具体的试点示范内容，进行具体分析确定。

3. 申请承担标准化试点示范项目

通过对试点示范项目的了解，企业根据自身情况，对试点示范工作有了一定的认识，确定参与试点示范项目。此时应当及时按照有关管理规定，填写申请材料或有关资料，正式提交愿意承担试点示范工作的书面申请。在管理单位受理申请审核，发现与申报要求不符合的，及时修改重新再上报。

（二）做好标准化试点示范实施

试点示范项目确定之后，承担单位应当立即着手开始实施。为确保试点示范取得应有的成效，承担单位应当围绕既定的目标，按照一定的原则和程序，扎实做好各项工作，确实推进标准体系及各项标准的全面实施，圆满完成试点示范任务。一般而言，标准化试点示范主要开展以下工作：建立标准化试点示范项目创建机构，确定组织、明确职责；制订实施计划、方案，明确目标、进度、措施等内容；收集、制定相关标准，构建标准体系；组织实施标准，并按进度推进标准化试点示范项目的其他工作；根据实施进度，进行项目中期评估，及时改进存在的问题；在项目期限到达前，按照项目要求进行自我评价，形成自我评价报告并将其纳入确认申请资料，申请确认验收。为做好上述工作，企业应重点把握以下环节：

1. 组织准备

试点示范承担单位应当根据各类试点示范工作管理的要求和需要，加强对工作的统一领导，在组织上保障试点示范各项工作的有序推进和实施，在实际过程中，可以成立试点示范工作领导小组，成员由最高管理者（或企业标准总监）及主要参与单位或部门的负责同志组成，负责管理、督促各项工作的落实。明确标准化专（兼）职人员，必要时，可同时成立技术工作小组、后勤保障工作小组等一些专门小组，分工协助各项具体工作，细化工作任务、目标以及促进各项具体工作的落实。

2. 物质准备

物质准备主要指标准化试点示范及标准实施前或过程中，设施设备、材料、能源、资金等必要的物质准备工作。做好充分物质准备工作，可以保障标准化试点示范更加有序推进并取得预期效果。如果预计到进行试点示范各类工作时会存在资金或物质上的准备不足，那么应当尽早做出预案，提前想办法进行补充。有一些是不可预计的客观因素造成的，也有一些是由于事前预计不足等主观原因造成的，应当尽量避免由于主观因素造成的物质准备不足；同时，对客观因素造成的资金及物质不足，也最好有预案予以应对。

3. 技术准备

实施标准化试点示范需要承担单位具备一定技术基础作支撑，需要有一定的技术人才储备，特别是一些技术要求高的试点示范，如战略性新兴产业标准化试点。在实施前，试点示范工作承担单位应当对照试点示范工作要求，以及将要实施的主要标准内容，了解实施过程中需要运用的技术有哪些，需要什么样的技术人才、试验条件、软硬件要求等等，对于不具备的条件或要求，最好在试点示范前采取具体的措施予以解决。

4. 意识准备

标准化试点示范工作是一项自愿实施的工作，要使工作取得长远的成效，而不仅仅是在试点示范期间取得积极进展，这就要求在实施试点示范时，将提高全员标准化的意识放在最突出的位置，通过各种措施，让更多的人牢固树立标准化的理念，在各个环节、各个岗位以及各项具体工作中自觉实施标准化。如果通过试点示范，全员标准化的意识切实得到了提高，在试点示范活动结束之后，试点单位的人员还能够自觉实施标准化，持续开展标准化活动，那么这个试点示范就是成功的、有成效的；反之，全员标准化的意识未能得到了明显提高，即使试点示范期间效益十分显著，这个试点示范仍然是不成功的、无效的。

5. 人才培养

各项试点示范工作的开展，关键靠人才。试点示范工作的成效之一，就是培养一批既懂专业又懂标准化的复合型人才。在试点示范过程中，要从一开始就将人才培养作为一项重要内容，列入试点示范的重点工作，有计划、有重点地培养一批关键人才。同时，试点示范工作中要坚持在使用中培养、培养中使用的原则，尽可能能发挥人才的作用，实现人尽其才。

6. 管理和技术并重

在实施试点示范过程中，不仅要重视将技术内容转化形成标准、推广实施现行有效的技术标准，更要注重将标准化的理念和内容融入试点示范单位的日常管理工作之中，运用标准化的手段规范管理活动，提升管理水平，实现管理和技术并重。只有管理者带头实施标准化，管理工作中真正融入标准化的元素，才能切实推动试点示范工作取得实质性和长期的进展；反之，只有技术人员推广实施标准，或者仅仅在技术方面实施标准化，不能算是真正实施标准化，试点示范的成效也很难有保障。

7. 实施和完善同步

标准化试点示范必然要实施各类标准，标准实施过程中难免会发现标准中存在的不科学、不合理或者不符合当前实际的地方，或者有些地方需要制定新的标准，这就需要对标准及标准体系及时进行修订、完善，之后再继续推广实施，从而实现一种持续改进的良性循环。因此，在试点示范过程中，保持标准推广实施与标准体系完善的同步性很有必要，在各级各类试点示范中，往往会由于各种客观情况，出现两者脱节，甚至在试点示范结束时，还发现有的标准存在明显不科学、不合理之处，未能及时修订过来，这与试点示范的目的十分不符，应当尽可能地避免。

（三）坚持标准化试点示范长效管理

验收合格的标准化试点，应当是能够持续起到示范带动作用的试点，已具备一定组织能力的试点。所以，试点在验收合格后，需要加强后续管理，持续改进是保障试点示范工作不断提升的重要措施。这种长效管理主要指通过自身执行或外部的检查等方式，发现标准体系内容或实施工作存在的不足，并予以改进，实现良性循环的系列活动。标准化试点示范中的持续改进，既包括对标准体系内容的改进，也包括对标准实施其他工作的改进。推动试点建设形成持续改进机制和固化模式，促进其再上一个台阶，真正使试点走上自我运行的可持续道路。

1. 建立试点可持续推进的长效机制

通过试点建设形成特有的产品规模，创建产品品牌，提高市场占有份额，提高标准化试点的市场影响力和社会知名度；强化企业的责任意识，形成试点可持续推进的长效机制。

2. 试点的组织机构常态化运行

试点单位组织领导机构、工作机构不解散，常态有效运行；相关人员的配备到位，其工作职责明确，工作力度不减，保持工作的连续性；加强对试点后工作的管理，指导各相关部门按照工作的有关要求继续推动标准体系的日常维护和标准的实施。

3. 加强对标准体系的动态维护

标准化试点后应坚持维护其标准体系的有效性。通过对标准体系进行维护，可以发现建立和实施的标准体系在结构、功能等方面的缺陷，以及在服务、生产、经营和管理各项活动中存在的不足，并通过制定纠正措施和持续改进，进一步完善标准体系，改进过程，提高质量，实现效益最大化。标准体系的维护，主要是在标准实施中对发现标准体系及标准内容不科学、不合理的地方，应当及时提出，按需求对现有标准进行修订或制定新标准的，可按照规定权限，上报标准的管理单位处理，或自行组织制定、修订现有标准。通过定期、不定期的标准查新，确保标准体系内的标准为现行有效的、合法的标准，标准的制（修）订及管理符合相关法律法规和标准的规定。

（四）参与标准化试点示范技术路径

通过对历年各类标准化试点示范典型案例及成功经验的分析和提炼，可以得出标准化试点示范的共性特征，以及开展标准化试点示范工作的技术路径。技术路径可以归纳为健全组织管理机制、策划项目申报、组织项目申报、推进项目实施、标准实施与监督、效果评价与改进、项目验收、成果巩固与示范带动等重要环节，同时需要相应的强力组织领导、资金、技术支撑、合理的进度安排、良好的氛围营造等保障措施，其关系如图 7－1 所示。试点单位按照技术路径要求开展标准化工作，可更好地理解标准化试点示范工作目标、工作方法和工作内容，达到标准化试点示范的评估要求。

三、主要标准化试点示范项目介绍

（一）企业标准化良好行为

1. 企业标准化良好行为简介

企业标准化良好行为，即企业按照 GB/T 15496—2017 等企业标准化工作系列国家标准的要求，运用标准化原理和方法，建立健全包括产品实现标准、基础保障标准、岗位标准在内的企业标准体系，已在生产经营等各个环节实行标准化管理，并且取得了良好的经济效益和社会效益。

为适应我国加入世界贸易组织和建立社会主义市场经济体制的需要，加强企业标准化工作，引导企业提高质量水平和管理水平，提高企业市场竞争力，在贯彻实施企业标准化工作系列国家标准的基础上，2004 年国家标准化管理委员会发布《关于开展“标准化良好行为企业”试点工作的通知》（国标委农轻〔2004〕12 号），决定在全国开展“标准化良好行为企业”活动，并首先在有条件的企业进行试点。同年 12 月，国家标准化管理委员会又发布了《关于做好“标准化良好行为企业”试点确认工作的通知》（国标委农轻〔2004〕93 号），进一步明确本次试点确认工作由国家标准化管理委员会统一负责，各省、

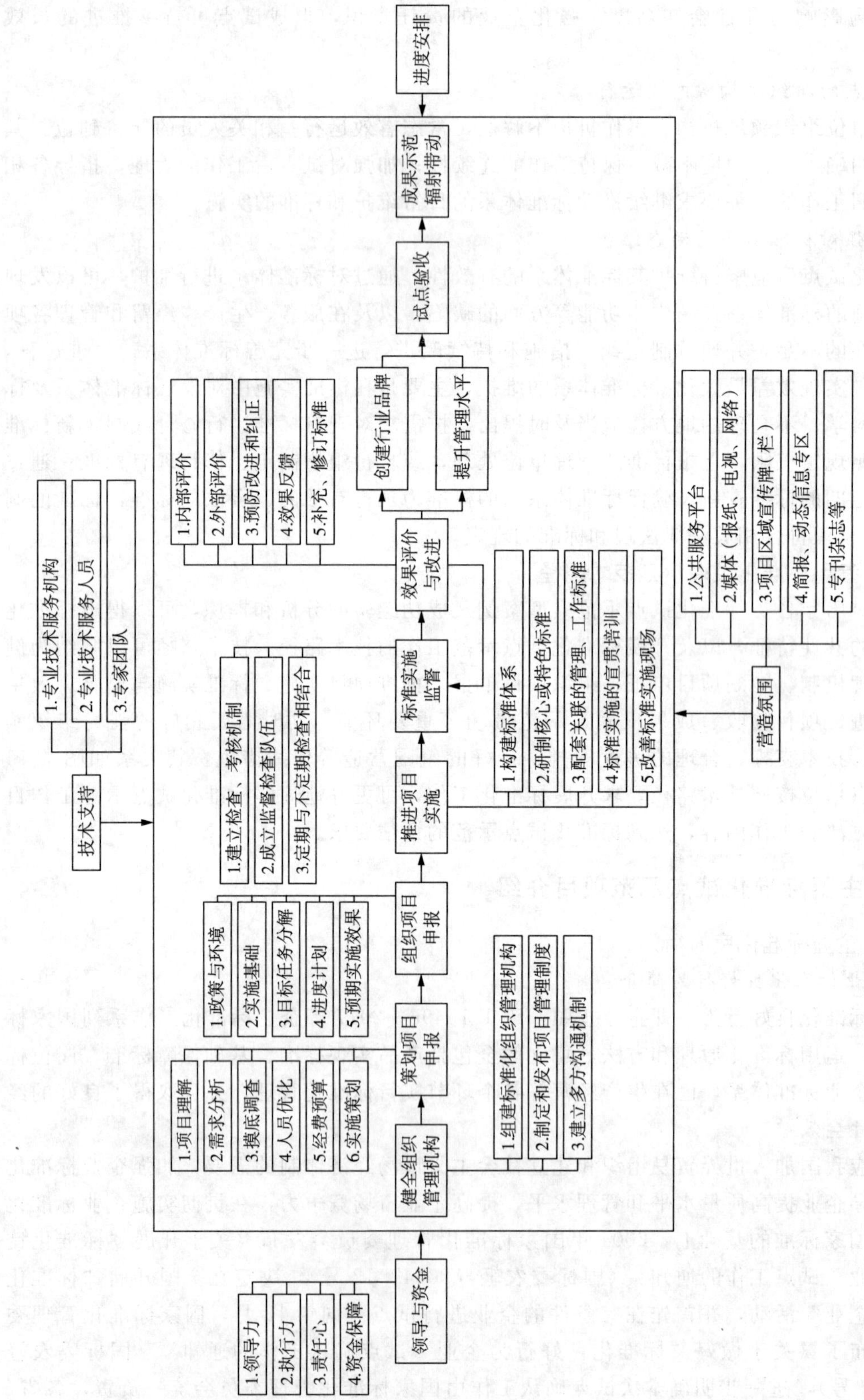

图7-1 标准化试点示范的技术路径示意图

自治区、直辖市标准化行政主管部门组织实施，标准化良好行为企业确认工作在全国展开。

2017 年，新修订的企业标准化工作系列国家标准发布实施，适应了标准化工作改革的需要，解决了与质量管理体系等其他管理体系文件融合的问题，对提高企业科学管理水平，实现经营方针、目标有着重要意义。自 2019 年 6 月以来，中国标准化协会倡导创建了"政府引导、市场驱动、多元参与、自评为主、分工负责、规范有序"的企业标准化良好行为评价新机制，企业可以在企业标准化良好行为服务平台（http：//www.gspchina.org.cn/）自愿申请，自主选择第三方评价机构开展评价。评价机构指派评价专家依照 CAS/GSP 001—2021《企业标准化良好行为评价与管理准则》要求开展评价，结果公示无异议后可获"标准化良好行为"证书。

2. 创建标准化良好行为工作

创建标准化良好行为工作流程如图 7－2 所示。

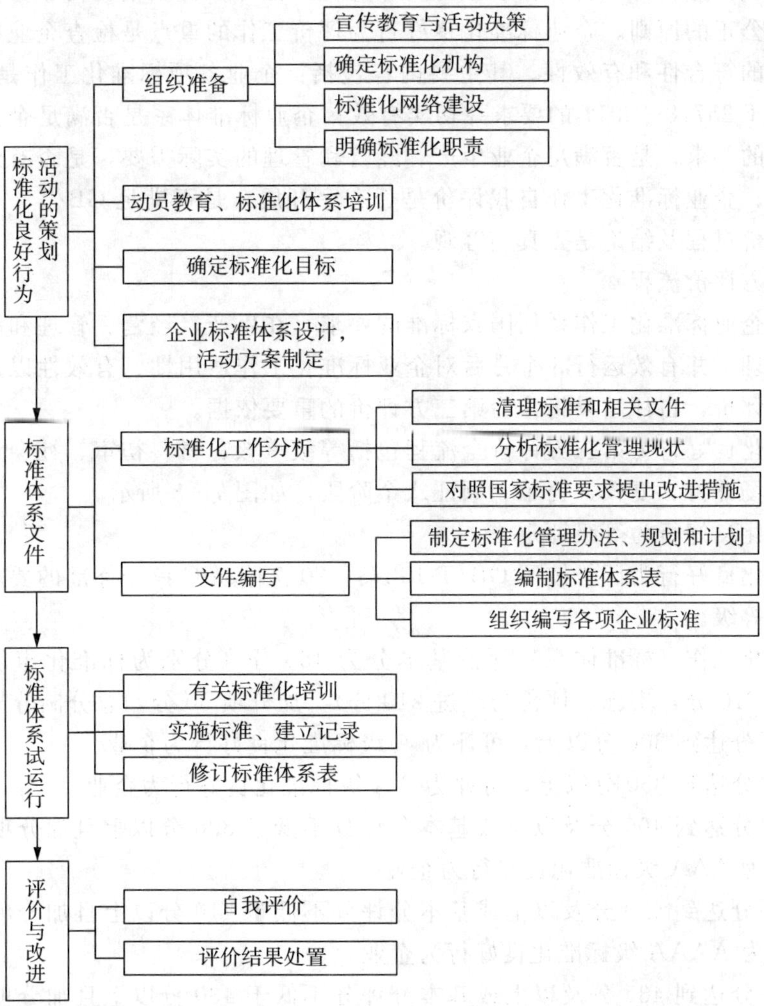

图 7－2 创建标准化良好行为工作流程

3. 企业标准化良好行为评价

企业标准化良好行为评价是对企业标准化工作、企业标准体系以及体系运行的效果是否符合 GB/T 35778—2017 等五项企业标准化工作系列国家标准而实施的第三方评价活动。

(1) 评价的依据、原则和内容

企业标准化良好行为评价的依据:

① 国家有关的方针、政策。

②《标准化法》及相关法律、法规和强制性标准。

③ 企业标准化方针、目标。

④ GB/T 35778—2017、GB/T 15496—2017、GB/T 15497—2017、GB/T 15498—2017、GB/T 19273—2017 等国家标准。

⑤ 企业标准化及企业标准体系相关文件。

企业标准化良好行为评价工作应坚持自评为主、他评佐证、信任为本、公开透明、实效为先、客观公正的原则。企业标准化良好行为评价工作的重点是检查企业标准化工作及企业标准体系的符合性和有效性。其主要内容包括:企业各项标准化工作是否有序开展,是否满足 GB/T 35778—2017 的要求并切实有效;企业标准体系是否满足企业标准化工作系列国家标准的要求,是否满足企业生产、经营和管理的实际需要,是否有效运行以及运行的效果如何;企业标准化工作自我评价是否有序开展,是否满足 GB/T 19273—2017 的评价要求,评价过程及结论是否真实客观。

(2) 第三方评价流程

企业按照企业标准化工作系列国家标准的要求,在生产、经营、管理和服务的全过程实行标准化管理,并有效运行 3 个月后对企业标准化工作适用性、有效性以及标准化管理水平进行自我评价,自评结果将作为第三方评价的重要依据。

企业标准化良好行为第三方评价全流程包括等级审核、材料初审、社会评价、非现场评价、专家现场评价、复核、公示、颁证八个阶段,如图 7-3 所示。

(3) 标准化良好行为等级评定

企业标准化良好行为评价按照 GB/T 19273—2017 附录 C 评分标准的要求确定企业标准化良好行为等级。

企业标准化工作(标准体系)评价基本分为 450 分(分别为标准化组织机构 30 分,企业标准体系 210 分,实施、评价与改进 210 分),加分项 50 分,总分满分 500 分。

① 总分评分达到 300 分以上,可评为 A 级标准化良好行为企业。

② 总分评分达到 350 分以上,可评为 AA 级标准化良好行为企业。

③ 基本评分达到 400 分及以上或基本分评分不低于 390 分以上且加分项评分达到 15 分以上,可评为 AAA 级标准化良好行为企业。

④ 基本评分达到 420 分及以上或基本分评分不低于 410 分以上且加分项评分达到 20 分以上,可评为 AAAA 级标准化良好行为企业。

⑤ 基本评分达到 435 分及以上或基本分评分不低于 430 分以上且加分项评分达到 30 分以上,可评为 AAAAA 级标准化良好行为企业。

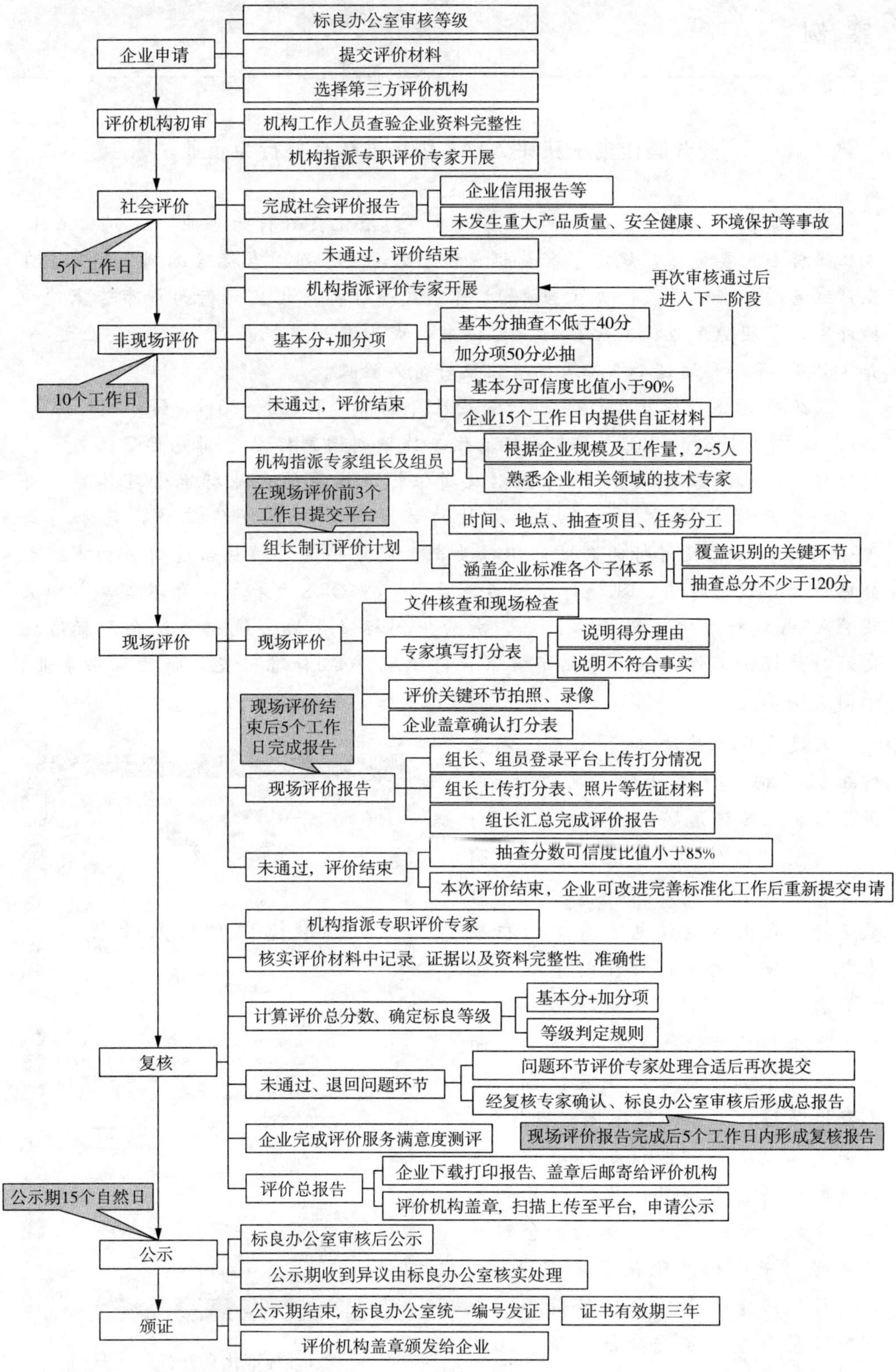

图 7－3　企业标准化良好行为第三方评价流程

案 例

安徽康佳电子获评 AAAA 级标准化良好行为企业

安徽康佳电子有限公司于 2013 年开始“标准化良好行为企业”的创建工作，成立了标准化委员会，规定了人员职责和分工，按系列国家标准编制了指导企业生产经营的标准体系表，并于当年 11 月正式通过标准化良好行为评审专家组现场评审，荣获 AA 级标准化良好行为证书，成为滁州首批获此认证的企业之一，并于 2017 年顺利通过 AAA 级标准化良好行为验收。

2020 年，公司根据 GB/T 35778—2017、GB/T 15496—2017、GB/T 15497—2017、GB/T 19273—2017 等企业标准化工作系列国家标准重新完善了涵盖产品实现标准体系、基础保障标准体系以及岗位标准体系的企业标准管理体系，并运用到生产经营活动中。经过三个月的试运行和自我评价工作，基本符合 AAAA 级标准化良好行为企业的申报要求，同年年底，顺利通过材料初审、社会评价、非现场评价、现场评价、专家复核、平台公示等各评价环节，成功荣获 AAAA 级标准化良好行为证书，成为中国标准化协会统一组织企业标准化良好行为评价工作以来，滁州市首家获得 AAAA 级标准化良好行为证书企业，如图 1 所示。

创建过程主要有如下几点：完善的组织架构；明确目标，制订计划；强化培训，传达落实；构建标准体系；层层宣贯，执行标准；监督检查，确保实施；开展自我评价，维持体系有效运行。在全体康佳电子员工的积极参与和共同努力下，康佳电子标准化良好行为企业创建活动已初显成效，标准化工作已经深入到公司的方方面面，取得了如下成果：在疫情期，做到疫情防控标准化、程序化、规范化，率先复工复产；智能设备标准化，生产效率得到巨大提升；拟定《装卸工激励考核方案》，装卸、运输、仓储业绩明显增长；标准化设计初见成效，获省科技厅重大专项立项等荣誉；专利项目质与量有了突破性进展，2020 年共计提交专利 49 项；安全生产标准

GOOD STANDARDIZING PRACTICE

证书编号：CAS/GSP050159-2021

标准化良好行为证书

GOOD STANDARDIZING PRACTICE CERTIFICATE

AAAA

安徽康佳电子有限公司：

经自愿申请，第三方评价机构评价，你单位建立的标准体系结构合理，运行有效，标准化工作良好，符合GB/T 35778-2017、GB/T 15496-2017、GB/T 15497-2017、GB/T 15498-2017、GB/T 19273-2017国家标准要求，达到 AAAA 级。

Based on voluntary application and a third party evaluation, this Certificate certifies that your organization has established a structural reasonable, operative effective standards system that could perform good standardizing practice, complying with the requirements of GB/T 35778-2017, GB/T 15496-2017, GB/T 15497-2017, GB/T 15498-2017, GB/T 19273-2017, and awards Level AAAA

证书有效期至 2024 年 1 月 22日

This Certificate is valid until

评价机构（章）

2021 年 1 月 22日

中国标准化协会制

Made by China Association for Standardization

图 1　标准化良好行为证书

化，各项重大安全事故发生率全部为零。康佳电子通过不断完善企业的标准体系，深化标准化管理工作，用更规范、更科学的管理为企业创造效益，推动企业健康持续发展。

（二）农业标准化示范区

1. 农业标准化示范区简介

农业标准化示范区是指围绕农、林、水、牧、副、渔业等特定项目，以实施农业标准为主要内容，经申报审批，建设一定规模、组织管理完善的农业生产、加工和流通的标准化示范推广区域。目前，农业标准化示范区主要分为国家级和省级，部分地市也开展了市级农业标准化示范区的创建活动。

2007 年，为了加强国家农业标准化示范区（以下简称“示范区”）管理，推进农业实施标准化生产，充分发挥标准化在规范农业生产、经营、管理、服务等方面的重要作用，提高农业生产整体技术和管理水平，保障农产品质量安全和有效供给，实现农业现代化，根据《标准化法》和《农业标准化管理办法》等相关法律法规，国家标准化管理委员会制定了《国家农业标准化示范区管理办法（试行）》（国标委农〔2007〕81 号）。该《办法》明确规定，国家农业标准化示范区是指由国家标准化管理委员会会同有关部门和地方共同组织实施的，以实施农业标准为主，具有一定规模、管理规范、标准化水平较高，对周边和其他相关产业生产起示范带动作用的标准化生产区域。包括农业、林业、畜牧业、渔业、烟草、水利，以及农业生态保护、小流域综合治理等与农业可持续发展密切相关的特定项目。

2. 建立示范区的原则和基本条件

示范区建设要以当地优势、特色和经深加工附加值高的产品（或项目）为主，实施产前、产中、产后全过程质量控制的标准化管理。要与国家有关部门和地方政府实施的“质量振兴、三绿工程、无公害食品行动计划和食品药品放心工程”，以及各类农产品生产基地、出口基地、农业科技园区等有关项目相结合。示范区应优先选择预期可取得较大经济效益、科技含量高的示范项目，以及示范区要地域连片，具有一定的生产规模，有集约化、产业化发展优势，产品商品化程度较高。

示范区原则上按粮食、棉花、油料、蔬菜、畜牧、水产、果品、林产品等的生产、加工、流通，以及生态环境保护、营林造林工程、小流域综合治理等类型进行布局。

示范区所在地人民政府重视农产品质量安全工作，重视农业和农村经济可持续发展，重视农业标准化，将示范区建设纳入当地的经济发展规划，对示范区建设有总体规划安排、具体目标要求、相应的政策措施和经费保证；示范区有龙头企业、行业（产业）协会和农民专业合作组织带动，农民积极参与；有一定的农业标准化工作基础，有相对稳定的技术服务和管理人员。

3. 示范区建设的具体目标和任务

（1）示范区建设的具体目标

通过示范区建设，应达到以下具体目标：

① 农业生产经营标准化水平和组织化程度有较大的提高，促进农业规模化、产业化、

现代化的发展。

② 生产经营和管理者标准化意识普遍提高，特别是农民标准化生产意识与技能明显增强，形成相对稳定的技术服务和管理队伍。

③ 农业新品种、新技术、新方法等农业科技成果的转化和应用推广能力明显增强。

④ 农产品质量安全水平明显提高，形成基本的检测手段和监测能力，能够保障食品安全。

⑤ 农业生产效率、农民收入明显提高，生态环境改善，示范带动作用显著，取得良好经济、社会和生态效益。

（2）示范区建设的主要任务

以实施产前、产中、产后全过程的标准化、规范化管理为主要任务，可食用农产品生产经营要强化农田到餐桌的全过程的质量控制。主要包括：

① 在生产领域，要重点抓好产地环境标准、种质（包括种子、种畜、种禽、种苗）标准、良好农业规范（GAP）的实施，强化农药、兽药、化肥等农业投入品合理使用和安全控制规范，以及动植物检疫防疫等标准的实施。

② 在加工领域，要重点抓好加工场地环境、加工操作规范、产品包装材料、兽禽屠宰安全卫生要求、HACCP 和 ISO 22000 等标准的实施，严格加工全过程质量安全标准的实施，防止加工过程中的二次污染，严禁使用非法添加物。

③ 在流通领域，要重点抓好运输器具、仓储设备及场地环境卫生、市场准入要求、分等分级、农产品条形码、包装、标签标识等标准的实施。建立农产品追踪制度，实现农产品质量安全的可追溯性，确保流通安全和消费安全，有效地规范农产品贸易。

④ 加大优势农产品、优质专用农产品等相关标准的实施力度。

⑤ 抓好与节水、节地、退耕还林还草、改善生态环境等措施配套标准的实施。

4. 示范区申报审批程序

国家标准化管理委员会负责示范区建设规划、立项，制定有关政策和管理办法，负责示范区考核的组织管理工作。国务院有关部门和省、自治区、直辖市标准化管理部门负责本行业和本地区示范区建设的管理、指导和考核。市县标准化管理部门负责本地区示范区建设的组织实施和日常管理。具体申报审批程序如下：

（1）示范区建设项目，由所在地市县人民政府、标准化管理部门或涉农部门，也可以由农业龙头企业、行业（产业）协会和农民专业合作组织提出申请，内容包括：示范类型、示范区域、具备的条件、拟达到的目标（标准覆盖面、质量目标、经济指标、社会效益等），并填写《国家农业标准化示范区任务书》，送国务院有关部门和省、自治区、直辖市标准化管理部门初审。

（2）国务院有关部门和省、自治区、直辖市标准化管理部门依照《国家农业标准化示范区管理办法（试行）》有关规定，对申请报告和《国家农业标准化示范区任务书》进行初审，提出初审意见。内容主要包括：该申请单位申请示范内容和区域是否符合规定，已具备哪些条件，尚不具备的条件，拟采取何种改进措施等。

（3）国家标准化管理委员会组织综合评审，符合示范区总体布局和各项规定的，批准实施。对于基本条件好，积极性高，有经费保证，不需要国家经费补助的示范区项目，可由县级人民政府提出，经国家标准化管理委员会同意后，可列入国家示范区项目。

案例

绿色水稻要发展，农事标准化服务不能少

国家绿色水稻标准化示范区是安徽喜洋洋农业科技有限公司承担建设的第九批国家农业标准化示范区，位于安徽省合肥市庐江县。示范区内稻米产品全部通过中国绿色食品认证，并连续3年获得全国农交会金奖，得到政府与社会的广泛认可，有效地提升了公司农业社会化服务的能力和水平，为推动全省绿色水稻全程社会化的服务体系建设，提高粮食质量安全水平做出了积极的贡献。该示范区的主要做法如下：

以水稻全产业链标准化服务为核心。成立了庐江喜洋洋农业机械服务专业合作社，并与中化集团有限公司农业事业部合作组建MAP服务中心，开展水稻全程农事服务，通过"公司＋合作社＋农户"的模式，不断完善喜洋洋农业社会化服务项目、内容以及服务质量，形成了覆盖农资供应、机耕、工厂化育秧、机插秧、绿色植保、收获，以及农技推广等绿色水稻生产全过程农业社会化服务标准化体系。

发挥农业标准化示范区平台作用加快科技成果转化应用。结合科技部"星创天地"和安徽省科技厅职业农民创新创业科技特派员工作站，加快科技成果转化为标准，承担参与制定GB/T 37110—2018《农产品基本信息描述　谷物类》等国家、行业标准5项，地方标准7项。其中，根据示范区水稻育秧技术服务经验，制定的DB34/T 3165—2018《水稻机械化育插秧技术服务规范》已作为安徽省地方标准推广并实施，大大提升了代育代插服务的效率与客户满意度。通过开展标准宣贯、打造试验示范基地、提供科技培训等多种方式，开展农业新品种、新机械、新技术、新模式、新标准的应用和推广服务，升级完善了涵盖新品种、新技术的引进、示范、推广各环节的示范区农业科技服务体系，畅通了科技成果与生产实践之间的通道，促进了科技成果转化，使农业科技供给侧和需求侧更加紧密地相互链接、良性互动，助推水稻绿色生产、提质增效和转型升级。

探索"标准＋科技特派员＋创业主体"全产业链服务新模式。通过提供标准化多路径的农业社会化服务，进一步提升了水稻全程生产社会化服务能力。截至2020年，示范区开展机耕服务面积达6.48万亩，机插秧服务面积达9300亩，植保防治服务面积达2.6万亩，培训新型职业农民3600多人次，亩产提高12%，产值提高16%，年人均增收2100多元，大大提升了示范区水稻生产技术水平、机械化水平和农民收入水平。

该示范区以绿色水稻全产业链生产与服务为核心，开展农业标准化实践应用，在构建国家标准、行业标准、地方标准和企业标准相互配套、互为支撑的绿色水稻标准体系的同时，建立起绿色、优质、高效、集约化的现代农业生产服务体系，先后建立标准化种植示范基地2.6万多亩，带动农户760多户。

（三）服务业标准化试点

1. 服务业标准化试点简介

近年来，各地积极开展服务业标准化试点工作，取得了一定的成效。实践证明，服务标准是规范服务行为和服务市场、增强服务企业自律和调整服务企业与消费者关系的重要技术支撑；推进服务标准化工作是构建和谐社会、建立诚信服务的具体措施，也是优化服务产业结构、促进服务业可持续发展的重要手段。为加快服务标准化工作的深入开展，提高我国服务业的整体水平，促进我国和谐社会的建设，2007 年国家标准化管理委员会、国家发展和改革委员会等六部委下发《关于推进服务标准化试点工作的意见》（国标委农联〔2007〕7 号），决定在全国范围内进一步推进服务标准化试点工作。为推动服务业标准化试点工作的有序开展，更好发挥标准化对服务业发展的促进作用，培育服务品牌，2009 年国家标准化管理委员会、国家发展和改革委员会联合制定《服务业标准化试点实施细则》（国标委服务联〔2009〕47 号）。

《服务业标准化试点实施细则》规定，服务业标准化试点是指由国家标准化管理委员会和国家发展和改革委员会牵头，并会同国务院有关部门和地方质量技术监督局（现市场监督管理局）、地方有关部门共同组织，开展以建立和实施服务业标准体系为主要内容，以实现管理规范、服务质量良好、顾客满意度高为目标的探索性活动。试点分为国家级试点和省级试点。国家级试点工作由国家标准化管理委员会和国家发展和改革委员会牵头组织和管理，并会同国务院相关部门共同推进。省级试点工作由各省、自治区、直辖市质量技术监督局（现市场监督管理局）及发展和改革委牵头组织和管理，并会同相关部门共同推进。国家级试点原则上应在省级试点工作成功的基础上建设。本细则适用于开展国家级服务业标准化试点的建设工作，省级试点建设可参考执行。

2. 服务业标准化试点基本原则

服务业标准化试点工作按照“政府推动、部门联合、企业为主、有序实施”的模式进行推进。推进试点工作应遵循以下原则：

（1）标准的制定与行业发展要求相结合。服务标准的制定过程和实际内容要体现行业特点，满足行业发展需求，内容及时更新。

（2）标准的实施与规范行业行为相结合。服务标准的实施过程要立足于规范服务业行为，提高服务业管理水平和市场竞争力，维护服务提供者和消费者的合法权益。

（3）标准的实施效果评价与持续改进相结合。推广实施服务标准要因地制宜、注重实效，要通过对实施效果的评估，不断摸索和总结经验，修订标准、改进实施方法，不断提高服务标准化效果。

（4）试点效果与创建服务品牌相结合。将创建服务品牌作为衡量实施效果的重要指标，引导服务企业向标准化、品牌化的方向发展。

3. 服务业标准化试点的条件、申请与受理

试点单位可以是服务性企事业单位、一定行政区域内的服务行业、服务企业较集中的区域及区域性综合服务机构（以下分别简称试点企业、试点行业、试点区域）。

（1）试点的基本条件

服务业标准化试点应具备的基本条件见表 7－2 所列。

表 7－2　服务业标准化试点基本条件

试点企业	试点行业和试点区域
① 具备独立法人资格，能够独立承担民事责任 ② 诚信守法，企业三年内未发生重大产品（服务）质量、安全健康、环境保护等事故，未受到市级以上（含市级）相关部门的通报、处分和媒体曝光 ③ 服务能够体现行业特色，对其他行业具有明显的示范带动作用 ④ 企业的市场占有率和经济效益排名位于本地区同行业前列，具有良好的发展潜力 ⑤ 具有一定的标准化工作基础，设立标准化管理机构并配备专兼职标准化人员，最高管理者具有较强的标准化意识	① 所在地政府重视标准化工作，能够为试点提供政策、资金及其他支持 ② 开展试点的行业应为当地的支柱产业，在地方国内生产总值中占有较大比例 ③ 试点行业和试点区域应有统一的管理机构作为组织实施部门 ④ 试点行业和试点区域内的主要服务企业应当自愿参与，参与试点的企业数不得少于本行业或本区域内服务企业总数的 50%

（2）试点的申请与受理

试点申请由服务性组织/区域自愿提出，填写《服务业标准化试点申请表》、《服务业标准化试点任务书》、实施方案，并经试点承担单位、保证单位、参加单位及管理单位盖章后上报。

试点申请由省、自治区、直辖市质量技术监督局（现市场监督管理局）负责受理。受理单位应在接到申请后的 10 日内完成对申请单位提交的申请材料符合性进行审核。对于符合条件的申请单位，由省、自治区、直辖市质量技术监督局（现市场监督管理局）商发展和改革委等有关部门，并汇总报国家标准化管理委员会，由国家标准化管理委员会商国家发展和改革委员会确定后下达。

4. 试点工作的主要目标和任务

（1）试点工作的主要目标

试点工作的主要目标有：

① 试点单位服务提供的各个环节应有标准可依，标准齐全，标准覆盖率达到 80% 以上。

② 与本行业、本单位有关的国家标准、行业标准、地方标准和企业标准应得到有效实施，实施率达到 90%。

③ 试点单位的服务质量符合标准要求，服务行为规范，顾客满意度达到 90%以上；

④ 形成具有行业特点与优势的服务品牌。

（2）试点工作的主要任务

试点工作的主要任务见表 7－3 所列。

表 7－3　服务业标准化试点主要任务

主要任务	具体任务
建立健全标准体系	试点单位应根据服务提供的实际需要构建科学合理、层次分明、满足需要的标准体系框架，编制标准体系表。标准体系应在组织内部有效运行

（续表）

主要任务	具体任务
制定相关服务标准	试点单位应围绕顾客需求，结合生产经营实际，确定标准化对象。搜集并采用现行的相关国家标准、行业标准、地方标准及法律法规；若无相应国家标准、行业标准、地方标准的，应制定企业标准。制定企业标准时，应积极采用国际标准
开展标准的宣传培训	试点单位应有计划地对管理、工作人员开展标准化基本理论和标准化专业知识的培训，提高服务业标准化意识；结合本行业、本单位的实际需要，开展各类相关标准的宣传与培训，使全员了解、熟悉并掌握标准要求，增强执行标准的自觉性
组织标准实施	试点单位应确保纳入标准体系表的所有标准得到实施，尤其是服务提供过程每个环节的标准均应制定实施方法和措施，确保标准的有效实施
开展标准实施评价	试点单位应建立标准实施情况的检查、考核机制，定期组织内部检查和自我评价
制定持续改进措施	试点单位应建立持续改进的工作机制，定期总结试点工作中的方法、经验并在此基础上加以推广应用，对标准实施过程中发现的问题应及时提出修订标准的建议，在不断完善标准中改进和提升服务质量
创建行业品牌	试点单位应积极开展“标准提升服务质量行动”，以标准化、规范化管理为手段，以提高服务质量和水平为目的，争创本行业服务品牌

5. 服务业标准化示范项目

为加强国家级服务业标准化示范项目（以下简称“示范项目”）的组织和管理，巩固国家级服务业标准化试点创建成果，推广示范项目成功经验，促进服务业快速发展与提质增效，2016年国家标准化管理委员会发布《国家级服务业标准化示范项目管理办法（试行）》（国家标准委公告2016年第4号），明确国家级服务业标准化示范项目是指在已通过评估的国家级服务业标准化试点中择优确定，对相关服务业发展起示范、带动、推广作用的标准化项目。示范项目包括标准化示范单位和标准化示范区两类。标准化示范单位是指服务性企事业单位；标准化示范区是指一定区域内的服务行业、服务企业较集中的区域或区域性综合服务机构。

（1）示范项目的基本条件

示范项目在已开展并通过评估的国家级服务业标准化试点项目中择优确定。示范项目应当具备下列基本条件：

① 通过试点评估。示范项目通过国家级服务业标准化试点项目评估合格时间达到1年以上。评估合格后试点项目通过持续改进，服务标准体系完善，形成了可复制、可推广的经验，各类标准有效实施，标准化社会经济效益良好，服务满意度持续提升，能够广泛宣传服务业标准化成效。

② 具有典型特色。示范项目应在全国、地区或行业具有鲜明特色和较强的示范带动作用。标准化示范区类型的项目，其参与单位数量达到区域内同类型服务单位总数的80%

以上。

③ 规范诚信守法。示范项目承担单位应规范、诚信、守法，三年内未发生重大产品（服务）质量、安全健康、环境保护等责任事故，未受到市级以上（含市级）相关部门的通报、处分和媒体曝光等。

④ 持续政策保障。示范项目所属领域应为国家政策或产业发展规划鼓励或重点支持范围，项目的标准化工作要求已纳入单位或当地发展规划，出台了明确的标准化工作保障政策、工作机制、督促考核和激励措施等。

（2）示范项目的主要任务

示范项目建设工作坚持“试点探新路、示范树标杆”的总体思路，主要遵循“政府推动、自愿申报，优中选精、动态管理，创建精品、打造品牌”的工作原则。示范项目的主要任务是：

① 标准化精品展示。示范项目应承担服务业标准化精品展示任务，形成全国性或区域性可复制、可推广的示范经验，积极组织标准化经验交流等开放性活动。公开执行的服务标准，并积极推广实施，建立规范的展示平台和服务流程。每年承担服务业标准化经验交流、观摩等活动 3 次以上。

② 标准化实践验证。示范项目应承担服务业标准化实践验证任务，制定具体措施和计划，有效实施服务业标准，评估服务业标准化效益，积极参与国内、国际相关标准化活动，每年提出制（修）订国际、国家、行业或地方标准等项目需求或相关国家标准实施情况报告等 5 项以上。

③ 标准化创新研究。示范项目应承担服务业标准化创新研究任务，能立足自身，着眼全国和行业标准化需求，创新标准化机制，探索标准化理论与方法，集聚科研、技术和人才等资源，积极承担国家、行业或地方标准的制（修）订和标准化技术组织工作。主动承担国家标准化科研任务，每年在国家级刊物上发表标准化实践或研究论文 1 篇以上。

④ 标准化宣传培训。示范项目应承担服务业标准化培训任务，大力宣传国家标准化方针政策，宣传服务业标准化成效，努力营造宣传标准、学习标准、实施标准的良好氛围。积极开展标准化人才教育和培养，承担国家标准化培训任务，培养标准化专业人才 2 名以上。在各级各类媒体宣传服务业标准化成效，每年提交示范项目工作动态 4 篇以上，在省级以上新闻媒体宣传标准化工作 2 次以上。

案例

力生生态集团创建省级服务业标准化试点成效显著

马鞍山力生生态集团有限公司主要从事团餐服务、园林工程建设、暖通维保工程、食品饮料加工、绿化养护、环卫保洁、旅游接待、酒店经营等业务。公司于 2016 年底被列入省级服务标准化试点单位后，不断提升标准化管理水平，丰富企业文化内涵，增强企业抗御风险能力，步入渐进式良性发展通道。通过全体员工的辛勤工作和不懈努力，公司实现标准化管理和服务经营新的飞跃。

通过标准化试点，公司各项服务工作得到有效规范，形成了一系列标准化工作成果。一是建立了一套服务规范、运转协调的工作机制，每个岗位都有相应的标准予以量化考核，形成“人人按标准办事”的工作机制，解决了工作效率不高、质量不均衡、程序不规范等问题。二是促进了公司制度建设不断深化，通过标准化试点，对公司现行制度进行了细致地梳理，行之有效地继续实施，不完善的进行充实提高，缺项的进行创新，过时的予以废止。三是建立了标准总监管理制度，公司按照市市场监管局《关于推行企业标准总监制度的实施意见》和《企业标准总监管理办法》的文件要求，及时安排管理人员参加标准总监培训，以优异成绩通过专项考试后，聘任为公司标准总监，全面履行公司标准化管理职责。四是提高了员工的标准化意识和服务水平，服务流程更加规范，工作效率明显提高，企业形象进一步提升。通过开展服务标准化理论和技能培训，严格实施服务标准，窗口服务人员精神面貌发生很大变化，员工的职业素养和业务素质明显进步。五是公司品牌建设及信息化工作有效加强，服务标准化试点工作开展以来，公司通过网站及时公开相关服务信息；服务质量稳定、均衡、提高，服务满意度明显上升，先后荣获“中国团餐百强企业”、安徽省质量奖等荣誉，已经成为马鞍山市家喻户晓的一流团餐服务品牌企业。

（四）社会管理和公共服务综合标准化试点

1. 社会管理和公共服务综合标准化试点简介

为促进我国社会管理和公共服务科学化、规范化，发挥标准化对加强和创新社会管理、提升公共服务水平的作用，推动社会管理和公共服务综合标准化试点工作的有序开展，培育社会管理和公共服务标准化品牌，2013 年国家标准化管理委员会等 25 个部委联合印发《社会管理和公共服务综合标准化试点细则（试行）》（国标委服务联〔2013〕61 号）。《细则》规定了社会管理和公共服务综合标准化试点是指由国家标准化管理委员会联合国务院有关部门共同组织，采用综合标准化方法，开展以制定标准、组织实施标准、对标准实施进行监督为主要内容，以实现管理规范、服务质量良好、公众满意度高为目标，促进提高社会管理科学化水平、推动基本公共服务均等化、加强保障和改善民生的探索性活动。

2. 社会管理和公共服务综合标准化试点基本原则

试点工作应当按照政府推动、部门联合、自愿申报、有序实施的总体要求开展。试点工作应当遵循以下原则：

（1）与创新社会管理，提升公共服务水平，建设服务型政府需求相结合。

（2）与规范服务行为，提升服务质量，维护服务提供者和公众的合法权益相结合。

（3）与维护社会公平正义，促进公共服务均等化相结合。

3. 社会管理和公共服务综合标准化试点的条件、申请与受理

试点单位原则上应当是具有社会管理、公共服务职能的机构或者组织。主要包括政府主导、依法承担对社会事务和社会生活进行管理、规范与协调等职能的机构或者组织，以及由政府主导、具有提供与经济社会发展水平和阶段相适应、旨在保障全体公民生存和发展基本

要求等基本公共服务和公共物品的机构或者组织。试点单位应当具备下列基本条件：

（1）具有明确的社会管理、公共服务职能，能够独立承担法律责任。

（2）具有一定的标准化工作基础，有标准化管理机构及专兼职标准化人员，主要负责人具有较强的标准化意识。

（3）三年内未发生重大服务质量、安全、环境保护等事故，未受到相关部门的通报批评、行政处分，以及被媒体曝光造成严重社会影响。

（4）所在地政府重视标准化工作，能够为试点创建提供政策、资金及其他支持。

自愿申请试点的单位应当填写《社会管理和公共服务综合标准化试点申请书》，经试点承担单位、参加单位、保证单位、业务指导单位及管理单位同意后报送。试点由各省、自治区、直辖市相关行业主管部门组织推荐，经审查符合规定的，提交省级联席办公室。省级联席办公室应当组织成员单位对试点申请进行统一审核，确定后以省级联席办公室名义上报部级联席办公室，同时抄送省级人民政府。省级联席会议成员单位可以将有关情况报送国务院相关行政主管部门。部级联席办公室统一受理试点申请。收到省级联席办公室报送的申请后，应当组织相关成员单位进行审核，对符合要求并协商一致的，由部级联席办公室下达试点建设任务，也可以由国家标准化管理委员会和国务院相关部门联合下达试点建设任务。

4. 试点工作的主要目标和任务

试点工作应当达到下列主要目标：

（1）社会管理和公共服务的各个环节标准齐全。

（2）社会管理和公共服务的标准得到有效实施，服务行为规范，服务对象满意度提升。

（3）树立具有典型特点与优势的社会管理和公共服务形象。

试点工作的主要任务是：

（1）建立健全标准体系或者标准综合体

试点单位应当根据服务提供的实际需要，对规范社会管理或者公共服务行为构建科学合理、层次分明、满足需要的标准体系框架，编制标准明细表，并确保标准体系在组织内部有效运行。

（2）收集和制定相关标准

试点单位应当围绕公众需求，结合实际，确定标准化对象。收集并实施现行的相关国家标准、行业标准、地方标准。无相应国家标准、行业标准、地方标准的，应当制定试点单位内部标准。

（3）开展标准的宣传培训

试点单位应当开展标准化基本理论和标准化专业知识培训，提高管理过程和服务过程标准化意识，使全员了解、熟悉并掌握标准要求，增强执行标准的自觉性。

（4）组织标准实施

试点单位应当对各领域、各环节的标准均采取切实可行的措施，确保纳入社会管理和公共服务标准体系的标准得到有效实施。

（5）开展标准实施评价

试点单位应当建立标准实施情况的检查、考核机制，定期组织内部检查和自我评价，提升管理和服务的标准化水平。

（6）制定持续改进措施

试点单位应当建立持续改进的工作机制，定期总结试点方法、经验，并推广应用。针对标准实施过程中发现的问题，加以改进完善。

（7）创建品牌

试点单位应当争创社会管理与公共服务标准化品牌。

（8）实施记录归档

试点单位应当将相关档案及时归档，并明确保存时限。

案例

国家煤化工产品质量监督检验中心（安徽）的“363”模式

2021年5月，淮南市“国家煤化工产品质量监督检验中心（安徽）”承担的检验检测社会管理和公共服务综合标准化试点项目，顺利通过国家标准化管理委员会验收评估，成为全省唯一一家通过国家级检验检测类标准化试点验收的机构，为促进服务业高质量发展提供了可复制、可推广的“363”淮南经验。

构建三类别标准体系。围绕服务客户的需求，结合自身特点，采取先“自上而下”再“自下而上”的方式，逐一确定标准体系明细，通过整理、收集、制定相关标准，构建分层分类、科学合理的服务标准体系，采用和编制相关标准1142项，涵盖三个子体系，即：服务通用基础标准796项、服务保障标准61项、服务提供标准285项。服务标准体系覆盖全部服务内容以及检验检测活动的各个环节，支撑中心事业的发展。

贯穿六环节全面实施标准。中心在试点实践过程中，把标准化与质量管理的理念有机融合于检验检测日常工作之中，从检验检测工作的“人、机、料、法、环、测”六个环节全面施行标准化管理，通过制作宣传板和《应知应会手册》，强化全体职工标准化知识培训，标准化管理办公室组织各相关部门和人员按标准体系的要求运行。成立标准实施监督检查小组，确定固定监督检查人员，对标准实施过程进行全程监督检查，通过建立严格的标准体系运行监督和实施效果的评价，持续改进、逐步完善标准体系，确保标准体系有效运行。

推进三维度成效提升。通过服务标准化，增进机构、公民、社会组织间共识和信任，推进经济、社会效益、生态效益提升，连续四年获评检验检测机构分类监管Ⅰ类机构。一是有效提升检测机构经济效益，试点项目建设以来每份检验报告年度折算水、电等能源消耗约同比下降2.1%、13.1%；二是充分优化服务流程，减少服务环节，提高服务质量和效率，客户满意度逐年提高，2020年度实现零投诉；三是围绕煤化工绿色生产开展技术标准创新，主持制定行业标准1项、省地方标准3项，承担市场监管总局科技计划项目1项、省市场监管局科技计划项目3项、淮南市科技项目4项。

该标准化试点工作的成功推进，充分发挥标准化对加强和创新社会管理、提升公共服务水平的作用，标志着安徽省检验检测公共服务标准化工作迈向新阶段。

（五）消费品标准化试点

1. 消费品标准化试点简介

消费品质量事关民生福祉、事关经济发展，以先进标准引领消费品质量提升是加快建设质量强国、制造强国的重要任务。2016 年 9 月，国务院发布《消费品标准和质量提升规划（2016—2020 年）》（国办发〔2016〕68 号），随后国家标准化管理委员会积极推进相关工作，开展了“消费品标准化示范基地建设”。此项工作的推进，大力推动以先进标准引领消费品质量提升，是推动“中国制造”迈向中高端、夯实工业发展根基的有力举措，也是推进供给侧结构性改革的重要组成部分。2018 年 8 月，国家标准化管理委员公布了首批 29 个国家级标准化试点项目，集中在家用电器、纺织服装、食品化妆品、儿童用品等日常生活用品领域，格力、海尔、伊利等企事业单位成功入选。2021 年，为准确把握消费品标准化工作面临的新形势新要求，更好发挥消费品标准化对产业升级的推动作用，以高标准引领高质量发展，国家标准化管理委员会开展了第二批国家级消费品标准化试点备选项目的征集。

消费品标准化试点范围包括家用电器、消费类电子产品、家居装饰装修产品、服装服饰产品、妇幼老年及残疾人用品、化妆品和日用化学品、文教体育休闲用品、传统文化产品、食品及相关产品等 9 大重点领域的标准和质量提升需求，突出试点项目申报单位优势特色。

2. 消费品标准化试点基本条件

消费品标准化试点分为试点区域和试点单位两类，试点区域主要面向消费品产业集聚区，创建主体为市、县政府及园区；试点单位主要面向消费品行业企业和标准化技术机构，创建主体为企业或技术机构。试点区域和试点单位应具备的基本条件详见表 7 - 4 所列。

表 7 - 4　消费品标准化试点基本条件

试点区域	试点单位
① 试点区域应为消费品重点领域产业集聚区，在全国、地区或行业具有鲜明特色和较强的示范带动作用 ② 试点区域地方政府高度重视标准化工作，能够为试点提供政策、资金及其他支持 ③ 试点区域应有统一的管理机构作为组织实施部门 ④ 试点区域应明确试点工作领域，在企业自愿前提下，参与试点工作的企业不得少于区域内本领域从业企业总数的 50%	① 具备独立法人资格，能够独立承担民事责任 ② 诚信守法，企业三年内未发生重大产品和服务质量、安全健康、环境保护等事故，未受到市级以上（含市级）相关部门的通报、处分和媒体曝光 ③ 能够体现行业和地域特色，对行业内其他企业具有明显的示范带动作用 ④ 企业的市场占有率和经济效益排名位于本地区同行业前列，具有良好的发展潜力 ⑤ 具有一定的标准化工作基础，设立标准化管理机构并配备专兼职标准化人员，最高管理者具有较强的标准化意识

3. 消费品标准化试点申报程序

消费品标准化试点项目申请由试点区域和试点单位自愿提出，由省级市场监管部门推荐，国家标准化管理委员会组织评审并批复试点项目。具体程序如下：

（1）申报单位申报

试点区域的申报单位为市、县政府及园区，试点单位的申报单位为消费品行业企业和标准化技术机构。申报单位需填写《第二批国家级消费品标准化试点申报书》，加盖申报单位印章后报送至推荐单位。

（2）推荐单位择优推荐

推荐单位组织对申报材料进行遴选，择优推荐，并确保推荐过程公开、公正、透明。每个推荐单位推荐的数量原则上不超过8项。

案 例

泸州老窖以先进标准引领消费品质量提升

2020年12月1日，由泸州老窖股份有限公司承担的首批国家级消费品标准化试点项目《泸州老窖股份有限公司食品及相关产品标准化试点》，在北京顺利通过国家市场监管总局标准技术司组织的专家组验收。通过项目的实施，泸州老窖在构建白酒全产业链标准体系方面发挥了引领带动作用，有力推动了白酒标准化建设的进程。

在为期两年的项目建设中，泸州老窖主要开展了白酒产业链标准体系规划与实施、白酒产业链标准信息服务平台建设、白酒产业链中小企业标准化系统培训、白酒产业链标准化相关理论研究和政策研究、白酒智能制造标准化体系探索等工作。泸州老窖试点项目成果显著，形成了《白酒产业链标准体系发展规划》报告和体系框架，建立了“国家消费品标准化示范基地（酒业）”专用信息服务平台网站，提出了“全产业链标准化助推质量提升”的模式，形成了一套从原辅料预处理到基酒储存的自动化、智能化酿酒装备技术方案。未来，泸州老窖将继续发挥产业链标准化工作引领者作用，重点开展智能制造标准化技术研究和成果应用，以先进标准引领消费品质量提升，助力我国加快建设质量强国、制造强国。

（六）新型城镇化标准化试点

1. 新型城镇化标准化试点领域及基本条件

新型城镇化标准化试点项目应有明确的试点领域，由试点单位根据新型城镇化工作的主要任务和需求，与本地区经济社会发展水平、生产生活实际和城乡发展规划等因素有机结合，形成本地区新型城镇化标准体系框架，在下列领域范围内综合选择试点任务，实施和推进新型城镇化标准化试点项目。试点单位也可以选择指导和评价下列领域新型城镇化进程的量化指标、测算依据、数据采集、监测与评价方法等作为试点领域。

（1）城市公共服务领域

包括教育、就业、社会保险、医疗卫生、公共文化、公共体育、住房保障、养老服务、公共交通、商业服务等。

（2）城镇管理领域

包括农村转移人口落户，供电、供水、供气、排水、消防、信息、交通、污水和垃圾处理、园林绿化等服务与管理，社会治安，防灾减灾，安全生产等。

（3）农村基本公共服务领域

包括农村基本公共教育、医疗卫生、养老文化体育、就业、邮政等。

（4）城乡规划布局领域

包括城乡总体规划、城市地下空间规划、城市公共设施规划、综合交通体系规划、中小学校布局等。

（5）城乡基础设施建设领域

包括城市、乡镇和农村房屋建筑，供水、供气、供热、供电、交通等基础设施，教育、卫生、流通、文化、体育、养老、就业、旅游和休闲、邮政、司法行政等公共服务设施，人防、消防、防洪、防雷、排水防涝、垃圾处理、应急避难防灾设施等。

（6）资源环境管理领域

包括空间资源配置、土地利用、水资源利用与保护、能源综合利用、生活垃圾处理、污水污泥等污染物排放控制与处理、城市绿地建设与管理、自然保护区管理、风景名胜区管理等。

（7）智慧城市领域

包括城市地下管线信息系统、智能电网、智能交通网、智能物流、智能热网、智能水网和智能燃气网等。

（8）绿色城市领域

包括土地节约集约利用、工矿废弃地复垦利用、新能源和可再生能源应用、低能耗建筑、建筑节能、绿色建筑、绿色建材、建筑产业现代化、城市节水、城市水体涵养保护、海绵城市建设、绿色生态城区建设、城市绿道建设、建筑碳排放、再生资源综合利用、城市市政基础设施节能等。

（9）文化资源保护领域

包括历史文化名城名镇名村、历史文化街区、传统村落和传统民居、特色景观、风景名胜区等。

（10）农村人居环境领域

包括农村垃圾和污水处理、农业源污染治理、河道治理等。

（11）现代农业领域

包括粮食安全和重要农产品有效供给，农产品流通网络布局与批发零售市场建设、小型农产品集贸市场和集配中心、农产品电子商务等农产品流通，农产品品质安全，农业社会化服务等。

试点单位应明确负责承担标准化试点工作的机构，配备标准化专业队伍或有标准化技术研究机构提供支撑。试点工作应纳入本地区新型城镇化发展规划或政府工作重点，有完善的总体部署、明确的建设目标、必要的政策措施保障，工作经费纳入本地区财政预算。

2. 新型城镇化标准化试点申报

地市级人民政府申报试点的，试点领域应不少于3个；县（市）级人民政府申报试点的，试点领域应不少于2个；镇级人民政府申报试点的，试点领域应不少于1个。在单个领域内开展试点的，应在具体领域内选择2个以上的试点任务开展综合试点。

试点单位开展试点工作应向省级标准化行政主管部门提出申请，由省级标准化行政主管部门对其申报材料进行初审，确定试点项目推荐名单后报国家标准化管理委员会审批。项目申报书应明确试点工作的总体目标、具体内容、涵盖区域、进度安排和保障措施等内容。国家标准化管理委员会审核通过的试点项目，试点期限为3年。

3. 新型城镇化标准化试点组织实施

试点单位应按照国家标准化管理委员会、国家发展和改革委员会、住房和城乡建设部《关于开展新型城镇化标准体系建设工作的指导意见》（国标委农联〔2015〕21号）要求，规划科学合理、层次分明、适用有效的标准体系结构，编制标准明细表，制定和完善各项标准，建立完善、动态、有效且与当地新型城镇化工作相匹配的试点标准体系。

试点单位应按照标准体系的要求指导新型城镇化各项工作，满足城乡规划建设与管理的规范统一需求，确保标准的实施覆盖率，并结合标准实施情况对适用性进行验证评估和对标准体系进行修改完善。试点单位应定期组织开展相关的标准化理论知识、重点标准的宣贯与培训，促进标准的有效实施。

试点单位和省级标准化行政主管部门应及时总结标准化在新型城镇化建设中推动基本公共服务能力持续增强、城市社会治理水平和效率提升、城乡资源均衡配置和基本公共服务均等化、城乡布局科学化、建筑工程质量安全性提升、城镇运行的信息化水平提升、居民满意度持续提升和城镇化质量提升等方面的经验成果，加强宣传推广，发挥试点带动作用，引导多方参与，促进新型城镇化标准化工作深入开展。

案例

标准让城市更智慧：芜湖市智慧城市标准化试点

标准是经济社会有序发展的技术支撑，是国家治理体系和治理能力现代化的基础性制度，是推动云计算、物联网、大数据等相关技术在智慧城市建设过程中应用的关键，是推进全球各国智慧城市健康、有序发展的重要技术保障。芜湖市智慧城市建设过程中主动引入标准化手段。2017年10月，原安徽省质监局、安徽省发展改革委印发《关于下达安徽省智慧城市建设标准化试点项目的通知》，决定批准芜湖市开展智慧城市建设标准化试点（以下简称“试点”）工作。经过两年的试点创建，取得了显著成效。

建立领导工作机构，全面开展试点创建。2018年4月，芜湖市政府办公室印发《2018年芜湖市推进新型城镇化（智慧城市）标准化试点工作方案》，成立了试点工作领导小组，统筹研究解决试点中的重大问题。试点工作领导小组各成员单位积极将标准融入智慧芜湖建设工作，先后组织开展了智慧城市标准化相关培训和辅导，推进重要标准贯彻实施。同时选取鸠江区华强社区、弋江区科技产业园开展智慧社区和智慧园区试点示范建设，打造智慧园区、智慧社区等示范工程。

强化政策工作保障，推进建设质量提升。芜湖市充分发挥政策引导作用，2017年11月，《芜湖市"十三五"信息化发展规划》83处提及"标准""标准化"，更将"智慧城市标准化工程"列入"十三五"信息化发展规划重点工程。同年12月，《芜湖市促进智慧城市建设2018年工作方案》明确要求重点推进信息安全、基础设施、过程管理、数据共享和评价体系等领域标准制定。2018年4月，《芜湖市2018年度智慧城市建设工作要点》进一步要求加强智慧城市标准化建设。

加强高端智库支撑，搭建标准服务平台。充分依托中国科学技术大学、清华大学、中国计量大学等高端智库，安徽大数据工程研究中心、大数据联合实验室、中国科学技术大学智慧城市研究院相继落户芜湖。市标准化研究院编制了《芜湖市智慧城市标准化白皮书》，承担了《新型智慧城市标准体系构建及关键标准研制》等省、市课题研究，研究开发了全省首个地市级标准信息公共服务平台，为全面推进智慧城市建设标准化工作提供了技术支撑和对策研究。

完善标准体系构建，加快重点标准研制。结合智慧芜湖建设实际情况，从总体标准、基础设施标准、数据标准、社会治理、智慧经济、惠民服务、安全与保障7个方面构建了智慧城市标准体系，并搜集整理了1082项各类标准。牵头制定安徽省智慧城市领域的第一批地方标准DB34/T 3432—2019《智慧城市　网格化综合管理巡查规范》、DB34/T 3496—2019《智慧城市　电子证照应用规范》、DB34/T 3682—2020《智慧城市　政务信息资源安全管理规范》、DB34/T 3681—2020《智慧城市　政务云机房迁入管理规范》等。

推动重要标准实施，及时总结持续推广。贯彻执行GB/T 33356—2016《新型智慧城市评价指标》、GB/T 25058—2019《信息安全技术　网络安全等级保护实施指南》等相关标准，推动智慧芜湖建设水平提升。以"基础设施一盘棋、数据生态一体系、智慧城市一标准、信息安全一张网"支撑，逐步形成了具有芜湖特色的智慧城市建设模式。将成熟的经验和做法进一步深化，形成智慧城市建设的标准和示范，为其他地区打造新型城镇标准化提供形成可复制可推广的"芜湖标准"。

第二节　参与标准制（修）订

引例

一流企业做标准，二流企业做品牌，三流企业做产品。标准之争被经济学家称作"赢者通吃"，谁把住了标准，往往就把住了产业，把住了市场竞争主动权。

标准在保证产品质量、规范行业秩序、提高行业整体竞争力等方面都发挥着重要作用。参与制（修）订标准，对于企业来说，是荣誉更是责任，是实力更是动力，是把握行业“话语权”的重要体现。

企业通过参与国家标准、行业标准、地方标准、团体标准的制（修）订，可获得更多的外部信息，并可将企业的优势内容转化为标准，抢占市场先机，增强企业核心竞争力。企业应关注相关国家标准、行业标准、地方标准现行情况及制（修）订信息，根据企业自身情况，评估参与制（修）订的可能性和对企业发展的推进作用，确定参与程度和方式（一般有主持制（修）订和参与制（修）订）。关注相应社会团体制定团体标准的开展情况，对团体标准的影响力、政府预期、鼓励政策采信的可能性进行评估，确定企业在团体标准制（修）订中所起的作用，分析本企业生产、经营与团体标准的契合度，明确参与程度。参与团体标准的制（修）订过程，在不妨碍公平竞争和协调一致的前提下，企业可将专利或其他科技成果融入团体标准，促进创新技术产业化、市场化。

一、参与国家标准制（修）订

（一）强制性国家标准制定原则

根据《标准化法》《强制性国家标准管理办法》（国家市场监督管理总局令第 25 号），强制性国家标准的制定需满足以下原则：

（1）对保障人身健康和生命财产安全、国家安全、生态环境安全以及满足经济社会管理基本需要的技术要求，应当制定强制性国家标准。

（2）制定强制性国家标准应当坚持通用性原则，优先制定适用于跨领域跨专业的产品、过程或者服务的标准。

（3）制定强制性国家标准应当在科学技术研究成果和社会实践经验的基础上，深入调查论证，保证标准的科学性、规范性、时效性，提高标准质量。

（4）制定强制性国家标准应当结合国情采用国际标准。

（5）制定强制性国家标准，应当在立项时对有关行政主管部门、企业、社会团体、消费者和教育、科研机构等方面的实际需求进行调查，对制定标准的必要性、可行性进行论证评估；在制定过程中应当公开、透明，按照便捷有效的原则采取多种方式，广泛听取各方意见，组织对标准相关事项进行调查分析、实验、论证，并做到有关标准之间的协调配套。

（6）强制性国家标准应当有明确的标准实施监督管理部门，并能够依据法律、行政法规、部门规章的规定对违反强制性国家标准的行为予以处理。

（7）对保障人身健康和生命财产安全、国家安全、生态环境安全以及经济社会发展所急需的标准项目，制定标准的行政主管部门应当优先立项并及时完成。

（二）推荐性国家标准制定原则

根据《标准化法》《推荐性国家标准立项评估办法（试行）》（国家标准委公告 2016 年第 1 号），推荐性国家标准的制定需满足以下原则：

（1）对满足基础通用、与强制性国家标准配套、对各有关行业起引领作用等需要的技术要求，可以制定推荐性国家标准。

（2）制定推荐性国家标准应当在科学技术研究成果和社会实践经验的基础上，深入调查论证，广泛征求意见，保证标准的科学性、规范性、时效性，提高标准质量。

（3）制定推荐性国家标准，应当在立项时对有关行政主管部门、企业、社会团体、消费者和教育、科研机构等方面的实际需求进行调查，对制定标准的必要性、可行性进行论证评估；在制定过程中，应当按照便捷有效的原则采取多种方式征求意见，组织对标准相关事项进行调查分析、实验、论证，并做到有关标准之间的协调配套。

（4）根据标准化对象和重要程度，推荐性国家标准项目分为重大项目、基础通用项目和一般性项目。

重大项目包括：列入国家产业政策、规划、专项等国家重点支持发展的标准项目，重大科技成果转化、引导产业创新发展等方面关键核心技术标准项目，与强制性国家标准配套的标准项目，拟主导制定国际标准的标准项目，社会广泛关注的热点标准项目，具有显著社会效益和经济效益的标准项目。基础通用项目包括：基础术语、图形符号、统计方法、分类编码等标准项目，通用方法、通用技术和通用管理（含社会管理和公共服务）标准项目，跨行业跨领域使用、量大面广的基础件、原材料、设备等产品标准项目。一般性项目是指其他需要在全国范围内统一的标准项目。

（三）强制性国家标准制定程序

强制性国家标准制定程序的阶段构成由《标准化法》确立，在《强制性国家标准管理办法》中予以细化。强制性国家标准的制定包括项目提出、立项、组织起草、征求意见、技术审查、对外通报、编号、批准发布及复审。

1. 项目提出

国务院有关行政主管部门依据职责向国务院标准化行政主管部门提出强制性国家标准项目。涉及两个以上国务院有关行政主管部门的强制性国家标准项目，可以由牵头部门会同有关部门联合提出。国务院有关行政主管部门提出强制性国家标准项目前，应当充分征求国务院其他有关行政主管部门的意见，调查企业事业组织、社会团体、消费者和教育、科研机构等方面的实际需求，对项目的必要性和可行性进行论证评估。

国务院有关行政主管部门提出强制性国家标准项目时，应当报送项目申报书和标准立项草案。项目申报书应当包括下列内容：

（1）制定强制性国家标准的必要性、可行性。

（2）主要技术要求。

（3）国内相关强制性标准和配套推荐性标准制定情况。

（4）国际标准化组织、其他国家或者地区相关法律法规和标准制定情况。

（5）强制性国家标准的实施监督管理部门以及对违反强制性国家标准行为进行处理的有关法律、行政法规、部门规章依据。

（6）强制性国家标准所涉及的产品、过程或者服务目录。

（7）征求国务院有关部门意见的情况。

（8）经费预算以及进度安排。

（9）需要申报的其他事项。

省、自治区、直辖市人民政府标准化行政主管部门可以向国务院标准化行政主管部门提出强制性国家标准的立项建议，由国务院标准化行政主管部门会同国务院有关行政主管部门研究决定。确有必要制定强制性国家标准的，国务院标准化行政主管部门应当明确项目提出部门，无须立项的应当说明理由。

社会团体、企业事业组织以及公民可以向国务院标准化行政主管部门提出强制性国家标准的立项建议，国务院标准化行政主管部门认为需要立项的，会同国务院有关行政主管部门研究决定。确有必要制定强制性国家标准的，国务院标准化行政主管部门应当明确项目提出部门，无须立项的应当说明理由。

2. 立项

国务院标准化行政主管部门应当按照下列要求对强制性国家标准项目进行审查：

（1）是否符合强制性国家标准制定的原则。

（2）是否符合有关法律、行政法规的规定，是否与有关强制性标准的技术要求协调衔接。

（3）是否符合项目提出前的相关评估和项目提出时的材料报送要求。

（4）需要审查的其他内容。

国务院标准化行政主管部门应当将符合审查规定的强制性国家标准项目在全国标准信息公共服务平台向社会公开征求意见。征求意见期限不得少于三十日。紧急情况下可以缩短征求意见期限，但一般不得少于七日。对于公众提出的意见，国务院标准化行政主管部门根据需要可以组织专家论证、召开会议进行协调或者反馈项目提出部门予以研究处理。

国务院标准化行政主管部门应当根据审查意见以及协调情况，决定是否立项。决定予以立项的，国务院标准化行政主管部门应当下达项目计划，明确组织起草部门和报送批准发布时限。涉及两个以上国务院有关行政主管部门的，还应当明确牵头组织起草部门。决定不予立项的，国务院标准化行政主管部门应当以书面形式告知项目提出部门不予立项的理由。

3. 组织起草

组织起草部门可以委托相关标准化技术委员会承担起草工作。未组成标准化技术委员会的，组织起草部门应当成立起草专家组承担强制性国家标准起草工作。涉及两个以上国务院有关行政主管部门的强制性国家标准项目，牵头组织起草部门应当会同其他组织起草部门成立起草专家组。起草专家组应当具有权威性和代表性。

强制性国家标准的技术要求应当全部强制，并且可验证、可操作。强制性国家标准编写应当遵守国家有关规定，并在前言中载明组织起草部门信息，但不得涉及具体的起草单位和起草人信息。强制性国家标准应当对相关事项进行调查分析、实验、论证。有关技术要求需要进行试验验证的，应当委托具有相应能力的技术单位开展。

起草强制性国家标准应当同时编写编制说明。编制说明应当包括下列内容：

（1）工作简况，包括任务来源、起草人员及其所在单位、起草过程等。

（2）编制原则、强制性国家标准主要技术要求的依据（包括验证报告、统计数据等）及理由。

（3）与有关法律、行政法规和其他强制性标准的关系，配套推荐性标准的制定情况。

（4）与国际标准化组织、其他国家或者地区有关法律法规和标准的比对分析。

（5）重大分歧意见的处理过程、处理意见及其依据。

(6) 对强制性国家标准自发布日期至实施日期之间的过渡期的建议及理由，包括实施强制性国家标准所需要的技术改造、成本投入、老旧产品退出市场时间等。

(7) 与实施强制性国家标准有关的政策措施，包括实施监督管理部门以及对违反强制性国家标准的行为进行处理的有关法律、行政法规、部门规章依据等。

(8) 是否需要对外通报的建议及理由。

(9) 废止现行有关标准的建议。

(10) 涉及专利的有关说明。

(11) 强制性国家标准所涉及的产品、过程或者服务目录。

(12) 其他应当予以说明的事项。

4. 征求意见、对外通报

组织起草部门应当以书面形式向涉及的有关行政主管部门以及企业事业组织、社会团体、消费者组织和教育、科研机构等方面征求意见。书面征求意见的有关行政主管部门应当包括强制性国家标准的实施监督管理部门。组织起草部门应当将强制性国家标准征求意见稿、编制说明以及拟订的过渡期，通过本部门门户网站和全国标准信息公共服务平台向社会公开征求意见。公开征求意见期限不少于六十日。紧急情况下可以缩短公开征求意见期限，但一般不得少于三十日。对于涉及面广、关注度高的强制性国家标准，组织起草部门可以采取座谈会、论证会、听证会等多种形式听取意见。

对于不采用国际标准或者与有关国际标准技术要求不一致，并且对世界贸易组织(WTO)其他成员的贸易有重大影响的强制性国家标准，组织起草部门应当按照要求将强制性国家标准征求意见稿和中英文通报表送国务院标准化行政主管部门。国务院标准化行政主管部门应当按照世界贸易组织（WTO）的要求对外通报，并将收到的意见反馈组织起草部门。制定中的强制性国家标准有关技术要求发生重大变化的，应当再次向社会公开征求意见。需要对外通报的，还应当再次对外通报。组织起草部门应当根据各方意见修改形成强制性国家标准送审稿。

5. 技术审查

组织起草部门可以委托相关标准化技术委员会承担对强制性国家标准送审稿的技术审查工作。未组成标准化技术委员会的，组织起草部门应当成立审查专家组承担强制性国家标准送审稿的技术审查。涉及两个以上国务院有关行政主管部门的强制性国家标准项目，牵头组织起草部门应当会同其他组织起草部门成立审查专家组。审查专家组应当具有权威性和代表性，人数不得少于十五人。起草人员不得承担技术审查工作。

技术审查应当采取会议形式，重点审查技术要求的科学性、合理性、适用性、规范性，与相关政策要求的符合性，以及与其他强制性标准的协调性。审查会议应当形成会议纪要，并经与会全体专家签字。会议纪要应当真实反映审查情况，包括会议时间地点、会议议程、专家名单、具体的审查意见、审查结论等。

6. 编号、批准发布

组织起草部门根据技术审查意见决定报送批准发布的，应当形成报批稿，送国务院标准化行政主管部门统一编号。两个以上国务院有关行政主管部门联合起草的，牵头组织起草部门应当经其他组织起草部门同意后，送国务院标准化行政主管部门统一编号。组织起草部门应当提供下列材料，并对强制性国家标准报批稿的内容负责：

（1）报送公文（应当包括过渡期的建议）。

（2）强制性国家标准报批稿。

（3）编制说明。

（4）征求意见汇总处理表。

（5）审查会议纪要。

（6）需要报送的其他材料。

强制性国家标准不能按照项目计划规定时限报送的，组织起草部门应当提前三十日向国务院标准化行政主管部门说明情况，并申请延长期限。延长的期限不得超过一年。强制性国家标准报送编号前，组织起草部门认为相关技术要求存在重大问题或者出现政策性变化的，可以重新组织起草或者向国务院标准化行政主管部门提出项目终止建议。

国务院标准化行政主管部门应当对符合下列要求的强制性国家标准予以编号：

（1）制定程序规范、报送材料齐全。

（2）符合强制性国家标准制定的原则。

（3）符合有关法律、行政法规的规定，并与有关强制性标准的技术要求协调衔接。

（4）妥善处理重大分歧意见。

强制性国家标准的编号由强制性国家标准代号（GB）、顺序号和年代号构成。国务院标准化行政主管部门依据国务院授权批准发布强制性国家标准。强制性国家标准应当以国务院标准化行政主管部门公告的形式发布。国务院标准化行政主管部门应当自发布之日起二十日内在全国标准信息公共服务平台上免费公开强制性国家标准文本。

强制性国家标准从项目计划下达到报送强制性国家标准报批稿的期限一般不得超过两年，国务院标准化行政主管部门从收到强制性国家标准报批稿到授权批准发布的期限一般不得超过两个月。

7. 复审

国务院标准化行政主管部门应当通过全国标准信息公共服务平台接收社会各方对强制性国家标准实施情况的意见建议，并及时反馈组织起草部门。组织起草部门应当收集强制性国家标准实施效果和存在问题，及时研究处理，并对实施情况进行跟踪评估。强制性国家标准的实施监督管理部门与组织起草部门为不同部门的，监督管理部门应当将行政检查、行政处罚以及其他有关信息及时反馈组织起草部门。

强制性国家标准实施后，组织起草部门应当定期组织对强制性国家标准实施情况进行统计分析，形成实施情况统计分析报告并送国务院标准化行政主管部门。强制性国家标准实施情况统计分析报告应当包括强制性国家标准实施情况总体评估以及具体实施效果、存在的问题、改进建议等。

组织起草部门应当根据反馈和评估情况，对强制性国家标准进行复审，提出继续有效、修订或者废止的结论，并送国务院标准化行政主管部门。复审周期一般不得超过五年。复审结论为修订强制性国家标准的，组织起草部门应当在报送复审结论时提出修订项目。强制性国家标准的修订，按照强制性国家标准制定程序执行；个别技术要求需要调整、补充或者删减，采用修改单方式予以修订的，无需经国务院标准化行政主管部门立项。复审结论为废止强制性国家标准的，由国务院标准化行政主管部门通过全国标准信息公共服务平台向社会公开征求意见，并以书面形式征求强制性国家标准的实施监督管理部门意见。公开征求意见一般不得少于三十日。无重大分歧意见或者经协调一致的，由国务院标准化行政主管部门依据国务院授权以公告形式废止强制性国家标准。

(四) 推荐性国家标准制定程序

1. 制定程序阶段划分

一般而言，根据 GB/T 16733—1997《国家标准制定程序的阶段划分及代码》，国家标准制定的常规程序（A 程序）分为九个阶段：预阶段、立项阶段、起草阶段、征求意见阶段、审查阶段、批准阶段、出版阶段、复审阶段和废止阶段，见表 7-5 所列。

表 7-5 国家标准制定程序的阶段划分

阶段名称	阶段任务	阶段成果	完成周期/月
预阶段	提出新工作项目建议	新工作项目建议 PWI	—
立项阶段	提出新工作项目	新工作项目 NP	3
起草阶段	提出标准草案征求意见稿	标准草案征求意见稿 WD	10
征求意见阶段	提出标准草案送审稿	标准草案送审稿 CD	5
审查阶段	提出标准草案报批稿	标准草案报批稿 DS	5
批准阶段	提供标准出版稿	标准出版稿 FDS	8
出版阶段	提供标准出版物	强制性国家标准 GB 推荐性国家标准 GB/T 国家标准化指导性技术文件 GB/Z	3
复审阶段	定期复审	确认，修改，修订	60
废止阶段	—	废止	—

2. 预阶段

预研阶段为标准化技术委员会甄选标准提案方提出的国家标准项目提案并考虑是否向相应标准化主管部门上报项目建议书的过程。标准提案方向标准化技术委员会申报项目提案前，应依次进行下列准备工作：

(1) 标准化对象分析（确定标准名称、拟涉范围等）

(2) 确定制定标准的原则和依据

(3) 必要性论证

目的在于弄清制定标准的目的和意义、制定的标准实施后所取得的效益、标准内容的初步估计等；论证的方法主要是进行广泛调查研究，收集各种标准资料、生产经验总结、有关的科研成果、生产和使用中存在的问题及解决办法等；通过对上述资料的综合研究，对比分析，明确标准的需求程度，制定标准的目的和用途即为什么要制定标准，它解决的是什么样的问题，能解决到什么程度，实施标准后能取得多大的技术进步，不制定标准造成的影响有多大；与拟制定标准相关的法规、标准有哪些，哪些标准已制定，哪些标准还未制定等。

（4）可行性论证

目的在于弄清制定标准的时机是否已成熟，制定的条件是否已具备，制定后实施有何困难，如何解决等；在确定制定标准的时机时，应考虑对技术的成熟程度，经济、社会效益以及时效性进行分析；在确定制定标准的条件时应考虑是否有适当的起草标准的单位，充足的资料，协调配套的措施等。

（5）编制标准建议稿或标准草案

我国实行标准制（修）订的常年公开征集制度。任何单位、个人均可根据国家标准制（修）订计划项目的立项条件向全国标准化技术委员会或直接向国家标准化管理委员会提出国家标准制（修）订计划项目提案。国务院有关主管部门、行业协会、企业集团、各标准化技术委员会和各省、自治区、直辖市标准化行政主管部门按照立项条件要求，提出标准立项建议。

国务院标准化行政主管部门根据国民经济和社会发展的需要，对计划项目建议的必要性和可行性进行论证和审查，指定相关标准化技术委员会对其必要性和可行性初审，并向社会公开征求意见。如果新工作项目提案获得通过，则将该提案上报国务院标准化主管部门，如果新工作项目提案未获得通过，则放弃该提案。

3. 立项阶段

立项阶段为国务院标准化主管部门审评项目，决定是否开展标准制定工作，下达相关计划的过程。工作内容包括：

（1）沟通立项申报部门

省级标准化行政主管部门或全国专业标准化技术委员会。

（2）准备立项申请及答辩材料

登录国家标准化管理委员会网站（http：//www.sac.gov.cn/），在“国家标准制（修）订工作管理信息系统”专栏下载国家标准项目申报材料，填写国家标准项目建议书，编写标准草案，制作答辩汇报材料，如图 7－4 所示。

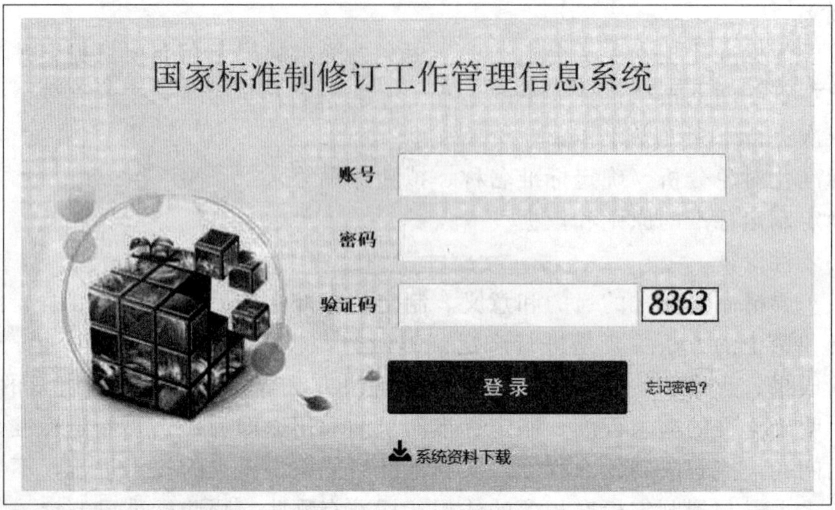

图 7－4　国家标准制（修）订工作管理信息系统

(3) 关注标准计划公示、下达公告

国务院标准化行政主管部门对上报的国家标准新工作项目建议统一汇总、审查、协调、确认，直至下达《国家标准制（修）订计划项目》。在此期间内一定要关注国务院标准化行政主管部门及相应的技术委员的公告及公示，及时处理相关意见和建议。项目建议一经批准，下达项目计划，形成国家标准制（修）订计划项目，如“钼及钼合金管靶”（计划号：20210819－T－610），并下达给归口的标准化技术委员会。没有归口标准化技术委员会的，下达给指定的业务相关的标准化技术委员会。如果新工作建议经审查和协调没有获得通过，则返回提出者。

4. 起草阶段

起草阶段是标准的编写阶段。标准起草阶段需要提供的材料包括“标准编制说明”和“标准草案”。标准草案由承担任务的相应标准化技术委员会组织起草，承担起草草案的单位应当具备相应的能力，可以是科研单位、企业，也可以是社会团体、中介机构。标准的负责起草单位指定项目负责人，并及时研究确定参加该项目工作的人员组成起草工作组。工作组应由具有一定技术水平和实践经验，比较了解全面情况的标准化人员和生产科研等各有关方代表组成。工作组成立后，根据实际情况拟定工作计划，经过调查研究、试验论证，按照 GB/T 1.1—2020 等标准的要求编写标准征求意见稿及编制说明。

编制说明的主要内容一般包括：

① 工作简况：包括任务来源、协作单位、主要工作过程、国家标准主要起草人及其所做的工作等。

② 标准编制原则和确定国家标准主要内容（如技术指标、参数、公式、性能要求、实验方法、检验规则）的依据；修订国家标准时，应增列与旧国家标准水平的对比。

③ 主要试验（或验证）的分析、综述报告，技术经济论证，预期社会经济效益。

④ 采用国际标准或国外先进标准的程度，以及与国外同类标准水平的对比情况，或与测试的国外样品、样机的有关数据对比情况。

⑤ 与有关的现行法律、法规和强制性国家标准的关系。

⑥ 重大分歧意见的处理经过和依据。

⑦ 国家标准作为强制性国家标准或推荐性国家标准的建议。

⑧ 贯彻国家标准的要求和措施建议（包括组织措施、技术措施、过渡办法等内容）。

⑨ 废止现行有关标准的建议。

⑩ 其他应予以说明的事项。

5. 征求意见阶段

征求意见阶段为标准化技术委员会对征求意见稿征集意见的过程，主要工作内容有：

(1) 与标准归口管理部门沟通

标准起草单位将标准征求意见稿、标准征求意见稿编制说明及有关附件送到标准化技术委员会秘书处，标准化技术委员会秘书处对标准的格式、内容等是否符合有关规定进行程序性审查。

(2) 标准征求意见方式及要求

标准化技术委员会可采用网络函件、会议等方式征求意见。应当征求主要生产、经销、使用、科研、检验等单位及大专院校的意见，征求意见期限一般为两个月。

(3) 反馈意见的处理要求

对于专家反馈的意见，标准起草单位应进行汇总、分析和处理，并对标准征求意见稿进行修订，完成标准送审稿和意见汇总处理表。对不采纳的意见，应有充分的理由，并在意见汇总处理表中予以说明。

6. 审查阶段

该阶段是由国务院有关行政主管部门或标准化技术委员会收到标准草案送审稿后，对该草案进行初审，初审通过后，对标准草案进行审查。标准所涉及的领域如已经成立了标准化技术委员会，则应由标准化技术委员会组织审查。标准化技术委员会秘书处将标准送审稿送主任委员初审同意后，提交全体委员审查。审查时如需要表决，必须有全体委员的四分之三以上同意方为通过。标准所涉及的领域如未设立标准化技术委员会，则由项目主管部门或其委托的技术归口单位组织审查。这时应邀请有代表性的生产、使用、科研、设计、检验、流通单位和大专院校的有关代表参加标准送审稿的审查，其中使用方的代表不得少于四分之一。

审查采用会议或者函审方式。审查重点包括：

(1) 送审稿是否符合或达到预定的目的和要求。

(2) 送审稿与我国有关法律、法规、强制性标准是否一致。

(3) 送审稿的技术内容是否符合我国有关方针政策和经济技术发展方向，技术指标和性能是否先进、安全、可行和经济合理，各项规定是否完整、协调等。

(4) 送审稿与有关国际标准是否一致。

会议审查如需表决，必须有不少于出席会议代表人数的四分之三同意方为通过。标准的起草人不能参加表决，其所在单位的代表不能超过表决者的四分之一。会议审查后，要有对标准送审稿的审查结论。审查结论最好形成独立的文件，也可写在“审查纪要”或“会议纪要”中。

函审时，必须有四分之三的回函同意方为通过。回函率不足三分之二时，应重新组织审查。

7. 批准阶段

通过审查的标准，由标准起草单位根据审议意见进行修改，形成标准报批稿，连同标准编制说明、意见汇总处理表和其他有关附件送技术归口单位或标准化技术委员会秘书处。采用国际标准或者国外先进标准的，应附有该标准的原文或者译文。标准起草单位提供上述资料时，应当同时提供电子文稿。

技术归口单位或标准化技术委员会在接到起草单位整理的标准草案报批稿后，要对其技术内容和编写质量进行全面复核，并上报主管部门。主管部门对其程序和技术审查后，由国家标准技术审查机构对标准报批稿及报批材料进行技术审查，并提出审查意见和结论。

国家标准由国务院标准化行政主管部门审批、编号和发布。国家标准在审批通过后，在国务院标准化行政主管部门网站进行公告发布。

8. 出版阶段

标准出版阶段自国家标准出版单位收到国家标准批准发布稿起，至国家标准正式出版止。批准、发布后的标准，统一由指定的出版机构负责编辑、印刷、出版和发行。出版阶段完成的文件为正式出版的标准。在国家标准出版过程中，发现内容有疑点或错误时，由标准出版单位及时与负责起草的单位进行联系。如国家标准的技术内容需要更改时，应经国家标准审批部门批准。

9. 复审阶段

国家标准实施后，应根据科学技术的发展和经济建设的需要适时进行复审，复审周期一般不超过五年。标准化技术委员会从以下方面考虑标准的适用性，对标准的内容进行适应性评估：

（1）是否符合国家、行业和地方现行的法律法规。

（2）市场和企业是否需要，是否符合国家行业和地方产业发展政策，对提高经济效益和社会效益是否有推动作用。

（3）是否符合国家大政方针、政策措施，是否对规范市场秩序有推动作用。

（4）采用国际标准制定的我国标准，是否需要与国际标准的变化情况保持一致。

（5）是否同其他同级或上级标准有矛盾。

（6）内容和技术指标是否反映当前的技术水平和消费水平的要求。

（7）是否符合标准化主管部门提出的其他要求。

（8）实施过程中是否有了新的需要解决的问题。

国家标准复审后，对不需要修改的国家标准可确认其继续有效；对标准中少量技术内容和表述需要修改的国家标准可作为修改项目申报，列入国家标准修改计划；对标准中大量技术内容和表述需要做全面必要的更新的国家标准可作为修订项目申报，列入国家标准修订计划；对已无存在必要的国家标准，由标准化技术委员会或部门提议，报国务院标准化行政主管部门批准后废止。

10. 废止阶段

废止阶段为复审阶段决定为废止的标准由国务院标准化行政主管部门予以公告废止的过程。对已无存在必要的国家标准，由国务院标准化行政主管部门予以废止。

11. 国家标准制定快速程序

为了缩短标准制定周期，以适应国家对市场经济快速反应的需要，我国《采用快速程序制定国家标准的管理规定》中规定，制定标准可采用快速程序（Fast-Track Procedure，FTP）。快速程序适用于已有成熟标准草案的项目，如等同采用、等效采用国际标准或国外先进标准的标准制（修）订项目和对现有国家标准的修订或我国其他各级标准的转化项目。本程序特别适用于变化快的技术领域。

快速程序分为B程序和C程序，即在常规程序（A程序）的基础上省略起草阶段（B程序）或省略起草阶段和征求意见阶段（C程序）。对于已有成熟标准草案的项目或变化快的技术领域可采用快速程序制定国家标准。

对等同采用或修改采用国际标准或国外先进标准的标准制（修）订项目可采用B程序，直接由立项阶段进入征求意见阶段，即省略了起草阶段，将该草案作为标准草案征求意见稿分发征求意见。

对现行国家标准的修订项目或我国其他各级标准的转化项目可采用C程序，直接由立项阶段进入审查阶段，即省略了起草阶段和征求意见阶段，将该现有标准作为标准草案送审稿组织审查。

案例

马钢广泛参与标准制（修）订

马鞍山钢铁股份有限公司成立于1958年，是我国特大型钢铁联合企业，具备2000万吨钢配套生产规模。2019年，马钢成为全省第一批、马鞍山市首家通过标准化良好行为AAAAA级确认的企业。

2010年以来，马钢主持和参与制（修）订国家、行业标准100余项，牵头修订国际标准1项。马钢不仅制定的标准数量多、涉及领域广，有产品标准、检验方法标准、工序标准、安全标准、能耗标准等，同时在制定标准的水平方面也获得了国家相关部委的认可，先后2次获得了国家标准创新贡献奖。另外针对某些领域的国家、行业标准，马钢参与频次特别高，例如H型钢领域，有很大部分国家、行业标准是由马钢牵头或参与制（修）订的；近年来，公司还牵头制定了涉及板材、带钢、线材、棒材能源消耗限额行业的标准及绿色产品标准。

二、参与行业标准制（修）订

根据《标准化法》第十二条，对没有推荐性国家标准、需要在全国某个行业范围内统一的技术要求，可以制定行业标准。行业标准由国务院有关行政主管部门制定，报国务院标准化行政主管部门备案。2020年4月，经国务院标准化协调推进部际联席会议审议同意，国家标准化管理委员会印发《关于进一步加强行业标准管理的指导意见》（国标委发〔2020〕18号），要求明晰行业标准的范围、优化行业标准供给结构、加强行业标准制（修）订管理、注重行业标准的协调性、规范行业标准备案管理、推动行业标准公开、强化行业标准实施与监督、加强行业标准复审修订、规范使用行业标准代号，充分发挥行业标准的技术支撑作用。

（一）行业标准制定范围

行业标准是对没有国家标准而又需要在全国某个行业范围内统一的技术要求所制定的标准，是国务院有关行政主管部门组织制定的公益类标准，是推荐性国家标准的补充。行业标准的制定范围应当同时满足两个要求：一是没有推荐性国家标准，即已有推荐性国家标准的，不得制定行业标准；二是在本行业范围内需要统一的技术要求，即不能超越本行业范围、不能超越国务院有关行政主管部门的职责制定行业标准。

根据《关于进一步加强行业标准管理的指导意见》，行业标准的范围应限定在行业主管部门职责范围内，重点围绕本行业领域重要产品、工程技术、服务和行业管理需求制定行业标准。适量控制新增行业标准数量，鼓励进一步整合优化相关行业标准，提升单项行业标准覆盖面，增强行业标准的系统性、通用性。行业标准范围根据经济社会发展需要、国务院机构改革要求、行业标准交叉问题等需要调整的，应由国务院有关行政主管部门向国务院标准化行政主管部门提出调整建议，经征求其他相关行政主管部门意见后由国务院标准化行政主管部门审查确定。跨部门、跨行业的技术要求应按规定申报制定国家标准。

（二）行业标准制定主体

行业标准由国务院有关行政主管部门（即行业主管部门）制定，即由国务院有关行政主管部门负责行业标准的立项、组织起草、审查、编号、批准发布等工作。需要说明的是，不是所有的国务院部门都可以制定行业标准。国务院有关部门是否可以制定行业标准、行业标准的具体领域、行业标准的代号均需经过国务院标准化行政主管部门批准。目前我国有72个行业标准代号，分别由38个国务院行政主管部门管理，例如AQ（安全生产）、DL（电力）、公共安全（GA）、机械（JB）、林业（LY）、轻工（QB）、检验检疫（SN）、有色金属（YS）、通信（YD）等（详见附录三）。行业标准更多聚焦支撑行业主管部门履行行政管理、提供公共服务的公益属性，逐步清理和缩减不适应改革要求的行业标准数量和规模，为市场自主制定的标准留出发展空间。探索建立一般性产品和服务行业标准退出机制，鼓励社会团体承担相应行业领域内标准的供给工作，充分发挥市场自主制定标准对政府组织制定标准的补充支撑作用。

（三）行业标准制定程序

目前，我国行业标准的制定程序没有统一和明确的规定。因此，行业标准的制定程序可参照推荐性国家标准制定程序。

《关于进一步加强行业标准管理的指导意见》要求加强行业标准制（修）订管理。加强行业标准立项评估，完善意见征求机制，把好行业标准准入关。增强行业标准起草组的代表性、专业性，加强关键技术指标的调查论证、比对分析、试验验证。行业标准征求意见范围应具有广泛性，覆盖标准利益相关方。注重发挥标准化技术委员会或标准审查专家组的作用，提升标准审查结论的科学性、公正性。对已有全国专业标准化技术委员会能够满足行业需求的，原则上不再新增专业领域的行业标准化技术委员会，鼓励行业主管部门委托全国专业标准化技术委员会开展行业标准相关工作。优化行业标准审批发布流程，提高审批效率。鼓励行业标准制定部门建立涵盖立项、起草、征求意见、审查、批准发布等环节的信息平台，强化标准制定信息公开和社会监督。

也有一些行业主管部门发布了行业标准管理办法，如2020年8月12日，工业和信息化部公布的《工业通信业行业标准制定管理办法》，适用于工业通信业行业标准的立项、起草、技术审查、批准、发布、复审等制定活动。

（四）行业标准备案

行业标准，应当由制定标准的部门报国务院标准化行政主管部门备案。根据《行业标准管理办法》的规定，行业标准的制定部门应当在行业标准批准发布后30日内，将已发布的行业标准及编制说明连同发布文件各一份，送国务院标准化行政主管部门备案。行业标准如违反国家有关法律、法规和强制性国家标准，国务院标准化行政主管部门不予备案，并责成行业标准制定部门限期改正或停止实施。

三、参与地方标准制（修）订

根据《标准化法》第十三条，为满足地方自然条件、风俗习惯等特殊技术要求，可以制定地方标准。地方标准由省、自治区、直辖市人民政府标准化行政主管部门制定；设区的市级人民政府标准化行政主管部门根据本行政区域的特殊需要，经所在地省、自治区、直辖市人民政府标准化行政主管部门批准，可以制定本行政区域的地方标准。地方标准由省、自治区、直辖市人民政府标准化行政主管部门报国务院标准化行政主管部门备案，由国务院标准化行政主管部门通报国务院有关行政主管部门。

（一）地方标准制定范围

我国幅员辽阔、民族众多，自然条件和民族生活习惯差异较大，省级人民政府标准化行政主管部门以及经其批准的设区的市可以制定符合本行政区域自然条件、民族风俗习惯的特殊技术要求以及地理标志产品标准。此外，由于我国地域广阔，各地经济社会发展水平差异较大，地方标准还可涉及社会管理和公共服务领域，这也是地方政府规范管理和提高管理服务效率的需要。

需要特别强调的是，根据《标准化法》《地方标准管理办法》（国家市场监督管理总局令第 26 号），制定地方标准应当遵循开放、透明、公平的原则，有利于科学合理利用资源，推广科学技术成果，做到技术上先进、经济上合理。地方标准的技术要求不得低于强制性国家标准的相关技术要求，并做到与有关标准之间的协调配套。禁止通过制定产品质量及其检验方法地方标准等方式，利用地方标准实施妨碍商品、服务自由流通等排除、限制市场竞争的行为。

设区的市制定的标准亦属于地方标准范畴，不能与国家标准、行业标准和省级标准化主管部门制定的地方标准相互交叉、重复、矛盾。

（二）地方标准制定主体

地方标准的制定主体包括省、自治区、直辖市人民政府标准化行政主管部门和设区的市级人民政府标准化行政主管部门，31 个省、自治区、直辖市标准化行政主管部门均可以制定地方标准。但设区的市级人民政府标准化行政主管部门的地方标准制定权须经省、自治区、直辖市人民政府标准化行政主管部门“批准”后才能获得。截至目前，我国共有 318 个设区的市，它们经批准可以制定地方标准。

《标准化法》第十三条并没有直接规定授予设区的市地方标准制定权，而是由所在地的省、自治区、直辖市人民政府标准化行政主管部门批准授予。这一规定借鉴了《立法法》关于设区的市立法权的规定，即设区的市制定地方性法规的“具体步骤和时间，由省、自治区的人民代表大会常务委员会综合考虑本省、自治区所辖的设区的市的人口数量、地域面积、经济社会发展情况以及立法需求、立法能力等因素确定”。同时，也体现了对授予设区的市标准制定权的审慎态度。

（三）地方标准制定程序

根据《地方标准管理办法》，地方标准的制定包括地方标准的立项、组织起草、审查、编号、批准发布等工作，具体如图 7－5 所示。

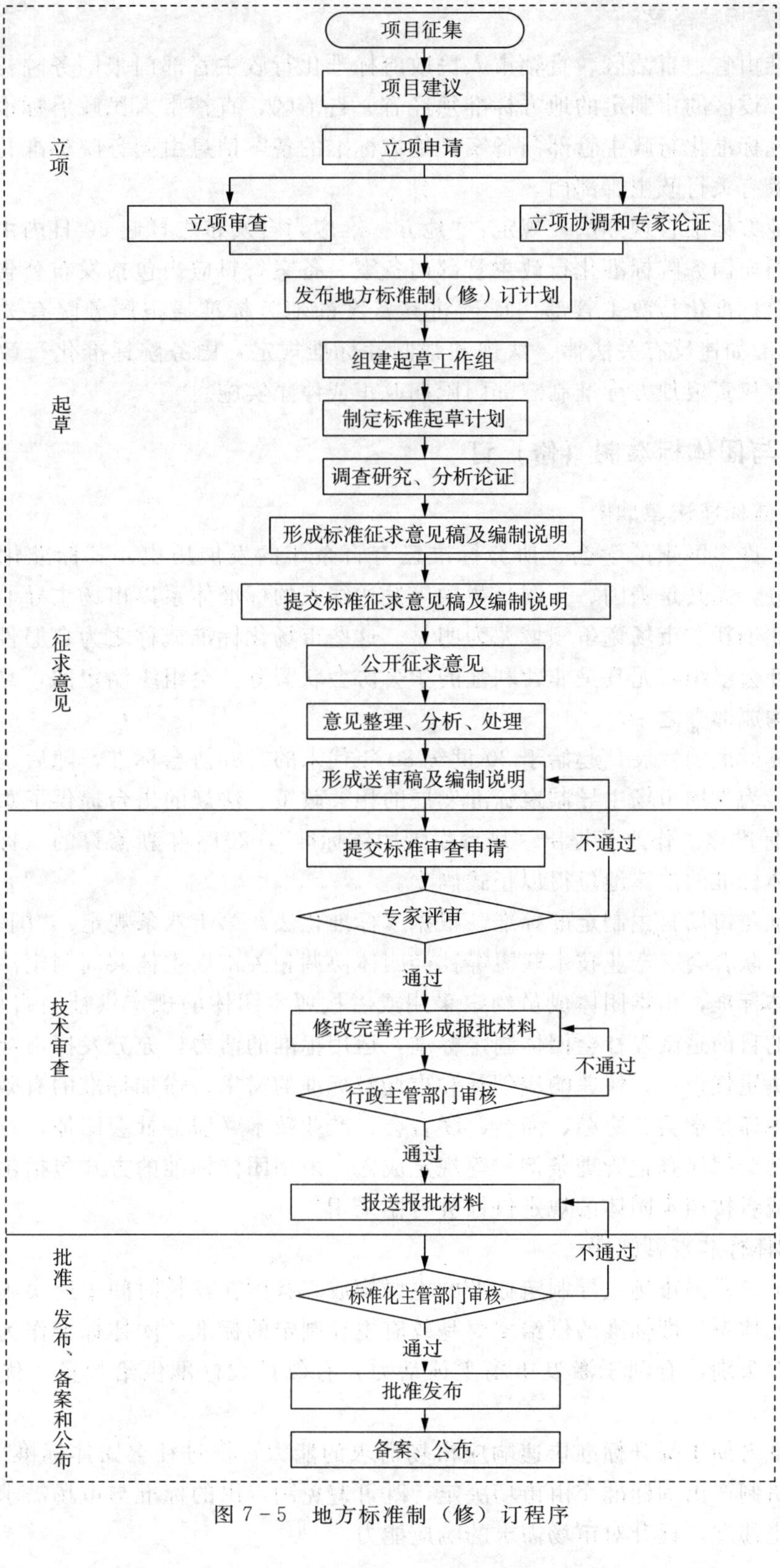

图 7－5　地方标准制（修）订程序

（四）地方标准备案

地方标准由省、自治区、直辖市人民政府标准化行政主管部门报国务院标准化行政主管部门备案。设区的市制定的地方标准须经省、自治区、直辖市人民政府标准化行政主管部门报国务院标准化行政主管部门备案。地方标准的备案信息由国务院标准化行政主管部门通报国务院有关行政主管部门。

根据《地方标准管理办法》规定："地方标准应当自发布之日起60日内由省级标准化行政主管部门向国务院标准化行政主管部门备案。备案材料应当包括发布公告及地方标准文本。国务院标准化行政主管部门应当将其备案的地方标准通报国务院有关行政主管部门。"地方标准如违反有关法律、法规和强制性标准规定，国务院标准化行政主管部门不予备案，并有权责成地方标准制定部门限期改正或停止实施。

四、参与团体标准制（修）订

（一）团体标准法律地位

在国外，许多国家的学会、协会标准已有百余年的发展历史，其标准化工作发展较早、较为充分，尤其是美国、英国、德国等发达国家的标准体系以市场主导制定的标准为主体，在产业创新和市场竞争领域尤为明显。这些市场化标准或称之为自愿性标准，是由一些专业性社会组织，尤其是非营利性的学会协会联盟等社会组织制定的，是其国家标准体系的重要构成部分之一。

中国团体标准的发展，起始于20世纪80年代末的官办协会标准，随后也开始了联盟标准的探索，为支撑市场主导制定标准发展的相关政策、法规的出台提供了重要的实践基础。2015年标准化工作改革提出"培育发展团体标准"，2018年新修订的《标准化法》颁布实施，团体标准的法律地位得以正式确立。

团体标准是市场自主制定的标准。根据《标准化法》第十八条规定："国家鼓励学会、协会、商会、联合会、产业技术联盟等社会团体协调相关市场主体共同制定满足市场和创新需要的团体标准，由本团体成员约定采用或者按照本团体的规定供社会自愿采用。"设立团体标准的目的是激发社会团体制定标准，运用标准的活力，充分发挥市场在标准化资源配置中的决定性作用，快速响应创新和市场对标准的需求，增加标准的有效供给。团体标准的制定主体是学会、协会、商会、联合会、产业技术联盟等社会团体，这些社会团体应当依照《社会团体登记管理条例》等规定成立。采用团体标准的方式包括由本团体成员约定采用，或者按照本团体的规定供社会自愿采用。

（二）团体标准发展优势

团体标准是我国市场主导制定标准的主要构成。我国在较长时间中所实施的标准化战略一直是一元体系，即标准的供给主要是政府主导制定的标准。团体标准作为市场主导制定标准的主要类别，有利于激发市场主体活力，有效扩大标准供给数量，优化标准供给结构。

团体标准有助于提升标准快速响应市场需求的能力。推进社会团体标准的培育发展，把可由市场机制产出的标准交由市场决定，既可避免制定出的标准与市场需求脱节，又可加快标准制定速度，提升对市场需求的响应能力。

团体标准有助于促进技术创新。团体标准所包含的技术要求一般应高于国家标准、行业标准，与国际先进标准接轨，对提高产品质量，推动产业可持续发展发挥着重要作用。团体标准与市场接轨，可以通过市场资源配置形成事实标准，从而快速凝聚科技优势、产业优势和市场优势。

（三）团体标准制定程序

根据《团体标准管理规定》（国标委联〔2019〕1 号），制定团体标准的一般程序包括：提案、立项、起草、征求意见、技术审查、批准、编号、发布、复审。具体程序由社会团体制定。

社会团体应当依据其章程规定的业务范围进行活动，规范开展团体标准化工作，应当配备熟悉标准化相关法律法规、政策和专业知识的工作人员，建立具有标准化管理协调和标准研制等功能的内部工作部门，制定相关的管理办法和标准知识产权管理制度，明确团体标准制定、实施的程序和要求。

（四）团体标准制定要求

制定团体标准应当遵循开放、透明、公平的原则，吸纳生产者、经营者、使用者、消费者、教育科研机构、检测及认证机构、政府部门等相关方参与，充分反映各方的共同需求。同样支持消费者和中小企业代表参与团体标准制定。

制定团体标准应当有利于科学合理利用资源，推广科学技术成果，增强产品的安全性、通用性、可替换性，提高经济效益、社会效益、生态效益，做到技术上先进、经济上合理。制定团体标准应当在科学技术研究成果和社会实践经验总结的基础上，深入调查、分析，进行实验、论证，切实做到科学有效、技术指标先进。禁止利用团体标准实施妨碍商品、服务自由流通等排除、限制市场竞争的行为。

团体标准应当符合相关法律法规的要求，不得与国家有关产业政策相抵触。对于术语、分类、量值、符号等基础通用方面的内容，应当遵守国家标准、行业标准、地方标准，团体标准一般不予另行规定。团体标准的技术要求不得低于强制性标准的相关技术要求，制定团体标准应当以满足市场和创新需要为目标，聚焦新技术、新产业、新业态和新模式填补标准空白，国家鼓励社会团体制定高于推荐性标准相关技术要求的团体标准，鼓励制定具有国际领先水平的团体标准。

案例

中车浦镇庞巴迪积极参与制定城轨协会团体标准

中车浦镇庞巴迪运输系统有限公司是一家轨道交通装备制造企业，专门从事跨座式单轨车辆和全自动旅客捷运系统 APM 的设计、生产、集成，已完全掌握了整车的自主设计，基于国外技术平台，自主研发新技术，建立产品标准，开发出新产品，并创新性地在轮毂、轮胎、悬挂系统等关键零部件上实现国产化、自主化。

一流企业做标准，标准的研制既是对产品研发和项目执行的有力支撑，也是企业不断发展，在行业奠定话语权和技术领先的重要保障。中车浦镇庞巴迪在引进、消化、吸收、再创新的同时，积极总结经验，形成一系列技术规范；标准从无到有，特别是近两年来，主持或参与国家标准、行业标准、团体标准等共计26项，为企业的健康、高速发展保驾护航。

中国城市轨道交通协会是我国城市轨道交通行业中唯一的国家级协会，其制定的标准在行业内具有重要影响力。中车浦镇庞巴迪主持或参与制定中国城市轨道交通协会团体标准5项；在参与的标准中，已发布的T/CAMET 04001—2018《轻型跨座式单轨交通设计导则》，明确将中车浦镇庞巴迪研发制造的轨道梁宽690 mm车型纳入，通过标准的研制肯定了该公司的技术实力与地位，保障了企业的市场占有率；参与制定的单轨道岔、车辆试验、道岔试验等技术规范，是公司在生产制造、土建施工、运营维护等方面的经验总结，有效填补行业内胶轮产业链技术体系的空白，促进产业行业规范、健康发展。这一系列团体标准的制定成为胶轮单轨产业未来发展以及“走出去”的重要支撑。

第三节　参与国内标准化技术组织活动

引 例

标准化技术委员会（TC）就是标准制定加工厂。按照《标准化法》和《全国专业标准化技术委员会管理办法》要求，国家标准的起草和技术审查通常由专业的标准化技术委员会完成，这些组织一般为标准的归口单位。企业申请（组织）制定外部标准，既可以通过当地标准化行政主管部门层层上报，也可以通过这些专业标准化技术委员会直接申报。若本领城没有合适的标准化技术委员会，还可以由企业牵头成立标准化工作组。

标准化技术组织是指由标准机构或标准化机构设立的负责标准的起草或编制的组织，从功能上通常分为标准化技术委员会和标准化工作组。本节将从作用与职责、企业参与方式和内容等方面重点介绍国内标准化技术委员会（下文如无特殊说明，一般指全国标准化技术委员会），同时简要介绍参与其他社会团体标准化活动的方式和内容。

一、标准化技术委员会的作用与职责

（一）标准化技术委员会的作用

标准化技术委员会是在一定专业领域内，从事国家标准起草和技术审查等标准化工作的非法人技术组织，是标准的“生产车间”，直接关系着我国标准化工作的发展水平和整

体效果。推荐性标准是利益相关方协商一致的产物，因此，由利益相关方组成的标准化技术委员会承担推荐性标准的编制工作是国际通行做法。为此，《标准化法》规定，制定推荐性标准，应当组织由相关方组成的标准化技术委员会，承担标准的起草、技术审查工作。而强制性标准与推荐性标准存在差异，强制性标准不仅具有标准属性，还具有“技术法规”的属性，体现政府意志。《标准化法》第十条明确规定，国务院有关行政主管部门依据职责负责强制性国家标准的项目提出、组织起草、征求意见和技术审查。由于强制性标准制定是一项技术性很强的工作，国务院有关行政主管部门可以委托技术委员会承担强制性标准的起草和技术审查工作。

自 1979 年原国家质量技术监督局统一规划和组建全国专业标准化技术委员会以来，经过 40 多年的发展，我国已形成由标准化技术委员会（TC）、分技术委员会（SC）和标准化工作组（SWG）构成的技术委员会体系。截至 2021 年 7 月，我国已成立标准化技术委员会 547 个（详见附录四）、分技术委员会 775 个、标准化工作组 17 个，有效支撑了我国标准化工作的稳步发展。全国专业标准化技术委员会基本上承担了绝大多数国家标准和行业标准的编制工作，并可以接受政府部门、社会团体、企事业单位委托，开展与本专业领域有关的标准化工作。由全国专业标准化技术委员会统一承担某一领域标准的编制工作，既可以发挥该行业领域技术专家的作用，又可以有效协调利益相关方，还可以确保各类标准之间的协调配套，避免标准之间的交叉重复矛盾。

全国技术委员会、分技术委员会、标准化工作组由国务院标准化行政主管部门统一顺序编号，分别为 SAC/TC×××、SAC/TC×××/SC××、SAC/SWG×××。在部分行业、地方也成立了标准化技术委员会，如国家能源局组建的能源行业电动汽车充电设施标准化技术委员会（NEA/TC3）、国家密码管理局批准成立的密码行业标准化技术委员会（CSTC），安徽省市场监管局批准成立的安徽省轨道交通标准化技术委员会（AH/TC82）（详见附录四）等。

企业通过参与国内标准化技术委员会活动，可及时获得有关标准制（修）订信息、技术发展动向，助推企业技术水平和管理水平的提升，提高企业市场竞争力；了解国内标准化技术委员会设置情况，可从相关标准化技术委员会获取信息；根据收集的信息结合企业人才、技术、资金等情况，确定参与标准化技术委员会活动的方式和内容。

（二）标准化技术委员会的职责

1. 全国标准化技术委员会

根据《全国专业标准化技术委员会管理办法》（国家市场监督管理总局令第 31 号），全国标准化技术委员会应当科学合理、公开公正、规范透明地开展工作，在本专业领域内承担以下工作职责：

（1）提出本专业领域标准化工作的政策和措施建议。

（2）编制本专业领域国家标准体系，根据社会各方的需求，提出本专业领域制（修）订国家标准项目建议。

（3）开展国家标准的起草、征求意见、技术审查、复审及国家标准外文版的组织翻译和审查工作。

（4）开展本专业领域国家标准的宣贯和国家标准起草人员的培训工作。

(5) 受国务院标准化行政主管部门委托，承担归口国家标准的解释工作。

(6) 开展标准实施情况的评估、研究分析。

(7) 组织开展本领域国内外标准一致性比对分析，跟踪、研究相关领域国际标准化的发展趋势和工作动态。

(8) 管理下设分技术委员会。

(9) 承担国务院标准化行政主管部门交办的其他工作。

技术委员会可以接受政府部门、社会团体、企事业单位委托，开展与本专业领域有关的标准化工作。分技术委员会的工作职责参照技术委员会的工作职责执行。

2. 省级标准化技术委员会

根据《安徽省专业标准化技术委员会管理办法》（皖质办发〔2018〕29号），技术委员会应当科学合理、公开公正、规范透明地开展工作，在本专业领域内承担以下工作职责：

(1) 提出本专业领域标准化工作的政策和措施建议。

(2) 编制和修订本专业领域地方标准体系，根据社会各方的需求，提出本专业领域制（修）订地方标准项目建议。

(3) 开展地方标准的起草、征求意见、技术审查、复审工作。

(4) 开展本专业领域地方标准的宣贯和地方标准起草人员的培训工作。

(5) 受省级标准化行政主管部门委托，承担归口地方标准的解释工作。

(6) 开展标准实施情况的评估、研究分析。

(7) 组织开展本领域国内外标准一致性比对分析，跟踪、研究相关领域国际标准化的发展趋势和工作动态。

(8) 及时反馈技术委员会归口标准实施情况。

(9) 管理下设分技术委员会。

(10) 支持设区的市开展地方标准制（修）订工作。

(11) 从归口管理的地方标准中择优向对口的全国专业标准化技术委员会或国家标准化主管部门推荐申报行业标准和国家标准。

(12) 承担省级标准化行政主管部门交办的其他工作。

技术委员会可以接受政府部门、社会团体、企事业单位委托，开展与本专业领域有关的标准化工作。分技术委员会的工作职责参照技术委员会的工作职责执行。

二、参与技术委员会的方式和内容

（一）担任技术委员会委员或成员

1. 标准化技术委员会组成

标准化技术委员会由委员组成，委员应当具有广泛性和代表性，以保证在标准的编制过程中尽可能体现各利益相关方的要求。技术委员会的委员可以来自生产者、经营者、使用者、消费者、公共利益方等相关方，教育科研机构、有关行政主管部门、检测及认证机构、社会团体等可以作为公共利益方代表。

根据《全国专业标准化技术委员会管理办法》，标准化技术委员会委员不少于25名，其中主任委员1名，副主任委员不超过5名。同一单位在同一技术委员会任职的委员不得超过3名。主任委员和副主任委员不得来自同一单位。同一人不得同时在3个以上技术委员会担任委员。

专业领域较宽的技术委员会可以组建分技术委员会。分技术委员会委员不少于15名，其中主任委员和秘书长各1名，副主任委员和副秘书长各不超过3名。

2. 委员任职条件

标准化技术委员会委员应具备以下条件：

(1) 具有中级以上专业技术职称，或者具有与中级以上专业技术职称相对应的职务。

(2) 熟悉本专业领域业务工作，具有较高理论水平、扎实的专业知识和丰富的实践经验。

(3) 掌握标准化基础知识，热心标准化事业，能积极参加标准化活动，认真履行委员的各项职责和义务。

(4) 在我国境内依法设立的法人组织任职的人员，并经其任职单位同意推荐。

(5) 技术委员会章程规定的其他条件。

标准化技术委员会主任委员和副主任委员应具备以下条件：

(1) 本专业领域的技术专家。

(2) 在本专业领域内享有较高声誉，具有影响力。

(3) 具有高级以上专业技术职称，或者具有与高级以上专业技术职称相对应的职务。

(4) 熟悉技术委员会管理程序和工作流程。

(5) 能够高效、公正履行职责，并能兼顾各方利益。

3. 委员权利与义务

标准化技术委员会委员应当积极参加技术委员会的活动，履行以下职责：

(1) 提出标准制（修）订等方面的工作建议。

(2) 按时参加标准技术审查和标准复审，按时参加技术委员会年会等工作会议。

(3) 履行委员投票表决义务。

(4) 监督主任委员、副主任委员、秘书长、副秘书长及秘书处的工作。

(5) 监督技术委员会经费的使用。

(6) 及时反馈技术委员会归口标准实施情况。

(7) 参与本专业领域国际标准化工作。

(8) 参加国务院标准化行政主管部门及技术委员会组织的培训。

(9) 承担技术委员会职责范围内的相关工作。

(10) 技术委员会章程规定的其他职责。

标准化技术委员会委员享有表决权，有权获取技术委员会的资料和文件。

标准化技术委员会主任委员负责技术委员会全面工作，应当保持公平公正立场。主任委员负责签发会议决议、标准报批文件等技术委员会重要文件。主任委员可以委托副主任委员签发标准报批文件等重要文件。

4. 委员调整与撤销

根据工作需要经标准化技术委员会全体委员表决，技术委员会可以提出委员调整的建议，并报送国务院标准化行政主管部门予以调整。委员调整原则上每年不得超过一次，每次调整不得超过委员总数的1/5。分技术委员会的委员调整参照技术委员会执行。

委员有下列情形的之一的，由技术委员会报国务院标准化行政主管部门撤销委员资格：

（1）未履行本办法和技术委员会章程规定的职责的。

（2）连续两次无故不参加投票表决的。

（3）利用委员身份为本人或者他人谋取不正当利益的。

（4）存在违法违纪行为的。

5. 顾问、观察员与联络员

根据工作需要，技术委员会可以设顾问，不超过5人。顾问应当为本专业领域的专家或者学者，由技术委员会聘任，无表决权。

根据工作需要，技术委员会可以设观察员。观察员可以获得技术委员会的资料和文件，列席技术委员会会议、发表意见、提出建议，无表决权。观察员条件由技术委员会章程规定。

专业领域相关联的技术委员会之间应当建立联络关系，互派联络员，协调相关技术问题。联络员可以获得其负责联络的技术委员会的资料和文件，列席相关工作会议，发表意见、提出建议，无表决权。联络员应当及时向所属技术委员会报告联络工作情况。

（二）承担秘书处、工作组工作

1. 标准化技术委员会秘书处承担单位条件

标准化技术委员会设秘书处负责技术委员会的日常工作。秘书处承担单位应当符合以下条件：

（1）在我国境内依法设立、具有独立法人资格的企事业单位或者社会团体。

（2）有较强的技术实力和行业影响力。

（3）有连续3年以上开展标准化工作的经验，牵头起草过3项以上国际标准、国家标准或者行业标准。

（4）将秘书处工作纳入本单位工作计划和日常工作，并为秘书处开展工作提供必要的经费和办公条件。

（5）有专职工作人员，能够督促秘书处专职工作人员认真履行职责，确保秘书处各项工作公正、公平地开展。

（6）国务院标准化行政主管部门规定的其他条件。

2. 标准化技术委员会秘书处职责

秘书处具体职责和工作制度，由技术委员会章程和秘书处工作细则规定。两个单位联合承担秘书处，应当在秘书处工作细则中明确牵头承担单位及各自职责。技术委员会秘书处设秘书长1名，副秘书长不超过5名。秘书长和副秘书长应当由委员兼任，不得来自同一单位。秘书长应当由秘书处承担单位技术专家担任，具有较强的组织协调能力，熟悉本领域技术发展情况以及国内外标准化工作情况，具有连续3年以上标准化工作经历。秘书长负责技术委员会秘书处日常工作，副秘书长协助秘书长开展工作。秘书长和副秘书长具体职责由技术委员会章程规定。技术委员会应当每年至少召开一次年会，总结上年度工作，安排下年度计划，通报经费使用情况等。全体委员应当参加年会。技术委员会可以根据需要不定期召开会议，研究处理相关工作。技术委员会召开会议时，应当提前通知全体委员。

以下事项应当由秘书处形成提案，提交全体委员审议，并形成会议纪要：

（1）技术委员会章程和秘书处工作细则。

（2）工作计划。

（3）本专业领域标准体系表。

（4）国家标准制（修）订立项建议。

（5）国家标准送审稿。

（6）技术委员会委员调整建议。

（7）工作经费的预决算及执行情况。

（8）分技术委员会的组建、调整、撤销、注销等事项。

（9）分技术委员会的决议。

（10）技术委员会章程规定应当审议的其他事项。

（1）（4）（5）（6）（7）（8）事项审议时，应当提交全体委员表决，参加投票的委员不得少于总数的3/4。参加投票委员2/3以上赞成，且反对意见不超过参加投票委员的1/4，方为通过。表决结果应当形成决议，由秘书处存档。

技术委员会秘书处承担单位应当严格按照国家有关财务制度的规定，将技术委员会的工作经费纳入单位财务统一管理，单独核算，专款专用。秘书处应当向全体委员报告年度经费收支情况。禁止技术委员会以营利为目的收取费用。严禁采取摊派、有偿署名等方式收取不合理费用。国家标准制（修）订补助经费按照财政部有关规定进行列支。任何单位和个人不得截留或者挪用国家标准制（修）订补助经费。技术委员会秘书处承担单位应当接受国务院标准化行政主管部门对国家标准制（修）订补助经费使用情况的监督检查，应当接受审计机关的审计。

3. 标准化技术委员会秘书处调整

技术委员会秘书处承担单位有下列情形之一的，国务院标准化行政主管部门对秘书处承担单位进行调整：

（1）秘书处工作不力，致使技术委员会无法正常开展工作的。

（2）利用技术委员会工作为本单位或者相关方谋取不正当利益的。

（3）违规使用技术委员会经费，情节严重的。

（4）存在其他重大违规行为的。

4. 标准化技术委员会的组建与调整

标准化技术委员会的组建应当符合以下条件：

（1）涉及的专业领域为国民经济和社会发展的重要领域，符合国家标准化发展战略、规划要求。

（2）专业领域一般应当与国际标准化组织（ISO）、国际电工委员会（IEC）等国际组织已设立技术委员会的专业领域相对应。

（3）业务范围明晰，与其他技术委员会无业务交叉。

（4）标准体系框架明确，有较多的国家标准制（修）订工作需求。

（5）秘书处承担单位具备开展工作的能力和条件。

业务范围能纳入现有技术委员会的，不得组建新的技术委员会。技术委员会的组建程序包括提出申请、公示、筹建、成立，如图 7-6 所示。

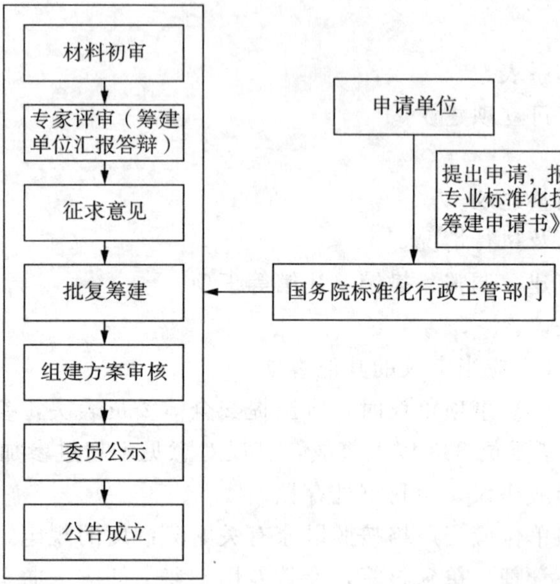

图 7-6 标准化技术委员会组建程序

国务院有关行政主管部门、有关行业协会以及省、自治区、直辖市人民政府标准化行政主管部门（以下简称“筹建单位”）可以向国务院标准化行政主管部门提出技术委员会筹建申请。筹建申请应当说明技术委员会筹建的必要性、可行性、工作范围、标准体系、国内外相关技术组织情况、秘书处承担单位有关情况等。综合性、基础性和跨部门跨领域的技术委员会由国务院标准化行政主管部门研究决定筹建单位。

国务院标准化行政主管部门组织专家对筹建申请材料进行评审。经评审符合组建条件的，由国务院标准化行政主管部门对外公示技术委员会的名称、专业领域、对口国际组织、筹建单位、业务指导单位、秘书处承担单位等，并征集意向委员。公示期为 30 日，公示期届满，符合要求的予以筹建。

筹建单位应当在同意筹建后 6 个月内，向国务院标准化行政主管部门报送组建方案。组建方案应当包括：

（1）技术委员会基本信息表。

（2）技术委员会委员名单及登记表。

（3）技术委员会章程草案，包括工作原则、范围、任务、程序，秘书处职责，委员、顾问、观察员的条件和职责，经费管理制度等。

（4）秘书处工作细则草案，包括工作原则、秘书处工作人员条件和职责、会议制度、文件制度、档案制度、财务制度等。

（5）标准体系框架及标准体系表草案。

（6）秘书处承担单位支持措施。

（7）未来 3 年工作规划以及下一年度工作计划草案。

（8）国务院标准化行政主管部门规定的其他内容。

国务院标准化行政主管部门应当将技术委员会委员名单向社会公示，公示期为 30 日。公示期届满，符合要求的，由国务院标准化行政主管部门公告成立。

技术委员会每届任期 5 年，任期届满应当换届。换届前应当公开征集委员，技术委员会秘书处提出换届方案报送筹建单位。筹建单位应当对换届方案进行审核，并于技术委员会任期届满前 3 个月将换届方案报送国务院标准化行政主管部门。国务院标准化行政主管部门按照有关规定进行公示，公示期届满，符合要求的，予以换届。

筹建单位可以提出调整相关技术委员会工作范围或者名称、秘书处承担单位以及注销技术委员会等建议，并报送国务院标准化行政主管部门予以调整、注销。根据技术委员会整体规划和国际对口变化需要，国务院标准化行政主管部门可以直接调整技术委员会工作范围、名称、秘书处承担单位等。对标准化工作需求很少或者相关工作可以并入其他技术委员会的，国务院标准化行政主管部门对技术委员会予以注销。

5. 标准化分技术委员会的组建与调整

组建标准化分技术委员会，应当符合以下条件：

（1）业务范围明晰，并在所属技术委员会的业务范围内。

（2）标准体系框架明确，且可以归口的国家标准或者国家标准计划项目不得少于 5 项。

（3）有国际对口技术委员会的，原则上应当与国际对口保持一致。

技术委员会组建分技术委员会的建议，应当经全体委员表决通过。同意组建的，由技术委员会公开征集委员，制定组建方案。组建方案经技术委员会业务指导单位同意后，报送国务院标准化行政主管部门。

国务院有关行政主管部门、有关行业协会以及省、自治区、直辖市人民政府标准化行政主管部门组建分技术委员会的建议，应当经分技术委员会所属技术委员会全体委员表决通过。同意组建的，由提出分技术委员会组建建议的单位公开征集委员，制定组建方案，报送国务院标准化行政主管部门。

分技术委员会组建方案的内容应符合前文所述技术委员会组建方案的要求。

国务院标准化行政主管部门应当将分技术委员会委员名单向社会公示，公示期为 30 日。公示期届满，符合要求的，由国务院标准化行政主管部门公告成立分技术委员会。

分技术委员会换届程序和要求参照技术委员会执行。分技术委员会筹建单位、技术委员会可以提出调整分技术委员会工作范围或者名称、秘书处承担单位以及注销分技术委员会等建议，相关建议应当经技术委员会全体委员表决通过，并由分技术委员会筹建单位报送国务院标准化行政主管部门调整、注销。根据技术委员会整体规划和国际对口变化需要，国务院标准化行政主管部门可以直接调整分技术委员会工作范围、名称、秘书处承担单位等。对标准化工作需求很少或者相关工作可以并入其他技术委员会的，国务院标准化行政主管部门对分技术委员会予以注销。

6. 标准化工作组的组建与调整

对新技术新产业新业态有标准化需求但暂不具备组建技术委员会或者分技术委员会条件的，国务院标准化行政主管部门可以成立标准化工作组，承担国家标准制（修）订相关工作。标准化工作组不设分工作组，由国务院标准化行政主管部门直接管理，组建程序和管理要求参照技术委员会执行。

标准化工作组成立3年后，国务院标准化行政主管部门应当组织专家进行评估。具备组建技术委员会或者分技术委员会条件的，按有关规定和程序组建；仍不具备组建条件的，予以撤销。

（三）参加交流、论坛等活动

标准化论坛旨在聚焦标准化领域前沿和热点，搭建政策理论和实践经验研讨分享平台，增强标准化工作者与企业之间的密切交流，探索使标准化更好地服务于经济社会与创新发展的路径。

参与标准化论坛，企业可以更好地掌握标准化知识，从更高的角度看标准化，更好地了解标准化的实质，不断增强企业标准化工作的针对性和有效性，促进企业管理更加规范、精细。参与标准化论坛，企业可以获得大量有关标准制定、技术发展动向的资料，从而获得大量的标准化活动的信息。企业了解相关技术领域标准发展动态，就能及时调整生产和销售策略，提升自己知识产权的技术方案，对企业产品的发展和技术创新十分有利。

案例

安徽春谷3D打印研究院打造增材制造标准化创新高地

2017年10月，原安徽省质量技术监督局批复成立安徽省增材制造标准化技术委员会（AH/TC77），安徽省春谷3D打印智能装备产业技术研究院（以下简称“春谷3D打印研究院”）作为秘书处承担单位，重点围绕技术委员会建设、标准体系构建、标准研制与实践、标准化人才队伍培养等方面积极开展工作。

2020年12月，全国增材制造标准化技术委员会批复成立全国增材制造标准化技术委员会培训和服务工作组（SAC/TC562/WG3），由春谷3D打印研究院承担工作组工作，在全国增材制造标准化技术委员会的领导下开展增材制造培训和服务相关国家标准的制（修）订工作。

在标准制（修）订上，春谷3D打印研究院协助园区企业安徽拓宝增材制造科技有限公司等单位主持制定国家标准GB/T 35352—2017《增材制造　文件格式》；2019年6月，春谷3D打印研究院牵头申报的《增材制造　材料挤出成形3D打印笔》等11项增材制造行业标准列入工信部2019年第一批行业标准计划；2019年12月，春谷3D打印研究院牵头申报的《增材制造　一般原则　零件采购要求》列入2019年第四批推荐性国家标准计划；春谷3D打印研究院还主持制定了安徽省地方标准DB34/T 3563—2019《增材制造　熔融沉积成形（FDM）零件性能试验方法》、参与制定了团体标准 T/CAMMT 22—2019《增材制造 材料挤出成形用塑料线材》与 T/CAMMT 21—2019《增材制造 桌面级材料挤出成形设备》等。

三、参与其他社会团体标准化活动

企业通过参与社会团体组织标准化活动，可及时获得相关行业信息，提升技术、管理和标准化水平，并能促进企业在社会团体组织中的影响力。企业要多关注各级标准化协会、相关行业协会等社会团体组织开展的标准化活动信息，根据收集的信息结合企业人才、技术、资金等情况，确定参与社会团体组织标准化活动的方式和内容：

（1）参加标准化知识培训、标准宣贯。

（2）参加标准化学术研讨会、标准化论坛等活动。

（3）参加标准化优秀论文、优秀科普作品评选活动。

（4）通过社会团体组织同国外标准化组织开展交流与合作。

案 例

奇瑞主持制定团体标准入选工信部 2020 年团体标准应用示范

2020 年 12 月 25 日，工业和信息化部公布“2020 年团体标准应用示范项目名单”，中国汽车工程学会制定发布的 T/CSAE 99—2019《汽车紧固件用耐热钢技术条件》、T/CSAE 115—2019《乘用车整车轻量化系数计算方法》、T/CSAE 118—2019《锂离子动力电池单体日历寿命试验方法》、T/CSAE 122—2019《燃料电池电动汽车低温冷启动性能试验方法》四项标准入选。

《乘用车整车轻量化系数计算方法》由奇瑞汽车股份有限公司主持制定。本标准通过采集和分析国内市场上近 10 年来销售的 20000 多款乘用车相关参数，基于统计学方法论证了名义密度（M/V）、重量比功率（M/P）、脚印油耗（Q/A）或脚印电耗（Y/A）等主要指标与汽车轻量化节能的关联性，体现了轻量化的核心价值，在保证汽车综合性能指标的前提下，重量（相对）轻，动力性能好，更加节能；建立了国际上首个可用于评价燃油乘用车和电动乘用车轻量化水平的整车轻量化系数计算方法。本标准解决了困扰行业多年的减轻重量的同时保证汽车性能的问题，从轻量化的核心价值出发，让轻量化评价与客户的需求关联。《节能与新能源汽车技术路线图 2.0》采用本标准的“整车轻量化系数”作为行业 2020—2035 年的轻量化发展指标。中国工程院组织编写的《〈中国制造 2025〉重点领域技术创新绿皮书——技术路线图（2017）》采用本标准的“整车轻量化系数”作为整车轻量化水平 2025—2035 年的关键指标；本标准还被北汽新能源（标准编号：Q/BJEV 05.0005.1—2020）、江淮汽车等整车企业在企业标准中引用。

第四节　参与国际标准化活动

引　例

2019年，第83届国际电工委员会（IEC）大会在上海举行，国家主席习近平向大会致贺信。习近平指出，当前，绿色低碳循环发展成为人类共同目标，人工智能、大数据、5G等新技术与新能源发电、电动汽车等深度融合发展，迫切需要制定和应用相关领域国际标准，加强标准领域国际合作。习近平强调，中国高度重视标准化工作，积极推广应用国际标准，以高标准助力高技术创新，促进高水平开放，引领高质量发展。中国将继续积极支持和参与国际标准化活动，愿同各国一道，不断完善国际标准体系和治理结构，更好发挥标准在国际贸易和全球治理中的作用。

一、国际标准化概述

国际标准化是所有国家的有关机构均可参与的标准化。随着科学技术的迅速发展和国际交流的不断扩大，国际标准化正成为经济全球化的基础，也是经济全球化的发展趋势。国际标准是打开全球市场、营造良好商业氛围、刺激经济增长的有力手段。

（一）国际标准化机构

1. 国际标准化组织（ISO）

国际标准化组织（International Organization for Standardization，ISO）是世界上规模最大、最具影响力的国际标准组织，属于采用编制模式运行的法定实体，是独立的、非营利性的非政府组织，由各国的国家标准化机构作为国家成员体参加。ISO成立于1947年，其中央办事机构设在日内瓦。ISO主要在农业、医药健康、货物包装和运输、化学、建筑、环境、非金属材料、矿石和金属、信息处理、机械工程、非金属材料、矿石和金属、特殊技术等领域开展标准化活动，几乎包括了除电气工程、电子工程、电信之外所有领域的国际标准制定活动。

（1）组织结构

ISO的组织结构主要包括全体大会、理事会、技术管理局和中央秘书处等，如图7－7所示。全体大会是ISO的最高权力机构，负责制定ISO政策、长期战略和财务目标，选举ISO官员和相关部门负责人，并负责修订章程和议事规则。理事会是ISO大会闭会期间的常设管理机构，负责ISO的运作。理事会下设直接对其负责的主席委员会、理事会常设委员会（CSC）、咨询组（AG）和政策制定委员会（PDC）。技术管理局（TMB）是ISO进行技术管理和协调的最高管理机构，负责管理技术委员会和针对技术事宜设立的战略咨询委员会。中央秘书处（CS）全面负责ISO日常行政事务，编辑出版ISO标准及各种出版物，代表ISO与其他国际组织联系。

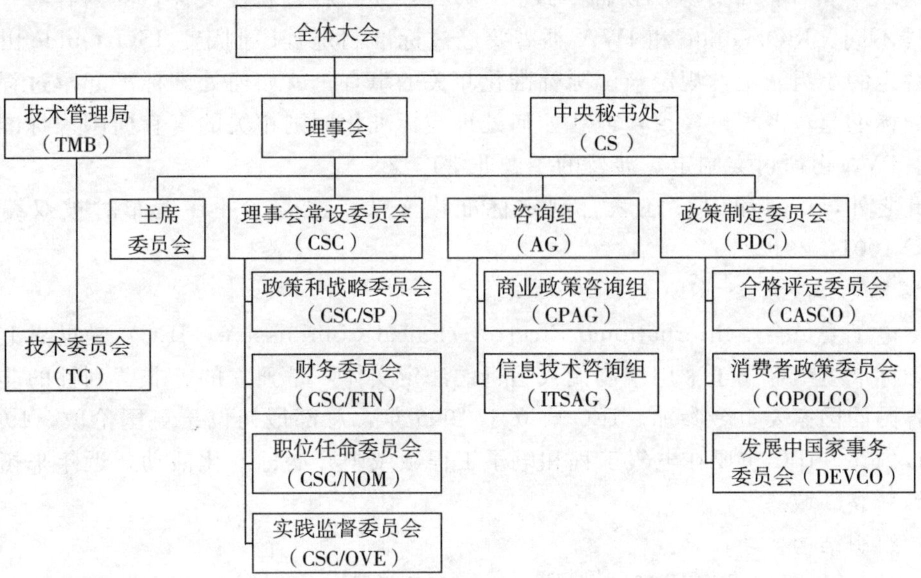

图 7－7　ISO 的组织结构

（2）标准化技术组织

ISO 的标准化技术组织主要包括技术委员会（TC）及其下属的分委员会（SC）、项目委员会（PC）和工作组（WG）。TC 由理事会根据技术管理局建议而建立，SC 的建立由其所属的 TC 提出，在有国家团体愿意承担秘书处工件的条件下由技术管理局批准建立；同时，其所属的 TC 至少有 5 名成员表示愿意积极参加该 SC 工作。ISO 的国家成员体可以根据需求，决定是否作为积极成员（P 成员）或观察成员（O 成员）参加某一个具体的 TC 或 SC。积极成员需派出专家，积极参加工作，并有权力就 TC 或 SC 的相关事项进行投票表决；观察成员只是接受委员会的文件，有权提出意见和参加会议，但无权就 TC 或 SC 的相关事项投票表决。PC 的建立由技术管理局批准，目的是制定某一项不属于现有任何 TC 工作范围的项目，PC 负责制定的国际标准发布后即行解散。WG 是 TC 或 SC 为开展标准的编写工作而建立，通过其所属的 TC 或 SC 任命的召集人向母委员会汇报工作。

（3）标准制定

按照 ISO/IEC 导则的规定，ISO 的标准制定程序包括 7 个阶段：①预备阶段，评估预备工作项目并制定初始草案；②提案阶段，提出新工作项目提案，纳入工作计划即正式立项；③起草阶段，成立工作组（WG），形成协商一致的工作草案；④委员会阶段，研究草案文本，提出相关评议意见；⑤询问阶段，对询问草案进行投票；⑥批准阶段，对最终国际标准草案进行投票；⑦发布阶段，即发布国际标准。

经过 7 个标准制定程序阶段制定的文件是国际标准（ISO）。除此之外，ISO 也提供其他类型的标准化文件，包括：技术规范（ISO/TS）、可公开提供规范（ISO/PAS）、技术报告（ISO/TR）、指南（ISO/Guide）和国际研讨会协议（IWA）等。ISO/TS、ISO/PAS 和 ISO/TR 与 ISO 标准一样，是经过标准制定程序制定的。ISO/TS 是委员会内部代表技术协商一致的规范性文件。ISO/PAS 是 ISO 发布的应对迫切市场需求的文件，代表某外部组织或 WG 内部专家的协商一致。ISO/TR 是一种资料性文件，其内容与一般的标准化文件不同。ISO/Guide 和 IWA 不需要经过标准制定程序制定。ISO/Guide 由政策委员会或特定的小组制定，规定与国际标准化相关的事宜，就如何处理标准起草过程中的具体事宜向标准起草者提供建议，或就如何处理与标准化原则相关的事宜向国家标准机构提供建议。IWA 由研讨会制定，涉及的主题非常广泛。

除此之外，ISO 和 IEC 还联合制定标准化文件，这类文件在发布时被双编号（如 ISO/IEC 1001：2012）。

2. 国际电工委员会（IEC）

国际电工委员会（International Electrotechnical Commission，IEC）是世界上成立最早的国际标准组织，属于采用编制模式运行的法定实体，是独立的、非营利性的非政府组织，由各国的国家委员会参加。IEC 成立于 1906 年，总部最初位于英国伦敦，1948 年迁至瑞士日内瓦。IEC 主要在电气工程和电子工程领域中开展标准化活动，近年来拓展到智慧城市等新兴领域。

（1）组织结构

IEC 的组织结构包括理事会（全体大会）、理事局、执行委员会、中央办公室等，如图 7－8 所示。理事会是 IEC 最高权力机构，负责制定 IEC 政策、长期战略和财务目标，选举 IEC 官员和相关部门负责人，并负责修订章程和议事规则。理事局是主持 IEC 工作的最高决策机构，负责提出并落实理事会制定的政策。理事局下设管理咨询委员会、标准化管理局、市场战略局和合格评定局：管理咨询委员会主要负责 IEC 理事局的咨询工作；标准化管理局全面负责标准化技术管理工作；市场战略局确定 IEC 活动领域的主要技术趋势和市场需求；合格评定局负责 IEC 合格评定活动的全面管理工作。执行委员会执行理事会和理事局决议，监督中央办公室运行，与 IEC 国家委员会进行沟通，并为理事局准备议程和文件。中央办公室是 IEC 的办事机构和活动中心，负责监督 IEC 章程、议事规则、导则及理事会和理事局决议的执行。

（2）标准化技术组织

IEC 的标准化技术组织主要包括技术委员会（TC）、分委员会（SC）、工作组（WG）、项目组（PT）和维护组（MT）。IEC 的 TC、SC、WG 的建立程序与 ISO 相同。现有 TC 或 SC 工作范围内的新工作项提案（NP）会分配给一个 PT 或一个 WG，或者建立一个新的 WG 来负责此 NP。IEC 优先建立任务导向的 PT 而不是结果导向的 WG，倾向于将工作分配给 PT，PT 负责一个任务，完成工作即告解散。在批准新工作项目过程中，承担新工作项目的积极成员指派专家参与标准的起草。这些专家组成的 PT 由项目负责人领导。每个 PT 的工作方案通常只有一个项目。多个 PT 可以隶属于一个 WG，或者直接向母委员会汇报。此外，每一个 TC 都要建立在一个以上的 MT。MT 由 TC 的积极成员通过新建确定或在 TC、SC 会议期间由指定专家组成。MT 的成员可以是原标准的起草者或与原标准起草无关的成员。MT 的召集人由相关的 TC 或 SC 指定。

（3）标准制定

按照 ISO/IEC 导则的规定，IEC 标准制定阶段与 ISO 相同，但对文件的命名有所差异，包括在询问阶段，ISO 对应的文件是 DIS，IEC 对应的文件是 CDV；在发布阶段，

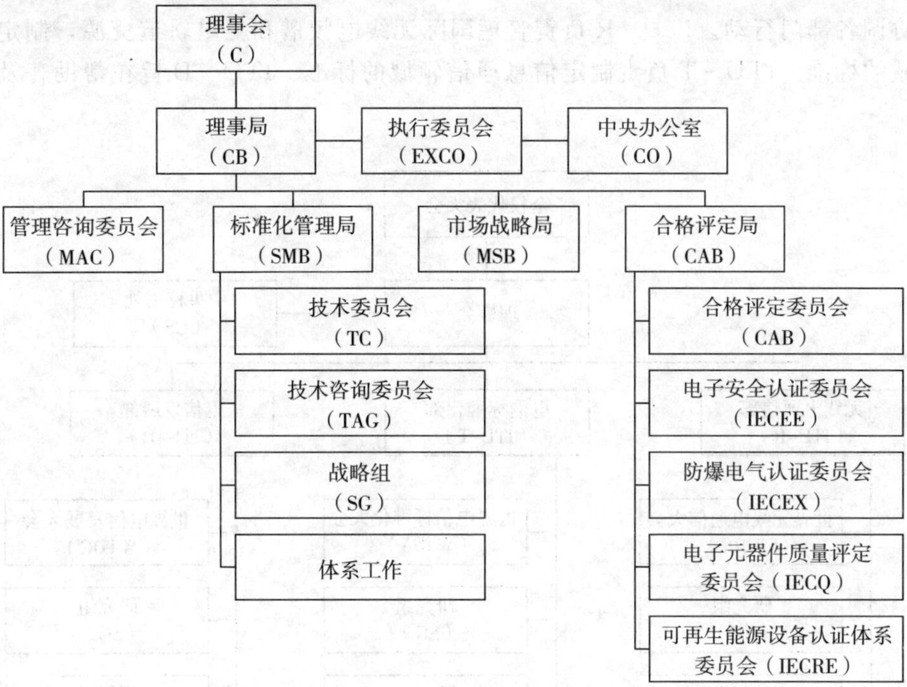

图 7-8 IEC 的组织结构

ISO 对应的文件是 ISO 标准或 ISO/IEC 标准，IEC 对应的文件是 IEC 标准或 ISO/IEC 标准。

与 ISO 类似，IEC 也在国际标准（IEC）之外提供多种标准化文件类型，包括 IEC TS、IEC PAS、IEC TR、IEC Guide 和工业技术协议（ITA）。其中，IEC TS、IEC PAS、IEC TR 和 IEC Guide 的制定程序与 ISO 的同类型文件一致，而 ITA 是 IEC 独有的。ITA 是具体说明新产品或服务的参数的规范性或资料性文件。

3. 国际电信联盟（ITU）

国际电信联盟（International Telecommunication Union，ITU）是专门制定信息通信技术事务领域标准的国际标准组织，属于采用编制模式运行的法定实体，成员由成员国、部门成员、部门准成员和学术成员构成。ITU 成立于 1865 年，总部设在瑞士日内瓦，是联合国的 15 个专门机构之一，但在法律上不是联合国附属机构。与 ISO 和 IEC 不同，ITU 主要在信息通信领域开展标准化活动，致力于通过标准化连通世界，保护并支持每个人的基本通信权利。

(1) 组织结构

ITU 主要由全权代表大会、理事会、中央秘书处、无线电通信部（ITU-R）、电信标准化部（ITU-T）、电信发展部（ITU-D）等组成，其组织结构如图 7-9 所示。全权代表大会是 ITU 的最高权力机构，旨在确定 ITU 的总体政策，通过战略规划与财务规划，并选举高层管理人员、理事国和无线电规则委员会委员。理事会的作用是在两届全权代表大会之间审议电信政策问题，确保 ITU 的活动、政策和战略适应迅速发展的电信产业环境。中央秘书处（GS）是ITU的常设机构，负责向ITU成员提供准确、及时和有效的服务，并协调各部门行动。ITU－R负责管理国际无线电频谱和卫星轨道资源，制定无线电通信领域的标准。ITU－T负责制定信息通信领域的标准。ITU－D旨在帮助普及信息通信技术。

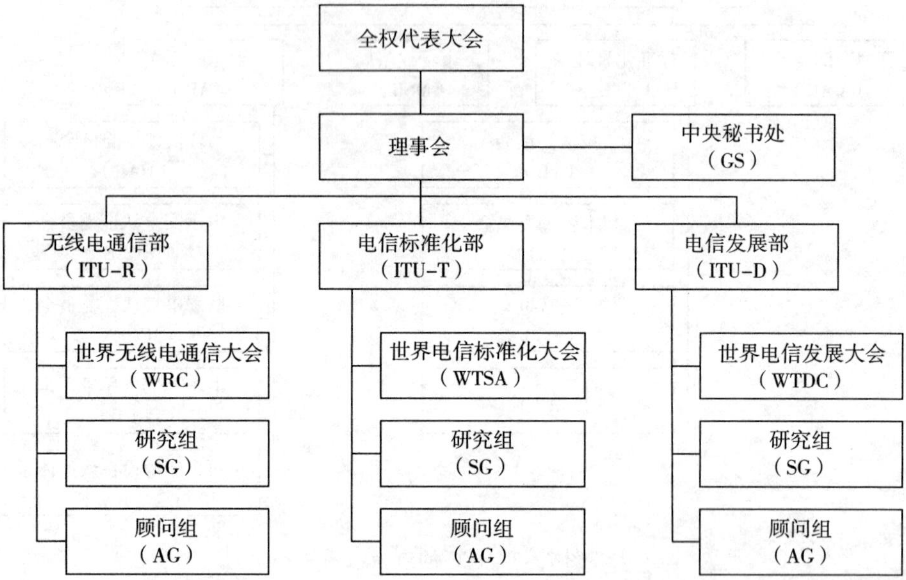

图7－9　ITU的组织结构

（2）标准化技术组织

ITU的标准化文件主要由ITU－T和ITU－R制定。ITU－T的标准化技术组织主要包括研究组（SG）、工作组（WP）、分工作组（SWP）。研究组由ITU－T的世界电信标准化大会（WTSA）建立，负责具体领域标准的制定工作。研究组可以将其负责的总体研究领域内的一个课题或一组课题，或某些现有建议书的完善和充实工作委托给一个工作组。若工作范围很宽，则研究组可决定将已分配给一个工作组的任务进一步分配给若干分工作组。

ITU－R的标准化技术组织主要包括研究组（SG）、工作组（WP）和任务组（TG）。研究组和工作组的设立程序和职责与ITU－T类似。研究组按需设立最低数量的任务组，负责紧急的课题和工作组无法适时进行的紧急建议书的起草工作。任务组在完成所分配的任务后解散。

（3）标准制定

ITU制定的标准被称为“建议书”（Rec. ITU－T和Rec. ITU－R），其制定程序与ISO和IEC截然不同。按照WTSA Resolution 1：2008《ITU－T议事规则》规定的传统批准程序（TAP）和ITU－T A.8：2008《新建议书和修订建议书的替换批准程序》规定的替换批准程序（AAP），ITU建议书的制定包括以下4个阶段：

① 课题的提出。成员国及其他经正式授权的实体提交建议的课题（Proposed Question），

研究组召开会议审议建议的课题，形成课题草案（Draft Question）提交 ITU－T。

② 课题的批准。每四年一届的世界电信标准化大会（WTSA）批准 ITU－T 各研究组的课题。在两届 WTSA 之间也可以对课题进行批准。

③ 建议书批准程序的选择。在课题获得批准后，需要选择拟使用的建议书批准程序，一般而言，具有政策和监管影响的建议书使用 TAP 批准程序，其他的建议书使用 AAP 批准程序。根据 ITU 公约的规定，使用 TAP 和 AAP 两种批准程序获得批准的建议书具有同等地位。

④ 建议书的批准。当建议书草案足够成熟时，就按照既定的批准程序批准为建议书。

4. ISO、IEC 和 ITU 的比较

ISO、IEC 和 ITU 三个组织所进行的国际标准化活动覆盖了几乎所有的国际标准化领域，从前文的分析中不难发现，三者之间，尤其是 ISO 和 IEC 之间有很多相似之处。但它们在成员构成、组织结构、技术工作管理和标准制定等方面又彼此各有特点。表 7－6 给出了对这三个组织一些主要特点的比较。

表 7－6　ISO、IEC 和 ITU 的比较

项目	ISO	IEC	ITU
性质	非政府机构 非营利性	非政府机构 非营利性	联合国机构
成员	国家成员体	国家委员会	成员国、部门成员、 部门准成员和学术成员
组织结构	理事会下设技术 管理局（TMB）	理事局下设 标准化管理局（SMB）、 市场战略局（MSB）、 合格评定局（CAB）	理事会下设无线 电通信部（ITU－R）、 电信标准化部（ITU－T）、 电信发展部（ITU－D）
标准化技术组织	技术委员会（TC） 及其下属的分委员会（SC）、 项目委员会（PC） 和工作组（WG）	技术委员会（TC）、 分委员会（SC）、 工作组（WG）、项目组（PT） 和维护组（MT）	研究组（SG）、 工作组（WP）和 分工作组（SWP）
标准化文件类型	国际标准（ISO）、 技术规范（ISO/TS）、 可公开提供规范（ISO/PAS）、 技术报告（ISO/TR）、 指南（ISO/Guide） 和国际研讨会协议（IWA）	国际标准（IEC）、 技术规范（IEC TS）、 可公开提供规范（IEC PAS）、 技术报告（IEC TR）、 指南（IEC Guide）和 国际工业技术协议（ITA）	建议书（Rec. ITU－T 和 Rec. ITU－R）

5. 其他国际标准化机构

除 ISO、IEC、ITU 三大机构外，世界上还有数百个制定标准或技术规则的国际或区域性机构，公认的有广泛影响的机构见表 7－7 所列。

表7-7　重要的国际标准化机构名称及外文名称缩写

序号	机构名称	外文名称缩写
1	国际计量局	BIPM
2	国际人造纤维标准化局	BISFA
3	国际食品法典委员会	CAC
4	空间数据系统咨询委员会	CCSDS
5	国际建筑研究和创新理事会	CIB
6	国际照明委员会	CIE
7	国际内燃机理事会	CIMAC
8	国际无线电干扰特别委员会	CISPR
9	烟草科学研究合作中心	CORESTA
10	国际牙科联合会	FDI
11	国际货运代理协会联合会	FIATA
12	国际结构混凝土协会	FIB
13	森林管理委员会	FSC
14	国际原子能机构	IAEA
15	国际航空运输协会	IATA
16	国际民航组织	ICAO
17	国际谷物科技协会	ICC
18	国际文物保护与修复研究中心	ICCROM
19	国际民防组织	ICDO
20	国际排灌委员会	ICID
21	国际辐射防护委员会	ICRP
22	国际辐射单位与测量委员会	ICRU
23	国际糖品分析统一方法委员会	ICUMSA
24	国际制酪业联合会	IDF
25	互联网工程任务组	IETF
26	国际图书馆协会与学会联合会	IFLA
27	国际有机农业运动联合会	IFOAM
28	国际煤气工业联合会	IGU
29	国际制冷学会	IIR
30	国际焊接协会	IIW
31	国际劳工组织	ILO

（续表）

序号	机构名称	外文名称缩写
32	国际海事组织	IMO
33	国际橄榄油理事会	IOOC
34	国际种子检验协会	ISTA
35	皮革加工与药剂师协会国际联盟	IULTCS
36	国际理论与应用化学联合会	IUPAC
37	国际毛纺组织	IWTO
38	国际兽疫防治局	OIE
39	国际法制计量组织	OIML
40	国际葡萄与葡萄酒局	OIV
41	国际铁路客运政府间组织	OTIF
42	材料与结构研究实验所国际联合会	RILEM
43	国际铁路联盟	UIC
44	联合国贸易便利化与电子业务中心	UN/CEFACT
45	联合国教科文组织	UNESCO
46	万国邮政联盟	UPU
47	国际海关组织	WCO
48	世界卫生组织	WHO
49	世界知识产权组织	WIPO
50	世界气象组织	WMO

（二）国际标准化发展趋势

当今世界正经历百年未有之大变局，进入 21 世纪，随着经济全球化进程的加快，多极化和数字化将深刻影响标准化的发展，国际标准的地位和作用越来越重要。国际标准化活动呈现以下发展趋势。

1. 标准战略化、政策化和法规化

在新国际经济竞争环境下，技术标准已成为战略竞争的制高点，引起了各国的高度重视，ISO 和 IEC 等国际性组织及美国、日本等发达国家纷纷加强标准化战略的研究，以确保本组织和本国标准的国际适应性，标准化战略已成为国家产业政策的重要组成部分。1999 年欧盟通过欧洲标准化战略决议，2000 年美国、加拿大分别制定了本国的标准化发展战略，2001 年日本制定了标准化发展战略。这些国家标准化战略的共同点是：加大参与国际标准化活动的力度，努力使与本国产业相关的技术要求转化为国际标准，争夺竞争的主动权；注重建立区域标准化联盟，选择信息、环保、制造技术等领域作为标准化战略重点，强调科技研究开发政策和标准化的协调统一，确保标准的市场适应性等。

越来越多的政策性文件将以管理标准的形态呈现，借助标准制定的原则使政策制定更公开、透明、民主、科学和规范；同时，政策中引用标准也将成为常态，以提高政策的科学性和政策与技术能力的协调性。强制性标准或技术性法规将继续呈现相对减少趋势，定性规定和定量规定相结合，而且定性规定会成为技术法规的主要成文方式；同时，行政命令中引用推荐性技术标准将成为技术法规的另一种形态。标准的政策化和法规化将成为国家和地区治理体系现代化的重要组成部分。

2. 标准国际化

近年来，随着经济全球化的迅猛发展，对国际标准的需求日益增长，标准的国际化或标准的国际化趋同，已成为21世纪一种势不可挡的世界潮流。一方面，表现在积极采用国际标准上。目前，已有100多个国家参加ISO和IEC这两大国际标准组织的标准制定活动，一些经济发达国家直接采用和部分采用国际标准的比重达60%以上。另一方面，表现在标准的制定上。随着经济技术的迅猛发展，标准化工作所涉及领域以及标准的内容和作用的日益复杂与广泛，国际社会普遍认识到，要构筑内容复杂、数量巨大的标准体系，无论从技术上、经济上还是使用上，必须依靠国际合作才能达成广泛的一致、实现最终目的。如ISO、IEC、ITU等权威标准化组织都表示将加强彼此之间相应的联系，努力建立一个协调、有效的国际标准化体系，实现一个全球性合格评定框架与一套统一的规则和应用程序，从而达到公共机构的广泛认同并促进更多国家积极参加国际标准化活动。ISO为提高国际标准的全球适应性，积极推动“一个标准，一次检验，全球有效”；IEC也提出让IEC标准进一步反映市场需求，使其合格评定与认证能实现“一个IEC标准，一种测试方法，全球接受一种标志（如IEC标志）”。

3. 国际组织的多极化和区域化

在一个多极化加剧的时代，标准的国际组织也呈现出多极化状态，主要表现在国际标准化组织的专业化（或行业化）和标准化组织的区域化。越来越多的产业、行业成立专门机构制定国际标准，以保证标准的适用性和及时性，如通信领域：第三代合作伙伴计划（3GPP）；计量领域：国际计量局（BIPM）；视频安防领域：开放型网络视频接口论坛（ONVIF），等等，他们在本行业、本专业的影响力要超过ISO、IEC、ITU三大国际组织。区域性的合作组织不断涌现，而且大多涉及标准化的内容，如亚太合作组织（APEC）、东盟（ASEAN）、区域全面经济伙伴关系（RCEP）都涉及标准化合作内容，亚太地区电信标准化机构（ASTAP）、亚太珠宝标准化技术联盟（AGA）、欧洲的欧洲电信标准化协会（ETSI）、欧洲电工标准化委员会（CENELEC）以及欧洲标准化委员会（CEN）等，区域性的标准化活动更易融合区域全面合作政策，更能有效推动区域合作的发展。

4. 标准的联盟化和链盟化

执行效率和效益最高、市场反应速度最快的非企业标准莫属，除了极少数的事实标准之外，多数是靠结盟才能获取市场优势。结盟的方式有两种，一种是生产同类性质产品的企业之间形成的产业联盟，一种是供应链上下游企业形成的供应链联盟。前者简称联盟（Industrial Consortia），后者简称链盟（Chain Consortia）。制定标准是联盟和链盟的主要活动之一，联盟标准有时以法人社团的形式组织，是联盟成员间协商一致的标准；链盟标准往往由链盟中的上游企业发起，是组织供应链中的中下游企业协调制定满足上一级要求的标准。无论是联盟标准还是链盟标准，既是生产的需要，有其必然性；也是扩大市场份额的内在动力，有其经济性。联盟标准、链盟标准和事实标准均是最有竞争力的市场标准或商业标准。

5. 标准的数字化和参数化

人类进入数字化时代，数字技术、数字经济是未来社会最显著的特征，5G、人工智能、物联网、大数据、车联网、智能网联、智慧城市、云计算、边缘计算、数字孪生、区块链、数字金融等支撑数字经济发展的数字技术，都需要相对应的数字技术标准和标准化过程才能实现，数字标准化将是未来标准化领域最重要的工作之一。同时，数字技术在传统领域里的广泛和深入应用，催生传统领域里的标准向数字化发展，数字化、可视化、虚拟仿真、虚拟现实、数字化映射等数字技术成为标准的主要表现形式之一。与此同时，技术标准将越来越多地以参数的形式表现，只规定具体技术参数要求，不涉及实现方法和验证方法，这样更容易数字化，以响应数字时代的要求。

案 例

“一带一路”跨座式单轨系统国际标准联盟在安徽芜湖成立

2020 年 10 月 13 日，“一带一路”跨座式单轨系统国际标准联盟在芜湖成立。联盟成立意义非凡，既是响应国家“一带一路”倡议，为中国单轨走出去奠定基础，又是整合产业链资源，为做强做大单轨产业搭建平台。

该联盟汇集了来自中国、泰国、菲律宾、埃及、巴西、法国、德国等“一带一路”沿线和海内外单轨系统设计、咨询、生产、施工、运营等单位，以及高校、科研院所、标准化研究机构等，致力于推动跨座式单轨国际标准化工作。联盟依托国家“一带一路”政策支持和单轨建设运营经验，充分发挥市场力量主导作用，培育和支持系统产业链、供应链技术发展。

作为一个开放的自发性组织，未来，联盟将聚集联盟成员相关资源，坚持需求导向、标准引领、创新合作、互利共赢原则，形成开放协同的标准化工作平台，主动加强与沿线国家跨座式单轨系统标准化对接，以标准“软联通”打造合作“硬机制”，努力提高跨座式单轨系统标准体系兼容性，支撑基础设施互联互通建设，促进轨道交通装备制造合作，推动中国高端装备走出去，与“一带一路”沿线和海内外国家共商、共建、共享，推动单轨标准交流互鉴、互联互通、成果共享。

二、参与国际标准化活动的意义

企业是市场和标准化工作的主体，发达国家的企业不仅积极参加国内的标准化活动，而且积极参加国际标准化活动。例如，著名的西门子公司，其标准化工作就有百年的历史，居世界领先水平，积极参加国际标准化工作给西门子公司带来了巨大的收益。同时，它也成为通信领域国际标准的主要制定者。

（一）宏观意义

参与国际标准化是贸易国际化、贸易自由化、产品国际化、企业国际化的需要，符合企业技术创新、科技进步以及保护全球资源和环境、保护人类安全和健康的需求，是社会可持续发展的需要。

（二）直接获益

1. 提高企业的国际竞争力

企业参与国际标准化活动，可以有机会主持起草国际标准，也有机会直接参加国际标准起草工作组的工作，从而将企业的创新成果纳入国际标准；引导国际技术的发展，使企业科技成果产业化、国际化，提高企业的声誉和国际竞争力。例如，根据研究和咨询公司Strategy Analytics的一份最新报告显示，华为是3GPP 5G标准的最大贡献者，对端到端5G标准的整体贡献超过全球任何其他公司。2020年7月10日，ITU-R WP5D＃35e远程会议宣布，3GPP 5G技术正式成为国际电联ITU IMT—2020 5G技术标准。

2. 维护企业的利益

企业参与国际标准化活动，可以对需要制定的国际标准、制（修）订中的国际标准以及实施中的国际标准，及时提出意见和议案，反映企业的意见和国家的要求，争取将意见和要求纳入国际标准，以维护我国企业和国家的利益。例如，海尔集团先后参与制定LCR1.28MTDD《终端一致性测试标准》《有机发光二极管显示器　第3部分：光电参数测试方法》《通用即插即用协议标准》等国际标准，充分反映了我国企业意见。

3. 获取技术信息

企业参与国际标准化活动，可以参加很多讨论国际标准的技术会议，可以获得国际标准制（修）订的最新资料和发展前沿信息，对企业的技术发展和创新都是十分有益的，有利于企业产品的发展和技术的创新。

企业参与国际标准化技术委员会活动，还可以结识技术专家，特别是本行业国际专家。这些对企业来说是宝贵资源，有利于企业扩大国际交流、加强友谊，开拓视野；有利于企业加强国际交流合作和业务拓展，提高技术水平和管理水平，加速企业高质量发展。

案例

海尔集团的国际标准化之路

作为中国家电的领军企业，中国家电领域80%的国际标准专家、80%的国际标准提案来自海尔。海尔是中国家电行业标准的引领者，也是参与国际标准化工作的领军企业，特别是在国际标准组织布局方面，海尔是中国唯一进入国际电工委员会市场战略局（IEC/MSB）的家电企业；承担IEC/SC59A国际洗碗机分委会秘书处工作，是中国唯一承担国际标准组织分技术委员会的家电企业；牵头成立IEC TC59/SC59M WG4冰箱保鲜国际标准工作组；在IEC、ISO中共拥有66个专家席位，在UL标准开发组织中拥有28个专家席位，并且是无线电力联盟厨房应用工作组 WPC/KWG 的联合主席，大中华区市场推广组 WPC/GCPWG 的主席；在国际标准方面，主持或参与 74 项国际标准的制（修）订。

海尔国际标准化之路共分 3 个阶段，第一阶段是满足全球用户需求的创新与基于欧美使用环境制定的国际标准的挑战，典型案例是“防电墙”标准。长期以来，西方发达国家主导的国际标准，并没有充分考虑广大发展中国家用户的使用需求。“防电墙”标准提案就是海尔从全球用户需求出发，对国际标准的优化。在国际标准中，电热水器的安全是基于用户用电环境的可靠接地实现的，但是在很多发展中国家和地区，很多情况下是没有接地的。这样即使产品符合了标准要求，对用户也是不安全的。为此，海尔研发出了“防电墙”技术，向 IEC 提出了防电墙国际标准提案。提案在提出之初，遭到诸多发达国家的强烈反对。最终海尔用了 6 年时间，才把这个提案写入标准中。这是中国家电行业第一个具有自主知识产权的国际标准提案。

海尔国际标准化之路的第二阶段是“以用户需求为导向的创新”与“以技术为导向的国际标准”的挑战，典型案例是冰箱保鲜国际标准。如果说防电墙是对现行国际标准的优化，冰箱保鲜标准的制定就是实现了冰箱技术发展的换道。现行的冰箱标准主要是对温度的要求，而海尔的理解是：冰箱的好坏更应该从食品的储存效果来评价。该提案也遭到了一些国家专家的反对，但依托于“以用户为中心”的理念，海尔与这些专家逐个沟通。最终，海尔联合新西兰、德国、荷兰等国家共同推动成功立项冰箱保鲜国际标准。这个标准的主导，实现了中国家电行业牵头制定全新国际标准的“零的突破”，同时将冰箱行业未来发展方向转到冰箱保鲜上。海尔在冰箱保鲜等关键技术布局发明专利 200 余项，将助推中国冰箱行业在国际竞争中实现超越。

海尔国际标准化之路的第三阶段是模式输出阶段，典型案例是 COSOMO Plat 引领未来智能制造模式，从全流程迅速满足用户不断变化的需求案例，依托“以用户为中心的理念”，海尔向质疑者展示了 COSOMO Plat 的理念并成功立项，成为工业互联网时代的第三极。

目前，海尔智慧家庭成为唯一在 ISO、IEC、IEEE、OCF 四大国际标准组织实现全面布局的生态品牌。通过“技术、标准、专利”联动，海尔走出了一条属于自己的国际标准化之路。

三、参与国际标准化活动的形式和途径

（一）参与国际标准化的主要内容

1. 担任高层领导职务

担任国际或区域标准化组织中央管理机构的官员和成员是参与国际标准化活动的高级形式，这些职务的获得需要经过长期的努力和积累。我国张晓刚于 2015 年 1 月 1 日至 2017 年 12 月 31 日担任 ISO 主席；舒印彪于 2018 年 10 月当选 IEC 第 36 届主席，任期为 2020—2022 年；赵厚麟于 2014 年当选 ITU 秘书长，2018 年获得连任，任期为 2019 年 1

月1日—2023年12月31日。

2. 承担技术组织的工作

技术组织的工作包括承担ISO、IEC等国际标准组织TC、SC的秘书处工作；担任WG、PT和顾问组的召集人、领导者或注册专家；作为积极成员承办ISO、IEC以及其他国际和区域标准化组织的技术会议等。通过承担ISO、IEC和ITU的相关工作直接参与国际标准化活动。国内技术对口单位是经国家标准化主管部门批准，参与ISO、IEC和ITU相应的TC、SC国际标准化工作的国内机构。目前，对于ISO的695个和IEC的169个TC、SC，我国都已参加并设有国内技术对口单位，他们都直接参与这些技术领域的国际标准化活动。国家鼓励企业积极承担ISO、IEC的国内技术对口单位工作。企业可以向国家标准化主管部门提出承担ISO、IEC的国内技术对口单位的申请；经批准同意后，企业可以以ISO、IEC国内技术对口单位的身份，按照国家的有关规定直接参与国际标准化活动。

3. 参与国际标准的制（修）订工作

积极参与ISO、IEC等国际标准的制（修）订工作是参与国际标准化活动的核心，主要包括提出我国的国际标准提案，主持制（修）订国际标准；参与对国际标准的讨论，提供技术贡献；对ISO、IEC及其他国际和区域标准化组织的工作文件的研究、表态和投票；参与和组织国际标准化研讨、论坛活动等。

案 例

昊月公司凭什么能够主持制定国际标准

2017年11月25日，山东昊月新材料股份有限公司，一家生产卫生巾和纸尿裤中所用的高分子吸收材料的民营企业，因为成功制定了两项ISO国际标准而登上中央电视台焦点访谈栏目。此前我国主持或参与制定国际标准的企业通常都是国家电网、中船重工等这样的大型央企或华为、联想、海尔这样的大型高技术企业，昊月作为一家只有200多人规模的小微企业，其在国内的市场占有率不足3%，国际上的市场占有率更低，远低于日本、德国等其他品牌企业，凭什么能够主持制定两项国际标准从而制定行业规则呢？

据介绍，昊月能够主持制定两项国际标准是因为其有核心专利技术。首先，尽管昊月当时的市场占有率只有3%，但把核心专利技术纳入到国际标准中之后，其他巨头企业必须按照国际标准来生产，否则就没有市场竞争力。其次，其他企业必须获得昊月公司的专利许可才能使用昊月的专利技术。如此一来昊月公司就显著提升了自己的话语权，“谁掌握了标准，谁就掌握了制高点，谁就掌握了话语权”，杨志亮董事长深刻理解了这句话的含义。但制定国际标准仅有独到的技术还不够，还必须熟悉国际标准制定规则，满足国际标准的提案要求和程序等。

（二）企业参与国际标准化工作的形式

长期以来，我国参与国际标准化的工作一直由统一的机构，在统一的政策指导下，在不同层次开展。

1. 参与国际标准化活动的组织机构

国家市场监管总局（国家标准化管理委员会）统一管理全国标准化工作，代表我国参与国际标准组织（ISO、IEC）和区域标准组织的活动；工业和信息化部代表我国参与ITU的活动；农业农村部代表我国参与农业与食品领域国际标准化组织的活动。

对于ISO和IEC的国际标准化工作而言，国内政府机构、企业、研究机构和其他组织直接承担ISO、IEC的国内技术对口单位工作，国内技术对口单位对国内参加相关国际准化活动的行为进行统一组织和管理。

2. 参与国际标准化活动的政策

在我国参与国际标准化活动的政策既考虑了我国现阶段的实际情况，又符合国际标准化组织推动发展中国家参与国际标准化活动的原则和宗旨，这些政策体现在以下方面。

（1）全面跟踪、早期介入、重点参与

在国家标准化主管部门的统一管理和推动下，国内技术对口单位、标准化专业技术委员会和相关研究机构，积极、全面跟踪各主要国际标准组织和发达国家与发展中国家的最新标准化动向、发展战略、管理模式、理论研究情况，根据我国产业结构和经济发展的需要，早期介入、重点参与相关的国际标准化活动，并开展相关方面更加深入的比较研究。

（2）合理转化

积极采用国际标准和国外先进标准是我国的一项基本技术经济政策，采用国际标准对提高我国的标准水平和产品质量起到了积极的推动作用。

（3）培养人才

积极制定相关政策，编写国际标准化活动培训教材，面向全国专业标准化技术委员会和企业国际标准化的工作人员开展国际标准化工作程序和外语能力教育培训，尽快培养一支具备国际标准化知识、懂专业技术和有较高外语交流能力的队伍。

（4）加强合作

我国加入WTO后，标准发挥的作用日益显著，我国要积极遵循WTO的基本原则，履行义务；与国际标准化组织、地区、成员国和权威机构开展合作，进一步提高我国标准和标准化的水平。

（5）一带一路

“一带一路”（The Belt and Road）是“丝绸之路经济带”和“21世纪海上丝绸之路”的简称。2013年9月和10月，中国国家主席习近平分别提出共建“新丝绸之路经济带”和“21世纪海上丝绸之路”的重大倡议。2015年3月28日，国家发展改革委、外交部、商务部联合发布了《推动共建丝绸之路经济带和21世纪海上丝绸之路的愿景与行动》（以下简称《愿景与行动》），对沿线国家的基础设施等提出标准体系建设要求。标准是人类文明进步的成果，是世界通用语言，标准促进世界互联互通。在推进“一带一路”建设中，标准与政策、规则相辅相成，共同推进，为互联互通提供重要的机制保障。

为贯彻落实《愿景与行动》中提出的各项标准化工作任务，充分发挥标准化在推进“一带一路”建设中的基础和支撑作用，我国先后制订了《标准联通“一带一路”行动计划（2015—2017）》《标准联通共建“一带一路”行动计划（2018—2020年）》。坚持需求导向、标准引领、创新合作、互利共赢、滚动实施原则，主动加强与沿线国家标准化战略对接和标准体系相互兼容，大力推动中国标准国际化，强化标准与政策、规则的有机衔接，以标准“软联通”打造合作“硬机制”，努力提高标准体系兼容性，支撑基础设施互联互通建设，促进国际产能与装备制造合作，服务投资贸易便利化和人文交流深入化，为推进“一带一路”建设提供坚实技术支撑和有力机制保障。

（三）企业参与国际标准化的途径

按照参加国际标准化活动的方式不同，参加途径分为以下几个方面。

1. 竞选 ISO、IEC 高层领导职务的途径

担任 ISO、IEC 高层领导职务的个人代表中国从事 ISO、IEC 的高层管理工作。参与高层领导职务的竞选需要首先通过 ISO、IEC 的国家委员会，即我国的国家标准化管理委员会向 ISO、IEC 推荐人选。竞选工作是在 ISO、IEC 高层领导任期即将结束之前根据 ISO、IEC 的工作规则举行，由 ISO、IEC 各国家正式成员在候选人中投票选举产生下任继承者。

2. 担任 TC 或 SC 主席的途径和条件

担任 TC 或 SC 的主席首先需要具备良好的英语水平，能够主持国际会议；需要有多年从事某专业领域的工作经验，熟悉专业领域的历史和发展情况；熟练掌握 ISO/IEC 导则和其他 ISO、IEC 的政策和规则。

我国专家担任 TC 或 SC 的主席，需首先向国家标准化管理委员会提交承担 TC 或 SC 主席的申请，并将推荐人选的详细信息报国家标准化管理委员会；经批准同意后，由国家标准化管理委员会以 ISO、IEC 正式成员的名义向 ISO 或 IEC 申请。ISO 的 TC 主席由其所在的秘书处提名，由技术管理局批准；SC 主席由相应的 SC 秘书处提名，由所属的 TC 批准。IEC 的 TC 主席由所在的秘书处提名，由标准化管理局批准；SC 主席由 SC 秘书处提名，由所属的 TC 批准。

3. 申请承担 TC 或 SC 秘书处工作的途径

我国鼓励国内研究机构、企业和其他组织申请承担 TC 或 SC 秘书处工作，根据 ISO/IEC 导则的规定，当一个 TC 或 SC 秘书处放弃承担工作，或新成立 TC 或 SC 秘书处，该 TC 或 SC 的积极成员可以申请承担 TC 或 SC 秘书处工作。另外，我国可以充分利用 ISO 的结对政策，与发达国家联合承担秘书处，或与另一个发展中国家共同承担秘书处工作。

国内组织要承担 TC 或 SC 秘书处，应向国家标准化管理委员会提出申请，并将推荐单位的详细信息报国家标准化管理委员会；经批准同意后，由国家标准化管理委员会以 ISO、IEC 正式成员的名义向 ISO、IEC 申请。

4. 担任 WG 召集人的途径

WG 召集人是在 TC、SC 会议上确定成立 WG 时立即指定的。也就是说，国内组织承担 WG 召集人，必须做到对 TC、SC 的深入、连续地参与才有可能。我国专家在 TC、SC 会议上被选为召集人后应到国家标准化管理委员会备案。

5. 申请参加 ISO、IEC 技术工作会议的途径

根据有关规定，如果是以国家标准化管理委员会组团参加的 ISO、IEC 技术工作会议，应由国家标准化管理委员会通知国内有关部门或企业报名参加。如果不是国家标准化管理委员会组团参加的国际会议，则由 ISO、IEC 国内技术对口单位组团参加。因此，对

于承担了 ISO、IEC 的国内技术对口单位工作的组织，可直接向国家标准化管理委员会申请组团；经批准同意后，由国家标准化管理委员会统一报名。如果申请组织不是 ISO、IEC 的国内技术对口单位，则应向相应的 ISO、IEC 国内技术对口单位申请参加会议；经国内技术对口单位协调并整理完组团方案后，报国家标准化管理委员会审核；批准后，由国家标准化管理委员会统一报名。

6. 申请参加 ISO、IEC 中 WG 的途径

ISO、IEC 的 WG 是 ISO、IEC 的 TC、SC 决定成立的。WG 成立即被赋予完成某项工作的任务。TC、SC 的秘书处将向该 TC 和 SC 的积极成员、A 类和 D 类联络组织征集参加 WG 的专家人选。

对于承担了 ISO、IEC 国内技术对口单位工作的组织，可通过国家标准化管理委员会提出参加 WG 的申请；经批准后，由国家标准化管理委员会对外报出我国参加 WG 的专家人选。没有承担 ISO、IEC 国内技术对口单位工作的组织，应向相应的国内技术对口单位提出申请；经协调后，报国家标准化管理委员会审核；经国家标准化管理委员会同意后，对外报出。

7. 申请和承办 ISO、IEC 各层技术工作会议的途径

在我国召开的国际会议应以国家标准化管理委员会的名义承办，由 ISO、IEC 国内技术对口单位协办；国内技术对口组织或单位也可申请与其他有关部门共同承办。

如果是 ISO、IEC 的国内技术对口组织或单位，则可以直接向国家标准化管理委员会申请承办 ISO、IEC 技术工作会议。对于不是国内技术对口组织或单位的会议承办方，则需要向国内技术对口单位提出申请。该申请按照我国参与国际标准化活动的有关规定，由国内技术对口单位再向国家标准化管理委员会提出申请；经批准同意后，可与国内技术对口单位共同承办国际会议。

案例

安徽合力股份有限公司国际标准化实现重要突破

安徽合力股份有限公司主营业务为工业车辆和关键零部件，产品的综合性能处于国内、国际先进水平。公司自 2016 年开始，位居世界工业车辆行业第 7 位。公司长期致力于自主创新和产业升级，在“技术标准化、标准全球化”方面抢占了多项国际标准话语权，承担了国际标准化组织工业车辆技术委员会可持续性分委员会（ISO/TC110/SC5）秘书处，担任 ISO/TC110/SC5/WG2 回收利用工作组召集人单位，主持制定了 ISO/DIS 23434—1《工业车辆可持续性　第 1 部分：术语》及 ISO/DIS 23434—2《工业车辆可持续性　第 2 部分：因素及报告》2 项国际标准，参与制定了 ISO 23308—1：2020《工业车辆能效试验方法　第 1 部分：通则》等 5 项国际标准。该公司成为我国工业车辆行业唯一一家承担国际标准化组织秘书处的单位，打破了长期以来由欧美垄断工业车辆标准化国际组织的状况，实现了零的突破。

安徽合力股份有限公司还承办了2019年度国际标准化组织工业车辆技术委员会（ISO/TC110）系列年会；同时积极参与实施中国标准外文版行动，担任全国工业车辆标准化技术委员会副主任委员，主持制定2项国家/行业标准英文版，参与制定5项国家标准英文版。截至2020年底，公司累计主持或参与制定国家标准37项、行业标准27项、团体标准4项，标准的制（修）订量在同行业中稳居第一。这些标准涵盖了产品的设计制造、使用操作、安全环保等多方面内容，对引导行业发展有着积极的推动作用。

第五节　企业标准化创新活动

引 例

《中共中央关于制定国民经济和社会发展第十四个五年规划和二〇三五年远景目标的建议》要求推进“同线同标同质”。2014年9月，李克强总理提出，要促进出口企业、内销产品在同一生产线、按相同的标准生产内销和外销产品，使供应国内市场和供应国外市场的产品达到同样的质量水准，即“同线同标同质”。2016年8月24日，李克强总理主持召开国务院常务会议，再次要求提高消费品国内国际标准一致性程度，推动实现内外销产品“同线同标同质”。具体来说，“同线”指出口和国内销售产品在同一生产链条，按照相同的生产体系生产；“同标”指产品标准主要按进口国（地区）标准，如产品标准的具体指标出现我国高于或严于出口的，按我国国内标准执行；“同质”指出口和内销的产品实现相同的质量水平。推动实施“同线同标同质”工程，既能帮助外贸企业解决进入国内市场的标准衔接问题，从长期看，也有助于推动内外销产品标准统一，更好满足国内市场消费升级需求。

创新是发展的灵魂，是建设创新型企业的本质，是企业追求的永恒主题，也是标准化工作的战略基点，贯穿于标准化的各个层面。本书第二章第四节的“五”阐述了企业标准化管理创新的意义和内容，GB/T 35778—2017《企业标准化工作　指南》也指出要发挥企业的技术、资金、人才等作用，推进产、学、研协同创新，提升企业标准化创新能力。本节重点介绍对标达标提升专项行动、企业标准“领跑者”、技术标准创新基地三类标准化创新活动，以及企业参与的方式。企业应认真规划和开展标准化创新工作，促进科技成果快速转化为现实生产力。

一、对标达标提升专项行动

（一）活动简介

百城千业万企对标达标提升专项行动，由国家标准化管理委员会联合国家发改委、工信部、农业农村部、商务部、中国人民银行等十部门于2018年1月联合发起。旨在充分发挥标准化助力质量提升的基础性、引领性、战略性作用，改进技术和管理水平，鼓励和引导企业主动制定、实施先进标准，加快转化先进适用的国际标准，提升国内外标准一致性程度，推动我国优势、特色技术标准成为国际标准，以先进标准引领质量提升，改善消费环境，支持传统产业优化升级，加快发展现代服务业，瞄准国际标准提高水平，促进我国产业迈向全球价值链中高端，支撑现代化经济体系建设。

活动围绕对标、达标、制标、评价工作，发挥质量技术基础设施作用，广泛开展标准的比对分析、技术验证、比较试验、协同攻关和成果创新。运用先进标准助力品种质量的改善和产品档次、服务水平的提升，促进形成具有核心竞争力、高附加值和自主知识产权的创新性产品和服务。结合创新要素、新业态新动能聚集等优势产业，培育标准化先导业态。培育标准水平先进、示范带动明显等优势企业，推出一批具有国际先进水平的企业标准“领跑者”。

参与行动的地方政府负责组织实施，整合政策资源向对标达标企业倾斜，围绕当地支柱、新兴、特色的业态和企业，组织开展对标、达标、制标和评价活动。鼓励企业自愿申报，积极参加标准自我声明公开，主动对比与国际先进水平标准的差距，制定、实施和完善更具竞争力的企业标准。鼓励支柱企业成为国际标准的主要参与者和实施主体，帮扶有条件的中小企业采用国际标准或参与制定国际标准，提升企业标准化水平和能力。

（二）重点工作

1. 组织实施对标活动

（1）选择对标对象

突出县域或块状经济主体，重点组织经济技术开发区、保税区、高新技术开发区、国家旅游度假区等，分批确定参与专项行动的城市（包括县、区、盟等）。由各市推荐优势特色产业集群、新兴业态，以及各类独角兽企业、隐形冠军企业、单打冠军企业和瞪羚企业参加专项行动。企业结合生产经营情况申报执行的产品或服务标准，提出关键技术指标，纳入重点比对范围。

（2）确定对标依据

对标依据包括国际标准、国外先进标准，以及达到国际先进水平的国内标准。由国家级标准化研究机构联合相关专业协会、标准化研究和服务机构、行业专家等，研究确定相关行业或领域的对标标准清单和对标技术方案，各地参照执行。

（3）开展对标工作

企业依据对标技术方案开展对标，将对标结果上报。各省级市场监管部门、行业部门会同各市政府组织相关行业协会、标准化研究和服务机构，对企业提交的对标结果进行推荐上报。由国家级标准化研究机构组织有关专家对各地上报的对标结果进行汇总和分析。

2. 推进重点产品和服务标准达标提升

（1）推动企业标准提档升级

围绕对标中发现的差距，抓紧面向一批消费需求旺盛、与群众日常生活息息相关的重点产品，推动企业及时修订企业标准，提升企业标准与国内外标准水平的一致性程度。

（2）培育新产业新动能企业标准领跑者

在信息技术、高端装备与新材料、生物、新能源汽车和节能环保、数字创意、共享经济等领域，形成一批企业标准领跑者，促进形成有利于新动能健康成长的标准体系。

（3）鼓励优势企业标准走出去

支持我国优势企业标准走出去，通过标准走出去，带动产品、装备、服务走出去，促进相关国家采信、采用我国先进标准，促进标准体系相互兼容。鼓励有条件的中资企业参与目的国标准体系建设或标准制（修）订工作。

（4）推动有条件企业争取高端品质认证

在达标过程中，围绕供给侧结构性改革，培育一批高端产品认证品牌，增加绿色、有机优质农产品供给；推行机器人、物联网、智能家电等产品认证，引导制造业迈向中高端水平；在养老、教育、卫生、保健、物流、金融等领域，加快推进服务认证。

3. 推进先进标准培育计划

（1）参与制定国际标准

创新国际标准化专业技术组织与城市、产业和企业在战略规划、体系构建、能力建设等方面的定点合作机制。发挥中央企业示范引领作用，建立国际标准培育库，支持专项行动中的“领跑者”企业积极参与国际标准化活动，推荐担任国际标准化技术机构职务和承担秘书处工作，推动我国优势、特色标准成为国际标准，提升城市影响力、产业聚集度和企业竞争力。

（2）补充完善政府标准

支持对标达标中主要技术指标和性能参数已处于国际领先地位、填补国内空白的团体标准和企业标准，属于行业和国家标准制定范围的，优先考虑纳入行业和国家标准立项计划。针对一些领域存在的系统性和协同性不强、服务产业跨界融合适应性较差、相关标准缺失等问题，开展标准的协同攻关和成果创新，完善和补充一批行业和国家标准。

（3）引导团体标准发展壮大

鼓励有关社会团体组织参与专项行动的企业制定一批引领产业发展、促进产业升级的团体标准，加快推进团体标准的应用示范。在技术发展快、市场创新活跃的城市、业态，培育发展一批具有国际影响力的团体标准。

4. 帮扶企业提高对标达标成效

（1）提升企业标准化能力

企业通过参与对标达标活动帮助中小企业瞄准国际标准，结合自身发展和市场需求，制定和完善企业标准体系，鼓励企业主动创新、制定和实施高标准，不断提升企业标准化工作能力与水平。

（2）提升企业产品和服务质量水平

鼓励对标达标企业开展质量改进活动，强化中小企业质量管理，完善企业管理体系，帮助企业将技术和知识产权优势转化为品牌优势，促进企业产品和服务水平提升，进而带动产业和区域标准水平整体提升。

（三）活动成效

截至 2021 年 5 月，共有 30 个省（区、市）的 175 个城市（区、县）参与了专项行动，参与企业 2.6 万家，发布对标方案 3208 个，产品对标结果 5.1 万项，涉及行业或业态 1170 类，其中第一、第二、第三产业分别占比为 24.9%、66.9%和 8.2%。参与专项行动的第三方技术机构有288家。

从涉及行业看，对标方案所涉及的业态分布广泛，涉及国民经济的多个领域。其中，电力设备、电线电缆、家具等4类业态的对标结果数超过1000项，还有13类业态的对标结果数多于500项。从对标企业规模看，中小微企业占比达到89.5%；从企业性质看，私营企业占比达到59.8%，股份制、国有企业及外资企业占比达到33.7%。

从对标标准看，对标方案依据3208个国际标准和国外先进标准进行编制，其中，依据ISO标准制定的对标方案占23.3%，依据IEC标准制定的对标方案占21.1%，依据EN标准制定的对标方案占13.9%，依据ASTM、JIS、UL等国外先进标准制定的对标方案占41.7%。在所发布的产品对标结果中，关键技术指标全部优于及部分优于的比例均接近10%，全部达到占比达到64.7%，部分达到占比达到15.9%。

（四）参与方式

企业参与对标达标提升专项行动，需要做的工作主要包括以下内容。

1. 提出关键技术指标

企业结合生产经营情况申报执行的产品或服务标准，提出关键技术指标，纳入重点比对范围。

2. 开展对标活动

企业依据对标技术方案开展对标，将对标结果上报。

3. 修订企业标准

围绕对标中发现的差距，及时修订企业标准，提升企业标准与国内外标准水平的一致性程度。中小企业瞄准国际标准，结合自身发展和市场需求，制定和完善企业标准体系，鼓励企业主动创新、制定和实施高标准，不断提升企业标准化工作能力与水平。

4. 参与相关标准制（修）订

支持专项行动中的“领跑者”企业积极参与国际标准化活动，推动我国优势、特色标准成为国际标准。对标达标中主要技术指标和性能参数已处于国际领先地位、填补国内空白的团体标准和企业标准，属于行业和国家标准制定范围的，优先考虑纳入行业和国家标准立项计划。鼓励有关社会团体组织参与专项行动的企业制定一批引领产业发展、促进产业升级的团体标准。

参与途径和相关资讯详见全国对标达标信息服务平台（http：//bqw. csstgc. com. cn/）。

案例

广西柳工集团通过对标达标促进品质提升

广西柳工集团有限公司（以下简称“柳工”）高度重视企业技术标准体系建设。20世纪80年代，柳工引进卡特彼勒技术，转化了成套的卡特彼勒标准；1991年，成立了柳工标准化委员会，负责引进国际先进技术标准和推动研发成果的标准转化。柳工收录了2万多件的国内外工程机械技术标准，编制了1千多件企业标准，主持、参与编制了2项ISO标准、127项国家标准、74项行业标准、36 项团体标准，部分标准填补了行业、技术空白。其中的国际标准《土方机械可持续性　第 2 部分：再制造》《土方机械可持续性　第 3 部分：二手机器》是中国土方机械行业首次提出、编制的国际标准，开创了中国编制土方机械 ISO 标准的先河，提升了中国在全球土方机械行业的话语权。《机械安全空气传播的有害物质排放的评估》荣获中国机械工业科学技术奖二等奖；国家标准《体外预应力索技术条件》《预应力筋用锚具、夹具和连接器》达到国际先进水平，成功应用于芜湖长江二桥、虎门二桥、叶盛黄河大桥等多项大型工程；团体标准《工程机械液压管路布局规范》《极地工况工程机械带负载冷起动试验方法》填补了国内液压管路布局、极地工况下工程机械带负载冷启动试验标准空白，分别荣获 2018 年度、2019 年度工信部“百项团体标准应用示范项目”。柳工先后荣获全国质量奖、中国土方机械标准化贡献奖、机械安全标准化先进单位、土方机械标准化工作先进集体等荣誉。

柳工不断追求卓越，积极参加百城千业万企对标达标提升专项行动，主动对标国际先进技术标准，开展实施标准与先进标准的对比分析，制定和完善更具竞争力的企业标准；在各产品线开展针对欧美市场标准的对标达标行动，在产品的机械安全、排放、节能、噪声、人机工程、电磁兼容等领域主动对标欧美市场先进标准，经对标确认公司销往欧美市场的产品均达到甚至优于欧美的标准要求。目前，柳工集团编制发布对标技术方案 3 个，参与对标产品 67 个；通过对标提升产品质量，以品质成就未来，成功打造了“柳工机械”和“欧维姆”两个国际知名品牌，完美地诠释了“世界柳工源自中国”！

二、企业标准“领跑者”

（一）活动简介

企业标准“领跑者”制度是通过高水平标准引领，增加中高端产品和服务有效供给，支撑高质量发展的鼓励性政策，对深化标准化工作改革、推动经济新旧动能转换、供给侧结构性改革和培育一批具有创新能力的排头兵企业具有重要作用。早在 2017 年 9 月，《中共中央国务院关于开展质量提升行动的指导意见》提出，实施企业标准“领跑者”制度，从而强化企业标准引领，树立行业标杆，促进全面质量提升。2018 年 6 月，市场监管总局等八部门联合发布《关于实施企业标准“领跑者”制度的意见》（国市监标准〔2018〕84 号），以市场为主导，以企业产品和服务标准自我声明公开为基础，建立实施企业标准“领跑者”制度，发挥企业标准引领质量提升、促进消费升级和推动我国产业迈向全球价值链中高端的作用，更好地满足人民日益增长的美好生活需要。

企业标准“领跑者”活动围绕国家产业转型和消费升级需求，引导企业瞄准国际标准提高水平，培育一批企业标准“领跑者”。发挥消费需求的引领带动作用，营造“生产看领跑、消费选领跑”的氛围。引导企业自我声明公开执行的标准，畅通企业标准信息共享渠道，利用信息公开促进企业公平竞争，切实保障市场主体和消费者的知情权、参与权和监督权。推动先进科技成果转化为标准，以标准优势巩固技术优势，不断提高标准的先进性、有效性和适用性，增强产品和服务竞争力，以标准领跑带动企业和产业领跑。紧紧依靠企业提高产品和服务标准，确立企业标准对市场的“硬承诺”和对质量的“硬约束”。发挥富于创新的企业家精神和精益求精的工匠精神，在追求领跑者标准中创造更多优质供给。

（二）重点工作

企业标准“领跑者”是指产品或服务标准的核心指标处于领先水平的企业。企业标准“领跑者”以企业产品和服务标准自我声明公开为基础，通过发挥市场的主导作用，调动标准化技术机构、行业协会、产业联盟、平台型企业等第三方评估机构（以下简称“评估机构”）开展企业标准水平评估，发布企业标准排行榜，确定标准领跑者，建立多方参与、持续升级、闭环反馈的动态调整机制。

1. 全面实施企业产品和服务标准自我声明公开

完善全国统一的企业标准信息公共服务平台（http：//www. qybz. org. cn/），在企业标准自我声明公开的基础上，鼓励企业通过平台公开其执行的产品或服务标准以及标准的水平程度，公开产品、服务的功能指标和产品的性能指标。鼓励企业制定严于国家标准、行业标准的企业标准，推动企业标准核心指标水平的持续提升。

2. 确定实施企业标准“领跑者”的重点领域

国务院标准化行政主管部门会同国务院有关部门根据国家相关规划，结合产业发展实际和消费者需求，统筹考虑企业标准自我声明公开情况、消费者关注程度、标准对产品和服务质量提升效果以及企业产品和服务差别化程度，确定并公布年度实施企业标准“领跑者”的重点领域。2021 年 6 月 15 日，国家市场监管总局公告印发《2021 年度实施企业标准“领跑者”重点领域》（2021 年第 22 号），包括农业、通用设备制造业、软件和信息技术服务业等 55 个产业的 202 个重点领域。

3. 建立领跑者评估机制

评估机构根据不同行业特点，结合实际消费需求，开展国内外相关标准比对分析，合理确定领跑者标准的核心指标，制定评估方案。开展企业标准“领跑者”评估不得向企业收取费用。国家级标准化研究机构作为企业标准“领跑者”日常工作机构（以下简称工作机构），承担评估方案的公开征集，组织专家对评估方案进行评审，确定最优方案和评估机构。工作机构及其下属单位均不能参与“领跑者”评估工作。

4. 发布企业标准排行榜

评估机构根据确定的评估方案开展评估活动，对企业声明公开的产品和服务标准中的核心指标进行评估，按照核心指标水平高低形成企业标准排行榜，经向社会公示无异议后，由评估机构发布。进入排行榜的企业标准水平应严于国家标准、行业标准。

5. 形成企业标准“领跑者”名单

在企业标准排行榜的基础上，评估机构综合考虑便于消费者选择、产业发展水平、公开标准数量等因素，合理确定“领跑者”数量，将排行榜排名领先的企业确定为领跑者。企业标准“领跑者”名单经向社会公示无异议后，由评估机构发布。

6. 建立企业标准“领跑者”动态调整机制

评估机构明确企业标准“领跑者”评估周期，定期根据评估结果进行动态调整。建立健全投诉举报机制，对产品或服务未达到其公开标准水平的，以及通过弄虚作假入围的企业，评估机构应及时取消其领跑者称号并予以公示。被取消称号的企业三年内不得参与企业标准排行榜和“领跑者”评估，不得继续享受企业标准“领跑者”制度相关的优惠政策。

（三）活动影响

企业标准“领跑者”对企业的影响主要表现为以下几个方面。

（1）成为企业标准“领跑者”有利于企业打造品牌，提高优秀产品和服务市场认知度与占有率。

（2）企业标准“领跑者”作为行业标杆，通过营造“生产看领跑、消费选领跑”的氛围，为普通企业质量和技术提升指明方向。

（3）企业标准“领跑者”活动有利于推动企业信用制度和市场信息公开机制建设，优化营商和市场竞争环境，减少劣币驱逐良币情况的发生。

（4）各地围绕企业标准“领跑者”，纷纷出台了各项优惠政策，包括北京、江苏、山西、陕西等省市的政府优先采购、金融支持政策，济南、合肥、郑州、太原、芜湖等地方的财政资金奖励政策等。

（5）在标准创新贡献奖和各级政府质量奖评选、品牌价值评价等工作中企业标准“领跑者”评估结果正在逐步得到采信和应用，未来在税收优惠等财税政策方面也有较好应用前景。

（四）参与方式

要成为企业标准“领跑者”，企业只需要做到以下两个方面。

1. 标准自我声明公开

企业需在企业标准信息公共服务平台（http：//www.qybz.org.cn/）上，自我声明公开执行的企业标准，确保公开标准的合法合规性以及标准的实际实施可行性；同时，不断加快企业技术升级，提高标准技术水平。

需要注意的是，企业在平台上所公开标准的技术指标应高于国家标准和行业标准，才有可能成为“领跑者”标准；除在平台上公开标准外，企业不需要向任何机构提交成为企业标准“领跑者”的申请材料。

2. 提供证明资料

入围“领跑者”榜单的企业，在公示前，需向评估机构提供企业标准中所涉及的产品或服务的检测报告、质量承诺书、企业信用承诺书及其他证明材料。

需要注意的是，如果企业提供虚假材料，一旦查出，不仅取消“领跑者”评选资格，还将记入企业信用记录。

参与途径和相关资讯详见企业标准“领跑者”管理信息平台（https：//www.qyb-zlp.com/）。

案例

格力连续三年入选企业标准“领跑者”

2020年12月19日，由国家市场监管总局指导，中国标准化研究院、企业标准“领跑者”联盟主办的2020年企业标准“领跑者”大会在北京召开。大会上隆重发布了2020年度第一批企业标准“领跑者”名单。珠海格力电器股份有限公司的空调、冰箱、洗衣机、电饭煲、空气净化器等12类产品上榜企业标准“领跑者”名单，格力是行业内入围产品种类最多的企业，以领先标准助推产品高质量发展，实力领跑行业。

至此，格力电器已于2018年、2019年、2020年连续三年入围企业标准“领跑者”名单，标志着格力电器的家电标准化创新成果再次获得行业专家认可，更提升了格力电器在国内家电行业标准的领跑者地位。

制定先进标准，是格力不断提升产品质量和服务的标杆和动力。格力所声明公开的Q/GD 20.00.123—2019《空气净化器》中要求颗粒物和甲醛净化能效分别达到≥15 m^3/（W·h）和≥10 m^3/（W·h），相比GB/T 18801—2015《空气净化器》中高效级产品要求（颗粒物净化能效≥5.00 m^3/（W·h）、甲醛净化能效≥1.00 m^3/（W·h））提高了2倍和9倍之多。近年来，格力还多次参与国家标准的制定，积极在国际标准会议上发声，推动中国标准国际化的进程；从标准跟随者转变为标准引领者，在保护能源环境、升级产业发展中，积极输出中国经验。

三、技术标准创新基地

（一）技术标准创新基地简介

技术标准创新基地其实是标准化试点示范的一种形式，是促进创新成果转化为技术标准的服务平台，是以标准化助推创新技术和产品市场化、产业化和国际化的孵化器。国家技术标准创新基地分为区域（综合）、领域（专业）和国际三类，区域创新基地主要服务国家重大区域发展战略和重大改革创新举措的实施，领域创新基地主要服务国家重大产业政策的落实。省级技术标准创新基地一般为领域类，主要服务全省系统推进全面创新改革试验重大改革创新举措的实施和战略性新兴产业重大政策的落实。

技术标准创新基地的建设、运行和管理遵循市场驱动、政策引导、协作联动、长期运行、动态调整的原则，主要依托企事业单位建设，实行“开放、合作、创新、共享”的运行机制。承担技术标准创新基地建设和运行的企事业单位的主要职责有：

（1）为创新基地提供基础条件保障，解决创新基地建设与运行中的有关问题。

（2）建立健全创新基地章程等规章制度并组织实施。

（3）配合做好创新基地的检查、评估和验收等工作。

（二）技术标准创新基地申报

1. 国家技术标准创新基地

国家标准化管理委员会制定国家技术标准创新基地总体规划，明确国家技术标准创新基地建设的重点任务和布局，根据国家技术标准创新基地总体规划编制申报指南，明确国家技术标准创新基地阶段性的建设重点和要求，详见国家技术标准创新基地管理系统（http：//www.bzcxjd.com/）。

区域（综合）创新基地的申报单位主要为区域内综合标准化研究机构；领域（专业）

创新基地的申报单位主要为行业领军企业或科研院所；国际创新基地的申报单位主要为我国优势特色领域领军企业。申报单位应当具有独立法人资格，在标准化领域具有较高知名度和影响力，有较强聚集创新资源和市场化服务的能力，能为创新基地建设提供必要的办公条件及经费支持。

（1）区域（综合）创新基地申报单位应具备的条件

① 具有支撑标准化试点示范建设的经验，在标准化研究与应用等方面具有明显的区位优势。

② 具有提供标准化整体解决方案的丰富经验，具备促进区域内标准化服务业培育和发展的能力。

③ 与“政产学研用”等相关方面具有广泛协作基础，能够协调一定的科技和产业资源。

④ 具有承担或参与国际、国内标准化技术委员会工作，主持制定技术标准的丰富经验。

⑤ 具有承担省部级以上科技计划项目的经验。

⑥ 其他有利于创新基地建设和发展的条件。

（2）领域（专业）创新基地申报单位应具备的条件

① 设有标准化部门，配备一定数量的专职标准化工作人员，具有参与国际、国内标准化活动的高水平专家。

② 承担相关领域国际、国内标准化技术委员会秘书处工作，或具有主持、参与相关领域标准制（修）订的工作经验。

③ 具有牵头承担多项省部级以上科技计划项目的丰富经验。

④ 拥有省部级以上重点实验室、工程（技术）研究中心或企业技术中心等科技、产业创新平台和资源，具备开展标准试验验证、符合性测试的能力。

⑤ 其他有利于创新基地建设和发展的条件。

（3）国际创新基地申报单位应具备的条件

① 设有专门的标准化机构，配备专职的标准化工作人员，具有参与国际标准化活动的标准化工作队伍，以及在国际标准化组织中担任一定职务的高水平专家。

② 承担相关领域国际标准化技术委员会秘书处工作，或具有主持、参与相关领域国际标准制（修）订的工作经验。

③ 具有牵头承担多项省部级以上科技计划项目的经验。

④ 拥有省部级以上重点实验室、工程（技术）研究中心或企业技术中心等科技、产业创新平台和资源，具备开展标准试验验证、符合性测试的能力。

⑤ 其他有利于创新基地建设和发展的条件。

原则上，同一地区只设置 1 个区域（综合）创新基地，同一领域只设置 1 个领域（专业）创新基地。当同一领域在不同地区有多个产业聚集区，技术创新活跃且 1 个领域（专业）创新基地不能满足需求时，可根据实际情况择优批复不超过 2 个领域（专业）创新基地。

申报程序主要包括申报组织、在线申报、审核推荐、形式审查、专家论证、批准筹建等 6 个环节，如图 7 - 11 所示。

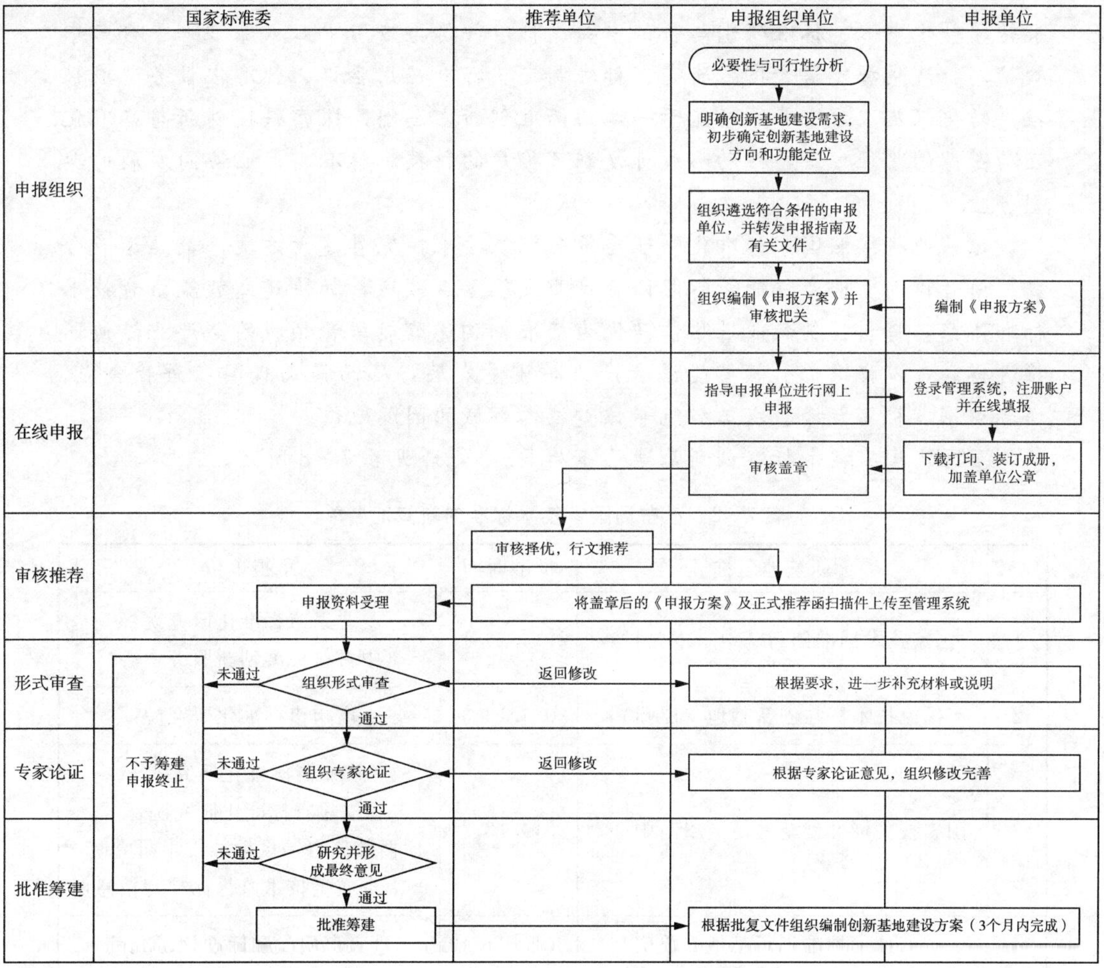

图 7－11　国家技术标准创新基地申报流程

案 例

全国智能语音领域首个国家技术标准创新基地落户安徽

2021 年 4 月，国家标准化管理委员会批准科大讯飞股份有限公司、安徽省质量和标准化研究院、安徽省信息产业投资控股有限公司作为承担单位，筹建国家技术标准创新基地（智能语音技术），建设周期 2 年。这是安徽省获批筹建的第一个国家技术标准创新基地，也是全国智能语音技术领域唯一一家获批筹建的国家技术标准创新基地。

智能语音技术国家技术标准创新基地以部省共建的“中国声谷”为载体，依托科大讯飞国际领先的智能语音技术为核心，聚焦“智能语音＋”和产业发展，立足安徽、面向全国、辐射全球；通过构建技术标准创新公共服务平台、科技成果转移转化中心、标准研制与验证中心、标准评价与应用中心（即“一平台三中心”），打造集智能语音技术研究、标准制定、标准应用验证、标准化服务、成果推广转化以及人才培养等功能于一体的标准创新生态圈，探索科技创新与标准化互动支撑的路径方法，推动形成可复制可推广的科技、标准、产业协同发展的典型经验。

该基地将按照国家标准化管理委员会批复要求，完善建设方案，聚焦语音合成、语音识别、语音评测等智能语音产业发展重点领域，加快建立智能语音技术标准体系，将科技创新成果尽快转化为标准，构建智能语音领域的全产业链协同推进模式，以标准化引领智能语音产业高质量发展，从而提高我国在语音合成、语音识别、机器翻译、人工智能等核心技术领域的国际地位。

至此，国家技术标准创新基地已布局50个，详见表7-8所列。

表7-8　已布局国家技术标准创新基地名单

序号	创新基地名称	批准时间	承担单位
1	国家技术标准创新基地（中关村）	2013.10.11	北京市标准化研究院（中关村标准创新服务中心）
2	国家技术标准创新基地（广州）	2014.12.31	广州市标准化研究院
3	国家技术标准创新基地（华南中心）	2014.12.31	广东省标准化研究院、福建省标准化研究院、广西壮族自治区标准技术研究院、海南省质量技术监督标准与信息所
4	国家技术标准创新基地（重庆）	2015.11.19	重庆市质量和标准化研究院
5	国家技术标准创新基地（成都）	2016.07.18	成都市标准化研究院、成都高新区技术创新服务中心
6	国家技术标准创新基地（长株潭）	2016.07.18	湖南省质量和标准化研究院
7	国家技术标准创新基地（中国光谷）	2016.07.18	湖北省标准化与质量研究院
8	国家技术标准创新基地（义乌）	2017.10.20	义乌科创新区管理委员会
9	国家技术标准创新基地（深圳）	2018.03.25	深圳市标准技术研究院
10	国家技术标准创新基地（郑洛新）	2018.03.26	河南省标准化研究院
11	国家技术标准创新基地（家用电器）	2015.08.31	海尔集团
12	国家技术标准创新基地（智能电网）	2017.07.26	国家电网有限公司
13	国家技术标准创新基地（江西绿色生态）	2017.11.24	江西省标准化研究院

（续表）

序号	创新基地名称	批准时间	承担单位
14	国家技术标准创新基地（贵州大数据）	2018.01.02	云上贵州大数据（集团）有限公司
15	国家技术标准创新基地（乳业）	2018.02.09	内蒙古蒙牛乳业（集团）股份有限公司
16	国家技术标准创新基地（医疗器械）	2018.02.09	威高集团有限公司
17	国家技术标准创新基地（光伏）	2018.02.09	英利能源（中国）有限公司
18	国家技术标准创新基地（船舶与海洋工程装备）	2018.02.09	中国船舶重工集团公司第七〇四研究所
19	国家技术标准创新基地（机器人）	2018.02.09	沈阳新松机器人自动化股份有限公司
20	国家技术标准创新基地（先进制造工艺及关键零部件）	2018.03.12	中机生产力促进中心
21	国家技术标准创新基地（军民融合）	2018.03.14	四川省市场监管局
22	国家技术标准创新基地（氢能）	2018.03.20	佛山科学技术学院
23	国家技术标准创新基地（智能制造基础）	2019.02.25	机械工业仪器仪表综合技术经济研究所
24	国家技术标准创新基地（直流输电及电力电子技术）	2019.02.25	中国南方电网有限公司
25	国家技术标准创新基地（稀土）	2019.02.25	中国北方稀土（集团）高科技股份有限公司
26	国家技术标准创新基地（人参产业）	2019.02.25	吉林人参研究院
27	国家技术标准创新基地（有色金属）	2019.04.09	中国恩菲工程技术有限公司
28	国家技术标准创新基地（青岛军民融合）	2019.04.09	青岛市标准化研究院、青岛古镇口军民融合创新示范区管理委员会
29	国家技术标准创新基地（国防科技工业军民融合）	2019.04.09	国家国防科技工业局经济技术发展中心
30	国家技术标准创新基地（工业品电子商务）	2019.04.09	易派客电子商务有限公司
31	国家技术标准创新基地（民航）	2019.10.17	中国民航科学技术研究院

（续表）

序号	创新基地名称	批准时间	承担单位
32	国家技术标准创新基地（化工新材料）	2019.10.17	万华化学集团股份有限公司
33	国家技术标准创新基地（汽车）	2019.10.17	中国汽车技术研究中心有限公司
34	国家技术标准创新基地（高档数控机床）	2019.10.17	北京机床研究所有限公司
35	国家技术标准创新基地（智能制造装备安全）	2019.10.17	南京理工大学
36	国家技术标准创新基地（旱区农业）	2019.10.17	国家（杨凌）农业标准化研究推广服务中心
37	国家技术标准创新基地（家用电器和电器附件国际标准化）	2018.03.18	中国电器科学研究院股份有限公司
38	国家技术标准创新基地（航空国际标准化）	2018.03.18	中国航空综合技术研究所
39	国家技术标准创新基地（塑料及制品国际标准化）	2018.03.18	中蓝晨光成都检测技术有限公司
40	国家技术标准创新基地（发电国际标准化）	2018.03.18	中国大唐集团有限公司
41	国家技术标准创新基地（冶金工程国际标准化）	2018.03.18	中国冶金科工集团有限公司
42	国家技术标准创新基地（金属线材制品国际标准化）	2018.03.18	法尔胜泓昇集团有限公司
43	国家技术标准创新基地（空间科学与应用）	2020.08.07	中国科学院空间应用工程与技术中心
44	国家技术标准创新基地（水环境技术与装备）	2020.08.07	南京大学宜兴环保研究院
45	国家技术标准创新基地（建筑工程）	2020.08.07	中国建筑科学研究院有限公司、中国建筑标准设计研究院有限公司
46	国家技术标准创新基地（智能铸造）	2020.08.07	共享智能铸造产业创新中心有限公司
47	国家技术标准创新基地（蔬菜）	2020.08.07	山东省寿光蔬菜产业集团有限公司、山东垦源现代农业发展有限公司、山东鲁丰集团有限公司

（续表）

序号	创新基地名称	批准时间	承担单位
48	国家技术标准创新基地（智能计算）	2021.04.12	之江实验室
49	国家技术标准创新基地（新型磁电和光电信息材料）	2021.04.12	天通控股股份有限公司、中国计量大学、浙江省标准化研究院
50	国家技术标准创新基地（智能语音技术）	2021.04.12	科大讯飞股份有限公司、安徽省质量和标准化研究院、安徽省信息产业投资控股有限公司

2. 安徽省技术标准创新基地

安徽省技术标准创新基地申报单位主要为行业领军企业或科研院所等事业单位。申报单位应具有独立法人资格且社会信用代码在安徽注册，设有专门的标准化机构，配备专职的标准化工作人员，具备标准化试点示范建设的实践经验，在参与省内外标准化活动中具有明显的人才优势。创新基地申报单位应同时具备以下条件。

（1）产业基础

具备较为完整的产业链和初具规模的产业集群。技术研发、检验检测、市场开拓、人才培养、社会保障等公共服务体系相对完善，水电路网和污染物处理等基础设施比较完备。

（2）标准化基础

承担相关领域省级以上标准化技术组织工作且具有主持行业以上标准研制工作经验。

（3）科技研发能力

具有牵头承担不少于2项省部级以上科技计划项目的经验或拥有省级以上创新平台。省级以上创新平台是指国家认定的工程（重点）实验室、工程（技术）研究中心、国家联合实验室（研究中心）、国家地方联合工程实验室（研究中心）、企业技术中心和省工程（重点）实验室、工程（技术）研究中心、产业协同创新中心及省级以上检测中心、制造业创新中心等。

（4）经费保障

行业领军企业当年研发经费投入不少于主营业务收入的3%以上；科研院所等事业单位当年研发经费支出为100万元以上；财务预算列有创新基地专项资金，能够提供必要的办公条件及启动经费。

原则上，同一领域只设置1个创新基地。当同一领域在不同地区均有产业聚集区，且技术创新活跃，1个创新基地不能满足实际需求时，鼓励联合申报，由省市场监管局牵头，会同省发改委、省经信厅、省科技厅等省直相关部门，依据实际情况择优批复不超过2个创新基地。

安徽省技术标准创新基地申报主要包括组织申报、申报材料、材料审核、审核推荐、专家论证、批准筹建等 6 个环节，如图 7－12 所示。

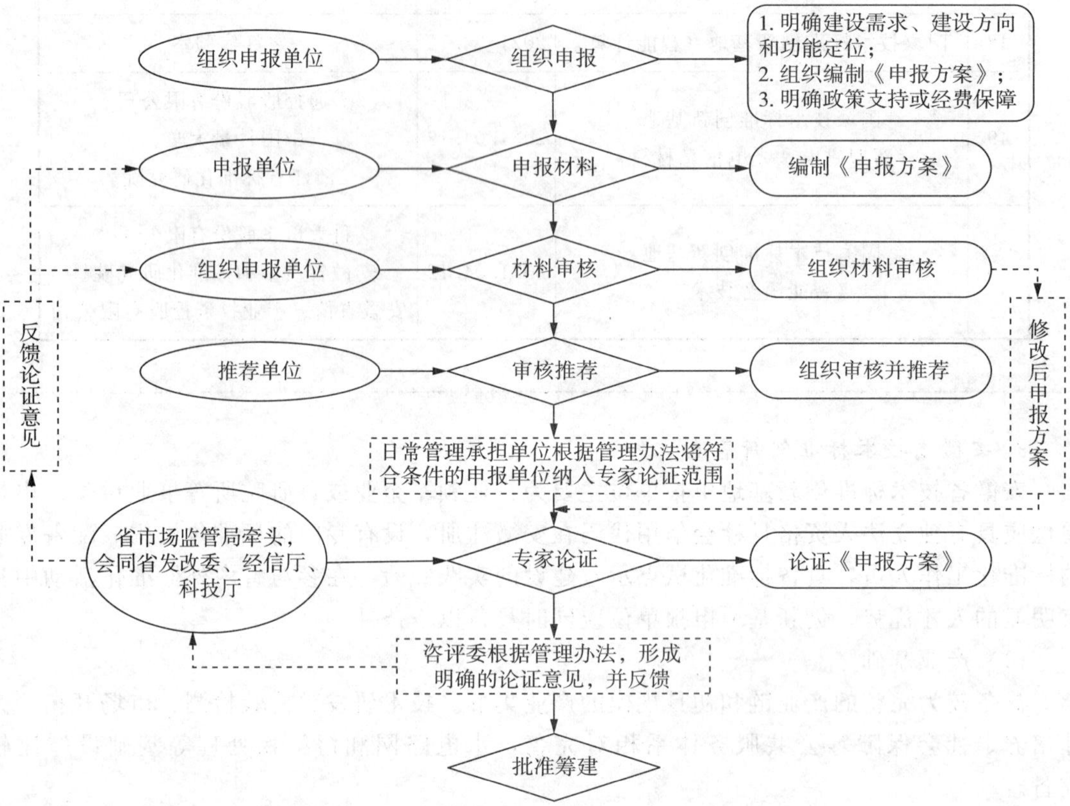

图 7－12　安徽省技术标准创新基地申报流程

案例

安徽省技术标准创新基地（高效电机）

安徽省技术标准创新基地（高效电机）由安徽皖南电机股份有限公司联合浙江大学、合肥工业大学、安徽大学、安徽工业大学、南阳防爆电气研究所、上海电器科学研究所（集团）有限公司、机械科学研究总院江苏分院有限公司、安徽省电机产品及零部件质量监督检验中心、宣城市生产力促进中心共同建设，将充分发挥企业卓越的科技研发实力、人才配备优势、检验检测技术优势，开展技术研究、标准制定、标准应用验证、应用示范、成果推广以及人才培养，促进科技成果转化为技术标准，掌控高效电机行业的话语权，为高效电机产业高质量可持续发展提供坚实的技术保障。

通过开展省级技术标准创新基地建设，可实现标准化与科技创新、产业发展"无缝对接"，充分发挥市场在资源配置中的决定性作用，同时更好发挥政府作用，提升标准供给水平和供给质量；搭建标准化创新服务平台，为创新创业者提供更加高效、灵活、便捷的服务。

【本章小结】

（1）企业参与标准化试点示范是企业自主实施标准的重要形式和途径之一。目前，标准化试点示范项目主要有：农业标准化示范区、服务业标准化试点、社会管理和公共服务综合标准化试点、循环经济标准化试点、高新技术产业标准化示范区、消费品标准化试点、标准化良好行为企业试点、农村综合改革标准化试点以及标准化服务业试点等。

（2）企业可以结合自身特点，选择参与标准化试点示范活动，关注标准化试点示范情况，做好标准化试点示范实施，坚持标准化试点示范长效管理。

（3）对保障人身健康和生命财产安全、国家安全、生态环境安全以及满足经济社会管理基本需要的技术要求，应当制定强制性国家标准。强制性国家标准的制定包括项目提出、立项、组织起草、征求意见、技术审查、对外通报、编号、批准发布及复审。

（4）对满足基础通用、与强制性国家标准配套、对各有关行业起引领作用等需要的技术要求，可以制定推荐性国家标准。一般而言，国家标准制定分为九个阶段：预阶段、立项阶段、起草阶段、征求意见阶段、审查阶段、批准阶段、出版阶段、复审阶段和废止阶段。

（5）对没有推荐性国家标准、需要在全国某个行业范围内统一的技术要求，可以制定行业标准。为满足地方自然条件、风俗习惯等特殊技术要求，可以制定地方标准。

（6）团体标准是市场自主制定的标准。国家鼓励学会、协会、商会、联合会、产业技术联盟等社会团体协调相关市场主体共同制定满足市场和创新需要的团体标准，由本团体成员约定采用或者按照本团体的规定供社会自愿采用。制定团体标准的一般程序包括提案、立项、起草、征求意见、技术审查、批准、编号、发布、复审。

（7）标准化技术委员会是在一定专业领域内，从事国家标准起草和技术审查等标准化工作的非法人技术组织，是标准的生产车间。企业根据收集的信息，结合企业人才、技术、资金等情况，确定参与标准化技术委员会活动的方式和内容，包括担任技术委员会委员或成员，承担秘书处、工作组工作，参加交流、论坛等活动。

（8）企业参与国际标准化活动，可以有效提高企业的国际竞争力、维护企业的利益、获取技术信息，有利于企业扩大国际交流、加强友谊，开拓视野；有利于企业加强国际交流合作和业务拓展，提高技术水平和管理水平，加速发展。

（9）企业根据自身情况确定参与国际标准化活动的方式和内容，包括担任高层领导职务、承担技术组织的工作、参与国际标准的制（修）订工作等。

（10）企业应认真规划和开展标准化创新工作，广泛参与对标达标提升专项行动、企业标准“领跑者”、技术标准创新基地等标准化创新活动，以先进标准引领质量提升，促进科技成果快速转化为现实生产力。

【思考题】

（1）如何开展企业标准化良好行为创建和评价？

（2）简述团体标准的制定程序和要求。

（3）简述参与全国标准化技术委员会的方式和内容。

（4）简述参与国际标准化活动的形式和途径。

（5）结合实际工作阐述如何成为企业标准“领跑者”。

附　录 ▷▷▷▷

附录一　标准化法律、法规、规章制度等

一、法律、法规

《中华人民共和国标准化法》（中华人民共和国主席令第 78 号）

《中华人民共和国标准化法实施条例》（国务院令第 53 号）

二、规章制度

《国家标准管理办法》（国家技术监督局令第 10 号）

《强制性国家标准管理办法》（国家市场监督管理总局令第 25 号）

《推荐性国家标准立项评估办法（试行）》（国家标准委公告 2016 年第 1 号）

《国家标准化指导性技术文件管理规定》（质技监局标发〔1998〕181 号）

《行业标准管理办法》（国家技术监督局令第 11 号）

《地方标准管理办法》（国家市场监督管理总局令第 26 号）

《团体标准管理规定》（国标委联〔2019〕1 号）

《企业标准化管理办法》（国家技术监督局令第 13 号）

《农业标准化管理办法》（国家技术监督局令第 19 号）

《国家标准样品管理办法》（国市监标技规〔2021〕1 号）

《采用国际标准管理办法》（国家质量监督检验检疫总局令第 10 号）

《国家标准外文版管理办法》（国家标准委公告 2016 年第 5 号）

《标准出版发行管理办法》（国家技术监督局令第 26 号）

《国家技术标准创新基地管理办法（试行）》（国家标准委公告 2016 年第 2 号）

《全国专业标准化技术委员会管理办法》（国家质量监督检验检疫总局令第 191 号公布 国家市场监督管理总局令第 31 号修订）

《全国专业标准化技术委员会考核评估办法（试行）》（国家标准委公告 2016 年第 3 号）

《国家标准涉及专利的管理规定（暂行）》（国家标准委　国家知识产权局公告 2013 年第 1 号）

《采用快速程序制定国家标准的管理规定（技监局标发〔1998〕3 号）

《中国标准创新贡献奖管理办法》（国家市场监督管理总局公告 2020 年第 15 号）

《国家标准制（修）订经费管理办法》（财行〔2019〕447 号）

《参加国际标准化组织（ISO）和国际电工委员会（IEC）国际标准化活动管理办法》（国家质检总局　国家标准委公告 2015 年第 36 号）

《ISO 和 IEC 标准出版物版权保护管理规定》（国标委外〔2007〕5 号）

《国家发展改革委行业标准制定管理办法》（发改工业〔2005〕1357 号）

《税务行业标准管理办法（试行）》（国税发〔2010〕61 号）

《邮政业标准化管理办法》（交通运输部令 2012 年第 7 号）

《出入境检验检疫标准化工作管理办法》（国认科〔2012〕85 号）

《国防工业标准化管理办法》（科工技〔2020〕578 号）

《中国民用航空标准化管理规定》（交通运输部令 2016 年第 30 号）

《海洋标准化管理办法》（国海规范〔2016〕4 号）

《中华人民共和国海关行业标准管理办法》（海关总署令第 140 号公布，海关总署令第 235 号修订）

《体育标准化管理办法》（体经字〔2017〕628 号）

《工程建设标准涉及专利管理办法》（建办标〔2017〕3 号）

《地震标准化管理办法》（中国地震局 2018 第 8 次局务会议）

《水利标准化工作管理办法》（水国科〔2019〕112 号）

《交通运输标准化管理办法》（交通运输部令 2019 年第 12 号）

《应急管理标准化工作管理办法》（应急〔2019〕68 号）

《能源标准化管理办法》（国能发科技〔2019〕38 号）

《能源行业标准管理实施细则》（国能发科技〔2019〕38 号）

《生态环境标准管理办法》（生态环境部令第 17 号）

《工业通信业行业标准制定管理办法》（工信部令第 55 号）

《气象标准化管理规定》（气发〔2020〕23 号）

《自然资源标准化管理办法》（自然资发〔2020〕100 号）

《国家林业标准化示范企业管理办法》（林科发〔2014〕5 号）

《服务业标准化试点实施细则》（国标委服务联〔2009〕47 号）

《国家级服务业标准化示范项目管理办法》（试行）（国家标准委公告 2016 年第 4 号）

《社会管理和公共服务综合标准化试点细则》（试行）（国标委服务联〔2013〕61 号）

《新型城镇化标准化试点项目管理办法》（试行）（国家标准委公告 2019 年第 1 号）

《国家高新技术产业标准化示范区考核验收办法》（试行）（国标委工二〔2010〕29 号）

《国家农业标准化示范区管理办法》（试行）（国标委农〔2007〕81 号）

《农业标准化实施示范项目资金管理暂行办法》（农财发〔2006〕2 号）

《国家农业标准化示范项目绩效考核办法》(试行)(国标委农〔2014〕87 号)

《全国农村综合改革标准化试点示范项目管理办法》(国家标准委公告 2018 年第 9 号)

《国家高端装备制造业标准化试点管理暂行规定》(国标委工一联〔2017〕122 号)

三、规范性文件

《中共中央 国务院关于开展质量提升行动的指导意见》(中发〔2017〕24 号)

《国务院关于印发深化标准化工作改革方案的通知》(国发〔2015〕13 号)

《国务院办公厅关于印发贯彻实施〈深化标准化工作改革方案〉行动计划(2015—2016 年)的通知》(国办发〔2015〕67 号)

《国务院办公厅关于印发贯彻实施〈深化标准化工作改革方案〉重点任务分工(2017—2018 年)的通知》(国办发〔2017〕27 号)

《国务院办公厅关于印发国家标准化体系建设发展规划(2016—2020 年)的通知》(国办发〔2015〕89 号)

《国务院办公厅关于加强节能标准化工作的意见》(国办发〔2015〕16 号)

《国务院办公厅关于印发消费品标准和质量提升规划(2016—2020 年)的通知》(国办发〔2016〕68 号)

《国务院办公厅关于建立统一的绿色产品标准、认证、标识体系的意见》(国办发〔2016〕86 号)

《国务院办公厅关于加强核电标准化工作的指导意见》(国办发〔2018〕71 号)

《国务院标准化协调推进部际联席会议办公室关于印发〈推进国家标准公开工作实施方案〉的通知》(国标委信办〔2017〕14 号)

《国家标准委、民政部、商务部、全国总工会、全国妇联关于加强家政服务标准化工作的指导意见》(国标委服务联〔2015〕67 号)

《国家标准委 国家发展改革委 商务部关于印发〈外商投资企业参与我国标准化工作的指导意见〉的通知》(国标委综合联〔2017〕119 号)

《关于推进服务标准化试点工作意见》(国标委农联〔2007〕7 号)

《国家标准委办公室关于印发〈消费品标准化示范基地建设方案(2017—2020 年)〉的通知》(标委办工二〔2017〕206 号)

《市场监管总局等八部门关于实施企业标准“领跑者”制度的意见》(国市监标准〔2018〕84 号)

《市场监管总局办公厅发布关于印发团体标准、企业标准随机抽查工作指引的通知》(市监标创函〔2019〕1104 号)

《市场监管总局关于印发贯彻实施〈深化标准化工作改革方案〉重点任务分工(2019—2020 年)的通知》(国市监标技〔2019〕88 号)

《市场监管总局关于印发〈市场监管信息化标准体系〉的通知》(国市监办发〔2021〕3 号)

《质检总局等关于印发〈关于开展重要产品追溯标准化工作的指导意见〉的通知》(国质检标联〔2017〕419 号)

《工商总局　国家标准委关于加强广告业标准化工作的指导意见》（工商广字〔2017〕143 号）

《国家药品监督管理局　国家标准化管理委员会关于进一步促进医疗器械标准化工作高质量发展的意见》（国药监械注〔2021〕21 号）

《国家中医药管理局关于加强中医药标准化工作的指导意见》（国中医药法监发〔2012〕53 号）

《民政部　国家标准委　商务部　质检总局　全国老龄办关于加强养老服务标准化工作的指导意见》（民发〔2014〕17 号）

《食品药品监管总局关于进一步加强食品药品标准工作的指导意见》（食药监科〔2018〕6 号）

《国家医疗保障局关于印发医疗保障标准化工作指导意见的通知》（医保发〔2019〕39 号）

《质检总局　国家标准委　工业和信息化部关于印发〈装备制造业标准化和质量提升规划〉的通知》（国质检标联〔2016〕396 号）

《市场监管总局　发展改革委　科技部　工业和信息化部　生态环境部　住房城乡建设部　商务部　邮政局关于加强快递绿色包装标准化工作的指导意见》（国市监标技〔2020〕126 号）

《科技部　质检总局　国家标准委关于印发〈“十三五”技术标准科技创新规划〉的通知》（国科发基〔2017〕175 号）

《国家标准化管理委员会关于印发〈关于进一步加强行业标准管理的指导意见〉的通知》（国标委发〔2020〕18 号）

《国家标准委关于印发〈国家技术标准创新基地建设总体规划（2017—2020 年）〉的通知》（国标委综合〔2017〕34 号）

《国家标准委办公室关于印发〈国家技术标准创新基地申报指南〉的通知》（标委办综合〔2017〕58 号）

《关于印发〈循环经济标准化试点工作指导意见〉的通知》（国标委工一联〔2009〕48 号）

《国家循环经济标准化试点考核评估方案（试行）》（国标委工一联〔2011〕12 号）

《国家节能标准化示范项目创建工作方案》（国质检标联〔2017〕94 号）

《海洋局关于印发〈海洋标准化管理办法实施细则〉的通知》（国海规范〔2017〕10 号）

《市场监管总局关于印发〈2020 年度实施企业标准“领跑者”重点领域〉的公告》（2020 年第 38 号）

《关于知识产权服务标准体系建设的指导意见》（国知发规字〔2014〕74 号）

《国家标准化管理委员会关于印发国家标准采用国际标准工作指南（2020 年版）的通知》（国标委发〔2020〕50 号）

《市场监管总局关于大力开展质量基础设施“一站式”服务的意见》（国市监质〔2020〕177 号）

《市场监管总局　商务部　文化和旅游部关于以标准化促进餐饮节约反对餐饮浪费的意见》（国市监标技发〔2021〕7 号）

《关于加强国家网络安全标准化工作的若干意见》（中网办发文〔2016〕5 号）

《科技局 质检总局 国家标准委 关于在国家科技计划专项实施中加强技术标准研制工作的指导意见》（国科发资〔2016〕301号）

《市场监管总局关于印发〈2021年度实施企业标准“领跑者”重点领域〉的公告》（2021年第22号）

四、地方性法规及文件

《安徽省地方标准管理办法》（皖市监发〔2019〕32号）

《安徽省专业标准化技术委员会管理办法》（皖质办发〔2018〕29号）

《安徽省质监系统农业标准化示范区管理办法》（皖质办发〔2009〕39号）

《安徽省标准化专业技术资格考试办法（试行）》（皖人社发〔2012〕58号）

《安徽省技术标准创新基地管理办法（试行）》（皖质发〔2017〕20号）

《安徽省标准创新贡献奖管理办法》（皖市监发〔2020〕28号）

《安徽省人民政府办公厅关于深化标准化工作改革的实施意见》（皖政办〔2015〕45号）

《安徽省人民政府办公厅关于加强节能标准化工作的实施意见》（皖政办〔2015〕60号）

《安徽省人民政府办公厅关于印发安徽省标准化体系建设发展规划（2016—2020年）的通知》（皖政办〔2016〕38号）

《安徽省质量工作领导小组办公室〈关于印发贯彻落实国务院办公厅消费品标准和质量提升规划（2016—2020年）实施意见的通知〉》（质办〔2017〕6号）

《关于印发〈安徽省技术标准创新基地申报指南〉的通知》（皖质函〔2017〕363号）

《关于印发〈关于深化标准化工作改革推动高质量发展的实施意见〉的通知》（皖质〔2020〕1号）

《安徽省市场监管局关于推行企业标准总监制度的指导意见》（皖市监标〔2021〕1号）

附录二 部分基础标准目录

一、支持标准化工作的基础性系列国家标准

GB/T 1.1—2020《标准化工作导则 第1部分：标准化文件的结构和起草规则》

GB/T 1.2—2020《标准化工作导则 第2部分：以ISO/IEC标准化文件为基础的标准化文件起草规则》

GB/T 20000.1—2014《标准化工作指南 第1部分：标准化和相关活动的通用术语》

GB/T 20000.3—2014《标准化工作指南 第3部分：引用文件》

GB/T 20000.6—2006《标准化工作指南 第6部分：标准化良好行为规范》

GB/T 20000.7—2006《标准化工作指南 第7部分：管理体系标准的论证和制定》

GB/T 20000.8—2014《标准化工作指南 第8部分：阶段代码系统的使用原则和指南》

GB/T 20000.10—2016《标准化工作指南 第10部分：国家标准的英文译本翻译通则》

GB/T 20000.11—2016《标准化工作指南 第11部分：国家标准的英文译本通用表述》

GB/T 20001.1—2001《标准编写规则 第1部分：术语》

GB/T 20001.2—2015《标准编写规则 第2部分：符号标准》

GB/T 20001.3—2015《标准编写规则 第3部分：分类标准》

GB/T 20001.4—2015《标准编写规则 第4部分：试验方法标准》

GB/T 20001.5—2017《标准编写规则 第5部分：规范标准》

GB/T 20001.6—2017《标准编写规则 第6部分：规程标准》

GB/T 20001.7—2017《标准编写规则 第7部分：指南标准》

GB/T 20001.10—2014《标准编写规则 第10部分：产品标准》

GB/T 20002.1—2008《标准中特定内容的起草 第1部分：儿童安全》

GB/T 20002.2 2008《标准中特定内容的起草 第2部分：老年人和残疾人的需求》

GB/T 20002.3—2014《标准中特定内容的起草 第3部分：产品标准中涉及环境的内容》

GB/T 20002.4—2015《标准中特定内容的起草 第4部分：标准中涉及安全的内容》

GB/T 20003.1—2014《标准制定的特殊程序 第1部分：涉及专利的标准》

GB/T 20004.1—2016《团体标准化 第1部分：良好行为指南》

GB/T 20004.2—2018《团体标准化 第2部分：良好行为评价指南》

二、企业标准化工作指南

GB/T 12366—2009《综合标准化工作指南》

GB/T 15624—2011《服务标准化工作指南》

GB/T 19273—2017《企业标准化工作 评价与改进》

GB/T 24421.1—2009《服务业组织标准化工作指南 第1部分：基本要求》
GB/T 24421.2—2009《服务业组织标准化工作指南 第2部分：标准体系》
GB/T 24421.3—2009《服务业组织标准化工作指南 第3部分：标准编写》
GB/T 24421.4—2009《服务业组织标准化工作指南 第4部分：标准实施及评价》
GB/T 28222—2011《服务标准编写通则》
GB/T 35778—2017《企业标准化工作 指南》
GB/T 31600—2015《农业综合标准化工作指南》

三、企业标准体系构建系列国家标准

GB/T 13016—2018《标准体系构建原则和要求》
GB/T 13017—2018《企业标准体系表编制指南》
GB/T 15496—2017《企业标准体系 要求》
GB/T 15497—2017《企业标准体系 产品实现》
GB/T 15498—2017《企业标准体系 基础保障》

附录三　我国行业标准代号、领域和主管部门

序号	行业代号	行业标准领域	行业标准化主管部门
1	AQ	安全生产	中华人民共和国应急管理部
2	BB	包装	中华人民共和国工业和信息化部
3	CB	船舶	中华人民共和国工业和信息化部
4	CH	测绘	中华人民共和国自然资源部
5	CJ	城镇建设	中华人民共和国住房和城乡建设部
6	CY	新闻出版	国家新闻出版署
7	DA	档案	中华人民共和国国家档案局
8	DB	地震	中国地震局
9	DL	电力	国家能源局
10	DY	电影	国家电影局
11	DZ	地质矿产	中华人民共和国自然资源部
12	EJ	核工业	国家国防科技工业局
13	FZ	纺织	中华人民共和国工业和信息化部
14	GA	公共安全	中华人民共和国公安部
15	GC	国家物资储备	国家粮食和物资储备局
16	GH	供销合作	中华全国供销合作总社
17	GM	国密	国家密码管理局
18	GY	广播电影电视	国家广播电视总局
19	HB	航空	国家国防科技工业局
20	HG	化工	中华人民共和国工业和信息化部
21	HJ	环境保护	中华人民共和国生态环境部
22	HS	海关	中华人民共和国海关总署
23	HY	海洋	中华人民共和国自然资源部
24	JB	机械	中华人民共和国工业和信息化部

（续表）

序号	行业代号	行业标准领域	行业标准化主管部门
25	JC	建材	中华人民共和国工业和信息化部
26	JG	建筑工程	中华人民共和国住房和城乡建设部
27	JR	金融	中国人民银行
28	JT	交通	中华人民共和国交通运输部
29	JY	教育	中华人民共和国教育部
30	LB	旅游	中华人民共和国文化和旅游部
31	LD	劳动和劳动安全	中华人民共和国人力资源和社会保障部
32	LS	粮食	国家粮食和物资储备局
33	LY	林业	国家林业和草原局
34	MH	民用航空	中国民用航空局
35	MR	市场监督	国家市场监督管理总局
36	MT	煤炭	国家矿山安全监察局
37	MZ	民政	中华人民共和国民政部
38	NB	能源	国家能源局
39	NY	农业	中华人民共和国农业农村部
40	QB	轻工	中华人民共和国工业和信息化部
41	QC	汽车	中华人民共和国工业和信息化部
42	QJ	航天	国家国防科技工业局
43	QX	气象	中国气象局
44	RB	认证认可	国家认证认可监督管理委员会
45	SB	国内贸易	中华人民共和国商务部
46	SC	水产	中华人民共和国农业农村部
47	SF	司法	中华人民共和国司法部
48	SH	石油化工	中华人民共和国工业和信息化部
49	SJ	电子	中华人民共和国工业和信息化部
50	SL	水利	中华人民共和国水利部
51	SN	出入境检验检疫	中华人民共和国海关总署
52	SW	税务	国家税务总局

（续表）

序号	行业代号	行业标准领域	行业标准化主管部门
53	SY	石油天然气	国家能源局
54	TB	铁路运输	国家铁路局
55	TD	土地管理	中华人民共和国自然资源部
56	TY	体育	国家体育总局
57	WB	物资管理	中华人民共和国国家发展和改革委员会
58	WH	文化	中华人民共和国文化和旅游部
59	WJ	兵工民品	中华人民共和国工业和信息化部、国家国防科技工业局
60	WM	外经贸	中华人民共和国商务部
61	WS	卫生	中华人民共和国国家卫生健康委员会
62	WW	文物保护	国家文物局
63	XB	稀土	中华人民共和国工业和信息化部
64	XF	消防救援	中华人民共和国应急管理部
65	YB	黑色冶金	中华人民共和国工业和信息化部
66	YC	烟草	国家烟草专卖局
67	YD	通信	中华人民共和国工业和信息化部
68	YJ	减灾救灾与综合性应急管理	中华人民共和国应急管理部
69	YS	有色金属	中华人民共和国工业和信息化部
70	YY	医药	国家药品监督管理局
71	YZ	邮政	中华人民共和国国家邮政局
72	ZY	中医药	国家中医药管理局

附录四 国内标准化技术委员会

一、全国标准化技术委员会（SAC/TC）

序号	委员会编号	委员会名称	秘书处所在单位	负责专业范围
1	TC1	电压电流等级和频率	中机生产力促进中心	电压电流等级和频率
2	TC2	微电机	西安微电机研究所	控制电机、驱动微电机、特种电机、电源电机
3	TC3	液压气动	北京机械工业自动化研究所有限公司	液压、气动
4	TC4	信息与文献	中国科学技术信息研究所	信息和文献
5	TC5	涂料和颜料	中海油常州涂料化工研究院有限公司	涂料和颜料
6	TC6	集装箱	交通运输部水运科学研究院	集装箱
7	TC7	人类工效学	中国标准化研究院	人类工效学
8	TC8	电工电子产品环境条件与环境试验	中国电器科学研究院股份有限公司	电工电子产品环境条件与环境试验
9	TC9	防爆电气设备	南阳防爆电气研究所有限公司	防爆电气设备
10	TC10	医用电器	上海市医疗器械检验研究院	医用电器设备
11	TC12	海洋船	中国船舶工业集团公司第七〇八研究所	海洋船
12	TC15	塑料	中蓝晨光成都检测技术有限公司	塑料及树脂
13	TC16	量和单位	中国计量科学研究院国际合作办公室	量和单位
14	TC17	声学	中国科学院声学研究所	声学
15	TC18	真空技术	沈阳真空技术研究所有限公司	真空技术
16	TC19	轮胎轮辋	北京橡胶工业研究设计院	轮胎轮辋、气门嘴

（续表）

序号	委员会编号	委员会名称	秘书处所在单位	负责专业范围
17	TC20	能源基础与管理	中国标准化研究院	节能以及能源方面的通用性、综合性的基础和管理
18	TC21	统计方法应用	中国标准化研究院	统计方法应用
19	TC22	金属切削机床	北京机床研究所	金属切削机床、附件、功能部件
20	TC23	电声学	中国电子科技集团公司第三研究所	电声学领域中助听器、声级计、测量传声器、听力计、测量用人耳和人头模拟器和其他电声测量仪器
21	TC24	电工电子产品可靠性与维修性	工业和信息化部电子第五研究所	电子产品可靠性、维修性及维修保障性
22	TC25	电气安全	中国电器工业协会	电气安全
23	TC26	旋转电机	上海电器科学研究院	旋转电机
24	TC27	电气信息结构、文件编制和图形符号	中机生产力促进中心	电气信息结构、文件编制和图形符号
25	TC28	信息技术	中国电子技术标准化研究院	信息采集、表示、处理、传输、交换、表述、管理、组织、存储和检索的系统和工具的规范、设计和研制
26	TC30	核仪器仪表	核工业标准化研究所	核仪器仪表
27	TC31	气瓶	北京天海工业有限公司	无缝气瓶、焊接气瓶、液化石油气瓶、溶解乙炔气瓶、气瓶附件产品标准、气瓶设计、术语及气瓶检验
28	TC33	模具	桂林电器科学研究院有限公司	冲模、塑料模、压铸模（不包括木模）、锻模、橡胶模、玻璃模模具
29	TC34	电工电子设备结构综合	机械工业北京电工技术经济研究所	电工、电子及仪表方面结构包括总体设计导则、结构尺寸系列、色彩造型、人体工程导则、模拟符号以及各种开关柜、控制柜、屏、台等产品及通用件、零部件等
30	TC35	橡胶与橡胶制品	沈阳橡胶研究设计院有限公司	橡胶与橡胶制品
31	TC36	带电作业	中国电力科学研究院有限公司	带电作业技术及带电作业设备、工作

（续表）

序号	委员会编号	委员会名称	秘书处所在单位	负责专业范围
32	TC37	农作物种子	全国农业技术推广服务中心	农作物种子
33	TC38	微束分析	中国科学院化学研究所	电子探针、扫描电镜、电子显微镜、离子探针等一类微束原位的分析领域本身，也包括所涉及的重要的相关学科，如高新材料、微电子材料与加工及生命生物科学中以微束分析为主要研究工具的有关的标准，如纳米材料、亚微米材料、薄膜材料等分析测定及相关的材料标准等
34	TC39	纤维增强塑料	北京玻璃钢研究设计院有限公司	纤维增强塑料（复合材料）包括结构复合材料、功能复合材料、先进高性能复合材料等
35	TC41	木材	中国林业科学研究院木材工业研究所	木材（包括木材基础、原木、锯材、结构用木材等）
36	TC42	煤炭	煤炭科学技术研究院有限公司	煤炭分类、分级、术语、测试方法、检验规则，工业用煤炭产品技术条件等
37	TC43	导航设备	中国电子科技集团公司第二十研究所	空中、海上和地面系统及设备等
38	TC44	变压器	沈阳变压器研究院股份有限公司	变压器
39	TC45	电力电容器	西安高压电器研究院有限责任公司	电力电容器及其应用，以及IEC/TC33的对口技术工作
40	TC46	家用电器	中国家用电器研究院	家用和类似用途电器安全、性能、安装和维修等
41	TC47	印制电路	中国电子技术标准化研究院	印制电路，表面安装，互联技术等
42	TC48	塑料制品	轻工业塑料加工应用研究所	塑料制品
43	TC49	包装	中国包装联合会	包装专业的基础标准、方法标准、包装容器和包装材料的综合标准等
44	TC50	风力发电	中国农业机械化科学研究院呼和浩特分院有限公司	风力机械（包括风力发电，风力提水机械）
45	TC51	绝缘材料	桂林电器科学研究院有限公司	电工绝缘材料

（续表）

序号	委员会编号	委员会名称	秘书处所在单位	负责专业范围
46	TC52	齿轮	郑州机械研究所	齿轮的参数、公差及其齿轮传动的设计计算，质量检测和齿轮用工艺技术等
47	TC53	机械振动、冲击与状态监测	郑州机械研究所有限公司	振动与冲击的测量试验与数据处理方法，测量试验仪器与设备的特性描述，评定和校准；机器、运载工具与结构的振动与冲击性能测量与评定，振动与冲击的降低和控制；人体承受的机械振动与冲击等
48	TC54	铸造	沈阳铸造研究所有限公司	铸造合金、铸造、工艺、铸造用原辅材料、检测方法、铸件质量分级等
49	TC55	焊接	哈尔滨焊接研究院有限公司	焊接、钎焊、切割通用工艺技术、试验方法、质量检测以及焊接材料，工艺制备、焊接与切割安全卫生等
50	TC56	无损检测	上海材料研究所	无损检测通用技术方法、检测工艺及工艺装备等
51	TC57	金属与非金属覆盖层	武汉材料保护研究所有限公司	电镀、化学转化膜、热喷涂、涂装、防锈、腐蚀试验、搪瓷、热浸涂及离子沉积等
52	TC58	核能	核工业标准化研究所	核能包括核能名词术语、辐射防护、反应堆技术、放射性同位素和核燃料技术等
53	TC59	图形符号	中国标准化研究院	公用性图形符号和图形符号的基础性综合
54	TC60	电力电子系统和设备	西安电力电子技术研究所	电力电子技术
55	TC61	林业机械	国家林业和草原局哈尔滨林业机械研究所	林业机械（包括绿篱修剪设备及工具，不包括草坪机械）等
56	TC62	语言与术语	中国标准化研究院	术语
57	TC63	化学	中国石油和化学工业联合会	化学品
58	TC64	食品工业	中轻食品工业管理中心	食品工业
59	TC65	高压开关设备	西安高压电器研究院有限责任公司	高压开关设备和控制设备

（续表）

序号	委员会编号	委员会名称	秘书处所在单位	负责专业范围
60	TC66	人造板机械	国家林业和草原局北京林业机械研究所	刨花板、中纤板、胶合板生产线和机械设备；人造板表面装饰生产设备；制材生产线机械设备；板式家具生产线设备；细木工板生产设备；人造板生产用刀具设备；竹胶合板生产线及竹材加工设备；层压材生产设备；地板（含实木、强化、复合地板）生产线设备；新型人造板设备等
61	TC67	电器附件	中国电器科学研究院股份有限公司	电器附件
62	TC68	电动工具	上海电动工具研究所（集团）有限公司	手持式、可移式电动工具和园林工具；电动工具附件及相关标准等
63	TC69	铅酸蓄电池	沈阳蓄电池研究所	铅酸蓄电池
64	TC70	电焊机	成都三方电气有限公司	电焊设备、电焊机
65	TC71	橡胶塑料机械	北京橡胶工业研究设计院	橡胶炼胶、硫化、压延、挤出、成型等设备和塑料炼塑、压延、挤出、注射、喷塑、压力、真空、中空泡沫成型、编织设备机械等
66	TC72	搪玻璃设备	天华化工机械及自动化研究设计院	搪玻璃设备及零部件
67	TC74	锻压	北京机电研究所有限公司	热锻、冷锻、冲压等成形工艺技术及工艺装备（模具除外）、工艺机械化配套技术及锻压安全、环保卫生等
68	TC75	热处理	北京机电研究所有限公司	热处理基础通用，试验方法，质量控制，工艺材料，化学热处理及其热处理工艺技术等
69	TC76	饲料工业	全国畜牧总站、中国饲料工业协会	饲料
70	TC77	碱性蓄电池	中国电子科技集团公司第十八研究所	碱性蓄电池
71	TC78	半导体器件	中国电子科技集团公司第十三研究所	半导体器件
72	TC79	无线电干扰	上海电器科学研究院	无线电干扰

（续表）

序号	委员会编号	委员会名称	秘书处所在单位	负责专业范围
73	TC80	绝缘子	西安高压电器研究院有限责任公司	绝缘子
74	TC81	避雷器	西安高压电器研究院有限责任公司	避雷器
75	TC82	电力系统管理及其信息交换	国网电力科学研究院	电力系统管理及其信息交换
76	TC83	电子业务	中国标准化研究院	EDI，开放式 EDI，基于纸质的文件格式，行政、商业、运输业、工业领域业务工作电子化涉及的数据元与代码、数据结构化技术、电子文档格式（交换结构）、业务过程、数据维护与管理、消息服务、关键支撑技术等
77	TC84	木工机床与刀具	福州木工机床研究所	木工机床、木工机用刀具
78	TC85	紧固件	中机生产力促进中心	紧固件的尺寸、公差、机械性能、工作特性、试验方法和验收程序，螺栓，螺柱等十二类产品（不包括航空器，航天器及滚动轴承等专用紧固件）
79	TC86	文献影像技术	国家图书馆	文件的输入、输出质量、记录、存储和使用文件影像的实现、检验和质量控制方法、文件影像工作流程应用、制作和使用信息所需设备涉及的应用要求和质量标准、相关的术语等
80	TC88	矿山机械	洛阳矿山机械工程设计研究院有限责任公司	采掘、穿孔、提升设备、矿用挖掘机、凿井机械、装药机械、矿用装载机、破碎粉磨设备、筛分设备、洗选设备及其他矿山专用设备等
81	TC89	磁性元件与铁氧体材料	中国电子科技集团公司第九研究所	磁性元件（包括铁氧体磁心、卷绕铁心、叠片铁心、线圈、电感器、电子变压器、微波铁氧体器件、永磁元器件等）与铁氧体材料（包括软磁、永磁、旋磁、矩磁、压磁等）等

（续表）

序号	委员会编号	委员会名称	秘书处所在单位	负责专业范围
82	TC90	太阳光伏能源系统	中国电子技术标准化研究院	太阳光伏能源系统
83	TC91	刀具	成都工具研究所有限公司	刀具
84	TC92	分离机械	合肥通用机械研究院有限公司	各种用途的离心机、分离机、过滤机等
85	TC93	自然资源与国土空间规划	中国自然资源经济研究院	地质矿产、地质灾害、国土空间规划、自然资源调查、土地利用等
86	TC94	外科器械	上海市医疗器械检验研究院	外科器械
87	TC95	医用注射器（针）	上海市医疗器械检验研究院	医用注射器（针）
88	TC96	石油钻采设备和工具	中国石油天然气股份有限公司勘探开发研究院石油工业标准化研究所	陆地和海洋石油天然气（包含非常规油气）勘探开发（物探、钻井、采油采气和油气储运等工程）用设备、工具及其材料
89	TC97	衡器	山东金钟科技集团股份有限公司	衡器
90	TC98	滚动轴承	洛阳轴承研究所有限公司	滚动轴承与支承（十大类及各类民品专用轴承），直线运动滚动支承，关节轴承，各类组合轴承、支承和轴承单元及轴承专用仪器与设备（自行生产专用）等
91	TC99	口腔材料和器械设备	北京大学口腔医学院	口腔材料和器械设备
92	TC100	安全防范报警系统	公安部第一研究所	安全防范报警系统、产品
93	TC101	轻工机械	轻工业杭州机电设计研究院	轻工机械
94	TC102	感光材料	乐凯胶片股份有限公司	感光材料
95	TC103	光学和光子学	上海理工大学	光学和光子学
96	TC104	电工仪器仪表	哈尔滨电工仪表研究所有限公司	电工仪器仪表

（续表）

序号	委员会编号	委员会名称	秘书处所在单位	负责专业范围
97	TC105	肥料和土壤调理剂	上海化工研究院	肥料和土壤调理剂
98	TC106	医用输液器具	山东省医疗器械和药品包装检验研究院	医用输液器具、输血器具、采血器具
99	TC107	照相机械	杭州照相机械研究所有限公司	照相机械
100	TC108	螺纹	中机生产力促进中心	普通螺纹、管螺纹、梯形螺纹及量规、管件螺纹等
101	TC109	机器轴与附件	中机生产力促进中心	轴伸、键与键槽、花键、联轴器、离合器、制动器、涨套及其他无键联结件等
102	TC110	外科植入物和矫形器械	天津市医疗器械质量监督检验中心	外科植入物和矫形器械
103	TC112	个体防护装备	应急管理部国际交流合作中心	开展生产过程中劳动者使用的个体防护装备，人群集体防护装备以及装备附带装置等
104	TC113	消防	应急管理部消防救援局	消防
105	TC114	汽车	中国汽车技术研究中心有限公司	载货汽车、越野汽车、自卸汽车、牵引汽车、专用汽车、客车、轿车及汽车列车（包括半挂车和全挂车）、摩托车和电动汽车和名词术语、产品分类、技术要求、试验方法等
106	TC115	林木种子	南京林业大学	林木种子种苗
107	TC116	麻醉和呼吸设备	上海市医疗器械检验研究院	麻醉和呼吸设备、吸引设备
108	TC118	标准样品	中国标准化协会	国家标准样品的研复制工作
109	TC119	制冷	中国制冷学会	制冷通用基础标准、商用冷冻设备等
110	TC120	颜色	深圳市海川实业股份有限公司	有关颜色
111	TC121	工业电热设备	西安电炉研究所有限公司	工业电热设备
112	TC122	试验机	中机试验装备股份有限公司	金属材料试验机、非金属材料试验机、工艺试验机、测力（扭矩）机、平衡机与振动台、无损检测仪器、试验机功能附件和与试验机专业相关的试验设备与仪器等

（续表）

序号	委员会编号	委员会名称	秘书处所在单位	负责专业范围
113	TC124	工业过程测量控制和自动化	机械工业仪器仪表综合技术经济研究所	工业过程测量和控制（即工业自动化仪表）
114	TC125	教育装备	教育部教育装备研究与发展中心	教学中使用的实物和模象直观教学器具
115	TC126	服装洗涤机械	中国轻工业机械总公司上海公司	服装洗涤机械
116	TC127	油墨	上海油墨厂有限公司	油墨
117	TC129	船舶舾装	江南造船（集团）有限责任公司	海洋船舶的船用装置、舱面属具、舱室设备、系泊设备和救生设备等
118	TC130	内河船	长江船舶设计院	内河船的船型、船体、轮机、舾装，以及内河用的工程船、测量船等
119	TC131	劳动定额定员	中国劳动和社会保障科学研究院	各行业及地方劳动定额定员
120	TC132	量具量仪	成都工具检测所	各类通用量具、电子数显量具、电子量仪、各类齿轮测量仪、螺纹丝杠检查仪、圆度仪、三坐标测量仪、表面粗糙度仪等
121	TC133	农药	沈阳化工研究院有限公司	农药
122	TC134	染料	沈阳化工研究院有限公司	染料、中间体、印染助剂及其相关产品等
123	TC136	医用临床检验实验室和体外诊断系统	北京市医疗器械检验所	临床实验室质量管理、参考系统、体外诊断产品等
124	TC137	船用机械	中国船舶工业综合技术经济研究院	船用柴油机、汽轮机、燃气轮机、热气机及其附件和轴系；船用管系及附件、船舶辅机（船用风机、泵、压缩机、制冷设备、空调机、分离机等）、甲板机械（锚机、舵机、绞车、起重设备等）、锅炉及压力容器（船用主、辅锅炉、热交换器等）、船用液压气动元件（包括液压、气动系统、泵、马达、各类控制阀、缸、蓄能器、管接头及其附件）、船舶防污染设备、船舶消防设备、各类隔振元件及装置的标准化研究及咨询、服务

（续表）

序号	委员会编号	委员会名称	秘书处所在单位	负责专业范围
125	TC139	磨料磨具	郑州磨料磨具磨削研究所有限公司	普通磨料、普通磨具、超硬磨料磨具及制品、涂附磨具和碳化硅特种制品等
126	TC140	拖拉机	洛阳拖拉机研究所有限公司	农业和林业拖拉机
127	TC141	造纸工业	中国制浆造纸研究院有限公司	造纸工业
128	TC143	暖通空调及净化设备	中国建筑科学研究院有限公司	建筑物内使用的供暖、通风、空调、净化设备（不包括：带制冷机的空调机、通用的风机、环保用的消烟除尘设备以及交通运输和其他特殊场合使用的暖通空调设备）及相关检测技术、处理技术、节能调试和运行评价
129	TC144	烟草	中国烟草标准化研究中心	烟草
130	TC145	压缩机	合肥通用机械研究院有限公司	容积式压缩机（不含制冷用压缩机）标准化，包括主机辅机、零部件、压缩机用材料及其他与压缩机直接相关（如压缩空气等）等
131	TC146	技术产品文件	机械科学研究院	与制造业有关的技术产品文件，包括设计文件、工艺文件、管理方面的文件以及手工文件和计算机的产品文件等
132	TC147	复印机械	天津复印技术有限公司	静电复印机、激光印字机、激光复印机、有关复印器材及多功能组合系统及光电誊影机、传真复印机、重氮复印机、办公用静电制版、胶印机及有关器材等
133	TC148	残疾人康复和专用设备	中国康复辅助器具协会	残疾人康复和专用设备
134	TC149	烟花爆竹	湖南烟花爆竹产品安全质量监督检测中心	烟花爆竹
135	TC150	地毯	天津市地毯研究所	地毯
136	TC151	质量管理和质量保证	中国标准化研究院	质量管理和质量保证
137	TC152	缝制机械	中国缝制机械协会	缝纫机

（续表）

序号	委员会编号	委员会名称	秘书处所在单位	负责专业范围
138	TC153	电子测量仪器	中国电子技术标准化研究院	电子测量仪器、系统（硬件和软件）及附件，电子医疗仪器，电子应用仪器和教学仪器等
139	TC154	量度继电器和保护设备	许昌开普电气研究院有限公司	量度继电器和保护设备
140	TC155	自行车	中国自行车协会	自行车、电动自行车、汽油机助力自行车等
141	TC156	水产	中国水产科学研究院	水产
142	TC157	渔船	农业农村部渔业船舶检验局	渔船
143	TC158	医用体外循环设备	广东省医疗器械质量监督检验所	医用体外循环设备
144	TC159	自动化系统与集成	北京机械工业自动化研究所有限公司	面向产品设计、采购、制造和运输、支持、维护、销售过程及相关服务的自动化系统与集成领域，包括信息系统、工业及特定非工业环境中的固定和移动机器人技术、自动化技术、控制软件技术及系统集成技术
145	TC160	钟表	西安轻工业钟表研究所有限公司	钟表、计时器、定时器等
146	TC161	特种加工机床	苏州电加工机床研究所有限公司	特种加工机床
147	TC162	非金属化工设备	天华化工机械及自动化研究设计院有限公司	石墨、陶瓷、塑料、橡胶衬里及玻璃制造的化工设备与零部件等
148	TC163	高电压试验技术和绝缘配合	西安高压电器研究院有限责任公司	高电压试验技术和绝缘配合
149	TC164	链传动	吉林大学链传动研究所	各类动力传动链和链轮、输送链和链轮、工程用特种链和链轮等的基础标准、质量标准、试验方法（不包括自行车链条和轮）等
150	TC165	电子设备用阻容元件	中国电子技术标准化研究院	电阻器、电位器、固定电容器、可变电容器、真空电容器、电阻网络、电容网络、无源敏感元件等

（续表）

序号	委员会编号	委员会名称	秘书处所在单位	负责专业范围
151	TC166	电子设备用机电元件	中国电子技术标准化研究院	电子设备低频连接器及开关
152	TC167	电真空器件	中国电子技术标准化研究院	真空电子器件
153	TC168	颗粒表征与分检及筛网	中机生产力促进中心	用于固体或液体状态下颗粒分检的设备和方法（含筛网筛分）。具体包括：颗粒（含粉体）相关的表征、加工及分检的方法，以及相关的样品制备、样品（工艺用）及设备的；筛分方法及设备；筛网及其制品的尺寸、公差、机械性能、试验方法、验收程序和设备等
154	TC169	计划生育器械	上海市医疗器械检验研究院	节育环、计划生育器具
155	TC170	印刷	中国印刷技术协会	印刷技术
156	TC172	汽轮机	上海发电设备成套设计研究院有限责任公司	汽轮机和汽轮机辅机
157	TC173	凿岩机械与气动工具	天水凿岩机械气动工具研究所	凿岩机械与气动工具
158	TC174	五金制品	中国五金制品协会	五金制品
159	TC175	水轮机	哈尔滨大电机研究所	水轮机和水轮机辅机
160	TC176	原电池	轻工业化学电源研究所	原电池
161	TC177	内燃机	上海内燃机研究所有限责任公司	通用的内燃机及其附件、各专业用内燃机的共性统一要求等
162	TC178	玻璃仪器	北京市药品包装材料检验所	玻璃仪器
163	TC179	刑事技术	公安部物证鉴定中心	毒物分析、法医检验、文件检验、痕迹检验、物证照相、录像、物理检验、指纹检验、刑事信息、警犬等
164	TC180	金融	中国人民银行科技司	银行、证券、保险等
165	TC181	动物卫生	中国动物卫生与流行病学中心	动物疫病防控、动物产品卫生、动物卫生监督、动物疾病临床诊疗（伴侣动物除外）、动物福利、兽医机构效能评估等动物卫生领域

（续表）

序号	委员会编号	委员会名称	秘书处所在单位	负责专业范围
166	TC182	频率控制和选择用压电器件	中国电子元件行业协会	频率控制和选择用压电谐振器、滤波器、振荡器、鉴频器；石英晶体材料，声表面波材料及器件，介电材料及器件等
167	TC183	钢	冶金工业信息标准研究院	钢产品及其配套的试验方法等
168	TC184	水泥	中国建筑材料科学研究总院	通用水泥、专用水泥和特种水泥等产品标准、水泥可偿还测试方法和仪器、水泥生产工艺热工标定控制标准、工业废渣在水泥厂中应用等
169	TC185	胶黏剂	上海橡胶制品研究所	胶黏剂
170	TC186	铸造机械	济南铸锻所检验检测科技有限公司	铸造机械产品及相关功能部件，产品性能检测方法等
171	TC187	风机	沈阳鼓风机研究所（有限公司）	透平式风机一通风机、鼓风机、压缩机和罗茨鼓风机等工业风机方面
172	TC188	阀门	合肥通用机械研究院有限公司	通用或特殊用途的各种材质的高、中、低压阀门、阀门驱动装置、过压保护安全装置等
173	TC189	低压电器	上海电器科学研究院	产品涉及低压开关设备和控制设备，如：低压断路器；开关、隔离器、隔离开关与熔断器组合电器；接触器、起动器、过载继电器；控制电路电器；多功能电器：自动转换开关电器、控制和保护电器；接线端子排；模数化组合电器等
174	TC190	电子设备用高频电缆及连接器	信息产业部电子第二十三研究所	射频电缆、射频连接器、波导及同轴元件等
175	TC191	绝热材料	南京玻璃纤维研究设计院有限公司	绝热材料的测试方法、计算方法、产品标准和技术规范等
176	TC192	印刷机械	北京高科印刷机械研究所有限公司	印前、印中、印后辅助加工以及与此相关的机械设备等

（续表）

序号	委员会编号	委员会名称	秘书处所在单位	负责专业范围
177	TC193	耐火材料	中钢集团洛阳耐火材料研究院有限公司	耐火原料及耐火材料产品技术条件、耐火材料理化性能试验方法、耐火材料术语、分类、耐火砖形状尺寸、产品抽样及验收规则、产品包装运输和储存等
178	TC194	工业陶瓷	山东工业陶瓷研究设计院有限公司	工业陶瓷、结构陶瓷、特种陶瓷、红外陶瓷等
179	TC195	轻质与装饰装修建筑材料	中国新型建材设计研究院	石膏建筑材料及相关产品、建筑用非木制人造板材、建筑防水材料、建筑密封材料（密封膏、胶等）等
180	TC196	电梯	中国建筑科学研究院建筑机械化研究分院	电梯、自动扶梯和自动人行道的术语、参数、技术要求、试验方法、安全要求、安装验收、操作维修以及有关零部件等
181	TC197	水泥制品	苏州混凝土水泥制品研究院	水泥制品领域等，包括：水泥混凝土管、水泥电杆、管桩、轨枕、纤维增强水泥瓦、板、管及混凝土农房构件、GRC、凝土外加剂、氯氧镁水泥制品等
182	TC198	人造板	中国林业科学研究院木材工业研究所	人造板
183	TC199	水文	水利部水文局科教处	水文
184	TC200	消毒技术与设备	广东省医疗器械质量监督检验所	消毒技术与设备
185	TC201	农业机械	中国农业机械化科学研究院	农业机械（包括耕作机械、种植机械、植保机械、收获机械、场上作业机械、农副产品加工机械、排灌机械、畜牧机械、饲料加工机械、养殖机械和割草机械，不包括草坪机械）等
186	TC202	架空线路	中国电力科学研究院	电力线路、施工、运行
187	TC203	半导体设备和材料	中国电子技术标准化研究院	半导体设备和材料

（续表）

序号	委员会编号	委员会名称	秘书处所在单位	负责专业范围
188	TC205	建筑物电气装置	中机中电设计研究院有限公司	建筑物电气装置
189	TC206	气体	西南化工研究设计院有限公司	气体
190	TC207	环境管理	中国标准化研究院	环境管理
191	TC208	机械安全	中机生产力促进中心	机械安全基础标准（A类）、通用标准（B类）和专用机械安全标准（C类）等
192	TC209	纺织品	纺织工业标准化研究所	纺织品
193	TC210	旅游	文化和旅游部旅游质量监督管理所	旅游
194	TC211	泵	沈阳水泵研究所	泵
195	TC212	家用自动控制器	中国电器科学研究院股份有限公司	家用电器自动控制器
196	TC213	电线电缆	上海电缆研究所有限公司	电线电缆
197	TC214	饮食服务业	中国饭店协会	饭店（不包括旅游饭店）、餐饮、美容美发、洗衣、沐浴、照相、修理、印章刻字等
198	TC215	纺织机械与附件	中国纺织机械协会	纺织机械与附件
199	TC217	有或无电气继电器	中国电子技术标准化研究院	有或无电气继电器，电磁继电器、固体继电器、混合继电器、时间继电器、真空继电器、恒温继电器、斩波器、干簧继电器、水银湿簧继电器等
200	TC218	防伪	中国防伪行业协会	防伪
201	TC219	服装	上海纺织集团检测标准有限公司	机织类服装
202	TC220	锻压机械	济南铸锻所检验检测科技有限公司	锻压机械
203	TC221	医疗器械质量管理和通用要求	中国食品药品检定研究院、北京国医械华光认证有限公司	医疗器械质量管理和通用要求

（续表）

序号	委员会编号	委员会名称	秘书处所在单位	负责专业范围
204	TC222	互感器	沈阳变压器研究院股份有限公司	互感器
205	TC223	交通工程设施（公路）	交通运输部公路科学研究院	公路交通工程设施
206	TC224	照明电器	北京电光源研究所	照明电器
207	TC225	地震	中国地震局地球物理研究所	地震专用仪器仪表、地震监测技术和方法、地震信息处理和代码、地震技术术语、符号、代号和制图方法、地震安全性评价、地震应急技术要求
208	TC226	高压电气安全	中国电力科学研究院有限公司	1kV及以上高压系统和电气设施（包括电气安装和用电），人身安全，电网强电安全（设备材料及测试仪器）等
209	TC227	起重机械	北京起重运输机械设计研究院有限公司	各类起重机、轻小型起重设备、起重吊钩、圆环链及附件
210	TC228	电工合金	桂林电器科学研究院有限公司	电工合金
211	TC229	稀土	中国有色金属工业标准计量质量研究所	稀土矿、稀土冶炼产品、加工产品和应用产品等
212	TC230	地理信息	国家基础地理信息中心	自然资源领域信息化、测绘地理信息、卫星应用等
213	TC231	工业机械电气系统	北京机床研究所有限公司	工业机械电气系统
214	TC232	电工术语	中机生产力促进中心	电工术语
215	TC233	地名	民政部地名研究所	地名
216	TC234	低速汽车	中国农业机械化科学研究院	农用运输车、农用运输车零部件及其配套产品等
217	TC235	弹簧	中机生产力促进中心	弹簧领域
218	TC236	滑动轴承	中机生产力促进中心	滑动轴承名词术语及符号、设计及计算方法、材料及润滑剂、表面处理、检测、试验失效分析及可靠性、质量分析及保证等

（续表）

序号	委员会编号	委员会名称	秘书处所在单位	负责专业范围
219	TC237	管路附件	中机生产力促进中心	管法兰、垫片及其连接件；管螺纹及螺纹测量；管件及管接头；管道支吊架；管道过滤器、混合器、蓄能器等；管道补偿器、波形膨胀节、金属软管及其连接；其他管道附件等
220	TC238	冷冻空调设备	合肥通用机械研究院有限公司	制冷空调
221	TC239	广播电影电视	国家广播电影电视总局广播电视规划院	广播电视专业技术、节目制作与播出工艺、节目覆盖网、技术系统特性与测量、专用计算机应用、维护管理、专用产品、国际电信联盟无线电通信中声音广播业务和电视广播业务等
222	TC240	产品几何技术规范	中机生产力促进中心	产品几何技术规范（GPS）等，即宏观和表面结构等检验原则、测量器具和校准要求，尺寸几何测量的不确定度
223	TC241	小艇	中国船舶工业集团公司第七〇八研究所	艇长小于或等于24m的游艇和采用类似设备的其他小艇的设备和结构等
224	TC242	音频、视频及多媒体系统与设备	中国电子技术标准化研究院	音视频及多媒体技术
225	TC243	有色金属	中国有色金属工业标准计量质量研究所	有色金属矿、冶炼产品、加工产品及其辅助材料等
226	TC244	天然气	中国石油天然气股份公司西南油气田分公司天然气研究院	天然气及天然气代用品
227	TC245	玻璃纤维	南京玻璃纤维研究设计院	玻璃纤维、增强纤维等
228	TC246	电磁兼容	中国电力科学研究院	电磁兼容
229	TC247	汽车维修	交通运输部公路科学研究院	汽车维修
230	TC248	医疗器械生物学评价	山东省医疗器械和药品包装检验研究院	医疗器械生物学评价
231	TC249	建筑卫生陶瓷	咸阳陶瓷研究设计院	建筑卫生陶瓷
232	TC250	索道与游乐设施	中国特种设备检测研究院	索道、游艺机及游乐设施的设计、制造、安装、检验与运营管理等
233	TC251	危险化学品管理	中国石油和化学工业联合会	危险化学品的包装、贮存、运输和经销等

（续表）

序号	委员会编号	委员会名称	秘书处所在单位	负责专业范围
234	TC252	皮革工业	中国皮革制鞋研究院有限公司	皮、毛及其制品
235	TC253	玩具	北京中轻联认证中心	玩具
236	TC254	商业自动化	中商流通生产力促进中心有限公司	不同业态商业企业管理、商业自动化系统应用规范类、网络营销管理、电子商务ASP服务规范类、商业自动化工程管理及商用电子设备应用功能类等
237	TC255	建筑用玻璃	秦皇岛玻璃工业研究设计院有限公司	建筑用玻璃
238	TC256	首饰	北京国首珠宝首饰检测有限公司	首饰
239	TC257	香料香精化妆品	上海香料研究所	香料香精化妆品
240	TC258	雷电防护	中国标准化协会	雷电防护
241	TC259	燃气轮机	南京燃气轮机研究所	燃气轮机及其辅机、燃气/蒸汽联合循环装置等
242	TC260	信息安全	中国电子技术标准化研究院	国内信息安全
243	TC261	认证认可	中国认证认可协会	认证认可
244	TC262	锅炉压力容器	中国特种设备检测研究院	压力容器及受压元件、板壳、换热设备、50m^3以上球形储罐和玻璃钢压力容器的设计制造、检验与验收标准、规范规程、型谱等，以及电站锅炉、工业锅炉、余热锅炉、水处理设备及其辅助设备等
245	TC263	竹藤	国际竹藤中心	与竹、藤有关的标准
246	TC264	服务	中国标准化研究院	服务方面的基础国家标准的制（修）订工作（包括服务术语、服务标准化指南、服务分类等）；新兴服务领域中的专业服务国家标准的制（修）订工作（包括律师服务、广告服务、咨询服务、市场研究与调查服务、保安服务、会议服务等）；社会公共服务国家标准的制（修）订工作（健康护理服务、社区服务、物业管理服务、教育培训服务等）以及与保护消费者有关的国家标准制（修）订工作

（续表）

序号	委员会编号	委员会名称	秘书处所在单位	负责专业范围
247	TC265	超导	中科院物理所	超导技术
248	TC266	低压成套开关设备和控制设备	天津电气科学研究院有限公司	低压成套开关设备和控制设备
249	TC267	物流信息管理	中国物品编码中心	物流信息基础、物流信息系统、物流信息安全、物流信息应用等
250	TC268	智能运输系统	交通运输部公路科学研究院	智能运输系统
251	TC269	物流	中国物流与采购联合会	物流基础、物流技术、物流管理和物流服务等
252	TC270	粮油	国家粮食和物资储备局标准质量中心	粮油
253	TC271	植物检疫	中国检验检疫科学研究院植物检疫研究所	植物检疫
254	TC272	表面活性剂和洗涤用品	中国日用化学工业研究院	表面活性剂和洗涤用品
255	TC273	环境监测方法	中国环境监测总站	水、土壤和空气环境等领域的监测方法，但不包括气象学、噪声和电磁辐射等领域的监测方法
256	TC274	畜牧业	全国畜牧总站	畜、禽、蜂及特种经济动物品种与种质资源、饲养与管理、养殖环境；动物产品质量、分级、加工、安全（包括物理性、化学性、生物性安全因素）；畜牧养殖设施（不包括畜牧机械）、兽医器械；草种、草产品、草原建设和生态保护
257	TC275	环保产业	中国标准化研究院	环保设备，主要包括水污染防治设备、大气污染防治设备、噪声污染防治设备、固体废弃物处理设备、污染监测设备等；资源循环利用（不包括电子电器产品资源循环利用），主要包括废渣、废水（液）、废气、余热余压的循环利用等；环保服务，主要包括环境污染治理的运营、管理和评价等

（续表）

序号	委员会编号	委员会名称	秘书处所在单位	负责专业范围
258	TC277	植物新品种测试	农业农村部科技发展中心	大田作物、林业植物、果树和花卉、蔬菜等植物新品种测试及新技术在植物新品种测试中的应用等
259	TC278	牵引电气设备与系统	中车株洲电力机车研究所有限公司	牵引电气设备与系统
260	TC279	纳米技术	国家纳米科学中心	纳米尺度测量、纳米尺度加工、纳米尺度材料、纳米尺度器件、纳米尺度生物医药等方面的术语、方法和安全性要求等
261	TC280	石油产品和润滑剂	中国石油化工股份有限公司石油化工科学研究院	石油产品和润滑剂（包括：燃料油、润滑剂、石油蜡类、石油沥青、合成油脂）及石油产品静态计量和轻烃计量、润滑油换油指标等
262	TC281	实验动物	中国医学科学院医学实验动物研究所	实验动物
263	TC282	花卉	中国花卉协会	花卉
264	TC283	海洋	国家海洋标准计量中心	海洋经济类、海洋产业管理类，海洋预报减灾，海洋领域实验测试分析等自然资源海洋领域（不包含渔业经济和渔业产业相关领域）
265	TC284	光辐射安全和激光设备	中国电子科技集团公司第十一研究所	激光基础技术、激光器件和材料、激光设备、激光应用及相关领域
266	TC285	墙体屋面及道路用建筑材料	中国建材西安墙体材料研究设计院	墙体屋面材料（包括砌墙砖、砌块、建筑墙板、屋面瓦等）和道路用建筑材料（包括路面砖、植草砖、路缘石、广场砖、触感引道路面砖等）等
267	TC286	标准化原理与方法	中国标准化研究院	标准化原理和方法
268	TC287	物品编码	中国物品编码中心	商品、产品、服务、资产、物资等物品的分类编码、标识编码和属性编码，物品品种编码，单件物品编码的国家标准制（修）订工作；全国物品编码的管理与服务及物品编码相关载体技术等方面的国家标准制（修）订工作

（续表）

序号	委员会编号	委员会名称	秘书处所在单位	负责专业范围
269	TC288	安全生产	中国安全生产科学研究院	矿山安全、粉尘防爆、涂装作业安全、化学品安全、烟花爆竹安全、工矿商贸安全（不包括已有安全生产主管部门的行业）以及有关综合性的安全生产等，不包括相关领域产品的国家标准制（修）订工作
270	TC289	文物保护	中国文化遗产研究院	不可移动文物、可移动文物、文物调查与考古发掘、文物保护、博物馆及其信息化和信息建设
271	TC290	城市轨道交通	中国城市规划设计研究院	城市轨道交通领域，具体领域包括地铁、轻轨、有轨电车及其他新型城市有轨客运交通系统的车辆、供电系统、通信系统、信号系统、通风和空调系统、给排水和消防系统、防灾监控报警系统（FAS）、设备自动监控系统（BAS）、自动售检票系统（AFC）、屏蔽门（安全门）系统，以及维修、检测、救援设备等。
272	TC291	体育用品	中国体育用品业联合会	体育用品的基础、管理、通用国家标准制（修）订工作，除轻工、石油化工、纺织等行业所归口管理以外的体育用品领域的产品标准制（修）订工作
273	TC292	人力资源服务	人力资源和社会保障部全国人才流动中心	人才及人力资源服务
274	TC294	废弃化学品处置	中海油天津化工研究设计院有限公司	废弃化学品处置技术和方法，不包括处置管理
275	TC295	盐业	中国盐业集团有限公司	制盐，不包括食用盐卫生标准
276	TC297	电工电子产品与系统的环境	中国质量认证中心	电工电子产品与系统的环境保护及可回收利用
277	TC298	珠宝玉石	自然资源部珠宝玉石首饰管理中心	珠宝玉石，包括首饰中用的珠宝玉石的鉴定

（续表）

序号	委员会编号	委员会名称	秘书处所在单位	负责专业范围
278	TC299	紫外线消毒	深圳市海川实业股份有限公司	紫外线消毒设备
279	TC300	电工电子产品着火危险试验	中国电器科学研究院股份有限公司	电工设备的局部着火危险对总的着火危险的影响，电工设备及其零部件（包括元件）和电气绝缘材料受到着火及非正常热的影响后的危险性等方面导则及试验方法
280	TC301	电气绝缘材料与绝缘系统评定	机械工业北京电工技术经济研究所	电气绝缘材料与电气绝缘系统的评定以及相关测试方法
281	TC302	家用纺织品	江苏省纺织产品质量监督检验研究院	家用纺织品
282	TC304	发制品	河南瑞贝卡发制品股份有限公司、即发集团有限公司	毛发制品
283	TC305	制鞋	中国皮革制鞋研究院有限公司	鞋类，不包括胶鞋
284	TC306	潜水器	中国船舶重工集团公司第七〇二研究所	潜水器及相关设备的设计、建造与使用，深海空间站的设计与建造
285	TC307	应急管理与减灾救灾	民政部国家减灾中心	减灾救灾与综合性应急管理领域国家标准制（修）订工作，包括应急管理术语符号和标记分类、风险监测和管控、应急预案、现场救援和应急指挥、水旱灾害应急、地震地质灾害应急、应急救援装备和信息化、救灾物资、事故灾害调查、教育培训等
286	TC309	氢能	中国标准化研究院	氢能
287	TC310	风险管理	中国标准化研究院	风险管理的术语、方法、指南等相关基础，风险识别、风险分析、风险评估等风险管理技术，以及公司治理、业务持续管理、合同、人力资源管理、外购管理、公共政策制定等典型活动的风险管理
288	TC311	家用卫生杀虫用品	北京市轻工产品质量监督检验一站	盘式蚊香、电热蚊香片、杀虫气雾剂、卫生香

（续表）

序号	委员会编号	委员会名称	秘书处所在单位	负责专业范围
289	TC312	空间科学及其应用	中国科学院空间应用工程与技术中心	空间科学术语、符号和代号，工程管理、接口、空间科学及其应用、实验工程技术与管理
290	TC313	食品质量控制与管理	中国标准化研究院	食品质量控制领域的基础性、综合性、通用性标准
291	TC314	城市临时性社会救助	民政部社会事务司	社会求助机构管理、规范、技术服务
292	TC315	社会福利服务	民政部社会福利中心	社会福利机构服务质量、环境
293	TC316	民用装饰镜	北京市轻工产品质量监督检验一站	民用镜、装饰镜
294	TC317	铁矿石与直接还原铁	冶金工业信息标准研究院	铁矿石与直接还原铁
295	TC318	生铁及铁合金	冶金工业信息标准研究院	生铁、铁合金
296	TC319	洁净室及相关受控环境	中国标准化协会	洁净室及相关受控环境
297	TC320	市场、民意和社会调查	中国标准化研究院	市场、民意与社会调查的相关组织及其职业行为
298	TC321	电力设备状态维修与在线监测	中国电力科学研究院	变压器、开关等电力设备安全运行维修试验及在线监测技术
299	TC322	电气化学	西安热工研究院有限公司	电气设备、发、供、配电设备等电力设备用绝缘、冷却、润滑介质的研制、应用、处理和环保以及状态检测
300	TC323	电磁屏蔽材料	上海市计量测试技术研究院	电磁屏蔽材料
301	TC324	高压直流输电工程	中国电力科学研究院	高压直流输电系统的调试、运行、绝缘配合、检修、安全评价，直流设备的运行、安装、验收
302	TC327	遥感技术	中国科学院空天信息创新研究院	遥感技术术语，对地观测数据数传与接收，对地观测存档数据，对地观测数据与产品，波谱段评价、规范，标准定标、真实性检验规范，波谱测试规范，遥感试验规范

（续表）

序号	委员会编号	委员会名称	秘书处所在单位	负责专业范围
303	TC328	建筑施工机械与设备	北京建筑机械化研究院有限公司	包括基础施工设备、混凝土机械、道路施工与养护设备、骨料加工机械和设备、钢筋加工设备和模板、装修和维护用高处作业吊篮和擦窗机等设备、其他常用机械与设备
304	TC329	移动电站	兰州电源车辆研究所有限公司	柴油发电机组、汽油发电机组、自动化发电机组、低噪声发电机组、船用发电机组、汽车电站、挂车电站等内燃式移动电站设备及配套产品
305	TC330	高原电工产品环境技术	昆明电器科学研究所	电工产品的高原适应性技术
306	TC331	连续搬运机械	北京起重运输机械设计研究院有限公司	输送机械、给料机械、装卸机械及液力偶合器等液力传动机械
307	TC332	工业车辆	北京起重运输机械设计研究院有限公司	机动工业车辆、非机动工业车辆、工业车辆用车轮和脚轮
308	TC333	高压直流输电设备	西安高压电器研究院有限责任公司	高压和特高压直流输电设备的制造，包括换流变、平波电抗器、换流阀、直流避雷器、直流套管、大功率光控电控晶闸管、滤波器、控制与保护设备
309	TC334	土方机械	天津工程机械研究院有限公司	包括挖掘装载机、推土机、自卸车、挖掘机、平地机、水平定向钻孔机、回填压实机、装载机、吊管机、压路机、铲运机、挖沟机
310	TC335	升降工作平台	北京建筑机械化研究院有限公司	包括移动式升降工作平台和一般升降工作平台
311	TC336	微机电技术	中机生产力促进中心	关键尺寸在微米量级内的机电一体化装置的制造加工、设计、集成、可靠性评价以及检测等共性技术
312	TC337	绿色制造技术	中机生产力促进中心	装备制造业领域绿色设计方法、绿色制造工艺规划、绿色机加工工艺、自修复与再制造等共性技术

（续表）

序号	委员会编号	委员会名称	秘书处所在单位	负责专业范围
313	TC338	测量、控制和实验室电器设备安全	机械工业仪器仪表综合技术经济研究所	测量、控制和实验室电器设备及仪器的安全
314	TC339	茶叶	中华全国供销合作总社杭州茶叶研究院	茶叶
315	TC340	熔断器	上海电器科学研究院	熔断器的安装和操作特性，试验方法和试验过程要求，熔断器的额定电压、电流和阻容特性，高压熔断器和低压熔断器配合交互的尺寸规格
316	TC341	审计信息化	审计署计算机技术中心	会计核算软件及企业资源计划（ERP）软件的会计核算部分，包括术语、数据格式、数据交换、业务流程、信息安全、管理和决策
317	TC342	燃料电池及液流电池	机械工业北京电工技术经济研究所	燃料电池及液流电池的术语、性能、通用要求及试验方法等
318	TC343	项目管理	中国标准化协会	项目管理的术语、构建框架、构建要素、编写方法、计划、认识体系
319	TC344	四轮全地形车	上海机动车检测认证技术研究中心有限公司	四轮全地形车
320	TC345	气象防灾减灾	国家气象中心	气象灾害监测、预警和防御
321	TC346	气象基本信息	国家气象信息中心	气象数据管理、档案管理、气象计算机网络
322	TC347	卫星气象与空间天气	国家卫星气象中心	气象卫星业务运行及卫星数据监测、传输、交换等，以及空间天气监测、预测、预警
323	TC348	会展业	上海市质量和标准化研究院	会展术语、条件、环境、等级、评价、分级、管理
324	TC349	变性燃料乙醇和燃料乙醇	河南天冠企业集团有限公司	变性燃料乙醇和燃料乙醇
325	TC350	填料与静密封	合肥通用机械研究院有限公司	填料密封、静密封（不含普通管路垫片、橡胶材料、石棉材料及制品）
326	TC351	公共安全基础	中国标准化研究院	公共安全基础性、通用性和综合性要求（不涉及公安等行业领域）

（续表）

序号	委员会编号	委员会名称	秘书处所在单位	负责专业范围
327	TC352	中文新闻信息	新华通讯社通信技术局	中文新闻信息采集、编辑、生成、发布、交换、表示、安全、组织、存储、检索和评估反馈过程
328	TC353	信息分类与编码	中国标准化研究院	信息分类与编码领域国家标准制（修）订工作，具体包括区域、场所、地点、人力资源、自然资源与环境、时间和计量单位、语言、文字、符号、经济结构与经济指标、社会福利、社会保障、公共卫生和劳动安全、行政管理、文献、专利、标准、档案等方面的信息分类编码国家标准制（修）订工作，不包括产品、服务、机构方面的信息分类编码以及条码形式的有关区域、场所和地点标识方面
329	TC354	殡葬	中国殡葬协会	殡葬设备、服务
330	TC355	石油天然气	中国石油天然气股份有限公司勘探开发研究院	石油地质、石油物探、石油钻井、测井、油气田开发、采油采气、油气储运、油气计量及分析方法、石油管材、海洋石油工程、安全生产、环境保护
331	TC356	制药装备	中国制药装备行业协会	制药装备及配套机械
332	TC357	减速机	江苏泰隆减速机股份有限公司	减速机
333	TC358	白酒	中国食品发酵工业研究院有限公司	白酒
334	TC359	航空货运及地面设备	中国民航科学技术研究院	航空货运及地面设备
335	TC360	森林可持续经营与森林认证	国家林业和草原局科技发展中心	森林可持续经营和森林认证
336	TC364	机动车运行安全技术检测设备	中国测试技术研究院	机动车运行安全技术检测设备
337	TC365	防沙治沙	中国林业科学研究院	防沙治沙的术语、基础、技术、方法以及管理

（续表）

序号	委员会编号	委员会名称	秘书处所在单位	负责专业范围
338	TC366	拍卖	中国拍卖协会	拍卖基础、拍卖程序、拍卖企业资质评定
339	TC367	机床数控系统	武汉华中数控股份有限公司	机床数控系统
340	TC368	刷类	北京市轻工产品质量监督检验一站	油漆刷、工业刷、日用生活刷、美容美发刷（不包括牙刷）
341	TC369	野生动物保护管理与经营利用	黑龙江省野生动物研究所	野生动物保护管理和经营利用领域中需要规范和协调统一的技术语言、技术要求、质量要求、安全要求、卫生要求、管理技术要求，生产加工、工作技术要求，环境保护技术要求，野生动物及产品分类、分级（等）、评价、调查、监测、环志、标记、试验、检验方法
342	TC370	森林资源	国家林业和草原局调查规划设计院	林地林权；国家森林资源清查和全国森林资源调查、动态监测及评价；全国植树造林、封山育林的检查验收，国家重点林业生态工程和全国重点地区天然林保护工程的核查；全国森林采伐限额管理和森林资源的监管
343	TC371	乐器	北京乐器研究所	乐器产品领域（不含乐器维修、保养等服务领域）
344	TC372	往复式内燃燃气发电设备	中国石油集团济柴动力有限公司	固定往复式内燃燃气发电设备领域
345	TC373	制糖	广州甘蔗糖业研究所	制糖
346	TC374	质量监管重点产品检验方法	中检华纳质量技术中心	在国家质量监管重点产品中缺失及急需的检验方法
347	TC375	糖果和巧克力	中国商业联合会	糖果和巧克力
348	TC376	电站过程监控及信息	西安热工研究院有限公司	电站过程监控和信息术语，电站过程自动监控系统及信息系统的可靠性、技术规范、验收测试、系统功能和性能、运行维护，电站信息管理系统，发电成本、报价和竞价上网技术，电站仿真系统
349	TC377	日用玻璃	东华大学	日用玻璃（不含玻璃餐饮具）

（续表）

序号	委员会编号	委员会名称	秘书处所在单位	负责专业范围
350	TC378	制笔	上海制笔技术服务有限公司/贝发集团股份有限公司	自来水笔、圆珠笔、铅笔、活动铅笔、水性圆珠笔、中性笔、水彩笔、荧光笔、白板笔、记号笔等各种书写工具以及圆珠笔用油墨，与笔类产品配套的各种墨水（不包括毛笔）
351	TC379	黄金	长春黄金研究院有限公司	黄金原料、黄金产品、黄金综合利用资源、黄金生产污染物排放、黄金生物技术
352	TC380	生物基材料及降解制品	轻工业塑料加工应用研究所	降解制品及生物基材料
353	TC381	腐蚀控制	中国工业防腐蚀技术协会	阴极保护、阳极保护、设备和管道用缓蚀剂应用等防腐蚀技术；防腐蚀衬里、防腐蚀地坪、玻璃鳞片应用等防腐蚀施工技术等（不包括建筑施工和船舶行业）
354	TC382	分离膜	天津膜天膜工程技术有限公司	分离膜
355	TC383	饮食加工设备	北京市服务机械研究所有限公司	直接与食品接触饮食加工设备，包括超市、餐馆、食品店、面包房、肉食店等商业企业、医院、工矿企业单位的食堂用面类饮食加工机械、蔬菜加工机械、肉类饮食加工机械、清洗消毒设备等饮食加工设备
356	TC384	饲料机械	江苏牧羊集团有限公司	饲料加工机械
357	TC385	营造林	国家林业和草原局调查规划设计院	林地评价、育苗、造林、森林抚育、低质林改造、森林管护及森林更新、森林培育等全过程等
358	TC386	林业信息数据	国家林业和草原局调查规划设计院	林业政务信息、数字林业、专题数据库、信息系统建设等
359	TC387	生化检测	中国测试技术研究院	基于生物化学、分子生物技术的生物体化学物质和生物体化学过程的生化检测方法和涉及生化检测的相关材料、标准物质；天然产物纯化产品；生物酶；核酸、氨基酸及其衍生物；生物材料蛋白

（续表）

序号	委员会编号	委员会名称	秘书处所在单位	负责专业范围
360	TC388	剧场	中国艺术科技研究所	舞台音响、灯光及专业设备的应用；剧场基础及服务等
361	TC389	图书馆	国家图书馆	图书馆管理、服务，图书馆古籍善本的收藏、定级、维修、保护，图书馆环境等
362	TC390	文化馆	中国文化馆协会	文化馆技术、服务、管理等
363	TC391	网络文化	中国互联网上网服务行业协会	网络文化产品、服务及互联网上网服务营业场所的管理等
364	TC392	文化娱乐场所	中国文化娱乐行业协会	歌厅、迪厅、游戏厅等文化娱乐场所技术、服务、管理等
365	TC393	社会艺术水平考级服务	中央音乐学院	社会艺术水平考级工作技术、服务、管理等
366	TC394	文化艺术资源	文化和旅游部民族民间文艺发展中心	文化艺术资源收集、整理、保护、开发、数字化等
367	TC395	食品用洗涤消毒产品	中国日用化学研究院有限公司	食品用洗涤消毒产品，如清洁剂、消毒剂及饮用水处理剂
368	TC396	燃料喷射系统	无锡油泵油嘴研究所	燃料喷射系统
369	TC397	食品直接接触材料及制品	中国轻工业联合会综合业务部	以纸、金属、陶瓷、搪瓷、塑料、橡胶、玻璃等为原料生产的，直接与食品接触的材料及制品，包括食品包装和餐饮用容器及工具（除金属餐饮用器具）等（IEC 涉及的产品除外）
370	TC398	调味品	中国调味品协会	调味品（味精、食糖和食盐除外）
371	TC399	肉禽蛋制品	中国商业联合会	禽畜肉制品门类（腌腊制品类、酱卤制品类、熏烧制品类、干制品类、油炸制品类）和蛋制品门类（再制蛋类、蛋粉类、冰全蛋类、蛋黄类）等
372	TC400	纽扣	浙江嘉善华亿达服装辅料有限公司	纽扣产品
373	TC401	丝绸	浙江丝绸科技有限公司	丝、绸缎、蚕丝制品等

（续表）

序号	委员会编号	委员会名称	秘书处所在单位	负责专业范围
374	TC402	太阳能	中国标准化研究院/湖北省产品质量监督研究院/江苏省产品质量监督检验研究院/佛山市顺德区质量技术监督标准与编码所/中国科学院广州能源研究所/北京鉴衡认证中心有限公司	太阳能热水系统、太阳房、太阳灶、太阳能产品、太阳能集热器、元件等太阳能热利用等
375	TC403	参茸产品	国家参茸产品质量监督检验中心	参茸种植及其深加工产品
376	TC404	土壤质量	中国科学院南京土壤研究所、江苏省质量和标准化研究院	土壤质量
377	TC405	日用陶瓷	中国轻工业陶瓷研究所	日用陶瓷
378	TC406	非金属矿产品及制品	咸阳非金属矿研究设计院有限公司	矿物类、岩石类、黏土类非金属矿产品及其制品（不包括非金属原矿及其开采），摩擦材料，非金属密封材料（不包括橡胶密封件）等
379	TC407	棉花加工	中国棉花协会棉花加工分会	棉花加工成套设备安装、棉花加工自动化信息传输、棉副产品精深加工技术、棉花加工机械安全使用等
380	TC408	辛香料	南京野生植物综合利用研究院	辛香料原料、产品质量、检验方法、加工、管理、运输储藏
381	TC409	冶金设备	中国重型机械研究院股份公司	冶炼设备、连铸设备、轧制设备、金属挤压成型设备、冶金专用液压润滑及控制设备、冶金机械专用配套和冶金专用传动配套设备等
382	TC410	金属餐饮及烹饪器具	中国日用五金技术开发中心	直接与食品接触的金属制餐饮及烹饪用器具及家用食品设备（IEC 涉及的产品除外）
383	TC411	电器设备网络通信接口	上海电器科学研究院	开展电器设备通信接口、系统及智能电网用户端能源管理系统领域
384	TC414	醇醚燃料	山西省醇醚清洁燃料行业技术中心/中润油新能源股份有限公司	醇醚燃料及催化剂

（续表）

序号	委员会编号	委员会名称	秘书处所在单位	负责专业范围
385	TC415	产品回收利用基础与管理	中国标准化研究院	产品回收利用基础与管理（不涉及具体的电工电子产品回收利用标准），包括术语、分类、图形符号、识别标志、统计指标及统计信息系统、计算方法、回收利用技术、环境要求、管理规范和评价指标体系等
386	TC416	林业生物质材料	中国林业科学研究院木材工业研究所	以林业植物原料为主制造加工的材料以及生物质原料经化学、生物加工制成的材料等
387	TC417	低压设备绝缘配合	上海电器科学研究院	低电压设备绝缘配合
388	TC418	小型电力变压器、电抗器、电源装置及类似产品	沈阳变压器研究院股份有限公司	小型电力变压器、电抗器、电源装置及类似产品等
389	TC419	仪表功能材料	重庆材料研究院有限公司	仪表功能材料
390	TC421	生物芯片	生物芯片北京国家工程研究中心	生物芯片的基础相关产品及检测方法
391	TC422	裸电线	上海电缆研究所有限公司	裸电线产品、材料、包装和试验方法等领域
392	TC423	设备监理工程咨询	中国设备监理协会	设备监理工程咨询
393	TC424	短路电流计算	中国电力科学研究院有限公司	短路电流的计算方法及其热效应和机械效应
394	TC425	宇航技术及其应用	中国航天标准化研究所	主要是航天产品设计工程和生产，航天产品接口、集成与试验，卫星应用、运行与地面支持设备，航天项目管理，航天材料与工艺、空间环境、空间碎片、空间数据与信息传输等领域国家标准制（修）订工作
395	TC426	智能建筑及居住区数字化	中外建设信息有限责任公司/机械工业仪器仪表综合技术经济研究所	智能建筑物数字化系统

（续表）

序号	委员会编号	委员会名称	秘书处所在单位	负责专业范围
396	TC427	航空电子过程管理	中国航空综合技术研究所	航空电子过程管理
397	TC428	带轮与带	中机生产力促进中心	带轮和带（包括V带传动、同步带传动、平带传动和输送带等）的设计、配合尺寸和试验方法，以及相应的互换性、质量要求和试验方法
398	TC429	化工机械与设备	天华化工机械及自动化研究设计院有限公司	化工用金属制塔、塔内件、填料、合成炉、反应釜、干燥、搅拌等化工机械与设备、零部件及其专用特殊材料、试验方法以及有关安全、环保要求等
399	TC431	光学功能薄膜材料	合肥乐凯科技产业有限公司	光学功能薄膜材料（不包括光学玻璃、红外材料及以光学玻璃和红外材料做基材而衍生的涂覆材料）等
400	TC432	数码影像材料与数字印刷材料	乐凯华光印刷科技有限公司	数码影像材料和数字印刷材料
401	TC434	城镇给水排水	中国建筑金属结构协会给水排水设备分会	城镇给水排水的取水设备、给水排水输送设施与设备、给水排水调节设备，给水排水用户的产品、设备、器材，城镇给水排水分户计量仪器、器具、计算核算，城镇给水排水设备、设施维护、保养，城镇给水排水运行、管理、服务，城镇污水处理厂污水再生利用水质，以及污泥处置（不含塑料管材、管件和阀门）等
402	TC435	航空器	中国航空综合技术研究所	民用飞机、民用直升机和其他民用飞行器综合、总体、气动、结构、动力装置、燃油系统、液压系统、气动系统、飞行控制、电气系统、航电系统、生命保障系统、环境控制系统、客舱设备、货运系统标准以及产品支援、基础、零部件、工装工艺和材料标准等

（续表）

序号	委员会编号	委员会名称	秘书处所在单位	负责专业范围
403	TC436	包装机械	合肥通用机械研究院有限公司	包装机械及配套设备的基础、产品、方法等（不含直接与食品接触的包装机械）
404	TC437	桑蚕业	中国农业科学院蚕业研究所	种茧、种卵、农业生防用茧、工业加工用茧及蚕蛹、蚕蛾等
405	TC439	连锁经营	中国连锁经营协会	连锁企业基本设施、营运管理
406	TC440	二手货	中国旧货业协会	二手货即旧货的基础术语、技术要求及流通、服务规范
407	TC441	燃烧节能净化	中国科学技术大学	燃烧设备与燃烧方式（不包括锅炉、工业电热设备）
408	TC442	节水	中国标准化研究院	工业、农业、城镇生活、非常规水资源利用等全社会用水领域节水的基础、方法、管理、技术、产品。
409	TC443	教育服务	中国标准化研究院	义务教育和国家正规高等教育之外的涉及市场化经营的辅助教育服务
410	TC446	电网运行与控制	国家电力调度通信中心	电网运行与控制
411	TC447	工业玻璃和特种玻璃	中国建筑材料科学研究总院	工业玻璃和特种玻璃（不包括建筑玻璃和汽车用安全玻璃）等
412	TC448	建筑幕墙门窗	中国建筑科学研究院/中国建筑标准设计研究院有限公司	建筑幕墙、门、窗
413	TC449	城镇风景园林	中国城市建设研究院有限公司	城镇风景园林设施的分类、评定、保护、监测和管理（不含旅游服务）
414	TC451	城镇环境卫生	上海市环境工程设计科学研究院有限公司	城镇环境卫生
415	TC452	建筑节能	中国建筑科学研究院	建筑节能产品、材料、建筑节能管理、评价及方法等
416	TC453	建筑节水产品	上海市建筑科学研究院（集团）有限公司	建筑给排水管道等节水产品及器具（不包括建筑卫生陶瓷产品）在建筑系统中的应用等

（续表）

序号	委员会编号	委员会名称	秘书处所在单位	负责专业范围
417	TC454	建筑构配件	中国建筑标准设计研究院有限公司	建筑构配件（不包括墙体屋面材料、装饰装修材料、水泥制品、建筑玻璃等）
418	TC455	城镇供热	中国城市建设研究院有限公司	城镇供热系统（不含锅炉、暖通空调）
419	TC456	体育	国家体育总局体育器材装备中心	体育基础、竞技活动、设施设备（不含运动器材制造）、场所等
420	TC458	混凝土	中国建筑科学研究院建筑材料研究所	混凝土
421	TC459	能量系统	中国标准化研究院	能量系统的统计、分析方法、评价、用能单位能量系统综合利用方法、评价指标、能量系统的优化
422	TC460	石材	北京中材人工晶体有限公司/中材人工晶体研究院	石材基础、方法
423	TC461	人工晶体	中材人工晶体有限公司/东海县产品质量监督检验所/中材人工晶体研究院	人工晶体（医用除外）
424	TC462	邮政业	国家邮政局发展研究中心	邮政领域基础、安全、管理、服务及相关技术等领域
425	TC463	产品缺陷与安全管理	中国标准化研究院	产品缺陷与安全管理
426	TC464	航空运输	中国航空运输协会	航空运输管理
427	TC465	建材装备	中材装备集团有限公司	水泥、水泥制品、轻质装饰装修、玻璃工业及深加工、墙材工业、建筑陶瓷、玻璃纤维等领域技术装备，不包括矿山机械
428	TC466	特殊膳食	中国食品发酵工业研究院有限公司	满足某些特殊人群的生理需要，或某些疾病患者的营养需要，按特殊配方而专门加工的食品
429	TC467	蔬菜	中国农业科学研究院蔬菜研究所	蔬菜
430	TC468	湿地保护	国家林业和草原局调查规划设计院	湿地保护

（续表）

序号	委员会编号	委员会名称	秘书处所在单位	负责专业范围
431	TC469	煤化工	煤炭科学技术研究院有限公司、国家煤及煤化工产品质量监督检验中心、西南化工研究设计院有限公司、冶金工业信息标准研究院	煤化工转化技术用原料及工艺、煤炭为原料化学品、炼焦及煤焦化产品、煤化工产品检测方法等领域（不含醇醚燃料领域）
432	TC470	社会信用	中国标准化研究院	社会信用
433	TC471	酿酒	中国食品发酵工业研究院有限公司	饮料酒（不包括白酒）
434	TC472	饮料	中国食品发酵工业研究院有限公司	饮料
435	TC474	社会保险	社会保险事业管理中心	养老保险、失业保险、医疗保险、工伤保险、生育保险等社会保险服务、评价、管理等
436	TC475	针灸	中国中医科学院针灸研究所	针灸术语、操作、临床研究、常见疾病诊疗及针灸器具
437	TC476	中西医结合	中国中西医结合学会	中西医结合技术与管理
438	TC477	中药	中国中药协会	中药材、中药饮片的研制、开发、生产、质量和安全控制、检测技术、评价技术
439	TC478	中医	中华中医药学会	中医临床各科（内科、风湿病、骨伤科、周围血管病、耳鼻喉科、肛肠、眼科、皮肤科、男科、外科、老年病、儿科、推拿、妇科、急诊、感染病、肿瘤、糖尿病、针刀医学、艾滋病、亚健康、络病、护理等）以及中医药基础、应用等技术
440	TC479	中药材种子（种苗）	中国中医科学院中药研究所（中药资源中心）	中药材种子（种苗）
441	TC480	家具	上海市质量监督检验技术研究院/广东产品质量监督检验研究院	家具
442	TC481	仪器分析测试	中国计量科学研究院	与仪器分析测试相关的分离与前处理设备、特种试剂、通用检验与分析方法及实验室信息管理和数据系统等

（续表）

序号	委员会编号	委员会名称	秘书处所在单位	负责专业范围
443	TC482	激光修复技术	沈阳大陆激光技术有限公司	各类激光修复技术及应用
444	TC483	保健服务	北京国康健康服务研究院	保健服务
445	TC485	通信	中国通信标准化协会	通信网络、系统和设备的性能要求、通信基本协议和相关测试方法等
446	TC486	科技平台	国家科技基础条件平台中心	国家科技基础条件平台建设、管理和服务等
447	TC487	光电测量	中国科学院空天信息创新研究院	光电测量系统名词术语、通用技术、应用技术、光电器件、光电材料特性、光电系统性能参数的校准与测量方法，还包括光电器件与光电测量系统的光学要求、环境要求、机械要求与安全性要求，光电测量系统功能接口等
448	TC488	焙烤制品	广州质量监督检测研究院/青岛市产品质量监督检验研究院	糕点、饼干和面包等
449	TC438	批发与零售市场	中国商业联合会	零售与批发市场术语和分类、组建批发市场的条件和评定规则、零售和批发市场从业人员资质及其培训和评定、零售和批发市场商品流通规范、零售和批发市场准入条件、批发市场等级评定
450	TC489	国际货运代理	中国国际货运代理协会	国际货运代理行业术语、作业规范、岗位资质及国际货运代理企业资质与等级评定
451	TC490	休闲食品	浙江方圆检测集团股份有限公司	膨化食品和果冻等休闲食品
452	TC491	机械密封	合肥通用机械研究院有限公司	泵及风机、压缩机、冷冻机、分离机、洗衣机、减速机等旋转机械用机械密封装置、釜及潜水电机用机械密封装置、旋转接头、干气密封等
453	TC492	口腔护理用品	江苏省产品质量监督检验研究院	牙膏、牙刷、漱口水、齿间刷、牙线、牙贴、牙齿漂白产品等
454	TC493	喷射设备	合肥通用机械研究院有限公司	高压水射流设备与部件、射流真空设备、喷涂机、喷砂机等

（续表）

序号	委员会编号	委员会名称	秘书处所在单位	负责专业范围
455	TC494	食品包装机械	合肥通用机械研究院有限公司	食品包装机械
456	TC497	冷冻饮品	内蒙古伊利实业集团股份有限公司	冷冻饮品
457	TC498	休闲	北京同和时代旅游规划设计院	传统特色休闲方式开发与保护，现代休闲创意与服务，主题休闲俱乐部服务，休闲节庆活动，休闲咨询服务等
458	TC499	物流仓储设备	北京起重运输机械设计研究院有限公司/南京市产品质量监督检验院/南京音飞储存设备（集团）股份有限公司/江苏六维智能物流装备股份有限公司	物流仓储设备
459	TC500	语言文字	教育部语言文字信息管理司	汉语语音与拼音、汉语语汇、汉语语法与语篇、汉字、汉语作为第二语言教学、少数民族语言、境内外语应用及中文信息处理
460	TC501	果品	全国农业技术推广服务中心	果品
461	TC502	职业经理人考试测评	职业经理研究中心	职业经理人考试测评
462	TC503	安全泄压装置	合肥通用机械研究院有限公司	过压保护安全装置
463	TC504	气体分离与液化设备	杭州制氧机研究所有限公司	气体分离与液化设备
464	TC505	出版物发行	中国书刊发行业协会	出版物流通领域，包括出版物发行术语、发行物流技术、作业流程和作业规范、书业服务、书业管理等
465	TC506	大型铸锻件	二重（德阳）重型装备有限公司	大型铸锻件产品的材料选用、制造技术条件及验收方法等
466	TC507	气象仪器与观测方法	中国气象局气象探测中心	气象仪器、技术装备和观测方法等
467	TC508	消费品安全	中国标准化研究院	消费品安全通用基础领域
468	TC509	移动实验室	沈阳产品质量监督检验院	移动特定应用的实验室

（续表）

序号	委员会编号	委员会名称	秘书处所在单位	负责专业范围
469	TC511	大型发电机	哈尔滨大电机研究所	汽轮发电机、水轮发电机、核电发电机等大型发电机和大型交直流电机等领域
470	TC512	螺杆膨胀机	江西华电电力有限责任公司	螺杆膨胀机（原为螺杆膨胀发电机）
471	TC513	纤维	中国纤维质量监测中心	棉花、毛、绒、茧丝、麻类纤维
472	TC514	文具	上海文教体育用品研究所有限公司/国家文教产品质量监督检验中心	除制笔及零件外的文教用品（不包括教学仪器）
473	TC515	沼气	农业农村部农业生态与资源保护总站	沼气
474	TC516	屠宰加工	中国动物疫病预防控制中心（农业农村部屠宰技术中心）	兽医食品卫生质量及检验、畜禽屠宰厂（场）建设、屠宰厂（场）分级，屠宰车间和流水线设计、畜禽屠宰及加工技术、屠宰加工流程及工艺、屠宰及肉制品加工设施设备、无害化处理设备及工艺技术、非食用动物产品加工处理等
475	TC517	农产品购销	全国城市农贸中心联合会	农产品交易技术规程、购销、包装及储运
476	TC518	变频调速设备	天津电气科学研究院有限公司	变频调速设备
477	TC519	白蚁防治	全国白蚁防治中心	新建房屋白蚁预防工程、重大的房屋建筑（文物古迹）、水库堤坝、地下电缆白蚁防治服务，涉及白蚁防治的产品
478	TC520	洗染	中国商业联合会	洗染行业的基础性标准，包括行业术语、定义、分类以及基础设施、设备、洗染用品等的技术要求，安全及实验方法等相关标准的制定
479	TC521	道路运输	交通运输部公路科学研究院	客货运输管理的运输企业、运输从业人员、运输生产组织及运输场建设等管理方面的技术要求；道路运输装备和产品的使用要求、运输作业及监管装备要求等

（续表）

序号	委员会编号	委员会名称	秘书处所在单位	负责专业范围
480	TC522	林业有害生物防治	国家林业和草原局森防总站	林业基础、林业有害生物综合防治、林业有害生物预测预报、林用药剂的使用和管理、林业防治装备的使用和管理、外来有害生物和管理、外来有害基础设施建设等
481	TC523	森林消防	南京森林警察学院	森林火灾预防与扑救相关的专业基础及方法、防火工程建设、森林防火（消防）产品和装备、林火管理等
482	TC524	会计信息化	财政部会计准则委员会	企事业单位会计信息化、企事业单位内部控制信息化、会计监督信息化、会计师事务所审计及监管信息化和会计信息安全等
483	TC525	计量器具管理	中国计量协会	计量器具使用和管理（不包括全国量具量仪标准化技术委员会和全国产品几何技术规范标准化技术委员会工作范围）
484	TC526	实验室仪器及设备	机械工业仪器仪表综合技术经济研究所	动力测试仪器、试验箱及气候环境试验设备、实验室离心机、应变测量仪器，噪声测量仪器、实验室高压釜等实验室仪器与装置
485	TC527	新闻出版	中国新闻出版研究院	书、报、刊、音像电子出版物、数字出版物和网络出版物（不含科技档案、科技报告、学位论文、会议论文文献、非正式出版物及相关文献数据库产品和网络服务系统、ISO/TC46有关国际标准）
486	TC528	信息产业用微特电机及组件	中国电子科技集团公司第二十一研究所	信息产业用微特电机及组件
487	TC529	城市客运	交通运输部科学研究院	公共汽车、电车和轨道交通运营，出租汽车、轮渡及水上旅游客运，城市客运枢纽场站和其他客运附属服务设施

（续表）

序号	委员会编号	委员会名称	秘书处所在单位	负责专业范围
488	TC530	港口	交通运输部水运科学研究院	港口安全、管理、作业、服务等
489	TC531	船舶电气及电子设备	中国船舶重工集团公司第七〇四研究所	船舶电气及电子设备
490	TC532	品牌评价	中国品牌建设促进会	品牌价值、品牌价值测算、品牌培育领域的基础类、通用技术类及实施应用类标准
491	TC533	家政服务	济南阳光大姐服务有限责任公司	家政服务
492	TC534	社会工作	北京社会管理职业学院	社会工作
493	TC535	劳动管理与保护	人力资源和社会保障部社会保障能力建设中心	劳动力使用及劳动保护
494	TC536	动漫游戏产业	北京邮电大学	动漫游戏产业
495	TC537	城市公共设施服务	北京市标准化研究院	城市公共设施服务
496	TC538	人工影响天气	中国气象科学研究院	作业安全、作业条件监测、作业实施、作业装备及催化剂、地面作业点基础设施建设、业务系统建设等
497	TC539	农业气象	国家气象中心	农业气象术语、监测、预报、评估和灾害，农业气候资源，生态气象监测评估等
498	TC540	气候与气候变化	中国气象局国家气候中心	气候与气候变化资料采集处理、诊断预测、影响评估以及气候监测指标、气候可行性论证、气候资源评价及开发利用等
499	TC541	伴侣动物（宠物）	北京市动物疫病预防控制中心	伴侣动物疾病防控、诊疗，伴侣动物寄养、训导，伴侣动物饲养管理等
500	TC542	创新方法	创新方法研究会/中国标准化研究院	创新方法组织评价、项目评价、人员能力评估及其认定、评价方法等
501	TC543	通信服务	中国通信标准化协会	信息通信服务领域

（续表）

序号	委员会编号	委员会名称	秘书处所在单位	负责专业范围
502	TC544	北斗卫星导航	中国卫星导航工程中心、中国航天标准化研究所	与北斗卫星导航系统相关的基础（技术体制、术语、时空基准、技术管理等）、系统建设（工程总体、卫星系统、地面运控系统、运载火箭系统、发射场系统、测控系统等，不包括宇航通用技术）、运行维护（运行管理、评估、维修、退役等）、应用（产品、服务、应用基础设施、信息交换、质量与测试检验等）领域的国家标准和国家军用标准制（修）订工作
503	TC545	电磁超材料技术及制品	深圳光启高等理工研究院	电磁超材料技术及产业化应用技术
504	TC546	海洋能转换设备	哈尔滨大电机研究所	海洋能转换设备（包括波浪能、潮流能和其他水流能转换电能，不包括有坝潮汐发电）领域
505	TC547	平板显示器件	中国电子技术标准化研究院	液晶显示器件、等离子体显示器件、有机发光二极管显示器件等平板显示器件领域
506	TC548	碳排放管理	中国标准化研究院/中国质量认证中心	碳排放管理术语、统计、监测，区域碳排放清单编制方法，企业、项目层面的碳排放核算与报告，低碳产品、碳捕获与碳储存等低碳技术与设备，碳中和与碳汇等领域
507	TC549	智能电网用户接口	中国电力科学研究院有限公司	智能电网用户接口领域
508	TC550	电力储能	中国电力科学研究院有限公司	电力储能技术领域
509	TC551	食品加工机械	轻工业杭州机电设计研究院	直接与食品接触的大型食品加工机械，如油炸设备、蒸煮设备、发酵设备、浓缩设备、分离设备、杀菌设备等领域
510	TC552	食用淀粉及淀粉衍生物	江南大学	除淀粉糖以外的淀粉及其衍生物领域
511	TC553	新闻出版信息	新闻出版总署信息中心	出版专业领域信息化

（续表）

序号	委员会编号	委员会名称	秘书处所在单位	负责专业范围
512	TC554	知识管理	中国标准化研究院、国家知识产权局知识产权运用促进司	知识产权管理（创造、运用、保护、管理）、传统知识保护和管理、组织知识管理等
513	TC555	蜡制品	黑龙江省轻工科学研究院	蜡制品
514	TC556	制伞	北京市轻工产品质量监督检验一站	伞类产品
515	TC557	经济林产品	中国林业科学研究院亚热带林业研究所	木本油料、木本粮食、木本工业原料、木本芳香料、木本坚果等木本作物的育种繁育、抚育管理、采集、原料加工等
516	TC558	林化产品	中国林业科学研究院林产化学工业研究所	松脂类、植物多酚、植物提取类、热解类、水解类、树胶类（不含天然橡胶）林化产品
517	TC559	生物样本	生物芯片上海国家工程研究中心	生物样本的采集、处理、存储、管理、分发、应用所涉及的相关技术、方法和产品
518	TC560	物业服务	中航物业管理有限公司	物业服务
519	TC561	警用装备	公安部第一研究所	警用装备
520	TC562	增材制造	中机生产力促进中心	增材制造术语和定义、工艺方法、测试方法、质量评价、软件系统及相关技术服务等
521	TC563	电子商务质量管理	杭州市标准化研究院（杭州标准化国际交流中心）	电子商务质量管理的基础通用、质量管理、质量诚信、质量监管、质量风险防控等
522	TC564	微电网与分布式电源并网	中国电力科学研究院	微电网及分布式电源并网的规则设计、运行维护、调度控制和试验检测等
523	TC565	太阳能光热发电	中国大唐集团新能源科学技术研究院有限公司	太阳能光热发电技术和设备
524	TC566	感官分析	中国标准化研究院	感官分析基础、方法、环境室与人员管理、辅助器具和应用等领域

（续表）

序号	委员会编号	委员会名称	秘书处所在单位	负责专业范围
525	TC567	城市可持续发展	中国标准化研究院	城市可持续发展管理体系、要求、指南和相关领域国家标准（不含城市建设标准）制（修）订工作
526	TC568	科普服务	中国科学技术馆	科普基础设施设备、科普展教品、科普服务质量与评价、数字科技馆、科学素质测评
527	TC569	特高压交流输电	中国电力科学研究院	电压800KV以上的交流系统（包括规划、设计、技术要求、可靠性、建设、调试、运行检修等）
528	TC570	载人航天	中国航天科技集团有限公司第五研究院第五一二研究所	载人航天领域技术基础、工程研制建设（总体技术、航天员、应用有效载荷、航天器、运载火箭、测控通信、发射与回收）、应用与服务（运营管理、任务实施、在轨服务、成果推广）等
529	TC571	综合交通运输	交通运输部科学研究院	两种及以上运输方式协调衔接和共同使用（包括综合客运枢纽、综合货运枢纽、复合通道及交叉设施、旅客联程运输、货物多式联运衔接、运载单元、专用载运工具、快速转运设备、换乘换装设备以及统计、评价、安全应急与信息化等）
530	TC572	碳纤维	南京玻璃纤维研究设计院有限公司	碳纤维及其复合材料
531	TC573	信息化和工业化融合管理	国家工业信息安全发展研究中心（工业和信息化部电子第一研究所）	信息化和工业化融合管理
532	TC575	电力需求侧管理	南方电网科学研究院有限责任公司	电力需求侧管理基础、需求侧设备、需求侧管理技术、用电与交易策略（不包含用户用电策略管理）等领域国家标准制（修）订工作
533	TC576	道路交通管理	公安部交通管理科学研究所	道路交通管理

（续表）

序号	委员会编号	委员会名称	秘书处所在单位	负责专业范围
534	TC577	爆炸物品公共安全管理	公安部治安管理局	爆破作业安全管理与安全技术，爆破安全监测与测试技术，爆炸物品的购买、运输、使用和储存、销毁（不含生产、经营环节）安全管理，爆炸物品示踪与安检领域国家标准制（修）订工作
535	TC578	量子计算与测量	济南量子技术研究院	量子计算与测量
536	TC579	钒钛磁铁矿综合利用	攀西钒钛检验检测院	钒钛磁铁矿综合利用（不含钒、钛产品）
537	TC580	科技评估	科技部科技评估中心	科技政策评估、科技计划评估、科技项目评估、科技成果评估、区域科技创新评估、科技机构与基地评估、科技人才评估、科技经费评估、科技绩效与影响评估
538	TC581	设施管理	中机生产力促进中心	设施管理术语定义、管理体系要求、设施管理方法、设施管理产业化服务等领域国家标准制（修）订工作（不含公共基础设施、物业管理和农业设施）
539	TC582	卫生检疫	广州国际旅行卫生保健中心	卫生检疫
540	TC583	资产管理	中国标准化研究院	资产管理术语、管理体系要求、资产管理信息与数据、资产管理业务与方法、资产管理技术服务
541	TC584	微细气泡技术	中国科学院过程工程研究所	微细气泡技术（涵盖术语与通则、包括但不限于液体介质中微细气泡的表征与应用，特别关注尺度小于100微米的人工制造微细气泡）
542	TC585	少数民族服饰保护传承	内蒙古自治区标准化院	少数民族服饰术语分类、普查确认数字化、技艺制作及创新利用
543	TC586	化学纤维	中国化学纤维工业协会	化学纤维［不包括碳纤维、玻璃纤维、陶瓷纤维、玄武岩纤维等无机纤维材料和增强纤维、纤维增强塑料（复合材料）及其制品］

（续表）

序号	委员会编号	委员会名称	秘书处所在单位	负责专业范围
544	TC587	共享经济	国家市场监督管理总局发展研究中心	共享经济
545	TC588	电子产品安全	工业和信息化部电子工业标准化研究院	音频、视频、信息技术和通信技术领域内电子产品整机安全、关键零部件安全及其测试方法等电子产品安全
546	TC589	核安全	生态环境部核与辐射安全中心、核工业标准化研究所	核动力厂安全、研究堆安全、核燃料循环安全、核材料安全、放射性废物安全等
547	TC590	区块链和分布式记账技术	中国电子技术标准化研究院	区块链和分布式记账技术领域基础标准、业务和应用标准、过程和方法标准、可信和互操作标准、信息安全标准等

二、安徽省标准化技术委员会（AH/TC）

序号	委员会编号	委员会名称	秘书处所在单位
1	AH/TC01	安徽省农业标准化技术委员会	安徽省农委农产品质量安全监管处
2	AH/TC02	安徽省化学工业标准化技术委员会	安徽省石油化学工业协会检测联络处
3	AH/TC03	安徽省铝合金型材产品标准化技术委员会	安徽新材料股份有限公司
4	AH/TC06	安徽省煤矿生产标准化技术委员会	淮北矿业（集团）公司技术中心
5	AH/TC09	安徽省建筑遗产标准化技术委员会	黄山市城市建筑勘察设计院
6	AH/TC10	安徽省非金属矿产品及其制品标准化技术委员会	滁州市技术监督检测中心
7	AH/TC14	安徽省水泥标准化技术委员会	淮北矿业相山水泥有限责任公司
8	AH/TC17	安徽省白酒标准化技术委员会	安徽古井贡酒股份有限公司
9	AH/TC19	安徽省电能质量专业标准化技术委员会	教育部电能质量工程研究中心（安徽大学）
10	AH/TC20	安徽省食品质量安全检验方法标准化技术委员会	安徽省食品药品检验研究院
11	AH/TC21	安徽省林业标准化技术委员会	安徽省林业局科技处
12	AH/TC22	安徽省气象标准化技术委员会	中国气象局气象干部培训学院安徽分院

（续表）

序号	委员会编号	委员会名称	秘书处所在单位
13	AH/TC23	安徽省建筑节能标准化技术委员会	安徽省产品质量监督检验研究院
14	AH/TC24	安徽省锻压机床及刃模具专业标准化技术委员会	马鞍山市产品质量监督检验所
15	AH/TC25	安徽省信息技术标准化技术委员会	安徽省质量和标准化研究院
16	AH/TC27	安徽省石化产品标准化技术委员会	国家石油化工产品质量监督检验中心（安庆）
17	AH/TC28	安徽省眼镜标准化技术委员会	安徽省质量品牌促进会
18	AH/TC29	安徽省旅游标准化技术委员会	安徽省文旅厅
19	AH/TC30	安徽省纤维及纤维制品标准化技术委员会	安徽省纤维检验局
20	AH/TC33	安徽省汽车零部件标准化技术委员会	国家汽车零部件产品质量监督检验中心（芜湖）
21	AH/TC35	安徽省文房四宝标准化技术委员会	宣城市产品质量监督检验所/中国宣纸股份有限公司
22	AH/TC37	安徽省滤清器标准化技术委员会	蚌埠市金威滤清器有限公司
23	AH/TC39	安徽省农副产品加工光电检测设备标准化技术委员会	合肥美亚光电技术有限责任公司
24	AH/TC41	安徽省节能减排及循环经济标准化技术委员会	安徽省质量和标准化研究院
25	AH/TC44	安徽省电机产品标准化技术委员会	安徽皖南电机股份有限公司
26	AH/TC45	安徽省科普装备标准化技术委员会	合肥通用机械研究院有限公司
27	AH/TC46	安徽省柳编标准化技术委员会	安徽华安达集团公司
28	AH/TC47	安徽省有色金属标准化技术委员会	安徽国家铜铅锌及制品质量监督检验中心
29	AH/TC48	安徽省耐磨材料标准化技术委员会	安徽省凤形耐磨材料股份有限公司
30	AH/TC49	安徽省煤及煤化工标准化技术委员会	国家煤化工产品质量监督检验中心（安徽）
31	AH/TC50	安徽省钢铁产品标准化技术委员会	国家钢铁及制品质量监督检验中心
32	AH/TC51	安徽省非常规天然气标准化技术委员会	煤矿瓦斯治理国家工程研究中心
33	AH/TC52	安徽省中药材标准化技术委员会	国家中药材产品质量监督检验中心（安徽）、安徽井泉中药股份有限公司
34	AH/TC53	安徽省农产品追溯标准化技术委员会	安徽省质量和标准化研究院

（续表）

序号	委员会编号	委员会名称	秘书处所在单位
35	AH/TC55	安徽省特种玻璃及硅材料制品标准化技术委员会	蚌埠产品质量监督检验研究院
36	AH/TC56	安徽省杂粮标准化技术委员会	安徽省质量和标准化研究院，安徽燕之坊食品有限公司
37	AH/TC58	安徽省特种设备安全标准化技术委员会	安徽省特种设备检测院
38	AH/TC59	安徽省家具及装饰装修材料标准化技术委员会	安徽省产品质量监督检验研究院
39	AH/TC60	安徽省太阳能热水器标准化技术委员会	安徽省产品质量监督检验研究院
40	AH/TC61	安徽省粉体材料标准化技术委员会	安徽省非金属矿及制品质量监督检验中心
41	AH/TC62	安徽省汽车标准化技术委员会	合肥工业大学机械与汽车工程学院
42	AH/TC63	安徽省电线电缆标准化技术委员会	国家电缆检测中心
43	AH/TC64	安徽省动植物检验检疫标准化技术委员会	安徽省检验检疫科学技术研究院
44	AH/TC65	安徽省煤矿机械标准化技术委员会	安徽省矿业机电装备有限责任公司
45	AH/TC66	安徽省标准样品标准化技术委员会	安徽省质量和标准化研究院
46	AH/TC67	安徽省肥料及土壤调理剂标准化技术委员会	安徽省司尔特肥业股份有限公司
47	AH/TC68	安徽省润滑油脂标准化技术委员会	安徽中天石化股份有限公司
48	AH/TC69	安徽省再生材料标准化技术委员会	国家再生有色金属橡塑材料质量监督检验中心（安徽）
49	AH/TC70	安徽省清洗保洁服务标准化技术委员会	安徽省清洗保洁行业协会
50	AH/TC71	安徽省机器人标准化技术委员会	芜湖赛宝机器人产业技术研究院有限公司
51	AH/TC72	安徽省高分子包装材料制品标准化技术委员会	安徽省包装印刷产品质量监督检验中心
52	AH/TC73	安徽省核聚变工程技术及应用标准化技术委员会	中国科学院等离子体物理研究所
53	AH/TC74	安徽省超导回旋加速器标准化技术委员会	合肥中科离子医学技术装备有限公司及安徽省质量和标准化研究院
54	AH/TC75	安徽省物业服务标准化技术委员会	安徽诚和物业服务有限公司
55	AH/TC76	安徽省新能源汽车标准化技术委员会	安徽省计量科学研究院

（续表）

序号	委员会编号	委员会名称	秘书处所在单位
56	AH/TC77	安徽省增材制造标准化技术委员会	安徽省春谷3D打印智能装备产业技术研究院有限公司
57	AH/TC78	安徽省饲料标准化技术委员会	安徽省饲料与健康养殖行业协会
58	AH/TC79	安徽省公共用纺织品租赁洗涤服务标准化技术委员会	来安长幸纺服饰股份有限公司
59	AH/TC80	安徽省茶产业标准化技术委员会	安徽省茶业学会
60	AH/TC81	安徽省智慧城市建设标准化技术委员会	合肥市数据资源局、安徽省新型智慧城市标准研究院
61	AH/TC82	安徽省轨道交通标准化技术委员会	安徽省产品质量监督检验研究院
62	AH/TC83	安徽省家庭服务标准化技术委员会	安徽省家庭服务业协会
63	AH/TC84	安徽省科技服务标准化技术委员会	安徽省质量和标准化研究院、安徽三祥技术咨询有限公司
64		安徽省养老服务标准化技术委员会	安徽省民政厅
65		安徽省质量和品牌标准化技术委员会	安徽省质量品牌促进会
66		安徽省计量检测与服务标准化技术委员会	安徽省计量科学研究院

附录五 安徽省市场监督管理局关于推行企业标准总监制度的指导意见

安徽省市场监督管理局文件

皖市监标〔2021〕1号

安徽省市场监督管理局关于推行企业标准总监制度的指导意见

各市、省直管县（市）市场监管局，各有关单位：

为进一步加强和落实企业标准化主体责任，提升企业标准化管理水平，促进我省标准体系和能力建设，充分发挥标准化工作在推动企业转型升级、提升企业核心竞争力中的基础性、战略性、引领性作用，助推我省经济高质量发展，依据《中华人民共和国标准化法》《国务院关于印发深化标准化工作改革方案的通知》等要求，现就我省推行企业标准总监制度提出以下指导意见。

一、总体要求

（一）指导思想。以习近平新时代中国特色社会主义思想为指导，全面贯彻落实党的十九大和十九届二中、三中、四中、五中全会精神，坚持新发展理念，以推动高质量发展为统领，通过推行企业标准总监制度，培养企业标准化人才，传播标准化理念，推广标准化经验，建设标准化文化，促进标准化方法在企业生产、经营、管理和服务的普及应用和深度融合，促进产业核心竞争能力不断增强，为加快建设新发展现代化美好安徽提供更加有力的技术支撑。

（二）工作原则。按照“企业自愿、部门推动、正向引导、分步实施”的原则，积极引导标准化试点示范单位、标准化良好行为企业、标准创新贡献奖单位、技术标准创新基地、企业标准领跑者企业等率先推行企业标准总监制度，重点引导我省有条件的规模以上企业特别是战略性新兴产业企业逐步建立企业标准总监制度。

（三）主要目标。2021年底前，在全省范围内全面启动企业标准总监工作。2022年，对标准总监工作进行总结提升、全面深化、建章立制，并进一步扩大覆盖面。

二、工作任务

（四）准确把握制度内涵。企业标准总监为企业标准化工作第一管理人，由企业聘任负责企业标准化工作。企业标准总监制度的核心是在企业设置标准总监岗位，并使其在企业标准化管理中发挥作用。要引导企业建立健全标准总监制度，防止形式主义。

（五）择优确定标准总监。标准总监处于企业标准化管理关键岗位，应指导企业把好用人关。要选聘政治立场坚定，能增强“四个意识”、坚定“四个自信”、做到“两个维护”，熟悉国家有关法律、法规及标准化方针、政策，有一定的标准化工作管理和实践经验，组织协调能力强、工作认真负责且有敬业精神的优秀人员担任。聘用人选应具有大专（含）以上学历或中级以上职称，从事标准管理工作3年（含）以上。企业以适当方式聘任企业标准总监，并充分保障其行使权力。

（六）明确标准总监岗位职责。要引导企业完善内部岗位职责，通过授权明确标准总监承担的标准化管理职责。标准总监的职责应包含：负责宣传、贯彻国家、省、市标准化方针、政策、法规，并制定具体的实施办法；负责组织制定实施企业标准化战略规划，构建企业标准体系并指导体系运行；负责企业公开其执行的标准编号和名称，督促检查企业自行制定的企业标准自我声明公开制度的落实；负责企业生产经营管理活动的标准及标准体系的监督抽查。负责企业标准化文化的创建，提出标准化核心价值观，形成标准化愿景，策划和提升企业标准核心竞争力；加强标准化知识教育培训，培养企业标准化人才队伍；对企业内违反标准化工作要求的行为，有权制止；负责授权的其他职责。

（七）促进标准总监能力提升。要组织开展企业标准总监培育培训，不断提升标准化业务能力。积极组织企业标准总监开展经验交流、成果推广发布和优秀企业标准总监评选等活动，促进资源共享、优势互补。大力引导组建技术机构、高等院校和重点企业自愿参与的区域性标准总监联盟，为企业提供加强交流、提升能力、促进合作的共享平台，更好服务区域经济高质量发展的需求。

（八）建立完善标准总监管理制度。要坚持边实践边总结，及时总结实践经验，形成制度化成果，逐步完善企业标准总监管理制度，推动标准总监工作制度化、规范化发展。

三、保障措施

（九）加强组织领导。推行企业标准总监制度是我省标准化管理工作的一项创新，对促进企业高质量发展具有重要意义。全省各级市场监管部门要加强领导，认真谋划，出台相应工作举措。

（十）强化业务指导。通过培训、考察、专家咨询等多种形式为企业提供服务，指导企业科学合理设置组织机构、完善职责分工、制订有效的标准化管理制度等，为标准总监履行职责创造良好的工作环境。

（十一）抓好监督落实。强化服务意识，围绕重点行业、重点企业，根据总体工作目标要求制定年度发展计划，加强引导、积极动员，指导帮助企业尤其是规模以上企业建立企业标准总监制度，逐步扩大覆盖面。企业标准总监制度实施成效，可作为市场监管部门牵头组织的标准创新贡献奖等评优推荐以及试点示范和政策帮扶的重要依据。在推行标准总监制度过程中，坚持企业自愿原则，不得强制命令，不搞一刀切，不收取企业费用，不增加企业负担。

（十二）加强宣传引导。充分发挥新闻媒体作用，大力宣传建立和实施企业标准总监制度的目的、意义，形成浓厚的企业标准化文化氛围。及时总结和推广先进经验，通过召开现场会、观摩会、研讨会等形式，宣传先进企业的典型做法、成功经验，树立标准化工作行业标杆，更好地发挥示范引领和辐射带动作用，推动企业高质量发展。

安徽省市场监督管理局

2021 年 5 月 25 日

2021 年 5 月 25 日印发

校对：石汉成

参考文献

[1] 白殿一，王益谊．标准化基础［M］．北京：清华大学出版社，2019.

[2] 白殿一，刘慎斋．标准化文件的起草［M］．北京：中国标准出版社，2020.

[3] 白殿一．产品标准的编写方法［M］．北京：中国标准出版社，2017.

[4] 宋明顺，周立军．标准化基础（第2版）［M］．北京：中国标准出版社，2018.

[5] 李春田．标准化概论（第六版）［M］．北京：中国人民大学出版社，2014.

[6] 李春田．现代标准化方法：综合标准化［M］．北京：中国标准出版社，2011.

[7] 李春田．企业标准化战略三步曲［M］．北京：中国质检出版社，2012.

[8] 刘杰．标准是个好东西1：崛起密码（第2版）［M］．北京：中国标准出版社，2015.

[9] 刘杰．标准是个好东西2：规则之战（第2版）［M］．北京：中国标准出版社，2015.

[10] 刘杰．标准是个好东西3：战略抉择（第2版）［M］．北京：中国标准出版社，2015.

[11] 洪生伟．标准化管理（第7版）［M］．北京：中国标准出版社，2018.

[12] 叶茂芳．现代企业标准化管理［M］．北京：中国标准出版社，2017.

[13] 宋国建．企业标准化［M］．北京：中国标准出版社，2019.

[14] 内蒙古自治区标准化院．带你认识标准化［M］．北京：中国标准出版社，2018.

[15] 安徽省质量技术监督局，安徽省质量和标准化研究院．标准化知识与实务（第2版）［M］．北京：中国标准出版社，2019.

[16] 深圳市市场监督管理局，深圳市标准技术研究院，编译．标准的经济效益：ISO方法论2.0版［S］．北京：中国标准出版社，2013.

[17] 深圳市市场监督管理局，深圳市标准技术研究院，译．标准的经济效益：全球案例研究．2［S］．北京：中国标准出版社，2012.

[18] 刘杰，张定康．标准化战略［M］．北京：中国标准出版社，2017.

[19] 朱翔华，王益谊，张建忠，等．标准与知识产权推动高新技术产业发展研究［M］．北京：中国标准出版社，2013.

[20] 于连超．标准化法原论［M］．北京：中国标准出版社，2021.

[21] 孙凯，潘恒，马天跃．质量基础建设对高质量发展的重要性［J］．品牌与标准

化，2021，(01)，76—78+83.

[22] 湖南省市场监督管理局，湖南省质量和标准化研究院．服务业标准化试点典型案例研究［M］．北京：中国标准化出版社，2019.

[23] 张朋越，赵海翔．企业标准化良好行为实施指南［M］．北京：中国标准出版社，2019.

[24] 赵祖明．服务业组织标准体系建立实务［M］．北京：中国标准出版社，2014.

[25] 顾兴全．标准化实务［M］．北京：中国标准出版社，2020.

[26] 顾兴全．标准化方法［M］．北京：中国标准出版社，2020.

[27] 顾兴全．标准化基础［M］．北京：中国标准出版社，2020.

[28] 黄小路．首席质量官必修［M］．北京：中国质检出版社，2014.

[29] 甘藏春，田世宏．中华人民共和国标准化法释义［M］．北京：中国法制出版社，2017.

[30] 张定康．企业标准化工作实施指南［M］．北京：中国标准出版社，2018.

[31] 杨晓峰，等．企业标准自我声明公开实践指南［M］．北京：中国标准出版社，2018.

[32] 柳成洋，等．服务业组织标准化工作指南 GB/T 24421—2009［M］．北京：中国标准出版社，2013.

[33] 邝兵．标准化战略的理论与实践研究［M］．武汉：武汉大学出版社，2011.

[34] 国家市场监督管理总局，国家标准化管理委员会．GB/T 1.1—2020 标准化工作导则　第1部分：标准化文件的结构和起草规则［S］．北京：中国标准出版社，2020.

[35] 国家质量监督检验检疫总局，国家标准化管理委员会．GB/T 20000.1—2014 标准化工作指南　第1部分：标准化和相关活动的通用术语［S］．北京：中国标准出版社，2014.

[36] 国家质量监督检验检疫总局，国家标准化管理委员会．GB/T 20001.10—2014 标准编写规则　第10部分：产品标准［S］．北京：中国标准出版社，2014.

[37] 国家质量监督检验检疫总局，国家标准化管理委员会．GB/T 20003.1—2014 标准制定的特殊程序　第1部分：涉及专利的标准［S］．北京：中国标准出版社，2014.

[38] 国家质量监督检验检疫总局，国家标准化管理委员会．GB/T 12366—2009 综合标准化工作指南［S］．北京：中国标准出版社，2009.

[39] 国家质量监督检验检疫总局，国家标准化管理委员会．GB/T 15624—2011 服务标准化工作指南［S］．北京：中国标准出版社，2011.

[40] 国家质量监督检验检疫总局，国家标准化管理委员会．GB/T 13016—2018 标准体系表编制原则和要求［S］．北京：中国标准出版社，2018.

[41] 国家质量监督检验检疫总局，国家标准化管理委员会．GB/T 13017—2018 企业标准体系表编制指南［S］．北京：中国标准出版社，2018.

[42] 国家质量监督检验检疫总局，国家标准化管理委员会．GB/T 15496—2017 企业标准体系要求［S］．北京：中国标准出版社，2017.

[43] 国家质量监督检验检疫总局，国家标准化管理委员会．GB/T 15497—2017 企业

标准体系产品实现［S］. 北京：中国标准出版社，2017.

［44］国家质量监督检验检疫总局，国家标准化管理委员会 . GB/T 15498—2017 企业标准体系基础保障［S］. 北京：中国标准出版社，2017.

［45］国家质量监督检验检疫总局，国家标准化管理委员会 . GB/T 19273—2017 企业标准化工作评价与改进［S］. 北京：中国标准出版社，2017.

［46］国家质量监督检验检疫总局，国家标准化管理委员会 . GB/T 24421. 1—2009 服务业组织标准化工作指南　第 1 部分：基本要求［S］. 北京：中国标准出版社，2009.

［47］国家质量监督检验检疫总局，国家标准化管理委员会 . GB/T 24421. 2—2009 服务业组织标准化工作指南　第 2 部分：标准体系［S］. 北京：中国标准出版社，2009.

［48］国家质量监督检验检疫总局，国家标准化管理委员会 . GB/T 24421. 3—2009 服务业组织标准化工作指南　第 3 部分：标准编写［S］. 北京：中国标准出版社，2009.

［49］国家质量监督检验检疫总局，国家标准化管理委员会 . GB/T 24421. 4—2009 服务业组织标准化工作指南　第 4 部分：标准实施及评价［S］. 北京：中国标准出版社，2009.

［50］国家质量监督检验检疫总局，国家标准化管理委员会 . GB/T 28222—2011 服务标准编写通则［S］. 北京：中国标准出版社，2011.

［51］国家质量监督检验检疫总局，国家标准化管理委员会 . GB/T 35778—2017 企业标准化工作指南［S］. 北京：中国标准出版社，2017.

［52］国家质量监督检验检疫总局，国家标准化管理委员会 . GB/T 3533. 1—2017 标准化效益评价　第 1 部分：经济效益评价通则［S］. 北京：中国标准出版社，2017.

［53］国家质量监督检验检疫总局，国家标准化管理委员会 . GB/T 31600—2015 农业综合标准化工作指南［S］. 北京：中国标准出版社，2015.

［54］国家质量监督检验检疫总局，国家标准化管理委员会 . GB/T 33450—2016 科技成果转化为标准指南［S］. 北京：中国标准出版社，2016.